**SAP Business One®**

SAP PRESS ist eine gemeinschaftliche Initiative von SAP SE und der Rheinwerk Verlag GmbH. Ziel ist es, Anwendern qualifiziertes SAP-Wissen zur Verfügung zu stellen. SAP PRESS vereint das fachliche Know-how der SAP und die verlegerische Kompetenz von Rheinwerk. Die Bücher bieten Expertenwissen zu technischen wie auch zu betriebswirtschaftlichen SAP-Themen.

Heinz Forsthuber, Jörg Siebert
Praxishandbuch SAP-Finanzwesen
6., aktualisierte und erweiterte Auflage 2016, 654 S., geb.
ISBN 978-38362-3990-5

Carolin Klein, Ulrike Messner
Finanzbuchhaltung mit SAP. 100 Tipps & Tricks
2014, 407 S., geb.
ISBN 978-3-8362-2646-2

Othmar Gau, Stefan Bröse
Transport und Versand mit SAP LES
3., aktualisierte und erweiterte Auflage 2016, 732 S., geb.
ISBN 978-3-8362-3807-6

Uwe Brück
SAP-Controlling – Customizing
5., aktualisierte und erweiterte Auflage 2015, 597 S., geb.
ISBN 978-3-8362-2798-8

Aktuelle Angaben zum gesamten SAP PRESS-Programm finden Sie unter
*www.sap-press.de.*

Robert Mayerhofer

# SAP Business One®

Das Praxishandbuch

Rheinwerk
Publishing

# Liebe Leserin, lieber Leser,

eine Ballonfahrt ist etwas Tolles: Sie haben eine gute Übersicht über die Landschaft und entdecken dabei Dinge, die Sie nicht vermutet haben. Dieses Buch bietet Ihnen ganz ähnliche Möglichkeiten: Es stellt die komplette SAP-Business-One-Lösung dar und hilft Ihnen, alle Funktionen und Möglichkeiten der Software zu nutzen.

Robert Mayerhofer nimmt Sie inzwischen zum vierten Mal mit auf die Rundreise und erläutert Ihnen alle Module und Verzweigungen der SAP-Business-One-Landschaft. Allen Erstreisenden wünsche ich eine gute und erkenntnisreiche Fahrt! Ich bin sicher, Sie werden die Software anschließend besser verstehen und bedienen können. Aber auch, wenn Sie Reise und Route bereits kennen, sind Sie hier richtig: Robert Mayerhofer macht Sie auf neu erschlossene Gebiete und Wege aufmerksam und hilft Ihnen, SAP Business One noch effektiver zu nutzen.

In diesem Sinne wünsche ich Ihnen allen eine gute Reise. Sollte Ihnen doch einmal schwindelig werden, oder wären Sie gern länger an einem interessanten Ort verweilt, freue ich mich über Ihre Rückmeldung.

**Ihre Patricia Sprenger**
Lektorat SAP PRESS

Rheinwerk Verlag
Rheinwerkallee 4
53227 Bonn

patricia.sprenger@rheinwerk-verlag.de
www.sap-press.de

# Auf einen Blick

**Lektorat** Patricia Sprenger
**Korrektorat** Alexandra Müller, Olfen
**Herstellung** Denis Schaal
**Einbandgestaltung** Julia Schuster
**Titelbild** Shutterstock: 160498067 © Lightwavemedia, 126509480 © Olesya Feketa;
iStockphoto: 7492301 © Ronira
**Typografie und Layout** Vera Brauner
**Satz** SatzPro, Krefeld
**Druck und Bindung** Beltz Bad Langensalza GmbH, Bad Langensalza

**Gerne stehen wir Ihnen mit Rat und Tat zur Seite:**
*patricia.sprenger@rheinwerk-verlag.de* bei Fragen und Anmerkungen zum Inhalt des Buches
*service@rheinwerk-verlag.de* für versandkostenfreie Bestellungen und Reklamationen
*hauke.drefke@rheinwerk-verlag.de* für Rezensionsexemplare

**Bibliografische Information der Deutschen Nationalbibliothek**
Die Deutsche Nationalbibliothek verzeichnet diese Publikation in der Deutschen National-
bibliografie; detaillierte bibliografische Daten sind im Internet über *http://dnb.d-nb.de*
abrufbar.

**ISBN**    978-3-8362-4061-1

© Rheinwerk Verlag GmbH, Bonn 2016
4., aktualisierte und erweiterte Auflage 2016

# Inhalt

*»SAP Business One. Das Praxishandbuch« ist ein Buch für jeden Anwender von SAP Business One. Wie Ihnen der Einstieg in die Praxis von SAP Business One mithilfe dieses Buches am schnellsten gelingt, erfahren Sie in diesem Kapitel.*

# 1 Wie können Sie mit diesem Buch arbeiten?

Eine betriebswirtschaftliche Software wie SAP Business One besteht im Grunde aus nichts anderem als aus Geschäftsprozessen, die in Programmcode gegossen und mit einer funktionellen Oberfläche versehen wurden. Das Ziel dieses Buches ist nicht nur, Ihnen die Grundlagen von SAP Business One in ihrer gesamten Breite zu vermitteln, sondern auch die damit verknüpften betriebswirtschaftlichen Abläufe. Aus diesem Grund wird in diesem Buch neben der reinen Programmbedienung und Erklärung der Funktionen auch betriebswirtschaftliches Grundwissen erläutert.

Als Wirtschaftspädagoge ist es mir auch in dieser vierten Auflage ein besonderes Anliegen, das Wissen auf möglichst einfache und strukturierte Weise zu vermitteln und dieses Praxishandbuch für den Einsatz im Selbststudium zu konzipieren. Welche Instrumente für diesen Zweck verwendet werden, wird im Folgenden erläutert.

## 1.1 Übersicht

»SAP Business One. Das Praxishandbuch« hat eine sehr einfache Struktur. Am Beginn steht neben einer Anleitung, wie Sie mit diesem Buch arbeiten können, eine Beschreibung dessen, was SAP Business One ist – inklusive einer Einordnung in das Produktportfolio von SAP (siehe **Kapitel 2**, »Einführung in SAP Business One«).

Inhalt und Struktur

Die restlichen Kapitel (mit Ausnahme des Anhangs) beschäftigen sich mit den funktionalen und betriebswirtschaftlichen Inhalten von SAP Business One.

Die Basis für die Arbeit mit SAP Business One wird in **Kapitel 3**, »Grundlegende Programmbedienung«, dargestellt. Das in diesem Kapitel vermittelte Wissen kann aufgrund der einheitlichen Ausgestaltung von SAP Business One in allen Modulen und funktionalen Bereichen auf die gleiche Weise angewendet werden. Alle anderen Kapitel setzen auf der grundlegenden Programmbedienung auf.

Alle wichtigen Stammdatenbereiche werden anschließend in **Kapitel 4**, »Stammdaten«, behandelt. **Kapitel 5**, »Einkauf«, **Kapitel 6**, »Verkauf«, **Kapitel 7**, »Lagerverwaltung«, und **Kapitel 8**, »Rahmenverträge«, sind sehr stark miteinander vernetzt und erläutern den großen Themenblock Logistik, Belegketten und Rahmenverträge.

**Kapitel 9**, »Finanzwesen«, und **Kapitel 10**, »Bankenabwicklung«, bilden ebenfalls eine thematisch zusammengehörige Einheit und decken das Finanzwesen ab.

Die Verwaltung von Verkaufschancen im Vertrieb steht in **Kapitel 11**, »Opportunities im Vertrieb«, im Mittelpunkt. Inhaltlich ebenfalls im Bereich Vertrieb und CRM verortet ist **Kapitel 12**, »Kampagnenmanagement«.

Eine Besonderheit stellt **Kapitel 13**, »Service«, dar. SAP Business One deckt als eines der wenigen Softwarepakete diesen Unternehmensbereich funktional ab. Das Augenmerk liegt hier insbesondere auf der Anwendung des Servicemoduls in kleinen und mittleren Unternehmen.

Mit einer Übersicht über das Modul PERSONAL (**Kapitel 14**, »Personal«) endet die Betrachtung der einzelnen Themenbereiche von SAP Business One.

Das Thema *Projektmanagement,* das in **Kapitel 15** dargestellt wird, wird seit Release 9.2 von SAP Business One abgedeckt. Das Kapitel betrachtet die Verwaltung und das Abbilden von Projekten in SAP Business One und stellt dar, welche Werkzeuge dafür zur Verfügung stehen.

In **Kapitel 16**, »Highlights in SAP Business One«, lernen Sie schließlich eine Reihe von Besonderheiten in SAP Business One kennen, die Ihnen die Arbeit mit diesem System erleichtern werden.

Darüber hinaus finden Sie im **Anhang** des Buches hilfreiche Informationen zur praktischen Arbeit mit SAP Business One.

Dieses Buch erscheint seit der dritten Auflage im Jahr 2013 unter dem Titel bzw. mit dem Untertitel »Das Praxishandbuch«, die ersten beiden Auflagen wurden unter dem Titel »Einstieg in SAP Business One« veröffentlicht. Die Änderung des Titels bedeutet nicht, dass sich dieses Buch seit der dritten Auflage nicht mehr an Einsteiger richtet, im Gegenteil: Einsteiger sind immer noch und weiterhin eine Hauptzielgruppe des Buches.

*Titel dieses Buches*

Während der letzten Jahre habe ich jedoch wiederholt festgestellt, dass auch Anwender, die schon einige Jahre mit der Software arbeiten, noch nicht mit allen Funktionen oder Möglichkeiten vertraut sind, die ihnen die praktische Arbeit erleichtern können. Mit der Änderung des Buchtitels sollte dieser Aspekt des Buches stärker betont werden: Es erleichtert die praktische Arbeit mit SAP Business One; unabhängig davon, ob Sie die Software gerade erst kennenlernen oder schon länger mit ihr arbeiten.

Die vorliegende vierte Auflage des Buches wurde vollständig an das zur Drucklegung aktuelle Release 9.2 von SAP Business One angepasst. Alle relevanten neuen Themen und Aspekte wurden aufgenommen, Kapitel 15, »Projektmanagement«, wurde z. B. komplett neu ergänzt.

*Hinweis zur 4. Auflage*

In Anhang B, »Neuerungen in SAP Business One«, finden Sie eine Übersicht über alle Neuerungen ab Release 8.8 sowie Verweise auf die jeweils passenden Abschnitte im Buch.

SAP bietet ihren Kunden mithilfe eines umfangreichen Partnernetzwerks die Möglichkeit, die SAP-Business-One-Vollversion zu testen. Um den vollen Funktionsumfang in Echtzeit mitzuerleben, wenden Sie sich am besten direkt an einen SAP-Business-One-Partner. Wie Sie direkt Kontakt zu SAP aufnehmen können, zeigt Tabelle 1.1.

*SAP Business One testen*

|  | Website | Hotline |
| --- | --- | --- |
| Deutschland | *www.sap.de* | 0800 534 34 24 |
| Österreich | *www.sap.at* | 0800 293 400 |
| Schweiz | *www.sap.ch* | 058 871 61 11 |

**Tabelle 1.1** SAP-Websites und -Hotlines im deutschsprachigen Raum

## 1.2 An wen richtet sich dieses Buch?

Rollen in
SAP Business One
differenzieren

Dieses Buch richtet sich prinzipiell an jeden Anwender oder Interessenten von SAP Business One. Ziel des Buches ist es, Grundlagen der Software und damit verknüpftes betriebswirtschaftliches Wissen praxisnah, nachvollziehbar und leicht übertragbar zu vermitteln.

Im Umfeld von SAP Business One lassen sich im Wesentlichen vier Rollen identifizieren:

▶ **Basic-User**
Der *Basic-User* arbeitet unterstützend mit SAP Business One. Zu seinen Aufgaben zählt vor allem die Datenerfassung für verschiedene Themenbereiche (z. B. Adresserfassung in CRM, das Erfassen von Serviceabrufen im Callcenter, die manuelle Übernahme der Artikelstammdaten etc.). In der Regel ist der Basic-User nicht in die Abwicklung von Geschäftsprozessen mit SAP Business One eingebunden.

▶ **User**
Der *User* ist der klassische Benutzer von SAP Business One. Dieser ist voll in die Abwicklung der Geschäftsprozesse eingebunden, beschäftigt sich jedoch nicht mit dem Festlegen von Definitionen, Einstellungen oder Regeln für die Arbeit mit SAP Business One. Ein typischer User ist z. B. ein Sachbearbeiter in der Buchhaltung oder der Einkaufsabteilung.

▶ **Key-User**
Der *Key-User* ist in den meisten Fällen zugleich auch »klassischer« User. Aufgrund seiner Position im Unternehmen oder seines überdurchschnittlichen Fachwissens übernimmt er auch Aufgaben, die über die laufende Abwicklung von Geschäftsprozessen mit SAP Business One hinausgehen. Dies betrifft vor allem die Verwaltung

von Definitionen, das Festlegen von Regeln für die Dateneingabe, das Festlegen von Einstellungen und Parametern etc.

▶ **Consultant**
Der *Consultant* ist in der Regel eine externe Person, die vor allem in der Einführungsphase eine tragende Rolle spielt. Die Hauptaufgabe des Consultants besteht darin, die Geschäftsprozesse des Unternehmens zu analysieren und in SAP Business One (in einem sogenannten *Blueprint*) umzusetzen. Die konkrete Umsetzung dieser Lösung im Customizing – dem Festlegen von Einstellungen, der Anpassung von SAP Business One –, bei der Schulung aller User und beim Coaching im Rahmen eines Go-lives liegt ebenfalls in der Verantwortung des Consultants.

| **Rat eines Key-Users oder Consultants** | **[+]** |
|---|---|
| Im gesamten Buch wird an den relevanten Stellen darauf hingewiesen, wenn ein Key-User oder ein Consultant zu Rate gezogen werden sollte oder die Aufgabe gänzlich in dessen Bereich fällt. | |

Neben der Differenzierung der Rollen arbeitet dieses Buch mit der Unterscheidung in Einsteigerthemen und weiterführende Themen.

Schwierigkeitsgrad der Themen

▶ **Einsteigerthemen**
Einsteigerthemen sind all jene Themen, die sich aus meiner praktischen Erfahrung als Consultant für ein Einsteiger- und Praxishandbuch wie dieses eignen und in einem ersten Schritt bei der Arbeit mit SAP Business One behandelt werden können. Dies betrifft alle Themenbereiche eines Basic-Users, eines Users und zum Teil eines Key-Users. Auf die Themen, die für einen Key-User relevant sind, aber als weiterführende Themen gelten, wird in dem jeweiligen Abschnitt hingewiesen.

▶ **Weiterführende Themen**
Weiterführende Themen sind alle Themen, die über die Einsteigerthemen hinausgehen und aus diesem Grund nicht in diesem Buch behandelt werden. Alle Themen, die einem Consultant, und einige Themen, die einem Key-User zuzuordnen sind, sind weiterführende Themen und werden in diesem Buch grundsätzlich nicht behandelt.

**[+]** **Fließende Übergänge bei der Kategorisierung von Themen und Rollen**

Die Abgrenzung von Themen ist naturgemäß fließend und unscharf. Die Einteilung der Rollen und Themen ist abhängig von den individuellen Gegebenheiten im Unternehmen und kann natürlich von anderen Einschätzungen abweichen.

Abbildung 1.1 zeigt eine Übersicht über die Rollen und Themen in Bezug auf SAP Business One.

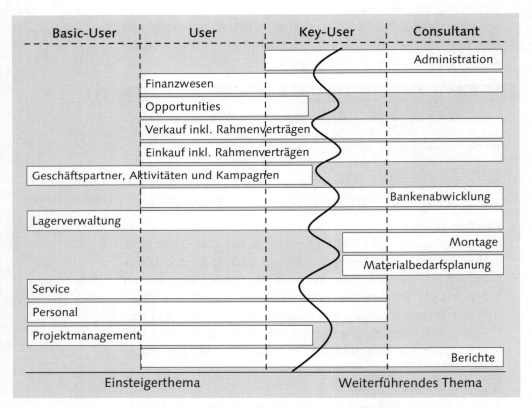

**Abbildung 1.1** Portfolio – Rollen und Themen in SAP Business One

Die Bereiche der Rollen sind mit einer gestrichelten Linie gekennzeichnet. Am unteren Ende ist die Einteilung des Wissensstands aufgeführt. Die Bereiche der Themen sind mit einer durchgezogenen Linie gekennzeichnet. Klar ersichtlich ist, dass die Key-User-Rolle sowohl Einsteigerthemen als auch weiterführende Themen umfasst. Vertikal sind die Module in SAP Business One eingetragen (siehe auch Abschnitt 1.3, »Methoden«).

Das Modul LAGERVERWALTUNG und konkrete Beispiele dazu sollen an dieser Stelle zur besseren Illustration der Rollen- und Themenaufteilung herausgegriffen werden:

► Basic-User – Einsteigerthema: Artikel pflegen
(siehe Abschnitt 4.6, »Artikel«)

► User – Einsteigerthema: Preise eingeben
(siehe Abschnitt 7.4, »Preisfindung in SAP Business One«)

► Key-User – Einsteigerthema: Inventur
(siehe Abschnitt 7.7, »Verwaltung von Serien-/Chargennummern«)

► Key-User – weiterführendes Thema: Kommissionieren und Packen

► Consultant – weiterführendes Thema: Zusatzfelder in den Artikelstammdaten anlegen

## 1.3 Methoden

Um Ihren Einstieg in SAP Business One leichter und verständlicher zu gestalten, werden in diesem Buch folgende Instrumente und Elemente eingesetzt:

► **Ablaufbeschreibungen**
Es werden übersichtliche Ablaufbeschreibungen der Programmhandhabung verwendet, die es gerade dem Einsteiger ermöglichen, sich rasch im Programm zurechtzufinden. Im Vordergrund steht das Lernen, welche Schritte nacheinander ausgeführt werden müssen, um zum gewünschten Ziel zu gelangen; die Funktionsbeschreibung kommt erst an zweiter Stelle.

► **Screenshots**
Im Zuge dieser Ablaufbeschreibungen werden zahlreiche Screenshots eingesetzt, damit Sie sich rasch im Programm zurechtfinden. Die Screenshots werden häufig durch Hervorhebungen unterstützt. Dabei handelt es sich meist um Ziffern, die an der Stelle im Text wiederzufinden sind, an der der jeweilige Screenshot bzw. ein bestimmtes Feld oder Element erläutert wird.

► **Menüpfade**
Menüpfade sind Ablaufschritte, die Sie zu einer Funktion oder einem Fenster führen. Menüpfade werden in Kapitälchen darge-

stellt und mit Punkten getrennt, etwa: VERKAUF • UMSATZBERICHTE • OFFENE BELEGE (siehe Abbildung 1.2).

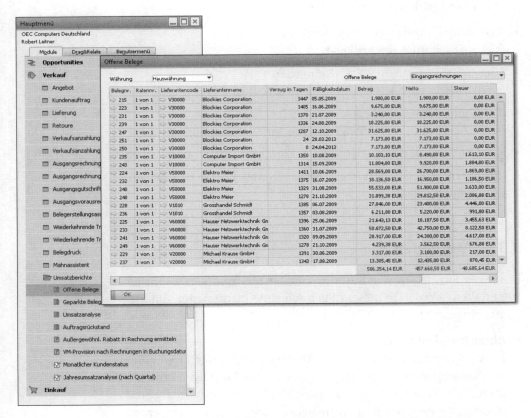

**Abbildung 1.2** Beispiel für einen Menüpfad – Fenster »Offene Belege«

► **Tastaturbefehle**

Manchmal ist es möglich, bestimmte Fenster, Funktionen etc. mithilfe von Tastaturbefehlen aufzurufen. Diese Methode existiert meist alternativ zu einem Menüpfad. Solche Tastaturbefehle werden Ihnen durch ein spezifisches, leicht erkennbares Format verdeutlicht, etwa: Drücken Sie ⎡Strg⎤+⎡C⎤, um den Wert zu kopieren, und ⎡Strg⎤+⎡V⎤, um ihn an der gewünschten Stelle wieder einzufügen.

► **Übersichtsgrafiken**

Zur besseren Illustration werden an den relevanten Stellen Übersichtsgrafiken eingesetzt (siehe als Beispiel etwa Abbildung 1.1).

▸ **Infokästen mit Hinweisen, Tipps und Tricks**

Besondere Informationen werden in diesem Buch in Form von farblich hinterlegten Infokästen hervorgehoben. Diese Infokästen treten in den folgenden Varianten auf, die jeweils durch Symbole neben den Kästen gekennzeichnet sind.

| Warnhinweise | **[!]** |
| --- | --- |
| Dieses Symbol warnt Sie vor häufig begangenen Fehlern oder Problemen, die auftreten können. | |

| Hinweise und Tipps | **[+]** |
| --- | --- |
| Mit diesem Symbol werden Tipps markiert, die Ihnen die Arbeit erleichtern werden, und Hinweise, die Ihnen z. B. helfen, weiterführende Informationen zu dem besprochenen Thema zu finden. | |

| Beispiele | **[zB]** |
| --- | --- |
| Hier wird das besprochene Thema anhand eines Beispiels erläutert und vertieft. | |

▸ **Querverweise**

SAP Business One ist eine Software für alle Bereiche des Unternehmens und dementsprechend hochgradig integriert. Aus diesem Grund sind auch die Inhalte in den Kapiteln sehr stark miteinander vernetzt. Um Ihnen diese Vernetzung vor Augen zu führen, werden in diesem Buch an allen sinnvollen Stellen Querverweise verwendet.

▸ **Index**

Der Index am Ende des Buches ist ein Hilfsmittel für Sie, um Fachbegriffe oder Erläuterungen zu bestimmten Arbeitsschritten schnell aufzufinden. Über alphabetisch geordnete Stichworte können Sie die relevanten Textstellen schnell finden.

▸ **Fußnoten**

Fußnoten geben Hinweise auf weiterführende Literatur oder Zusatzinformationen, die für den aktuellen Inhalt relevant sind.

▸ **SAP Business One kompakt**

Anhang A bietet Ihnen eine Übersicht über alle Buttons, Tastaturbefehle und internen Belegkürzel, die Sie in SAP Business One verwenden können. »SAP Business One kompakt« ist ein wertvolles Hilfsmittel im täglichen Umgang mit dem Programm.

## 1.4 Informationen – Übungsaufgaben

Jedes Kapitel gliedert sich in einen Informations- und einen Übungsteil. Die Übungsaufgaben sind jeweils am Kapitelende eingeflochten und dienen dazu, das zuvor erworbene Wissen zu festigen. Dies ist gerade für das Selbststudium von erheblicher Bedeutung. Nachdem Sie den Übungsteil jedes Kapitels durchgearbeitet und kontrolliert haben, können Sie mit dem Informationsteil des darauffolgenden Kapitels beginnen.

**Demo-Datenbank SAP Business One**

Die Übungsaufgaben sind abgestimmt auf die deutsche Demo-Datenbank (OEC COMPUTERS DEUTSCHLAND). Diese Demo-Datenbank kann bei der Installation von SAP Business One mit installiert werden, wenn Sie bei der Installation im Schritt DEMODATENBANKAUSWAHL den Eintrag SBODEMODE anhaken (siehe Abbildung 1.3).

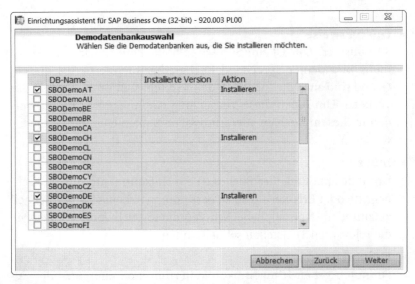

**Abbildung 1.3** Zu installierende Demo-Datenbank auswählen

**Alternative Datenbanken**

Die Übungsaufgaben können selbstverständlich auch mit jeder anderen Datenbank durchgeführt werden. Ersetzen Sie einfach die Angaben aus den Übungsaufgaben (Artikel, Geschäftspartner, Konten, Serviceabrufe) durch die Daten aus der entsprechenden Datenbank. Die Lösungen zu den Übungsaufgaben können Sie sich von der Produktseite zu diesem Buch (*http://www.sap-press.de/4078*) im Bereich MATERIALIEN ZUM BUCH herunterladen (siehe auch Abschnitt 1.5, »Einstieg in SAP Business One – Zusatzmaterial«).

## 1.5 Einstieg in SAP Business One – Zusatzmaterial

Auf der Webseite *http://www.sap-press.de/4078* finden Sie den Bereich MATERIALIEN ZUM BUCH. Neben den Lösungen zu den Übungsaufgaben wird dort auch der Anhang »SAP Business One kompakt« zur Verfügung gestellt.

Hier finden Sie auch das Zusatzkapitel »Innovationen in SAP Business One«, in dem weitere interessante Neuerungen im Umfeld von SAP Business One vorgestellt werden. Lesen Sie hier, wie Sie mit Ihrem iPhone oder iPad mobil auf Ihr System zugreifen können und wie sich SAP Business One mit SAP Crystal Reports integrieren lässt. Darüber hinaus erfahren Sie, in welchen Varianten SAP HANA für SAP Business One zur Verfügung steht.

**Zusatzkapitel**

Bevor Sie sich jedoch auf die Zusatzkapitel stürzen, wünsche ich Ihnen viel Spaß und Erfolg bei der Arbeit mit diesem Buch.

**Robert Mayerhofer**

*Was versteht man eigentlich genau unter SAP Business One?*
*Einen groben Überblick mit den wichtigsten Informationen*
*zu dieser Software erhalten Sie in diesem Kapitel.*

# 2 Einführung in SAP Business One

SAP Business One wird von über 53.000 Mittelstandskunden und über 2.400 Tochterunternehmen von Konzernen in mehr als 160 Ländern der Welt eingesetzt. Es ist in 27 Sprachen und mit 42 Lokalisierungen verfügbar. In diesem Kapitel lernen Sie, was SAP Business One ist, wie das Gesamtkonzept von SAP aussieht, in das SAP Business One einzuordnen ist, und welche Unternehmen SAP Business One nutzen.

## 2.1 Was ist SAP Business One?

SAP steht ursprünglich für »Systeme, Anwendungen, Produkte in der Datenverarbeitung« und ist als Unternehmen mit Sitz in Walldorf/ Deutschland der weltgrößte Anbieter von Unternehmensanwendungen, Analytics und mobilen Lösungen sowie der am schnellsten wachsende Cloud-Anbieter.

Die SAP AG wurde 1972 gegründet, ist heute das größte Softwarehaus Deutschlands und gehört zu den weltweit größten Softwareanbietern. 1979 bot SAP mit dem System R/2 ein umfassendes Softwarepaket an, mit dem Großunternehmen ihre Prozesse in Logistik, Rechnungswesen und Personalwirtschaft unterstützen konnten.

Seit 1993 existiert das System R/3, das bereits die Client-Server-Technologie einsetzte. Es war aus diesem Grund wesentlich kostengünstiger als die damals geläufigen Großrechner-Systeme und damit auch für mittelständische Unternehmen erschwinglich. Die Hauptzielgruppe waren aber weiterhin Großunternehmen, in denen R/3 zum »De-facto-Nachfolger« von R/2 wurde.

Seit 2003 bietet SAP mit der technischen Basis SAP NetWeaver eine offene und flexible Plattform an, mit deren Hilfe die Integration von Geschäftsanwendungen ermöglicht wird. Die neueste Generation von SAPs Unternehmenssoftware heißt SAP ERP. Zusammen mit den Lösungen SAP CRM, SAP SRM, SAP SCM und SAP PLM formt sie das Komplettpaket der *SAP Business Suite*.

Seit 2003 wird SAP Business One am Markt angeboten und wurde im Rahmen einer Mittelstandsoffensive in das bestehende Produktportfolio aufgenommen und soll kleinere und mittelständische Firmen des Unternehmensspektrums abdecken. Laut SAP sehen die Marktsegmentierung und die dazugehörige SAP-Produktpalette wie in Abbildung 2.1 gezeigt aus.

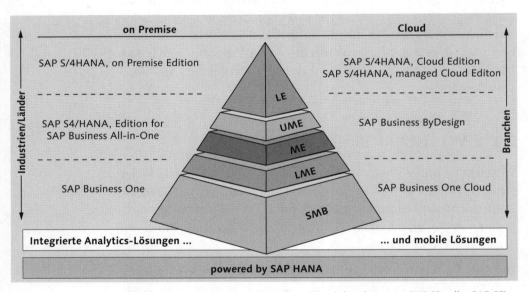

**Abbildung 2.1** Marktsegmentierung und Produktpalette von SAP (Quelle: SAP SE)

SAP bietet mittlerweile für viele Unternehmensbereiche eine sehr breite Produktpalette. Dennoch lassen sich hauptsächlich vier Produktfamilien für Unternehmen jeder Größenordnung identifizieren:

▸ **SAP S/4HANA (on Premise Edition, Cloud Edition und Managed Cloud Edition)**
Diese umfassende Palette betriebswirtschaftlicher Lösungen erfüllt die Anforderungen aller größeren Industriezweige und bietet

einen vollständigen Funktionsumfang für alle Geschäftsprozesse vorwiegend in Large Enterprises (LE).

▸ **SAP S4/HANA, Edition for SAP Business All-in-One**
SAP Business All-in-One ist ein auf mittelständische Unternehmen (UME, ME, LME) zugeschnittenes Paket mit allen Vorteilen von SAP S/4HANA. SAP-Business-All-in-One-Lösungen werden von SAP-Partnern als vorkonfigurierte, branchenspezifische Systeme entwickelt, die auf einer vereinfachten Systemlandschaft mit niedrigen Wartungs- und Verwaltungskosten basieren.

▸ **SAP Business ByDesign**
SAP Business ByDesign ist eine umfassende und anpassbare On-Demand-Lösung, die es Unternehmen ermöglicht, ihr System auch bei eingeschränkter oder fehlender Verfügbarkeit von IT-Know-how oder IT-Ressourcen vor Ort zu konfigurieren. SAP Business ByDesign ist ideal für Unternehmen, die ein schnelles Wachstum verzeichnen und daher die Bereiche Flexibilität, Skalierbarkeit und Zusammenarbeit optimieren müssen.

▸ **SAP Business One (on Premise, Cloud, powered by SAP HANA)**
Unternehmen des ambitionierten Mittelstands (SMB, *Small and Medium Sized Businesses*) müssen in der Lage sein, ihre Geschäftsprozesse mit einem Softwaresystem zu gestalten und zu steuern. SAP Business One wurde speziell für diese Firmen entwickelt. SAP Business One ist die ideale Geschäftslösung für Unternehmen mit zehn bis 100 Mitarbeitern. Sie unterstützt Unternehmen der Dienstleistungsbranche, des Groß- und Einzelhandels sowie der Fertigungsindustrie. Für Unternehmen mit relativ unkomplizierten Geschäftsprozessen ist SAP Business One die geeignete Lösung.

Um die Anforderungen multinationaler Konzerne besser abzudecken, können diese Produkte miteinander integriert werden.

| **Verwendetes Release in »SAP Business One. Das Praxishandbuch«** | **[+]** |
| --- | --- |
| Dem vorliegenden Buch liegt Release 9.2, Patch Level 2 von SAP Business One zugrunde. Sollten Sie ein älteres oder aktuelleres Release von SAP Business One einsetzen, können sich Unterschiede in den beschriebenen oder in Abbildungen gezeigten Funktionen ergeben. | |

## 2.2 Wer verwendet SAP Business One?

SAP Business One deckt als Mittelstandslösung die Zielgruppe der kleinen und mittleren Unternehmen ab. SAP setzt in diesem Zusammenhang auf eine duale Strategie: Einerseits werden kleine, selbstständige Unternehmen bedient, andererseits werden auch Tochterunternehmen multinationaler Konzerne abgedeckt. In diesen Konzernen ist meist noch SAP ERP oder bereits SAP S/4HANA im Einsatz, und die Tochterunternehmen sind über SAP Business One an das »Muttersystem« angebunden.

SAP-Business-One-Plattform

Mittlerweile ist auch SAP Business One zu einer breit aufgestellten Plattform angewachsen. Diese stellt sich wie in Abbildung 2.1 gezeigt dar.

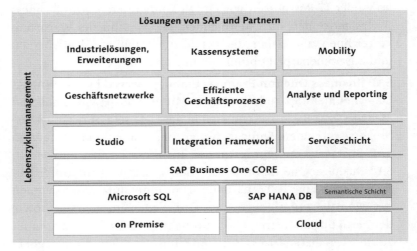

**Abbildung 2.2** SAP-Business-One-Plattform (Quelle: SAP SE)

▸ **SAP Business One**
SAP Business One als klassische On-Premise-Lösung, die beim Kunden vor Ort installiert wird. Diese Lösung ist mittlerweile in Release 9.2 erhältlich und enthält viele neue Funktionen.

▸ **SAP Business One Cloud**
SAP Business One Cloud, auch bekannt unter der Bezeichnung *SAP Business One OnDemand*, hat den gleichen Funktionsumfang wie die beim Kunden installierte Version. Sie wird von SAP-Partnern vorkonfiguriert gehostet und betreut und kann über das Internet bedient werden.

► **SAP Business One – mobile Anwendungen**

Mit der App *SAP Business One*, die für iOS und Android zur Verfügung steht, können Sie über Smartphone oder Tablet mobil auf SAP Business One zugreifen. Darüber hinaus steht seit dem 1. Quartal 2016 die *SAP Business One Sales App* (derzeit nur auf iOS und für SAP Business One HANA) zur Verfügung. Ausführliche Informationen zum mobilen Zugang finden Sie im kostenlosen Zusatzkapitel »Innovationen in SAP Business One«, das Sie unter *http://www.sap-press.de/4078* herunterladen können.

► **SAP Business One auf SAP HANA (In-Memory)**

SAP Business One kann mit der In-Memory-Technologie SAP HANA = *High Performance Analytics Appliance*) betrieben werden. Dafür steht SAP Business One in zwei Varianten zur Verfügung. Mehr Informationen zu den beiden Varianten erhalten Sie ebenfalls im Zusatzkapitel »Innovationen in SAP Business One«.

SAP Business One ist eine sehr einfach strukturierte Software, die sich leicht erlernen lässt und deren Standardfunktionen innerhalb weniger Tage implementiert werden können. Aus diesem Grund eignet sie sich besonders für kleine und mittlere Unternehmen (KMU) ab einem Arbeitsplatz, die zumeist nur über ein sehr eingeschränktes IT-Budget verfügen. SAP verwendet als global agierendes Unternehmen in diesem Zusammenhang den Begriff *Small and Medium-Sized Enterprises* (SME). Auch in Tochterunternehmen multinationaler Konzerne wird SAP Business One eingesetzt, wodurch die Implementierungskosten und die Implementierungszeit gegenüber SAP Business All-in-One und SAP S/4HANA meist um ein Vielfaches geringer sind. Dadurch werden die IT-Budgets der einzelnen Niederlassungen wesentlich weniger belastet als bei einer Implementierung der größeren Pakete.

SAP Business One bietet im Wesentlichen den Funktionsumfang, der in kleinen und mittelständischen Unternehmen benötigt wird. Darüber hinaus weist die Software eine hohe Integration und Verzweigungsmöglichkeit innerhalb der Funktionsbereiche auf. Die große Stärke von SAP Business One liegt aber in der hohen Anpassungsfähigkeit an die unterschiedlichsten Bedürfnisse der kleinen und mittelständischen Unternehmen; es werden hier diverse Instrumente angeboten, mit denen der Kunde oder der Berater Prozesse an die Anforderungen des einzelnen Unternehmens anpassen kann

(z. B. benutzerdefinierte Felder und Tabellen, SQL-Abfragen, SAP Business One Studio Service-Layer bei HANA etc.).

Aus diesem Grund wird SAP Business One über alle Branchen hinweg eingesetzt und weist ein dementsprechend breit angelegtes Kundenspektrum auf. Auch die Größenordnung der bearbeiteten Kunden variiert zwischen Unternehmen mit einem eingesetzten Arbeitsplatz bis zu einer Größenordnung, die jenseits der einhundert Arbeitsplätze liegt.

Darüber hinaus wird eine Reihe von Add-ons angeboten, die zusätzlich zum Kernprogramm installiert werden können und die bestehenden Funktionen ergänzen (z. B. Outlook-Integration, Payment Engine, DATEV-Schnittstelle etc. oder Erweiterungen von SAP-Partnern wie etwa Branchenlösungen oder horizontale Erweiterungen).

*Die Lösung »SAP Business One« wird von Anwendern auf-*
*grund ihrer intuitiven Bedienbarkeit und einfachen Erlern-*
*barkeit geschätzt. In diesem Kapitel erhalten Sie das Hand-*
*werkszeug, mit dem Sie SAP Business One nutzen können.*

# 3 Grundlegende Programm-bedienung

In diesem Kapitel legen wir den Grundstein für die Arbeit mit SAP
Business One. Bei der Gestaltung der SAP-Business-One-Module
wurde großer Wert auf Durchgängigkeit gelegt. Damit wurde erreicht, dass elementare Vorgänge wie etwa die Suche nach oder das
Hinzufügen und Duplizieren von Datensätzen sowie die Verwendung von Kontextmenüs im gesamten Programm gleichartig sind.

In diesem Kapitel werden alle grundlegenden Elemente der Programmbedienung behandelt: der Einstieg, die Auswahl von Firmen,
die Arbeit mit Datensätzen, die Verwendung des Cockpits, das
Wechseln des Benutzers, die Arbeit mit Fenstern, Navigation und
Verzweigungen innerhalb von SAP Business One. Diese Elemente
funktionieren im gesamten Programm nach demselben Muster –
wenn z. B. das Arbeiten mit Datensätzen anhand des Fensters ARTI-
KELSTAMMDATEN erklärt wird, können Sie diese Vorgehensweise auf
die anderen Fenster übertragen.

**Übersicht**

## 3.1 Installation, Einstieg und Firmenauswahl

Wenn Sie sich für die Variante entschieden haben, SAP Business One
in Ihrem Unternehmen zu installieren, steht Ihnen ein sehr komfor-
tabler Assistent zur Verfügung, der Sie durch den Installationsvor-
gang für alle Komponenten von SAP Business One führt. Das
Installationsfenster, das beim Einlegen der Installations-DVD automatisch startet (bzw. durch einen Doppelklick auf die Datei *Setup.exe*
gestartet werden kann), sehen Sie in Abbildung 3.1.

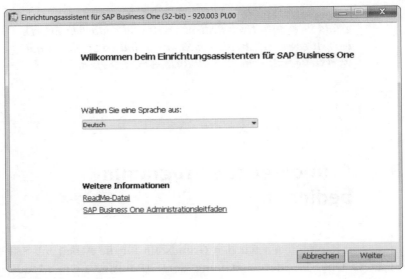

**Abbildung 3.1** Installationsfenster SAP Business One

Die Installation ist grundsätzlich so komfortabel konzipiert, dass sie auch von einem Einsteiger vorgenommen werden kann. Dennoch ist es empfehlenswert, an dieser Stelle einen Consultant zu Rate ziehen. Sollten Sie SAP Business One noch nicht in Ihrem Unternehmen installiert haben und an einer Installation interessiert sein, wenden Sie sich direkt an SAP oder einen zertifizierten SAP-Partner in Ihrem Land. Kontaktinformationen zu SAP im deutschsprachigen Raum finden Sie in Abschnitt 1.1, »Übersicht«.

**Einstieg und Auswahl der Firma** Der Einstieg in SAP Business One unterscheidet sich beim ersten Einstieg, also bei der Installation, von den zweiten und darauffolgenden Einstiegen. Eine Übersicht dazu finden Sie in Abbildung 3.2.

**[+]** **Varianten von SAP Business One**

Neben der Installation von SAP Business One (= On-Premise) existieren weitere Möglichkeiten, SAP Business One einzusetzen. Sie können SAP Business in der Cloud-Variante nutzen. Das bedeutet, die Software wird von einem Anbieter gehostet und Sie greifen via Cloud darauf zu (siehe Abschnitt 2.2, »Wer verwendet SAP Business One?«). Darüber hinaus haben Sie die Möglichkeit, SAP Business One via Webbrowser einzusetzen. Dadurch können Sie die Software ebenso über Fernzugriff nutzen (siehe Abschnitt 16.10, »SAP Business One im Webbrowser«).

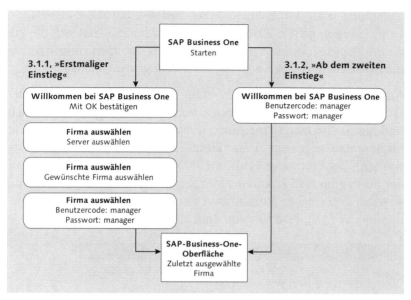

**Abbildung 3.2** Einstieg und Auswahl der Firma

### 3.1.1 Erstmaliger Einstieg

Nach erfolgreicher Installation starten Sie SAP Business One per Doppelklick auf das SAP-Business-One-Symbol (📷) auf dem Microsoft-Windows-Desktop oder über den Pfad START • ALLE PROGRAMME • SAP BUSINESS ONE • SAP BUSINESS ONE CLIENT. Nach wenigen Sekunden erscheint das Startfenster (siehe Abbildung 3.3).

**Abbildung 3.3** Startfenster von SAP Business One

Beim erstmaligen Einstieg klicken Sie nun auf den Button FIRMA ÄNDERN. Sie gelangen daraufhin zum Fenster FIRMA AUSWÄHLEN (siehe

Abbildung 3.4). Im Rahmen einer SAP-Business-One-Installation können beliebig viele Firmen angelegt werden. So lässt sich die gesamte Firmenstruktur Ihres Unternehmens abbilden, und darüber hinaus können Sie auch beliebig viele Übungsfirmen anlegen.

Aus der Firmenübersicht in Abbildung 3.4 ist ersichtlich, dass in dieser Installation drei Übungsfirmen (aus der Schweiz, aus Österreich und aus Deutschland) zur Auswahl stehen. Diese werden im Feld FIRMENNAME angezeigt (dieser Eintrag kann vom Benutzer geändert werden). Der Eintrag im Feld DATENBANKNAME ist nicht veränderbar, der Eintrag im Feld LOKALISIERUNG zeigt, wo die Firma ansässig und welchen gesetzlichen Vorschriften sie verpflichtet ist. Die Versionsnummer wird im Feld VERSION angezeigt.

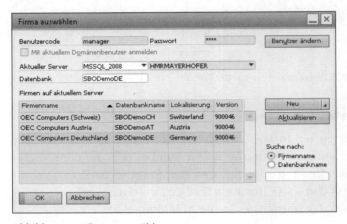

**Abbildung 3.4** Firma auswählen

Oberfläche von
SAP Business One

Wählen Sie nun die gewünschte Firma aus, klicken Sie auf den Button BENUTZER ÄNDERN, und füllen Sie die Felder BENUTZERCODE (manager) und PASSWORT (manager). Bestätigen Sie dies mit dem Button OK. Nun gelangen Sie zur Oberfläche von SAP Business One (siehe Abbildung 3.5).

**[+]** | **SAP Business One im Webbrowser**

Seit Release 9.2 haben Sie die Möglichkeit, SAP Business One im Webbrowser zu öffnen und mit den meisten Funktionen zu verwenden. Einen genaueren Hinweis dazu finden Sie in Abschnitt 16.10, »SAP Business One im Webbrowser«.

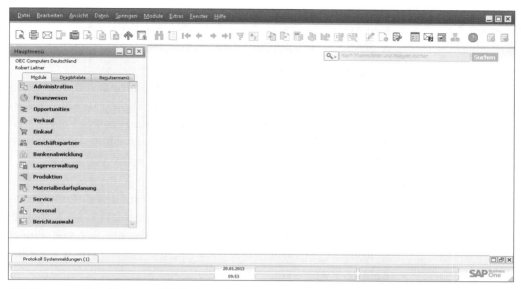

**Abbildung 3.5** Oberfläche von SAP Business One

## 3.1.2 Ab dem zweiten Einstieg

Der zweite Einstieg ist bereits wesentlich einfacher. Da sich SAP Business One die zuletzt ausgewählte Firma »merkt«, müssen lediglich die Felder BENUTZERKENNUNG und PASSWORT gepflegt werden (siehe Abbildung 3.3). Für den bereits bei der Installation angelegten Benutzer »manager«, der uneingeschränkte Rechte in SAP Business One besitzt, sind die Felder BENUTZERKENNUNG und PASSWORT bereits mit den korrekten Einträgen vorbelegt. Das bedeutet, wenn Sie mit diesem Benutzer einsteigen möchten, müssen Sie dies jeweils nur mit dem Button OK bestätigen, um zur Oberfläche von SAP Business One zu gelangen.

| **Zweimaliges Login mit demselben Benutzercode** | **[+]** |
|---|---|
| Falls Sie sich mit einem Benutzercode einloggen, der bereits in SAP Business One angemeldet ist, erhalten Sie eine Hinweismeldung (siehe Abbildung 3.3). Sie können daraufhin die Anmeldung abbrechen, oder der bereits angemeldete Benutzer wird ausgeloggt. | |

Nach dem Programmeinstieg (siehe Abbildung 3.5) stehen Ihnen die folgenden Möglichkeiten zur Verfügung:

Möglichkeiten nach dem Programmeinstieg

35

▶ **Firma wechseln**

Falls Sie die Firma wechseln möchten, wählen Sie den Menüpfad ADMINISTRATION • FIRMA AUSWÄHLEN (siehe Abbildung 3.4).

▶ **Angezeigte Firmen aktualisieren**

Falls Sie Änderungen an einer bestehenden Firma (z. B. Änderung des Firmennamens) vorgenommen haben, klicken Sie auf den Button AKTUALISIEREN im rechten Bereich des Fensters FIRMA AUS-WÄHLEN (siehe Abbildung 3.4), damit diese auch in der Tabellenstruktur angezeigt werden.

▶ **Neue Firmen anlegen**

Um eine neue Firma anzulegen, klicken Sie auf den Button NEU im rechten Bereich von Abbildung 3.4. Die Neuanlage einer Firma erfordert einige grundlegende Einstellungen, die nur von einem Consultant bzw. einem Key-User vorgenommen werden sollten.

▶ **Benutzer wechseln**

Falls Sie den Benutzer wechseln möchten, wählen Sie ebenfalls den Menüpfad ADMINISTRATION • FIRMA AUSWÄHLEN und klicken auf den Button BENUTZER ÄNDERN (siehe Abbildung 3.4, im rechten oberen Bereich). Nun geben Sie Benutzercode und Passwort des gewünschten Benutzers ein. Wie Sie neue Benutzer anlegen, erfahren Sie in Abschnitt 4.2, »Benutzer«.

## 3.2 Navigation

Navigation Hauptmenü

SAP Business One ist in Module gegliedert, die Navigation innerhalb der Software erfolgt auf eine leicht nachvollziehbare Weise. Sie erreichen die gewünschte Funktion durch Navigieren über das Hauptmenü, das aus *Modulen*, *Fenstern* und *Unterordnern* besteht. Als Beispiel sehen Sie in Abbildung 3.6, dass dem Modul PERSONAL ❶ das Fenster MITARBEITERSTAMMDATEN ❷ und der Unterordner BERICHTE PERSONALWESEN ❸ untergeordnet sind.

Jedes Element kann mit einem einfachen Mausklick geöffnet werden. Ein Modul und ein Unterordner werden bei einem erneuten Klick oder beim Klick auf ein anderes Modul bzw. einen anderen Unterordner wieder geschlossen.

Fenster mehrmals öffnen

Fenster befinden sich direkt unter einem Modul (siehe Fenster MITARBEITERSTAMMDATEN in Abbildung 3.6) oder in den hierarchisch angelegten Unterordnern (siehe Fenster MITARBEITERLISTE) und werden ebenfalls mit einem einfachen Klick geöffnet. Ein Fenster lässt sich mehrmals öffnen.

**Abbildung 3.6** Über das Hauptmenü navigieren

| **Artikel vergleichen** | **[+]** |
| --- | --- |
| Gehen Sie so vor, wenn Sie zwei Artikel vergleichen oder gegenüberstellen möchten: Öffnen Sie das Fenster ARTIKELSTAMMDATEN unter LAGERVERWALTUNG • ARTIKELSTAMMDATEN zweifach. Suchen Sie die zu vergleichenden Artikel im SUCHEN-Modus (siehe Abschnitt 3.5.2, »Nach vorhandenen Datensätzen suchen«), und legen Sie die Fenster nebeneinander. | |

Sie können das jeweilige Fenster mit der Taste [Esc] oder einem Mausklick auf den Button [x] in der rechten oberen Ecke des Fensters schließen. Wenn Sie mehrere Fenster geöffnet haben, können Sie diese (mit Ausnahme des Hauptmenüs) mithilfe des Eintrags ALLE SCHLIESSEN im Menü FENSTER wieder schließen.

*Fenster schließen*

Mit der Taste [↵] lässt sich der Button links unten im Fenster bedienen. Dieser Button kann je nach gerade ausgeführter Funktion und dem jeweiligen Fenster ein anderer sein:

- Button HINZUFÜGEN (siehe Abschnitt 3.5.1, »Datensätze hinzufügen«)

- Button SUCHEN oder AUSWÄHLEN (siehe Abschnitt 3.5.2, »Nach vorhandenen Datensätzen suchen«)

- Button AKTUALISIEREN oder OK (siehe Abschnitt 3.5.4, »Datensätze ändern/entfernen«)

**Fenstergröße anpassen**

Die Größe eines Fensters können Sie anpassen, indem Sie mit dem Mauszeiger auf dessen Rand zeigen. Der Mauszeiger verwandelt sich daraufhin in einen Doppelpfeil, mit dem Sie das Fenster bei gedrückter linker Maustaste in der jeweils angezeigten Richtung größer und kleiner ziehen können. Wenn Sie das Fenster an den Ecken »anfassen«, werden Höhe und Breite des Fensters gleichzeitig geändert.

**[+] Fenstereigenschaften**

Wenn Sie ein Fenster schließen und neu aufrufen, hat es nach dem Öffnen jeweils die gleiche Position und Größe wie zuvor. Das bedeutet, SAP Business One speichert die Position und Größe für jeden Benutzer ab. Auf diese Weise können Sie die Fenster dauerhaft so justieren, wie Sie am besten damit arbeiten können.

**Über Menü »Module« navigieren**

Die gleiche Struktur der Navigation findet sich stufenartig im Menü MODULE wieder (siehe Abbildung 3.7).

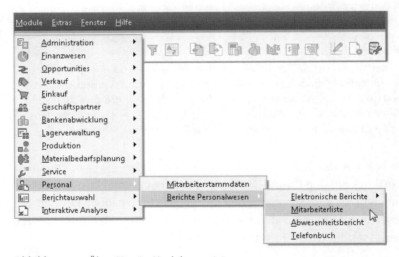

**Abbildung 3.7** Über Menü »Module« navigieren

Die Fenster werden hier ebenfalls durch einen einfachen Mausklick geöffnet. Unterordner, wie BERICHTE PERSONALWESEN, öffnen sich automatisch, wenn Sie mit dem Mauszeiger kurz auf ihnen verharren. Zusätzlich haben Sie die Möglichkeit, im Hauptmenü mit den Pfeiltasten auf der Tastatur zu navigieren.

Eine pfiffige Besonderheit in SAP Business One stellen die vielfach vorhandenen orangefarbenen Pfeile ⇨ (Drilldown) dar, die sich in beinahe jedem Fenster befinden. Diese Pfeile stehen für eine sogenannte *Drilldown-Funktion*. Das heißt, überall dort, wo sich dieser Button befindet, können Sie in ein thematisch verknüpftes Fenster weiterverzweigen.

*Drilldown – orangefarbener Pfeil*

Jeder orangefarbene Pfeil ⇨ vor einem Feld stellt also eine *Abkürzung* zu einem thematisch eng verwandten Fenster dar. Sie ersparen sich so das zeitaufwendige Navigieren über das Hauptmenü zu diesen Fenstern. Das folgende Beispiel soll Ihnen zeigen, wie einfach und effizient diese Funktion ist (siehe Abbildung 3.8).

*Beispiel für Abkürzungen*

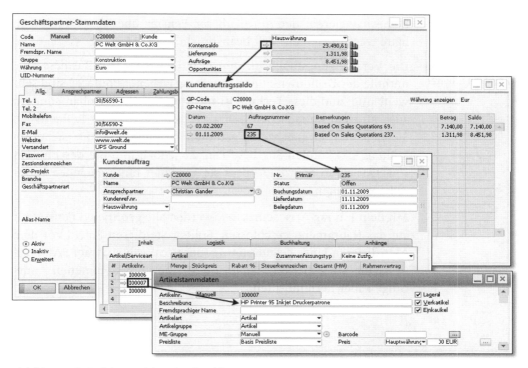

**Abbildung 3.8** Drilldown – blitzschnelle Abkürzungen

Für dieses Beispiel wurden Abkürzungen für die folgende Reihe von Fenstern gewählt (in Klammern sehen Sie den »konventionellen« Pfad über das Hauptmenü):

1. Öffnen Sie das Fenster GESCHÄFTSPARTNER-STAMMDATEN (Modul GESCHÄFTSPARTNER).

2. Klicken Sie auf den orangefarbenen Pfeil ⬛ vor dem Feld KONTENSALDO. Sie gelangen in das Fenster KUNDENAUFTRAGSSALDO des ausgewählten Kunden (nur über Drilldown verfügbar!).

3. Klicken Sie auf einen orangefarbenen Pfeil ⬛ neben einem beliebigen Kundenauftrag (Modul VERKAUF). Sie gelangen zu dem entsprechenden Fenster KUNDENAUFTRAG.

4. Klicken Sie auf den orangefarbenen Pfeil ⬛ neben einer beliebigen Artikelnummer in den Artikelzeilen des Kundenauftrags. Sie gelangen in das Fenster ARTIKELSTAMMDATEN dieses Artikels (Modul LAGERVERWALTUNG).

Sie können sehr schnell – innerhalb weniger Sekunden – durch diese Reihe navigieren; der Aufruf dieser Fenster über das Hauptmenü hätte wesentlich mehr Zeit beansprucht.

**Mit verschiedenen Fenstern arbeiten**

Die Verzweigungsmöglichkeiten innerhalb von SAP Business One mithilfe der Drilldown-Funktion (orangefarbener Pfeil ⬛) sind sehr weitläufig, und diese Technik ist nicht nur leicht erlernbar, sondern auch effizient im täglichen Gebrauch. Am Ende dieser Reihe haben Sie viele Fenster gleichzeitig geöffnet. Im Menü FENSTER (siehe Abbildung 3.7) können Sie diese Fenster jedoch mithilfe des Eintrags ÜBERLAPPEN so anordnen, dass sie geordnet hintereinander aufgereiht erscheinen.

Mit dem Eintrag ALLE SCHLIESSEN werden alle geöffneten Fenster bis auf das Hauptmenü geschlossen. Sollten Sie diesen Befehl vor dem Aktualisieren eines geänderten Datensatzes wählen, fragt SAP Business One Sie sicherheitshalber, ob Sie die vorgenommenen Änderungen speichern möchten.

Weitere Beispiele für Abkürzungen über einen orangefarbenen Pfeil ⇨ zeigt Ihnen Tabelle 3.1.

| Orangefarbener Pfeil im Fenster/beim Feld | Verknüpftes Fenster |
|---|---|
| Artikelstammdaten/Hauptlieferant | Geschäftspartner |
| Artikelstammdaten/Bestandsdaten (Lagercode) | Lager |
| Geschäftspartner-Stammdaten/ Opportunities | Opportunities |
| Geschäftspartner-Stammdaten/ Zahlungsbedingungen | Zahlungsbedingungen |
| Geschäftspartner-Stammdaten/ Abstimmkonten | Sachkonten |
| Kundenauftrag/Geschäftspartner | Geschäftspartner-Stammdaten |
| Kundenauftrag/Artikelnummer | Artikelstammdaten |

**Tabelle 3.1** Beispiele für blitzschnelle Abkürzungen

Das Navigieren im Fenster funktioniert ähnlich wie in den meisten Microsoft-Windows-Programmen. Mit der ⇥-Taste springen Sie zum nächsten Feld, der Cursor blinkt auf, und der Hintergrund des Feldes erscheint gelb eingefärbt. Das Springen in entgegengesetzter Richtung erfolgt über die Tastenkombination ⇧+⇥. Die Sprungreihenfolge erfolgt logisch intuitiv und umfasst alle Felder eines Fensters.

Im Fenster navigieren

Enthält das Fenster *Registerkarten* (ist es also in weitere »Unterfenster« unterteilt), finden Sie im Namen der Registerkarte einen unterstrichenen Buchstaben. Die Registerkarte kann mit einer Tastenkombination, bestehend aus [Alt] und dem jeweils unterstrichenen Buchstaben, angesteuert werden.

Nehmen Sie als Beispiel das Fenster ARTIKELSTAMMDATEN (Menüpfad LAGERVERWALTUNG • ARTIKELSTAMMDATEN): Wechseln Sie im Fenster ARTIKELSTAMMDATEN zur Registerkarte EINKAUFSDATEN über die Tastenkombination [Alt]+[K]. Der Cursor wird im ersten Feld dieser Registerkarte platziert (siehe Abbildung 3.9).

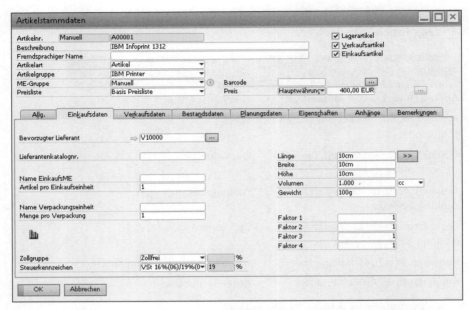

**Abbildung 3.9** Registerkarte »Einkaufsdaten« mit Tastenkombination »Alt+K« ansteuern

**Bildschirm sperren**
Möchten Sie Ihren Arbeitsplatz verlassen, haben Sie die Möglichkeit, den Bildschirm zu sperren und SAP Business One vor unbefugtem Zugriff zu schützen. Wählen Sie dazu das Menü DATEI mit dem Eintrag BILDSCHIRM SPERREN, oder klicken Sie auf den Button 🔒 (BILDSCHIRM SPERREN) in der Symbolleiste. Der Bildschirm wird gesperrt, und Ihnen wird ein entsprechendes Fenster zur Information angezeigt (siehe Abbildung 3.10).

**Abbildung 3.10** Gesperrter Bildschirm in SAP Business One

Geben Sie Benutzercode und Passwort ein, um den Bildschirm wieder zu entsperren.

## 3.3 Navigation mit dem Cockpit

Seit Release 8.8 von SAP Business One steht dem Benutzer das soge-nannte *Cockpit* zur Verfügung. Durch die Aktivierung des Cockpits können Sie eine völlig neue Benutzeroberfläche nutzen, die Sie – in-nerhalb bestimmter Vorgaben – nach Ihren eigenen Wünschen ge-stalten können.

Um das Cockpit zu aktivieren, öffnen Sie das Fenster ALLGEMEINE EINSTELLUNGEN (unter ADMINISTRATION • SYSTEMINITIALISIERUNG) und markieren auf der Registerkarte COCKPIT die Option COCKPIT. Damit ist die Voraussetzung geschaffen, dass jeder einzelne Benutzer sein Cockpit auch tatsächlich aktivieren kann. Der Benutzer aktiviert sein Cockpit im Menü EXTRAS, Eintrag COCKPIT, indem er die Checkbox MEIN COCKPIT AKTIVIEREN markiert. Daraufhin erhalten Sie eine Hin-weismeldung (siehe Abbildung 3.11).

*Cockpit aktivieren*

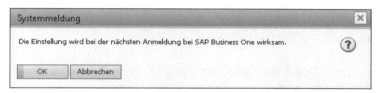

**Abbildung 3.11** Hinweismeldung nach Aktivieren des Cockpits

Um die Aktivierung des Cockpits abzuschließen, müssen Sie dem-nach SAP Business One schließen und erneut öffnen. Auf der linken Seite der Benutzeroberfläche steht Ihnen nun ein erweitertes Haupt-menü zur Verfügung (siehe Abbildung 3.12).

In diesem Hauptmenü stehen Ihnen drei Buttons zur Verfügung, die um 90 Grad nach links gedreht sind:

▶ **Button »Mein Cockpit«**
Klicken Sie auf diesen Button, und es werden alle vorhandenen Cockpits sowie die sogenannte *Widget-Galerie* angezeigt.

▶ **Button »Module«**
Klicken Sie auf diesen Button, und das ursprüngliche Hauptmenü mit allen Modulen wird angezeigt.

▶ **Button »Drag&Relate«**
Klicken Sie auf diesen Button, und Ihnen stehen die Funktionen zu
Drag & Relate zur Verfügung. Wie Sie mit Drag & Relate arbeiten,
wird in Abschnitt 16.3, »Drag & Relate«, ausführlich beschrieben.

**Abbildung 3.12** Hauptmenü nach Aktivieren des Cockpits

Cockpit anpassen    Klicken Sie auf den Button MEIN COCKPIT, um alle vorhandenen
Cockpits und die Widget-Galerie anzuzeigen.

### 3.3.1    Widgets verwalten

Widget anordnen    Um ein Widget auf der Benutzeroberfläche anzuordnen, klicken Sie
mit der linken Maustaste auf das gewünschte Widget in der Widget-
Galerie, ziehen dieses an die gewünschte Stelle der Benutzeroberfläche und lassen es dort »fallen« (siehe Abbildung 3.13).

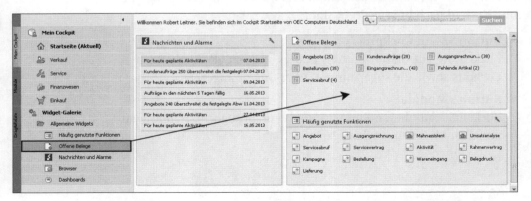

**Abbildung 3.13** Widget auf der Benutzeroberfläche des Cockpits anordnen

Nachdem Sie das Widget fallen gelassen haben, können Sie es wiederum mit der linken Maustaste am oberen Rand anfassen und es an eine andere Stelle ziehen. Außerdem können Sie die Größe des Widgets – genau wie die eines Fensters in SAP Business One – anpassen. Bewegen Sie dazu den Cursor an den Rand des Widgets, bis sich der Cursor in einen Doppelpfeil verwandelt, und ändern Sie die Größe sowohl vertikal als auch horizontal.

Da jedes Widget andere Eigenschaften aufweist, sollen an dieser Stelle alle Widgets kurz beschrieben werden. In der Widget-Galerie im linken Bereich stehen Ihnen fünf Arten von Widgets zur Verfügung:

Widget-Galerie

▶ HÄUFIG GENUTZTE FUNKTIONEN

▶ OFFENE BELEGE

▶ NACHRICHTEN UND ALARME

▶ BROWSER

▶ DASHBOARDS

Im weiteren Verlauf sollen diese fünf Widget-Arten kurz dargestellt werden.

| Mehrfache Verwendung von Widgets | **[+]** |
| --- | --- |
| Die Widgets HÄUFIG GENUTZTE FUNKTIONEN, OFFENE BELEGE sowie NACHRICHTEN UND ALARME können für jedes Cockpit nur einmal auf die Benutzeroberfläche gezogen werden. | |

Mit dem Widget HÄUFIG GENUTZTE FUNKTIONEN haben Sie die Möglichkeit, sich auf der Benutzeroberfläche Ihr persönliches Menü von Funktionen aus SAP Business One zusammenstellen. Dazu ziehen Sie das Widget HÄUFIG GENUTZTE FUNKTIONEN an die gewünschte Stelle der Benutzeroberfläche und ändern die Größe wie gewünscht. Anschließend wechseln Sie mit dem Button MODULE am linken Rand zur Darstellung des Hauptmenüs. Suchen Sie im Hauptmenü nach der Funktion bzw. nach dem Fenster, das Sie im Widget HÄUFIG GENUTZTE FUNKTIONEN anzeigen möchten. Nun ziehen Sie mit der linken Maustaste die Funktion in das Widget. Abbildung 3.14 zeigt, wie die Funktion OPPORTUNITY im Modul OPPORTUNITIES in das Widget gezogen wird.

Widget »Häufig genutzte Funktionen«

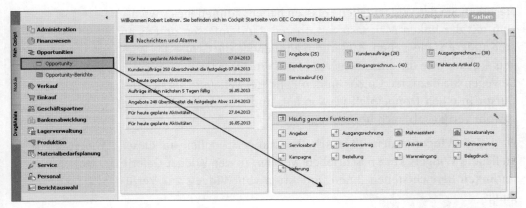

**Abbildung 3.14** Funktion »Opportunity« in das Widget »Häufig genutzte Funktionen« ziehen

Lassen Sie die Funktion im Widget fallen, und der Eintrag OPPORTU-NITY wird angezeigt. Klicken Sie nun einmal auf den Eintrag OPPOR-TUNITY, und das Fenster OPPORTUNITY wird geöffnet. Verfahren Sie so mit allen Funktionen, die Sie häufig nutzen, um sich ein persönliches Menü auf der Benutzeroberfläche zusammenzustellen.

Widget
»Offene Belege«

Das Widget OFFENE BELEGE zeigt alle Belege einer Belegstufe, die noch nicht in die nächste Belegstufe weiterverarbeitet wurden. Zum Beispiel zeigen die offenen Kundenaufträge alle Kundenaufträge, für die noch keine Lieferung oder Ausgangsrechnung erstellt wurde. Die Belegkette und der Belegstatus werden in Abschnitt 5.4, »Belegkette im Einkauf«, ausführlich behandelt.

Ziehen Sie also das Widget OFFENE BELEGE auf die Benutzerober-fläche, und ändern Sie Position und Größe nach Ihren Wünschen. Anschließend klicken Sie auf das Schraubenschlüsselsymbol 🔧 in der rechten oberen Ecke des Widgets und wählen den Eintrag EIN-STELLUNGEN aus dem Kontextmenü. Das Fenster OFFENE BELEGE – WIDGET-EINSTELLUNGEN wird geöffnet (siehe Abbildung 3.15).

Aktivieren Sie nun in der Spalte ANZEIGEN alle Belegstufen, die Sie im Widget sehen möchten, und bestätigen Sie mit dem Button OK. An-schließend werden alle markierten Einträge im Widget angezeigt. Klicken Sie auf den gewünschten Eintrag, und das Fenster OFFENE BELEGE der angeklickten Belegstufe wird geöffnet.

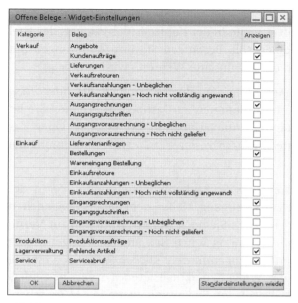

**Abbildung 3.15** Einstellungen für das Widget »Offene Belege«

Das Widget Nachrichten und Alarme ist eine kleinere Darstellung des Fensters Übersicht Nachrichten/Alarme, das Sie mit dem Button über die Symbolleiste aufrufen können.

Das Widget zeigt alle aktuellen Nachrichten und Alarme an, die an Ihren Benutzer adressiert sind. Dies können Nachrichten, Alarme, Anfragen zur Genehmigung, Erinnerung zu Inventur, Erinnerungen zu Aktivitäten etc. sein. Ziehen Sie also das Widget Nachrichten und Alarme auf die Benutzeroberfläche, und ändern Sie Position und Größe nach Ihren Wünschen. Klicken Sie doppelt auf eine angezeigte Nachricht, und das Fenster Übersicht Nachrichten/Alarme wird geöffnet.

Mit dem Widget Browser haben Sie die Möglichkeit, Inhalte von Webseiten innerhalb des Widgets anzuzeigen. Ziehen Sie also das Widget Browser auf die Benutzeroberfläche, und ändern Sie Position und Größe nach Ihren Wünschen. Anschließend klicken Sie auf das Schraubenschlüsselsymbol in der rechten oberen Ecke des Widgets und wählen den Eintrag Einstellungen aus dem Kontextmenü. Das Fenster Browser – Widget – Einstellungen wird geöffnet. Geben Sie nun im Feld URL die anzuzeigende Internetadresse ein. Im Feld Titel können Sie eine Bezeichnung für das Browser-

Widget »Nachrichten und Alarme«

Widget »Browser«

Widget eingeben. Darüber hinaus markieren Sie die Checkbox Titel der Webseite anzeigen, wenn in der Kopfzeile des Widgets der Titel der Webseite erscheinen soll. Bestätigen Sie Ihre Änderungen mit dem Button OK, und die gewünschte Webseite wird angezeigt.

Widget »Dashboard« Das Widget Dashboard basiert auf der Technologie des *Integration Frameworks*. Nähere Informationen zu Dashboards erhalten Sie im kostenlosen Zusatzkapitel »Innovationen in SAP Business One«, das Sie von der Website *http://www.sap-press.de/4078* herunterladen können.

Bei allen Widgets steht das Schraubenschlüsselsymbol 🔧 in der rechten oberen Ecke zur Verfügung. Neben dem bereits behandelten Eintrag Einstellungen haben Sie noch weitere Optionen zur Verfügung. Klicken Sie auf den Eintrag Schliessen, um das Widget wieder von der Benutzeroberfläche zu entfernen. Klicken Sie auf den Eintrag Aktualisieren, um das Widget zu aktualisieren. Dies ist besonders beim Widget Offene Belege von Bedeutung, wenn in der Zwischenzeit wieder neue offene Belege von einem anderen Benutzer angelegt wurden. Klicken Sie auf den Eintrag Minimieren, um nur die Kopfzeile des Widgets anzuzeigen. Klicken Sie auf den Eintrag Info, um weitere Informationen zu dem Widget zu erhalten.

Widgets automatisch anordnen Im Menü Fenster haben Sie noch zwei nützliche Funktionen zur Verfügung. Klicken Sie auf den Eintrag Alle Widgets ein-/ausblenden. Wenn die Widgets angezeigt werden, werden sie daraufhin ausgeblendet. Klicken Sie wiederum auf den Eintrag, um alle Widgets wieder einzublenden. Klicken Sie auf den Eintrag Alle Widgets automatisch anordnen, und alle angezeigten Widgets werden abhängig von Anzahl und Größe automatisch entsprechend Ihrer Bildschirmauflösung angeordnet. Sollten Sie sehr viele Widgets verwenden, werden diese immer weiter nach unten angeordnet. Mit der Bildlaufleiste am rechten Rand können Sie nach unten scrollen.

### 3.3.2 Cockpits verwalten

Nachdem Sie im vorangegangenen Abschnitt erfahren haben, wie Sie Widgets in Ihrem Cockpit verwenden, soll nun die Verwendung mehrerer Cockpits dargestellt werden.

Sobald Sie Ihr Cockpit aktivieren, stehen Ihnen standardmäßig die folgenden fünf Cockpits zur Verfügung (siehe Abbildung 3.16):

▶ STARTSEITE (AKTUELL)

▶ VERKAUF

▶ SERVICE

▶ FINANZWESEN

▶ EINKAUF

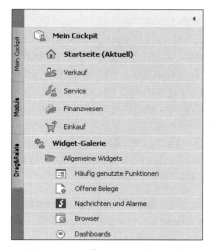

**Abbildung 3.16** Übersicht aller Cockpits

Diese sind in SAP Business One voreingestellt und können auch nicht verändert und nicht gelöscht werden. Je nach Rolle des Benutzers und Thema kann das entsprechende Cockpit angepasst werden. Das Cockpit STARTSEITE ist jenes, das nach dem Start von SAP Business One zuerst sichtbar ist. Um eines der anderen Cockpits aufzurufen, klicken Sie mit der linken Maustaste auf den entsprechenden Eintrag, und die Benutzeroberfläche des angewählten Cockpits wird angezeigt.

Um weitere Cockpits anzulegen, klicken Sie auf den Eintrag COCKPIT-VERWALTUNG im Menü EXTRAS, Unterordner COCKPIT. Das Fenster COCKPIT-VERWALTUNG – DEFINITIONEN öffnet sich daraufhin (siehe Abbildung 3.17).

Neues Cockpit anlegen

Geben Sie in dem Fenster einen Namen und eine Beschreibung in den entsprechenden Feldern an, und bestätigen Sie mit dem Button

AKTUALISIEREN und anschließend mit dem Button OK. Das Cockpit wird daraufhin in der Übersicht der Cockpits angezeigt.

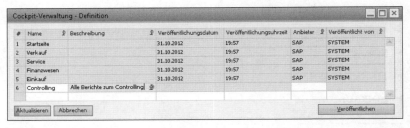

**Abbildung 3.17** Ein neues Cockpit »Controlling« anlegen

In dem neu angelegten Cockpit stehen Ihnen die gleichen Funktionen zur Anordnung von Widgets zur Verfügung wie in den bereits standardmäßig vorhandenen Cockpits. Wenn Sie ein von Ihnen angelegtes Cockpit wieder löschen möchten, markieren Sie den angelegten Eintrag im Fenster COCKPIT-VERWALTUNG – DEFINITIONEN, klicken auf die rechte Maustaste und wählen den Eintrag ENTFERNEN aus dem Kontextmenü. Bestätigen Sie mit dem Button AKTUALISIEREN und anschließend mit dem Button OK.

Wenn Sie den Eindruck haben, dass Ihre Cockpits zu umfangreich und unübersichtlich geworden sind, klicken Sie auf den Eintrag UR-SPRÜNGLICHE COCKPIT-VORLAGE ANWENDEN im Menü EXTRAS, Unterordner COCKPIT. Nach einer Sicherheitsabfrage von SAP Business One wird das Cockpit wieder auf den Ursprungszustand gesetzt, und all Ihre Änderungen gehen verloren.

Mit den Cockpits können Sie die Benutzeroberfläche von SAP Business One auf vielfältige Weise an Ihre Bedürfnisse anpassen, um noch effizienter mit dem System arbeiten zu können.

## 3.4 Weitere Bedienelemente

In diesem Abschnitt werden wichtige Bedienelemente beschrieben, wie sie typischerweise in SAP Business One vorkommen.

Auswahllisten SAP Business One unterscheidet z. B. verschiedene Arten von Auswahllisten, die sich durch die komplette Programmfunktionalität ziehen, zudem werden die Kalender- und die Rechnerfunktion erläutert.

## Dropdown-Liste ( ▼ )

Eine Auswahlliste ist mit diesem Symbol gekennzeichnet: ▼ . Sie
finden sie z. B. im Modul LAGERVERWALTUNG im Fenster ARTIKEL-
STAMMDATEN. Abbildung 3.18 zeigt die Dropdown-Liste im Feld VER-
SANDART auf der Registerkarte ALLG.

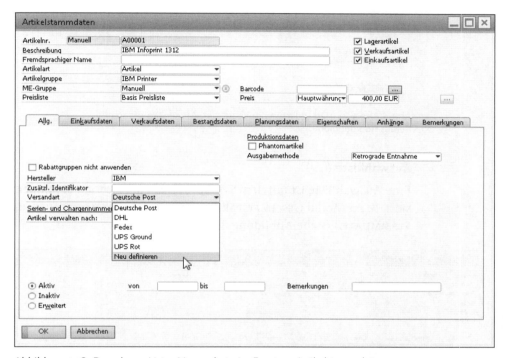

**Abbildung 3.18** Dropdown-Liste »Versandart« im Fenster »Artikelstammdaten«

Wählen Sie einen Eintrag aus der Liste aus, um ihn den Artikelstammdaten zuzuordnen. Um eine neue Versandart anzulegen, können Sie in der Dropdown-Liste den Eintrag NEU DEFINIEREN wählen.
Das Stammdatenfenster zum Anlegen neuer Einträge wird geöffnet.

Versandart aus
Liste definieren

In unserem Beispiel wird das Fenster VERSANDARTEN – DEFINITION
aufgerufen, das Sie auf dem herkömmlichen Weg über den Pfad AD-
MINISTRATION • DEFINITIONEN • LAGERVERWALTUNG • VERSANDARTEN
erreichen. Um eine neue Versandart anzulegen, geben Sie den Namen der Versandart und, falls gewünscht, die Website dazu ein
(siehe Abbildung 3.19). Speichern Sie die neue Versandart dann mit
dem Button AKTUALISIEREN. Um diese auch sofort zuzuweisen, klicken Sie anschließend auf den Button OK. Das Fenster wird geschlos-

sen und die eben angelegte neue Versandart dem Artikel zugeordnet. Speichern Sie die Änderung im Fenster ARTIKELSTAMMDATEN ebenfalls mit dem Button AKTUALISIEREN.

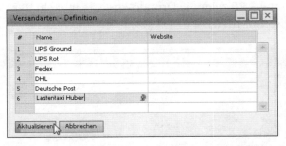

**Abbildung 3.19** Versandarten direkt aus den Artikelstammdaten heraus neu definieren

### Auswahlliste (⊜)

Eine Auswahlliste ist mit dem Symbol ⊜ gekennzeichnet. Sie finden sie z. B. im Modul GESCHÄFTSPARTNER im Fenster GESCHÄFTSPARTNER-STAMMDATEN (siehe Abbildung 3.20).

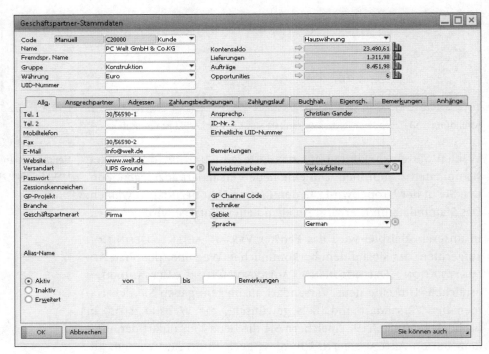

**Abbildung 3.20** Auswahlliste in den Geschäftspartner-Stammdaten

Im Feld VERTRIEBSMITARBEITER können Sie Ihrem Kunden einen eigenen Vertriebsmitarbeiter zuordnen, der diesen Kunden betreut. Dieses Feld bietet neben der bereits vorgestellten Dropdown-Liste ( ▼ )
auch die Auswahlliste ( ▤ ) an. Klicken Sie mit der linken Maustaste
auf diese Auswahlliste, um sie als eigenes Fenster zu öffnen (siehe
Abbildung 3.21).

Vertriebsmitarbei-
ter zuordnen

**Abbildung 3.21** Auswahlliste der Vertriebsmitarbeiter

Markieren Sie den gewünschten Vertriebsmitarbeiter, und klicken
Sie auf den Button AUSWÄHLEN, um den Vertriebsmitarbeiter dem
Geschäftspartner zuzuordnen. Im Gegensatz zur Dropdown-Liste
haben Sie bei der Auswahlliste weitere Sortier- und Suchmöglichkeiten, die in Abschnitt 3.5.2, »Nach vorhandenen Datensätzen
suchen«, beim Suchen von Datensätzen beschrieben werden.

### Listenauswahl ( ▤ )

Eine Listenauswahl ist an wichtigen Stellen in Belegen platziert. Als
Beispiel dient das Fenster BESTELLUNG – AUFGETEILT im Modul EIN-
KAUF. Den oberen Teil der Bestellung sehen Sie in Abbildung 3.22.

**Abbildung 3.22** Listenauswahl im Fenster »Bestellung – Aufgeteilt«

Sobald Sie dieses Fenster öffnen, ist der Cursor im ersten Feld LIEFE-RANT platziert, in dem Sie den gewünschten Lieferanten für diese Be-stellung auswählen können. Dazu klicken Sie entweder mit der linken Maustaste auf das Symbol [=] oder drücken die [⇆]-Taste, um die Listenauswahl für die Lieferanten zu öffnen, wie Sie in Abbil-dung 3.23 sehen.

**Abbildung 3.23**  Listenauswahl »Lieferanten« im Fenster »Bestellung«

Markieren Sie den gewünschten Lieferanten, und klicken Sie auf den Button AUSWÄHLEN, um den Lieferanten der Bestellung zuzuordnen. Das Symbol [=] wird in den dafür vorgesehenen Feldern nur ange-zeigt, wenn der Cursor im jeweiligen Feld platziert ist (siehe z. B. Ab-bildung 3.22).

Felder mit Listen-auswahl markieren | Als Erkennungshilfe für diese Felder haben Sie die Möglichkeit, alle Felder mit Listenauswahl besonders zu kennzeichnen bzw. hervorzu-heben. Dazu markieren Sie im Menü ANSICHT • AUSWAHLFUNKTION den Eintrag LISTENAUSWAHL. Alle Felder, die über eine Listenauswahl verfügen, sind nun am rechten Rand speziell gekennzeichnet (siehe Markierung in Abbildung 3.24).

**Abbildung 3.24**  Listenauswahl im Fenster »Bestellung – Aufgeteilt«

## Kalenderfunktion ( )

Die *Kalenderfunktion* ermöglicht dem Benutzer eine komfortable Datumseingabe. In jedem Datumsfeld steht Ihnen nun ein Kalendersymbol ( ) auf der rechten Seite des Feldes zur Verfügung (siehe Abbildung 3.25).

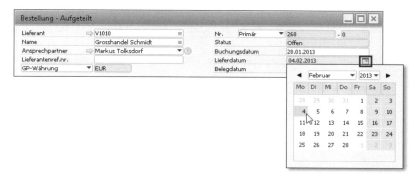

**Abbildung 3.25** Kalenderfunktion zur Datumsauswahl

Wenn Sie das Kalendersymbol anklicken, öffnet sich direkt unterhalb des Symbols ein Kalender. In diesem können Sie sehr einfach mit Pfeiltasten oder einer Auswahlliste das entsprechende Jahr bzw. den entsprechenden Monat auswählen; die Auswahl des Tages erfolgt einfach per Mausklick.

## Rechnerfunktion ( )

Die *Rechnerfunktion* ermöglicht es dem Benutzer, in Betragsfeldern rasche Berechnungen durchzuführen und das Ergebnis in das jeweilige Feld zu übernehmen. Jedes Betragsfeld in SAP Business One ist mit dem Rechnersymbol ( ) versehen. Klicken Sie auf dieses Symbol, und es öffnet sich ein Zusatzfenster in Form eines kleinen Taschenrechners direkt unterhalb des gewählten Betragsfeldes (siehe Abbildung 3.26).

Der Rechner ist wie jeder herkömmliche Taschenrechner zu bedienen. Die Eingabe kann sowohl per Mausklick auf die einzelnen Tasten des Rechners als auch über die Tastatur Ihres PCs erfolgen. Klicken Sie auf dem abgebildeten Rechner auf den =-Button, oder drücken Sie die ⏎-Taste Ihrer Tastatur, um ein Ergebnis zu erhalten. Klicken Sie rechts unten auf dem Rechner auf den Button KOPIE-

REN IN FELD, bzw. verwenden Sie die Tastenkombination [Alt]+[K], um das Ergebnis in das Betragsfeld zu kopieren.

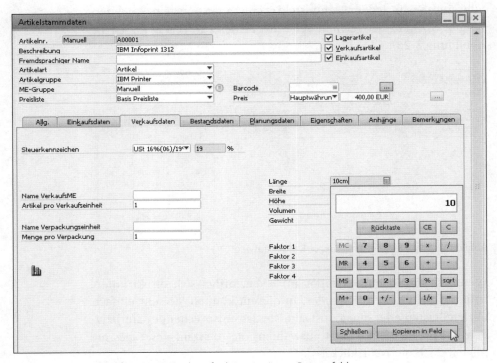

**Abbildung 3.26** Rechnerfunktion in einem Betragsfeld

## 3.5 Mit Datensätzen arbeiten

Arbeiten mit SAP Business One bedeutet Arbeiten mit Datensätzen. Unabhängig davon, in welchem Bereich von SAP Business One Sie sich befinden, werden Sie stets auf Datensätze treffen. Das effiziente Umgehen mit diesen Datensätzen – das Hinzufügen, Suchen, Duplizieren, Entfernen und Aktualisieren – ist das Thema der folgenden Abschnitte.

»Hinzufügen«- vs. »Suchen«-Modus

In SAP Business One kann jedes Fenster in zwei verschiedenen Modi verwendet werden. Einerseits können im HINZUFÜGEN-Modus neue Datensätze angelegt werden (siehe Abschnitt 3.5.1, »Datensätze hinzufügen«). Andererseits kann im SUCHEN-Modus nach bereits vorhandenen Datensätzen gesucht werden (siehe Abschnitt 3.5.2, »Nach vorhandenen Datensätzen suchen«).

### 3.5.1 Datensätze hinzufügen

Der Button links unten im Fenster zeigt den gerade aktuellen Modus des Fensters an – HINZUFÜGEN oder SUCHEN. In Tabelle 3.2 sehen Sie, wie Sie zwischen den Modi wechseln können.

| »Hinzufügen«-Modus | »Suchen«-Modus |
|---|---|
| Symbol 📄 in Symbolleiste | Symbol 🏭 in Symbolleiste |
| Menü DATEN • HINZUFÜGEN | Menü DATEN • SUCHEN |
| Strg + A | Strg + F |

**Tabelle 3.2** Zwischen »Hinzufügen«- und »Suchen«-Modus wechseln

Ein Fenster wird entweder im HINZUFÜGEN- oder im SUCHEN-Modus geöffnet. Dies hängt davon ab, ob innerhalb dieses Fensters eher neue Daten angelegt werden oder ob nach vorhandenen Daten gesucht wird. Bei Stammdaten wie Artikelstammdaten, Geschäftspartner-Stammdaten etc. wird das Fenster im SUCHEN-Modus geöffnet. Bei Bewegungsdaten wie Kundenauftrag, Serviceabruf, Journalbuchung etc. wird es im HINZUFÜGEN-Modus geöffnet.

**Datenverlust beim Umschalten**                                    **[ ! ]**

Bevor Sie Daten eingeben, beachten Sie, in welchem Modus sich das Fenster gerade befindet. Beim Umschalten zwischen dem HINZUFÜGEN- und dem SUCHEN-Modus gehen alle gerade eingegebenen Daten verloren.

**Fenster im falschen Modus öffnen**                                **[zB]**

Das Fenster für die Artikelstammdaten wird im SUCHEN-Modus geöffnet. Wenn Sie nun irrtümlich einen Artikel anlegen und alle relevanten Daten eingeben, aber erst am Schluss erkennen, dass Sie sich im falschen Modus befinden, müssen Sie die Daten nach dem Umschalten in den HINZUFÜGEN-Modus nochmals eingeben.

Wie ein neuer Datensatz angelegt wird, soll anhand der Artikel-stammdaten demonstriert werden. Öffnen Sie das Fenster ARTIKEL-

*Datensatz anlegen*

STAMMDATEN im Modul LAGERVERWALTUNG. Wechseln Sie in den HINZUFÜGEN-Modus. Geben Sie nun beliebige Artikeldaten ein (siehe Abbildung 3.27).

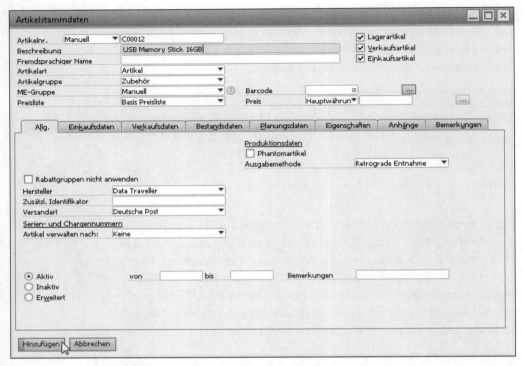

**Abbildung 3.27** Neuen Datensatz anlegen – Artikelstammdaten

Für diese Übung müssen Sie nur sehr wenige Daten eingeben (Artikelnummer, Beschreibung, Artikelgruppe); die genaue Handhabung der Artikelstammdaten wird in Abschnitt 4.6, »Artikel«, behandelt. Bestätigen Sie diese mit dem Button HINZUFÜGEN, nachdem Sie alle Daten eingegeben haben. SAP Business One quittiert den gespeicherten Datensatz mit der Systemmeldung C00012 ERFOLGREICH ERSTELLT (siehe Markierung in Abbildung 3.28) und kehrt wieder in den HINZUFÜGEN-Modus zurück, wodurch Sie sofort einen neuen Datensatz eingeben können.

Um den gerade gespeicherten Datensatz wiederzufinden, müssen Sie nach ihm suchen.

**Abbildung 3.28** »Hinzufügen«-Vorgang bestätigen

### 3.5.2 Nach vorhandenen Datensätzen suchen

SAP Business One stellt verschiedene Instrumente zur Verfügung, um vorhandene Datensätze aufzufinden:

▶ SUCHEN-Modus

▶ Datensatzschaltflächen
(erster, vorheriger, nächster, letzter Datensatz)

▶ Suchfeld (rechts oben)

▶ Tabelle filtern

▶ Drag & Relate

**»Suchen«-Modus**

Der SUCHEN-Modus ist neben dem HINZUFÜGEN-Modus der zweite Modus, der in einem Fenster angewendet werden kann. Versuchen Sie nun einmal, den eben angelegten Datensatz zu finden.

Dazu wechseln Sie, wie in Abbildung 3.29 zu sehen ist, mit dem Button 🔍 (für SUCHEN) oder der Tastenkombination ⌷Strg⌷+⌷F⌷ in den

SUCHEN-Modus, geben den Anfang der Artikelbezeichnung ein und klicken links unten auf den Button SUCHEN.

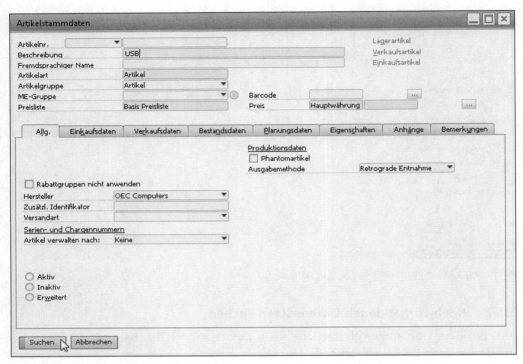

**Abbildung 3.29** Artikelstammsatz suchen

Angezeigt wird der eben angelegte Artikelstammsatz »USB-Memory-Stick 16 GB«. Falls mehrere Artikelstammsätze mit der gleichen Anfangsbezeichnung existieren, wird jeweils nur der erste in der nach Artikelnummern geordneten Liste angezeigt. Grundsätzlich können nicht in allen zur Verfügung stehenden Feldern Suchbegriffe eingegeben werden. Jene Felder, in die im SUCHEN-Modus keine Suchbegriffe eingegeben werden können, sind ausgegraut oder werden nicht angezeigt.

**[zB]** | **Feld »Artikelart«**

Als Beispiel dient das Feld ARTIKELART in den Artikelstammdaten. Dieses Feld kann im HINZUFÜGEN-Modus per Dropdown-Auswahl gefüllt werden; im SUCHEN-Modus steht es jedoch nicht für eine Suche zur Verfügung und ist ausgegraut (siehe auch Abbildung 3.29).

Um die Suche effizienter zu gestalten, ist der Einsatz eines Jokers (z. B. der Stern »*«) sehr hilfreich. Möchten Sie z. B. in einer weiteren Suche alle Artikelstammsätze finden, die den Begriff »print« an irgendeiner Stelle des Suchbegriffs enthalten, setzen Sie einen Stern »*« vor den Suchbegriff in das Feld BESCHREIBUNG (siehe Abbildung 3.30).

Joker-Suche

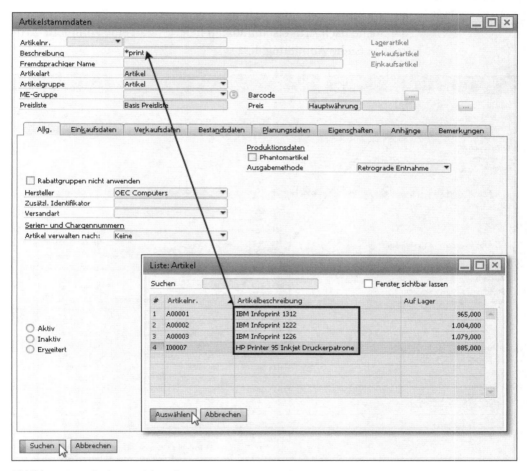

**Abbildung 3.30** Suche per Joker »*«

Als Ergebnis erhalten Sie in unserem Beispiel im Fenster LISTE: ARTIKEL alle gesuchten Artikelstammsätze. Der Stern steht für eine beliebige Zeichenfolge vor und/oder hinter dem eigentlichen Suchbegriff.

Der Stern »*« hinter dem Suchbegriff wird von SAP Business One automatisch bei der Suche berücksichtigt. Sollte der gewünschte Suchbegriff am Beginn des Ergebnisses stehen, benötigen Sie also keine weitere Eingabe des Sterns »*«. Zum Beispiel liefert Ihnen der Suchbegriff »C« im Feld ARTIKELNUMMER alle Artikelstammsätze mit Artikelnummern, die mit »C« beginnen; ein »C« in der Mitte der Artikelnummer wird hingegen nicht gefunden.

**Alle Ergebnisse anzeigen** Verwenden Sie keinen Suchbegriff, erhalten Sie jeweils eine Liste aller Ergebnisse des entsprechenden Fensters – das heißt: Ein Stern bei der Suche nach Artikelstammdaten liefert Ihnen eine komplette Artikelliste (siehe Abbildung 3.31).

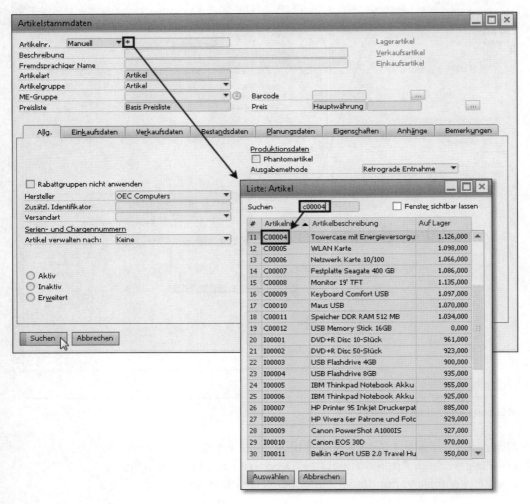

**Abbildung 3.31** Feld »Suchen« in kompletter Artikelliste

Das Ergebnisfenster – im Beispiel das Fenster Liste: Artikel – bietet noch weitere sehr wertvolle Funktionen im Umgang mit einer großen Anzahl von Ergebnissen. Sobald das Ergebnisfenster erscheint, ist der Cursor im Feld Suchen des Ergebnisfensters positioniert. Gleichzeitig werden die Ergebnisse entsprechend der Spalte ganz links in aufsteigender alphanumerischer Reihenfolge angeordnet. Dies wird auch durch ein kleines schwarzes Dreieck in der Spaltenüberschrift Artikelnr. symbolisiert (siehe Abbildung 3.31). Soll in absteigender Reihenfolge sortiert werden, klicken Sie doppelt auf die Spaltenüberschrift. Dies führt dazu, dass die Sortierung umgedreht wird und das schwarze Dreieck nach unten zeigt. Auf die gleiche Weise verfahren Sie, wenn Sie nach einer anderen Spalte sortieren möchten.

In das Feld Suchen können Sie nun einen Suchbegriff eingeben, nach dem in der sortierten Spalte gesucht wird. Das Suchen erfolgt in Echtzeit, das heißt, sobald Sie ein Zeichen eingeben, erhalten Sie sofort den entsprechenden Eintrag, der mit diesem Zeichen beginnt (siehe Abbildung 3.31).

Klicken Sie dann auf den Button Auswählen, oder drücken Sie die Taste ⏎, um den gewünschten Artikel auszuwählen.

Sie können in jedem Fenster mit Tabellenanordnung auch die Breite der einzelnen Spalten anpassen. Bewegen Sie den Mauszeiger präzise auf den Zwischenraum zwischen den Spaltenüberschriften (z. B. zwischen Artikelnr. und Artikelbeschreibung), sodass der Mauszeiger seine Form in einen Doppelpfeil ändert. Klicken Sie nun mit der linken Maustaste, und ziehen Sie den Mauszeiger in die gewünschte Richtung. Nach rechts vergrößern Sie die Spalte, nach links verkleinern Sie sie. Per Doppelklick stellen Sie die optimale Spaltenbreite ein.

*Spaltenbreite anpassen*

---

### Alle Spalten im Fenster optimal anpassen **[+]**

Eine sehr nützliche Funktion befindet sich im Menü Ansicht unter dem Menüpunkt Spaltenbreite anpassen. In diesem Fall passt SAP Business One die Breite aller Spalten in einem geöffneten Fenster optimal an die aktuelle Größe des Fensters an. Somit müssen Sie nicht die Spaltenbreite jeder einzelnen Spalte verändern.

Mit dem Menüeintrag Spaltenbreite wiederherstellen erhalten Sie wieder die Standardeinstellung für dieses Fenster.

Fenster sichtbar
lassen

Sobald ein Eintrag im Fenster LISTE: ARTIKEL ausgewählt wird, wird dieses geschlossen, und der Artikel erscheint im Fenster ARTIKEL-STAMMDATEN. Wenn das Fenster LISTE: ARTIKEL geöffnet bleiben soll, markieren Sie die Checkbox FENSTER SICHTBAR LASSEN. Dies bewirkt, dass das Fenster LISTE: ARTIKEL nicht geschlossen wird und Sie einen Artikelstammsatz nach dem anderen auswählen können. Der Artikelstammsatz wird dann jeweils in einem neu geöffneten Fenster angezeigt.

## Datensatzschaltflächen

Ein weiteres Instrument zur Navigation sind die sogenannten *Datensatzschaltflächen*, jene gelb-grünen Schaltflächen, die sich in der Symbolleiste befinden und den Knöpfen an einem CD-Player ähneln. Tabelle 3.3 gibt Ihnen eine Übersicht über die Bedeutung der jeweiligen Schaltfläche.

| Schaltfläche | Bedeutung |
| --- | --- |
| ⏮ | Sie springen zum ersten Datensatz. |
| ⬅ | Sie springen zum vorherigen Datensatz. |
| ➡ | Sie springen zum nächsten Datensatz. |
| ⏭ | Sie springen zum letzten Datensatz. |

**Tabelle 3.3** Bedeutung der Datensatzschaltflächen

Mit diesen Schaltflächen können Sie sehr einfach durch die Datensätze »blättern«.

Aufbau Datensatz

In jedem Fenster sind alle Datensätze entsprechend dem *Primärschlüssel* aufgeführt, z. B. sind die Artikelstammsätze entsprechend der Artikelnummer alphanumerisch angeordnet, die Einkaufs- und Verkaufsbelege entsprechend der Belegnummer, die Sachkonten im Kontenplan entsprechend der Kontonummer etc. In jedem Fall ist der Primärschlüssel eindeutig, was bedeutet, dass es z. B. keine zwei Artikel mit der gleichen Artikelnummer geben darf. SAP Business One lässt einen derartigen Fall von vornherein nicht zu und informiert Sie mit einer Fehlermeldung.

## Primärschlüssel [+]

Ein Schlüssel ist ein Attribut oder eine Kombination von mehreren Attributen, das/die ein Objekt eindeutig identifiziert/en. Ein Primärschlüssel ist ein Schlüssel, der tatsächlich primär dazu verwendet wird, Objekte eindeutig zu identifizieren (siehe Hansen, H. R.; Neumann, G.: Arbeitsbuch Wirtschaftsinformatik, IT-Lexikon, Aufgaben und Lösungen. 7., völlig neu bearbeitete und stark erweiterte Aufl. Stuttgart: Lucius & Lucius Verlagsgesellschaft (2007)).

## Numerische und alphanumerische Daten [+]

Daten werden generell in *numerische* und *alphanumerische* Daten unterteilt. Sie können definiert werden als Informationen in Form von Zeichenkombinationen, die an ein Speichermedium gebunden sind. Numerische Daten bestehen aus Vorzeichen und Ziffern mit einem bestimmten Stellenwert. Alphanumerische Daten bestehen aus beliebigen Zeichen wie Buchstaben und Sonderzeichen. Für den Computer ist relevant, ob mit den Daten gerechnet werden kann oder nicht. Die Daten werden daher eingeteilt in numerische und alphanumerische Informationen. Bei der numerischen Information ist jede Art der Verarbeitung möglich. Mit alphanumerischen Informationen können keine Berechnungen ausgeführt werden.

Wenn Sie nun z. B. auf den Button ➡ (NÄCHSTER DATENSATZ) klicken, springen Sie zum nächsten Datensatz in dieser Reihenfolge. Das Prinzip entspricht den Seiten eines Buches: Sie blättern zur ersten, zur vorangegangenen, zur nächsten oder zur letzten Seite. Für das Verwenden der Datensatzschaltflächen spielt es keine Rolle, in welchem Modus sich das Fenster befindet. Achten Sie darauf, ob geänderte Daten gespeichert werden sollen oder nicht.

*Datensatz-schaltflächen*

### Suchfeld

Eine weitere Möglichkeit, Daten und Menüpunkte zu suchen, ist das Suchfeld im rechten oberen Bereich des Startbildschirms (siehe Abbildung 3.32).

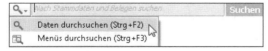

**Abbildung 3.32** Suchfeld im Startbildschirm

Wie Abbildung 3.32 zeigt, können Sie mit einem Klick auf das Symbol [🔍▾] zwischen der Suche nach Daten (Tastenkombination [Strg]+[F2]) und der Suche nach Menüs (Tastenkombination [Strg]+[F3]) umschalten. Die Option DATEN DURCHSUCHEN bezieht sich auf Stammdaten, z. B. Artikel oder Geschäftspartner, und Belege. Die Option MENÜS DURCHSUCHEN bezieht sich auf alle Menüpunkte bzw. Fenster, die in SAP Business One zur Verfügung stehen.

**Daten durchsuchen**

Als Beispiel verwenden wir wieder die gleiche Suche nach Artikeln wie in Abbildung 3.30. Es sollen alle Artikel angezeigt werden, die den Text »print« in der Bezeichnung haben. Dazu wählen Sie bei dem Button [🔍▾] die Option DATEN DURCHSUCHEN (Tastenkombination [Alt]+[F2]), geben »print« in das Suchfeld ein und bestätigen dies mit der Taste [↵] bzw. klicken mit der linken Maustaste auf den Button SUCHEN (siehe Abbildung 3.33).

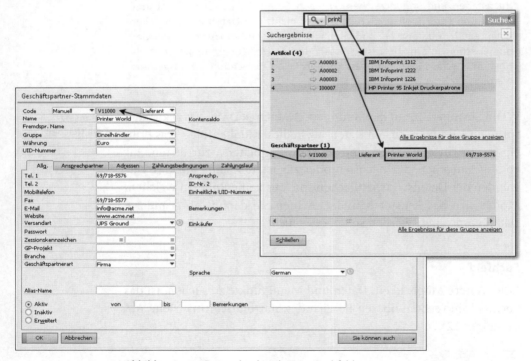

**Abbildung 3.33** Daten durchsuchen im Suchfeld

Es erscheint das Fenster SUCHERGEBNISSE direkt unterhalb des Suchfeldes. Dieses Fenster zeigt wie erwartet im oberen Bereich alle Artikel, die den Text »print« in der Bezeichnung haben. Um das Fenster

ARTIKELSTAMMDATEN für diesen Artikel aufzurufen, klicken Sie auf den orangefarbenen Pfeil 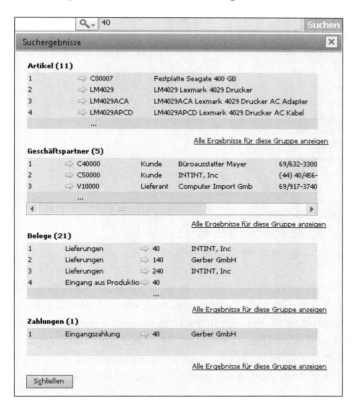 neben dem Suchergebnis (siehe Abbildung 3.33).

Darüber hinaus zeigt das Suchergebnis alle Geschäftspartner, die den Text »print« im Namen haben (siehe Abbildung 3.33, Ergebnisbereich GESCHÄFTSPARTNER). Das bedeutet, die Suche über das Suchfeld ist wesentlich zentraler, mächtiger und detaillierter als der SUCHEN-Modus in den einzelnen Fenstern.

---

**Suche mit nur einem einzigen Ergebnis**                                          **[+]**

Wenn es bei einer Suche im Suchfeld nur ein einziges Ergebnis gibt (z. B. die genaue Kunden- oder Belegnummer etc.), wird das entsprechende Fenster sofort geöffnet.

---

Abbildung 3.34 zeigt eine umfassendere Suche mit dem Suchfeld. Sie ist das Ergebnis der numerischen Eingabe »40« in das Suchfeld.

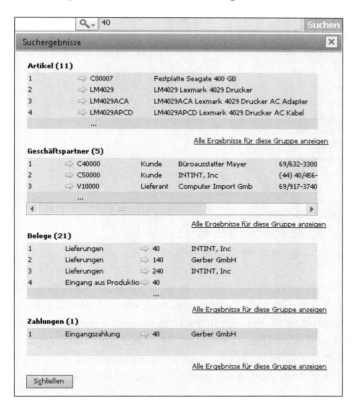

**Abbildung 3.34** Daten durchsuchen nach »40«

Die Nummer 40 findet sich als Bezeichnung im Ergebnisbereich ARTIKEL, als Kundennummer, aber auch als Telefonnummer bei Geschäftspartnern, als Belegnummer in Lieferungen und Lagerzugängen aus der Produktion im Ergebnisbereich BELEGE und als Belegnummer bei einer Eingangszahlung (siehe jeweils Abbildung 3.34).

In Klammern bei den Ergebnisbereichen steht jeweils die Anzahl der Suchergebnisse. Werden aus Platzgründen nicht alle Ergebnisse im Ergebnisbereich angezeigt, klicken Sie auf den Link ALLE ERGEBNISSE FÜR DIESE GRUPPE ANZEIGEN direkt unterhalb des Ergebnisbereichs. Um zum Suchergebnis mit allen Ergebnisbereichen zurückzukehren, klicken Sie auf den Link ZURÜCK ZU ALLEN ERGEBNISSEN.

**Menüs durchsuchen**
Neben der Suche nach Daten bietet das Suchfeld die Möglichkeit einer Suche nach Menüs. Dazu klicken Sie auf den Button [🔍▾] (Tastenkombination [Alt]+[F3]) und wählen die Option MENÜS DURCHSUCHEN. Im Gegensatz zur Datensuche erscheinen bereits bei der Eingabe im Suchfeld die Suchergebnisse. Als Beispiel sollen alle Menüeinträge angezeigt werden, die den Suchbegriff »steuer« enthalten (siehe Abbildung 3.35).

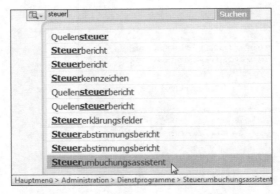

**Abbildung 3.35** Menüs durchsuchen im Suchfeld

Klicken Sie im Suchergebnis mit der linken Maustaste auf den gewünschten Eintrag, um den Menüpunkt zu öffnen. Alternativ können Sie auch mit den Pfeiltasten Ihrer Tastatur im Suchergebnis navigieren und den Menüpunkt mit der [↵]-Taste aufrufen. Zusätzlich wird als Schnellhilfe, ausgehend vom Hauptmenü, der Pfad angezeigt, unter dem der Menüpunkt zu finden ist (siehe Abbildung 3.35).

**Tabelle filtern**

Mit der Funktion TABELLE FILTERN haben Sie ein weiteres Werkzeug zur Hand, mit dem Sie vorhandene Datensätze leichter auffinden können. Diese Funktion lässt sich in allen Fenstern anwenden, die tabellenartig angeordnet sind, z. B. auch im bereits bekannten Ergebnisfenster LISTE: ARTIKEL.

Zu diesem Zweck rufen Sie die komplette Artikelliste durch die Eingabe »*« im SUCHEN-Modus des Fensters ARTIKELSTAMMDATEN auf. Das Ergebnisfenster ist tabellenartig angeordnet, aus diesem Grund ist der Button 🍷 (TABELLE FILTERN) in der Symbolleiste aktiv.

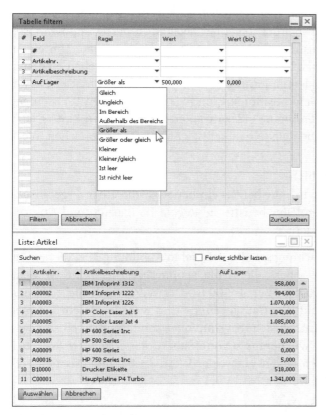

**Abbildung 3.36** Tabelle filtern

Klicken Sie auf den Button, wird das Fenster TABELLE FILTERN geöffnet (siehe oben in Abbildung 3.36). Für jede einzelne Spalte lassen sich nun Filterkriterien festlegen. Diese Filterkriterien können Sie so miteinander kombinieren, dass das Ergebnis immer weiter eingeschränkt wird und die Schnittmenge aus den einzelnen Filterkriterien der jeweiligen Zeile entsteht.

Für jedes Feld können eine REGEL, ein WERT und ein WERT (BIS) festgelegt werden:

▶ **Feld »Regel«**
Sie haben die Möglichkeit, aus zehn Regeln auszuwählen. Die Regel legt fest, auf welche Weise die Ergebnisse weiter eingeschränkt werden. Die genaue Auflistung entnehmen Sie Abbildung 3.36.

▶ **Feld »Wert«**
Dieser Wert richtet sich nach der ausgewählten Regel. Es handelt sich entweder um den eigentlich einzugebenden Wert oder den Startwert, z. B. bei der Regel IM BEREICH. In der Dropdown-Liste können Sie aus den vorhandenen Werten auswählen. Um einen selbst gewählten beliebigen Wert in das Feld einzugeben, nehmen Sie den ersten leeren Eintrag aus der Dropdown-Liste. Der Cursor wird in dem Feld positioniert, und Sie können einen Wert eingeben. Bei numerischen Feldern wählen Sie den ersten Eintrag »0«; Sie können ebenfalls einen selbst gewählten numerischen Wert eingeben.

▶ **Feld »Wert (bis)«**
Dieser Wert wird nur bei Regeln benötigt, die einen Ergebnisbereich abdecken. Dies betrifft die Regeln IM BEREICH und AUSSERHALB DES BEREICHS.

Zur Veranschaulichung soll das Beispiel in Abbildung 3.36 dienen. In diesem Beispiel sollen alle Artikelstammsätze angezeigt werden, deren Lagerbestand größer als 500 ist. Der Wert wurde nicht aus der Werteliste im Feld WERT ausgewählt – dies wäre in diesem Beispiel bei der langen Artikelliste nicht sinnvoll –, sondern manuell eingegeben. Dazu muss, wie bereits zuvor erläutert, der erste leere Wert bei alphanumerischen Feldern bzw. der Wert »0« bei numerischen Feldern ausgewählt werden.

Klicken Sie auf den Button FILTERN im Fenster TABELLE FILTERN, um den Filter anzuwenden und die gewünschten Ergebnisse im Fenster LISTE: ARTIKEL anzeigen zu lassen. Eine gefilterte Tabelle erkennen Sie an dem Filtersymbol neben der jeweiligen Spaltenüberschrift. Mit dem Button ZURÜCKSETZEN werden alle Filterkriterien wieder gelöscht.

**Drag & Relate**

Drag & Relate ist ein sehr mächtiges Werkzeug, um Daten aus verschiedenen Fenstern miteinander in Beziehung zu setzen oder rasch einfache Übersichten zu bestimmten Daten zu erhalten. Die volle Leistungsfähigkeit zeigt sich, wenn Sie SAP Business One bereits intensiv kennengelernt haben. Aus diesem Grund finden Sie die Erläuterungen zu Drag & Relate in Abschnitt 16.3, »Drag & Relate«.

### 3.5.3 Datensätze duplizieren

SAP Business One bietet die Möglichkeit, vorhandene Datensätze zu duplizieren, die gewünschten Felder zu ändern und diesen duplizierten Datensatz hinzuzufügen. Das Duplizieren eines Datensatzes erfordert folgende Schritte:

1. Suchen Sie den Datensatz, der dupliziert werden soll.

2. Klicken Sie im Menü DATEN auf den Eintrag DUPLIZIEREN ([Strg]+ [D]), oder wählen Sie im Kontextmenü der rechten Maustaste den Eintrag DUPLIZIEREN aus.

3. Der ursprüngliche Datensatz wird nun eins zu eins dupliziert, der Button links unten im Fenster hat die Aufschrift HINZUFÜGEN.

4. Ändern Sie die gewünschten Daten.

5. Sie müssen zumindest den Primärschlüssel ändern, da zwei Datensätze nicht den gleichen Primärschlüssel haben dürfen (z. B. dürfen zwei Artikelstammsätze nicht die gleiche Artikelnummer haben).

6. Klicken Sie auf den Button HINZUFÜGEN.

| **Duplizieren bei gleichartigen Datensätzen** | **[+]** |
| --- | --- |
| Das Duplizieren von Datensätzen eignet sich besonders gut, wenn Sie viele gleichartige Datensätze wie Artikelstammdaten, Geschäftspartner oder Sachkonten anlegen müssen. | |

### 3.5.4 Datensätze ändern/entfernen

Sobald Sie in einem Fenster ein Feld eines bestehenden Datensatzes ändern, ändert sich auch der Button links unten im Fenster von OK auf AKTUALISIEREN. SAP Business One erkennt also, dass Sie im Begriff sind, den Datensatz abzuändern. Die Änderung kann nun

Datensätze ändern

bequem gespeichert werden: Klicken Sie auf den Button Aktualisieren, oder drücken Sie die Taste ⏎ auf Ihrer Tastatur. Der Button links unten im Fenster trägt nun wieder die Aufschrift OK, alle Änderungen wurden gespeichert. Ein erneuter Klick auf den Button OK schließt das jeweilige Fenster.

Datensätze  Um einen Datensatz zu entfernen, suchen Sie den gewünschten Datensatz und wählen den Menüpfad Daten • Entfernen oder über die rechte Maustaste den Eintrag Entfernen. Bestätigen Sie den Entfernen-Befehl, wenn Sie damit einverstanden sind.

[+]  **Verknüpfte Datensätze**

Ein Datensatz kann nur entfernt werden, wenn er nicht mit anderen Datensätzen verknüpft ist.

[zB]  **Verwendete Artikelstammsätze**

Sie können einen Artikelstammsatz nicht löschen, wenn er in einem Beleg verwendet wird. SAP Business One macht Sie mit einer Hinweismeldung darauf aufmerksam.

## 3.6  Rechte Maustaste – mit dem Kontextmenü arbeiten

Ein sehr sinnvolles und übersichtliches Instrument bei der Arbeit mit SAP Business One ist das *Kontextmenü*. Sie öffnen es mit der rechten Maustaste. Je nach Kontext des angeklickten Fensters enthält es unterschiedliche Einträge. Dabei zeigt es jeweils alle für das aktuelle Fenster verfügbaren Befehle. Diese müssen somit nicht über das Menü oder eine Tastenkombination angesteuert werden.

Abbildung 3.37 zeigt Ihnen das Kontextmenü zum Fenster Artikelstammdaten. Wie Sie sehen, steht eine Reihe von Befehlen für dieses Fenster zur Verfügung, unter anderem die Funktionen Duplizieren und Entfernen (siehe Abschnitt 3.5.3, »Datensätze duplizieren«, und Abschnitt 3.5.4, »Datensätze ändern/entfernen«).

Das Kontextmenü ist gerade für Einsteiger besonders hilfreich. Wenn Sie sich angewöhnen, mit dem Kontextmenü zu arbeiten, haben Sie in jedem Fenster alle relevanten Befehle zur Verfügung. Mit dieser Funktion müssen Sie sich so gut wie keine Menüpfade,

Buttons oder Symbole einprägen. Das Menü SPRINGEN zeigt Ihnen ebenfalls die Optionen, die Ihnen in diesem Fenster zur Verfügung stehen.

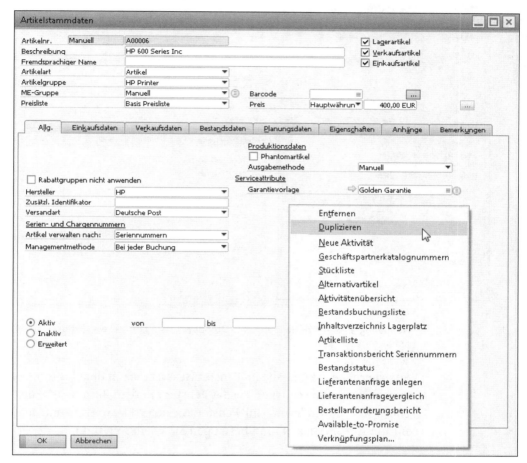

**Abbildung 3.37** Kontextmenü – rechte Maustaste

### Dropdown-Listen – Werte neu definieren

Eine sehr elegante und effiziente Methode, um Datensätze anzulegen, enthalten die meisten Dropdown-Listen. In beinahe allen Dropdown-Listen finden Sie an letzter Stelle den Eintrag NEU DEFINIEREN (siehe Abbildung 3.38). Wählen Sie diesen Eintrag, um die Werte in der Dropdown-Liste beliebig zu ergänzen. Abbildung 3.38 zeigt diese Funktionalität anhand der Dropdown-Liste zum Feld HERSTELLER im Fenster ARTIKELSTAMMDATEN, Registerkarte ALLG.

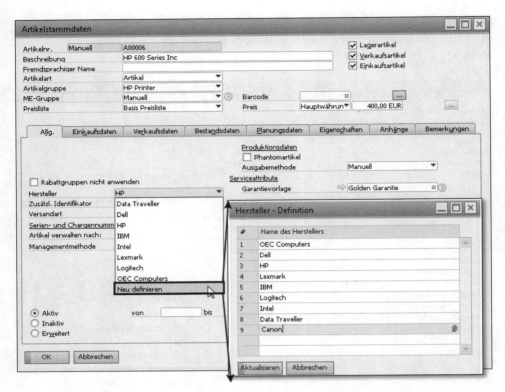

**Abbildung 3.38** Artikelstammdaten – Dropdown-Liste »Hersteller«, Eintrag »Neu definieren«

Speichern Sie die Eingabe im Fenster HERSTELLER mit dem Button AKTUALISIEREN, und schließen Sie das Fenster mit dem Button OK. Speichern Sie die Änderung im Fenster ARTIKELSTAMMDATEN mit dem Button AKTUALISIEREN, und bestätigen Sie wiederum mit OK.

## 3.7 Allgemeine Einstellungen

SAP Business One enthält eine Reihe von Einstellungen, die die Arbeit mit der Benutzeroberfläche betreffen.

Registerkarte »Anzeigen«

Über den Menüpfad ADMINISTRATION • SYSTEMINITIALISIERUNG • ALLGEMEINE EINSTELLUNGEN • Registerkarte ANZEIGEN finden Sie alle Anzeigen und Einstellungen zu den Themen Sprache, Farbe, Zeit- und Datumsformate, Dezimalstellen und Währungsanzeige (siehe Abbildung 3.39).

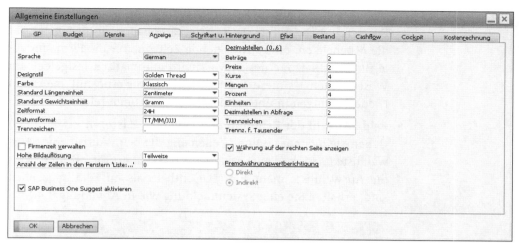

**Abbildung 3.39** Fenster »Allgemeine Einstellungen«

Die Einstellungen sind größtenteils selbsterklärend, einige Felder sollen an dieser Stelle aber dennoch näher erläutert werden:

▶ **Feld »Sprache«**

Wählen Sie die gewünschte Sprache aus der Werteliste aus. SAP Business One bietet derzeit 27 verschiedene Sprachen an, in denen die Benutzeroberfläche angezeigt werden kann. Wenn Sie eine andere Sprache auswählen, werden alle zu diesem Zeitpunkt geöffneten Fenster geschlossen. Alle gerade vorgenommenen Eingaben müssen gespeichert oder verworfen werden.

▶ **Feld »Designstil«**

Mit dem Feld DESIGNSTIL legen Sie das Layout der Fenster in SAP Business One fest. In diesem Buch wird einheitlich der sogenannte *Golden Thread* aus Release 9.0 verwendet. Das vorwiegend in Blau gehaltene *SAP Signature Design*, das sich ebenfalls in der Liste wiederfindet, wurde mit Release 8.8 eingeführt. Das sogenannte *klassische Design* wurde in allen Releases davor verwendet. Das bedeutet, Sie haben die Möglichkeit, Ihr bevorzugtes Design aus den vergangenen Jahren zu verwenden.

▶ **Checkbox »Firmenzeit verwalten«**

Aktivieren Sie diese Checkbox nur, wenn sich der Server in einer anderen Zeitzone befindet als die mit dem System arbeitenden SAP-Business-One-User. Sobald Sie die Checkbox aktivieren, erscheint sofort die Registerkarte ZEITZONE im Fenster ALLGEMEINE EINSTELLUNGEN. Auf dieser Registerkarte haben Sie als Super-User die Möglichkeit, eine abweichende Zeitzone für die Firma festzulegen. Die Zeitzone des Servers wird automatisch festgelegt. Im Wesentlichen ist diese Einstellung für Konzerne mit mehreren Niederlassungen in unterschiedlichen Zeitzonen relevant.

▸ **Feld »Anzahl der Zeilen in den Fenstern 'Liste: ...'«**
Geben Sie hier ein Limit an Zeilen ein, die beim Aufruf einer Auswahlliste (z. B. das Fenster LISTE: ARTIKEL) überprüft werden. Falls die Auswahlliste mehr Einträge enthält, als im Feld angegeben sind, erhalten Sie eine Systemmeldung wie in Abbildung 3.40.

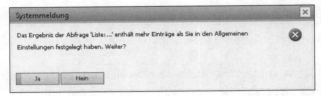

**Abbildung 3.40** Systemmeldung – Anzahl der Listeneinträge überprüfen

Klicken Sie auf den Button JA, um die Auswahlliste zu öffnen. Klicken Sie auf den Button NEIN, um den Vorgang abzubrechen. Zweck dieser Funktion ist es, Auswahllisten zu blockieren, die eine Vielzahl an Einträgen enthalten. Dies gilt insbesondere für lange Auswahllisten, die die Performance des PCs zu stark beanspruchen könnten.

**[zB]** | **Ergebnisliste beschränken**

Sie starten eine Suche mit allen Artikeln und erhalten Tausende von Einträgen als Ergebnis. In den allgemeinen Einstellungen könnten Sie angeben, dass Ihnen nicht mehr als z. B. 1.000 Einträge angezeigt werden sollen.

▸ **Checkbox »SAP Business One Suggest aktivieren«**
SAP Business One Suggest (ab Release 8.8) ist eine Hilfe beim Suchen von Daten in Auswahllisten. Markieren Sie die Checkbox, damit diese Suchhilfe aktiviert ist. Ein Beispiel aus Abbildung 3.41 soll dies verdeutlichen.

**Abbildung 3.41** SAP Business One Suggest

Beim Anlegen einer Bestellung soll nach allen Geschäftspartnern gesucht werden, die den Suchbegriff GMBH im Namen tragen.

Geben Sie dazu den Suchbegriff »gmbh« im Fenster BESTELLUNG – AUFGETEILT in das Feld NAME ein. Es erscheint ein Ergebnisfenster unterhalb des Feldes, das alle Lieferanten mit dem gewünschten Suchbegriff enthält (siehe Abbildung 3.41). Klicken Sie auf den gewünschten Lieferanten, und alle Felder der Bestellung, die den Geschäftspartner betreffen, werden mit dessen Daten befüllt.

Diese Form der Suchhilfe steht in den meisten Fenstern in SAP Business One zur Verfügung.

▸ **Optionsgruppe »Fremdwährungswertberichtigung«**
Mit dieser Einstellung legen Sie fest, auf welche Weise die Fremdwährung dargestellt werden soll.

– *Option »Direkt«*: Wählen Sie die Option DIREKT, wenn die Fremdwährung »führend« sein soll: 1 USD = x EUR.

– *Option »Indirekt«*: Wählen Sie die Option INDIREKT, wenn die Hauswährung führend sein soll: 1 EUR = x USD.

**Häufigere Verwendung der Option »Indirekt«**  [+]

Im deutschsprachigen Raum werden die Kurse in der Regel auf die indirekte Art publiziert. Aus diesem Grund sollten Sie diese Einstellung ebenfalls wählen.

**Festlegen der Option vor Produktivstart**  [!]

Mit der ersten Journalbuchung in SAP Business One lässt sich die Option nicht mehr ändern. Daher sollte die gewünschte Einstellung unbedingt in der Phase der Systeminitialisierung – vor dem Echtbetrieb – vorgenommen werden.

**Schriftart einstellen**

Auf der Registerkarte SCHRIFTART U. HINTERGRUND haben Sie die Möglichkeit, das Aussehen der Benutzeroberfläche hinsichtlich der Schriftart und -größe zu verändern und ein Hintergrundbild einzufügen (siehe Abbildung 3.42).

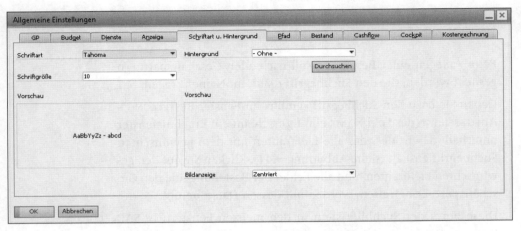

**Abbildung 3.42** Schriftart und -größe einstellen

Wählen Sie die gewünschte Schriftart und -größe aus; im Bereich VORSCHAU sehen Sie das tatsächliche Aussehen Ihrer Auswahl. Klicken Sie auf den Button AKTUALISIEREN, um die Schriftart und -größe zu ändern.

**Hintergrund einstellen**

Den Hintergrund Ihres SAP-Business-One-Bildschirms ändern Sie im rechten Bereich der Registerkarte (siehe Abbildung 3.43).

Um den Hintergrund zu ändern, klicken Sie zunächst auf den Button DURCHSUCHEN. Im nun geöffneten Microsoft-Windows-Fenster können Sie ein beliebiges Bild auswählen. Im Beispiel in Abbildung 3.43 ist das Bild (zu sehen im Bereich VORSCHAU auf der rechten Seite) lediglich dunkelblau eingefärbt. Sobald das Bild ausgewählt wurde, erscheint es ebenfalls in der Dropdown-Liste HINTERGRUND und kann damit zu einem späteren Zeitpunkt nochmals verwendet werden.

Im Feld BILDANZEIGE unterhalb des Bereichs VORSCHAU stellen Sie ein, ob das Bild zentriert, als Vollbild oder gekachelt angezeigt werden soll. Klicken Sie abschließend auf den Button AKTUALISIEREN, um den Hintergrund zu speichern und tatsächlich auf Ihren SAP-Business-One-Bildschirm anzuwenden. Diese Einstellung betrifft lediglich den eigenen Benutzer.

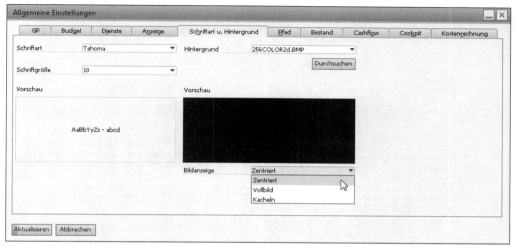

**Abbildung 3.43** Hintergrund ändern

Sie haben nun das Grundwerkzeug für die Arbeit mit SAP Business One kennengelernt. Im Mittelpunkt standen dabei das Arbeiten mit und das Verwalten von Datensätzen sowie weitere Methoden, die eine effiziente Bedienung von SAP Business One gewährleisten.

**Zusammenfassung**

## 3.8 Hilfefunktionen in SAP Business One

SAP Business One bietet eine Reihe von Hilfefunktionen, die gerade für Einsteiger besonders nützlich sind.

Möchten Sie z. B. von einem Button in der Symbolleiste wissen, was sich hinter ihm verbirgt, verharren Sie mit dem Cursor für einen kurzen Moment über diesem Button, ohne dabei auf ihn zu klicken. Nach einem Augenblick erscheint die Schnellhilfe mit der Bezeichnung des Buttons (siehe Abbildung 3.44).

**Schnellhilfe**

**Abbildung 3.44** Schnellhilfe zum Button »Bildschirm sperren«

Die *Direkthilfe* stellt für jedes Feld in SAP Business One eine kurze und prägnante Beschreibung zur Verfügung (siehe Abbildung 3.45).

**Direkthilfe**

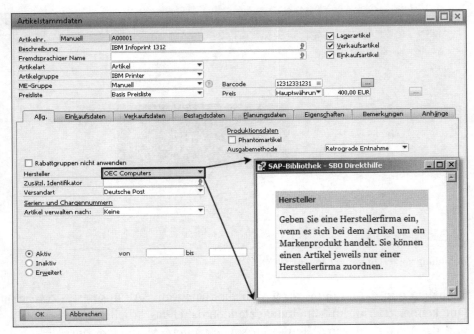

**Abbildung 3.45** Direkthilfe in Artikelstammdaten aufrufen

Um die Direkthilfe aufzurufen, klicken Sie mit dem Cursor in das entsprechende Feld hinein und verwenden die Tastenkombination ⬆+F1. Oder Sie wählen den Eintrag DIREKTHILFE aus dem Menü HILFE, Unterordner DOKUMENTATION.

**Kontexthilfe**  Die *Kontexthilfe* ist eine recht ausführliche Beschreibung eines Fensters. Wie der Name bereits impliziert, ist diese »kontextabhängig«: Wenn Sie z. B. das Fenster ARTIKELSTAMMDATEN geöffnet haben, erscheint beim Aufrufen der Kontexthilfe der Hilfeeintrag zum Thema ARTIKELSTAMMDATEN (siehe Abbildung 3.46).

Öffnen Sie das gewünschte Fenster, und drücken Sie die Funktionstaste F1 auf Ihrer Tastatur, um die Kontexthilfe zu öffnen. Alternativ dazu klicken Sie auf den Eintrag KONTEXTHILFE im Menü HILFE • DOKUMENTATION.

**Online-Hilfe**  Die Online-Hilfe ist die klassische Programmhilfe in SAP Business One. Sie ist thematisch kategorisiert und kann sehr einfach nach Schlagworten durchsucht werden.

Abbildung 3.47 zeigt die *Online-Hilfe* zum Thema EINKAUF • BESTELLUNG • EINKAUFSBELEG • Registerkarte INHALT.

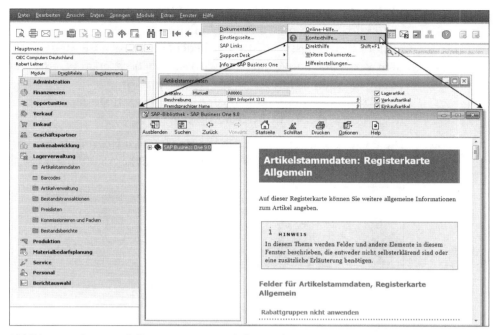

**Abbildung 3.46** Kontexthilfe zum Fenster »Artikelstammdaten«

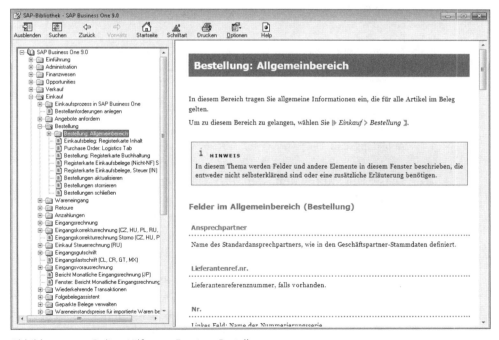

**Abbildung 3.47** Online-Hilfe zum Fenster »Bestellung«

Klicken Sie auf den Eintrag ONLINE-HILFE im Menü HILFE • DOKU-
MENTATION, um diese Hilfefunktion zu nutzen. Die Online-Hilfe ist
jetzt lokalisierungsspezifisch. Das bedeutet, die Lokalisierung des aktuell verwendeten Mandanten wird automatisch erkannt, und der
Inhalt der Online-Hilfe ist darauf abgestimmt. Um für Ihre Lokalisierung relevante Informationen zu erhalten, nutzen Sie auch den Eintrag LÄNDERSPEZIFISCHE INFORMATIONEN.

**Einstiegsseite** Die Einstiegsseite ermöglicht Ihnen einen ersten Überblick über verschiedene Hilfsmittel in SAP Business One (siehe Abbildung 3.48).

**Abbildung 3.48** Einstiegsseite von SAP Business One

Diese Hilfsmittel umfassen PDF-Dokumente wie den EASY START
GUIDE, ÄNDERUNGEN UND NEUERUNGEN und das GLOSSAR, die klassische SAP-Business-One-Hilfe unter dem Menüpunkt ONLINE-HILFE
oder den Menüpunkt BENUTZERSCHULUNG, mit dem Sie auf die Schu-
lungsressourcen im SAP Service Marketplace geleitet werden.

Markieren Sie die Checkbox DIESE SEITE BEIM START ANZEIGEN, wenn
die Einstiegsseite bei jedem Start von SAP Business One angezeigt
werden soll. Wenn Sie die Einstiegsseite ausgeblendet haben, können Sie diese im Menü HILFE • EINSTIEGSSEITE… wieder aufrufen.

## 3.9 Übungsaufgaben

1. Starten Sie SAP Business One, und klicken Sie im Willkommensfenster auf den Button FIRMA AUSWÄHLEN. Wählen Sie die Firma OEC COMPUTERS DEUTSCHLAND aus, geben Sie als Benutzercode »conrad« ein (Benutzer »Conrad Lübke«), und lassen Sie das Passwort leer. Anschließend fordert SAP Business One Sie auf, das Passwort zu ändern. Geben Sie im Feld ALTES KENNWORT nichts ein, geben Sie im Feld NEUES KENNWORT ein neues Passwort ein (z. B. »con2013«), und bestätigen Sie dies im Feld BESTÄTIGEN. Klicken Sie abschließend auf AKTUALISIEREN.

2. Öffnen Sie das Fenster FIRMA AUSWÄHLEN (Modul ADMINISTRATION), und wechseln Sie zum Benutzer »manager« mit dem Benutzercode und Passwort »manager«.

3. Öffnen Sie den Bericht TELEFONBUCH im Modul PERSONALWESEN.

4. Öffnen Sie das Fenster ALTERNATIVARTIKEL im Modul LAGERVERWALTUNG.

5. Schließen Sie das Fenster ALTERNATIVARTIKEL mit der Esc-Taste.

6. Öffnen Sie das Fenster SERVICEVERTRAG im Modul SERVICE über das Menü MODULE.

7. Öffnen Sie das Fenster GESCHÄFTSPARTNER-STAMMDATEN im Modul GESCHÄFTSPARTNER über das Hauptmenü. Tun Sie dies zweimal!

8. Klicken Sie auf den Button ◄ (für ERSTER DATENSATZ), um den ersten Geschäftspartner anzuzeigen.

9. Wechseln Sie mit der Tastenkombination Alt+C auf die Registerkarte EIGENSCHAFTEN.

10. Aktivieren Sie die dritte Eigenschaft für den Geschäftspartner, und bestätigen Sie dies mit dem Button AKTUALISIEREN.

11. Schließen Sie das Fenster GESCHÄFTSPARTNER-STAMMDATEN mit dem Button OK.

12. Suchen Sie den zuvor geänderten Geschäftspartner im zweiten geöffneten Fenster GESCHÄFTSPARTNER-STAMMDATEN aus, und wechseln Sie auf die Registerkarte EIGENSCHAFTEN. Demarkieren Sie alle Eigenschaften mit einem Klick auf die Spaltenüberschrift oberhalb der Checkboxen.

13. Schließen Sie das Fenster mit der Taste Esc.

14. Öffnen Sie das Fenster ARTIKELSTAMMDATEN, und suchen Sie den Artikel »A00004 HP Color Laser Jet 5«. Um das Arbeiten mit der integrierten Drilldown-Funktion zu üben, führen Sie die folgenden Schritte aus:

    - Wechseln Sie auf die Registerkarte EINKAUFSDATEN, und klicken Sie auf den orangefarbenen Pfeil ⇨ neben dem Feld BEVORZUGTER LIEFERANT.

    - Klicken Sie im nun geöffneten Fenster GESCHÄFTSPARTNER-STAMMDATEN auf den orangefarbenen Pfeil neben dem Feld KONTENSALDO.

    - Demarkieren Sie im nun geöffneten Fenster KONTENSALDO die Checkboxen BUCHUNGSDATUM VON und NUR OFFENE POSTEN ANZEIGEN im rechten oberen Bereich des Fensters. Klicken Sie anschließend auf den orangefarbenen Pfeil vor der Eingangsrechnung in der Spalte HERKUNFT in der ersten Zeile der Tabelle.

    - Klicken Sie im nun geöffneten Fenster EINGANGSRECHNUNG auf den orangefarbenen Pfeil vor dem Artikel »A00001 IBM Infoprint« 1312.

15. Versuchen Sie jetzt, vom Fenster ARTIKELSTAMMDATEN aus über die orangefarbenen Pfeile bis in das Fenster RATEN der Zahlungsbedingung des bevorzugten Lieferanten zu gelangen (ARTIKELSTAMMDATEN • EINKAUFSDATEN • BEVORZUGTER LIEFERANT • Registerkarte ZAHLUNGSBEDINGUNGEN • Feld ZAHLUNGSBEDINGUNGEN • RATEN).

16. Schließen Sie alle Fenster über das Menü FENSTER.

*In SAP Business One sind die Stammdaten der Grundstein
für die Abbildung aller betriebswirtschaftlichen Unterneh-
mensprozesse. Dieses Kapitel legt ein besonderes Augenmerk
auf die starke Vernetzung der Stammdaten mit den übrigen
Funktionsbereichen.*

# 4    Stammdaten

In diesem Kapitel beschäftigen wir uns mit den Stammdaten in SAP
Business One. Neben einer betriebswirtschaftlichen Abgrenzung der
Stammdaten wird das Hauptaugenmerk auf die beiden großen
Stammdatenblöcke *Geschäftspartner* und *Artikel* gelegt. Diese Blöcke
sind die tragenden Säulen in SAP Business One.

Die Themen Geschäftspartner und Artikel sowie die übrigen Inhalte
aus dem Bereich *Stammdaten* werden in diesem Buch im Wesentlichen an zwei Stellen behandelt:

▸ zum einen im vorliegenden Kapitel, siehe z. B. Abschnitt 4.3, »Geschäftspartner«, und Abschnitt 4.6, »Artikel«

▸ zum anderen in dem jeweils thematisch zugehörigen Abschnitt, siehe z. B. Abschnitt 14.2, »Mitarbeiterstammdaten«, Abschnitt 13.1,
»Servicevertrag als Grundlage«, und Abschnitt 9.1, »Kontenplan«

Einige Themen sind weiterführend und werden aus diesem Grund
nicht in diesem Buch behandelt: z. B. Stücklisten im Modul PRODUK-
TION, Prognosen im Modul MATERIALBEDARFSPLANUNG oder Finanzberichtsvorlagen im Modul FINANZWESEN.

## 4.1    Was sind Stammdaten?

Eine wesentliche Unterscheidung bei einer ERP-Software ist die zwischen *Stammdaten* und *Bewegungsdaten*. Stammdaten sind zustands-
orientierte Daten, die der Identifizierung und Klassifizierung von
Sachverhalten dienen. Diese zustandsorientierten Daten stehen über

Zustands-
orientierte Daten

einen längeren Zeitraum zur Verfügung, wie z. B. Mitarbeiter, Artikel, Geschäftspartner, Benutzer etc. Bewegungsdaten sind im Gegensatz dazu abwicklungsorientierte Daten, die immer wieder neu durch die betrieblichen Leistungsprozesse entstehen, wie z. B. Bestellungen, Serviceabrufe, Journalbuchungen, Zahlungen etc.

**[+]** **Rat eines Key-Users oder Consultants**

Die Vorgehensweise beim Anlegen von Stammdaten in SAP Business One sollte generell mit einem Key-User und gegebenenfalls einem Consultant in der Einführungsphase festgelegt werden, also noch vor Eingabe oder Import der Daten. Dies betrifft sowohl die einzugebenden Feldinhalte (welcher Inhalt z. B. in das Feld BEMERKUNG in den Artikelstammdaten eingegeben wird) als auch das Festlegen von allgemeinen Regeln (z. B. Telefonnummer immer mit Landesvorwahl eingeben etc.). Es empfiehlt sich hier, zu Beginn eines Projekts angemessene Zeit für diese Aufgabe einzuplanen. Das wird sich langfristig auf die Qualität Ihrer Stammdaten auswirken.

## 4.2 Benutzer

Jede Person, die mit SAP Business One arbeitet, muss als Benutzer (bzw. User) eingerichtet werden. Der Benutzer ist in SAP Business One als solcher identifiziert und hat die Möglichkeit, sich über Benutzercode und Passwort am Programm anzumelden und mit ihm zu arbeiten. Als Kunde von SAP erwerben Sie sogenannte *Named-User-Lizenzen*, das heißt, jede einzelne Benutzerlizenz wird einem Mitarbeiter des Unternehmens zugeordnet.

Nach der Installation von SAP Business One wird automatisch ein Benutzer angelegt. Dies ist der bereits in Abschnitt 3.1.1, »Erstmaliger Einstieg«, verwendete Benutzer »manager« (Benutzercode: »manager«, Passwort: »manager«). Dieser Benutzer ist zugleich ein sogenannter *Super-User*. Das bedeutet, für ihn gelten keinerlei Einschränkungen in den Benutzerberechtigungen.

Benutzer neu anlegen
Um einen neuen Benutzer anzulegen, gehen Sie folgendermaßen vor: Öffnen Sie das Fenster BENUTZER – DEFINITION über HAUPTMENÜ • ADMINISTRATION • DEFINITION • ALLGEMEIN • BENUTZER (siehe Abbildung 4.1).

**Abbildung 4.1** Fenster »Benutzer – Definition«

Geben Sie nun alle relevanten Daten gemäß folgender Auflistung ein; nur die Pflichtfelder müssen unbedingt gefüllt werden:

- **Checkbox »Superuser«**
  Aktivieren Sie diese Checkbox, um aus dem Benutzer einen Super-User zu machen. Dieser hat alle Benutzerberechtigungen und darf z. B. für einen Benutzer das Passwort ändern.

- **Checkbox »Mobile-Benutzer«**
  Aktivieren Sie diese Checkbox, wenn Sie diesem Benutzer ermöglichen möchten, mittels iPhone- bzw. iPad-App auf SAP Business One zuzugreifen (ab Release 8.8). Eine ausführliche Beschreibung des mobilen Zugriffs via App finden Sie im Zusatzkapitel »Innovationen in SAP Business One«, das auf der Website des Verlags zum Download für Sie bereitsteht.

- **Feld »Benutzercode«** (Pflichtfeld)
  Geben Sie hier das Kürzel an, mit dem sich der Benutzer am Programm anmeldet. Seit Release 9.2 ist die Eingabe in diesem Feld auf maximal 25 Zeichen beschränkt.

▶ **Feld »Bindung an Microsoft-Windows-Konto«**
Geben Sie hier den Benutzernamen des Microsoft-Windows-Kontos des angezeigten Benutzers ein. Damit ist der SAP-Business-One-Benutzer mit dem Microsoft-Windows-Benutzer verknüpft, sodass das Anmeldefenster in SAP Business One übersprungen werden kann und sich der Benutzer dort nicht mehr extra anmelden muss (Neuerung in Release 9.0).

▶ **Feld »Benutzername«** (Pflichtfeld)
Vor- und Nachname des Benutzers; kann ggf. auf Belege gedruckt werden.

▶ **Feld »Mitarbeiter«**
Wählen Sie den für diesen Benutzer angelegten Mitarbeiter aus der Werteliste aus. Sollte dieser Benutzer noch nicht als Mitarbeiter angelegt sein, klicken Sie auf den Button 🗐, um die Auswahlliste zu öffnen. Klicken Sie in der geöffneten Auswahlliste (Fenster LISTE: MITARBEITER) auf den Button NEU, um im sich dann öffnenden Fenster MITARBEITERSTAMMDATEN einen neuen Mitarbeiter anzulegen. Das Anlegen eines Mitarbeiters wird in Abschnitt 14.2, »Mitarbeiterstammdaten«, ausführlich beschrieben.

▶ **Felder »E-Mail«, »Mobiltelefon« und »Fax«**
Hier werden die Kontaktdaten des Mitarbeiters eingetragen, alle Felder können auf Belege gedruckt werden.

▶ **Feld »Mobiles Gerät ID«**
Geben Sie hier die ID (= MAC-Adresse) des iPhones bzw. iPads ein, mit dem Sie auf SAP Business One zugreifen (ab Release 8.8).

▶ **Feld »Standards«**
Hier können Sie Vorschlagswert aus einer Werteliste auswählen.

▶ **Dropdown-Listen »Filiale« und »Abteilung«**
Hier können Sie eine Filiale und eine Abteilung aus der Dropdown-Liste auswählen.

▶ **Feld »Berechtigungsgruppen«**
Klicken Sie auf den Button [...] (DEM BENUTZER BERECHTIGUNGS-GRUPPEN ZUORDNEN), und wählen Sie im nun geöffneten Fenster BERECHTIGUNGSGRUPPEN jene Gruppe aus, zu der dieser Benutzer gehört. In SAP Business One haben Sie seit Release 9.1 die Möglichkeit, Benutzerberechtigungen für ganze Gruppen wie z. B. Einkauf, Verkauf, Lager, Produktion etc. zu definieren. Dabei kann

ein Benutzer auch die Berechtigungen von mehreren Gruppen erhalten. Abschließend bestätigen Sie Ihre Auswahl mit den Buttons AKTUALISIEREN und OK.

### Festlegen von Filiale und Abteilung                    **[+]**

Die Wertelisten der Felder STANDARDS, FILIALE und ABTEILUNG sollten von einem Key-User Ihres Unternehmens oder zumindest in Absprache mit diesem festgelegt werden. Um die Auswahllisten zu füllen, wählen Sie den Eintrag NEU DEFINIEREN aus der Werteliste aus.

▸ **Feld »Sprache«**
   Wählen Sie die Sprache dieses Benutzers aus der Werteliste aus.

▸ **Feld »Passwort«** (Pflichtfeld)
   Das Passwort muss aus mindestens vier und darf maximal aus acht Zeichen bestehen. Generell empfiehlt sich eine Kombination aus Buchstaben und Zahlen.

Um ein neues Passwort einzugeben oder ein bestehendes abzuändern, klicken Sie auf den Button ⌷⌷⌷ neben dem Feld PASSWORT, wie es in Abbildung 4.1 dargestellt ist.

**Passwort eingeben**

Ein weiteres Fenster wird geöffnet. Geben Sie hier das Passwort ein, und wiederholen Sie die Eingabe im zweiten Feld BESTÄTIGEN. Im Feld BEISPIELPASSWORT wird ein Beispiel angezeigt, wie das Passwort auszusehen hat. Klicken Sie auf den Button AKTUALISIEREN, um das Passwort zu speichern.

### Standardpasswort                    **[+]**

Beim Anlegen eines Benutzers sollte ein Standardpasswort angegeben werden, das der Benutzer anschließend selbst ändern kann.

▸ **Checkbox »Passwort läuft nie ab«**
   Aktivieren Sie diese Checkbox, wenn das Passwort nicht nach einer bestimmten Zeit vom Benutzer geändert werden muss.

▸ **Checkbox »Passwort bei der nächsten Anmeldung ändern«**
   Aktivieren Sie diese Checkbox, wenn Sie den Benutzer zwingen möchten, das Passwort bei der nächsten Anmeldung zu ändern. Diese Option ist vor allem dann sinnvoll, wenn ein Key-User alle Benutzer anlegt und mit einem Initialpasswort ausstattet.

▶ **Check-Box »Gesperrt«**
Diese Checkbox wird vom Programm automatisch aktiviert, so-
bald der Benutzer gesperrt ist und nicht mehr im Programm arbei-
ten darf. Der Benutzer wird gesperrt, sobald er die vorgesehene
Anzahl von fehlgeschlagenen Anmeldeversuchen überschreitet.
Die maximale Anzahl der Anmeldeversuche wird im Fenster PASS-
WORTVERWALTUNG unter HAUPTMENÜ • ADMINISTRATION • DEFINI-
TION • ALLGEMEIN • SICHERHEIT • PASSWORTVERWALTUNG festgelegt.
Alternativ kann diese Checkbox auch absichtlich aktiviert sein, um
diesen Benutzer für SAP Business One zu sperren.

▶ **Button »Formulareinstellungen«**
Mit diesem Button können Sie alle Benutzereinstellungen von
einem Benutzer auf beliebig viele andere Benutzer übertragen (ab
Release 8.8 von SAP Business One). Dies betrifft vor allem die
Fenstereinstellungen, die pro Benutzer festgelegt werden können,
etwa Größe, Position, Spaltenreihenfolge etc.

Klicken Sie auf den Button HINZUFÜGEN, und der Benutzer wird angelegt. Das Fenster BENUTZER bleibt im HINZUFÜGEN-Modus, damit
Sie noch weitere Benutzer anlegen können.

Benutzer ändern  Um einen bestehenden Benutzer zu ändern, gehen Sie auf die gleiche
Weise vor, wie es bereits in Abschnitt 3.5.4, »Datensätze ändern/ent-
fernen«, demonstriert wurde.

Zur Erinnerung und Übung werden diese Funktionen hier nochmals
vorgeführt. Öffnen Sie das Fenster BENUTZER, und wechseln Sie über
die Schaltfläche 🔍 (SUCHEN) in den SUCHEN-Modus. Geben Sie am
besten den Benutzercode oder den Benutzernamen des gewünschten
Benutzers ein. Klicken Sie auf den Button SUCHEN, um die Suche zu
starten. Alternativ dazu können Sie auch einen Stern »*« in eines der
Felder eingeben und auf den Button SUCHEN klicken. Sie erhalten
eine Auswahlliste mit allen Benutzern.

Eine andere Möglichkeit besteht darin, mit den Datensatzschalt-
flächen |◀ ◀ ➡ ➡| alle Benutzer durchzublättern, da es sich zu-
meist um eine überschaubare Anzahl von Benutzern handelt. Die
Datensatzschaltflächen können sowohl im HINZUFÜGEN- als auch im
SUCHEN-Modus verwendet werden.

Ändern Sie nun die gewünschten Daten. Der Button verwandelt sich
dabei von OK in AKTUALISIEREN, sobald Sie eine Eingabe vornehmen.

Bestätigen Sie mit dem Button AKTUALISIEREN, sobald Sie die Änderungen abgeschlossen haben.

Beim Ändern des Passworts wird Ihnen zusätzlich das Feld ALTES KENNWORT im Fenster PASSWORT ÄNDERN angezeigt. Geben Sie das alte Kennwort ein. Danach geben Sie das neue Kennwort ein und bestätigen es im untersten Feld. Falls ein Benutzer nicht für das Fenster BENUTZER berechtigt ist, kann das Passwort über folgenden Pfad geändert werden: ADMINISTRATION • DEFINITION • SICHERHEIT • ALLGEMEIN • PASSWORT ÄNDERN.

Passwort ändern

### Super-User [+]

Ein Super-User hat die Möglichkeit, für alle Benutzer das Passwort zu ändern. Wählen Sie dazu den gewünschten Benutzer, lassen Sie das alte Kennwort leer, und geben Sie zweimal das neue Kennwort ein.

SAP Business One bietet über den Pfad ADMINISTRATION • DEFINITION • ALLGEMEIN • PASSWORTVERWALTUNG eine moderne Administration der Benutzerpasswörter an (siehe Abbildung 4.2).

Passwortverwaltung

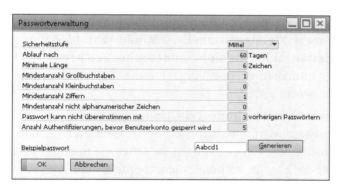

**Abbildung 4.2** Fenster »Passwortverwaltung«

Die Passwortverwaltung besteht im Grunde aus einer Reihe von Vorgaben, die das vom Benutzer gewählte Passwort erfüllen muss. Im Detail handelt es sich um die folgenden Felder:

▶ **Dropdown-Liste »Sicherheitsstufe«**
Die Sicherheitsstufe ist eine bereits vordefinierte Kategorie, die die Inhalte der nachfolgenden Felder bestimmt. Zur Auswahl stehen die Sicherheitsstufen NIEDRIG, MITTEL, HOCH und BENUTZERDEFINIERT. Bei den drei erstgenannten Stufen sind die Inhalte

bereits fix definiert und können auch nicht abgeändert werden. Wie in Abbildung 4.2 zu sehen ist, läuft das Passwort bei der Sicherheitsstufe MITTEL nach 60 Tagen ab und muss erneuert werden (siehe Feld ABLAUF NACH). Die Sicherheitsstufe HOCH ist strenger eingestellt und erfordert bereits nach 30 Tagen ein neues Passwort. Standardmäßig ist in SAP Business One die Stufe NIEDRIG eingestellt.

**[!]** **Sicherheitsstufe »Benutzerdefiniert«**

Die folgenden Felder können nur eingegeben bzw. geändert werden, wenn Sie die Sicherheitsstufe BENUTZERDEFINIERT auswählen. Für alle anderen Sicherheitsstufen sind die folgenden Felder bereits fix vordefiniert.

▸ **Feld »Ablauf nach«**
Dieses Feld beschreibt die Anzahl der Tage, nach denen das Passwort vom Benutzer erneuert werden muss. Nach Ablauf dieser Frist erhält der Benutzer beim Einstieg eine Aufforderung, das Passwort zu ändern.

▸ **Felder »Minimale Länge«, »Mindestanzahl Großbuchstaben«, »Mindestanzahl Kleinbuchstaben«, »Mindestanzahl Ziffern« und »Mindestanzahl nicht alphanumerischer Zeichen«**
Diese Felder enthalten diverse Vorgaben, die die Zusammensetzung des Passworts betreffen.

▸ **Feld »Passwort kann nicht übereinstimmen mit«**
Das neue Passwort darf z. B. nicht mit den letzten drei Passwörtern übereinstimmen. Geben Sie dazu die Ziffer »3« in dieses Feld ein. Je höher die Zahl, desto höher die Sicherheitsstufe.

▸ **Feld »Anzahl Authentifizierungen, bevor Benutzerkonto gesperrt wird«**
Geben Sie hier die Anzahl der Versuche ein, die einem Benutzer zur Verfügung stehen, um beim Einstieg in SAP Business One den Benutzernamen und das Passwort korrekt einzugeben.

**[+]** **Bestimmte Anzahl an Versuchen**

Wird die festgelegte Anzahl an Versuchen überschritten, um sich an SAP Business One anzumelden, wird der Benutzer gesperrt und kann nur von einem Super-User entsperrt werden.

▶ **Feld »Beispielpasswort«**

Geben Sie hier ein Beispiel an, wie das Passwort des Benutzers zusammengesetzt sein soll. Dieses Beispielpasswort dient dem Benutzer als Hilfe bei der Wahl seines eigenen Passworts. Bei einem neuen Passwort überprüft SAP Business One, ob diese Vorgabe erfüllt wurde. Klicken Sie auf den Button GENERIEREN, damit SAP Business One ein Beispielpasswort entsprechend der Sicherheitsstufe automatisch erstellt.

Darüber hinaus muss der Benutzer beim erstmaligen Einstieg das initiale Beispielpasswort ändern und ein neues, selbst gewähltes Passwort eingeben. Dieses muss alle Vorgaben der Passwortverwaltung erfüllen und darf nicht mit dem Benutzernamen übereinstimmen.

| Passwortverwaltung | [+] |
| --- | --- |
| Die Passwortverwaltung sollte nur von einem Key-User unter Berücksichtigung der IT-Sicherheitsbestimmungen Ihres Unternehmens vorgenommen werden. | |

## 4.3    Geschäftspartner

Als Geschäftspartner werden all jene Personen, Unternehmen, Organisationen, Institutionen, Behörden etc. betrachtet, die mit dem eigenen Unternehmen in Verbindung stehen. Sie können also die Geschäftspartner-Stammdaten als eine Art Sammlung aller partnerrelevanten Daten interpretieren, die für Ihr Geschäft notwendig sind. SAP Business One bietet drei grundlegende Kategorien für Geschäftspartner-Stammdaten an:

▶ Interessenten

▶ Kunden

▶ Lieferanten

Aufgrund der Vielzahl an zusätzlichen Feldern, die Ihnen in den Geschäftspartner-Stammdaten zur Verfügung stehen, können Sie aber auch Daten über diese Kategorien hinaus anlegen. Das Fenster GESCHÄFTSPARTNER-STAMMDATEN finden Sie im Hauptmenü unter GESCHÄFTSPARTNER • GESCHÄFTSPARTNER-STAMMDATEN. Das Fenster ist unterteilt in Kopfdaten ❶, Geschäftspartnerinformationen ❷ und weitere thematisch gesammelte Angaben auf den Registerkarten ❸, wie in Abbildung 4.3 zu sehen ist.

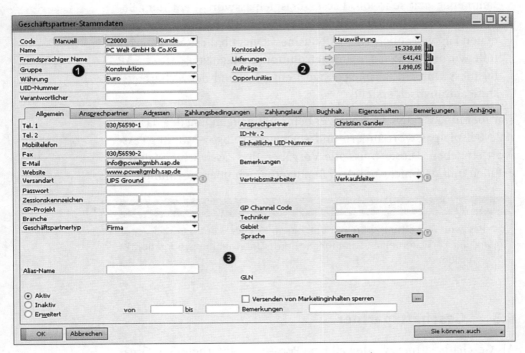

**Abbildung 4.3** Aufbau der Geschäftspartner-Stammdaten

### 4.3.1 Geschäftspartner-Stammdaten – Kopfdaten

Kopfdaten In den Kopfdaten des Geschäftspartners befinden sich die folgenden Felder:

▸ **Feld »Code«** (Pflichtfeld)
Wählen Sie einen Code für den Geschäftspartner. Dieser kann sowohl Nummern als auch Buchstaben umfassen (alphanumerische Zeichenfolge) und aus maximal 15 Zeichen bestehen. Der Code des Geschäftspartners muss eindeutig sein (Primärschlüssel, siehe Abschnitt 3.5.2, »Nach vorhandenen Datensätzen suchen«). Das heißt, es darf kein zweiter Geschäftspartner oder kein Sachkonto (siehe Abschnitt 9.1, »Kontenplan«) mit demselben Code existieren. SAP Business One warnt Sie, falls Sie einen Geschäftspartner mit einem bereits existierenden Code hinzufügen möchten.

Standardmäßig steht das Dropdown-Feld links neben dem Feld CODE auf MANUELL. Das bedeutet, Sie können den Code für den

Geschäftspartner frei vergeben. Darüber hinaus haben Sie jedoch die Möglichkeit, eine Nummernserie für den Geschäftspartner festzulegen (siehe die folgende Dropdown-Liste).

---

**Geschäftspartner als Kunde und Lieferant** [+]

Wenn Sie einen Geschäftspartner haben, der sowohl Kunde als auch Lieferant für Sie ist, legen Sie zwei Geschäftspartner mit einem jeweils unterschiedlichen Code an.

---

Der Geschäftspartnercode kann nicht mehr geändert werden, und der Geschäftspartner lässt sich auch nicht mehr löschen, sobald er in irgendeiner Transaktion wie in einem Beleg oder einer Buchung verwendet wurde.

---

**Integration mit einer weiteren Software** [+]

Falls Sie neben SAP Business One eine weitere Finanzbuchhaltungssoftware verwenden, achten Sie unbedingt darauf, wie Sie die Codes für die Geschäftspartner anlegen. Erfolgt ein Datenabgleich zwischen SAP Business One und der Fremdsoftware, ist es sehr wahrscheinlich, dass die Finanzbuchhaltung Debitoren- und Kreditorennummern, also numerische Codes, für den Geschäftspartner verwendet. Sollte bei den Geschäftspartnern SAP Business One das führende System sein, kann es geschehen, dass alphanumerische Codes in der Fremdsoftware nicht akzeptiert werden. In diesem Fall sollten Sie ebenfalls rein numerische Codes für den Geschäftspartner verwenden.

---

▶ **Dropdown-Liste »Code Nummernserie«**
Wählen Sie aus der Dropdown-Liste links neben dem GP-Code die Nummernserie für diesen Geschäftspartner aus (nur im HINZUFÜGEN-Modus möglich), falls diese nicht bereits standardmäßig eingestellt wurde. Daraufhin gibt SAP Business One die nächsthöhere Nummer vor. Die Dropdown-Liste ist nur im HINZUFÜGEN-Modus aktiv und kann bei bereits angelegten Geschäftspartnern nicht verändert werden. Wie Sie eine Nummernserie für einen Geschäftspartner anlegen, wird in Abschnitt 4.7, »Belegnummerierung«, beschrieben. Wenn Sie den Code für den Geschäftspartner frei vergeben möchten, wählen Sie den Eintrag MANUELL aus der Dropdown-Liste.

▶ **Feld »Typ«**
Wählen Sie einen Typ für den Geschäftspartner aus der Werteliste

neben dem Geschäftspartnercode aus. Als Geschäftspartnertyp stehen KUNDE, INTERESSENT und LIEFERANT zur Verfügung:

- Der KUNDE hat die Berechtigung für alle Verkaufsbelege (siehe Abschnitt 6.2, »Vom Angebot bis zur Eingangszahlung«), Opportunities (siehe Kapitel 11, »Opportunities im Vertrieb«) und Serviceabrufe (siehe Abschnitt 13.2, »Serviceabruf als täglicher Kundenkontakt«).

- Der INTERESSENT hat – verglichen mit dem Kunden – nur eingeschränkte Berechtigungen, und zwar für die Verkaufsbelege ANGEBOT und AUFTRAG sowie für Opportunities. Er hat keine Berechtigungen für Serviceabrufe.

- Der LIEFERANT hat die Berechtigung für alle Einkaufsbelege (siehe Abschnitt 5.4, »Belegkette im Einkauf«).

▶ **Feld »Name«**
Geben Sie hier den Namen des Geschäftspartners ein. Das Feld ist auf 100 Zeichen begrenzt.

▶ **Feld »Fremdsprachiger Name«**
Der fremdsprachige Name kann sinnvollerweise als zweites Namensfeld oder als Übersetzung des Namens (falls nur eine einzige Fremdsprache benötigt wird) verwendet werden. SAP Business One bietet ein übersichtliches System zur Mehrsprachenunterstützung. Dieses wird bei der Erläuterung der Registerkarte BEMERKUNGEN am Ende dieses Abschnitts behandelt.

**[+] Flexible Druckgestaltung des Firmennamens**

Überlegen Sie sich, wie der Firmenname Ihres Geschäftspartners auf die Belege (Angebot, Lieferschein, Rechnung, Mahnung etc.) gedruckt werden soll. Die Druckgestaltung ist sehr flexibel – es kann grundsätzlich jedes Feld gedruckt werden, das Sie beim Geschäftspartner füllen.

**[+] Unterschiedliche Schreibweisen**

Sollen Vor- und Nachname einer natürlichen Person in ein Feld geschrieben oder getrennt werden? Soll der Namenszusatz einer juristischen Person in ein Feld geschrieben oder getrennt werden?

Ausreichend für die Beantwortung dieser Fragen ist der Ausdruck auf den Belegen. Das heißt, nehmen Sie Papier und Bleistift, und ordnen Sie alle gewünschten/notwendigen Felder an. Überprüfen Sie dann, ob Ihre Namensanordnung das gewünschte Ergebnis liefert.

▸ **Dropdown-Liste »Gruppe«**

Wählen Sie eine Gruppe für den Geschäftspartner aus der Werteliste aus. Neue Geschäftspartnergruppen sollten in Absprache mit einem Key-User angelegt werden.

Gruppen sind grobe Kategorisierungen für Geschäftspartner, die zur Einteilung und Auswertung dienen. Eine Gruppe kann anhand verschiedener Merkmale festgelegt werden; einige Anregungen dazu finden Sie in Tabelle 4.1.

| Merkmal | Ausprägung |
|---|---|
| Marketingtechnischer Stellenwert des Geschäftspartners | ▸ A-Kunde <br> ▸ B-Kunde <br> ▸ C-Kunde |
| Segmente der Zielgruppe <br> Beispiel: Kosmetikhandel | ▸ Schönheitssalons <br> ▸ Drogerien <br> ▸ Nagelstudios <br> ▸ Beautyfarmen <br> ▸ Thermen <br> ▸ Wellness-Hotels etc. <br> ▸ sonstige |
| Unternehmensgröße | ▸ Klein- und Mittelbetrieb <br> ▸ gehobenes Mittelunternehmen <br> ▸ Großunternehmen <br> ▸ multinationaler Konzern |
| Stufe in der Wertschöpfungskette | ▸ Produzent <br> ▸ Importeur <br> ▸ Großhändler <br> ▸ Wiederverkäufer <br> ▸ Einzelhändler |

**Tabelle 4.1** Geschäftspartnergruppe – diverse Beispiele

Die Gruppe sollte keine zu feine Einteilung darstellen, da Auswertungen sonst zu unübersichtlich werden. Falls Sie noch weitere Unterscheidungsmerkmale für eine genauere Einteilung benötigen, können Sie dies mit Eigenschaften oder zusätzlichen Feldern erreichen. Für das Anlegen von Zusatzfeldern sollten Sie einen Consultant zu Rate ziehen.

▸ **Dropdown-Liste »Währung«**

Wählen Sie die Währung des Geschäftspartners aus der Werteliste aus. Falls die gewünschte Währung nicht vorhanden ist, sollte sie in Abstimmung mit dem Key-User für Finanzwesen angelegt werden. Das Anlegen einer Währung wird in Abschnitt 9.7, »Buchungen in Fremdwährung«, behandelt.

Falls für diesen Geschäftspartner mehr als eine Währung relevant ist, wählen Sie den Eintrag ALLE WÄHRUNGEN. Damit können Belege in jeder beliebigen Währung erstellt werden. Die Anzeige des Kontosaldos beim Geschäftspartner erfolgt weiterhin in der Hauswährung. Eine genaue Behandlung des Themas Währungen finden Sie ebenfalls in Abschnitt 9.7.

**[+]** | **Währungsumstellung nach der ersten Buchung nicht mehr möglich**

Falls für einen Geschäftspartner eine bestimmte Währung ausgewählt wurde, kann die Währung nicht mehr umgestellt werden, sobald Buchungen für diesen Geschäftspartner vorhanden sind. Stellen Sie daher nur eine bestimmte Währung ein, wenn Sie völlig ausschließen können, dass dieser Geschäftspartner in Zukunft eine andere Währung benötigt. Im Zweifel stellen Sie die Auswahl immer auf ALLE WÄHRUNGEN.

▸ **Feld »UID-Nummer«**

Geben Sie hier die UID-Nummer des Geschäftspartners ein. SAP Business One prüft die Richtigkeit des Länderkürzels sowie die Länge der UID-Nummer und warnt Sie mit einer Hinweismeldung bei Falscheingabe.

Geschäftspartner-informationen

Die Geschäftspartnerinformationen befinden sich im rechten oberen Bereich des Fensters:

▸ **Dropdown-Liste zur Währungsauswahl**

Die folgenden Anzeigen KONTENSALDO, LIEFERUNGEN, AUFTRÄGE und OPPORTUNITIES können sowohl in HAUSWÄHRUNG als auch in SYSTEMWÄHRUNG dargestellt werden.

▸ **Feld »Kontensaldo«**

Dieses Feld zeigt den AKTUELLEN KONTENSALDO an (= Summe aller Ausgangsrechnungen abzüglich der von den Kunden geleisteten Zahlungen und abzüglich der von Ihnen gewährten Gutschriften an den Kunden). Mit dem orangefarbenen Pfeil ⬅ links gelangen Sie zum Fenster KONTENSALDO. In diesem Fenster werden die Kontensalden unterteilt angezeigt – also alle Journalbuchungen, die für diesen Geschäftspartner angefallen sind (mehr dazu erfahren Sie in Abschnitt 9.1, »Kontenplan«).

Mit dem Button ▐ (GRAPH ANZEIGEN) rechts neben dem Saldo gelangen Sie zum jeweiligen Umsatzanalysebericht jedes einzelnen Kunden.

Analog zeigt dieses Feld bei einem Lieferanten dessen AKTUELLEN KONTENSALDO (= Summe der Eingangsrechnungen abzüglich der Zahlungen und Gutschriften) an.

▶ **Feld»Lieferungen« bzw. »Wareneingang«**
Dieses Feld zeigt den aktuellen Stand der offenen Lieferungen bei einem Kunden bzw. den aktuellen Stand der Wareneingänge bei einem Lieferanten an. Das sind bei einem Kunden jene Lieferscheine, die bereits angelegt, aber noch nicht durch eine Rechnung, eine Retoure oder manuell abgeschlossen wurden. Dies umfasst natürlich auch teilweise offene Lieferungen.

Mit einem Klick auf den orangefarbenen Pfeil ⇨ gelangen Sie zum Fenster LIEFERSCHEINSALDO bzw. WARENEINGANGSSALDO. Mit einem erneuten Klick auf den orangefarbenen Pfeil neben dem Datum gelangen Sie zur eigentlichen Lieferung bzw. dem Wareneingang.

Das Button ▐ (GRAPH ANZEIGEN) rechts neben dem Saldo führt Sie zum Umsatzanalysebericht jedes Kunden, basierend auf den Lieferungen bzw. dem Einkaufsanalysebericht jedes Lieferanten, basierend auf den Wareneingängen.

▶ **Feld »Aufträge« bzw. »Bestellungen«**
Dieses Feld zeigt den aktuellen Stand der OFFENEN AUFTRÄGE bei einem Kunden bzw. den aktuellen Stand der OFFENEN BESTELLUNGEN bei einem Lieferanten an. Das sind bei einem Kunden jene Aufträge, die bereits angelegt, aber noch nicht durch eine Lieferung oder manuell abgeschlossen wurden. Dies umfasst natürlich auch teilweise offene Aufträge.

Mit einem Klick auf den orangefarbenen Pfeil ⇨ gelangen Sie zum Fenster KUNDENAUFTRAGSSALDO bzw. BESTELLSALDO. Mit einem erneuten Klick auf den orangefarbenen Pfeil neben dem Datum gelangen Sie zum eigentlichen Auftrag bzw. der Bestellung.

▸ **Feld »Opportunities«**
Dieses Feld zeigt die aktuelle Anzahl der offenen Opportunities (siehe auch Kapitel 11, »Opportunities im Vertrieb«). Mit einem Klick auf den orangefarbenen Pfeil [→] gelangen Sie zum Fenster OPPORTUNITY-BERICHT, das alle offenen Opportunities anzeigt. Mit einem weiteren Klick auf den orangefarbenen Pfeil neben der Opportunity-Nummer gelangen Sie zur eigentlichen Opportunity.

Im Folgenden behandeln wir nun ausführlich die Registerkarten, die Sie unter den Stammdaten des Geschäftspartners pflegen können.

### 4.3.2 Geschäftspartner-Stammdaten – Registerkarten

Bei den zu pflegenden Registerkarten handelt es sich um die folgenden:

▸ ALLGEMEIN

▸ ANSPRECHPARTNER

▸ ADRESSEN

▸ ZAHLUNGSBEDINGUNGEN

▸ ZAHLUNGSLAUF

▸ BUCHHALT.

▸ EIGENSCHAFTEN

▸ BEMERKUNGEN

▸ ANHÄNGE

Diese Registerkarten werden Ihnen nun detailliert erläutert.

**Registerkarte »Allgemein«** Auf der Registerkarte ALLG. können Sie in folgende Felder allgemeine Informationen zum Geschäftspartner eingeben:

▸ **Felder »Tel. 1«, »Tel. 2«, »Mobiltelefon«, »Fax«, »E-Mail« und »Website«**
Geben Sie hier alle Kontaktdaten des Geschäftspartners an.

▸ **Dropdown-Liste »Versandart«**
Wählen Sie eine Versandart aus der Werteliste aus, oder wählen Sie den Eintrag NEU DEFINIEREN, um weitere Versandarten anzulegen. Die ausgewählte Versandart wird beim Erstellen eines Belegs automatisch auf der Registerkarte LOGISTIK im Feld VERSANDART vorgeschlagen.

▸ **Feld »Passwort«**

Dieses Feld ist reserviert für das Passwort des Geschäftspartners bei einer Einbindung von E-Commerce-Anwendungen.

▸ **Werteliste »Zessionskennzeichen«**

Wählen Sie ein Zessionskennzeichen aus der Werteliste aus. Klicken Sie in der Werteliste auf NEU, um ein neues Zessionskennzeichen anzulegen. Geben Sie dazu ein Kennzeichen und eine Beschreibung an.

Ein *Zessionskennzeichen* ist ein Hinweis darauf, dass die offene Forderung eines Kunden an einen Dritten (z. B. eine Bank) abgetreten wurde. Das Zessionskennzeichen kann auf alle Belege gedruckt werden.

▸ **Werteliste »GP-Projekt«**

Wählen Sie einen Projektcode, den Sie dem Geschäftspartner zuordnen möchten.

---

**Projektcode eingeben** [+]

Die Eingabe eines Projektcodes beim Geschäftspartner ist nur dann sinnvoll, wenn nur ein einziges Projekt zugeordnet werden kann. Die Zuordnung mehrerer Projekte zum Geschäftspartner wird in Abschnitt 9.8, »Einbinden der Kostenrechnung«, behandelt.

---

▸ **Dropdown-Liste »Branche«**

Wählen Sie die Branche des Geschäftspartners aus der Werteliste aus, oder wählen Sie den Eintrag NEU DEFINIEREN, um weitere Branchen anzulegen.

▸ **Dropdown-Liste »Geschäftspartnertyp«**

Wählen Sie den Geschäftspartnertyp aus der Werteliste aus. Es stehen Ihnen die Einträge FIRMA für Unternehmen und PRIVAT für Privatpersonen zur Verfügung.

▸ **Feld »Ansprechpartner«**

Dieses Feld zeigt den Namen des Ansprechpartners an, der auf der Registerkarte ANSPRECHPARTNER als Standard gesetzt wurde.

▸ **Feld »ID-Nr. 2«**

Geben Sie hier eine weitere frei wählbare ID für den Geschäftspartner an.

**[+]** **Creditor ID im SEPA-Zahlungsverkehr**

Dieses Feld wurde bis Release 9.0 von SAP Business One für die sogenannte *Creditor ID* verwendet und musste jedem Geschäftspartner zugeordnet werden. Die Creditor ID können Sie nun zentral für Ihr Unternehmen im Fenster FIRMENDETAILS auf der Registerkarte BUCHHALTUNGSDATEN unter ADMINISTRATION • SYSTEMINITIALISIERUNG im Feld SEPA-GLÄUBIGER-ID eintragen. Die Creditor ID wird Ihnen von Ihrer Zentralbank zugeteilt.

▶ **Feld »Einheitliche UID-Nummer«**
Diese UID-Nummer wird verwendet, wenn Ihr Unternehmen ein Tochterunternehmen oder Teil eines Konzerns ist.

▶ **Feld »Bemerkungen«**
Geben Sie hier zusätzliche Bemerkungen zum Geschäftspartner bis maximal 100 Zeichen an.

▶ **Dropdown-Liste »Vertriebsmitarbeiter/Einkäufer«**
Wählen Sie den verantwortlichen Vertriebsmitarbeiter (bei Kunden und Interessenten) bzw. den zugeordneten Einkäufer (bei Lieferanten) aus. Wählen Sie NEU DEFINIEREN, um weitere Vertriebsmitarbeiter oder Einkäufer anzulegen.

▶ **Werteliste »GP Channel Code«**
Wählen Sie für den angezeigten Kunden einen Channel-Partner aus der Werteliste aus. Der Channel-Partner ist ein weiterer Geschäftspartner, mit dem eine vertriebliche Partnerschaft besteht. Der Channel-Partner kann nur für einen Kunden ausgewählt werden und wird in allen Verkaufsbelegen auf der Registerkarte LOGISTIK angezeigt.

▶ **Werteliste »Techniker«**
Wählen Sie hier den verantwortlichen Techniker für diesen Kunden aus der Werteliste aus. Der Techniker muss als Mitarbeiter angelegt und ihm muss die Rolle des Technikers zugeordnet worden sein (siehe Abschnitt 14.2, »Mitarbeiterstammdaten«). Dieser zugeordnete Techniker ist relevant für die Serviceabrufe im Modul SERVICE (siehe Abschnitt 13.2, »Serviceabruf als täglicher Kundenkontakt«).

**[+]** **Zuordnung des Technikers**

Die Zuordnung des Technikers kann nur bei Kunden erfolgen.

▶ **Werteliste »Gebiet«**

Wählen Sie ein Gebiet aus der Werteliste aus, in das der Kunde eingeordnet werden kann. Ein neues Gebiet definieren Sie unter ADMINISTRATION • DEFINITIONEN • ALLGEMEIN • GEBIETE.

| Zuordnung zu Gebieten | [+] |
|---|---|
| Die Zuordnung zu Gebieten kann nur bei Kunden erfolgen und dient als weiteres Einteilungskriterium im Vertrieb und im Servicebereich. | |

▶ **Dropdown-Liste »Sprache«**

Wählen Sie die Sprache des Geschäftspartners aus der Werteliste aus. Die Dropdown-Liste SPRACHE wird nur angezeigt, wenn unter ADMINISTRATION • SYSTEMINITIALISIERUNG • FIRMENDETAILS • BASISINITIALISIERUNG die Checkbox MEHRSPRACHENUNTERSTÜTZUNG aktiviert wurde.

▶ **Feld »Alias-Name«**

Geben Sie einen Alias-Namen für den Geschäftspartner an.

▶ **Feld »GLN«**

Geben Sie bei Bedarf eine globale Lokationsnummer ein.

▶ **Checkbox »Versenden von Marketinginhalten sperren«**

Um diese Checkbox zu aktivieren, klicken Sie zunächst auf den Button ... (KOMMUNIKATIONSMEDIEN). Im nun geöffneten Fenster KOMMUNIKATIONSMEDIEN aktivieren Sie die Kommunikationswege zum Geschäftspartner, die Sie sperren möchten (z. B. Fax oder E-Mail). Bestätigen Sie Ihre Eingabe abschließend mit dem Button OK, woraufhin die Checkbox VERSENDEN VON MARKETINGINHALTEN SPERREN aktiviert wird. Der Kunde ist nun für die ausgewählten Kommunikationswege gesperrt und wird z. B. kein Fax oder keine E-Mails mehr erhalten.

Die gleiche Einschränkung können Sie auf der Registerkarte ANSPRECHPARTNER für jeden einzelnen Ansprechpartner vornehmen.

▶ **Optionsfeld »Aktiv«**

Legen Sie mit der Option AKTIV und den Feldern VON und BIS einen Zeitraum fest, innerhalb dessen der Geschäftspartner aktiv ist. Aktiv bedeutet, dass für diesen Geschäftspartner alle Einkaufs- und Verkaufsbelege erstellt werden können. Außerhalb dieses

Zeitraums können dagegen nur geparkte Belege erstellt werden (siehe Abschnitt 5.3, »Wichtige Funktionen im Beleg«). Zusätzlich können Sie im Feld BEMERKUNGEN einen Hinweis angeben, warum die Aktivität des Kunden begrenzt ist.

Zudem ist es möglich, dass Sie nur das VON- oder das BIS-Datum füllen. Das bedeutet, dass der Geschäftspartner erst ab einem bestimmten Zeitpunkt (nur VON-Datum gefüllt) oder nur bis zu einem bestimmten Zeitpunkt (nur BIS-Datum gefüllt) aktiv ist.

**[zB]**

### Begrenzter Aktivitätszeitraum

Bei einem begrenzten Aktivitätszeitraum kann es sich um einen zeitlich begrenzten Projektpartner oder einen Kunden handeln, für den aufgrund einer drohenden Insolvenz keine neuen Aufträge mehr angelegt werden sollen.

▶ **Optionsfeld »Inaktiv«**
Das Kennzeichen INAKTIV hat entsprechend die gegenteilige Bedeutung. Der festgelegte Zeitraum samt Bemerkung bezieht sich auf den Zeitraum, in dem der Geschäftspartner inaktiv ist.

▶ **Optionsfeld »Erweitert«**
Das Kennzeichen ERWEITERT bietet die Möglichkeit, sowohl einen aktiven als auch einen inaktiven Zeitraum zu definieren (jeweils von – bis). Die Zeiträume dürfen sich dabei nicht überschneiden.

Ein Geschäftspartner hat in der Regel einen oder mehrere Ansprechpartner, in diesem Sinn ist der Geschäftspartner das Unternehmen selbst, und die Ansprechpartner sind die Mitarbeiter dieses Unternehmens.

Registerkarte »Ansprechpartner« Auf der Registerkarte ANSPRECHPARTNER können Sie dementsprechend beliebig viele Ansprechpartner anlegen. Die grauen Balken auf der linken Seite der Registerkarte zeigen die Namen der Ansprechpartner. Wenn Sie auf den gewünschten Ansprechpartner klicken, werden in den Feldern auf der rechten Seite die dazugehörigen Daten des Ansprechpartners angezeigt, wie in Abbildung 4.4 zu sehen ist.

Das Beispiel in Abbildung 4.4 zeigt auf einfache Weise den Zusammenhang zwischen Geschäftspartner und Ansprechpartner. Die PC WELT GMBH & CO. KG ist der eigentliche Geschäftspartner, und dieser hat zwei für unser eigenes Unternehmen relevante Ansprechpartner: CHRISTIAN GANDER und WOLFGANG MÜLLER. In diesem Beispiel werden gerade die Daten von Herrn Müller angezeigt.

**Abbildung 4.4** Ansprechpartner des Geschäftspartners

Als letzten Eintrag im linken Bereich finden Sie jeweils NEU DEFINIEREN. Wenn Sie auf diesen Balken klicken, können Sie einen neuen Ansprechpartner anlegen. Alle Felder im rechten Bereich sind leer und können mit Daten gefüllt werden. Im Feld ID ANSPRECHPARTNER sollte der Name so eingegeben werden, wie Sie ihn z. B. auf Belege drucken würden, also inklusive der von Ihnen gewünschten Anrede und Titel. Die Position des Ansprechpartners (Feld POSITION) lässt sich frei eingeben, hier empfiehlt es sich, auf eine einheitliche Schreibweise der Positionen zu achten. Das Feld PASSWORT ist reserviert für das Passwort des Ansprechpartners bei E-Commerce-Anwendungen.

Jeweils ein Ansprechpartner ist im linken Bereich fett dargestellt. In unserem Beispiel in Abbildung 4.4 ist dies der Mitarbeiter im Einkauf CHRISTIAN GANDER. Dieser Ansprechpartner ist der Hauptansprechpartner dieses Geschäftspartners und wird in allen Belegen, die Sie für diesen Geschäftspartner erstellen, automatisch als Ansprechpartner vorgeschlagen. Natürlich können Sie dann jeweils einen anderen Ansprechpartner auswählen. Um einen Ansprechpartner als Hauptansprechpartner zu definieren, klicken Sie auf dessen Namen im linken Bereich. Anschließend klicken Sie auf den Button ALS STANDARD SETZEN unterhalb dieses Bereichs.

**[+]** | **Auswahl des Hauptansprechpartners**

Wählen Sie jenen Ansprechpartner als Hauptansprechpartner aus, an den die meisten Belege adressiert sind oder der Ihnen einfach als die wichtigste Person bei diesem Geschäftspartner erscheint.

E-Mail-Funktionalität

Seit Release 9.1 von SAP Business One wurde die E-Mail-Funktionalität in SAP Business One erweitert. Im Zuge dessen finden Sie beim Ansprechpartner nun die Dropdown-Liste E-MAIL-GRUPPE. Wählen Sie hier die gewünschte E-Mail-Gruppe aus, oder klicken Sie auf den Eintrag NEU DEFINIEREN, um eine neue E-Mail-Gruppe anzulegen. Mit dieser E-Mail-Gruppe haben Sie die Möglichkeit, die Ansprechpartner bei Ihren Geschäftspartnern in Bezug auf den E-Mail-Versand zu klassifizieren.

Betrachten wir ein Beispiel: Sie haben die Möglichkeit, eine E-Mail-Gruppe »Buchhaltung« anzulegen und diese den Ansprechpartnern, die in der Buchhaltung tätig sind, zuzuweisen. Im nächsten Schritt könnten Sie dann einen Serienversand von Ausgangsrechnungen per E-Mail mithilfe der Belegdruck-Funktion im Modul VERKAUF vornehmen. Als Adressat der E-Mails werden nun alle Ansprechpartner gewählt, denen die E-Mail-Gruppe BUCHHALTUNG zugewiesen wurde.

Weitere Informationen zum Serienversand von E-Mails mithilfe des Belegdrucks finden Sie in Abschnitt 5.3, »Wichtige Funktionen im Beleg«.

Registerkarte »Adressen«

Auf der Registerkarte ADRESSEN können Sie für jeden Geschäftspartner – mit bestimmten Einschränkungen – beliebig viele Adressen anlegen. Die Adressen werden unterteilt in Rechnungsadressen (nur bei Kunden/Interessenten) bzw. Zahlungsadressen (nur bei Lieferanten) und *Lieferadressen*. Für den Kunden können Sie beliebig viele Rechnungs- und Lieferadressen anlegen. Dies können abweichende Lieferadressen für Lieferscheine, Produktionsadressen für Produktionsaufträge, Standorte für Serviceabrufe, Adressen für Angebote etc. sein.

In Abbildung 4.5 erkennen Sie im linken Bereich, dass die bereits bekannte PC WELT GMBH & CO. KG insgesamt drei Adressen aufweist:

▸ PC WELT HAUPTADRESSE

▸ PC WELT NEBENLAGER

▸ PC WELT ZENTRALLAGER

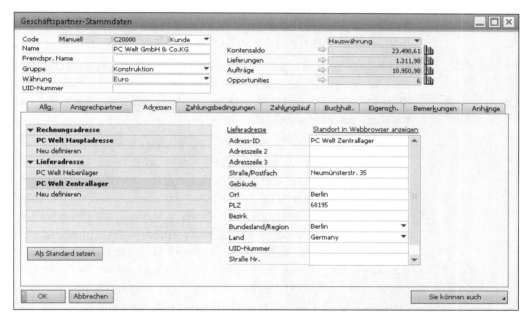

**Abbildung 4.5** Adressen des Geschäftspartners (Kunde)

Im linken Bereich ist die Unterteilung in die Hauptadresse (Rechnungsadresse beim Kunden und Zahlungsadresse beim Lieferanten) und die restlichen Adressen (Lieferadressen) gut zu erkennen. Bei einem Geschäftspartner können beliebig viele Rechnungs- bzw. Zahlungs- und Lieferadressen angelegt werden. Die Blöcke RECHNUNGS-ADRESSE bzw. ZAHLUNGSADRESSE und LIEFERADRESSE können Sie durch Klick auf das schwarze Dreieck ▼ komprimieren bzw. expan-

*Unterteilung in Rechnungs- und Lieferadresse*

dieren. Um Adressdaten einzugeben oder abzuändern, klicken Sie im linken Bereich auf die gewünschte Adresse und geben die dazugehörigen Daten im rechten Bereich ein. Um eine neue Adresse anzulegen, klicken Sie auf den Eintrag NEU DEFINIEREN; dadurch werden die Felder im rechten Bereich geleert, und Sie können diese mit den relevanten Daten füllen.

Sobald Sie mehr als eine Adresse in einem der beiden Blöcke angelegt haben, können Sie die am häufigsten verwendete Adresse über den gleichnamigen Button unterhalb der Adressübersicht ALS STANDARD SETZEN. Diese Adresse wird dann jeweils als erste Adresse in allen Belegen vorgeschlagen, kann aber auch durch eine andere angelegte Adresse ersetzt werden. Die Rechnungs- bzw. Zahlungsadresse ist in der Regel die Hauptadresse des Lieferanten, hierzu können Sie jedoch beliebig viele Adressen anlegen. Für die weiteren Adressen gilt das Gleiche wie für den Kunden/Interessenten.

Das Feld UID-NUMMER (nur beim Kunden) auf der rechten Seite können Sie verwenden, sollte die UID-Nummer dieser Adresse (bzw. dieses Standorts) von der UID-Nummer in den Kopfdaten des Geschäftspartners abweichen.

Die Rechnungs- bzw. Zahlungsadresse des Geschäftspartners hat zusätzlich eine Auswirkung auf die Finanzbuchhaltung, da für jeden Geschäftspartner ein Abstimmkonto festgelegt werden muss. Dieses Abstimmkonto unterscheidet sich, je nachdem, ob der Geschäftspartner aus dem Inland oder dem Ausland stammt. Möchten Sie also das Land der Hauptadresse ändern, verhindert SAP Business One dies, wenn bereits Buchungen für diesen Geschäftspartner vorhanden sind. Sind keine Buchungen vorhanden, muss das Abstimmkonto auf der Registerkarte BUCHHALT. entsprechend geändert werden. SAP Business One weist Sie mit der Warnmeldung SOLL DAS DEBITOREN- ODER KREDITORENKONTO DES GESCHÄFTSPARTNERS FÜR DIESE TRANSAKTION GEÄNDERT WERDEN? auf diesen Umstand hin. Geben Sie das passende Abstimmkonto ein, und bestätigen Sie dies mit dem Button JA.

**Registerkarte »Zahlungsbedingungen«** Auf der Registerkarte ZAHLUNGSBEDINGUNGEN können Sie alle Daten angeben, die die Zahlungsinformationen des Geschäftspartners betreffen (siehe Abbildung 4.6).

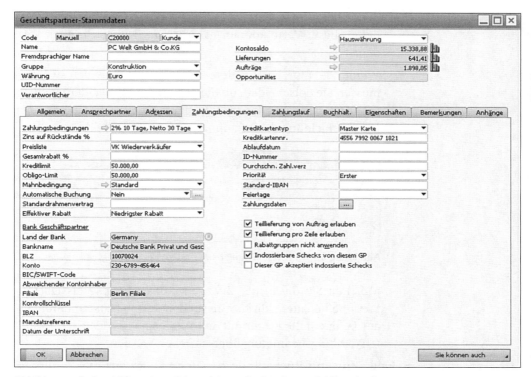

**Abbildung 4.6** Geschäftspartner-Stammdaten – Registerkarte »Zahlungsbedingungen«

Führen Sie hier folgende Schritte durch:

▶ **Zahlungsbedingungen auswählen**
Wählen Sie eine Zahlungsbedingung aus der Werteliste aus, um sie dem Geschäftspartner zuzuweisen.

– Um eine neue Zahlungsbedingung anzulegen, klicken Sie auf den orangefarbenen Pfeil ⇨. Sie gelangen zum Fenster ZAHLUNGSBEDINGUNGEN – DEFINITION.

In diesem Fenster können Sie die bestehende Zahlungsbedingung abändern, oder Sie wechseln in den HINZUFÜGEN-Modus, um eine neue Zahlungsbedingung anzulegen. Wie Sie eine Zahlungsbedingung anlegen, erfahren Sie in Abschnitt 4.4, »Zahlungsbedingungen«.

– Die folgenden fünf Felder von ZINS AUF RÜCKSTÄNDE % bis OBLIGO-LIMIT können Sie bereits in der Zahlungsbedingung definieren; sie dienen als Vorschlagswerte für die entsprechenden Felder im Fenster GESCHÄFTSPARTNER-STAMMDATEN. Das heißt, diese Werte können natürlich auch überschrieben werden.

– Wenn Sie nun eine andere Zahlungsbedingung auswählen, müssen Sie entscheiden, ob die genannten fünf Felder ebenfalls geändert werden sollen. SAP Business One macht Sie mit einer Hinweismeldung darauf aufmerksam (siehe Abbildung 4.7).

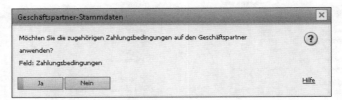

**Abbildung 4.7** Hinweismeldung beim Ändern der Zahlungsbedingung

– Möchten Sie die Felder ZINS AUF RÜCKSTÄNDE % bis OBLIGO-LIMIT beibehalten, klicken Sie auf den Button NEIN, anderenfalls auf JA, damit die Felder mit den Werten aus der neu ausgewählten Zahlungsbedingung überschrieben werden.

▸ **Feld »Zins auf Rückstände %« (Vorschlagswert aus Zahlungsbedingung) pflegen**

Geben Sie hier einen Zinssatz für verspätete Zahlungen von Kunden ein. Dieser Wert dient lediglich Informationszwecken, kann jedoch in eigens erstellten Abfragen z. B. für die Berechnung von Verzugszinsen verwendet werden. Es empfiehlt sich, hier einen Jahreszinssatz anzugeben.

▸ **Feld »Preisliste« (Vorschlagswert aus Zahlungsbedingung) pflegen**

Wählen Sie die Preisliste für diesen Geschäftspartner aus. Die zugeordnete Preisliste ist die Grundlage für die Preisfindung in den Einkaufs- und Verkaufsbelegen. Das System der Preislisten wird in Abschnitt 7.4, »Preisfindung in SAP Business One«, detailliert erklärt.

▸ **Feld »Gesamtrabatt %« (Vorschlagswert aus Zahlungsbedingung) pflegen**

Dieses Feld zeigt den mit den ausgewählten Zahlungsbedingungen verknüpften Wert an. Sie können diesen Wert, falls erforderlich, überschreiben. Dieser Rabatt wird in den Belegen automatisch als

Ausgangswert für den Rabatt verwendet und kann dort ebenfalls noch abgeändert werden.

▸ **Feld »Kreditlimit« (Vorschlagswert aus Zahlungsbedingung) pflegen**

Das Kreditlimit ist jener Wert, bis zu dem Ihr Kunde maximal offene Forderungen bei Ihrem Unternehmen haben darf. Das bedeutet: Gewähren Sie Ihrem Kunden z. B. 10.000,00 EUR Kreditlimit, geben Sie diesen Wert im Feld KREDITLIMIT ein. Sollte bei Hinzufügen eines Verkaufsbelegs dieses Kreditlimit überschritten werden (das bedeutet, die offene Forderung dieses Kunden würde nach Hinzufügen des Belegs mehr als 10.000,00 EUR betragen), zeigt SAP Business One eine Warnmeldung an.

Für welche Belegstufen (AUFTRAG, LIEFERSCHEIN, AUSGANGSRECHNUNG) beim Überschreiten des Kreditlimits gewarnt werden soll, können Sie selbst festlegen. Unter ADMINISTRATION • SYSTEMINITIALISIERUNG • ALLGEMEINE EINSTELLUNGEN • GP können Sie bei Einschränkung der Kundenaktivitäten festlegen, ob das Kreditlimit generell überprüft werden soll, indem Sie die Checkbox KREDITLIMIT aktivieren. Rechts daneben aktivieren Sie die gewünschten Belegstufen, für die das Kreditlimit geprüft werden soll. Das Kreditlimit kann ebenfalls bereits in der Zahlungsbedingung festgelegt werden. Falls erforderlich, überschreiben Sie den Wert beim einzelnen Geschäftspartner.

▸ **Feld »Obligo-Limit« pflegen**

Die Handhabung des Obligo-Limits funktioniert genauso wie beim Kreditlimit. Der einzige Unterschied besteht darin, dass bei der Überprüfung des Obligo-Limits auch noch die Gesamtsumme der nicht eingereichten Schecks mit einbezogen wird.

Das Obligo-Limit kann ebenfalls bereits in der Zahlungsbedingung festgelegt werden. Falls erforderlich, überschreiben Sie den Wert beim einzelnen Geschäftspartner.

▸ **Feld »Mahnbedingung« pflegen**

Wählen Sie eine vordefinierte Mahnbedingung aus der Werteliste aus. Um eine neue Mahnbedingung anzulegen, wählen Sie den Eintrag NEU DEFINIEREN. Die Mahnbedingung kann generell nur einem Kunden und keinem Lieferanten zugewiesen werden. Eine detaillierte Beschreibung des Mahnwesens inklusive des Anlegens neuer Mahnbedingungen finden Sie in Abschnitt 6.4, »Mahnwesen in SAP Business One«.

▶ **Feld »Automatische Buchung« pflegen**

Wählen Sie aus der Dropdown-Liste, ob mit dem Mahnlauf keine Zinsen und Gebühren (Eintrag NEIN), nur Zinsen, nur Gebühren oder beides (Eintrag ZINSEN UND GEBÜHREN) verbucht werden sollen. Der Vorschlagswert dafür kommt aus der definierten Mahnbedingung und kann hier beim Kunden geändert werden.

▶ **Feld »Standardrahmenvertrag« pflegen**

Wählen Sie bei Bedarf einen Standardrahmenvertrag für diesen Geschäftspartner aus der Werteliste aus. Dieser wird beim Anlegen eines Rahmenvertrags vorgeschlagen. Eine genaue Beschreibung zur Verwaltung von Rahmenverträgen finden Sie in Kapitel 8, »Rahmenverträge«.

▶ **Feld »Effektiver Rabatt« pflegen**

Wählen Sie aus der Dropdown-Liste aus, ob für diesen Kunden der NIEDRIGSTE RABATT, der HÖCHSTE RABATT, der GESAMTRABATT, der DURCHSCHNITT oder ein RABATTVIELFACHES angewendet werden soll.

▶ **Feldgruppe »Bank Geschäftspartner« pflegen**

Geben Sie links unten die Bankverbindung Ihres Geschäftspartners an. Dazu gehen Sie folgende Schritte durch:

– Klicken Sie auf den Button 🔲 (AUS LISTE AUSWÄHLEN) neben dem Feld LAND DER BANK, um zum Fenster GESCHÄFTSPARTNERBANKKONTEN – DEFINITIONEN zu gelangen.

– In diesem Fenster ist der Cursor im ersten Feld BANKENCODE positioniert. Drücken Sie die ⇥-Taste, und die Auswahlliste der bestehenden Banken wird geöffnet. Wählen Sie eine der vorhandenen Banken aus. Sollte die Bank des Geschäftspartners nicht angelegt sein, muss sie über ADMINISTRATION • DEFINITIONEN • BANKENABWICKLUNG • BANKEN neu angelegt werden. Das Anlegen einer neuen Bank wird in Abschnitt 10.1, »Stammdaten in der Bankenabwicklung«, behandelt.

– Geben Sie die Kontonummer und, falls vorhanden, die Namen oder die Nummer der Filiale ein.

– Geben Sie die internationale Kontonummer IBAN (International Bank Account Number) an. Diese ist nur für Überweisungen innerhalb der Europäischen Union relevant und wird meist auf den Geschäftspapieren des Geschäftspartners angegeben. Durch die Angabe der IBAN und der internationalen Bankleitzahl BIC (Bank Identifier Code) können die Überweisungskosten deutlich reduziert werden.

– Geben Sie bei Bedarf einen vom Geschäftspartnernamen abweichenden Kontoinhaber ein.

– Die Felder MANDATSREFERENZ und DATUM DER UNTERSCHRIFT sind für den Fall notwendig, dass Sie Bankeinzüge bzw. Lastschriften von Ihren Kunden verarbeiten möchten. Dazu geben Sie eine eindeutige Referenznummer des SEPA-Mandats sowie das Unterschriftsdatum der Einverständniserklärung des Kunden an.

– Klicken Sie auf den Button AKTUALISIEREN und auf OK, um die eingegebenen Daten zu bestätigen. Diese erscheinen dann in den entsprechenden grau hinterlegten Feldern. Um die Daten zu ändern, klicken Sie nochmals auf den Button 🗐 (AUS LISTE AUSWÄHLEN) neben dem Feld LAND DER BANK.

▶ **Feld »Kreditkartentyp« pflegen**
Wählen Sie den Kreditkartentyp des Kunden/Interessenten aus der Werteliste aus (z. B. Visa, Mastercard, American Express, Diners Club etc.). Wählen Sie anschließend den Eintrag NEU DEFINIEREN, um einen neuen Kreditkartentyp anzulegen. Für die Anlage des Kreditkartentyps geben Sie folgende Daten an:

– *Kreditkartenname*: z. B. Visa, Diners Club, American Express, Mastercard etc.

– *Sachkonto*: jenes Sachkonto, auf dem die Gegenbuchung des mit der Kreditkarte bezahlten Rechnungsbetrags erfolgt

– *Firmen-ID*: jene ID, die für die Abwicklung mit der Kreditkartenorganisation verwendet werden soll

– *Telefon*: die Telefonnummer der Kreditkartenorganisation zur Autorisierung der Kreditkartenzahlung

▶ **Feld »Kreditkartennr.« pflegen**
Geben Sie die Kreditkartennummer des Kunden ein.

▶ **Feld »Ablaufdatum« pflegen**
Geben Sie hier das Ablaufdatum der Kreditkarte ein.

▶ **Feld »ID-Nummer« pflegen**
Geben Sie hier die ID-Nummer des Kreditkartenbesitzers an.

▸ **Feld »Durchschn. Zahl.verz.« pflegen**

Geben Sie hier die durchschnittliche Zahlungsverzögerung in Tagen ein. Dieser von Ihnen geschätzte Wert gibt an, um wie viele Tage nach Fälligkeitsdatum dieser Kunde durchschnittlich Ihre Ausgangsrechnungen bezahlt bzw. um wie viele Tage nach Fälligkeitsdatum Sie Ihrem Lieferanten durchschnittlich dessen Eingangsrechnungen bezahlen. Der angegebene Wert ist nur ein geschätzter Wert, jedoch wird dieser in der Cashflow-Analyse berücksichtigt. Die erwarteten Zahlungen werden in der Analyse entsprechend korrigiert; je genauer der Wert geschätzt wird, desto aussagekräftiger ist auch die Cashflow-Analyse.

▸ **Feld »Priorität« pflegen**

Wählen Sie die Geschäftspartnerpriorität in Kundenaufträgen aus der Werteliste aus. Um neue Prioritäten anzulegen, wählen Sie den Eintrag NEU DEFINIEREN. Diese Priorität kann im Modul LOGISTIK beim Kommissionieren als Reihungskriterium verwendet werden.

▸ **Feld »Standard-IBAN« pflegen**

In diesem Feld können Sie eine IBAN eingeben, die für den elektronischen Zahlungsverkehr verwendet wird. Sollten Sie dieses Feld nicht befüllen, wird die IBAN der Bank des Geschäftspartners herangezogen.

▸ **Feld »Feiertage« pflegen**

Wählen Sie einen Feiertagskalender aus der Werteliste aus. Bereits vordefiniert sind die Feiertagskalender des Lokalisierungslandes der Datenbank, die Sie für Ihr Unternehmen verwenden. Das bedeutet, wenn Sie Ihren Hauptstandort in Deutschland haben, wählen Sie in der Regel beim Anlegen der Datenbank die deutsche Lokalisierung und damit den deutschen Feiertagskalender. Wenn Sie nun einen Geschäftspartner aus den USA haben, gilt dort naturgemäß ein anderer Feiertagskalender. Dieser Kalender wird bei der Berechnung des Fälligkeitstages von Rechnungen verwendet, sodass sichergestellt ist, dass der Fälligkeitstag nicht auf einen Feiertag oder ein Wochenende in den USA fällt. Möchten Sie, dass der Fälligkeitstag exakt berechnet wird, sollten Sie den amerikanischen Feiertagskalender ebenfalls anlegen.

▸ **Fenster »Zahlungsdaten« pflegen**

Mit dem Button ... rechts neben dem Feld ZAHLUNGSDATEN öffnen Sie das Fenster ZAHLUNGSDATEN. In diesem Fenster haben Sie

die Möglichkeit, fixe Kalendertage innerhalb eines Monats festzulegen, zu denen Rechnungen fällig gestellt werden.

---

**Fälligkeitsdatum**                                           **[zB]**

Sie möchten unabhängig vom Fälligkeitsdatum, das durch die hinterlegte
Zahlungsbedingung errechnet wird, das Fälligkeitsdatum jeweils am 15.
und 25. des Monats fixieren. Dazu geben Sie die Werte »15« und »25« in
das Fenster ZAHLUNGSDATEN ein.

---

Davon abgeleitet, ergeben sich drei Möglichkeiten:

- Liegt das Fälligkeitsdatum einer Rechnung (Ausgangsrechnung
  und Eingangsrechnung) zwischen dem 1. und 15. des Monats,
  ist die Rechnung am 15. fällig.

- Liegt das Fälligkeitsdatum einer Rechnung zwischen dem 16.
  und 25. des Monats, ist die Rechnung am 25. fällig.

- Liegt das Fälligkeitsdatum einer Rechnung zwischen dem 26.
  und dem Ende des Monats, ist die Rechnung am 15. des Folgemonats fällig.

▶ **Checkbox »Teillieferung von Auftrag erlauben« pflegen**
Wenn Sie diese Checkbox aktivieren, erlauben Sie, dass ein Kundenauftrag dieses Kunden/Interessenten auch nur teilweise – das
bedeutet nicht mit allen Zeilen – in einen Folgebeleg (Lieferschein
oder Rechnung) weiterkopiert werden kann.

---

**Daten kopieren und wiederverwenden**                         **[zB]**

Ein bereits angelegter Kundenauftrag enthält sieben Zeilen. Ist die Checkbox TEILLIEFERUNG VON AUFTRAG ERLAUBEN aktiviert, können Sie für diesen
Kunden z. B. auch nur vier Zeilen in einen Lieferschein weiterkopieren.

---

Falls diese Checkbox nicht aktiviert ist, kann der Kundenauftrag
jeweils nur vollständig in einen Folgebeleg kopiert werden (siehe
Abschnitt 6.2.4, »Belegkette im Verkauf«).

▶ **Checkbox »Teillieferung pro Zeile erlauben« pflegen**
Wenn Sie diese Checkbox aktivieren, erlauben Sie, dass jede Zeile
eines Kundenauftrags dieses Kunden/Interessenten auch nur teilweise – das bedeutet nicht mit der gesamten Menge – in einen Folgebeleg (Lieferschein, Rechnung) weiterkopiert werden kann.

**[zB]** **Kundenauftrag teilweise kopieren**

Ein bereits angelegter Kundenauftrag enthält eine Zeile mit der Menge 20 Stück. Sie können für diesen Kunden die Zeile z. B. auch nur mit einer Menge von zwölf Stück in einen Lieferschein weiterkopieren.

Falls diese Checkbox nicht aktiviert ist, kann jede Zeile des Kundenauftrags jeweils nur vollständig in einen Folgebeleg kopiert werden (siehe Abschnitt 6.2.4, »Belegkette im Verkauf«).

▸ **Checkbox »Rabattgruppen nicht anwenden« pflegen**
Aktivieren Sie diese Checkbox, wenn in SAP Business One definierte Rabattgruppen bei diesem Kunden nicht zur Anwendung kommen sollen. Eine detaillierte Beschreibung der Preisfindung in SAP Business One und der Definition von Rabattgruppen finden Sie in Abschnitt 7.4, »Preisfindung in SAP Business One«.

Registerkarte »Zahlungslauf« | Auf der Registerkarte ZAHLUNGSLAUF werden jene Daten angegeben, die für den Zahlungsassistenten im Modul BANKENABWICKLUNG notwendig sind (siehe Abbildung 4.8).

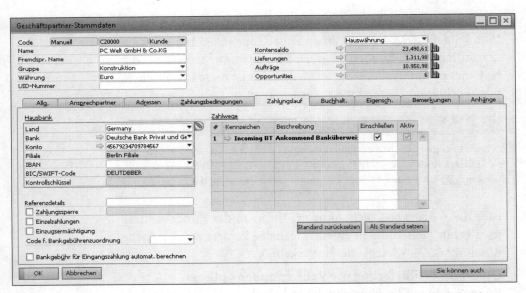

**Abbildung 4.8** Geschäftspartner-Stammdaten – Registerkarte »Zahlungslauf«

Bei einem neu angelegten Geschäftspartner wird auf der Registerkarte ZAHLUNGSLAUF zunächst einmal automatisch eine Hausbank vorgeschlagen (siehe Abbildung 4.8, linker Bereich der Register-karte).

Ein Hausbankkonto definieren Sie unter ADMINISTRATION • DEFINI-TIONEN • BANKENABWICKLUNG • HAUSBANKKONTEN. Legen Sie alle Fir-menbankkonten an, die Ihr Unternehmen verwendet. Anschließend können Sie das Hausbankkonto festlegen, das den Geschäftspartnern standardmäßig zugewiesen werden soll. Dies führen Sie im Fenster FIRMENDETAILS auf der Registerkarte BASISINITIALISIERUNG unter AD-MINISTRATION • SYSTEMINITIALISIERUNG • FIRMENDETAILS aus.

Wie gewohnt können Sie im Fenster GESCHÄFTSPARTNER-STAMMDA-TEN auf der Registerkarte ZAHLUNGSLAUF ein abweichendes Haus-bankkonto auswählen. Klicken Sie dazu auf den Button 🔳 (AUS STRUKTUR AUSWÄHLEN) rechts neben dem Land. Im nun geöffneten Fenster klicken Sie auf das schwarze Dreieck beim entsprechenden Land und wählen das gewünschte Hausbankkonto aus.

Danach wählen Sie im rechten Bereich der Registerkarte einen Zahl-weg für diesen Geschäftspartner aus, falls dieser am elektronischen Zahlungsverkehr teilnehmen soll. Dies könnte z. B. das elektronische Lastschriftverfahren für Kunden oder die Banküberweisung an Liefe-ranten sein. Der elektronische Zahlungsverkehr wird in Abschnitt 10.4.3 behandelt. Falls Ihnen mehrere Zahlwege zur Verfügung ste-hen, können Sie den am häufigsten verwendeten Zahlweg wiederum als Standard setzen. Dazu markieren Sie den gewünschten Zahlweg und klicken auf den Button ALS STANDARD SETZEN.

Im linken unteren Bereich der Registerkarte stehen Ihnen noch die folgenden Felder zur Verfügung:

▶ **Feld »Referenzdetails«**
Geben Sie bei Bedarf eine Referenz an. Diese Referenz ist relevant für die Bankdatei, die mittels des Zahlungsassistenten für den elek-tronischen Zahlungsverkehr erstellt werden kann.

▶ **Checkbox »Zahlungssperre«**
Aktivieren Sie diese Checkbox, und der Geschäftspartner wird bei einem Zahlungslauf nicht im Zahlungsassistenten vorgeschlagen.

▶ **Checkbox »Einzelzahlungen«**
Aktivieren Sie diese Checkbox, und der Zahlungsassistent erzeugt eine Einzelzahlung für jede einzelne Rechnung.

▶ **Checkbox »Einzugsermächtigung«**
Diese Checkbox dient als Unterstützung bei der Organisation Ihrer Bankeinzüge (= Lastschriften) von Kunden und ist nur relevant, wenn dem Geschäftspartner ein Zahlweg der Art »Lastschrift« zugeordnet ist. Sie haben unter ADMINISTRATION • DEFINITIONEN • BANKENABWICKLUNG • ZAHLWEGE die Möglichkeit, die Checkbox EINZUGSERMÄCHTIGUNG PRÜFEN für diesen Zahlweg zu aktivieren. Es werden dann im Zahlungsassistenten für diesen Lastschriftzahlweg nur jene Geschäftspartner vorgeschlagen, für die die Checkbox EINZUGSERMÄCHTIGUNG aktiviert ist.

**[+]** **Auswirkung der aktivierten Einzugsermächtigung beim GP**

Ist bei einem Geschäftspartner die Checkbox EINZUGSERMÄCHTIGUNG aktiviert, wird dieser nicht mehr im Mahnassistenten vorgeschlagen.

▶ **Dropdown-Liste »Code f. Bankgebührenzuordnung«**
Wählen Sie die Bankgebühr für diesen Geschäftspartner aus der Dropdown-Liste aus. Diese kann unter ADMINISTRATION • DEFINITIONEN • BANKENABWICKLUNG • CODES FÜR BANKGEBÜHRENZUORDNUNG definiert werden.

▶ **Dropdown-Liste »Bankgebühr für Eingangszahlung automat. berechnen«**
Wenn Sie diese Checkbox aktivieren, wird beim Anlegen einer Zahlung im Fenster ZAHLUNGSMETHODEN die Differenz zwischen Zahlungsbetrag und Bankgebühr automatisch vorgeschlagen.

Die Registerkarte BUCHHALT. ist in zwei weitere Registerkarten unterteilt: ALLGEMEIN, auf der sich alle Daten zum Thema Konsolidierung, Abstimmkonten, Anzahlung und Mahnwesen befinden, sowie STEUER, auf der dem Geschäftspartner der entsprechende Steuerstatus und die Steuergruppe zugeordnet werden.

Registerkarte »Buchhalt. • Allgemein« Die Registerkarte BUCHHALT. • ALLGEMEIN gliedert sich in die vier Teile KONSOLIDIERUNG, ABSTIMMKONTO, ANZAHLUNGSVERRECHNUNGSKONTO und MAHNWESEN.

Bereich »Konsolidierung« In der Regel ist die Belegkette im Verkauf (siehe Abschnitt 6.2.4, »Belegkette im Verkauf«) an ein und denselben Geschäftspartner geknüpft. Das bedeutet, vom Angebot bis zur Eingangszahlung wird immer derselbe Geschäftspartner verwendet. Im Rahmen der Konsolidierung können Sie nun von dieser Regel abweichen, indem Sie einen weiteren Geschäftspartner für die Ausgangsrechnung und die Eingangszahlung einbringen.

In diesem Sinn bedeutet der Begriff *Lieferungskonsolidierung*, dass Sie einen weiteren Geschäftspartner angeben können, an den die Ausgangsrechnung gestellt wird.

Lieferungs- und Zahlungskonsolidierung

*Zahlungskonsolidierung* bedeutet, dass Sie einen weiteren Geschäftspartner angeben können, der die Ausgangsrechnung bezahlt.

In Tabelle 4.2 sehen Sie ein Beispiel, das der Veranschaulichung der Konsolidierung dient.

| Belegstufe | Regelfall | Lieferungs-konsolidierung | Zahlungs-konsolidierung |
|---|---|---|---|
| **Angebot** | C20000 – PC Welt GmbH | C20000 – PC Welt GmbH | C20000 – PC Welt GmbH |
| **Kundenauftrag** | C20000 – PC Welt GmbH | C20000 – PC Welt GmbH | C20000 – PC Welt GmbH |
| **Lieferung** | C20000 – PC Welt GmbH | C20000 – PC Welt GmbH | C20000 – PC Welt GmbH |
| **Ausgangs-rechnung** | C20000 – PC Welt GmbH | C20000 – PC Welt GmbH *oder* C40000 – Büroausstatter Mayer | C20000 – PC Welt GmbH |
| **Eingangszahlung** | C20000 – PC Welt GmbH | C20000 – PC Welt GmbH C40000 – Büroausstatter Mayer | C20000 – PC Welt GmbH *oder* C40000 – Büroausstatter Mayer |

**Tabelle 4.2** Beispiel für Lieferungs- und Zahlungskonsolidierung

Der Regelfall ist, dass vom Angebot bis zur Eingangszahlung der Kunde »C20000 – PC Welt GmbH & Co. KG« als Geschäftspartner für alle Belegstufen fungiert. Bei der Lieferungskonsolidierung wird in den Geschäftspartner-Stammdaten der Kunde »C40000 – Büroausstatter Mayer« als alternativer Geschäftspartner angegeben (siehe Abbildung 4.9).

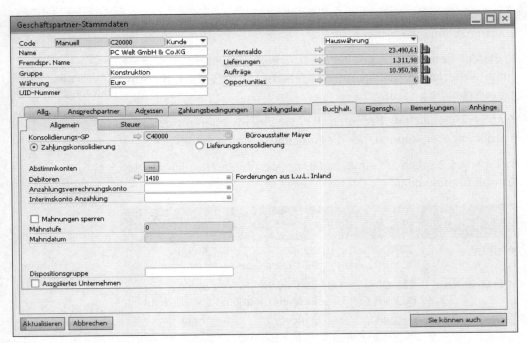

**Abbildung 4.9** Beispiel für Lieferungskonsolidierung

Um einen abweichenden Geschäftspartner auszuwählen, öffnen Sie im Feld KONSOLIDIERUNGS-GP die Auswahlliste und wählen den gewünschten Geschäftspartner aus.

Zugleich müssen Sie bei den Optionsschaltflächen im oberen Bereich der Registerkarte BUCHHALT. • ALLGEMEIN die Option LIEFERUNGS-KONSOLIDIERUNG auswählen.

Nun können Sie bei der Lieferungskonsolidierung entweder den ursprünglichen Kunden »C20000 – PC Welt GmbH & Co. KG« oder den alternativen Kunden »C40000 – Büroausstatter Mayer« verwenden. Die darauffolgende Eingangszahlung muss jedoch mit demselben Geschäftspartner angelegt werden, mit dem auch schon die Ausgangsrechnung erstellt wurde.

Das bedeutet, Sie haben bei der Eingangszahlung nicht nochmals die Möglichkeit, einen anderen Geschäftspartner zu verwenden. Vereinfacht gesagt: Der Kunde, der die Rechnung erhält, muss diese auch bezahlen! Im Rahmen der Zahlungskonsolidierung können Sie erst

ab der Belegstufe EINGANGSZAHLUNG auf einen anderen Geschäftspartner zurückgreifen.

In der betriebswirtschaftlichen Praxis kommt der Fall durchaus vor,
dass ein Kunde Angebot, Kundenauftrag und Lieferung erhält, die
Rechnung jedoch an einen anderen Kunden geht, der anschließend
auch die Zahlung leistet. Gerade im Geschäftsverkehr mit Konzernen
und ihren verschiedensten Rechtsformen ist dies jederzeit möglich.

Die genaue Abwicklung der einzelnen Belegstufen inklusive der Besonderheiten im Zusammenhang mit der Konsolidierung wird in Abschnitt 6.2.3, »Belegfuß«, behandelt.

Darüber hinaus findet sich auf der Registerkarte BUCHHALT. • ALLGE-
MEIN der Bereich ABSTIMMKONTEN. Ein Abstimmkonto ist ein Konto
im Hauptbuch, das bei einer Buchung auf ein Personenkonto (Kunde
oder Lieferant) automatisch mit bebucht wird. Das bedeutet, bei jeder Buchung, bei der ein Kunde oder ein Lieferant bebucht wird
(z. B. bei der automatischen Verbuchung einer Ausgangsrechnung
für diesen Kunden), wird auch automatisch das dazugehörige Abstimmkonto im Hauptbuch bebucht (siehe Abschnitt 9.1, »Kontenplan«). Insgesamt können Sie bis zu vier Arten von Abstimmkonten
hinterlegen:

Bereich
»Abstimmkonten«

▶ **Felder »Debitoren« (Kunden) bzw. »Kreditoren« (Lieferanten)**
Dieses Konto ist das Abstimmkonto im Hauptbuch, das bei jeder
Buchung – ausgelöst durch eine Rechnung oder eine Gutschrift –
automatisch mit bebucht wird. Das Konto wird automatisch bei
Anlegen des Geschäftspartners zugewiesen und kann dann noch
direkt beim Geschäftspartner geändert werden. Die Änderung
des Abstimmkontos kann nur bis zur ersten buchhaltungswirksa-
men Transaktion (z. B. Ausgangsrechnung, Eingangszahlung etc.)
erfolgen. Die automatische Zuweisung stammt aus der KONTEN-
FINDUNG SACHKONTEN unter ADMINISTRATION • DEFINITIONEN • FI-
NANZWESEN • KONTENFINDUNG SACHKONTEN, in der alle automatisch zugeordneten Konten zentral festgelegt werden. Die Kontenfindung sollte von einem Key-User (in Abstimmung mit
einem Consultant) eingerichtet und betreut werden.

▶ **Feld »Anzahlungsverrechnungskonto«**
Geben Sie im Feld ANZAHLUNGSVERRECHNUNGSKONTO ein abweichendes Anzahlungsverrechnungskonto an. Dieses Konto fungiert

bei Verbuchung der Anzahlung als Gegenkonto zum Kunden- bzw. Lieferantenkonto. Standardmäßig wird bei Verbuchung einer Anzahlungsrechnung jenes Konto verwendet, das im Fenster KONTOFINDUNG SACHKONTEN im Feld ANZAHLUNGSVERRECHNUNGSKONTO festgelegt wurde. Wenn Sie nun ein von diesem Konto abweichendes Konto festlegen möchten, erfolgt das im aktuellen Feld. Dieses Konto darf im Fenster KONTENPLAN nicht als Abstimmkonto gekennzeichnet sein.

▸ **Feld »Interimskonto Anzahlung«**
Geben Sie in diesem Feld das Interimskonto für Anzahlungen an.

Klicken Sie nun auf den Button ⌷⌷⌷ (ABSTIMMKONTEN DEFINIEREN) rechts neben dem Eintrag ABSTIMMKONTEN, um im jetzt geöffneten Fenster ABSTIMMKONTEN – DEBITOREN/KREDITOREN die weiteren Abstimmkonten festzulegen:

▸ **Anzahlungsforderungen (Kunden) bzw. Anzahlungsverbindlichkeiten (Lieferanten)**

▸ **Offene Verbindlichkeiten**
Das Forderungs- bzw. Verbindlichkeitskonto wird direkt auf der Registerkarte BUCHHALT. • ALLGEMEIN im Feld DEBITOREN bzw. KREDITOREN mit der ⎙-Taste ausgewählt. Die anderen Abstimmkonten werden im Fenster ABSTIMMKONTEN – DEBITOREN/KREDITOREN ebenfalls über die ⎙-Taste ausgewählt. Klicken Sie auf den Button ⌷⌷⌷ oberhalb des Feldes DEBITOREN bzw. KREDITOREN, um das Fenster zu öffnen. In der Auswahlliste der Konten, die mit der Taste ⎙ geöffnet wird, werden nur jene Konten angezeigt, bei denen im Fenster KONTENPLAN (im Hauptmenü unter FINANZWESEN • KONTENPLAN) die Checkbox ABSTIMMKONTO im linken unteren Bereich aktiviert ist.

Bereich »Mahnwesen« Auf der Registerkarte BUCHHALT. • ALLGEMEIN finden Sie drei Elemente im unteren Bereich, die das Mahnwesen betreffen (das Anmahnen von offenen Forderungen des Kunden; siehe auch Abschnitt 6.4, »Mahnwesen in SAP Business One«). Mit der Checkbox MAHNUNGEN SPERREN können Sie generell den Mechanismus des Mahnwesens für diesen Kunden außer Kraft setzen. Das bedeutet, selbst wenn der Mahnassistent eine oder mehrere Mahnungen für diesen Kunden vorschlagen würde, werden diese Mahnungen durch das Aktivieren der Checkbox nicht ausgeführt. Das Feld MAHNSTUFE zeigt die laut Mahnplan höchste Mahnstufe, in der sich der Kunde mit einer Mahnung befindet. Sollte der Kunde mehrere Mahnungen erhalten, wird nur jene mit der höchsten Stufe im Feld angezeigt.

**Angezeigte Mahnstufen**

[zB]

Der Kunde erhält zwei Mahnungen mit der Mahnstufe 1 und 3 – in diesem Fall wird die Stufe 3 als höchste Stufe in diesem Feld angezeigt. Im Feld MAHNDATUM sehen Sie jeweils das Datum der zuletzt ausgegebenen Mahnung für diesen Kunden.

Auf der Registerkarte BUCHHALT. • STEUER stellen Sie den Steuerstatus und die Steuergruppe für den ausgewählten Geschäftspartner ein. Ein Geschäftspartner wird steuerlich unterschiedlich behandelt, je nachdem, ob dieser im Inland, innerhalb der EU oder außerhalb der EU (in einem Drittland) ansässig ist. Abhängig vom zugewiesenen Steuerstatus kann daraufhin eine Steuergruppe zugeordnet werden. Eine Übersicht über den Steuerstatus, der Geschäftspartnern zugewiesen werden kann, finden Sie in Tabelle 4.3.

Registerkarte »Buchhalt. • Steuer«

| GP-Typ | Hauptstandort | Steuerstatus |
|---|---|---|
| Kunde | Inland | pflichtig |
| Kunde | EU | EU |
| Kunde | Drittland | befreit |
| Lieferant | Inland | pflichtig |
| Lieferant | EU | Erwerb |
| Lieferant | Drittland | befreit |

**Tabelle 4.3** Übersicht über die Steuerstatus

Ob und welcher Steuercode zugewiesen wird, sollte von einem Key-User oder Consultant – eventuell sogar in Abstimmung mit dem Steuerberater – festgelegt werden.

Auf der Registerkarte EIGENSCHAFTEN haben Sie die Möglichkeit, Ihre Geschäftspartner durch Eigenschaften näher zu beschreiben und zu klassifizieren. Bevor Sie beim Geschäftspartner die Eigenschaften durch Aktivieren der Checkboxen zuordnen, müssen Sie diese unter ADMINISTRATION • DEFINITIONEN • GESCHÄFTSPARTNER • GESCHÄFTS-PARTNEREIGENSCHAFTEN anlegen. Sie können maximal 64 Eigenschaften für den Geschäftspartner anlegen und zuordnen. Ein Beispiel dazu finden Sie in Abbildung 4.10.

Registerkarte »Eigenschaften«

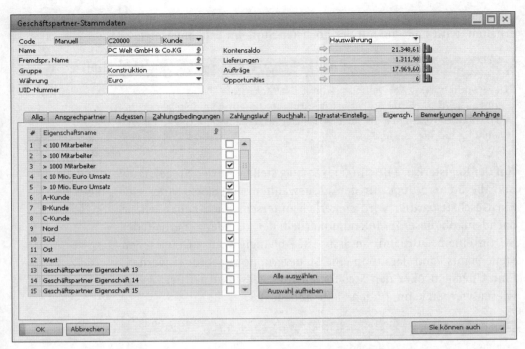

**Abbildung 4.10** Geschäftspartner – Registerkarte »Eigenschaften«

Dieser Geschäftspartner ist z. B. anhand folgender Eigenschaften kategorisiert:

- mehr als 1.000 Mitarbeiter
- mehr als 10 Millionen EUR Umsatz
- A-Kunde
- zugehörig zu Gebiet »Süd«

**[+]** | **Kategorisierung**

Die beste Vorgehensweise ist somit, sich am »Reißbrett« zu überlegen, wie Sie generell Ihre Kunden, Interessenten und auch Lieferanten kategorisieren möchten. Dies sollte bereits vor der Eingabe bzw. dem Import der Geschäftspartner erfolgen. Danach müssen bei der Neuanlage einfach die relevanten Eigenschaften aktiviert werden.

Die große Stärke der Eigenschaften liegt auch darin, dass sie als Selektionskriterien bei Berichten herangezogen werden können. Als anschauliches Beispiel kann hier der Umsatzanalysebericht genannt werden, bei dem auch die Geschäftspartnereigenschaften als Einschränkung verwendet werden können. Dies wird ausführlich in Abschnitt 6.3, »Berichte im Verkauf«, behandelt.

Auf der Registerkarte BEMERKUNGEN können Sie beliebige Langtexte und Anmerkungen zu Ihrem Geschäftspartner eingeben. Außerdem haben Sie hier die Möglichkeit, eine Bilddatei zu dem ausgewählten Geschäftspartner zu hinterlegen. Dazu muss jedoch unter ADMINISTRATION • SYSTEMINITIALISIERUNG • ALLGEMEINE EINSTELLUNGEN • Registerkarte PFAD mit einem Doppelklick auf den Button ⋯ (siehe ❶ in Abbildung 4.11) ein Verzeichnispfad ausgewählt werden ❷. In diesem Verzeichnispfad speichern Sie alle Bilder ab, die Sie dann auf der Registerkarte EINSTELLUNGEN dem Geschäftspartner zuordnen.

Registerkarte »Bemerkungen«

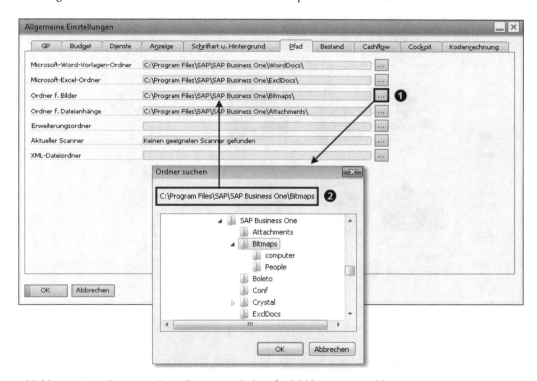

**Abbildung 4.11** »Allgemeine Einstellungen« – Ordner für Bilddateien auswählen

**Verzeichnis »C:\Programme\SAP\SAP Business One\Bitmaps«**　　**[+]**

Dieses Verzeichnis wird bei der Installation von SAP Business One automatisch angelegt und kann auch dafür verwendet werden, Bilddateien zu hinterlegen.

**Bild zuordnen** Das eigentliche Zuordnen des Bildes zum Geschäftspartner erfolgt über das Fotoapparatsymbol (■) im rechten Bereich auf der Registerkarte BEMERKUNGEN, wie auch in Abbildung 4.12 zu sehen ist. Anschließend erscheint das Fenster ÖFFNEN, in dem Sie das gewünschte Bild auswählen, das danach für den ausgewählten Geschäftspartner angezeigt wird.

**Abbildung 4.12** Geschäftspartner – Registerkarte »Bemerkungen«: Bild zuordnen

Um das Bild wieder zu entfernen, klicken Sie auf das Symbol mit dem durchkreuzten Fotoapparat, das erscheint, sobald Sie das Bild eingefügt haben.

**Registerkarte »Anhänge«** Auf der Registerkarte ANHÄNGE haben Sie ab Release 8.8 die Möglichkeit, alle Arten von Dateien an den Geschäftspartner anzuhängen. Dies könnten z. B. Verträge, Vereinbarungen, Pläne, Entwürfe, Kalkulationen etc. sein. Um dem Geschäftspartner eine Datei anzuhängen, klicken Sie auf den Button DURCHSUCHEN (siehe ❶ in Abbildung 4.13). Anschließend erscheint das Fenster ÖFFNEN. Wählen Sie eine Datei aus, und bestätigen Sie dies mit dem Button ÖFFNEN ❷.

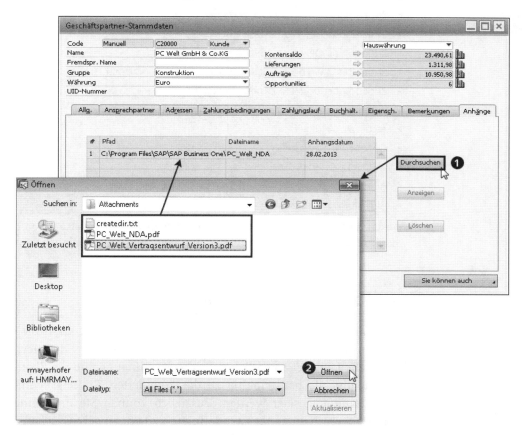

**Abbildung 4.13** Datei bei einem Geschäftspartner anhängen

Um die angehängte Datei zu öffnen, markieren Sie die gewünschte Datei mit der linken Maustaste und klicken auf den Button ANZEIGEN. Oder Sie klicken doppelt auf die Datei.

Um eine angehängte Datei wieder zu entfernen, markieren Sie die gewünschte Datei und klicken auf den Button LÖSCHEN.

**Schnelle Verzweigung aus dem Geschäftspartner**                    **[+]**

Im rechten unteren Bereich des Fensters GESCHÄFTSPARTNER-STAMMDATEN finden Sie den Button SIE KÖNNEN AUCH. Klicken Sie auf diesen Button, und Sie erhalten eine Liste von Möglichkeiten, eine direkte Aktion für den ausgewählten Geschäftspartner aus dem Fenster GESCHÄFTSPARTNER-STAMM-DATEN zu starten. Die folgenden Aktionen stehen Ihnen dabei zur Verfügung:

▸ ZUGEHÖRIGE SERVICEABRUFE ANZEIGEN

▸ ZUGEHÖRIGE AKTIVITÄTEN ANZEIGEN

▸ ZUGEHÖRIGE OPPORTUNITIES ANZEIGEN

▸ ZUGEHÖRIGE WIEDERKEHRENDE TRANSAKTIONEN ANZEIGEN

▸ ZUGEHÖRIGE RAHMENVERTRÄGE ANZEIGEN

▸ ZUGEHÖRIGE SERVICEVERTRÄGE ANZEIGEN

▸ AKTIVITÄT ANLEGEN

▸ OPPORTUNITY ANLEGEN

▸ ANGEBOT ANLEGEN

▸ AUFTRAG ANLEGEN

▸ RECHNUNG ANLEGEN

Die Liste der Aktionen ist abhängig vom Geschäftspartnertyp, also davon, ob Sie einen Kunden, Interessenten oder Lieferanten ausgewählt haben.

## 4.4 Zahlungsbedingungen

Definition Zahlungsbedingungen

Die Zahlungsbedingungen werden zentral unter ADMINISTRATION • DEFINITION • GESCHÄFTSPARTNER • ZAHLUNGSBEDINGUNGEN definiert. Sie bestehen aus der eigentlichen Zahlungsbedingung und der Skontobedingung, die bausteinartig zu der kompletten Zahlungsbedingung zusammengesetzt werden. Zusätzlich können Sie noch eine Reihe weiterer Bedingungen vordefinieren, die dann dem Geschäftspartner zugewiesen werden. Bei der Definition der Zahlungsbedingungen müssen Sie folgende Angaben vornehmen:

▸ **Feld »Code Zahlungsbedingungen«**
Geben Sie in diesem Feld einen Namen für die Zahlungsbedingung an. Da der Name in der Dropdown-Liste angezeigt wird, sollten Sie aufgrund des Namens auf den Inhalt der Zahlungsbedingung rückschließen können. Ein Beispiel für einen aussagekräftigen Namen finden Sie in Abbildung 4.14. Diese Zahlungsbedingung hat augenscheinlich eine Skontofrist von 14 Tagen, innerhalb deren ein Skontoabzug von 2 % vom Rechnungsbetrag gewährt wird, sowie eine maximale Zahlungsfrist von 30 Tagen.

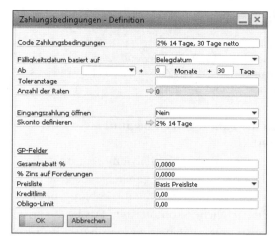

**Abbildung 4.14** Zahlungsbedingungen definieren

▶ **Dropdown-Liste »Fälligkeitsdatum basiert auf«**
In dieser Dropdown-Liste können Sie auswählen, von welchem Zeitpunkt/Datum aus die Fälligkeit berechnet wird. Sie können zwischen folgenden drei Möglichkeiten wählen:

– *Belegdatum*
In der Finanzbuchhaltung wird generell zwischen Belegdatum und Buchungsdatum unterschieden. Als BELEGDATUM wird jenes Datum verwendet, das auf dem Beleg steht (z. B. Eingangsrechnung), bzw. das Datum der Belegerstellung (z. B. Ausgangsrechnung). Dieses Datum ist maßgeblich für die Umsatzsteuer/Vorsteuer.

– *Buchungsdatum*
Das BUCHUNGSDATUM wiederum entspricht in der Regel dem Belegdatum. In der buchhalterischen Praxis kann es vorkommen, dass das Ende der Buchungsperiode als Buchungsdatum angenommen wird. Das bedeutet, dass z. B. alle Belege im März mit dem Buchungsdatum 31. März gebucht werden. Diese Variante würde das Buchungsdatum für die Berechnung der Fälligkeit unbrauchbar machen.

– *Systemdatum*
Das SYSTEMDATUM ist jenes Datum, das zum Zeitpunkt der Belegerstellung das Datum des PCs ist, auf dem Sie SAP Business One installiert haben.

**[+]** **Fälligkeitsdatum basiert auf Belegdatum**

Um alle Unsicherheiten auszuschließen, sollte das Belegdatum als Basis für die Berechnung des Fälligkeitsdatums verwendet werden. Da bei der Belegerstellung automatisch das Datum des aktuellen Tages vorgeschlagen wird, ist dieses Datum absolut sinnvoll.

▸ **Zeitpunkt, ab dem die Zahlungsfrist beginnt – Dropdown-Liste »Ab«**

In der dritten Zeile geben Sie an, ab welchem Zeitpunkt die Zahlungsfrist zu laufen beginnt. Außerdem geben Sie die gesamte Zahlungsfrist an, das bedeutet, jene Frist, die die Zahlungsbedingung maximal umfasst, ohne jelgliche Skontofristen. Das ist die Frist, innerhalb derer die Rechnung beglichen werden muss. Im rechten Bereich geben Sie die maximalle Zahlungsfrist an. Im Beispiel in Abbildung 4.14 beträgt diese 30 Tage. Die Zahlungsfrist kann entweder in Monaten oder in Tagen angegeben werden; verwenden Sie nur eines der beiden Felder. Im linken Bereich legen Sie fest, ab wann diese 30 Tage zu laufen beginnen. Wenn Sie das Dropdown-Feld AB leer lassen, beginnen die 30 Tage mit dem Belegdatum zu laufen. Zudem können Sie als Startpunkt MONATSBEGINN, MONATSHÄLFTE und MONATSENDE festlegen. Wenn Sie also möchten, dass die Zahlungsfrist von 30 Tagen immer am Ersten jedes Monats startet – unabhängig davon, auf welchen Tag des Monats das tatsächliche Belegdatum fällt –, wählen Sie die Option MONATSBEGINN.

▸ **Feld »Toleranztage«**

Das Fälligkeitsdatum in der Rechnung wird reduziert um die Anzahl der Toleranztage, die Sie in diesem Feld eingeben.

▸ **Ratenzahlung – Feld »Anzahl der Raten«**

Eine Ratenzahlung ist die Bezahlung einer Schuld in mehreren Teilbeträgen innerhalb eines festgelegten Zeitraums. Damit der Verkäufer solch einer Ratenzahlung zustimmt, kann ein Verzinsungsanteil der Raten weiterverrechnet werden. Um die Regelung für die Ratenzahlung zu definieren, klicken Sie auf den orangefarbenen Pfeil ⇨ neben dem Feld ANZAHL DER RATEN. Im nun geöffneten Fenster legen Sie zuerst die Anzahl der Raten im ersten Feld fest, wie im Beispiel in Abbildung 4.15 gezeigt.

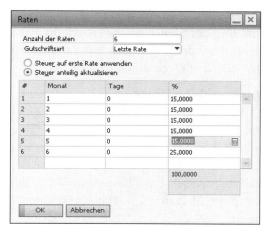

**Abbildung 4.15** Ratenzahlung im Fenster »Raten« definieren

SAP Business One legt in der Tabelle pro Rate eine Zeile an, in Summe jene Anzahl von Zeilen, die Sie im Feld ANZAHL DER RATEN festgelegt haben. Darüber hinaus wird in der Spalte % automatisch ein anteiliger Prozentsatz berechnet. In unserem Beispiel wäre dies bei sechs Raten ein Anteil von 16,67 % pro Rate. Allerdings haben Sie nun die Möglichkeit, diese Prozentsätze gemäß der Vereinbarung mit Ihrem Kunden oder Lieferanten abzuändern, wie dies auch im Beispiel in Abbildung 4.15 geschehen ist. Außerdem geben Sie in den entsprechenden Spalten ein, wie viele TAGE bzw. MONATE nach Fälligkeitsdatum die einzelnen Raten fällig werden.

**Ratenzahlung definieren**

In der Dropdown-Liste GUTSCHRIFTSART geben Sie an, auf welche Weise eine Gutschrift auf die einzelnen Raten angewendet werden soll. Dies gilt nur für den Fall, dass die Gutschriftsumme kleiner als die Summe aller Raten ist! Wählen Sie die Option ERSTE RATE, damit die gewährte Gutschrift auf die erste Rate angewendet wird, dann auf die zweite Rate etc. Wählen Sie die Option LETZTE RATE, damit die gewährte Gutschrift zuerst auf die letzte Rate angewendet wird, dann auf die vorletzte Rate etc. Wählen Sie die Option GLEICH, damit die gewährte Gutschrift gleichmäßig auf alle Raten angewendet wird.

Für die Behandlung der Steuer stehen zwei Optionen zur Verfügung. Wählen Sie die Option STEUER AUF ERSTE RATE ANWENDEN, damit der komplette Umsatzsteuerbetrag aus der Rechnung bei der ersten Rate dazugerechnet wird. Wählen Sie die Option STEUER ANTEILIG AKTUA-

**Steuer bei Ratenzahlung**

LISIEREN, damit der Umsatzsteuerbetrag bei allen Raten anteilig dazu-gerechnet wird. Die Behandlung der Steuer bei Ratenzahlung wird im Fenster AUSGANGSRECHNUNG auf der Registerkarte BUCHHALTUNG verdeutlicht (siehe Abschnitt 6.2.2, »Belegmitte«).

▶ **Dropdown-Liste »Eingangszahlung öffnen«**
Mit dieser Option legen Sie fest, ob nach dem Hinzufügen einer Ausgangsrechnung automatisch eine Eingangszahlung samt Quittung angelegt werden soll. Wählen Sie die Option NEIN, wird nicht automatisch eine Eingangszahlung angelegt. Wählen Sie eine der anderen Optionen, wird automatisch eine Eingangszahlung mit der ausgewählten Zahlungsart (Barzahlung, Scheck, Kreditkarte oder Überweisung) erstellt.

▶ **Dropdown-Liste »Skonto definieren«**
Ein Skonto wird betriebswirtschaftlich definiert als ein Rabatt für eine frühe Zahlung des Käufers. Der Verkäufer möchte für den Käufer einen Anreiz setzen, damit dieser seine Zahlung früher leistet, als er es aufgrund der maximalen Zahlungsfrist tun müsste. Der Verkäufer hat dadurch zu einem früheren Zeitpunkt liquide Mittel zur Verfügung, die er seinerseits zur Bedienung anderer Zahlungen heranziehen kann. Aufgrund der zum Teil hohen Zinssätze über sehr kurze Zeiträume (z. B. 2 % Rabatt in einem Zeitraum von 14 Tagen) ist ein Skonto jedoch ein meist sehr teuer »erkaufter« verfrühter Zufluss von liquiden Mitteln.

Skonto    Falls die angelegte Zahlungsbedingung einen Skonto hat, wählen Sie diesen aus der Werteliste aus. Sie haben nun folgende Möglichkeiten:

– Um zu überprüfen, ob der ausgewählte Skonto korrekt angelegt wurde, klicken Sie auf den orangefarbenen Pfeil ⇨ links neben dem Feld.

– Um einen Skonto neu anzulegen, wählen Sie die Option NEU DEFINIEREN aus der Werteliste aus. Geben Sie im nun geöffneten Fenster SKONTO alle relevanten Daten ein, wie im Beispiel in Abbildung 4.16 zu sehen ist.

Geben Sie einen Code und eine Bezeichnung (Feld NAME) an. Die Bezeichnung sollte einen Hinweis auf die verwendete Skontofrist liefern, da diese in der Auswahlliste angezeigt wird. In der Tabelle im unteren Bereich des Fensters tragen Sie jeweils ein, wie viele Tage nach Buchung der Rechnung die Skontofrist läuft. In unserem Beispiel in Abbildung 4.17 läuft eine Skontofrist mit 2 % Abzug bis 14 Tage nach der Buchung.

**Abbildung 4.16** Fenster »Skonto« – Skontofristen festlegen

**Abbildung 4.17** Fenster »Skonto« – zweistufige Skontofrist

Pro Zeile in der Tabelle können Sie jeweils eine Skontofrist angeben. In der Regel werden Sie jedoch keine Skonti mit mehr als zwei Skontofristen anlegen. Zum Beispiel wäre die folgende Zahlungsbedingung denkbar: 3 % innerhalb von acht Tagen, 2 % innerhalb von 14 Tagen oder Zahlung innerhalb von 30 Tagen ohne jeden Abzug. Eine solche Zahlungsbedingung müssten Sie dann, soweit es den Skonto betrifft, wie in Abbildung 4.17 anlegen.

*Skontofristen*

Aktivieren Sie die Checkbox FRACHT, damit die Frachtkosten bzw. Zusatzausgaben im Beleg ebenfalls bei der Skontoberechnung mit einbezogen werden. Diese Checkbox sollte aus betriebswirtschaftlichen Gründen immer aktiviert sein, da die Zusatzausgaben ein Teil der gesamten Rechnungssumme sind. Wenn Sie die Checkbox NACH DATUM aktivieren, haben Sie die Möglichkeit, die Skontofrist terminmäßig abzubilden. Anstelle der Tabellenspalte SKONTOTAGE stehen Ihnen die beiden Spalten TAG und +MONAT zur Verfügung. Das bedeutet, die Skontofrist beginnt an einem festgelegten Tag im Monat zu laufen.

**[zB]**

**Skontofrist**

Die Skontofrist soll jeweils bis zum 5. des Folgemonats laufen. In diesem Fall geben Sie im Feld TAG »5« und im Feld +MONAT »1« ein.

**Skontofrist mehrfach nutzen**

Die Tatsache, dass in SAP Business One die Skontofristen extra, also in einem eigenen Fenster, definiert werden, bringt einen Vorteil, wenn Sie eine Vielzahl an Zahlungsbedingungen definieren müssen. Sie haben die Möglichkeit, die Skontofristen mehrfach zu verwenden, ohne sie jeweils immer neu anlegen zu müssen.

**[zB]**

**Zahlungsbedingungen**

Sie haben die Zahlungsbedingung »2 % innerhalb von 14 Tagen oder 30 Tage netto« und »2 % innerhalb von 14 Tagen und 45 Tage netto«. In diesem Fall legen Sie zwei Zahlungsbedingungen an und weisen jeweils dieselbe Skontofrist zu.

Darüber hinaus können Sie im Fenster ZAHLUNGSBEDINGUNGEN – DEFINITION (siehe Abbildung 4.14) noch folgende Felder füllen, die als Default-Werte (Vorschlagswerte) für den Geschäftspartner dienen:

▸ Gesamtrabatt %

▸ % Zins auf Forderungen

▸ Preisliste

▸ Kreditlimit

▸ Obligo-Limit

Diese Felder wurden bereits in Abschnitt 4.3, »Geschäftspartner«, auf der Registerkarte ZAHLUNGSBEDINGUNGEN ausführlich behandelt; Näheres dazu können Sie dort nachlesen.

**Zuordnung von Zahlungsbedingungen**

Grundsätzlich müssen alle Zahlungsbedingungen, die Sie Ihren Kunden gewähren bzw. die Ihnen Ihre Lieferanten gewähren, angelegt werden. Die Zuordnung dieser Zahlungsbedingungen kann auf drei

Ebenen erfolgen, wobei die Zahlungsbedingung auf jeder nachfolgenden Ebene übersteuert werden kann:

▸ **Unternehmensstammdaten**
Über ADMINISTRATION • SYSTEMINITIALISIERUNG • ALLGEMEINE EINSTELLUNGEN • Registerkarte GP können Sie in den Feldern STANDARDZAHLUNGSBEDINGUNG FÜR KUNDE/LIEFERANT einen Vorschlagswert für jeden neu anzulegenden Kunden/Lieferanten festlegen.

▸ **Geschäftspartner**
Der Vorschlagswert aus den Unternehmensstammdaten wird bei der Neuanlage des Geschäftspartners automatisch hineinkopiert und kann dort geändert werden.

▸ **Beleg**
Bei der Neuanlage eines Belegs werden die Zahlungsbedingungen, die dem Geschäftspartner zugeordnet wurden, in den Beleg kopiert. Bevor der Beleg hinzugefügt wird, können die Zahlungsbedingung oder einzelne Bestandteile der Zahlungsbedingung wie die maximale Zahlungsfrist verändert werden. Erst mit Hinzufügen der Ausgangsrechnung sind die Zahlungsbedingung und damit das Fälligkeitsdatum fixiert.

## 4.5 Aktivitäten

Jegliche Interaktion mit einem Geschäftspartner kann als *Aktivität* festgehalten werden. Das können Telefonate, Meetings, Aufgaben, Notizen oder auch interne Aktivitäten sein, die Sie mit Bezug zu Ihrem Geschäftspartner erledigen. Aktivitäten sind in alle wichtigen Bereiche eingebaut und werden sehr oft im Zusammenhang mit einem anderen Element aus SAP Business One angelegt oder abgerufen, wie z. B. Geschäftspartner, Ein- und Verkaufsbelege, Serviceabrufe, Opportunities oder Kalendereinträge.

Um eine neue Aktivität anzulegen, öffnen Sie das Fenster AKTIVITÄT über GESCHÄFTSPARTNER • AKTIVITÄT.

Neue Aktivität hinzufügen

Im linken oberen Bereich des Fensters geben Sie, wie in Abbildung 4.18 zu sehen ist, die Einordnung der Aktivität im gleichnamigen Feld an. Die Art der Aktivität ist dabei von SAP Business One fix vor-

gegeben; dies kann ein TELEFONAT, eine BESPRECHUNG, eine AUF-
GABE, eine NOTIZ, eine KAMPAGNE oder SONSTIGES sein. Je nachdem,
welche Art der Aktivität ausgewählt wurde, ändern sich die Felder
auf der Registerkarte ALLGEMEIN. Für eine Aufgabe wird ein Status
benötigt, für eine Besprechung eine Adresse etc.

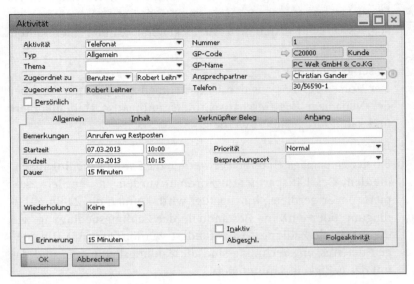

**Abbildung 4.18** Fenster »Aktivität«

Frei definierbar sind die Felder TYP und THEMA. Mit diesen beiden
Feldern, deren Inhalte miteinander verknüpft sind, schaffen Sie eine
Feingliederung Ihrer gesamten Aktivitäten. Das bedeutet, jedes
Thema wird einem Typ zugeordnet. Darüber hinaus ist es sinnvoll,
die Typen so zu definieren, dass sie inhaltlich den vorgegebenen Aktivitätsarten zugeordnet werden können, obwohl sie technisch nicht
miteinander verknüpft werden.

**[zB]**

**Aktivität »Telefonat«, Typ »Nachtelefonieren«,
Thema »Angebot nachverfolgen«**

In diesem Beispiel ist es eindeutig, dass der Typ NACHTELEFONIEREN zur
Aktivität TELEFONAT gehört. Falls Sie die Typen und Themen neutral defi-
nieren möchten, könnte dies folgendermaßen aussehen; Aktivität: TELE-
FONAT, Typ: VERTRIEB, Thema: ANGEBOT. In diesem Fall kann der Typ VER-
TRIEB auch für ein Meeting, eine Aufgabe oder eine Notiz herangezogen
werden.

Um einen neuen Typ anzulegen, wählen Sie den Eintrag NEU DEFI-
NIEREN aus der Werteliste aus. Geben Sie den Typ im nun geöffneten
Fenster ein. Auf die gleiche Weise verfahren Sie mit den Themen,
wobei das Thema mit dem zu diesem Zeitpunkt ausgewählten Typ
automatisch verknüpft wird.

Im Feld ZUGEORDNET ZU wählen Sie aus der ersten Dropdown-Liste
aus, ob die Aktivität einem Benutzer oder einem Mitarbeiter zugeordnet ist. In der zweiten Dropdown-Liste wählen Sie entsprechend
der ersten Auswahl dann den gewünschten Mitarbeiter oder Benutzer aus der Liste aus. Dieser führt die Aktivität durch oder ist für sie
verantwortlich. Im rechten oberen Bereich des Fensters wird automatisch eine fortlaufende NUMMER vergeben. Darüber hinaus können Sie die Aktivität einem Geschäftspartner und zusätzlich einem
Ansprechpartner dieses Geschäftspartners zuordnen. Falls Sie dies
nicht möchten und die Aktivität z. B. nur für interne Zwecke relevant
ist, aktivieren Sie die Checkbox PERSÖNLICH. Dies ermöglicht es Ihnen, eine Aktivität anzulegen, ohne sie einem Geschäftspartner zuordnen zu müssen.

Auf der Registerkarte ALLGEMEIN, deren Inhalt sich jeweils nach der
ausgewählten Aktivität ändert, geben Sie alle weiteren gewünschten
Daten ein. Bei beinahe allen Aktivitätsarten, die mit einer zukünftigen Startzeit angelegt werden, können Sie sich von SAP Business
One erinnern lassen. Dazu aktivieren Sie die Checkbox ERINNERUNG
im linken unteren Bereich der Registerkarte ALLGEMEIN und geben
zusätzlich die gewünschte Zeit an, die Sie vor dem Startzeitpunkt der
Aktivität erinnert werden möchten.

**Registerkarte
»Allgemein«**

Darüber hinaus können Sie ab Release 8.8 im Feld WIEDERHOLUNG
festlegen, ob es sich um eine wiederkehrende Aktivität handelt (siehe
Abbildung 4.19).

**Wiederkehrende
Aktivität**

Dazu wählen Sie aus der Dropdown-Liste das Wiederholungsintervall aus, also TÄGLICH, WÖCHENTLICH, MONATLICH oder JÄHRLICH.
Anschließend bestimmen Sie die Daten des Wiederholungsinter-
valls, sodass dieses Ihrer wiederkehrenden Aktivität entspricht. Das
Beispiel in Abbildung 4.19 zeigt die Aufgabe »Gesellschaftersitzung
vorbereiten«, einen einstündigen Termin, der jeweils am 15. jeden
Monats wiederholt wird.

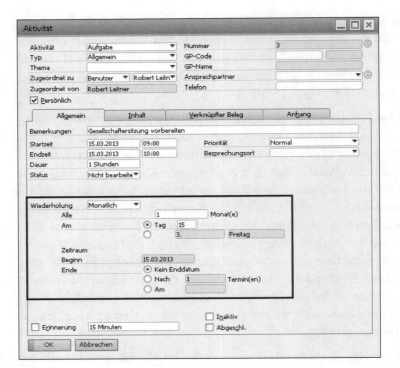

**Abbildung 4.19** Aktivität wiederholen

**Inaktiv oder abgeschlossen**

Bei jeder Aktivität können Sie festlegen, ob sie nach Erledigung inaktiv oder abgeschlossen werden soll. Dazu stehen Ihnen die Checkboxen INAKTIV und ABGESCHL. zur Verfügung (siehe z. B. Abbildung 4.18). Eine abgeschlossene Aktivität lässt sich nicht wieder reaktivieren, während eine inaktive Aktivität in den einzelnen Aktivitätsübersichten zwar nicht mehr angezeigt wird, sich aber wieder auf AKTIV setzen lässt.

Mit dem Button FOLGEAKTIVITÄT haben Sie die Möglichkeit, eine weitere Aktivität anzulegen, die unmittelbar mit der ersten Aktivität verknüpft ist.

**[zB]** **Erste Aktivität und Folgeaktivität**

Ihre erste Aktivität ist ein Gespräch auf einer Messe, die Folgeaktivität ist, diesem Lead nachzutelefonieren. Sie können beliebig viele Folgeaktivitäten zu einer Aktivität anlegen.

**Registerkarte »Verknüpfter Beleg«**

Auf der Registerkarte VERKNÜPFTER BELEG finden Sie im gleichnamigen Feld die VORHERIGE AKTIVITÄT; mit dem orangefarbenen Pfeil ➡

können Sie diese Aktivität aufrufen. Außerdem können Sie auf dieser Registerkarte die Aktivität mit einem beliebigen Beleg oder sogar einem Artikel verknüpfen (siehe Abbildung 4.20).

Wählen Sie dazu die Belegart aus. In dem Feld BELEGNUMMER erhalten Sie mit der ⊞-Taste eine Auswahlliste aller Belege der ausgewählten Belegart aller Geschäftspartner. Möchten Sie die Auswahlliste der Belege auf den in der Aktivität ausgewählten Geschäftspartner eingrenzen, aktivieren Sie die Checkbox MIT GP IN ZUSAMMENHANG STEHENDE BELEGE ANZEIGEN. Die Felder URSPRUNGSOBJEKTTYP und URSPRUNGSOBJEKTNR. werden gefüllt, wenn die Aktivität aus einem anderen Bereich wie einer Opportunity oder einem Serviceabruf heraus angelegt wurde. Mehr dazu erfahren Sie in Abschnitt 11.3, »Verkaufschancen verwalten«, zu einer Aktivität aus Opportunities bzw. in Abschnitt 13.2, »Serviceabruf als täglicher Kundenkontakt«, zu einer Aktivität aus dem Serviceabruf.

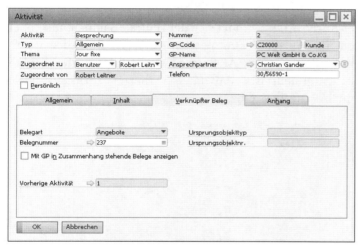

**Abbildung 4.20** Fenster »Aktivität« – Registerkarte »Verknüpfter Beleg«

Auf der Registerkarte INHALT können Sie beliebige Langtexte auch mit Zeilenumbrüchen eingeben.

**Registerkarte »Inhalt«**

Die Registerkarte ANHANG dient dazu, beliebige Dateien an die Aktivität anzuhängen. Klicken Sie auf den Button DURCHSUCHEN, um ein ÖFFNEN-Fenster in Microsoft Windows zu erhalten. Wählen Sie eine beliebige Datei aus, die sich auf Ihrem PC oder einem Netzlaufwerk befinden kann. Bestätigen Sie dies mit OK, und die Datei wird an die Aktivität angehängt. Im Hintergrund kopiert SAP Business One die

**Registerkarte »Anhang«**

ausgewählte Datei in den vordefinierten Microsoft-Windows-Ord-
ner für Attachments, den Sie unter ADMINISTRATION • SYSTEMINITIA-
LISIERUNG • ALLGEMEINE EINSTELLUNGEN • Registerkarte PFAD unter
VERZEICHNIS FÜR DATEIANHÄNGE festlegen können. Zu der in diesem
festgelegten Ordner definierten Datei wird eine Verknüpfung erstellt. Wenn Sie nun auf der Registerkarte ANHANG die Datei markieren, können Sie diese mit dem Button ANZEIGEN öffnen. Mit dem
Button LÖSCHEN entfernen Sie die Verknüpfung zu dieser Datei.

Die Anwendungsmöglichkeiten der Anhänge sind vielfältig; z. B. ist
es in der Praxis gefragt, die komplette elektronische Geschäftskorres-
pondenz zu einem Kunden oder Interessenten zu archivieren. Das
bedeutet, Sie sind in der Lage, alle Aktennotizen, Memos, E-Mails,
Telefonmitschriften, Verträge, schriftlichen Vereinbarungen etc. als
Aktivität samt Anhang in SAP Business One abzulegen und diese mit
einer effizienten Strukturierung durch die Felder AKTIVITÄT, TYP und
THEMA auch rasch wieder aufzufinden.

**Aktivitäten in SAP Business One**
Im Fenster AKTIVITÄTEN befindet sich der zentrale Sammelpunkt aller
Aktivitäten. Die Anlage der Aktivitäten kann jedoch in den unter-
schiedlichsten Bereichen in SAP Business One erfolgen, wie in Abbil-
dung 4.21 dargestellt ist. Aktivitäten vernetzen sozusagen viele
Bereiche in SAP Business One.

**Abbildung 4.21** Aktivitäten mit anderen Funktionen vernetzen

Mithilfe der orangefarbenen Pfeile 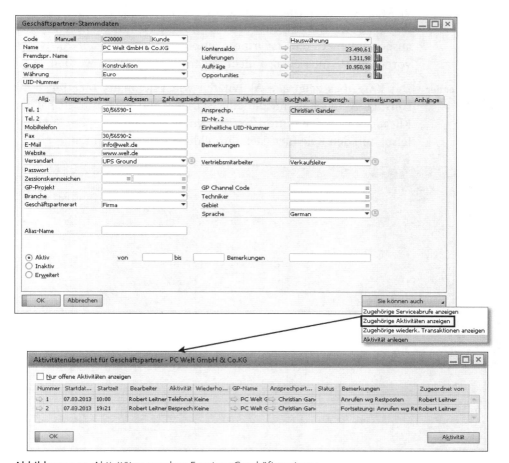 können Sie sehr schnell zwischen diesen Bereichen hin und her springen. Bei der Anlage der Aktivitäten aus den unterschiedlichen Bereichen werden viele Daten automatisch vorbelegt. Zum Beispiel wird bei einer Aktivität, die aus dem Fenster GESCHÄFTSPARTNER-STAMMDATEN heraus angelegt wird, automatisch der ausgewählte Geschäftspartner in die Aktivität eingefügt. Die folgende Aufstellung soll Ihnen einen Überblick über die einzelnen Bereiche liefern (einige Themen werden ausführlich an anderen Stellen in diesem Buch behandelt).

Aus dem Fenster GESCHÄFTSPARTNER-STAMMDATEN heraus können Sie sowohl bereits bestehende Aktivitäten für diesen Geschäftspartner aufrufen als auch neue Aktivitäten anlegen. Abbildung 4.22 soll beide Möglichkeiten verdeutlichen.

**Geschäftspartner**

**Abbildung 4.22** Aktivitäten aus dem Fenster »Geschäftspartner«

Wir starten im Fenster GESCHÄFTSPARTNER-STAMMDATEN. Mit dem Button SIE KÖNNEN AUCH im rechten unteren Bereich und dem Eintrag ZUGEHÖRIGE AKTIVITÄTEN ANZEIGEN gelangen Sie zum Fenster AKTIVITÄTENÜBERSICHT FÜR GESCHÄFTSPARTNER ..., das alle aktiven und nicht abgeschlossenen Aktivitäten zum ausgewählten Geschäftspartner anzeigt. Mit dem orangefarbenen Pfeil ⇨ in der ersten Spalte neben der Aktivitätsnummer können Sie eine bestehende Aktivität aufrufen.

Um eine neue Aktivität aus dem Geschäftspartner heraus anzulegen, stehen Ihnen zwei Möglichkeiten zur Verfügung: Sie klicken auf den Button SIE KÖNNEN AUCH im Fenster GESCHÄFTSPARTNER-STAMMDATEN und wählen den Eintrag AKTIVITÄT ANLEGEN aus der Dropdown-Liste aus, oder Sie klicken auf den Button AKTIVITÄT im Fenster AKTIVITÄTENÜBERSICHT FÜR GESCHÄFTSPARTNER ... In beiden Fällen werden die Daten des zuvor im Fenster GESCHÄFTSPARTNER-STAMMDATEN ausgewählten Geschäftspartners automatisch im Fenster AKTIVITÄT vorbelegt, sie müssen also nicht nochmals eingegeben werden.

Kalender    Der KALENDER zeigt alle Aktivitäten wie Telefonate, Meetings und sonstige Aktivitäten an, die eine Startzeit und eine Endzeit haben. Klicken Sie auf den Button ⊞ (KALENDER) ganz rechts in der Symbolleiste, um den Kalender (siehe Abbildung 4.23) aufzurufen.

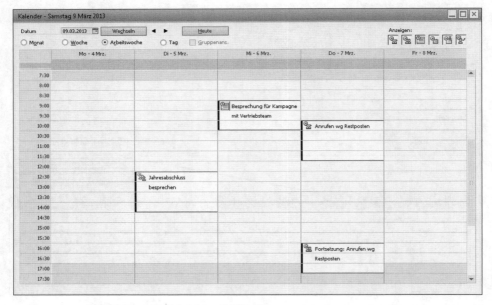

**Abbildung 4.23**  Kalender mit Aktivitäten

Im linken oberen Bereich können Sie mithilfe der Optionsschalt-   Handhabung
flächen zwischen den Ansichten MONAT, WOCHE, ARBEITSWOCHE
und TAG umschalten. Um auf ein von Ihnen gewünschtes Datum zu
springen, geben Sie dieses Datum in das Feld DATUM links oben ein
und klicken auf den Button WECHSELN. Um wieder zum aktuellen
Datum zurückzukehren, klicken Sie auf den Button HEUTE. Wenn Sie
die Tagesansicht wählen, haben Sie zusätzlich die Möglichkeit, mit
der Checkbox GRUPPENANS. mehrere Kalender nebeneinanderzu-
legen. Dadurch erhalten Sie eine Übersicht sowohl über die Termine
Ihrer Mitarbeiter als auch über Ihre eigenen. Mit den Buttons TELE-
FONAT (🖳), BESPRECHUNG (🖳), KAMPAGNE (🖳), SONSTIGE (🖳),
AUFGABE (🖳) und SERVICEABRUF (🖳) im rechten oberen Bereich des
Fensters KALENDER können Sie auf genau diese Aktivitätsarten einschränken. In unserem Beispiel in Abbildung 4.23 sind alle Buttons
angeklickt, das bedeutet, alle Aktivitätsarten werden angezeigt.
Möchten Sie nun, dass z. B. keine Telefonate im Kalender angezeigt
werden, klicken Sie auf den Button TELEFONAT (🖳) ganz links etc.
Mit einem Doppelklick auf den Termin im Kalender wird die dahinterliegende Aktivität aufgerufen.

Mit dem Button 🖳 (FORMULAREINSTELLUNGEN) in der Symbolleiste   Kalender-
können Sie darüber hinaus eine Reihe von Einstellungen zum Kalen-   einstellungen
der vornehmen. Legen Sie allgemeine Einstellungen wie die Minuten pro Zeile auf der Registerkarte ALLGEMEIN fest. Nehmen Sie alle
Wocheneinstellungen auf der Registerkarte ARBEITSWOCHE vor. Die
Benutzereinstellungen für die Gruppenansicht werden auf der Registerkarte BENUTZER angegeben, wie in Abbildung 4.24 zu sehen ist.

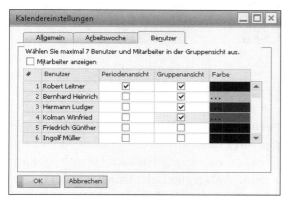

**Abbildung 4.24** Benutzereinstellungen für Gruppenkalender

Markieren Sie die Checkbox GRUPPENANSICHT für jene Benutzer, deren Kalender Sie in der Gruppenansicht sehen möchten. Darüber hinaus ordnen Sie durch einen Klick auf die drei Punkte in der Spalte FARBE in der Zeile des gewünschten Vertriebsmitarbeiters eine Farbe zu. In dieser Farbe werden im Kalender die Termine dieses Vertriebsmitarbeiters angezeigt.

Aktivitäten können z. B. aus den folgenden Bereichen heraus angelegt werden:

▸ **Opportunity**
Das Anlegen einer Aktivität aus einer Opportunity heraus wird in Abschnitt 11.3, »Verkaufschancen verwalten«, behandelt. Automatisch vorbelegt sind die Daten des Geschäftspartners sowie der Ursprungsobjekttyp »Opportunity« und die »Opportunity-Nummer« als Ursprungsobjektnummer auf der Registerkarte VERKNÜPFTER BELEG.

▸ **Beleg**
Das Anlegen einer Aktivität aus einem Beleg heraus wird in Abschnitt 5.3, »Wichtige Funktionen im Beleg«, behandelt. Automatisch vorbelegt sind die Daten des Geschäftspartners sowie die Belegart und die Belegnummer auf der Registerkarte VERKNÜPFTER BELEG.

▸ **Serviceabruf**
Das Anlegen einer Aktivität aus einem Serviceabruf heraus wird in Abschnitt 13.2, »Serviceabruf als täglicher Kundenkontakt«, behandelt. Automatisch vorbelegt sind die Daten des Geschäftspartners sowie der Ursprungsobjekttyp »Serviceabruf« und die Serviceabrufnummer als Ursprungsobjektnummer auf der Registerkarte VERKNÜPFTER BELEG.

## 4.6    Artikel

In den Artikelstammdaten werden alle Waren und Dienstleistungen angelegt, die Sie im Zuge Ihres Geschäftsbetriebs einkaufen und verkaufen. Neben den physischen Waren werden auch Dienstleistungen und Serviceleistungen sowie Anlagegüter als Artikel angelegt; Letztere haben jedoch keine Auswirkungen auf das Lager. Die zentral angelegten Artikel werden in den unterschiedlichsten Modulen in SAP

Business One verwendet, wie z. B. Ein- und Verkaufsbelege, Servicebereich, Materialbedarfsplanung etc.

Das Fenster ARTIKELSTAMMDATEN finden Sie unter LAGERVERWAL-
TUNG • ARTIKELSTAMMDATEN. Wie bereits in Abschnitt 3.5, »Mit Datensätzen arbeiten«, demonstriert, gelten für dieses Fenster die
gleichen Regeln wie für die Programmbedienung – das bedeutet, Sie
können nach vorhandenen Artikeln suchen, sie aktualisieren und
natürlich neue Artikel anlegen. Das Fenster ARTIKELSTAMMDATEN besteht – wie in Abbildung 4.25 zu sehen ist – aus thematisch unterschiedlichen Registerkarten, die im nächsten Abschnitt vorgestellt
werden.

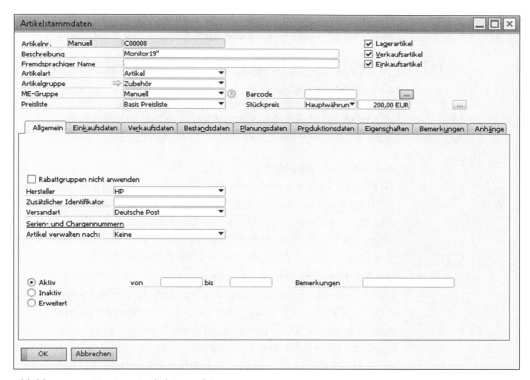

**Abbildung 4.25** Fenster »Artikelstammdaten«

Im oberen Bereich des Fensters ARTIKELSTAMMDATEN finden Sie die
wichtigsten Kopfdaten zum einzelnen Artikel:

Artikel –
Kopfdaten

▶ **Feld »Artikelnr.«**
Geben Sie hier die eindeutige Nummer für diesen Artikel ein.
Diese Nummer darf aus maximal 50 Ziffern und/oder Buchstaben

bestehen und nur einmal vorkommen. Die Artikelnummer kann nicht mehr geändert werden, und der Artikel lässt sich auch nicht mehr löschen, sobald dieser Artikel in irgendeiner Transaktion wie einem Beleg oder einem Serviceabruf verwendet wurde.

▸ **Artikelnummernserie**
Analog zu den Geschäftspartner-Stammdaten steht Ihnen ab Release 8.8 auch bei den Artikelstammdaten eine automatische Nummerierung zur Verfügung. Die Nummernserie für den jeweiligen Artikel wählen Sie aus der Dropdown-Liste links neben dem Feld ARTIKELNR. aus. Durch die Auswahl der Nummernserie wird die Artikelnummerierung lückenlos fortgesetzt. Wählen Sie die Option MANUELL, um eine Artikelnummer frei zu vergeben. Die Definition einer Nummernserie wird in Abschnitt 4.7, »Belegnummerierung«, ausführlich behandelt.

**[+]** | **Aussagekräftige Artikelnummern verwenden**

Es empfiehlt sich, aussagekräftige Artikelnummern zu verwenden, die einen Rückschluss auf den eigentlichen Artikel zulassen. Falls Sie bereits bestehende Artikelnummern verwenden oder sich an eine andere Diktion halten müssen, können Sie darauf auch verzichten.

▸ **Feld »Beschreibung«**
Geben Sie hier die Artikelbezeichnung ein. Zu diesem Zweck stehen Ihnen 100 Zeichen zur Verfügung. Dieses Feld soll nur eine Kurzbeschreibung des Artikels sein, der auch auf alle Belege gedruckt wird. Lange Artikeltexte können mit Zeilenumbruch auf der Registerkarte BEMERKUNGEN eingegeben werden.

▸ **Feld »Fremdsprachiger Name«**
Geben Sie die Beschreibung des Artikels in einer Fremdsprache ein. Da SAP Business One über eine Funktion verfügt, mit der Sie alle relevanten Artikeltexte in beliebig viele Sprachen übersetzen können, haben Sie die Möglichkeit, dieses Feld nach Wunsch – etwa als zweites Feld für die Artikelbeschreibung – zu verwenden.

▸ **Dropdown-Liste »Artikelart«**
Bei jedem Artikel müssen Sie eine vordefinierte Artikelart zuordnen. Diese Artikelart ist in erster Linie für das Servicemodul relevant und unterscheidet hier zwischen folgenden Optionen:

– *Artikel*
Diese Option repräsentiert den klassischen Artikel und ist jeweils der Vorschlagswert.

– *Arbeit*

Verwenden Sie diese Option, um einen Artikel »Arbeitszeit« zu definieren, der z. B. für die Verrechnung der Technikerstunden herangezogen werden kann.

– *Reise*

Verwenden Sie diese Option, um einen Artikel »Reisekosten« zu definieren, der ebenfalls z. B. für die Weiterverrechnung der Reisekosten eines Servicetechnikers verwendet werden kann.

Die Artikelarten ARBEIT und REISE haben naturgemäß keine Auswirkung auf die Lagerhaltung.

▶ **Dropdown-Liste »Artikelgruppe«**

Wählen Sie die Artikelgruppe aus der Werteliste aus. Artikelgruppen sind grobe Kategorisierungen, die zur Einteilung oder Auswertung von Artikeldaten dienen. Die Artikelgruppe kann anhand verschiedener Merkmale festgelegt werden. Neue Artikelgruppen sollten in Absprache mit einem Key-User angelegt werden, da diese Auswirkung auf Artikelstatistiken und auch die Finanzbuchhaltung haben. Die Artikelgruppe sollte keine zu feine Einteilung sein, da Auswertungen sonst zu unübersichtlich werden. Falls Sie noch weitere Unterscheidungsmerkmale für eine genauere Einteilung benötigen, können Sie dies mit Eigenschaften oder zusätzlichen Feldern erreichen. Für das Anlegen von Zusatzfeldern sollten Sie einen Consultant zu Rate ziehen.

▶ **Dropdown-Liste »ME-Gruppe«**

Wählen Sie eine Mengeneinheiten-Gruppe aus der Werteliste aus (ab Release 9.0 von SAP Business One). Standardmäßig ist die Option MANUELL ausgewählt. Mit der Auswahl der Mengeneinheiten-Gruppe können für diesen Artikel mehrere Maßeinheiten verwaltet werden. Sobald dieser Artikel in einer Transaktion, z. B. in einem Einkaufs- oder Verkaufsbeleg, verwendet wird, kann die Mengeneinheiten-Gruppe nicht mehr verändert werden. Die Verwaltung mehrerer Maßeinheiten wird in Abschnitt 7.5, »Mengeneinheiten in SAP Business One«, ausführlich behandelt.

▶ **Feld »Barcode«**

Klicken Sie auf den Button 🗐 (AUSWAHLLISTE), um für diesen Artikel einen Barcode (*Europäische Artikelnummer*, EAN) aus der Liste auszuwählen. Falls für diesen Artikel keine Barcodes vorhanden sind, klicken Sie auf den Button 🔳 (BARCODES DEFINIEREN), um für diesen Artikel im folgenden Fenster BARCODES einen neuen Barcode anzulegen. Pro Mengeneinheiten-Gruppe können mehrere Barcodes definiert werden. Bei mehreren Barcodes kann einer dieser Barcodes als Standard gesetzt werden. SAP Business One unterstützt die Formate EAN 13 und Code 39. Sie können jedoch auch jeden anderen Barcodetyp drucken.

▸ **Dropdown-Listen »Preisliste« und »Preis«**
Wählen Sie eine Preisliste aus der Werteliste aus. Preislisten werden unter LAGERVERWALTUNG • PREISLISTEN • PREISLISTEN angelegt und gewartet und können in diesem Fenster auch mit Preisen gefüllt werden. Der Preis wird im Feld PREIS rechts neben der Preisliste angezeigt und lässt sich dort überschreiben oder – falls das Feld leer ist – auch neu eingeben. Darüber hinaus haben Sie die Möglichkeit, den Artikelpreis für insgesamt drei Währungen parallel anzugeben. In diesem Fall wählen Sie den Eintrag HAUPT-WÄHRUNG, ZUSÄTZLICHE WÄHRUNG 1 oder ZUSÄTZLICHE WÄHRUNG 2 aus der Dropdown-Liste links neben dem Preis und geben den gewünschten Preis mit dem entsprechenden Währungskürzel ein, z. B. USD 147,50. Eine detaillierte Erläuterung der Preisfindung in SAP Business One finden Sie in Abschnitt 7.4, »Preisfindung in SAP Business One«.

▸ **Checkboxen zum Artikeltyp**
Die drei Checkboxen LAGERARTIKEL, VERKAUFSARTIKEL und EINKAUFSARTIKEL bestimmen die Verwendung eines Artikels im Unternehmen.

– *Lagerartikel*
Aktivieren Sie die Checkbox LAGERARTIKEL, falls es sich um eine physische Ware handelt, für die Sie die Lagerbewertung führen möchten oder müssen. Sobald dieses Kennzeichen aktiviert ist, verfolgt SAP Business One jede Lagerbewegung (Einkauf, Verkauf, Umlagerung, Inventur etc.) und bewertet diesen Artikel gemäß dem zugeordneten Lagerverfahren (gleitendes Durchschnittsverfahren, FIFO etc.). Aktivieren Sie diese Checkbox nicht, wenn Sie den ausgewählten Artikel nicht im Lager führen möchten. Dies betrifft alle Dienstleistungen, interne Leistungen, Verbrauchsmaterial, Klein- und Kleinstmaterial, bei dem die Lagerführung wertmäßig nicht ins Gewicht fällt etc. Die Checkbox LAGERARTIKEL kann naturgemäß nicht bei den Artikel-

arten ARBEIT und REISE verwendet werden. Lagerbewertungs-methoden werden ausführlich in Abschnitt 7.3 behandelt.

– *Verkaufsartikel*
Aktivieren Sie die Checkbox VERKAUFSARTIKEL, falls es sich um einen Artikel handelt, der in dieser Form nur in Verkaufsbelegen verwendet wird. Das bedeutet, der Artikel wird weder eingekauft noch im Lager geführt. Dies gilt z. B. für Dienstleistungen, die Ihrem Kunden in Rechnung gestellt, aber nicht eingekauft werden. In diesem Fall muss zusätzlich die Checkbox LAGERARTIKEL deaktiviert werden.

– *Einkaufsartikel*
Aktivieren Sie die Checkbox EINKAUFSARTIKEL, falls es sich um einen Artikel handelt, der in dieser Form nur in Einkaufsbelegen verwendet wird. Dies trifft in der Regel nur auf Komponenten in der Produktion zu. Diese Komponenten werden im Produktionsprozess zu einem Produktionsartikel zusammengesetzt. Das bedeutet, die Komponenten gehen aus diesem Grund in dem Produktionsartikel auf und werden vom Lager genommen. Dementsprechend muss der Komponentenartikel als Lagerartikel angelegt werden. Der Produktionsartikel selbst ist wiederum als reiner Verkaufsartikel definiert, der jedoch lagergeführt wird.

In SAP Business One haben Sie die Möglichkeit der Mehrsprachenunterstützung. Diese Funktion ermöglicht es Ihnen, bestimmte Artikeldaten (Beschreibung, fremdsprachige Beschreibung, Barcode, Registerkarte BEMERKUNGEN) in beliebig viele Sprachen zu übersetzen. Die übersetzten Artikeldaten werden in jener Sprache auf die Belege gedruckt, die beim Geschäftspartner auf der Registerkarte ALLGEMEIN ausgewählt wurde.

*Artikeldaten übersetzen*

Die Mehrsprachenunterstützung muss generell unter ADMINISTRATION • SYSTEMINITIALISIERUNG • FIRMENDETAILS • Registerkarte BASIS-INITIALISIERUNG aktiviert werden. Markieren Sie dazu die Checkbox MEHRSPRACHENUNTERSTÜTZUNG. Für die eigentliche Übersetzung klicken Sie mit der rechten Maustaste auf jenes Feld, das übersetzt werden soll. Wählen Sie die Option ÜBERSETZEN aus dem Kontextmenü aus. Es erscheint das Fenster ÜBERSETZUNGEN (siehe Abbildung 4.26), in dem Sie die fremdsprachigen Texte erfassen.

*Mehrsprachenunterstützung*

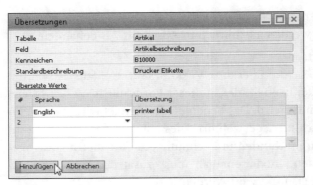

**Abbildung 4.26** Fenster »Übersetzungen«

Wählen Sie die Sprache aus der Werteliste aus, und geben Sie die Übersetzung in der rechten Spalte an. Für eine weitere Sprache wählen Sie diese in der nächsten Zeile aus und geben in der rechten Spalte wiederum die Übersetzung an etc.

**[+]** | **Übersetzbare Felder finden**

SAP Business One bietet ein kleines »Gimmick«, mit dem Sie ganz einfach jene Felder erkennen, die zur Übersetzung zur Verfügung stehen. Dazu klicken Sie im Menü ANSICHT • ANZEIGE KENNZEICHEN den Eintrag ÜBER-SETZBARE FELDER an. In allen Feldern, die übersetzt werden können, wird auf der rechten Seite eine kleine Weltkugel 🌐 angezeigt. In allen Feldern, zu denen bereits eine Übersetzung vorhanden ist, wird eine farblich aus-gefüllte Weltkugel 🌐 angezeigt.

Registerkarte »Allgemein«

Auf der Registerkarte ALLGEMEIN im Fenster ARTIKELSTAMMDATEN finden Sie die folgenden Felder:

▸ **Checkbox »Rabattgruppen nicht anwenden«**
Aktivieren Sie diese Checkbox, werden in einem Beleg keine Ra-battgruppen angewendet, bzw. es wird kein Rabatt vorgeschlagen, der auch diesen Artikel betreffen würde. Dennoch haben Sie die Möglichkeit, den Rabatt in der Belegzeile von Hand zu ändern. Die Preisfindung inklusive Rabatte in SAP Business One wird ausführ-lich in Abschnitt 7.4, »Preisfindung in SAP Business One«, behan-delt.

**[zB]** | **Rabattgruppen nicht anwenden**

Unter LAGERVERWALTUNG • PREISLISTEN • SONDERPREISE • RABATTGRUPPEN wird ein Rabatt von 10 % für die Artikelgruppe ZUBEHÖR definiert. Wenn

Sie nun für den Artikel »USB-Maus« die Checkbox RABATTGRUPPEN NICHT ANWENDEN markieren, wird der Rabatt von 10 % beim Erstellen eines Belegs nicht in der Belegzeile vorgeschlagen. Manuell kann jedoch ein Rabatt eingegeben werden.

► **Dropdown-Liste »Hersteller«**
Wählen Sie einen Hersteller aus der Werteliste aus, oder wählen Sie den Eintrag NEU DEFINIEREN, um einen neuen Hersteller anzulegen. Dieses Feld ist relevant, wenn Sie Markenprodukte in Ihrem Artikelstamm führen.

► **Feld »Zusätzl. Identifikator«**
Dieses Feld ist ein weiteres Feld zur freien Verfügung mit insgesamt 16 Zeichen.

► **Dropdown-Liste »Versandart«**
Wählen Sie eine Versandart aus der Werteliste aus, oder wählen Sie den Eintrag NEU DEFINIEREN, um eine neue Versandart anzulegen. Dieses Feld soll die für diesen Artikel adäquate Transportform anzeigen.

► **Dropdown-Liste »Artikel verwalten nach«**
Nehmen Sie hier folgende Einstellungen vor:

– Wählen Sie eine Artikelverwaltungsmethode aus der Werteliste aus. Diese Methode kommt zur Anwendung, wenn der Artikel in das Lager eingeht oder dieses verlässt. Wählen Sie die Option KEINE, wenn für den Artikel weder eine Seriennummer noch eine Chargennummer verwaltet wird.

– Wählen Sie die Option SERIENNUMMER, wenn dem Artikel eine eindeutige Seriennummer zugeordnet und diese verwaltet wird.

– Wählen Sie die Option CHARGENNUMMER, wenn dem Artikel eine Chargennummer zugeordnet und diese verwaltet wird.

Serien- und Chargennummern werden ausführlich in Abschnitt 7.8, »Manuelle Bestandstransaktionen«, behandelt.

► **Dropdown-Liste »Managementmethode«**
Dieses Feld ist nur aktiv, wenn für den Artikel entweder Serien- oder Chargennummern verwaltet werden. Sie haben die Möglichkeit, die Serien- bzw. Chargennummer entweder nur bei Ausgabe (also wenn der Artikel das Lager verlässt) oder bei Eingang und Ausgabe zu verwalten (also bei jeder Buchung).

▶ **Dropdown-Liste »Ausgabe vorrangig nach«**

Dieses Feld ist nur aktiv, wenn für den Artikel entweder Serien- oder Chargennummern verwaltet werden. Sie haben die Möglichkeit, die Serien- bzw. Chargennummer entweder nur bei Ausgabe (das heißt, wenn der Artikel das Lager verlässt) oder bei Eingang und Ausgabe zu verwalten (also bei jeder Buchung).

▶ **Dropdown-Liste »Garantievorlage«**

Dieses Feld ist nur aktiv, wenn für den Artikel Seriennummern verwaltet werden. Bei einem Seriennummernartikel, der im Servicemodul verwendet wird, können Sie eine Garantievorlage zuweisen. Wählen Sie eine Garantievorlage aus der Werteliste aus. Diese Thematik wird in Abschnitt 13.1, »Servicevertrag als Grundlage«, ausführlich behandelt.

▶ **Optionsfeld »Aktiv«**

Legen Sie hier einen Zeitraum fest, innerhalb dessen der Artikel gültig bzw. aktiv ist. Gültig bedeutet, dass dieser Artikel in allen Einkaufs- und Verkaufsbelegen verwendet werden kann. Außerhalb dieses Zeitraums steht dieser Artikel nicht zur Verfügung. Zusätzlich können Sie im Feld BEMERKUNGEN einen Hinweis angeben, warum die Gültigkeit des Artikels begrenzt ist.

Zudem ist es möglich, jeweils nur das VON- oder das BIS-Datum zu füllen. Das bedeutet, dass der Artikel erst ab einem bestimmten Zeitpunkt (nur VON-Datum gefüllt) oder nur bis zu einem bestimmten Zeitpunkt (nur BIS-Datum gefüllt) gültig ist. Zum Beispiel könnte es sich um einen Sonderangebotsartikel handeln, der nur für einen beschränkten Zeitraum zur Verfügung steht.

▶ **Optionsfeld »Inaktiv«**

Das Kennzeichen INAKTIV ist genau das Gegenteil des Kennzeichens AKTIV. Der festgelegte Zeitraum samt Bemerkung bezieht sich in diesem Fall auf den Zeitraum, in dem der Artikel inaktiv ist.

▶ **Optionsfeld »Erweitert«**

Die Option ERWEITERT bietet Ihnen die Möglichkeit, sowohl einen aktiven als auch einen inaktiven Zeitraum für den Artikel zu definieren.

Registerkarte »Einkaufsdaten« | Auf der Registerkarte EINKAUFSDATEN geben Sie alle Daten des Artikels an, die den Einkauf betreffen. Pflegen Sie die folgenden Felder:

▸ **Dropdown-Liste »Bevorzugter Lieferant«**
Wählen Sie einen bevorzugten Lieferanten aus der Werteliste aus, oder klicken Sie auf den Button NEU, um einen neuen Lieferanten anzulegen. Der bevorzugte Lieferant ist jener Lieferant, von dem Sie den ausgewählten Artikel am ehesten beziehen. Dieser wird bei einer Bestellung vorgeschlagen, die über den Beschaffungs-assistenten für Kundenaufträge erstellt wird. Klicken Sie auf den Button ... (BEVORZUGTE LIEFERANTEN AUSWÄHLEN), um für diesen Artikel mehrere bevorzugte Lieferanten zuzuweisen.

▸ **Feld »Lieferantenkatalognr.«**
Geben Sie die Fremdkatalognummer des Artikels ein. Diese Nummer entspricht der Artikelnummer des bevorzugten Lieferanten und kann auf den Ein- und Verkaufsbelegen angezeigt und gedruckt werden.

▸ **Feld »Name EinkaufsME«**
Geben Sie den Namen der Einkaufsmengeneinheit des ausgewählten Artikels an, wie z. B. Stück, Kilo, Liter, Kasten, Box etc. Die Einkaufsmengeneinheit ist zugleich die kleinstmögliche Einheit, in der Sie diesen Artikel einkaufen können.

▸ **»Artikel pro Kaufeinheit«**
Geben Sie an, wie viel Stück (= Basiseinheiten) sich in der Einkaufsmengeneinheit befinden.

| Einkaufsmengeneinheit und Artikel pro Kaufeinheit | [+] |
|---|---|

Wenn Sie z. B. Tennisbälle einkaufen, ist die Einkaufsmengeneinheit die Dose und die Anzahl der Artikel pro Kaufeinheit 3.

▸ **Feld »Name Verpackungseinheit«**
Geben Sie die Verpackungseinheit des ausgewählten Artikels an, wie z. B. Karton, Box, Palette, Sack etc.

▸ **Feld »Menge pro Verpackung«**
Geben Sie an, wie viele Kaufeinheiten sich in der Verpackungseinheit befinden. Wenn die bereits genannten Tennisbälle in Dosen zu drei Bällen in einem Karton verpackt sind und neun solcher Dosen in den Karton passen, geben Sie als Menge pro Verpackungseinheit »9« an.

▸ **Dropdown-Liste »Zollgruppe«**
Wählen Sie die Zollgruppe aus der Werteliste aus, oder wählen Sie

den Eintrag NEU DEFINIEREN, um eine neue Zollgruppe anzulegen. Die Zollgruppe gilt für den Import des Artikels aus einem Drittland. Standardmäßig ist hier die Option ZOLLFREI eingestellt.

► **Felder »Länge«, »Breite«, »Höhe«, »Volumen« und »Gewicht«**
Geben Sie die Abmessungen der Kaufeinheit des ausgewählten Artikels ein. Das Volumen wird automatisch berechnet. Bei der Eingabe des Gewichts wählen Sie zusätzlich die Gewichtseinheit aus.

In der Regel sind alle Abmessungen eines Artikels im Einkauf identisch mit denen des Verkaufs. Auf der Registerkarte VERKAUFS-DATEN befinden sich die identischen Felder. Mit dem Button `>>` (EINHEITEN KOPIEREN) kopieren Sie alle Felder von der Registerkarte EINKAUFSDATEN in VERKAUFSDATEN.

► **Felder »Faktor 1 – 4«**
Faktoren dienen dazu, ineinander verschachtelte Kaufeinheiten zu definieren. Geben Sie pro Stufe der Verschachtelung jeweils den entsprechenden Faktor ein.

**[zB]**

### Verschachtelte Einheiten durch Faktoren darstellen

Sie führen Zahnpasta in Ihrem Sortiment. Aufgrund der Form der Tube werden diese jeweils in Doppelpacks geliefert. Diese stecken in Kartons zu je 20 Doppelpacks. Diese Verschachtelung der Einheiten lässt sich am besten mit Faktoren darstellen. Die Faktoren müssen Sie folgendermaßen festlegen:

► FAKTOR 1 = 1: Anzahl der bestellten Kartons
► FAKTOR 2 = 20: Anzahl der Doppelpacks pro Karton
► FAKTOR 3 = 2: Anzahl der Tuben pro Doppelpack

Die Menge in Basiseinheiten (Stück oder Tube) des Kartons errechnet sich durch Multiplikation aller verwendeten Faktoren: $1 \times 20 \times 2 = 40$ Stk.

► **Dropdown-Liste »Steuerkennzeichen«**
Wählen Sie Steuerkennzeichen aus der Werteliste aus. Weisen Sie dem Artikel das Steuerkennzeichen zu, das bei einem Einkauf im Inland verwendet werden muss. Achten Sie darauf, ob der volle oder der ermäßigte Steuersatz zu vergeben ist. Im Zweifelsfall stimmen Sie sich hier mit einem Key-User, Consultant oder Ihrem Steuerberater ab.

Mit dem Button 🔳 (GRAPH ANZEIGEN) im linken unteren Bereich rufen Sie die Einkaufsanalyse für den Artikel auf (siehe Abbildung 4.27).

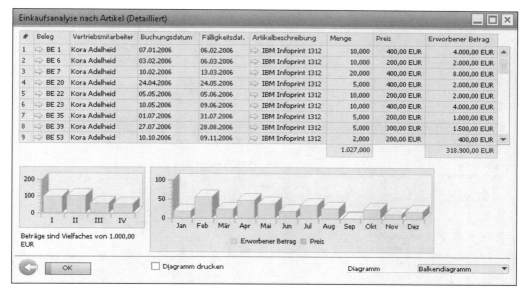

**Abbildung 4.27** Einkaufsanalyse – aufgerufen aus Artikelstamm

Diese Statistik zeigt Ihnen monatliche und quartalsweise Einkaufsdaten – basierend auf den Eingangsrechnungen für diesen Artikel – an. In der Tabelle im oberen Bereich werden alle Eingangsrechnungen zu dem ausgewählten Artikel aufgelistet. Im unteren Bereich sehen Sie die quartalsweise und monatliche Verteilung der Einkaufsumsätze.

Alle Felder auf der Registerkarte VERKAUFSDATEN sind genauso zu behandeln wie die Felder auf der Registerkarte EINKAUFSDATEN.

Registerkarte »Verkauf«

| **Veränderung von Maßeinheiten** | **[+]** |
|---|---|

Die Maßeinheiten wie Volumen, Gewicht etc. ändern sich zwischen Einkauf und Verkauf nur, wenn der Artikel in irgendeiner Form weiterverarbeitet (z. B. durch Produktion) oder zerlegt wurde.

Ebenfalls im linken unteren Bereich finden Sie den Button für die VERKAUFSANALYSE dieses Artikels.

Auf der Registerkarte BESTANDSDATEN stehen alle Daten, die die Lagerverwaltung des ausgewählten Artikels betreffen. In der Tabelle im unteren Bereich finden Sie eine Übersicht über alle Lager (Zeilen) und die Verfügbarkeit des ausgewählten Artikels (Spalten), wie in Abbildung 4.28 dargestellt.

Registerkarte »Bestandsdaten«

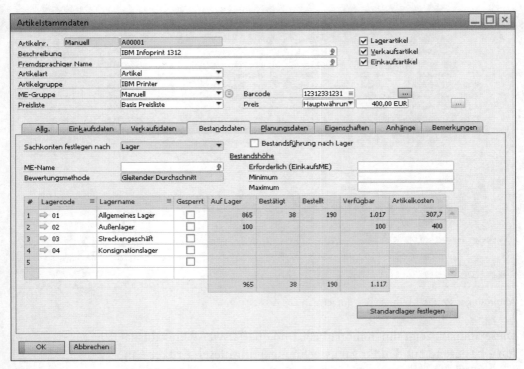

**Abbildung 4.28** Fenster »Artikelstammdaten« – Registerkarte »Bestandsdaten«

**Verfügbarer Bestand**

Die Spalten der Tabelle haben folgende Bedeutung:

▸ **Feld »Auf Lager«**
Diese Zahl zeigt, wie viele Basiseinheiten (z. B. Stück etc.) des Artikels sich auf Lager befinden.

▸ **Feld »Bestätigt«**
Diese Zahl zeigt, wie viele Basiseinheiten des Artikels derzeit von Kunden beauftragt wurden.

▸ **Feld »Bestellt«**
Diese Zahl zeigt, wie viele Basiseinheiten des Artikels bei Lieferanten bestellt wurden.

▸ **Feld »Verfügbar«**
Diese Zahl zeigt den errechneten verfügbaren Bestand
(= Menge auf Lager – Menge bestätigt + Menge bestellt).

▸ **Feld »Artikelkosten«**
Diese Zahl zeigt die derzeit durchschnittlichen Kosten des Artikels pro Basiseinheit an. Die Artikelkosten werden gemäß der diesem

Artikel zugeordneten Lagerbewertungsmethode errechnet. Das Lagerbewertungsverfahren, das diesem Artikel zugeordnet ist, finden Sie im Feld BEWERTUNGSMETHODE. Im Beispiel in Abbildung 4.28 ist der GLEITENDE DURCHSCHNITT zugeordnet. Mehr zu Lagerbewertungsmethoden erfahren Sie in Abschnitt 7.3, »Lagerbewertungsmethoden«.

▶ **Checkbox »Gesperrt«**
Wenn Sie diese Checkbox aktivieren, kann der ausgewählte Artikel nicht mehr auf das gesperrte Lager gelegt werden.

Mit dem Button STANDARDLAGER FESTLEGEN im rechten unteren Bereich können Sie für den ausgewählten Artikel ein Standardlager definieren. Dazu markieren Sie das gewünschte Lager mit einem einfachen Klick auf die grau hinterlegte Zeilennummer und klicken anschließend auf den Button STANDARDLAGER FESTLEGEN. Die Zeile erscheint nun fett. Dieses Lager wird ab jetzt automatisch in jedem Beleg vorgeschlagen, wenn dieser Artikel ausgewählt wird. Falls Sie kein Standardlager definieren, wird automatisch das erste Lager in der Liste als Standardlager verwendet. Natürlich können Sie das Standardlager im Beleg auch abändern; das neu ausgewählte Lager darf jedoch nicht gesperrt sein.

*Standardlager festlegen*

| **Zuerst anzulegendes Lager** | **[+]** |
|---|---|
| Das erste angelegte Lager in der Liste sollte jenes Lager sein, das am häufigsten frequentiert oder verwendet wird (z. B. Hauptlager, allgemeines Lager etc.). | |

Das Feld SACHKONTEN FESTLEGEN NACH zeigt, nach welcher Methode die Verbuchung dieses Artikels bei Einkäufen und Verkäufen erfolgt.

| **Verbuchungsmethode** | **[+]** |
|---|---|
| Die Verbuchungsmethode sollte generell für alle Artikel gleich über ADMINISTRATION • SYSTEMINITIALISIERUNG • ALLGEMEINE EINSTELLUNGEN • Registerkarte BESTAND festgelegt werden. Dies muss in Absprache mit einem Key-User bzw. Consultant durchgeführt werden. Mehr dazu erfahren Sie in Abschnitt 9.2, »Buchungskreislauf in SAP Business One«. | |

Im Feld ME-NAME geben Sie an, in welcher Form der ausgewählte Artikel auf Ihrem Lager geführt oder gelagert wird (z. B. Kiste, Karton, Fass, Palette etc.). Im Block BESTANDSHÖHE auf der rechten Seite geben Sie das MINIMUM, das MAXIMUM und den erforderlichen Lagerbestand für den ausgewählten Artikel im Feld ERFORDERLICH (EINKAUFSME) an. Die Mengen dieser drei Felder beziehen sich jeweils auf alle zur Verfügung stehenden Lager. Das bedeutet, dass z. B. für die Mindestgrenze die Bestandsmengen in allen Lagern zusammengerechnet werden. Falls Sie die Bestandshöhen für jedes Lager einzeln festlegen möchten, aktivieren Sie die Checkbox BESTANDSFÜHRUNG NACH LAGER. In diesem Fall werden diese drei Felder zusätzlich in der Tabellenstruktur rechts neben der Spalte VERFÜGBAR eingeblendet und können nun pro Lager gefüllt werden.

**[+]** | **Bestandsführung nach Lager automatisch für alle Artikel**

Möchten Sie die Bestandsführung nach Lager standardmäßig für alle Artikel führen, markieren Sie die Checkbox BESTANDSFÜHRUNG NACH LAGER im Fenster BELEGEINSTELLUNGEN auf der Registerkarte ALLGEMEIN unter ADMINISTRATION • SYSTEMINITIALISIERUNG.

**Unterschreitung Mindestbestand**

Wie rigoros SAP Business One auf eine Unterschreitung des Mindestbestands reagieren soll, legen Sie unter ADMINISTRATION • SYSTEMINITIALISIERUNG • BELEGEINSTELLUNGEN selbst fest. Im Block REAKTION AUF EINGANG/AUSGANG VON AUSSERHALB DES DEFINIERTEN BEREICHS können Sie drei verschiedene Stufen wählen (siehe Abbildung 4.29).

Wählen Sie die Option OHNE WARNUNG, um die Unterschreitung zu ignorieren. Wählen Sie die Option NUR WARNUNG, und Sie erhalten bei Unterschreitung eine Warnung, die Sie aber übergehen können. Wenn Sie die Option AUSGANG/EINGANG SPERREN wählen, können Sie jenen Beleg, der die Unterschreitung verursacht, nicht mehr hinzufügen. Mit den drei Optionen legen Sie gleichzeitig die Vorgehensweise bei Überschreitung des maximalen Lagerbestands fest.

Zusätzlich können Sie noch die Checkbox NEGATIVEN BESTAND SPERREN NACH aktivieren. Dadurch kann der Bestand nie kleiner als null werden. Diese Vorgehensweise ist zu empfehlen, da dies mit den Rechnungslegungsvorschriften in Einklang steht; dementsprechend erhalten Sie eine Hinweismeldung, falls Sie diese Checkbox deaktivieren.

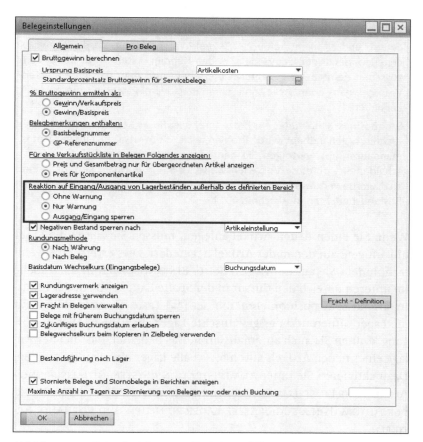

**Abbildung 4.29** Belegeinstellungen – Reaktion auf Unterschreitung des Mindestbestands

Zusätzlich zur markierten Checkbox legen Sie in der Dropdown-Liste rechts daneben fest, wie ein negativer Bestand gewertet werden soll. Mit der Option FIRMA ist der Bestand negativ, sobald im ganzen Unternehmen, also über alle Lager hinweg, der Lagerbestand auf null ist. Mit der Option LAGER ist der Bestand bereits negativ, wenn dieser im ausgewählten Lager auf null steht. Mit der Option ARTIKELEINSTELLUNG sperrt SAP Business One einen negativen Bestand pro Lager, wenn die Bestandsführung nach Lager eingeschaltet ist, sonst erfolgt die Sperre eines negativen Bestands auf Firmenebene.

**Negativer Bestand**    **[+]**

In manchen Geschäftsfeldern kann es vorkommen, dass ein negativer Bestand entsteht. Gerade wenn Sie sehr rasch und kundenorientiert arbeiten, möchten Sie soeben erhaltene Ware unmittelbar an den Kunden liefern, und es bleibt keine Zeit, einen Wareneingang auf das Lager zu erstellen, bevor der Lieferschein an den Kunden erstellt wird. In der Zeit zwischen dem zuerst erstellten Lieferschein und dem danach erstellten Wareneingang können Sie somit einen negativen Bestand für diesen Artikel haben.

SAP Business One bietet ein Prozedere, wie dieses Szenario bewertungstechnisch gehandhabt wird. Probieren Sie diesen Fall in einem Demomandanten aus, verfolgen Sie den Lagerwert dieses Artikels, und entscheiden Sie, ob diese Vorgehensweise für Sie in Betracht kommt. Mehr zu Lagerbewertungsmethoden erfahren Sie in Abschnitt 7.3, mehr zu Bestandsberichten in Abschnitt 7.11.

**Lager automatisch anlegen**

Wenn Sie einen neuen Artikel anlegen, müssen Sie zuerst die Lager hinzufügen, auf denen der Artikel liegen darf. Dies erreichen Sie einfach, indem Sie auf der Registerkarte BESTANDSDATEN in der Tabelle im unteren Bereich den Cursor in der Spalte LAGERCODE in der nächsten freien Zeile positionieren, mit der ⎘-Taste die Auswahlliste für die Lager öffnen und das gewünschte Lager auswählen. Diesen Vorgang können Sie auch automatisieren. Das bedeutet, dass bei der Anlage eines neuen Artikels automatisch alle Lager hinzugefügt werden. Dazu aktivieren Sie unter ADMINISTRATION • SYSTEMINITIALISIERUNG • ALLGEMEINE EINSTELLUNGEN • BESTAND im unteren Bereich die Checkbox AUTOM. HINZUFÜGEN ALLER LAGER ZU NEUEN UND VORHAND. ARTIKELN.

**Registerkarte »Planungsdaten«**

Alle Felder auf der Registerkarte PLANUNGSDATEN sind relevant für das Modul MATERIALBEDARFSPLANUNG. Dieses Modul zählt zu den weiterführenden Themen und wird im Rahmen dieses Buches nicht behandelt.

**Registerkarte »Produktionsdaten«**

Alle Felder auf der Registerkarte PRODUKTIONSDATEN sind relevant für das Modul PRODUKTION. Dieses Modul zählt zu den weiterführenden Themen und wird im Rahmen dieses Buches ebenfalls nicht behandelt.

**Registerkarte »Eigenschaften«**

Auf der Registerkarte EIGENSCHAFTEN haben Sie die Möglichkeit, Ihre Artikel mit Eigenschaften näher zu beschreiben und zu klassifizieren. Bevor Sie beim Artikel die Eigenschaften durch Aktivieren der Checkboxen zuordnen, müssen Sie diese unter ADMINISTRATION • DEFINITIONEN • LAGERVERWALTUNG • ARTIKELEIGENSCHAFTEN anlegen. Maximal können Sie für einen Artikel 64 Eigenschaften anlegen und zuordnen. Ein Beispiel dazu finden Sie in Abbildung 4.30.

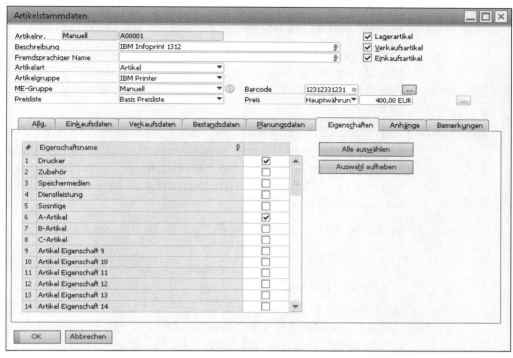

**Abbildung 4.30** Fenster »Artikelstammdaten« – Registerkarte »Eigenschaften«

| **Kategorisierung von Artikeln** | **[+]** |

Sie sollten sich am »Reißbrett« überlegen, wie Sie Ihre Artikel kategorisie-
ren möchten. Dies sollte bereits vor der Eingabe oder dem Import der
Artikel erfolgen. Danach müssen bei der Neuanlage einfach die relevanten
Eigenschaften markiert werden.

Auf der Registerkarte BEMERKUNGEN können Sie beliebige Langtexte
und Beschreibungen für einen ausgewählten Artikel eingeben. Darüber hinaus haben Sie hier die Möglichkeit, eine Bilddatei für diesen Artikel zu hinterlegen. Die Vorgehensweise bei der Auswahl des
Bildes wurde bereits bei der Beschreibung der Registerkarte BEMER-
KUNGEN im Fenster GESCHÄFTSPARTNER-STAMMDATEN behandelt
(siehe Abschnitt 4.3, »Geschäftspartner«).

*Registerkarte »Bemerkungen«*

Wie zu Geschäftspartnern können Sie auch zu Artikeln Aktivitäten
erfassen. Dazu klicken Sie mit der rechten Maustaste auf das Fenster
ARTIKELSTAMMDATEN und wählen den Eintrag NEUE AKTIVITÄT. In der
Aktivität wird dabei die Verknüpfung zum Artikel auf der Register-

*Aktivitäten zu Artikelstammdaten*

karte VERKNÜPFTER BELEG dokumentiert. Als Belegart erscheint automatisch ARTIKEL, als Belegnummer erscheint die ARTIKELNUMMER.

Um die gesammelten Aktivitäten zum ausgewählten Artikel aufzurufen, klicken Sie ebenfalls mit der rechten Maustaste auf das Fenster ARTIKELSTAMMDATEN und wählen den Eintrag AKTIVITÄTENÜBERSICHT.

**Alternativartikel** Alternativartikel sind Artikel, die einen Originalartikel ersetzen können, sollte dieser nicht mehr vorrätig sein. Sowohl der Originalartikel als auch der Alternativartikel müssen in den Artikelstammdaten angelegt sein. Um einen Alternativartikel zu definieren, gehen Sie folgendermaßen vor:

1. Suchen Sie den gewünschten Originalartikel in den Artikelstammdaten.

2. Klicken Sie mit der rechten Maustaste auf das Fenster ARTIKELSTAMMDATEN, und wählen Sie den Eintrag ALTERNATIVARTIKEL.

3. Im Fenster ALTERNATIVARTIKEL können Sie in der Tabelle unterhalb des Originalartikels die dazugehörigen alternativen Artikel samt Übereinstimmung definieren (siehe Abbildung 4.31).

**Abbildung 4.31** Alternativartikel definieren

4. Geben Sie den Artikelcode ein, oder drücken Sie die ⇆-Taste, um die Auswahlliste zu öffnen, und wählen Sie den gewünschten Artikel aus.

5. Geben Sie eine von Ihnen geschätzte prozentuale Übereinstimmung an. Diese bestimmt die Rangordnung, falls Sie mehrere alternative Artikel zu einem Originalartikel definieren.

6. Bestätigen Sie die Zeile mit dem Button AKTUALISIEREN (↵-Taste), und eine weitere Zeile wird geöffnet.

7. Klicken Sie auf den Button OK, um das Fenster zu schließen.

Mit dem Button UMKEHRVERKNÜPF. können Sie den Originalartikel zum Alternativartikel machen, also die Beziehung zwischen den beiden Artikeln umkehren.

Die Verwendung von alternativen Artikeln im Beleg wird in Abschnitt 5.3, »Wichtige Funktionen im Beleg«, erläutert.

## 4.7 Belegnummerierung

Die Definition der Belegnummerierung ist eine Aufgabe, die Sie in der Phase der Systeminitialisierung, also vor Start des Betriebs mit SAP Business One, vornehmen müssen. Bevor Sie die eigentliche Belegnummerierung festlegen, sollten Sie noch die Periodenkennzeichen definieren.

Ein Periodenkennzeichen ist ein Hilfsmittel, mit dem SAP Business One Ihnen die Möglichkeit bietet, die gleiche Belegnummer in unterschiedlichen Geschäftsjahren zu verwenden.

| Ausgangsrechnungsnummer | [zB] |
| --- | --- |
| Die Ausgangsrechnungsnummer 156 kann sowohl im Jahr 2016 als auch im Jahr 2017 existieren. Dazu legen Sie pro Geschäftsjahr eine eigene Belegnummerierung an, der Sie jeweils ein anderes Periodenkennzeichen zuweisen. | |

Periodenkennzeichen definieren Sie unter ADMINISTRATION • DEFINITIONEN • FINANZWESEN • PERIODENKENNZEICHEN. Bei einer neu angelegten Firma ist der Eintrag VORSCHLAGS bereits vorhanden. Diesen Wert überschreiben Sie mit dem derzeit aktuellen Geschäftsjahr (z. B. 2016) und legen darunter noch zwei bis drei weitere Einträge an (z. B. 2017 bis 2019).

Periodenkennzeichen

Für die Belegnummerierung gibt es generell zwei Szenarien, wobei Sie sich für eines dieser Szenarien entscheiden müssen und danach nicht mehr wechseln können:

▶ Es ist nur eine Belegart pro Belegnummerierungsserie erlaubt.

▶ Es ist mehr als eine Belegart pro Serie erlaubt.

Der Unterschied liegt in der Checkbox MEHRERE BELEGARTEN PRO SERIE ERLAUBEN im Fenster FIRMENDETAILS, Registerkarte BASISINITIALISIERUNG (unter ADMINISTRATION • SYSTEMINITIALISIERUNG • FIRMENDETAILS) begründet. Beim Anlegen Ihres Unternehmens in SAP Business One ist nur eine Belegart pro Nummerierungsserie erlaubt. Aktivieren Sie diese Checkbox, um mehrere Belegarten pro Serie zu gestatten.

**[zB]**

### Belegnummerierungsserie

Sowohl Ausgangsrechnung als auch Gutschrift und Eingangszahlung verwenden dieselbe Belegnummerierungsserie.

**[+]**

### Option »Mehrere Belegarten pro Serie erlauben«

Überlegen Sie sorgfältig, ob Sie die Option MEHRERE BELEGARTEN PRO SERIE ERLAUBEN verwenden möchten. Sobald Sie nach dem Markieren der Checkbox die Sicherheitsabfrage von SAP Business One bestätigen, kann die Checkbox MEHRERE BELEGARTEN PRO SERIE ERLAUBEN nicht mehr deaktiviert werden! Auf der anderen Seite kann diese Checkbox auch nicht mehr aktiviert werden, sobald der erste erstellte Beleg in SAP Business One existiert.

Anschließend wird das erste Szenario (nur eine Belegart pro Serie) behandelt, danach das zweite Szenario (mehrere Belegarten pro Serie).

**Eine Belegart pro Serie**

Die eigentliche Belegnummerierung definieren Sie unter ADMINISTRATION • SYSTEMINITIALISIERUNG • BELEGNUMMERIERUNG. Im Fenster BELEGNUMMERIERUNG – DEFINITIONEN erhalten Sie eine Liste aller verfügbaren Belegarten (GESCHÄFTSPARTNER – KUNDE, ARTIKEL, AUSGANGSRECHNUNG, AUSGANGSGUTSCHRIFT, LIEFERUNG etc.), für die Sie eine Belegnummerierung festlegen müssen, sofern Sie diese Belegart verwenden möchten. Die Nummerierung der Stammdaten, Artikel und Geschäftspartner wird ebenfalls in diesem Fenster definiert und der Einfachheit halber im weiteren Verlauf ebenfalls unter Belegart geführt. Im Folgenden zeigen wir Ihnen am Beispiel der Ausgangsgutschriften, wie Sie eine Belegnummerierung definieren:

1. Klicken Sie doppelt auf das graue Feld links neben der gewünschten Belegart ❶. Es öffnet sich das Fenster SERIEN – AUSGANGSGUTSCHRIFTEN – DEFINITION ❷ (siehe Abbildung 4.32).

2. Geben Sie einen Namen für die Belegnummerierungsserie ein.

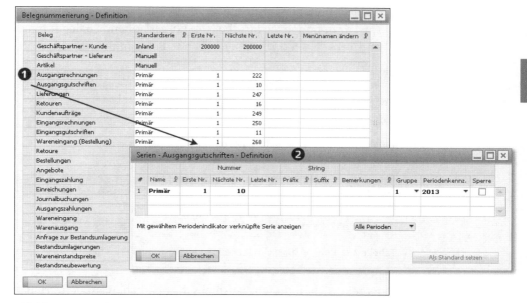

**Abbildung 4.32** Belegnummerierung – Definition

---

**Geschäftsjahr nach der Belegnummerierung benennen** **[+]**

Falls Sie keine geschäftsjahresübergreifende Belegnummerierungsserie festlegen möchten (das heißt, die Belegnummer läuft nach Ende des Geschäftsjahres weiter und wird nicht zurückgesetzt), hat es sich als sinnvoll erwiesen, die Bezeichnung des Geschäftsjahres als Namen für die Belegnummerierung zu verwenden (siehe Abbildung 4.32).

---

3. Füllen Sie das Feld Erste Nr., also den Startpunkt der Belegnummerierungsserie. In unserem Beispiel beginnen wir mit der Belegnummer 1. Sie müssen die Serie jedoch nicht notwendigerweise mit der Belegnummer 1 starten. Falls Sie nur wenige Ausgangsrechnungen pro Jahr erstellen, können Sie auf diese Weise nach außen ein höheres Geschäftsvolumen suggerieren.

4. Das Feld Nächste Nr. wird automatisch mit dem Wert der ersten Nummer gefüllt. Sobald Sie Belege dieser Belegart erstellt haben, können Sie hier die letzte verwendete Belegnummer ablesen.

5. Das Feld Letzte Nr. müssen Sie nur füllen, wenn Sie zwei Serien mit dem gleichen Periodenkennzeichen definieren. SAP Business One prüft jeweils, ob sich die Serien überlappen könnten, da es nicht erlaubt ist, zweimal die gleiche Belegnummer mit dem glei-

chen Periodenkennzeichen zu vergeben. Ein anschauliches Beispiel dazu finden Sie in Tabelle 4.4 (überlappende Belegnummern)
und Tabelle 4.5 (nicht überlappende Belegnummern).

| Belegnummernserie | Erste Nummer | Letzte Nummer |
|---|---|---|
| Serie A | 100 | <leer> |
| Serie B | 150 | <leer> |

**Tabelle 4.4** Beispiel für überlappende Belegnummernserien

| Belegnummernserie | Erste Nummer | Letzte Nummer |
|---|---|---|
| Serie A | 100 | 149 |
| Serie B | 150 | <leer> |

**Tabelle 4.5** Beispiel für nicht überlappende Belegnummernserien

Es zeigt sich in diesem Beispiel sehr deutlich, dass mehrere Belegnummernserien nicht nach oben offen angelegt werden dürfen, da
sie sich sonst überlappen.

6. Geben Sie ein Präfix an, also eine Bezeichnung, die vor die Belegnummer gedruckt werden kann.

7. Geben Sie ein Suffix an, also eine Bezeichnung, die hinter die
   Belegnummer gedruckt werden kann.

8. Geben Sie – falls benötigt – eine Bemerkung zur Serie an.

9. Wählen Sie eine Gruppe aus der Werteliste aus. Die Gruppe dient
   zur Steuerung der Berechtigungen in SAP Business One.

**[zB]** | **»Small Accounts« und »Large Accounts«**

Sie unterscheiden in Ihrem Unternehmen vertrieblich zwischen *Small
Accounts* (Kleinkunden) und *Large Accounts* (Großkunden). Dazu definieren Sie eine Serie »2013SmAc« (Small Accounts) mit Gruppe 1 und einer
Belegnummer von 1 bis 199. Außerdem definieren Sie eine Serie
»2013LaAc« (Large Accounts) mit Gruppe 2 und einer Belegnummer von
200 bis unendlich.

Der Benutzer »Berger« betreut Small Accounts und wird dementsprechend nur für Gruppe 1 berechtigt. Der Benutzer »Möller« betreut Large
Accounts und wird daher nur für Gruppe 2 berechtigt.

10. Wählen Sie ein Periodenkennzeichen aus der Werteliste aus, oder wählen Sie den Eintrag NEU DEFINIEREN, um ein neues Periodenkennzeichen anzulegen. Indem Sie der Serie ein Periodenkennzeichen zuweisen, teilen Sie SAP Business One mit, in welches Geschäftsjahr diese Serie fällt.

11. Markieren Sie die Checkbox SPERRE, um eine Serie inaktiv zu setzen. Auf diese Weise können Sie z. B. auch verhindern, dass eine ganze Belegart verwendet wird.

---

**Keine Lieferscheine während der Inventur** [zB]

Während der Inventurzeit sollen keine Lieferscheine erstellt werden. Dazu sperren Sie alle Belegnummerierungsserien der Belegart LIEFERSCHEIN.

---

12. Falls Sie eine weitere Serie anlegen möchten, klicken Sie mit der rechten Maustaste auf die vorherige Zeile und wählen den Eintrag ZEILE HINZUFÜGEN aus dem Kontextmenü aus.

13. Falls Sie nun mehr als eine Serie angelegt haben, müssen Sie eine dieser Serien als Standard setzen. Das bedeutet, diese Serie wird bei Aufrufen der Belegart vorgeschlagen. Natürlich können Sie beim Erstellen eines Belegs aus allen angelegten Serien auswählen, sofern diese nicht gesperrt sind. Um eine Serie als Standard zu setzen, markieren Sie die betreffende Zeile (Klick auf das graue Rechteck ganz links) und klicken auf den Button ALS STANDARD SETZEN im rechten unteren Bereich. Nun legen Sie noch fest, für welchen Benutzerkreis diese Serie der Standard sein soll: für Ihren eigenen Benutzer, für alle Benutzer oder für bestimmte Benutzer Ihrer Wahl (siehe Abbildung 4.33).

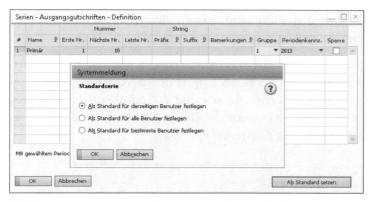

**Abbildung 4.33** Belegnummerierungsserie – Button »Als Standard setzen«

14. Speichern Sie dies mit dem Button AKTUALISIEREN.

15. Schließen Sie das Fenster mit dem Button OK. Wie Sie beim Erstellen eines Belegs aus verschiedenen Serien auswählen, erfahren Sie in Abschnitt 5.2.1, »Belegkopf«.

Mehrere Belegarten pro Serie

Bei dem Szenario mehrerer Belegarten pro Serie ist das Hauptmenü im Modul ADMINISTRATION anders angeordnet. Es gibt nun einen zusätzlichen Ordner BELEGNUMMERIERUNG unter ADMINISTRATION • SYSTEMINITIALISIERUNG • BELEGNUMMERIERUNG. Darin befinden sich die Fenster NUMMERIERUNGSSERIEN und SERIEN MIT BELEG VERBINDEN.

Ersteres entspricht dem Fenster SERIEN – AUSGANGSGUTSCHRIFTEN – DEFINITION, in dem die eigentliche Belegnummerierungsserie festgelegt wird (siehe Abbildung 4.32). Legen Sie in diesem Fenster Ihre Belegnummerierungsserien auf die gleiche Weise fest, wie bereits beschrieben wurde. Im zweiten Fenster SERIEN MIT BELEG VERBINDEN müssen Sie die im Fenster NUMMERIERUNGSSERIEN festgelegten Serien noch mit den einzelnen Belegarten verbinden und – bei mehreren angelegten Serien in einem Geschäftsjahr – die Standardserie festlegen (siehe Abbildung 4.34).

Klicken Sie im Fenster SERIE MIT BELEG VERBINDEN – DEFINITION doppelt auf das graue Feld links neben der gewünschten Belegart. Es öffnet sich ein Fenster, in dem alle zur Verfügung stehenden Belegnummerierungsserien angezeigt werden, die Sie im Fenster NUMMERIERUNGSSERIEN im ersten Schritt festgelegt haben. Markieren Sie die Checkbox auf der rechten Seite, um die Nummerierungsserie der Belegart zuzuweisen (siehe ❶ in Abbildung 4.34). Anschließend markieren Sie die Zeile (per Klick auf das graue Feld ganz links) und setzen die gewünschte Nummerierungsserie als Standard, wie Sie dies schon vom ersten Szenario kennen. Bereits verwendete Serien können nicht wieder demarkiert werden.

Klicken Sie auf die Buttons AKTUALISIEREN und OK, um die Auswahl zu bestätigen und das Fenster zu schließen. Anschließend klicken Sie auf die Buttons AKTUALISIEREN und OK im übergeordneten Fenster SERIE MIT BELEG VERBINDEN – DEFINITION, um die Änderungen zu speichern und das Fenster zu schließen.

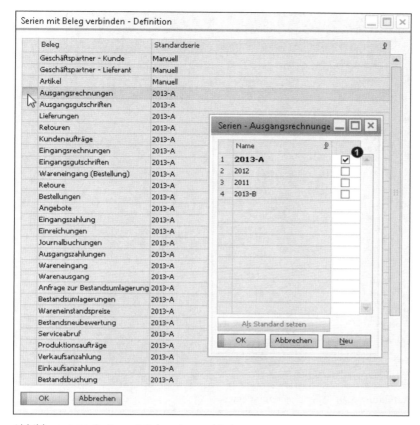

**Abbildung 4.34** Serien mit Belegarten verbinden

## 4.8 Unternehmensstammdaten

So, wie Sie Stammdaten für Ihre Artikel oder Geschäftspartner erfassen, sollten Sie auch einige Daten zu Ihrem eigenen Unternehmen erfassen. Dies geschieht unter ADMINISTRATION • SYSTEMINITIALISIERUNG • FIRMENDETAILS.

Auf der Registerkarte ALLGEMEIN können Sie in Ihrer Landessprache und auch in einer Fremdsprache die Kontaktdaten des Unternehmens angeben, wie es in Abbildung 4.35 zu sehen ist.

Registerkarte »Allgemein«

All diese Felder können auf allen Belegausdrucken gedruckt werden.

**Abbildung 4.35** Fenster »Firmendetails«

Registerkarte
»Buchhaltungs-
daten«

Auf der Registerkarte BUCHHALTUNGSDATEN finden Sie eine Reihe von Feldern, die die steuerliche Identifikation und die Feiertage betreffen. Diese Registerkarte sollte durch einen Key-User, gegebenenfalls gemeinsam mit Ihrem Steuerberater, ausgefüllt werden.

Folgende Angaben sind hier zu leisten:

▸ **Feld »Unternehmenssteuernummer«**
Geben Sie hier Ihre Unternehmenssteuernummer ein.

▸ **Feld »UID-Nummer 1, 2, 3«**
Geben Sie hier die UID-Nummer (Umsatzsteuer-Identifikationsnummer) Ihres Unternehmens ein. Die UID für Deutschland beginnt mit dem Länderkennzeichen »DE«, dem eine neunstellige Zahl folgt. Die UID-Nummer für Österreich beginnt mit dem Länderkennzeichen »ATU«, dem eine achtstellige Zahl folgt. Diese landesabhängige Nomenklatur wird bei der Eingabe von SAP

Business One geprüft. Mit der Verwendung einer UID-Nummer weist sich ein Unternehmer aus (»Unternehmerkennzeichen«). Der Lieferant ist aber nur dann berechtigt, steuerfrei an einen Käufer in einem anderen Mitgliedsstaat zu liefern, wenn die UID-Nummer des Käufers gültig ist. Zur Überprüfung der Richtigkeit von UID-Nummern wurde EU-weit ein Bestätigungsverfahren eingeführt. Der Lieferant muss bei einer innergemeinschaftlichen Lieferung (Einkauf zwischen Unternehmern im EU-Raum) eine Rechnung ausstellen, auf der seine eigene UID-Nummer und die des Kunden erscheinen und auf die Steuerfreiheit der Lieferung (z. B. umsatzsteuerfreie innergemeinschaftliche Lieferung) hingewiesen wird.

- **Feld »Organschaftsnr. 1«**
  Geben Sie hier die Organschaftsnummer Ihrer Unternehmensgruppe an.

- **Feld »Zusätzliche Steuernummer«**
  Geben Sie hier Ihre zusätzliche Steuernummer ein. Das Finanzamt kann anhand dieser Nummer Ihr Unternehmen als Teil einer Unternehmensgruppe erkennen.

- **Feld »Finanzamtverwaltungsnr.«**
  Geben Sie hier die Nummer jenes Finanzamts ein, das für Ihre Umsatzsteuer-Voranmeldung (UVA) relevant ist.

- **Feld »Feiertage«**
  Wählen Sie hier den für Ihr Land relevanten Feiertagskalender aus der Werteliste aus. Pro Jahr müssen hier die Feiertage angelegt sein. Falls das gewünschte Jahr nicht vorhanden ist, wählen Sie den Eintrag NEU DEFINIEREN aus der Werteliste aus. Feiertagskalender bei Geschäftspartnern finden Sie im Fenster GESCHÄFTS-PARTNER-STAMMDATEN, Registerkarte ZAHLUNGSBEDINGUNGEN (siehe Abschnitt 4.3, »Geschäftspartner«).

- **Feld »Handelsregisternr.«**
  Geben Sie hier die Handelsregisternummer Ihres Unternehmens ein.

- **Checkbox »Erweiterte Steuerberichte«**
  Generiert und speichert Steuerberichte für Steuerbehörden. Nach dem Aktivieren der Checkbox können Sie zusätzlich den Periodentyp für die Berichterstellung in der Dropdown-Liste auswählen. Es

stehen Ihnen die Periodentypen JAHR, QUARTAL, MONAT und PERIODE zur Verfügung. Da das Aktivieren der Checkbox die Steuerberichterstattung grundlegend ändert, wird die Konsultation eines zertifizierten Steuerberaters empfohlen.

▸ **Feld »SEPA-Gläubiger-ID«**
In diesem Feld tragen Sie die Creditor-ID ein, die Ihnen von Ihrer Zentralbank zugeordnet wurde. Diese benötigen Sie, wenn Sie den elektronischen Zahlungsverkehr mittels SEPA-Standard (= *Single European Payment Area*) über den Zahlungsassistenten nutzen möchten.

Die Einstellungen und Daten auf der Registerkarte BASISINITIALISIERUNG werden bei den relevanten Themen in den einzelnen Abschnitten erläutert.

## 4.9 Berichte aus dem Bereich »Stammdaten«

An dieser Stelle finden Sie die wichtigsten Berichte aus dem Themenbereich »Stammdaten«, der Schwerpunkt liegt dabei auf Berichten zu Geschäftspartner- und Artikelstammdaten.

Im Modul GESCHÄFTSPARTNER stehen Ihnen zu den Bereichen Aktivitäten, inaktive Kunden und Mahnwesen derzeit sechs Berichte zur Verfügung:

▸ **Meine Aktivitäten**
Dieser Bericht liefert eine Übersicht über die Aktivitäten des Benutzers, der diesen Bericht aufruft.

▸ **Aktivitätenübersicht**
Dieser Bericht bietet eine breite Übersicht über alle Aktivitäten, die anhand zahlreicher Auswahlkriterien eingeschränkt werden kann.

**[+]** **Übersicht über alle Telefonate eines Benutzers**

Sie benötigen eine Übersicht über alle Telefonate ❶ des Benutzers Robert Leitner ❷ im März 2013 ❸ (siehe Abbildung 4.36).

▸ **Inaktive Kunden**
Dieser Bericht liefert eine Übersicht über alle Kunden, die nicht in den markierten Belegarten vorkommen.

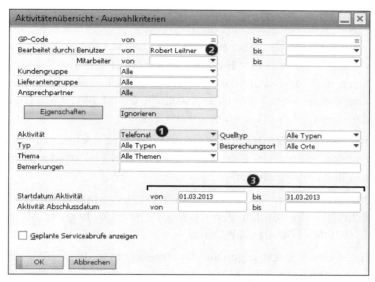

**Abbildung 4.36** Fenster »Aktivitätenübersicht« – Auswahlkriterien festlegen

▸ **Mahnhistorienbericht**
Dieser Bericht liefert eine historische Übersicht über alle erstellten Mahnbriefe für Kunden, die anhand zahlreicher Auswahlkriterien auch eingeschränkt werden kann.

▸ **Rahmenvertragsliste**
Dieser Bericht zeigt eine Auflistung aller abgeschlossenen Rahmenverträge an. Diese kann nach Vertragsmethode und -nummer, Geschäftspartner, Zeitraum, Status und Typ eingeschränkt werden. Rahmenverträge werden ausführlich in Kapitel 8 behandelt.

▸ **Kampagnenliste**
Dieser Bericht zeigt eine Auflistung aller Kampagnen für Ihr Unternehmen. Die Darstellung kann nach Artikel, Geschäftspartner, Kampagnentyp und -nummer, Status, Zeitraum und Zielgruppe eingeschränkt werden. Kampagnen werden umfassend in Kapitel 12 beschrieben.

| Übersicht über die Mahnungen einer Mahnstufe | [zB] |
|---|---|

Sie benötigen eine Übersicht über alle Mahnungen mit der Mahnstufe 2, deren Datum innerhalb des zweiten Quartals liegt.

## 4.10 Übungsaufgaben

1. Legen Sie sich selbst als neuen Benutzer an. Als Benutzercode verwenden Sie jeweils Ihre Initialen, als Passwort nehmen Sie Ihre Initialen und Ihr Geburtsdatum. Für die restlichen Felder (E-Mail, Mobiltelefon etc.) geben Sie jeweils Ihre tatsächlichen Daten an. Markieren Sie die Checkbox Super-User.

2. Öffnen Sie das Fenster Firma auswählen, und wechseln Sie zu Ihrem neu angelegten Benutzer und anschließend wieder zurück zum Benutzer »manager«.

3. Öffnen Sie das Fenster Geschäftspartner-Stammdaten, und suchen Sie alle Kunden, deren GP-Code mit »C4« beginnt. Merken Sie sich den höchsten GP-Code.

4. Geschäftspartner: Legen Sie das Unternehmen, in dem Sie aktuell arbeiten (oder Ihr eigenes Unternehmen als Selbstständiger) als Kunden an. Berücksichtigen Sie die folgenden Informationen:

   – Geben Sie so weit wie möglich die tatsächlichen Daten (Kontaktdaten, Adressen, Ansprechpartner, Bankverbindung etc.) an. Legen Sie eine abweichende Rechnungs- und Lieferadresse an.

   – Als GP-Code verwenden Sie eine freie Kundennummer (z. B. »C44000«).

   – Definieren Sie die neue Kundengruppe »Sonstige« direkt aus dem Fenster Geschäftspartner-Stammdaten heraus.

   – Wählen Sie die Option Alle Währungen als Währung.

   – Legen Sie zwei Ihrer Kollegen als Vertriebsmitarbeiter direkt aus der Registerkarte Allgemein heraus an. Setzen Sie zusätzlich einen davon als Standard.

   – Definieren Sie die neue Versandart »Eigenversand«, und geben Sie Ihre eigene Website an.

   – Geben Sie ein Kreditlimit von 10.000,00 EUR an.

   – Ordnen Sie die Mahnbedingung Standard zu.

   – Legen Sie drei neue Eigenschaften an, und markieren Sie nach dem Hinzufügen die für Ihr Unternehmen relevanten Eigenschaften.

- Geben Sie eine kurze Beschreibung des Unternehmensgegenstands auf der Registerkarte BEMERKUNGEN an. Ordnen Sie zudem ein Bild von sich dem Geschäftspartner zu.

- Definieren Sie eine neue Zahlungsbedingung (direkt aus der Registerkarte ZAHLUNGSBEDINGUNG heraus) nach folgender Angabe: Zahlung innerhalb von acht Tagen mit 3 % Skonto, innerhalb von 14 Tagen mit 2 % Skonto oder innerhalb von 45 Tagen ohne Skonto. Achten Sie auf eine aussagekräftige Beschreibung.

- Ordnen Sie die Preisliste BASIS PREISLISTE zu.

5. Klicken Sie abschließend auf den Button HINZUFÜGEN, um den Geschäftspartner anzulegen.

6. Rufen Sie den eben angelegten Geschäftspartner über den Namen wieder auf, und aktivieren Sie die drei vorhin angelegten Eigenschaften.

7. Duplizieren Sie den Geschäftspartner, und definieren Sie diesen als Lieferanten. Ändern Sie die Zahlungsbedingung auf »Netto 30 Tage« und die Preisliste auf »Letzter Einkaufspreis«. Löschen Sie die Beschreibung und das Foto, und demarkieren Sie alle Eigenschaften auf einmal. Klicken Sie abschließend auf den Button HINZUFÜGEN, um den Geschäftspartner anzulegen.

8. Rufen Sie den von Ihnen angelegten Kunden auf. Klicken Sie auf den Button AKTIVITÄT, um eine neue Aktivität zu erfassen.

9. Erfassen Sie ein Geschäftsessen (Meeting) zum neu angelegten Thema »Kooperation« mit der Bemerkung »Kooperationsgespräch«.

10. Geben Sie Ihren letzten persönlichen Termin mit Zeitpunkt und Dauer an.

11. Legen Sie Ihr Lieblingsrestaurant als Besprechungsort an.

12. Speichern Sie Ihre zuletzt geschriebene E-Mail, und fügen Sie sie als Dateianhang der Aktivität hinzu.

13. Erfassen Sie eine Folgeaktivität, die exakt eine Woche später stattfindet und »Nachtelefonieren Kooperationsgespräch« zum Inhalt hat. Füllen Sie die Felder entsprechend aus. Eine Erinnerung soll zwei Stunden vor diesem Termin erfolgen.

14. Legen Sie im Fenster ARTIKELSTAMMDATEN die folgenden beiden Artikel an:

- **»USB-Memory-Stick, 8 GB«**

  Legen Sie diesen Artikel komplett an, und berücksichtigen Sie die folgenden Informationen:

  - Zeigen Sie in einem weiteren Fenster ARTIKELSTAMMDATEN alle Artikel an, und geben Sie im ersten Fenster eine freie Artikelnummer (z. B. »A00009«) ein.

  - Geben Sie die Artikelbeschreibung wie genannt ein. Belassen Sie die Artikelart ARTIKEL, und ordnen Sie die Artikelgruppe ZUBEHÖR zu.

  - Wählen Sie die Preisliste BASIS PREISLISTE, und geben Sie einen Preis von 14,90 EUR ein.

  - Legen Sie eine Ihnen bekannte Marke für USB-Memory-Sticks als neuen Hersteller an.

  - Ordnen Sie die Versandart EIGENVERSAND zu.

  - Ordnen Sie den Standardlieferanten »V10000« zu, und geben Sie als dessen Katalognummer »USB8Mem« an. Geben Sie die von Ihnen geschätzte Länge, Breite und Höhe in cm an. Kopieren Sie die Maße auf die Registerkarte VERKAUFSDATEN.

  - Geben Sie als Ein- und Verkaufsmenge jeweils »Stk« an.

  - Geben Sie die Lagerbewertungsmethode GLEITENDER DURCHSCHNITTSPREIS an.

  - Geben Sie die Bemerkung »Leicht transportierbarer Allzweck-USB-Memory-Stick« ein.

  - Klicken Sie auf den Button HINZUFÜGEN, um den Artikel anzulegen. Schließen Sie danach das Fenster.

  - Aktivieren Sie die Mehrsprachenunterstützung unter ADMINISTRATION • SYSTEMINITIALISIERUNG • FIRMENDETAILS • Registerkarte BASISINITIALISIERUNG. Öffnen Sie anschließend das Fenster ARTIKELSTAMMDATEN, und rufen Sie den eben angelegten Artikel auf. Übersetzen Sie die Felder BESCHREIBUNG (»USB-Stick, transportabler Speicher«), LIEFERANTENKATALOGNUMMER (»USB8Speicher«) und BEMERKUNGEN (»Leicht transportierbarer Allzweck-USB-Memory-Stick«) mithilfe des Kontextmenüs (rechte Maustaste) ins Englische.

– **»USB-Memory-Stick, 4 GB«**

Duplizieren Sie den eben angelegten Artikel, und ändern Sie Folgendes:

– Ändern Sie die Beschreibung und die Bemerkung sowie die dazugehörenden Übersetzungen.

– Ändern Sie die Lieferantenkatalognummer auf »USB4 Mem«.

– Reduzieren Sie die Abmessungen in Einkauf und Verkauf um jeweils 10 %.

– Reduzieren Sie den Preis um 5,00 EUR.

*Beschaffungsprozesse sind ein wesentliches Element im Geschäftsbetrieb eines Unternehmens. Dieses Kapitel beschäftigt sich mit allen Aspekten des Einkaufs in SAP Business One. Besonderes Augenmerk wird auf die Zusammenhänge und die Weiterverarbeitung der einzelnen Belegstufen innerhalb der Belegkette gelegt.*

# 5    Einkauf

In diesem Kapitel beschäftigen wir uns mit dem gesamten Bereich *Einkauf*. Wir beginnen mit einer betriebswirtschaftlichen Einordnung von Beschaffung und Einkauf. Neben der detaillierten Behandlung des Belegaufbaus (alle Einkaufsbelege folgen einem einheitlichen Aufbau) und weiterführender Funktionen im Beleg liegt der Schwerpunkt auf der Vernetzung der einzelnen Belegstufen. Dies betrifft die Weiterverarbeitung von Belegen innerhalb der Belegkette und alle Informationen, die den Überblick über offene Belege gewährleisten. Das Kapitel schließt mit der Erläuterung von Besonderheiten innerhalb der Belegkette sowie mit einer ausführlichen Behandlung der zur Verfügung stehenden Einkaufsberichte.

## 5.1    Betriebswirtschaftliche Aspekte des Einkaufs

Der betriebliche Leistungsbereich *Einkauf* bzw. *Beschaffung* und die damit verknüpfte Lagerhaltung haben im Wesentlichen eine technische und eine wirtschaftliche Zielsetzung.

Zielsetzungen

▶ Die *technische* Zielsetzung ist es, dafür zu sorgen, dass das im Betrieb benötigte Material in der erforderlichen Qualität und Menge zum richtigen Zeitpunkt am richtigen Ort zur Verfügung steht. Unter Material werden Rohstoffe, fremdbezogene Fertigteile, Hilfsstoffe, Betriebsstoffe und Handelswaren verstanden.

▸ Die *wirtschaftliche* Zielsetzung besteht darin, die Beschaffung und Lagerung der Materialien unter Minimierung der Kosten zu erreichen.

**Beschaffungs-prozess in KMUs** Der Beschaffungsprozess von kleinen und mittleren Unternehmen (KMU) gliedert sich in der Regel in vier Phasen, die in Abbildung 5.1 dargestellt sind.

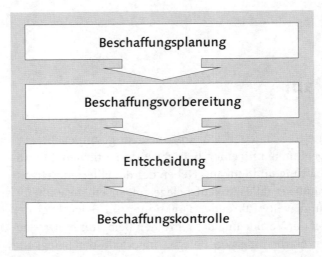

**Abbildung 5.1** Phasen der Beschaffung in kleineren und mittleren Unternehmen

Die Phasen im Beschaffungsprozess gestalten sich im Detail folgendermaßen:

1. **Beschaffungsplanung**
   Im Rahmen der Beschaffungsplanung müssen Sie die Beschaffungsprinzipien (z. B. Einzelbeschaffung, Vorratsbeschaffung, absatzsynchrone Beschaffung), den Materialbedarf, die Bestellmengen und Bestelltermine festlegen.

2. **Beschaffungsvorbereitung**
   In der Phase der Beschaffungsvorbereitung werden alle Informationen eingeholt, die für eine fundierte Beschaffungsentscheidung notwendig sind. Dies betrifft in erster Linie die Angebotseinholung und die Angebotsprüfung.

3. **Entscheidung**
   Bei der Beschaffungsentscheidung stehen die Angebotsauswahl und die abschließende Bestellung beim ausgewählten Lieferanten im Mittelpunkt.

#### 4. Beschaffungskontrolle

Die Beschaffungskontrolle umfasst in erster Linie die laufende Kontrolle der Bestellmengen und der Liefertermine.

Das zentrale Element jedes Beschaffungsvorgangs ist und bleibt jedoch der *Beleg*, der aufgrund eines Bedarfs im Unternehmen angestoßen wird und im Idealfall bis zur Eingangsrechnung und Ausgangszahlung innerhalb des Unternehmens weiterverarbeitet wird.

## 5.2 Der Beleg in SAP Business One

Das Grundkonzept einer ERP-Software (wie SAP Business One) besteht darin, eine Software für alle Unternehmensbereiche aus einem Guss bereitzustellen. Einmal eingegebene Daten stehen ohne Redundanz allen Bereichen der ERP-Software zur Verfügung. Diese starke Vernetzung aller inhaltlichen Bereiche zeigt sich gerade im Einkauf. Die einzelnen Belegstufen greifen perfekt ineinander und verwenden dieselbe Datenbasis, die zu Beginn der Kette bloß einmal erstellt werden muss. Der Einkaufsprozess in SAP Business One umfasst folgende Belegstufen:

1. Bestellanforderung

2. Lieferantenanfrage

3. Bestellung (eventuell auftragsbezogen)

4. Wareneingang (nur für Lagerartikel!)

5. Bei Bedarf: Retoure (Umkehrung des Wareneingangs, nur für Lagerartikel!)

6. Eingangsrechnung

7. Bei Bedarf: Eingangsgutschrift (Umkehrung von Eingangsrechnung und Wareneingang)

8. Ausgangszahlung

Die Ausgangszahlung ist im Modul BANKENABWICKLUNG angesiedelt und wird, da diese von der Handhabung im Vergleich zu den Einkaufsbelegen deutlich abweicht, ausführlich in Abschnitt 10.2, »Eingangszahlungen und Ausgangszahlungen«, behandelt. Der Aufbau aller Fenster für Einkaufs- und Verkaufsbelege ist sehr ähnlich. Der Einfachheit halber wird in den folgenden Abschnitten der Beleg an-

**Analoger Aufbau der Fenster**

hand der Belegstufe BESTELLUNG (im Hauptmenü unter EINKAUF • BESTELLUNG) erklärt, denn die Bestellung enthält alle typischen Bestandteile eines Belegfensters. Die nachfolgenden Belege werden in der Regel weiterverarbeitet und müssen nicht neu erstellt werden. Geringfügige Unterschiede der Bestellung zu anderen Belegstufen im Einkauf werden gesondert dargestellt. Die Bestellanforderung und die Lieferantenanfrage verfügen über einige Besonderheiten und werden gemeinsam mit dem Assistenten für Lieferanfragen in Abschnitt 5.5, »Bestellanforderung«, und Abschnitt 5.6, »Lieferantenanfrage«, dargestellt.

*Belegkette im Einkauf*

Abschnitt 5.4, »Belegkette im Einkauf«, zeigt die gesamte Belegkette und wie die Belege im Einkauf untereinander verknüpft sind. Grundsätzlich können Sie den Einkaufsprozess auf einer beliebigen Belegstufe beginnen und jede Belegstufe im Einkaufsprozess überspringen.

*Programm-bedienung im Belegfenster*

Die Programmbedienung im Belegfenster erfolgt mit der gleichen Systematik, wie in Abschnitt 3.5, »Mit Datensätzen arbeiten«, dargestellt. Beim Öffnen befindet sich das Fenster im HINZUFÜGEN-Modus. Sobald Sie alle Eingaben, die im Folgenden erläutert werden, vorgenommen haben, wird mit einem Klick auf den Button HINZUFÜGEN der Beleg (z. B. die Bestellung) angelegt. Um bestehende Belege aufzurufen, schalten Sie mit dem Button 🔍 (SUCHEN) oder der Tastenkombination ⌨Strg+F in den SUCHEN-Modus.

**[+]** **Wechsel in den »Suchen«-Modus**

Beim Wechseln in den SUCHEN-Modus springt der Cursor automatisch in das Feld BELEGNUMMER, da die Suche nach Belegen häufig anhand der Belegnummer erfolgt.

Natürlich können Sie auch mit den Datensatzschaltflächen (siehe Abschnitt 3.5.2, »Nach vorhandenen Datensätzen suchen«, Tabelle 5.2) durch die Belege blättern. Da der zuletzt angelegte Beleg die höchste Belegnummer hat, können Sie mit dem Button ➡| (LETZTER DATENSATZ) sehr rasch zu diesem Beleg gelangen. Sobald Sie einen bestehenden Beleg ändern, ändert sich der Button im linken unteren Bereich von OK in AKTUALISIEREN. Klicken Sie auf diesen Button, um die Änderungen zu bestätigen. Mit einem Klick auf den Button OK oder auf ABBRECHEN wird das Belegfenster geschlossen.

### 5.2.1  Belegkopf

Im Belegkopf sehen Sie die wichtigsten Informationen der Bestellung auf einen Blick (siehe Abbildung 5.2).

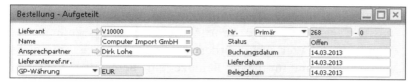

**Abbildung 5.2**  Fenster »Bestellung« – Belegkopf

Im Detail handelt es sich um folgende Felder:

Kopfdaten

▶ **Feld »Lieferant«**
Wählen Sie hier den Lieferanten aus, an den diese Bestellung gerichtet ist. Öffnen Sie die Auswahlliste mit der ⬚-Taste, oder klicken Sie auf den Button ⬚ (LISTE: GESCHÄFTSPARTNER). Bestätigen Sie den gewünschten Lieferanten mit dem Button AUSWÄHLEN.

▶ **Feld »Name«**
Der Name des Lieferanten wird automatisch aus den Geschäftspartner-Stammdaten in den Beleg kopiert. Dieser kann jedoch nur für diesen einen Beleg abgeändert werden und wird nicht in die Stammdaten zurückgeschrieben. Bestätigen Sie diese Eingabe mit der Tastenkombination ⬚Strg⬚+⬚-Taste.

▶ **Dropdown-Liste »Ansprechpartner«**
Der Hauptansprechpartner dieses Lieferanten (siehe Abschnitt 4.3, »Geschäftspartner«) wird automatisch angezeigt. Falls Sie einen anderen Ansprechpartner benötigen, wählen Sie diesen aus der Werteliste aus.

▶ **Feld »Lieferantenref.nr.«**
Dieses Feld dient dazu, einen Bezug zum Beleg des Lieferanten herzustellen. Zum Beispiel können Sie hier die Auftragsnummer des Lieferanten erfassen. Die Lieferantenreferenznummer wird bei der Weiterverarbeitung in die nachfolgenden Belege der Belegkette kopiert, kann jedoch jeweils abgeändert werden.

▶ **Dropdown-Liste »Hauswährung«, »Systemwährung«, »GP-Währung«**
Wählen Sie hier, in welcher Währung der Beleg angezeigt werden soll. Ihnen stehen die Optionen HAUSWÄHRUNG, SYSTEMWÄHRUNG

und GP-WÄHRUNG (= Währung des Geschäftspartners) zur Verfügung. Eine detaillierte Beschreibung der Fremdwährung in Belegen finden Sie in Abschnitt 9.7, »Buchungen in Fremdwährung«.

▶ **Dropdown-Liste »Nr.«**
Wählen Sie hier eine Belegnummerierungsserie aus der Werteliste aus (Anlegen einer Serie: siehe Abschnitt 4.7, »Belegnummerierung«). In der Werteliste werden alle Serien angezeigt, die nicht gesperrt sind und für die der Benutzer eine Berechtigung hat. Die nächsthöhere Belegnummer wird automatisch von SAP Business One festgelegt und kann in der Bestellung nicht geändert werden. Falls Sie sich für das Szenario »Nur eine Belegart pro Serie« (siehe ebenfalls Abschnitt 4.7) entschieden haben, wird in der Auswahlliste links von der Belegnummer zusätzlich der Eintrag MANUELL angezeigt. Wählen Sie diesen Eintrag, um die Belegnummer nicht automatisch vergeben zu lassen, sondern um sie manuell einzugeben. Sobald Sie den Eintrag MANUELL wählen, ist das Feld NR. nicht mehr ausgegraut, und eine Eingabe ist möglich. Achten Sie darauf, dass Sie keine bereits bestehende Belegnummer eingeben. SAP Business One prüft dies und weist Sie mit einer Fehlermeldung darauf hin.

**[+]** **Auswahl auf eine Serie beschränken**

Um die Fehlerquote zu minimieren, sollte jeder Benutzer nicht mehr als eine Serie zur Auswahl haben. In der Regel reicht eine Serie pro Geschäftsjahr aus. Sollte dennoch mehr als eine Serie angelegt sein, empfiehlt es sich, durch geschickte Zuweisung zu einer Gruppe dem Benutzer nur die Rechte für eine Serie zu geben. Falls dies aufgrund der besonderen Umstände in Ihrem Unternehmen ebenfalls nicht möglich ist, muss im Rahmen einer Schulung auf diese Vorgänge ein besonderes Augenmerk gelegt werden. Eine einmal vergebene Belegnummer kann nicht mehr freigemacht werden!

▶ **Feld »Status«**
Dieses Anzeigefeld zeigt den Status des Belegs an. Folgende Status kann ein Beleg annehmen:

– *Offen:* Diesen Status erhält ein neu angelegter Beleg. Dieser Beleg kann noch teilweise oder vollständig in einem anderen Beleg verarbeitet werden.

- *Offen – Gedruckt*: Gleicher Status wie zuvor, der Beleg wurde gedruckt.

- *Storniert:* Dieser Status bedeutet, dass der Beleg manuell storniert wurde. Um einen Beleg zu stornieren, klicken Sie mit der rechten Maustaste auf eine beliebige Stelle im Belegkopf und wählen den Eintrag ABBRECHEN/STORNIEREN aus dem Kontextmenü aus. Diese Funktion benötigen Sie, wenn eine Bestellung falsch angelegt oder von Ihrem Unternehmen zurückgezogen wurde. Ein stornierter Beleg lässt sich nicht wieder auf den Status OFFEN setzen; er kann jedoch dupliziert werden und somit als Vorlage für einen anderen Beleg fungieren. Ein Beleg kann auch zeilenweise storniert werden (siehe dazu Abschnitt 5.2.2, »Belegmitte«).

- *Abgeschlossen:* Dieser Status bedeutet, dass der Beleg nicht mehr weiterverarbeitet werden kann. Entweder wurde er bereits durch Weiterverarbeitung in einen nachfolgenden Beleg der Belegkette abgeschlossen, oder der Beleg wurde manuell abgeschlossen. Um einen Beleg manuell zu schließen, klicken Sie mit der rechten Maustaste auf eine beliebige Stelle im Belegkopf und wählen den Eintrag SCHLIESSEN aus dem Kontextmenü aus. Die Konsequenzen entsprechen denen beim manuellen Stornieren, der einzige Unterschied ist die Bezeichnung des Status.

- *Geparkt:* Dieser Status bedeutet, dass der Beleg geparkt wurde. Mit anderen Worten: Der Beleg wurde an die Seite gelegt, bis er später wieder hervorgeholt wird, um ihn fertigzustellen. Geparkte Belege werden z. B. verwendet, wenn noch nicht alle Informationen vorhanden sind, um den Beleg hinzuzufügen. Eine genaue Beschreibung geparkter Belege erhalten Sie in Abschnitt 5.3, »Wichtige Funktionen im Beleg«.

▸ **Feld »Buchungsdatum«**
Geben Sie hier das Buchungsdatum ein. Von SAP Business One wird automatisch das Tagesdatum vorgeschlagen.

▸ **Feld »Lieferdatum«**
Geben Sie hier das von Ihnen gewünschte Lieferdatum ein. Dieses sollte naturgemäß nach dem Buchungsdatum liegen, anderenfalls weist Sie SAP Business One mit einer Statusmeldung darauf hin.

> ► **Feld »Belegdatum«**
>
> Geben Sie hier das Belegdatum ein; von SAP Business One wird automatisch das Buchungsdatum in dieses Feld kopiert. Eine Gegenüberstellung von Buchungs- und Belegdatum finden Sie in Abschnitt 4.4, »Zahlungsbedingungen«.

**[+]**

**Unterstützung bei der Pflege des Datumsfeldes**

Für die Eingabe in ein Datumsfeld bietet SAP Business One folgende sehr effiziente Unterstützung:

- ► *Eingabe des Tagesdatums*: Geben Sie einen beliebigen Buchstaben ein, und drücken Sie die ⌷-Taste.

- ► *Eingabe eines Datums im aktuellen Monat*: Geben Sie den Tag ein (z. B. »12«), und drücken Sie die ⌷-Taste.

- ► *Eingabe eines Datums im aktuellen Jahr*: Geben Sie Tag und Monat in Ziffern ein (z. B. »1210«), und drücken Sie die ⌷-Taste.

- ► *Eingabe eines beliebigen Datums*: Geben Sie Tag und Monat in Ziffern ein (z. B. »121016«), und drücken Sie die ⌷-Taste.

## 5.2.2 Belegmitte

Registerkarte »Inhalt«

Auf der Registerkarte INHALT werden in der Tabellenstruktur jene Artikel zeilenweise eingetragen, die von Ihnen bestellt werden sollen. Generell gilt, dass nur jene Artikel in einem Einkaufsbeleg verwendet werden können, die auch als Einkaufsartikel definiert wurden. Dazu muss im Fenster ARTIKELSTAMMDATEN (LAGERVERWALTUNG • ARTIKELSTAMMDATEN) die Checkbox EINKAUF aktiviert sein. Die Registerkarte INHALT enthält eine Vielzahl von Feldern, die vom Benutzer ein- und ausgeblendet werden können. An dieser Stelle werden die für einen Einsteiger gängigsten Felder behandelt.

Belegzeile – Standardfelder

Um Artikelzeilen in der Bestellung anzulegen, gehen Sie folgendermaßen vor:

1. Geben Sie die ARTIKELNUMMER ein, oder drücken Sie die ⌷-Taste, um die Auswahlliste zu öffnen.

   Im Fenster LISTE:ARTIKEL können Sie mehrere einzelne Artikel auswählen, indem Sie die [Strg]-Taste halten und die linke Maustaste drücken (siehe Abbildung 5.3).

Mit der Kombination ⌐⌐-Taste und linke Maustaste werden alle Zeilen zwischen dem ersten und dem zweiten Mausklick markiert. Bestätigen Sie die Auswahl mit dem Button AUSWÄHLEN, und die Artikel werden in die Belegmitte der Bestellung eingefügt.

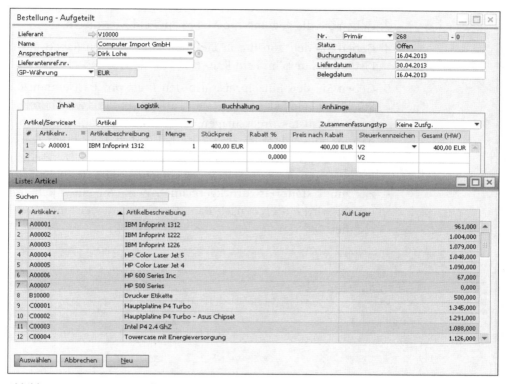

**Abbildung 5.3** Fenster »Bestellung« – Artikelauswahl

2. Die Spalte ARTIKELBESCHREIBUNG wird automatisch eingefügt, kann jedoch von Ihnen nur für diesen Beleg geändert werden. Das bedeutet, Sie können Individualtext zu jeder einzelnen Artikelbeschreibung hinzufügen. Dieser wird nicht in die Artikelstammdaten zurückgeschrieben. Allerdings müssen Sie SAP Business One »mitteilen«, dass diese Eingabe Individualtext darstellt. Sie bestätigen den Individualtext über die Tastenkombination Strg + ⌐⌐.

In einer leeren Artikelzeile haben Sie die Möglichkeit, nach der Artikelbeschreibung zu suchen. Dazu geben Sie entweder die komplette Artikelbeschreibung ein oder nur einen Teil davon und ergänzen einen Stern »*«. Es öffnet sich die Auswahlliste im Fenster LISTE:ARTIKEL. Der eingegebene Suchbegriff aus dem Feld ARTIKELBESCHREIBUNG erscheint im Feld SUCHEN der Auswahlliste, dadurch wird die Suche bereits eingeschränkt (siehe Abbildung 5.4). Diese Technik können Sie bei allen derartigen Suchen einsetzen.

3. Geben Sie die gewünschte Menge im Feld MENGE ein.

4. Geben Sie den von Ihrem Lieferanten gewährten Rabatt auf den Listenpreis in % im Feld RABATT % ein.

5. Geben Sie den Einzelpreis, also den Preis pro Basiseinheit (z. B. Stück), im Feld PREIS NACH RABATT an. Dieser Preis wird bereits aus jener Preisliste vorgeschlagen, die dem ausgewählten Geschäftspartner zugeordnet ist, und kann bei Bedarf abgeändert werden. Die Preisberechnung erfolgt in beide Richtungen. Das bedeutet, wenn Sie einen Preis nach Rabatt eingeben, wird der Rabatt in Bezug zum Listenpreis zurückgerechnet. Wenn Sie einen Rabatt eingeben, wird ein Preis nach Rabatt auf Basis des Listenpreises berechnet.

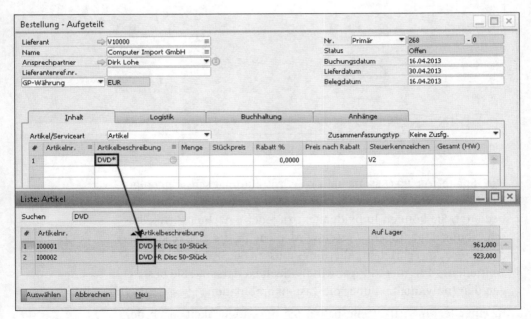

**Abbildung 5.4** Fenster »Bestellung« – Suche in der Spalte »Artikelbeschreibung«

6. Das STEUERKENNZEICHEN wird automatisch aus dem Artikelstamm oder anhand der steuerlichen Zuordnung des Geschäftspartners vorgeschlagen.

7. Der Gesamtpreis – Feld GESAMT (HW) – wird automatisch aufgrund von Menge, Rabatt und Preis nach Rabatt berechnet. Er lässt sich ebenfalls abändern und wird infolgedessen unter Berücksichtigung der Menge auf den Einzelpreis zurückgerechnet.

| Arbeiten mit der Tab-Taste | [+] |
| --- | --- |
| Mit der ⊡-Taste können Sie sehr effizient in den Belegzeilen arbeiten. Wenn Sie die letzte Belegzeile durchsprungen haben, wird automatisch eine neue Belegzeile angelegt. | |

Die angegebenen Felder sind eine typische Anordnung in der Belegzeile. Sie haben die Möglichkeit, noch eine Reihe weiterer Felder einzublenden und zusätzlich deren Anzeigereihenfolge zu bestimmen. Im Folgenden werden nur die wichtigsten weiteren Felder bzw. jene Felder behandelt, die für die weiterführende Funktionalität in diesem Buch relevant sind.

*Felder einblenden*

Mit dem Button ▢ (FORMULAREINSTELLUNGEN) in der Symbolleiste wird das Fenster FORMULAREINSTELLUNGEN geöffnet.

Auf der Registerkarte TABELLENFORMAT finden Sie eine Tabelle mit allen zur Verfügung stehenden Feldern im Fenster BESTELLUNG (siehe Abbildung 5.5). Die Anordnung von oben nach unten in der Tabelle entspricht der angezeigten Reihenfolge im Fenster BESTELLUNG von links nach rechts.

Zu jedem Feld können Sie angeben, ob es sichtbar sein soll (Markieren der Checkbox in der Spalte SICHTBAR) und ob Sie eine Eingabe vornehmen dürfen oder nicht (Markieren der Checkbox in der Spalte AKTIV).

Darüber hinaus haben Sie die Möglichkeit, per Drag & Drop die Anordnung der Spalten zu verändern. Dazu klicken Sie mit der linken Maustaste auf den gewünschten Feldnamen und halten die Maustaste gedrückt (siehe ❶ in Abbildung 5.5). Ein schwarzes Rechteck wird nach kurzer Zeit sichtbar. Anschließend ziehen Sie das Feld an die gewünschte Stelle ❷ und lassen es dort fallen. Mit dem Button OK wird die Änderung wirksam. Mit dem Button STANDARD WIEDERHERST. wird der Ausgangszustand des Fensters wiederhergestellt.

*Spalten anordnen*

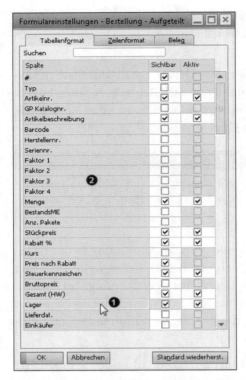

**Abbildung 5.5** Fenster »Formulareinstellungen – Bestellung«

Benutzerspezifische Formulareinstellungen

Diese Formulareinstellungen für das ausgewählte Fenster werden für jeden Benutzer abgespeichert. Das bedeutet, Sie haben die Möglichkeit, sich jedes Fenster so einzurichten, wie Sie es für die Arbeit mit SAP Business One als optimal empfinden. Bei manchen Feldern lässt sich nur die Checkbox SICHTBAR, nicht aber AKTIV markieren. Diese Felder sind reine Anzeigefelder.

**[zB]** **Feld »Auf Lager« – ein reines Anzeigefeld**

Das Feld AUF LAGER gibt an, wie viele Basiseinheiten des ausgewählten Artikels sich derzeit auf Lager befinden. Dieser Wert darf naturgemäß in der Belegzeile nicht änderbar sein und ist daher ein reines Anzeigefeld.

**[+]** **Funktion mit Bedacht verwenden und schulen**

In der Praxis hat es sich bewährt, dem Benutzer die Funktion des Einblendens von Spalten erst zu einem späteren Zeitpunkt oder überhaupt nicht zu zeigen. Da jeder Benutzer jedes Fenster mit einer Tabellenstruktur anders darstellen kann, ist es gerade zu Beginn der Arbeit mit SAP Busi ness One schwierig, diese Funktion einheitlich zu schulen und dafür Support zu leisten. Erst wenn die Grundfunktion beherrscht wird, ist es sinnvoll, in Absprache mit einem Key-User auch die Formulareinstellungen zu demonstrieren und zu schulen.

Um alle Felder auf einen Blick zu sehen, gleichgültig, ob sie eingeblendet sind oder nicht, klicken Sie mit der rechten Maustaste auf die gewünschte Zeile und wählen den Eintrag ZEILENDETAILS... aus dem Kontextmenü. Daraufhin öffnet sich ein neues Fenster (siehe Abbildung 5.6).

Zeilendetails

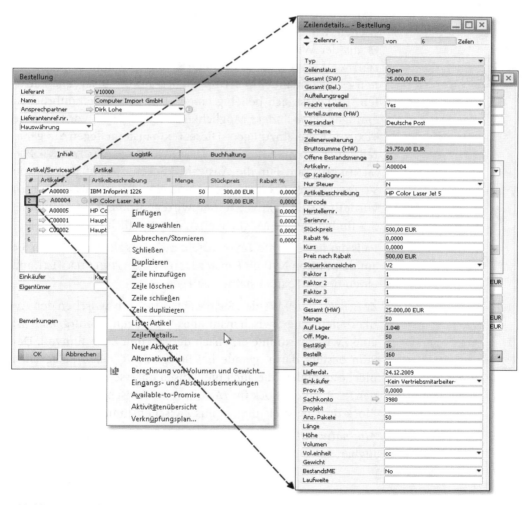

**Abbildung 5.6** Belegzeile – Zeilendetails

Das gleiche Ergebnis erhalten Sie, wenn Sie doppelt auf die Zeilennummer dieser Zeile klicken. Mit dem Button ↕ im linken oberen Bereich können Sie zwischen den einzelnen Belegzeilen hin und her schalten.

**Belegzeilen – weitere Felder**

Folgende weitere Felder sind für die Belegerstellung von Bedeutung:

- ▶ **Feld »Typ«**
  SAP Business One bietet vier Typen von Belegzeilen an:

  - *Artikelzeile:* Dies ist die klassische Auswahl eines Artikels, wie Sie sie bereits kennengelernt haben.

  - *Text:* Wählen Sie diese Option, um Langtexte zwischen den klassischen Artikelzeilen einzufügen. Nachdem Sie den Eintrag TEXT ❶ aus der Werteliste ausgewählt haben, wird das Fenster ZEILENTEXTDETAILS... geöffnet (siehe ❷ in Abbildung 5.7). Sie können es auch manuell per Doppelklick auf die Belegzeile aufrufen. Hier lässt sich beliebig langer Text mit Zeilenumbrüchen einfügen. Eine andere Möglichkeit besteht darin, vordefinierte Textbausteine einzufügen. Diese Textbausteine legen Sie generell unter ADMINISTRATION • DEFINITIONEN • ALLGEMEIN • FIRMENDETAILS an. Für die Auswahl klicken Sie auf den Button VORDEFINIERTE TEXTE EINFÜGEN, und eine Auswahlliste mit allen vordefinierten Textbausteinen wird geöffnet ❸. In Abbildung 5.7 finden Sie alle Möglichkeiten übersichtlich dargestellt.

    Falls der gewünschte Textbaustein nicht angelegt ist, klicken Sie auf den Button NEU im Fenster LISTE: VORDEFINIERTER TEXT, um einen neuen Textbaustein anzulegen.

  - *Zwischensumme*: Wählen Sie diese Option, um zwischen den Artikelzeilen eine Zwischensumme einzufügen. Naturgemäß ist eine Zwischensumme erst nach der zweiten Zeile sinnvoll. Der Sinn besteht darin, gerade bei Belegen mit vielen Belegzeilen Blöcke zu bilden, die auch thematisch unterschiedlich sein können, z. B. einen Block für Material plus Zwischensumme, einen Block für Dienstleistungen plus Zwischensumme etc.

  - *Alternativartikel*: Diese Option ist nur beim Kundenangebot verfügbar.

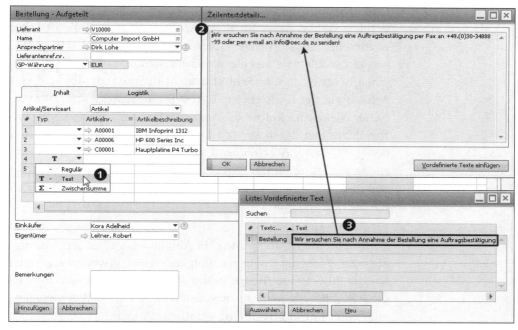

**Abbildung 5.7** Bestellung – Belegzeile »Text«, »Vordefinierter Text«

▸ **Feld »Stückpreis«**

Der Stückpreis ist der Preis vor Rabatt, also der unrabattierte Preis, der aus der Preisliste vorgeschlagen wird, oder – falls in der Preisliste kein Preis eingetragen wurde – der Preis, der als Erstes in der Belegzeile eingegeben wurde. Der Stückpreis bildet somit die Basis für die Rabattberechnung.

▸ **Feld »Bruttopreis«**

Der Bruttopreis ist der Preis nach Rabatt inklusive Umsatzsteuer. Wenn Sie den Bruttopreis eingeben, rechnet SAP Business One auf den Nettopreis (Preis nach Rabatt) zurück. Mit der Menge, dem Stückpreis (Preis vor Rabatt), dem Rabatt in %, dem Preis nach Rabatt, dem Bruttopreis und dem Gesamtpreis stehen Ihnen somit sechs Einflussfaktoren zur Preisgestaltung zur Verfügung. Preisgestaltung und -findung sind verkaufsseitig eines der wichtigsten Instrumente vor allem in der Angebotsphase und werden in Abschnitt 6.2.2, »Belegmitte«, und in Abschnitt 7.4, »Preisfindung in SAP Business One«, näher behandelt.

▶ **Feld »Lager«**

Wählen Sie das Lager für diese Artikelzeile aus. In dieses Lager werden bei Einkaufsbelegen die Artikel *hineingelegt*, bei Verkaufsbelegen werden sie aus diesem Lager *herausgenommen*. Der Vorschlagswert in diesem Feld entspricht dem Standardlager dieses Artikels auf der Registerkarte BESTAND im Fenster ARTIKELSTAMMDATEN (siehe Abschnitt 4.6, »Artikel«). Um ein anderes Lager auszuwählen, markieren Sie den Lagercode und löschen diesen mit der ⌷Entf⌷-Taste. Anschließend verwenden Sie die ⌷⇆⌷-Taste, um zur Auswahlliste für das Lager zu gelangen. Mit dem orangefarbenen Pfeil neben dem ausgewählten Lagercode öffnen Sie das Fenster LAGERDEFINITION.

▶ **Feld »Offene Menge«**

Die offene Menge (OFF. MGE. in Abbildung 5.6) ist jene Menge, die noch nicht in einem nachfolgenden Beleg weiterverarbeitet wurde. Eine offene Menge in der Bestellung bedeutet z. B., dass diese Artikelzeile noch nicht vollständig in einem Wareneingang oder einer Eingangsrechnung verarbeitet wurde.

▶ **Feld »Auf Lager«**

Dieses Feld bezeichnet die Menge des ausgewählten Artikels, die sich derzeit auf allen Lagern befindet.

Artikelbeleg

SAP Business One bietet pro Belegstufe jeweils zwei Arten von Belegen an: *Artikelbelege* und *Servicebelege*. In der Regel werden Artikelbelege erstellt. Falls jedoch nur Dienstleistungen im Beleg vorkommen, haben Sie auch die Möglichkeit, einen Servicebeleg anzulegen.

Servicebeleg

Dazu wählen Sie im Dropdown-Feld ARTIKEL/SERVICEART die Option SERVICE aus. Alle Felder in der Belegzeile, die für angelegte Artikel aus den Artikelstammdaten (ARTIKELNUMMER, ARTIKELBESCHREIBUNG, MENGE) relevant sind, werden ausgeblendet. In Servicebelegen werden stattdessen die Felder BESCHREIBUNG und SACHKONTO eingeblendet (siehe Abbildung 5.8).

Im Feld BESCHREIBUNG geben Sie beschreibenden Text zu der bestellten Dienstleistung an, im Feld SACHKONTO wählen Sie über die ⌷⇆⌷-Taste jenes *Aufwandkonto (Einkaufsbelege)* bzw. *Erlöskonto (Verkaufsbelege)* aus dem Kontenplan aus, das für die Verbuchung relevant ist. Das Feld SACHKONTONAME wird mit der Auswahl des Sachkontos automatisch befüllt. Die Verbuchung auf Aufwands- und Erlöskonten wird in Abschnitt 9.2, »Buchungskreislauf in SAP Business One«, näher behandelt.

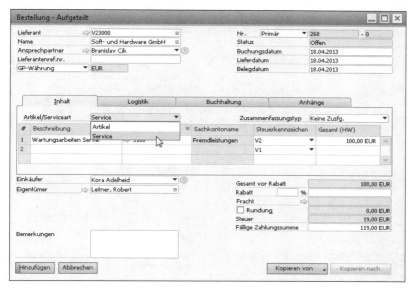

**Abbildung 5.8** Fenster »Bestellung« – Servicebeleg

In einer Tabellenstruktur – wie in den Belegzeilen – stehen Ihnen einige nützliche Funktionen der Programmbedienung zur Verfügung, die Sie allesamt über die rechte Maustaste und das Kontextmenü aufrufen können:

Programmbedienung – Funktionen

▶ **Option »Zeile hinzufügen«**
Klicken Sie mit der rechten Maustaste auf die Zeile, über der Sie eine Zeile einfügen möchten. Wählen Sie den Eintrag ZEILE HINZU-FÜGEN aus dem Kontextmenü aus, wie in Abbildung 5.9 dargestellt.

▶ **Option »Zeile löschen«**
Klicken Sie mit der rechten Maustaste auf die zu löschende Zeile, und wählen Sie den Eintrag ZEILE LÖSCHEN aus dem Kontextmenü aus.

▶ **Option »Zeile duplizieren«**
Klicken Sie mit der rechten Maustaste auf die zu duplizierende Zeile, und wählen Sie den Eintrag ZEILE DUPLIZIEREN aus dem Kontextmenü aus. Die duplizierte Zeile wird daraufhin unterhalb der aktuellen Zeile eingefügt.

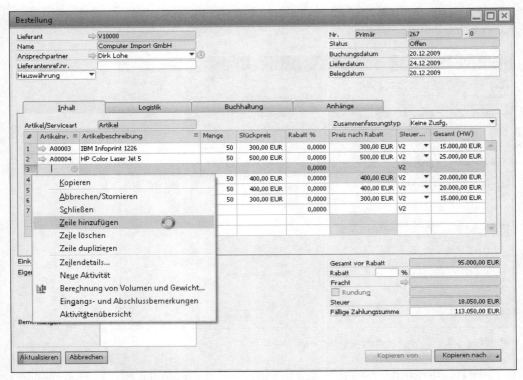

**Abbildung 5.9** Fenster »Bestellung« – Zeile hinzufügen

**Registerkarte »Logistik«** Auf der Registerkarte LOGISTIK befinden sich alle Informationen, die den Transport und Versand der Ware betreffen. Die Felder auf dieser Registerkarte unterscheiden sich ein wenig von den Verkaufsbelegen; dies wird in Abschnitt 6.2.2, »Belegmitte«, näher ausgeführt. Folgende Informationen finden Sie auf der Registerkarte LOGISTIK:

▸ **Feld »Lieferadresse«**
Dieses Feld zeigt die Lieferadresse Ihres eigenen Unternehmens, die Sie über ADMINISTRATION • DEFINITIONEN • ALLGEMEIN • FIRMENDETAILS • Registerkarte ALLGEMEIN/LANDESSPRACHE definiert haben. Falls Sie für den erstellten Beleg eine andere Lieferadresse angeben möchten, tragen Sie diese direkt im Feld LIEFERUNGSEMPFÄNGER ein. Diese Adresse wird nicht in die Firmendetails zurückgeschrieben.

▸ **Feld »Zahlungsadresse«**
In diesem Feld werden die Daten des Zahlungsempfängers angegeben. Sie können in dem Dropdown-Feld aus drei Optionen aus-

wählen: keine Daten, die Adressdaten des Lieferanten und die Bankdaten des Lieferanten aus den GESCHÄFTSPARTNER-STAMMDATEN • Registerkarte ZAHLUNGSBEDINGUNGEN.

► **Feld »Versandart«**

In diesem Feld wird die Versandart angegeben. Der Vorschlagswert stammt aus den GESCHÄFTSPARTNER-STAMMDATEN • Registerkarte ALLGEMEIN und kann im Beleg geändert werden.

► **Feld »Sprache«**

In diesem Feld wird die Sprache des Belegs angegeben. Der Vorschlagswert stammt aus den GESCHÄFTSPARTNER-STAMMDATEN • Registerkarte ALLGEMEIN und kann im Beleg geändert werden.

► **Checkbox »Bestellung aufteilen«**

Falls Sie diese Checkbox aktivieren, wird die angelegte Bestellung gemäß der Anzahl der in den Belegzeilen angegebenen Lager aufgeteilt.

| Bestellung auf Haupt- und Nebenlager | [zB] |
|---|---|
| Sie legen eine Bestellung an, deren Artikel auf 01 Hauptlager und 02 Nebenlager geliefert werden sollen. In diesem Fall wird die Bestellung nach dem Hinzufügen auf zwei separate Bestellungen aufgeteilt. Die Belegnummer der Bestellung erhält im rechten oberen Bereich des Fensters im Belegkopf zusätzlich eine *Subnummer* pro aufgeteilter Bestellung. | |

Soll diese Checkbox standardmäßig aktiviert sein, markieren Sie die Checkbox BESTELLUNG AUFTEILEN unter ADMINISTRATION • SYSTEMINITIALISIERUNG • BELEGEINSTELLUNGEN • Registerkarte PRO BELEG • Dropdown: EINTRAG BESTELLUNG.

► **Checkbox »Genehmigt«**

Diese Checkbox ist relevant für Genehmigungsverfahren. Mit einem Genehmigungsverfahren können Sie einen Workflow in Ihrem Unternehmen abbilden, in dem z. B. eine Bestellung, die die von Ihnen festgelegten Kriterien erfüllen soll, in SAP Business One von einem Vorgesetzten genehmigt werden muss. Jede genehmigte Bestellung wird durch die markierte Checkbox GENEHMIGT gekennzeichnet. Falls die Genehmigungsverfahren generell nicht aktiviert sind, ist jede Bestellung automatisch als genehmigt gekennzeichnet. Soll die Checkbox standardmäßig aktiviert sein, markieren Sie die Checkbox BESTELLUNG GENEHMIGT unter ADMINISTRATION • SYSTEMINITIALISIERUNG • BELEGEINSTELLUNGEN • Registerkarte PRO BELEG • Dropdown-Liste BELEG • Eintrag BESTELLUNG. Genehmigungsverfahren werden in Abschnitt 16.2 ausführlich behandelt.

Auf der Registerkarte BUCHHALT. befinden sich alle Informationen, die die Verbuchung und Bezahlung betreffen. Diese Daten werden erst relevant, wenn die Bestellung bis zur Eingangsrechnung und Ausgangszahlung weiterverarbeitet wird. Aus diesem Grund erfolgt die Beschreibung dieser Felder aus Sicht der Eingangsrechnung:

▶ **Feld »Journaleintrag«**
Dieses Feld entspricht dem späteren Buchungstext in der Journalbuchung bei Verbuchung der Eingangsrechnung, und Sie können es vor dem Hinzufügen ändern (siehe Abschnitt 9.3, »Journalbuchungen«).

▶ **Feld »Abstimmkonto«** (nur Eingangsrechnung)
In diesem Feld wird das Abstimmkonto (= Sammelkonto) des Lieferanten angegeben. Der Vorschlagswert stammt aus den GESCHÄFTSPARTNER-STAMMDATEN • Registerkarte BUCHHALT. und kann im Beleg geändert werden.

▶ **Checkbox »Zahlungssperre«** (nur Eingangsrechnung)
Falls diese Checkbox markiert ist, wurde für diesen Lieferanten unter GESCHÄFTSPARTNER-STAMMDATEN • Registerkarte ZAHLUNGSSYSTEM eine Zahlungssperre definiert.

▶ **Checkbox »Max. Skonto«** (nur Eingangsrechnung)
Dieses Feld ist für den Zahlungslauf mithilfe des Zahlungsassistenten relevant. Es ermöglicht, den Skonto im Zahlungslauf auch nach Ablauf der Fälligkeit zu berechnen.

▶ **Feld »Zahlungsbeding.«**
In diesem Feld wird die Zahlungsbedingung angegeben. Der Vorschlagswert stammt aus den GESCHÄFTSPARTNER-STAMMDATEN • Registerkarte ZAHLUNGSBEDINGUNGEN und kann im Beleg geändert werden. Mit Hinzufügen der Eingangsrechnung ist die Zahlungsbedingung fixiert, das Fälligkeitsdatum in den Kopfdaten kann jedoch manuell abgeändert werden.

▶ **Feld »Zahlweg«** (nur Eingangsrechnung)
Dieses Feld gibt den Zahlweg aus den GESCHÄFTSPARTNER-STAMMDATEN • Registerkarte ZAHLUNGSLAUF an und ist relevant für Zahlungen mithilfe des Zahlungsassistenten.

▶ **Feld »Zentralbankkz.«** (nur Eingangsrechnung)
Wählen Sie ein Zentralbankkennzeichen aus der Werteliste oder
den Eintrag Neu definieren aus, um ein neues Kennzeichen anzulegen.

▶ **Feld »Raten«** (nur Eingangsrechnung)
Dieses Feld zeigt die Anzahl der Raten an. Der Vorschlagswert
stammt aus den Zahlungsbedingungen (siehe Abschnitt 4.4). Klicken Sie auf den orangefarbenen Pfeil ⇨ neben dem Feld Raten,
um das Fenster Raten zu öffnen (siehe Abbildung 5.10). Vor dem
Hinzufügen der Eingangsrechnung können alle Daten bezüglich
der Raten – also Fälligkeit, Prozentsatz und Betrag der Raten –
geändert werden.

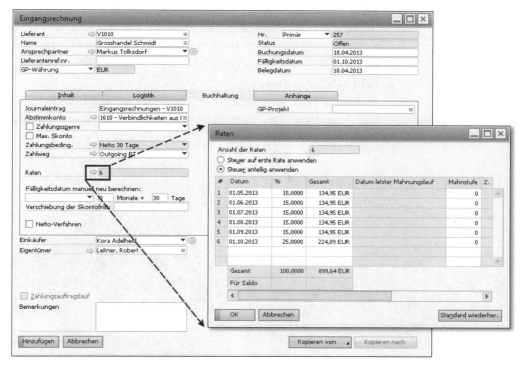

**Abbildung 5.10** Eingangsrechnung – Fenster »Raten«

▶ **Feld »GP-Projekt«**
Wählen Sie ein Projekt aus der Werteliste aus, dem die Eingangsrechnung zugeordnet werden soll, oder wählen Sie den Eintrag
Neu definieren, um ein neues Projekt anzulegen. Mit der Auswahl eines Projekts werden mit der automatischen Verbuchung

der Eingangsrechnung im Hintergrund die Kosten dem Projekt zugeordnet (siehe Abschnitt 9.8, »Einbinden der Kostenrechnung«).

**[+]** **Anlegen von Projekten**

Die Verwaltung und Neuanlage von Projekten sollten in Abstimmung mit
einem Key-User erfolgen.

▸ **Feld »Stornierungsdatum«** (nur Bestellung)
Verwenden Sie dieses Datum, um festzuhalten, bis zu welchem
Zeitpunkt die Bestellung ausgeführt sein sollte.

▸ **Feld »Erforderliches Datum«** (nur Bestellung)
Geben Sie hier das erwartete Datum des Wareneingangs an.

▸ **Feld »Kennzeichen«**
In diesem Feld wird das Zessionskennzeichen angegeben. Der
Vorschlagswert stammt aus den GESCHÄFTSPARTNER-STAMMDATEN •
Registerkarte ALLGEMEIN und kann im Beleg geändert werden.

▸ **Feld »UID-Nummer«**
In diesem Feld wird die UID-Nummer des ausgewählten Lieferan-
ten angegeben. Der Vorschlagswert stammt aus den GESCHÄFTS-
PARTNER-STAMMDATEN.

### 5.2.3 Belegfuß

Alle Informationen im Belegfuß (siehe Abbildung 5.11) gelten ebenfalls für den gesamten Beleg.

**Abbildung 5.11** Bestellung – Belegfuß

Felder im Belegfuß    Im Belegfuß sind folgende Felder enthalten:

▸ **Feld »Einkäufer«**
Wählen Sie einen Einkäufer aus der Werteliste aus, oder wählen
Sie den Eintrag NEU DEFINIEREN, um einen neuen Einkäufer anzu-

legen. Die Einkäufer werden im selben Fenster angelegt wie die Vertriebsmitarbeiter im Verkauf.

▶ **Feld »Eigentümer«**
Dieser wird von SAP Business One automatisch aufgrund des Benutzers zugeordnet. Der Eigentümer ist relevant für das Dateneigentum und die Definition, welcher Mitarbeiter – abhängig von dessen Stellung im Unternehmen – welche Belege abrufen darf. Dies ist besonders in den Bereichen relevant, in denen die Vertraulichkeit der Daten einen hohen Stellenwert einnimmt. Das Dateneigentum zählt zu den weiterführenden Themen und wird aus diesem Grund in diesem Buch nicht behandelt.

▶ **Feld »Bemerkungen«**
Geben Sie hier einen Bemerkungstext zu dieser Bestellung ein. Dieses Feld kann naturgemäß auch gedruckt werden. Der Inhalt der Bemerkungen wird in die nachfolgenden Belege kopiert und kann jeweils überschrieben oder gelöscht werden. Zusätzlich findet sich in den nachfolgenden Belegen in der Belegkette ein Hinweis auf die Art und Nummer des Quellbelegs.

▶ **Feld »Gesamt vor Rabatt«**
Dieses Feld zeigt die Summe der Spalte GESAMT (HW) auf der Registerkarte INHALT und ist ein reines Anzeigefeld.

▶ **Felder »Rabatt %« und »Rabattbetrag«**
Geben Sie in dieses Feld entweder einen Rabatt in % (siehe ❶ in Abbildung 5.11) oder einen Rabattbetrag ❷ für den Gesamtbeleg an. Ein Vorschlagswert für diesen Lieferanten stammt aus den GESCHÄFTSPARTNER-STAMMDATEN • Registerkarte ZAHLUNGSBEDINGUNGEN und kann im Beleg geändert werden.

▶ **Feld »Anzahlung gesamt« (nur Eingangsrechnung)**
Dieses Feld enthält den Anzahlungsbetrag, der aufgrund einer Anzahlungsrechnung der Eingangsrechnung zugeordnet wird.

▶ **Feld »Fracht«**
Dieses Feld enthält die Summe der Zusatzausgaben zu diesem Beleg.

▶ **Checkbox und Feld »Rundung«**
Dieses Feld zeigt die Differenz zwischen dem errechneten und dem gerundeten Betrag an. Generell gibt es in SAP Business One zwei Rundungsmethoden: NACH BELEG und NACH WÄHRUNG. Dies können Sie unter ADMINISTRATION • SYSTEMINITIALISIERUNG • BELEGEINSTELLUNGEN • Registerkarte ALLGEMEIN festlegen. Eine Rundungs-

differenz im Beleg kann sich nur nach der Rundungsmethode NACH WÄHRUNG ergeben. Klicken Sie auf die Checkbox RUNDUNG, um einen Wert manuell einzugeben.

▶ **Feld »Steuer«**
Dieses Feld zeigt die Summe der errechneten Umsatzsteuer an. Die Umsatzsteuer in den Belegzeilen errechnet sich aus den zugeordneten USt-Gruppen.

▶ **Feld »Fällige Zahlungssumme«**
Dieses Feld zeigt den Bruttogesamtbetrag des Belegs an. Dieser errechnet sich folgendermaßen:

*Gesamt vor Rabatt – Rabatt – Anzahlung + Fracht +/– Rundung + Steuer*

Die fällige Zahlungssumme kann manuell geändert werden. Die Differenz zur errechneten fälligen Zahlungssumme wird durch das Feld RABATT ausgeglichen.

**[zB]** **Bestellung soll Fixsumme nicht übersteigen**

Sie möchten, dass eine Bestellung eine festgelegte Fixsumme nicht übersteigt. Geben Sie diesen Fixbetrag im Feld FÄLLIGE ZAHLUNGSSUMME ein.

▶ **Feld »Angewandter Betrag = Bezahlt/Gutgeschrieben« (nur Eingangsrechnung)**
Dieses Feld zeigt jenen Betrag, der für diese Eingangsrechnung bereits durch eine *Ausgangszahlung* bezahlt oder durch eine *Eingangsgutschrift* gutgeschrieben wurde.

▶ **Feld »Fälliger Saldo« (nur Eingangsrechnung)**
Dieses Feld zeigt den noch offenen Betrag, den Sie Ihrem Lieferanten schulden. Der Betrag errechnet sich aus der fälligen Zahlungssumme minus dem bezahlten/gutgeschriebenen Betrag.

▶ **Buttons »Kopieren von«, »Kopieren nach«**
Die beiden Buttons werden für die Weiterverarbeitung des Belegs benötigt. Die Vorgehensweise wird in Abschnitt 5.4, »Belegkette im Einkauf«, ausführlich behandelt.

Nachdem Sie alle Eingaben für den Beleg vorgenommen haben, legen Sie diesen mit einem Klick auf den Button HINZUFÜGEN im linken unteren Bereich an.

Die Handhabung der Belegstufe AUSGANGSZAHLUNG als Abschluss der Belegkette im Einkauf ist ein wenig anders als die Belegstufen BESTELLUNG bis EINKAUFSGUTSCHRIFT. Die Ausgangszahlung wird in Abschnitt 10.2, »Eingangszahlungen und Ausgangszahlungen«, näher behandelt.

## 5.3    Wichtige Funktionen im Beleg

Nachdem Sie nun die Bestandteile des Belegfensters detailliert kennengelernt haben, beschäftigen wir uns jetzt mit einer Reihe von Funktionen, die für die Arbeit mit Belegen unabdingbar sind.

### Beleg duplizieren

Um einen Beleg zu duplizieren, gehen Sie folgendermaßen vor:    *Vorgehensweise*

1. Suchen Sie den Beleg, den Sie als Vorlage für das Duplizieren verwenden möchten.

2. Klicken Sie mit der rechten Maustaste auf das Belegfenster, und wählen Sie den Eintrag DUPLIZIEREN aus dem Kontextmenü aus.

3. Der Beleg wird mit dem aktuellen Datum dupliziert, der Felderblock im linken oberen Bereich, der die Daten des Geschäftspartners enthält, bleibt leer.

4. Wählen Sie den Geschäftspartner aus der Werteliste aus, und bestätigen Sie die Auswahl mit dem Button AUSWÄHLEN, oder geben Sie den GP-CODE oder den NAMEN ein.

5. Es erscheint die folgende Systemmeldung (siehe Abbildung 5.12).

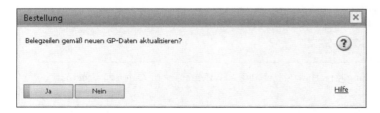

**Abbildung 5.12** Beleg duplizieren – Systemmeldung: Belegzeilen aktualisieren?

Ihnen stehen nun zwei Optionen zur Verfügung:

– *Belegzeilen aktualisieren – Button »Ja«:* Verwenden Sie diese Option, wenn Sie möchten, dass die Belegzeilen gemäß den Geschäftspartner-Stammdaten des neu ausgewählten Lieferanten aktualisiert werden sollen. Betroffen sind jene Felder, die als Vorschlagswerte aus den Geschäftspartner-Stammdaten übernommen werden. Beispiele wären EINKÄUFER/VERTRIEBSMITARBEITER, RABATT IN %, ZAHLUNGSBEDINGUNGEN etc.

– *Belegzeilen aktualisieren – Button »Nein«:* Wählen Sie diese Option, wenn Sie möchten, dass alle Daten so bleiben wie in dem Beleg, den Sie als Vorlage zum Duplizieren verwendet haben. Wenn Sie denselben Geschäftspartner auswählen, gibt es keinen Unterschied, welche Option Sie wählen.

6. Klicken Sie auf den Button HINZUFÜGEN, um den Beleg anzulegen.

### Systemmeldung: Änderungen speichern?

**In einen anderen Modus wechseln**

Eine gewisse Schwierigkeit hat sich bei Einsteigern gezeigt, wenn im Belegfenster zwischen den verschiedenen Modi gewechselt wird. Wenn Sie z. B. einen bereits angelegten Beleg aufrufen und eine Änderung in einem der Felder vornehmen, ändert sich der Button im linken unteren Bereich von OK in AKTUALISIEREN. Eine Änderung kann auch sehr rasch unbeabsichtigt geschehen, da der Cursor automatisch in einem Feld positioniert wird, z. B. wenn Sie irrtümlich eine Taste drücken – etwa die Leertaste. Sofort ändert sich der Button. Wenn Sie nun in einen anderen Modus wechseln – also in den HINZUFÜGEN- oder SUCHEN-Modus – oder einfach nur zum nächsten Datensatz weiterblättern, erhalten Sie eine Hinweismeldung (siehe Abbildung 5.13).

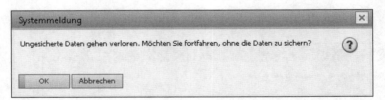

**Abbildung 5.13** Hinweismeldung – Fortfahren, ohne Daten zu sichern?

Diese Systemmeldung ist vergleichbar mit einem Microsoft-Office-Dokument, in dem Sie etwas ändern und es dann schließen möchten. Mit dem Button OK bestätigen Sie, dass alle Änderungen in dem Beleg verworfen werden, mit dem Button ABBRECHEN kehren Sie zum unverändert gebliebenen Belegfenster zurück.

Sehr ähnlich ist in diesem Zusammenhang der Fall, in dem Sie das Belegfenster schließen möchten oder mit der ⎡Esc⎤-Taste beenden. Falls Sie Änderungen vorgenommen haben, erhalten Sie eine Hinweismeldung wie in Abbildung 5.14.

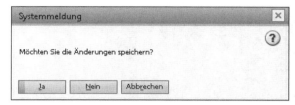

**Abbildung 5.14** Bestellung – Änderungen speichern?

Mit dem Button Ja speichern Sie die Änderungen, mit dem Button Nein verwerfen Sie diese. Mit dem Button Abbrechen kehren Sie ohne Speichern zum Belegfenster zurück.

### Raster maximieren

Seit Release 9.1 von SAP Business One bietet die Software eine Funktion, die den Umgang mit vielen Zeilen in einem Fenster mithilfe eines Rasters bzw. einer Tabellenstruktur wesentlich vereinfacht. Als Beispiel verwenden wir eine Bestellung, die so viele Artikelzeilen hat, dass diese nicht mehr auf einen Blick angezeigt werden können (siehe Abbildung 5.15).

Klicken Sie in der rechten oberen Ecke des Rasters auf den Button ↗ (Raster maximieren, siehe ❶ in Abbildung 5.15), um das Raster auf die maximale Fenstergröße zu erweitern ❷. Damit haben Sie unter anderem die Möglichkeit, Belege mit sehr vielen Artikelzeilen bequem zu bearbeiten. Klicken Sie abschließend auf den Button ↙ (Raster wiederherstellen), um wieder zum ursprünglichen Zustand des Fensters zurückzukehren. Alternativ dazu können Sie das Raster maximieren bzw. wiederherstellen, indem Sie mit der rechten Maustaste auf das Fenster klicken und den Eintrag Raster maximieren/wiederherstellen aus dem Kontextmenü wählen. Diese Funktion finden Sie nun in sehr vielen Fenstern innerhalb von SAP Business One, die ein Raster bzw. eine Tabellenstruktur beinhalten.

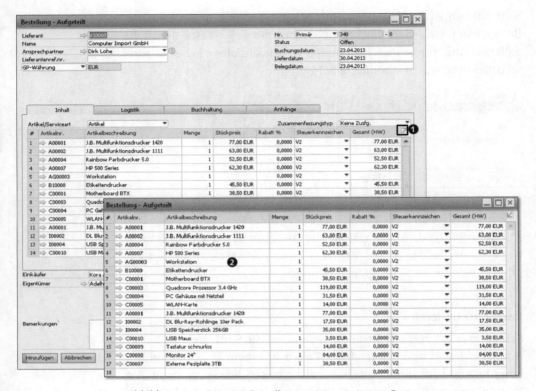

**Abbildung 5.15** Fenster »Bestellung« mit maximiertem Raster

### Belegzeilen in Microsoft Excel kopieren und in SAP Business One wieder einfügen

Von SAP Business One nach Excel

Eine weitere sehr mächtige Funktion, die das Bearbeiten vieler Belegzeilen seit Release 9.1 von SAP Business One unterstützt, ist das Kopieren von Belegzeilen zwischen SAP Business One und Microsoft Excel. Abbildung 5.16 zeigt eine Bestellung, die aus drei Artikelzeilen besteht.

Um nun diese drei Belegzeilen aus der Bestellung nach Microsoft Excel zu kopieren, gehen Sie folgendermaßen vor:

1. Setzen Sie den Cursor in ein beliebiges Feld innerhalb der Belegzeilen.

2. Klicken Sie mit der rechten Maustaste, und wählen Sie den Eintrag
   TABELLE KOPIEREN aus dem Kontextmenü. Dadurch wird der gesamte Tabelleninhalt (also der Inhalt aller eingeblendeten Spalten)
   in die Zwischenablage kopiert.

3. Wechseln Sie nun zu Microsoft Excel, und fügen Sie den Inhalt der
   Zwischenablage mithilfe der rechten Maustaste und des Eintrags
   EINFÜGEN aus dem Kontextmenü oder mithilfe der Tastenkombination [Strg]+[V] ein (siehe die Belegzeilen im Fenster BESTELLUNG
   und in Microsoft Excel in Abbildung 5.16).

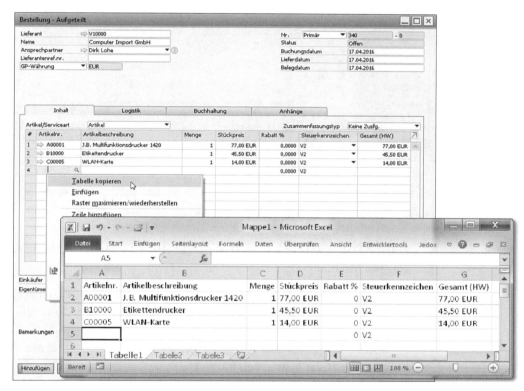

**Abbildung 5.16** Fenster »Bestellung« – Belegzeilen nach Microsoft Excel kopieren

Die Funktion bietet auch den umgekehrten Weg an: Die nach Microsoft Excel kopierten Belegzeilen sollen nun verändert bzw. ergänzt
und anschließend wieder zurück nach SAP Business One kopiert
werden (siehe Abbildung 5.17).

**Von Microsoft Excel nach SAP Business One**

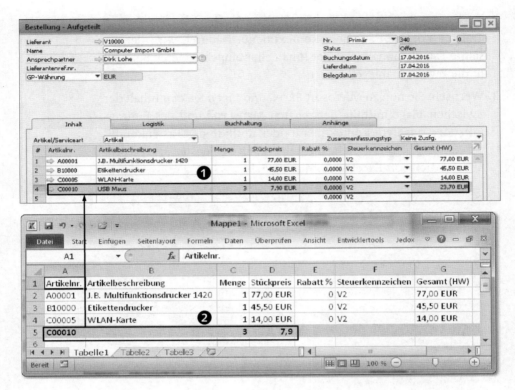

**Abbildung 5.17** Daten aus Microsoft Excel in eine Bestellung kopieren

Um die Daten wieder nach SAP Business One zu kopieren, gehen Sie folgendermaßen vor:

1. Pflegen Sie die gewünschten Daten zunächst in Microsoft Excel ein. Um etwa eine Artikelzeile in einen Einkaufs- oder Verkaufsbeleg zu übertragen, reichen die Artikelnummer oder die Artikelbeschreibung, die Menge und gegebenenfalls der Stückpreis, wenn nicht der Listenpreis verwendet werden soll (siehe ❷ in Abbildung 5.17). Die restlichen Daten werden im Beleg von SAP Business One automatisch ergänzt.

2. Markieren Sie die eingegebenen Daten in Microsoft Excel. Dies geht sehr einfach, indem Sie eine Zelle innerhalb der Datentabelle markieren und die Tastenkombination [Strg]+[A] verwenden.

3. Kopieren Sie die Daten aus Microsoft Excel. Machen Sie dazu einen Rechtsklick auf die Daten, und wählen Sie den Eintrag Kopieren aus dem Kontextmenü, oder wählen Sie die Tastenkombination [Strg]+[C].

4. Wechseln Sie zu SAP Business One, und klicken Sie mit der rechten Maustaste im Fenster BESTELLUNG auf die erste Spalte der ersten Belegzeile, und wählen Sie den Eintrag EINFÜGEN aus dem Kontextmenü. Alternativ dazu platzieren Sie den Cursor in der ersten Spalte der ersten Belegzeile und wählen die Tastenkombination Strg+V, um die Daten einzufügen. Abbildung 5.17 zeigt nun die ursprünglich angelegte Bestellung aus Abbildung 5.16, die dann um eine Belegzeile (drei Stück des Artikels C00010 zu EUR 7,90, siehe ❶ in Abbildung 5.17) erweitert wurde.

5. SAP Business One fragt Sie nun, ob die kopierten Daten auch Kopfinformationen, also Spaltenüberschriften, beinhalten (siehe Abbildung 5.18). Bestätigen Sie mit JA, und die Daten werden nun eingefügt. Sie haben die Möglichkeit, die Daten in eine leere Bestellung einzufügen oder über bereits bestehende Belegzeilen zu kopieren und diese zu ersetzen.

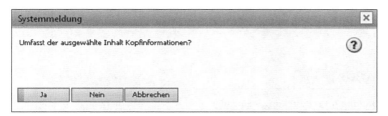

**Abbildung 5.18** Frage nach Kopfinformationen (= Spaltenüberschriften) bei kopierten Daten

---

**Kopieren von Belegzeilen** **[+]**

Das Kopieren von Belegzeilen eröffnet sehr viele Möglichkeiten. Vor allem für Unternehmen, die eine große Anzahl von Belegen bearbeiten müssen, stehen hier viele Optionen zur Verfügung:

Zum Beispiel haben Sie nun die Möglichkeit, ganze Excel-Vorlagen zur Verfügung zu stellen, die den Prozess der Belegerstellung wesentlich vereinfachen. Durch die Flexibilität und die Berechnungsmöglichkeiten von Microsoft Excel lassen sich z. B. sehr lange Angebote wesentlich einfacher kalkulieren und auch mehrere Varianten anlegen. Die letzte Variante wird dann nach SAP Business One kopiert und hinzugefügt.

Eine andere Möglichkeit ist es, die Artikelauswahl samt Listenpreisen in SAP Business One vorzunehmen, dann diese Grundauswahl nach Microsoft Excel zu kopieren, die erforderlichen Anpassungen zu machen und diese abschließend wieder zurückzukopieren.

### Eingangs- und Abschlussbemerkungen

**Vorgehensweise beim Anlegen** Neben den Textzeilen und der Verwendung vordefinierter Textbausteine bietet SAP Business One im Belegfenster die Möglichkeit, beliebigen Text als EINGANGS- und ABSCHLUSSBEMERKUNGEN anzulegen. Dazu klicken Sie mit der rechten Maustaste auf das Belegfenster und wählen den Eintrag EINGANGS- UND ABSCHLUSSBEMERKUNGEN aus dem Kontextmenü aus. Es öffnet sich das Fenster EINGANGS- UND ABSCHLUSSBEMERKUNGEN (siehe Abbildung 5.19), in dem Sie den oberen Bereich für die Eingangs- und den unteren Bereich für die Abschlussbemerkungen verwenden können.

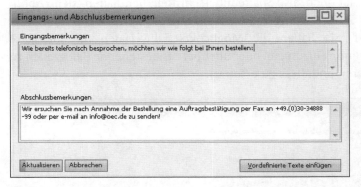

**Abbildung 5.19** Bestellung – Eingangs- und Abschlussbemerkungen einfügen

Klicken Sie mit der linken Maustaste in das gewünschte Feld, um den Cursor dort zu positionieren. Geben Sie dann den gewünschten Text ein, oder klicken Sie auf den Button VORDEFINIERTE TEXTE EINFÜGEN, um einen Textbaustein in das Feld zu kopieren. Die Vorgehensweise ist die gleiche wie bei den Zeilentexten (siehe Abschnitt 5.2.2, »Belegmitte«).

Bestätigen Sie die Texteingabe mit dem Button AKTUALISIEREN, und schließen Sie das Fenster mit dem Button OK.

### Aktivitäten zum Beleg

**Vorgehensweise beim Anlegen** Wie bereits in Abschnitt 4.5, »Aktivitäten«, erläutert, haben Sie die Möglichkeit, einem Beleg beliebig viele Aktivitäten hinzuzufügen und abzurufen. Um eine Aktivität an einen Beleg anzuhängen, klicken Sie mit der rechten Maustaste auf das Belegfenster und wählen den Eintrag NEUE AKTIVITÄT (siehe ❶ in Abbildung 5.20).

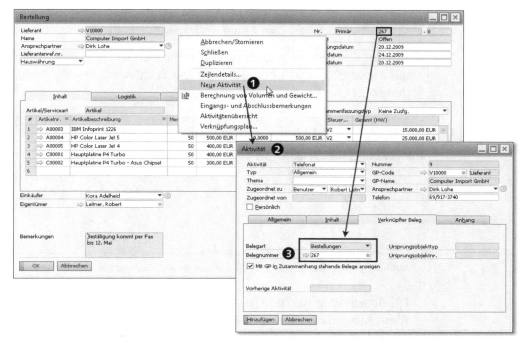

**Abbildung 5.20** Fenster »Bestellung« – Aktivität anlegen

Es öffnet sich das Fenster AKTIVITÄT ❷. Die Daten des Belegs, zu dem die Aktivität angelegt wird, werden auf der Registerkarte VERKNÜPFTER BELEG vorbesetzt. Im Beispiel in Abbildung 5.20 werden die Belegart BESTELLUNGEN und die Belegnummer 267 ❸ automatisch in die Aktivität eingefügt.

Eine Übersicht über alle Aktivitäten, die an einem Beleg hängen, erhalten Sie, indem Sie mit der rechten Maustaste auf das Belegfenster klicken und den Eintrag AKTIVITÄTENÜBERSICHT wählen. Mit dem orangefarbenen Pfeil ⇨ in der ersten Spalte verzweigen Sie aus der AKTIVITÄTENÜBERSICHT in die einzelne Aktivität.

### Berechnung von Volumen und Gewicht

Eine weitere sehr nützliche Belegfunktion ist die Berechnung von Volumen und Gewicht des gesamten Belegs. Gerade für den Transport der Ware ist dies besonders wertvoll. Um die Funktion aufzurufen, klicken Sie mit der rechten Maustaste auf das Belegfenster und wählen den Eintrag BERECHNUNG VON VOLUMEN UND GEWICHT... aus

**Vorgehensweise**

dem Kontextmenü aus, oder Sie klicken auf den Button (BERECHNUNG VON VOLUMEN UND GEWICHT) in der Symbolleiste.

Es wird das gleichnamige Fenster geöffnet, in dem alle Belegzeilen mit MENGE, VOLUMEN und GEWICHT angezeigt werden (siehe Abbildung 5.21).

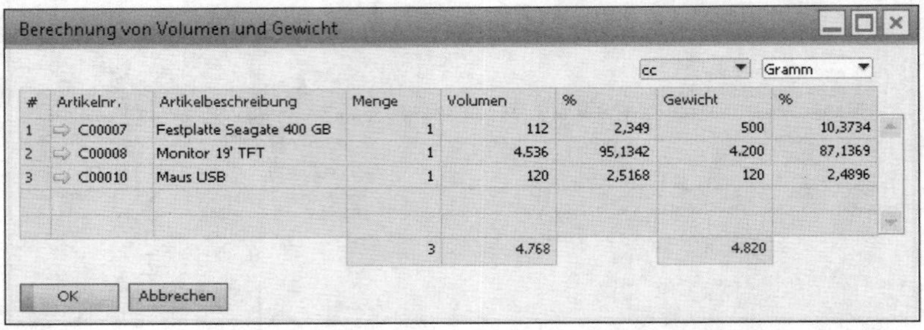
Berechnung von Volumen und Gewicht
cc
Gramm
# | Artikelnr. | Artikelbeschreibung | Menge | Volumen | % | Gewicht | %
1 | C00007 | Festplatte Seagate 400 GB | 1 | 112 | 2,349 | 500 | 10,3734
2 | C00008 | Monitor 19' TFT | 1 | 4.536 | 95,1342 | 4.200 | 87,1369
3 | C00010 | Maus USB | 1 | 120 | 2,5168 | 120 | 2,4896
3 | 4.768 | 4.820
OK
Abbrechen

**Abbildung 5.21** Fenster »Bestellung« – Volumen und Gewicht berechnen

Die Berechnungsfunktion bezieht die Daten, die das Gewicht und die Abmessungen der einzelnen Belegzeilen betreffen, aus den ARTIKELSTAMMDATEN – im Fall von Einkaufsbelegen aus der Registerkarte EINKAUF, im Fall von Verkaufsbelegen aus der Registerkarte VERKAUF. Im rechten oberen Bereich des Fensters gibt es zwei Dropdown-Felder, mit denen Sie die Maßeinheit zu VOLUMEN und GEWICHT verändern können.

### Geparkter Beleg

Vorgehensweise

SAP Business One bietet eine spezielle Funktion für den Fall, dass Sie die Erstellung eines Belegs unterbrechen und zu einem anderen Zeitpunkt an dieser Stelle fortsetzen möchten. In diesem Fall handelt es sich um einen *geparkten Beleg*, was bedeutet, dass Sie den Beleg sprichwörtlich an die Seite legen und ihn so lange parken, bis Sie die Arbeit an diesem Beleg wieder fortsetzen (können). Grundsätzlich können Sie jeden Beleg in SAP Business One parken und wieder aufrufen. Um einen Beleg zu parken, erstellen Sie einen neuen Beleg, fügen diesen aber noch nicht hinzu. Anschließend klicken Sie mit der rechten Maustaste auf die Bestellung und wählen den Eintrag ALS GEPARKTEN BELEG SPEICHERN aus dem Kontextmenü aus, wie in Abbildung 5.22 dargestellt.

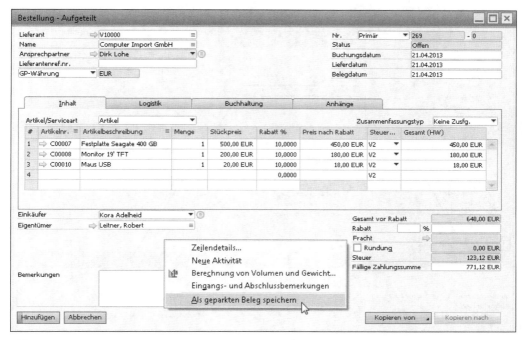

**Abbildung 5.22** Fenster »Bestellung« – Eintrag »Als geparkten Beleg speichern«

Nachdem Sie den Befehl gewählt haben, verschwindet der ausgewählte Beleg, und Sie erhalten ein leeres Belegfenster im HINZUFÜGEN-Modus. Über EINKAUF • EINKAUFSBERICHTE • BERICHT: GEPARKTE BELEGE können Sie einen geparkten Beleg wieder aufrufen. Es öffnet sich das Fenster GEPARKTE BELEGE – AUSWAHLKRITERIEN (links oben in Abbildung 5.23).

Geparkte Belege aufrufen

Hier können Sie eine Einschränkung der geparkten Belege nach dem BENUTZER, der diesen Beleg geparkt hat, nach DATUM, nach BELEGART und nach STATUS (OFFEN – ABGESCHLOSSEN/STORNIERT) vornehmen. Bestätigen Sie dies mit dem Button OK, und Sie erhalten eine Liste der entsprechend den Auswahlkriterien infrage kommenden Belege. Klicken Sie doppelt auf die gewünschte Zeile mit dem geparkten Beleg, und dieser wird wieder aufgerufen. Sie haben nun die Möglichkeit, diesen Beleg weiterzubearbeiten und hinzuzufügen oder ihn nochmals als geparkten Beleg zu speichern.

Einschränkung geparkter Belege

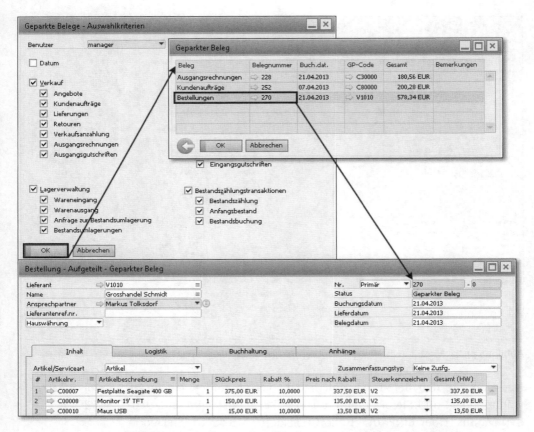

**Abbildung 5.23** Fenster »Bestellung« – geparkten Beleg wieder aufrufen

**[+]  Geparkten Beleg hinzufügen**

Falls Sie einen geparkten Beleg hinzufügen, bleibt dieser Beleg dennoch in der Liste der geparkten Belege, er ist jedoch nicht mehr offen! Diese Tatsache bietet Ihnen die Möglichkeit, Belegvorlagen zu erstellen und mit diesen Ihre Belegerstellung effizienter zu gestalten.

**[zB]  Ähnliche Bestellvorgänge effizienter abwickeln**

Sie haben in Ihrem Einkaufsprozess eine Menge von Bestellungen, die sich sehr stark ähneln und immer wieder wiederholen. Um den Bestellvorgang hier effizienter zu gestalten, bieten sich zwei Möglichkeiten an:

▸ Sie können diese Bestellungen jeweils duplizieren.

▸ Sie können eine dieser Bestellungen als geparkten Beleg speichern und sich somit eine Vorlage schaffen, die Sie immer wieder aufrufen, ändern und hinzufügen können.

SAP Business One bietet auch die Möglichkeit, geparkte Belege zu drucken. Dazu rufen Sie das Übersichtsfenster GEPARKTER BELEG auf (siehe das Fenster rechts oben in Abbildung 5.23), markieren den gewünschten Beleg und klicken auf den Button ⬚ (DRUCKVORSCHAU…) bzw. ⬚ (DRUCKEN).

| **Geparkte Belege bei inaktiven Geschäftspartnern** | **[+]** |
| --- | --- |
| Bei inaktiven Geschäftspartnern (siehe Abschnitt 4.3, »Geschäftspartner«, GESCHÄFTSPARTNER-STAMMDATEN • Registerkarte ALLGEMEIN, Option INAKTIV) haben Sie nur die Möglichkeit, einen geparkten Beleg zu erstellen, können jedoch keinen Beleg hinzufügen. SAP Business One macht Sie auf diesen Umstand mit einer Hinweismeldung aufmerksam. | |

**Belegdruck**

Nachdem Sie einen Beleg erstellt und hinzugefügt haben, möchten Sie diesen in der Regel ausdrucken, um ihn zu versenden. Über den Button ⬚ (DRUCKVORSCHAU…) in der Symbolleiste ganz links können Sie sich den Beleg ähnlich einer Druckvorschau in einem Textverarbeitungsprogramm vor dem Ausdruck auf dem Bildschirm ansehen. Mit dem Button ⬚ (DRUCKEN) wird der Beleg automatisch an den Standarddrucker gesendet. Wählen Sie den Eintrag DRUCKEN im Menü DATEI, und Sie gelangen zum klassischen Microsoft-Windows-Druckdialogfenster, in dem Sie z. B. den Drucker auswählen und die Anzahl der Ausdrucke festlegen können (siehe Abbildung 5.24).

Belegdruck

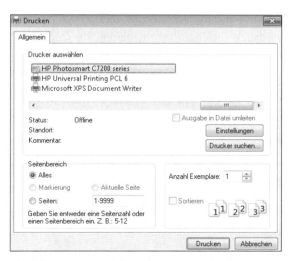

**Abbildung 5.24** Druckdialogfenster für Belegdruck

Beide Funktionen (DRUCKVORSCHAU und DRUCKEN) sind unabhängig davon möglich, ob der Beleg bereits hinzugefügt wurde oder nicht. Unter ADMINISTRATION • SYSTEMINITIALISIERUNG • DRUCKEINSTELLUNGEN haben Sie die Möglichkeit, eine Reihe von Druckeinstellungen vorzunehmen – sowohl allgemeiner Natur als auch für jeden Beleg individuell.

### Sammelbelegdruck

Sammelbelegdruck

In SAP Business One lassen sich darüber hinaus auch Belege gesammelt ausdrucken. Öffnen Sie das Fenster BELEGDRUCK – AUSWAHLKRITERIEN über EINKAUF • BELEGDRUCK (siehe Abbildung 5.25).

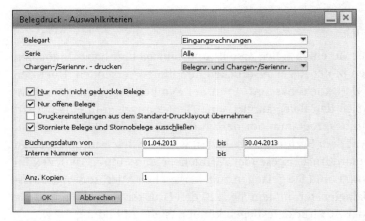

**Abbildung 5.25** Fenster »Belegdruck – Auswahlkriterien«

Um einen Sammelbelegdruck durchzuführen, gehen Sie folgendermaßen vor (siehe Abbildung 5.25):

1. **Feld »Belegart« pflegen**
   Wählen Sie eine Belegart aus der Werteliste aus. Je nach Belegart sind die nachfolgenden Felder teilweise anders ausgestaltet.

2. **Feld »Serie« pflegen**
   Wählen Sie eine Belegnummernserie aus der Werteliste aus.

3. **Feld »Chargen-/Seriennr. – drucken« pflegen**
   Wählen Sie aus, ob bzw. wie eine im Beleg vorhandene Chargen- bzw. Seriennummer gedruckt werden soll. Die folgenden Optionen stehen zur Verfügung:

- BELEGNR. UND CHARGEN-/SERIENNR.

- NUR BELEG

- NUR CHARGEN-/SERIENNR.

4. **Checkbox »Nur noch nicht gedruckte Belege« pflegen**
Aktivieren Sie diese Checkbox, wenn Sie die Belege drucken möchten, die noch nicht an irgendeinen Drucker geschickt wurden.

5. **Checkbox »Nur offene Belege« pflegen**
Markieren Sie diese Checkbox, wenn Sie nur offene Belege drucken möchten. Offene Belege sind Belege, die weder in einem Folgebeleg weiterverarbeitet noch manuell storniert bzw. abgeschlossen wurden.

6. **Checkbox »Druckereinstellungen aus dem Standard-Drucklayout übernehmen« pflegen**
Mit dieser Option werden alle Einstellungen, die den Druck selbst betreffen, direkt aus dem Standardlayout übernommen. Das bedeutet, die Einstellungen kommen aus dem Print Layout Designer oder aus SAP Crystal Reports. Das im Sammelbelegdruck gedruckte Layout entspricht jenem Drucklayout, das dem Benutzer bzw. dem Geschäftspartner zugeordnet wurde.

7. **Checkbox »Stornierte Belege und Stornobelege ausschließen« pflegen**
Diese Checkbox ist standardmäßig markiert. Damit werden alle Belege, die storniert wurden, und die dazugehörigen Stornobelege nicht gedruckt.

8. **Felder »Buchungsdatum von« und »bis« pflegen**
Geben Sie hier einen Zeitraum für das Buchungsdatum an. In der Regel entspricht dieses Datum dem Belegdatum.

9. **Felder »Interne Nummer von« und »bis« pflegen**
Geben Sie hier einen Bereich von Belegnummern an, die Sie drucken möchten.

10. **Feld »Anz. Kopien« pflegen**
Geben Sie die Anzahl der Kopien pro Beleg an. Bestätigen Sie Ihre Auswahl mit dem Button OK.

## Sammelversand von E-Mails

Seit Release 9.1 von SAP Business One haben Sie auch die Möglichkeit, einen Sammelversand von E-Mails an beliebig viele Ansprechpartner vorzunehmen. Das folgende Beispiel illustriert eine Sammel-E-Mail von offenen Bestellungen an die in der Bestellung ausgewählten Ansprechpartner:

1. Öffnen Sie das Fenster BELEGDRUCK, z. B. über das Modul EINKAUF.

2. Wählen Sie die Belegart BESTELLUNGEN, und markieren Sie die Optionen NUR NOCH NICHT GEDRUCKTE BELEGE, NUR OFFENE BELEGE und DRUCKEINSTELLUNGEN AUS DEM STANDARD-DRUCKLAYOUT ÜBERNEHMEN. Letztere Option verwendet das Standardlayout, das auch für den Belegdruck für diesen Benutzer und diesen Geschäftspartner voreingestellt ist. Grenzen Sie darüber hinaus nach BUCHUNGSDATUM oder über die INTERNE NUMMER (= Belegnummer) ein, und bestätigen Sie mit dem Button OK. SAP Business One zeigt Ihnen daraufhin alle offenen Bestellungen gemäß Ihren Einschränkungen (siehe Abbildung 5.26).

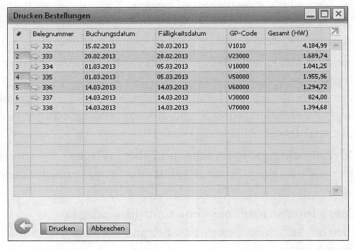

**Abbildung 5.26** Fenster »Belegdruck«: offene Bestellungen, die für den E-Mail-Versand ausgewählt wurden

3. Markieren Sie nun jene Bestellungen, die per E-Mail versendet werden sollen, und bestätigen Sie nicht (!) mit dem Button DRUCKEN, sondern mit dem Button ✉ (SAP BUSINESS ONE MAILER) in der Symbolleiste, mit dem Sie üblicherweise eine E-Mail aus SAP Business One versenden.

4. Im nun geöffneten Fenster E-Mail-Optionen haben Sie die Möglichkeit, eine E-Mail-Gruppe zu verwenden. Dazu markieren Sie die Checkbox E-Mail-Gruppe verwenden und wählen die gewünschte E-Mail-Gruppe aus der Dropdown-Liste (siehe Abbildung 5.27). Bestätigen Sie abschließend mit dem Button OK.

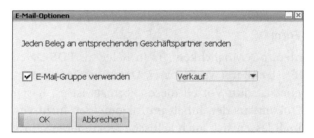

**Abbildung 5.27** Fenster »E-Mail-Optionen«– Verwendung einer E-Mail-Gruppe bestätigen

Die E-Mail-Gruppe haben Sie bereits bei Anlegen eines Geschäftspartners samt Ansprechpartner in Abschnitt 4.3, »Geschäftspartner«, kennengelernt. Jeder Ansprechpartner, dem die E-Mail-Gruppe VERKAUF zugewiesen wurde, wird als Empfänger für den Sammelversand von E-Mails ausgewählt. Wenn Sie die E-Mail-Gruppe nicht verwenden, sind die im Beleg ausgewählten Ansprechpartner auch die E-Mail-Empfänger.

5. Als Ergebnis erhalten Sie eine E-Mail-Empfängerliste mit allen Ansprechpartnern, die der E-Mail-Gruppe VERKAUF zugeordnet sind (siehe Abbildung 5.28).

**Abbildung 5.28** E-Mail Empfängerliste aus dem Fenster »Belegdruck«

Die Spalten BELEGNUMMER, QUELLPFAD, DATEINAME und ANHANGSDATUM sind fix vorgegeben und können an dieser Stelle nicht mehr verändert werden. Die Felder ANSPR. (= Name des Ansprechpartners), E-MAIL-ADRESSE, BETREFF und TEXTKÖRPER können bei jedem E-Mail-Empfänger verändert werden. Markieren Sie die Checkbox in der Spalte E-MAIL bei jenem Ansprechpartner, der eine E-Mail erhalten soll. Standardmäßig ist diese Checkbox aktiviert. Unter ADMINISTRATION • SYSTEMINITIALISIERUNG • E-MAIL-

EINSTELLUNGEN haben Sie die Möglichkeit, Betreff und Textkörper allgemein zu definieren. Diese Texte werden als Vorschlagstext in den Sammelversand übernommen.

6. Klicken Sie abschließend auf den Button SENDEN, um den Sammelversand der E-Mails über den SAP Business One Mailer zu starten.

### Export im PDF-Format

Sie haben außerdem die Möglichkeit, Ihren Beleg als PDF-Datei zu exportieren. PDF ist ein frei verfügbares Dokumentenformat, das sehr weit verbreitet ist. Ein Vorteil dieses Formats ist es, dass der Empfänger des Dokuments den Inhalt im Allgemeinen nicht verändern kann. Dadurch lassen sich auch kritische Dokumente sehr einfach elektronisch per E-Mail verschicken. In SAP Business One haben Sie die Möglichkeit, jeden Beleg als PDF-Dokument zu exportieren. Dazu öffnen Sie den gewünschten Beleg und klicken auf den Button ⬛ (PDF) in der Symbolleiste. Das Ergebnis eines solchen Exports sehen Sie in Abbildung 5.29.

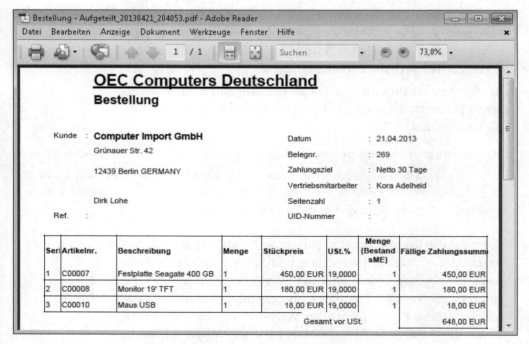

**Abbildung 5.29** PDF-Export einer Bestellung

**Export als Microsoft-Word-Dokument**

Neben dem PDF-Export haben Sie in SAP Business One die Möglichkeit, Belege als Microsoft-Word-Dokument zu exportieren. Dazu öffnen Sie den gewünschten Beleg und klicken auf den Button (MICROSOFT WORD) in der Symbolleiste. Das Ergebnis eines solchen Exports sehen Sie in Abbildung 5.30.

**Abbildung 5.30** Microsoft-Word-Export einer Bestellung – sonstige Exportmöglichkeiten

SAP Business One bietet neben der Exportmöglichkeit als PDF- und Microsoft-Word-Dokument noch zusätzliche Optionen für den Belegexport an (siehe Abbildung 5.31).

Gehen Sie in das Menü DATEI • EXPORTIEREN • LAYOUT NACH, und wählen Sie die gewünschte Exportmöglichkeit aus. Die folgenden Exportoptionen stehen – zusätzlich zu den bereits beschriebenen Optionen – zur Verfügung:

▸ **Option »PDF«**
Exportiert den Beleg in ein PDF-Dokument.

▸ **Option »Text«**
Diese Option exportiert den Beleg als Textdatei mit den bestehenden Formatierungen.

▶ **Option »Unformatierter Text«**
Diese Option exportiert den Beleg als Textdatei ohne die bestehenden Formatierungen.

▶ **Option »Bild«**
Diese Option exportiert den Beleg als XML-Datei.

▶ **Option »Formular nach XML«**
Diese Option exportiert den Beleg als XML-Datei. Dieses Format eignet sich für den elektronischen Datenaustausch.

▶ **Option »Microsoft Excel«**
Exportiert die Belegmitte als Microsoft-Excel-Tabelle.

▶ **Option »Microsoft Word«**
Exportiert den gesamten Beleg in ein Microsoft-Word-Dokument.

**Abbildung 5.31** Sonstige Exportmöglichkeiten für eine Bestellung

**Notwendige Einstellungen für den Export**

Für alle genannten Exportmöglichkeiten gilt, dass zuvor die Exportpfade definiert werden müssen – das bedeutet, Sie müssen SAP Business One angeben, in welchem Ordner z. B. Microsoft-Excel-Dokumente gespeichert werden sollen. Diese Pfadeinstellungen nehmen Sie im Fenster ALLGEMEINE EINSTELLUNGEN auf der Registerkarte PFAD unter ADMINISTRATION • SYSTEMINITIALISIERUNG • ALLGEMEINE EINSTELLUNGEN vor. Für jeden Exporttyp müssen Sie einen eigenen Pfad festlegen. Bei der Installation von SAP Business One wird pro Dateityp ein eigener Standardordner unter einem Standardpfad angelegt. Die Standardpfade sehen Sie in Abbildung 5.32.

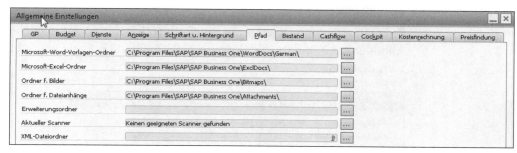

**Abbildung 5.32** Einstellungen für Standardpfade

Jede aus SAP Business One exportierte Datei wird in dem Ordner des jeweils angegebenen Pfads gespeichert.

---

**Alternativen zu Standardpfaden** **[+]**

Alternativ zu den Standardpfaden können Sie auch andere Pfade zum Speichern der exportierten Dateien angeben. Dies könnte in Ihrem Unternehmen z. B. ein Ordner auf einem Netzlaufwerk sein, auf den alle oder ausgewählte Mitarbeiter Zugriff haben.

Falls Sie einen alternativen Microsoft-Excel-Ordner wählen, kopieren Sie aus dem Standardordner die Datei *AutoOpen.xls* in den neuen Pfad.

Falls Sie einen alternativen Microsoft-Word-Vorlagenordner wählen, kopieren Sie aus dem Standardordner den Ordner mit der gewünschten Sprache der Microsoft-Word-Dokumente.

---

**Beleg abbrechen/stornieren oder schließen**

Für den Fall, dass der Beleg für den Einkaufsprozess nicht mehr relevant ist oder nicht mehr benötigt wird, können Sie ihn abbrechen/stornieren bzw. schließen.

---

**Transaktionen können nicht gelöscht, sondern nur storniert werden** **[+]**

In SAP Business One können Transaktionen, wie eben auch Einkaufs- und Verkaufsbelege, generell nicht gelöscht werden. Dafür lassen sie sich abbrechen/stornieren bzw. abschließen, sind aber dennoch zu Archivierungszwecken in der Datenbank vorhanden und können auch – z. B. um sie als Basis für das Duplizieren zu verwenden – aufgerufen werden.

---

Um einen Beleg zu stornieren bzw. zu schließen, klicken Sie mit der rechten Maustaste auf das Belegfenster und wählen den Eintrag ABBRECHEN/STORNIEREN bzw. SCHLIESSEN aus dem Kontextmenü aus.

SAP Business One erinnert Sie – je nachdem, welchen Eintrag im Kontextmenü Sie wählen – mit einer Hinweismeldung daran (siehe Abbildung 5.33), dass der Vorgang nicht mehr rückgängig gemacht werden kann.

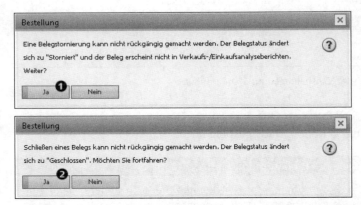

**Abbildung 5.33** Fenster »Bestellung« – Hinweismeldung beim Stornieren/Schließen

Bestätigen Sie mit dem Button JA, und der Beleg wird auf den Status STORNIERT (bei Eintrag ABBRECHEN/STORNIEREN im Kontextmenü ❶) bzw. auf den Status GESCHLOSSEN (bei Eintrag SCHLIESSEN im Kontextmenü ❷) gesetzt. Beim Stornieren eines Belegs erscheint der Beleg darüber hinaus nicht in den Einkaufs- bzw. Umsatzanalyseberichten.

**[+]**   **Abbrechen/Stornieren oder Schließen von Belegen, die eine Buchung auslösen**

Für alle Belege, die im Hintergrund eine Journalbuchung auslösen, wird ein eigener Stornobeleg mit der nächsthöheren Belegnummer erstellt. Sollte ein Quellbeleg existieren, erhält dieser wieder den Status OFFEN.

### Alternativartikel verwenden

In den Artikelstammdaten haben wir bereits Alternativartikel zu vorhandenen Originalartikeln angelegt (siehe Abschnitt 4.6, »Artikel«, Abbildung 5.33). Falls es die Situation erfordert (z. B. könnte Sie der Lieferant verständigen, dass der angefragte Artikel nicht verfügbar ist), können beim Anlegen von Einkaufs- und Verkaufsbelegen Alternativartikel anstelle der Originalartikel verwendet werden (siehe Abbildung 5.34).

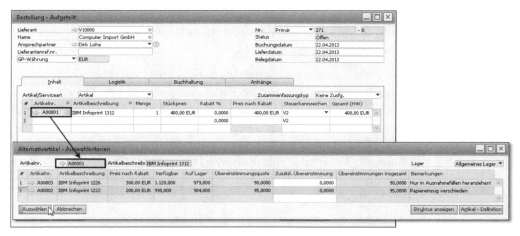

**Abbildung 5.34** Fenster »Bestellung« – Alternativartikel verwenden

Damit SAP Business One bei der Erstellung eines Belegs einen Alternativartikel vorschlägt, gehen Sie folgendermaßen vor (siehe auch Abbildung 5.34):

**Alternativartikel vorschlagen**

1. Wählen Sie einen Artikel in den Belegzeilen aus.

2. Damit SAP Business One eine Liste von Alternativartikeln anzeigt, positionieren Sie den Cursor im Feld ARTIKELNUMMER und verwenden die Tastenkombination (Strg)+(⇆)-Taste.

3. Wählen Sie den gewünschten Alternativartikel aus der nun geöffneten Liste mit Alternativartikeln aus. Dazu markieren Sie den Alternativartikel und klicken auf den Button AUSWÄHLEN.

Der Alternativartikel wird anstelle des Originalartikels eingesetzt. Mit dem Button ARTIKEL – DEFINITION können Sie weitere alternative Artikel zu diesem Originalartikel anlegen. Mit dem Button STRUKTUR ANZEIGEN öffnen Sie das Fenster ALTERNATIVARTIKEL, das eine Baumstruktur mit Original- und Alternativartikeln anzeigt. Mit dem schwarzen Dreieck ▶ können Sie die Baumstruktur öffnen.

Bei der Erstellung von Belegen haben Sie nun auch die Freiheit, negative Mengen und damit Beträge oder aber eine Menge oder einen Betrag von null eingeben und den Betrag dennoch hinzuzufügen.

**Null- bzw. Negativ-Belege**

SAP Business One weist Sie mit einer entsprechenden Hinweismeldung auf diesen Umstand hin. Bestätigen Sie diese Meldung, und der Beleg wird hinzugefügt.

**Journalbuchungsvorschau**

Bei allen Belegen, die eine Journalbuchung zur Folge haben, wie etwa Wareneingang, Eingangsrechnung etc., haben Sie ab Release 8.8 von SAP Business One die Möglichkeit, vor dem Hinzufügen des Belegs die durch diesen Beleg erzeugte Journalbuchung zu simulieren. Dazu klicken Sie bei noch nicht hinzugefügtem Beleg auf den Button 🔍 (JOURNALBUCHUNGSVORSCHAU). SAP Business One öffnet daraufhin das Fenster JOURNALBUCHUNGSVORSCHAU mit der simulierten Buchung.

## 5.4 Belegkette im Einkauf

Nachdem Sie nun im Detail den Aufbau und die Funktion des einzelnen Belegs kennengelernt haben, kümmern wir uns um die Einordnung des einzelnen Belegs in die gesamte Belegkette im Einkauf. Die große Stärke einer ERP-Software ist es, einmal eingegebene Daten ohne Medienbrüche weiterverarbeiten und dadurch alle Bereiche eines Unternehmens abdecken zu können. Ohne Medienbrüche bedeutet, dass das gesamte Spektrum unternehmerischer Prozesse mithilfe einer einzigen Software und nicht durch eine Vielzahl verschiedener Insellösungen abgedeckt wird, zwischen denen die Daten hin und her transferiert werden müssen.

**Integration innerhalb des ERP-Systems**

Die Belegkette im Einkauf ist ein klassisches Beispiel für die Integration innerhalb einer ERP-Software. Die Daten werden zu Beginn der Belegkette, z. B. in der Bestellung, eingegeben und stufenweise gemäß den Geschäftsprozessen weiterverarbeitet, bis sie in der Finanz- und Lagerbuchhaltung (z. B. Inventur) landen. Ziel dieses Abschnitts ist es, Ihnen einen möglichst umfassenden Überblick über die Belegkette im Einkauf zu geben, wobei vor allem die Zusammenhänge der Prozesse und die starke Integration der Daten hervorgehoben werden. In Abbildung 5.35 finden Sie eine Übersicht über die Belegkette im Einkauf.

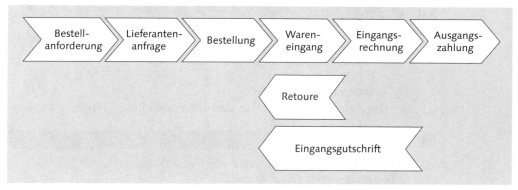

**Abbildung 5.35** Belegkette im Einkauf

Die Belegkette im Einkauf besteht größtenteils aus Elementen, die im Modul EINKAUF angesiedelt sind (Bestellanforderung, Lieferantenanfrage, Bestellung, Wareneingang, Retoure, Eingangsrechnung, Gutschrift). Lediglich das Fenster AUSGANGSZAHLUNG ist im Modul BANKENABWICKLUNG positioniert. Thematisch gehört es jedoch zum Einkauf, da die Einkaufskette erst abgeschlossen ist, nachdem der Einkauf auch bezahlt wurde. Funktionsweise und Handhabung der Ausgangszahlung werden in Abschnitt 10.2, »Eingangszahlungen und Ausgangszahlungen«, ausführlich behandelt.

*Aufbau der Belegkette*

Grundsätzlich ist die Belegkette in SAP Business One sehr flexibel gestaltet. Sie haben die Möglichkeit, sie an einer beliebigen Stelle zu starten und auch fortzusetzen, ohne dass Sie alle Belegstufen der Kette durchlaufen müssen.

| **Beginn der Belegkette ist beliebig wählbar** | **[zB]** |
| --- | --- |
| Sie müssen die Belegkette nicht mit der Bestellung beginnen, sondern können auch gleich mit dem Wareneingang oder der Eingangsrechnung starten. Zudem muss auch nicht notwendigerweise ein Wareneingang auf eine Bestellung folgen, sondern es kann auch gleich eine Eingangsrechnung aus einer Bestellung angelegt werden. | |

SAP Business One bietet zwei Möglichkeiten, Belege innerhalb der Kette weiterzuverarbeiten:

*Belege weiterverarbeiten*

▶ **Belege »weiterschieben«**
Der Beleg wird in einen nachfolgenden Beleg kopiert.

**[zB]** **Beleg weiterschieben**

Sie haben eine offene Bestellung, rufen die Bestellung auf und kopieren sie in den Wareneingang.

▸ **Belege »weiterziehen«**
Der Beleg wird aus einem nachfolgenden Beleg in diesen kopiert.

**[zB]** **Beleg weiterziehen**

Sie erstellen einen neuen Wareneingang und kopieren die Daten aus der Bestellung in den Wareneingang.

In Tabelle 5.1 finden Sie eine Übersicht über die Möglichkeiten des »Schiebens« und »Ziehens« in den einzelnen Belegstufen der Belegkette im Einkauf. Zudem sind noch Besonderheiten zu den einzelnen Stufen angemerkt.

**Besonderheiten der Belegstufen** Die einzelnen Belegstufen haben einige wenige Besonderheiten, die im Folgenden kurz dargestellt werden. Die Bestellung kann automatisch aus dem Auftrag erstellt werden (dies wird in Abschnitt 6.2.4, »Belegkette im Verkauf«, behandelt).

| Belegstufe | Kopieren von (Basisbeleg) | Kopieren nach (Zielbeleg) | Besonderheit |
|---|---|---|---|
| Bestellanforderung | – | Lieferantenanfrage, Bestellung | Beleg beinhaltet Mitarbeiter, aber keinen Lieferanten. |
| Lieferantenanfrage | Bestellanforderung | Bestellung, Wareneingang, Eingangsrechnung, Vorausrechnung | Kann mittels Erstellungsassistenten für Lieferantenanfragen erstellt werden. |
| Bestellung | Bestellanforderung, Lieferantenanfrage, (Auftrag) | Wareneingang, Eingangsrechnung, Vorausrechnung | Beleg kann aus dem Auftrag automatisch erstellt und nach Hinzufügen geändert werden. |

**Tabelle 5.1** Belegverarbeitung im Einkauf

| Belegstufe | Kopieren von (Basisbeleg) | Kopieren nach (Zielbeleg) | Besonderheit |
|---|---|---|---|
| Wareneingang | Bestellung, Retoure, Vorausrechnung | Retoure, Eingangsrechnung | Beleg kann nach Hinzufügen nicht geändert werden. |
| Retoure | Wareneingang | Wareneingang | Beleg kann nach Hinzufügen nicht geändert werden. |
| Eingangsrechnung | Bestellung, Wareneingang | Gutschrift | Beleg kann nach Hinzufügen nicht geändert werden, sofortige Bezahlung möglich. |
| Gutschrift | Eingangsrechnung | – | Beleg kann nach Hinzufügen nicht geändert werden. |
| Ausgangszahlung | Eingangsrechnung | – | Beleg kann nach Hinzufügen nicht geändert werden. |

**Tabelle 5.1** Belegverarbeitung im Einkauf (Forts.)

Da die Bestellung beim Hinzufügen die Artikel nur reserviert, aber noch nicht vom Lager nimmt, wird von SAP Business One im Hintergrund keine Buchung initiiert (siehe Tabelle 5.3). Aus diesem Grund kann die Bestellung auch nach dem Hinzufügen noch geändert werden. Die nachfolgenden Belegstufen von WARENEINGANG bis AUSGANGSZAHLUNG ziehen dagegen eine Buchung nach sich und können daher nach dem Hinzufügen nur noch in bestimmten Feldern geändert werden. Dies sind in der Regel Felder, die keinen Einfluss auf *Wert* oder *Menge* des Belegs haben, wie z. B. BEMERKUNGEN, EINKÄUFER/VERTRIEBSMITARBEITER, FÄLLIGKEITSDATUM, ANSPRECHPARTNER etc.

Falls Sie eine Eingangsrechnung mit lagerführenden Artikeln erstellen, ohne dass zuvor ein Wareneingang angelegt wurde, erhalten Sie die folgende Hinweismeldung: ES WURDE KEIN WARENEINGANG/LIEFERUNG GEBUCHT. Diese Hinweismeldung dient nur als Gedan-

kenstütze oder Erinnerung, falls zwischen den Belegstufen BESTEL-
LUNG und EINGANGSRECHNUNG der WARENEINGANG nicht angelegt
wurde.

**Beleg weiter-
schieben
(»Kopieren nach«)**

Wenn Sie einen Beleg weiterschieben – in einen nachfolgenden Beleg kopieren –, wird dieser in dem Zustand, in dem sich der Beleg befindet, vollständig in den nachfolgenden Beleg kopiert. Aus diesem
Grund ist das Schieben eines Belegs vermutlich die einfachere Variante, da dies dem natürlichen Arbeitsverständnis des Benutzers entspricht. Denken Sie an die folgende Situation: Ihr Lieferant liefert die
von Ihnen bestellte Ware. Sie erhalten aus Ihrem Lager oder direkt
vom Lieferanten den Lieferschein und möchten nun in SAP Business
One den Wareneingang auf Ihr Lager erfassen. Der effizienteste
Schritt wäre nun, Ihre ursprüngliche Bestellung herauszusuchen. Im
Idealfall ist auf dem Lieferschein Ihres Lieferanten sogar Ihre Bestellnummer vermerkt, womit das Auffinden nur wenige Sekunden dau-
ert. Wenn Sie nun die Bestellung aufgerufen haben und die gesamte
Bestellung auch geliefert wurde, ist es am einfachsten, die gesamte
Bestellung in einen Wareneingang zu verwandeln.

Dazu rufen Sie die Bestellung auf und klicken auf den Button KOPIE-
REN NACH im rechten unteren Bereich des Fensters BESTELLUNG (siehe
Abbildung 5.36).

**Abbildung 5.36** Bestellung nach Wareneingang kopieren

Es erscheint eine Dropdown-Liste mit den vorhandenen Möglichkeiten. Wie in Abbildung 5.36 zu sehen ist, können Sie aus der Bestellung nun einen WARENEINGANG oder eine EINGANGSRECHNUNG erstellen (siehe auch Tabelle 5.1, Spalte KOPIEREN NACH, Zeile BESTELLUNG).

Wählen Sie den Eintrag WARENEINGANG, und die gesamte Bestellung wird in das neu geöffnete Fenster WARENEINGANG kopiert. Abbildung 5.37 zeigt die Vorgehensweise.

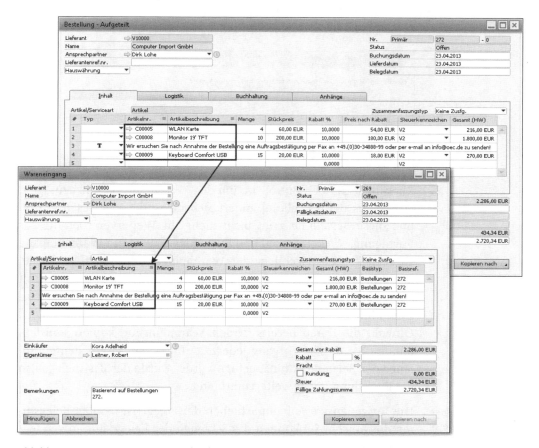

**Abbildung 5.37** Wareneingang mit den kopierten Daten aus der Bestellung

Es ist einfach zu erkennen, dass alle Belegzeilen aus der Bestellung inklusive der Textzeilen in den Wareneingang kopiert wurden. Über den Button 🗗 (FORMULAREINSTELLUNGEN) können Sie die Spalten BASISTYP und BASISREF. (= Basisreferenz) einblenden. Die beiden

Spalten in Abbildung 5.37 zeigen, dass der Wareneingang aus der Bestellung 272 stammt; diese Bestellung ist der *Basisbeleg* für den Wareneingang. Zusätzlich wird der Basisbeleg im Feld BEMERKUN-GEN vermerkt.

**Wareneingang hinzufügen**

Der Wareneingang wird naturgemäß mit dem aktuellen Datum erstellt. Als letzten Schritt müssen Sie den Wareneingang noch hinzufügen. Da mit ihm eine Buchung im Lager und in der Buchhaltung erfolgt, darf dieser Beleg nicht mehr verändert oder gelöscht werden. SAP Business One weist Sie auf diesen Umstand mit einer Sicherheitsabfrage hin (siehe Abbildung 5.38).

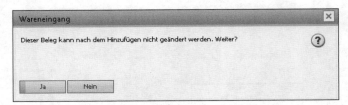

**Abbildung 5.38** Beleg hinzufügen – Sicherheitsabfrage

Klicken Sie auf den Button JA, um den Wareneingang hinzuzufügen. Der Status der Bestellung ändert sich daraufhin auf GESCHLOSSEN, und diese Bestellung steht nicht mehr zur Weiterverarbeitung zur Verfügung. Klicken Sie auf den Button NEIN, um zum Wareneingang zurückzukehren. Nachdem der Wareneingang hinzugefügt wurde, kann dieser nur noch mit einem Gegenbeleg, der Retoure, oder mit einem Stornobeleg »aufgehoben« werden. Falls Sie den Wareneingang ohne Hinzufügen abbrechen, bleibt die Situation unverändert: Obwohl die Daten bereits in den Wareneingang kopiert wurden, können Sie diesen Vorgang jederzeit abbrechen. Das bedeutet: Solange der Beleg nicht hinzugefügt wurde, wurde der Basisbeleg, also die Bestellung, nicht weiterverarbeitet.

**Analoge Vorgehensweise**

Die Vorgehensweise beim Schieben der Belege ist in allen Belegstufen die gleiche. Sie können das Schieben der Belege nur anwenden, wenn Sie jeweils den gesamten Beleg weiterverarbeiten möchten; teilweises Weiterverarbeiten der Belege ist nur mit dem Ziehen der Belege möglich und wird nun im Folgenden behandelt.

**Beleg weiterziehen (»Kopieren von«)**

Wenn Sie einen Beleg weiterziehen möchten, stehen Ihnen generell wesentlich mehr Möglichkeiten zur Verfügung. Zur Veranschaulichung verwenden wir dasselbe Beispiel mit der Bestellung 272. Der Unterschied liegt nun darin, dass Sie beim Wareneingang starten und die Bestellung dorthin ziehen.

Gehen Sie folgendermaßen vor (siehe Abbildung 5.39):

1. Öffnen Sie das Fenster WARENEINGANG, und Sie erhalten einen leeren Beleg im HINZUFÜGEN-Modus (siehe ❶ in Abbildung 5.39).

2. Als Nächstes wählen Sie den Lieferanten aus – ⬚-Taste im Feld LIEFERANT oder Klick auf den Button ⬚ (AUS LISTE AUSWÄHLEN) – und bestätigen die Auswahl mit dem Button AUSWÄHLEN.

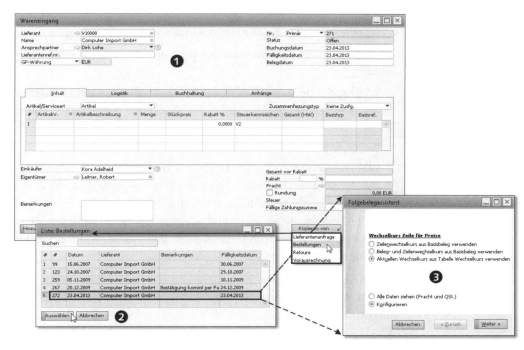

**Abbildung 5.39** Wareneingang von Bestellung kopieren

---

**Lieferanten schnell auswählen**                              **[+]**

Um den Lieferanten möglichst rasch auszuwählen, positionieren Sie die beiden Fenster BESTELLUNG und WARENEINGANG so, dass Sie in beiden Fenstern das Feld LIEFERANT sehen können. Nun können Sie sehr einfach die Lieferantennummer aus der Bestellung abtippen und müssen nicht den Umweg über die Auswahlliste nehmen.

3. Klicken Sie auf den nunmehr aktiven Button KOPIEREN VON, und Sie erhalten eine Dropdown-Liste mit allen Basisbelegen, aus denen Sie die Daten in den Wareneingang kopieren können.

4. Wählen Sie den Eintrag BESTELLUNGEN, und Sie erhalten eine Auswahlliste aller Bestellungen des ausgewählten Lieferanten im Fenster LISTE: BESTELLUNGEN.

5. Wählen Sie die Bestellung aus, die Sie in dem Wareneingang weiterverarbeiten möchten. Bestätigen Sie die Auswahl mit dem Button AUSWÄHLEN ❷.

6. Zur Unterstützung der Weiterverarbeitung wird das Fenster FOLGEBELEGASSISTENT geöffnet ❸. Dieser Assistent zeigt Ihnen schrittweise die Möglichkeiten für die Weiterverarbeitung des Belegs an. Im ersten Schritt müssen Sie zwei Optionen auswählen (siehe Abbildung 5.39):

   – Wählen Sie bei Fremdwährungsbelegen zwischen dem *aktuellen Wechselkurs* des Belegs oder der Belegzeile (heutiges Datum) und dem *Wechselkurs aus dem Basisbeleg* (Datum des Basisbelegs). In der Regel wird der aktuelle Kurs verwendet.

   – Wählen Sie die Option ALLE DATEN ZIEHEN (FRACHT UND QST.), um die gesamte Bestellung in den Wareneingang zu kopieren. Wählen Sie die Option KONFIGURIEREN, um die Daten aus der Bestellung nur *teilweise* in den Wareneingang zu kopieren. (Für das Beispiel, das wir in diesem Buch behandeln, wählen Sie die Option KONFIGURIEREN.)

   Nachdem Sie alle Optionen ausgewählt haben, klicken Sie auf den Button WEITER, um den nächsten Schritt des Folgebelegassistenten aufzurufen.

7. Wählen Sie nun die Artikelzeilen und Artikelmenge aus, die in den Wareneingang kopiert werden sollen (siehe Abbildung 5.40).

   Abbildung 5.40 zeigt den Schritt, in dem Sie bestimmen, welche Teile der Bestellung in den Wareneingang kopiert werden (aus diesem Grund »Konfigurieren«). Markieren Sie zuerst die Artikelzeilen. Zu Beginn sind alle Artikelzeilen markiert; über ⌈Strg⌉ + Klick mit der linken Maustaste auf die Artikelzeile können Sie diese wieder demarkieren. Wenn Sie erneut ⌐Strg¬ + linke Maustaste drücken, ist die Artikelzeile wieder markiert. Markieren und demarkieren Sie so lange, bis Sie alle eingegangenen Artikelzeilen gekennzeichnet haben. Falls eine Artikelzeile nur teilweise in Ihr Lager eingeht, markieren Sie auch diese Zeile. Nun können Sie noch die Menge entsprechend den tatsächlich eingegangenen Mengen abändern.

**Abbildung 5.40** Fenster »Folgebelegassistent« – Zeilen und Mengen auswählen

Im Beispiel wurde die Menge der Monitore in der zweiten Zeile von 10 auf 6 geändert (Abbildung 5.40), das bedeutet, vier Stück müssen noch geliefert werden.

Um mehrere Zeilen auf einmal zu demarkieren, klicken Sie mit der linken Maustaste auf eine beliebige Zeile, wodurch nur noch diese Zeile markiert ist. Um mehrere Zeilen auf einmal zu markieren, verwenden Sie die Kombination ⌐⇧¬-Taste + linke Maustaste. Abschließend bestätigen Sie die Auswahl mit dem Button Fertigstellen, und die markierten Artikelzeilen werden gemäß den eingegebenen Mengen in den Wareneingang kopiert. Sie haben anschließend wieder die Möglichkeit, den Wareneingang abzubrechen und den Folgebelegassistenten erneut aufzurufen.

8. Klicken Sie auf den Button Hinzufügen, um den Wareneingang anzulegen. Gemäß dem Beispiel in Abbildung 5.40 müssten nun noch eine komplette Artikelzeile (vier WLAN-Karten) und eine Teilmenge einer Artikelzeile (vier von zehn Monitoren) in der Bestellung offen sein.

**[+]** **Bei der Weiterverarbeitung von Belegen auf die Belegart achten**

Bei der Weiterverarbeitung von Belegen müssen Sie auf die Belegart (Artikel- oder Servicebeleg) Rücksicht nehmen. Die Belegart muss naturgemäß beim Durchlaufen der gesamten Belegkette in Einkauf und Verkauf dieselbe bleiben. Es ist also nicht möglich, eine Bestellung mit der Belegart SERVICE in eine Eingangsrechnung mit der Belegart ARTIKEL weiterzuverarbeiten.

**Teilweise offener Basisbeleg** Dazu sehen wir uns in Abbildung 5.41 die ursprüngliche Bestellung 272 einmal näher an.

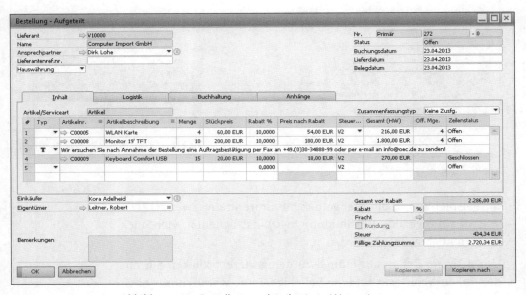

**Abbildung 5.41** Bestellung nach teilweisem Wareneingang

In der Spalte MENGE sehen Sie die ursprünglich bestellte Menge der Artikelzeilen. In der Spalte OFF. MGE. weiter rechts finden Sie die noch offene Menge (nach dem teilweisen Wareneingang) und rechts daneben den Zeilenstatus in der gleichnamigen Spalte. Sofern diese Spalten nicht sichtbar sind, blenden Sie sie mit dem Button ⬜ (FORMULAREINSTELLUNGEN) ein. Es zeigt sich, dass von insgesamt drei Artikelzeilen jene den Zeilenstatus GESCHLOSSEN führt, die vollständig im Wareneingang weiterverarbeitet wurde. Die Zeile ist also geschlossen, wenn die offene Menge (Feld OFF. MGE.) null ist und die gesamte Menge in den Folgebeleg kopiert wurde. Alle geschlossenen Artikelzeilen sind für den Benutzer sichtbar grau hinterlegt.

Eine Sonderstellung nehmen die Textzeilen ein. Sie müssen genauso in den Folgebeleg kopiert werden, falls dies gewünscht ist. Da in der Regel in der Belegkette im Einkauf nur die Bestellung, nicht aber die Folgebelege gedruckt werden, müssen die Textzeilen daher nicht notwendigerweise in den Folgebeleg kopiert werden. Außerdem hat eine Textzeile keinen Zeilenstatus, weil sie keine Menge führt. Aus diesem Grund kann eine Textzeile bei einer teilweisen Weiterverarbeitung des Belegs beliebig oft in den Folgebeleg kopiert werden.

| **Alle Belegzeilen eines Artikels sind weiterverarbeitet** | **[+]** |
|---|---|
| Sollten Sie bei einem Beleg alle Artikelzeilen weiterverarbeitet haben – das heißt, es befinden sich nur noch Textzeilen oder Zwischensummen im Basisbeleg –, hat dieser Beleg ebenfalls den Status GESCHLOSSEN. | |

Beachten Sie den Belegstatus in Abbildung 5.41 im Feld STATUS im rechten oberen Bereich. Solange der Zeilenstatus noch mindestens einer Zeile auf OFFEN steht, bleibt der Belegstatus ebenfalls auf OFFEN.

| **Bestellung kopieren** | **[+]** |
|---|---|
| Falls nun die restliche Lieferung zu dieser Bestellung eintrifft, können Sie die Bestellung wieder sehr einfach mit dem Button KOPIEREN NACH komplett in den Wareneingang kopieren. Diese Funktion verwendet den gesamten noch offenen Beleg, gleichgültig, ob dieser Beleg komplett offen oder nur teilweise offen ist. | |

Nachdem die Belege der Belegkette im Einkauf jeweils weiterverarbeitet wurden, gibt es auch eine Verknüpfung zwischen den einzelnen Belegstufen. SAP Business One bietet ein effizientes Hilfsmittel, um zwischen den verknüpften Belegen zu navigieren.

Zwischen Belegen »springen«

Um zwischen Basisbeleg und Zielbeleg zu springen, können Sie die Buttons 🔧 (BASISBELEG) und 🔧 (ZIELBELEG) in der Symbolleiste verwenden. Sie gelangen jeweils in den entsprechenden Beleg, sofern der Basisbeleg nur einen Zielbeleg hat. Falls der Basisbeleg zwei oder mehr Zielbelege hat, müssen Sie die jeweilige Zeile durch einen Klick auf die Zeilennummer markieren, um in den gewünschten Beleg zu gelangen.

In Abbildung 5.42 greifen wir wieder unser bekanntes Beispiel zu Bestellung 272 auf. Wir haben zu dieser Bestellung die beiden

Wareneingänge 271 und 272 erstellt. Das bedeutet, um in Wareneingang 271 zu gelangen, müssen Sie in der Bestellung 272 jene Zeile markieren, die eben im Wareneingang 271 weiterverarbeitet wurde (siehe ❶ in Abbildung 5.42). Sollten Sie vor dem Klick auf den Button ▯ (ZIELBELEG) keine Zeile markiert haben, wird automatisch der Zielbeleg der ersten Basisbelegzeile geöffnet, in unserem Fall Wareneingang 272.

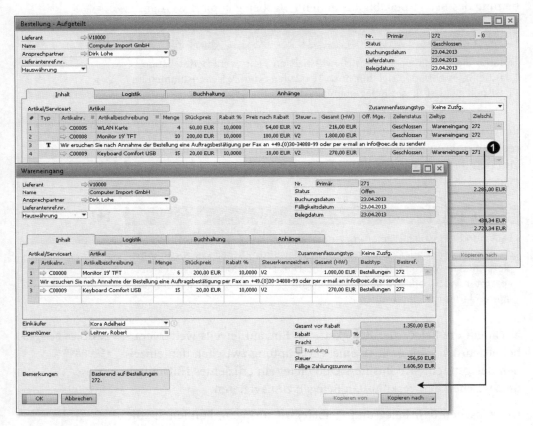

**Abbildung 5.42** Verknüpfung zwischen Bestellung (Basisbeleg) und Wareneingang (Zielbeleg)

Um die Verknüpfung auch zu visualisieren, haben Sie die Möglichkeit, im Basisbeleg mit dem Button ▯ (FORMULAREINSTELLUNGEN) die Spalten ZIELTYP und ZIELSCHLÜSSEL (zeigt die interne Belegnummer an!) einzublenden.

Eine der größten Herausforderungen kleiner und mittlerer Unternehmen ist es, den Überblick über die sehr stark vernetzten Belege zu behalten. Gerade wenn Ihr Unternehmen eine große Anzahl an Belegen erstellt, bedeutet dies oft einen sehr hohen Verwaltungsaufwand, um konkrete und wichtige Fragen zu beantworten, die für den laufenden Geschäftsbetrieb Ihres Unternehmens unabdingbar sind:

Übersicht Belegstatus – offene Belegzeilen

▸ **Welche Bestellungen oder Bestellzeilen wurden von Ihrem Lieferanten noch nicht geliefert?**
Diese Information ist wichtig, wenn Ihr Unternehmen Ihrem Kunden gegenüber ebenfalls Lieferfristen einhalten muss.

▸ **Welche Eingangsrechnungen haben Sie noch nicht bezahlt?**
Diese Information ist entscheidend, um Verzugszinsen zu vermeiden, die von Ihrem Lieferanten in Rechnung gestellt werden – oder auch ganz einfach, um die Zahlungsströme im Unternehmen (Einzahlungen und Auszahlungen) zu koordinieren und zu optimieren.

▸ **Welche Angebote oder Angebotszeilen wurden von meinem Kunden noch nicht beauftragt?**
Diese Information ist für die Vertriebsmannschaft Ihres Unternehmens von Bedeutung, um nach einer bestimmten verstrichenen Zeit, in der das Angebot oder Teile des Angebots noch nicht vom Kunden beauftragt wurden, beim Kunden nachzuhaken. Mit einer regelmäßigen Übersicht kann der Vertrieb hier gezielt unterstützt werden.

▸ **Welche Aufträge oder Auftragszeilen Ihrer Kunden wurden noch nicht ausgeliefert?**
Diese Information ist wichtig, um an Ihre Kunden gewährte Lieferfristen zu koordinieren und zu überwachen.

▸ **Welche Aufträge/Lieferscheine oder Auftragszeilen/Lieferscheinzeilen Ihrer Kunden wurden noch nicht fakturiert (das heißt in einer Ausgangsrechnung weiterverarbeitet)?**
Auch wenn die Auftragslage zufriedenstellend ist, wird das auftragsseitige Volumen Ihres Unternehmens erst durch die Fakturierung zu greifbaren Umsätzen in der Finanzbuchhaltung. Gerade in diesem Bereich ist es für kleine und mittlere Unternehmen wichtig, die laufende Ernte einzufahren.

Hilfsmittel in den
Belegstufen

SAP Business One bietet einige Möglichkeiten, diese Fragen in den einzelnen Belegstufen zu beantworten. Tabelle 5.2 gibt Ihnen einen Überblick über alle Hilfsmittel in diesem Bereich.

| Bezeichnung | Typ | Eigenschaft |
|---|---|---|
| Status | Belegfeld | Zeigt den Status des Belegs an (OFFEN, OFFEN – GEDRUCKT, STORNIERT, ABGE-SCHLOSSEN, siehe Abschnitt 5.2.1, »Belegkopf«). |
| Offene Menge | Belegzeilenfeld | Das Feld OFF. MGE. zeigt jene Menge des Artikels, die noch nicht im Folge-beleg weiterverarbeitet wurde, etwa jene bestellte Menge, die vom Liefe-ranten noch nicht geliefert und für die noch kein Wareneingang angelegt wurde. |
| Auf Lager | Belegzeilenfeld | Zeigt die Menge des Artikels, die sich derzeit auf allen Lagern befindet. |
| Bestätigt | Belegzeilenfeld | Zeigt die Menge des Artikels, die der-zeit von Kunden beauftragt, aber noch nicht ausgeliefert wurde. |
| Bestellt | Belegzeilenfeld | Zeigt die Menge des Artikels, die der-zeit von Ihnen bei Ihren Lieferanten bestellt, aber noch nicht geliefert wurde. |
| Liefermenge (nur in Kunden-auftrag) | Belegzeilenfeld | Zeigt die Menge des Artikels, die von Kunden beauftragt und auch schon ausgeliefert wurde (siehe Abschnitt 6.2.2, »Belegmitte«). |
| Zeilenstatus | Belegzeilenfeld | Zeigt den Status der Belegzeile an. Solange die Belegzeile nicht vollständig weiterverarbeitet wurde, bleibt der Status auf OFFEN. Sobald die komplette Zeile weiterverarbeitet wurde, ändert sich der Status auf GESCHLOSSEN. |
| Zieltyp | Belegzeilenfeld | Zeigt die Zielbelegart an. |
| Zielschlüssel | Belegzeilenfeld | Zeigt eine interne Belegnummer an. |
| Basistyp | Belegzeilenfeld | Zeigt die Basisbelegart an. |
| Basisschlüssel | Belegzeilenfeld | Zeigt eine interne Belegnummer an. |

**Tabelle 5.2** Übersicht über Hilfsmittel offene Belege/Belegzeilen

| Bezeichnung | Typ | Eigenschaft |
|---|---|---|
| Basisref. | Belegzeilenfeld | Zeigt die Belegnummer des Basisbelegs an. |
| Basiszeile | Belegzeilenfeld | Zeigt die Zeilennummer der Belegzeile aus dem Basisbeleg an. |
| Offene Belege | Bericht | Zeigt eine Liste mit allen komplett oder teilweise offenen Belegen an. Aufzurufen über EINKAUF/VERKAUF • EINKAUFSBERICHTE/VERKAUFSBERICHTE • OFFENE BELEGE. |
| Auftrags-rückstand | Bericht | Zeigt eine Übersicht über beauftragte, aber noch nicht gelieferte Auftragszeilen an. Den Bericht rufen Sie über VERKAUF • UMSATZBERICHTE • AUFTRAGS-RÜCKSTAND auf. Mithilfe einer Reihe von Auswahlkriterien kann die Übersicht weiter eingeschränkt werden. Der Auftragsrückstandsbericht wird in Abschnitt 6.3, »Berichte im Verkauf«, detailliert behandelt. |
| Fehlende Artikel (offene Belege) | Bericht | Zeigt eine Übersicht über alle Artikel, die eine negative verfügbare Menge haben. Den Bericht rufen Sie über EINKAUF • EINKAUFSBERICHTE • OFFENE BELEGE • AUSWAHLLISTE FEHLENDE ARTIKEL auf.<br><br>Die verfügbare Menge eines Artikels errechnet sich aus: *Lagerbestand + bestellte Menge – beauftragte Menge*. Ein negativer verfügbarer Bestand würde bedeuten, dass die von einem Kunden beauftragte Menge größer ist als die Menge, die derzeit auf Lager liegt, plus die Menge, die bestellt wurde. |
| Verknüpfungs-plan | Übersicht | Zeigt eine grafische Darstellung aller Belegverknüpfungen an. Wird aufgerufen mit einem Rechtsklick auf den Beleg und dem Eintrag VERKNÜPFUNGS-PLAN aus dem Kontextmenü. |

**Tabelle 5.2** Übersicht über Hilfsmittel offene Belege/Belegzeilen (Forts.)

Die Rückstandsbearbeitung wird im Fachjargon auch *Backlog* genannt.

[+]

**Backlog**

Der *Backlog* ist die Rückstandsbearbeitung offener Aufträge. Die Rückstandsbearbeitung wird für die Nachverfolgung erhaltener Kundenaufträge verwendet, für die noch keine Lieferung bzw. kein Versand stattgefunden hat. Diese Situation tritt dann ein, wenn mit der vorhandenen oder verfügbaren Artikelmenge der aktuelle Kundenauftrag nicht erfüllt werden kann. Mit der Rückstandsbearbeitung haben Sie die Möglichkeit, fehlende Mengen zu überwachen. Sobald die fehlenden Artikelmengen im Lager eingehen, können Sie diese an die Kunden weiterliefern.

Verknüpfungsplan  Der Verknüpfungsplan ist eine sehr übersichtliche grafische Darstellung aller verknüpften Belege in SAP Business One ab Release 8.8. Als Demonstrationsbeispiel dient die zuvor verwendete Bestellung 272, die mittels zweier Wareneingänge (271, 272) weiterverarbeitet wurde. Rufen Sie einen der drei Belege auf, klicken Sie mit der rechten Maustaste auf das Belegfenster, und wählen Sie den Eintrag VERKNÜPFUNGSPLAN aus dem Kontextmenü aus. Das Fenster VERKNÜPFUNGSPLAN wird geöffnet und zeigt alle mit der Bestellung 272 verknüpften Belege an (siehe Abbildung 5.43).

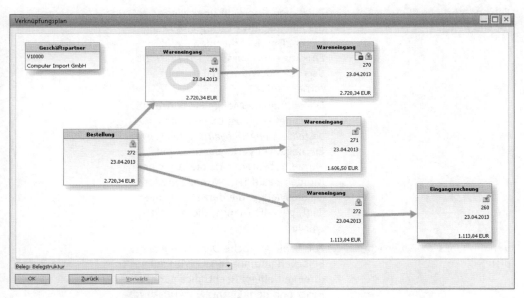

**Abbildung 5.43** Verknüpfungsplan für Bestellung 272

Es zeigt sich, dass die Bestellung 272 bereits in einen Wareneingang 269 weiterverarbeitet wurde, der jedoch mit dem Stornowareneingang 270 wieder aufgehoben wurde. Die Bestellung war nun wieder offen, um die teilweisen Wareneingänge 271 und 272 zu erstellen. Der Wareneingang 272 wurde seinerseits wiederum in der Eingangsrechnung 260 weiterverarbeitet. Die Pfeile zeigen jeweils die Verbindung zwischen den Belegen. Ziehen Sie die Belege per Drag & Drop an eine andere Stelle, um die Darstellung nach Ihrem eigenen Ermessen übersichtlicher zu gestalten.

Das Schlosssymbol in der rechten oberen Ecke der Belege zeigt an, ob der Status des Belegs auf »geschlossen« 🔒 oder »offen« 🔓 steht. Klicken Sie doppelt auf einen der Belege, und das dazugehörige Belegfenster öffnet sich.

Mithilfe der Dropdown-Liste im linken unteren Bereich des Fensters VERKNÜPFUNGSPLAN können Sie die Darstellungsform ändern. In Abbildung 5.43 wird die Form BELEGSTRUKTUR dargestellt, darüber hinaus können Sie sich BUCHUNGSDETAILS und ZUGEHÖRIGE ARTIKEL darstellen lassen.

Klicken Sie abschließend auf den Button OK, um das Fenster zu schließen.

Das Modul EINKAUF ist eng mit den Modulen LAGERVERWALTUNG und FINANZWESEN verknüpft. Dabei kommt es darauf an, ob es sich bei den in den Belegstufen verwendeten Artikeln um Lagerartikel oder Nicht-Lagerartikel handelt. Der Unterschied manifestiert sich darin, ob die Checkbox LAGERARTIKEL im Fenster ARTIKELSTAMMDATEN markiert ist oder nicht. In Tabelle 5.3 sehen Sie die Auswirkung jeder einzelnen Belegstufe auf Lagerhaltung und Buchhaltung.

**Auswirkung auf Lager und Buchhaltung**

| Belegstufe | Auswirkung auf Lagerhaltung (Menge) | Auswirkung auf Buchhaltung (Wert) |
|---|---|---|
| Bestellanforderung | keine | keine |
| Lieferantenanfrage | keine | keine |
| Bestellung | keine Lagerbewegung, Erhöhung der *bestellten* Menge, dadurch Erhöhung der verfügbaren Menge (siehe Fenster ARTIKELSTAMMDATEN, Registerkarte BESTANDSDATEN, Abschnitt 4.6, »Artikel«) | keine |

**Tabelle 5.3** Auswirkungen der Einkaufsbelege auf Lagermenge und Buchhaltung bei »Lagerartikeln«

| Belegstufe | Auswirkung auf Lager-haltung (Menge) | Auswirkung auf Buchhaltung (Wert) |
|---|---|---|
| Wareneingang | Erhöhung der Lagermenge | Erhöhung des Lager-werts |
| Retoure | Verringerung der Lagermenge | Verringerung des Lagerwerts |
| Eingangsrechnung | keine Lagerbewegung, sofern Wareneingang davor, sonst Erhöhung der Lagermenge | Buchung der Ver-bindlichkeit gegen-über dem Lieferan-ten und Erhöhung des Lagerwerts (sofern kein Waren-eingang davor) |
| Gutschrift | Verringerung der Lagermenge, sofern keine Retoure davor | Rückbuchung der Verbindlichkeit und Verringerung der Lagermenge (sofern keine Retoure davor) |
| Ausgangszahlung | keine Lagerbewegung | Ausgleich der Ver-bindlichkeit gegen-über dem Lieferan-ten, Verringerung der Zahlungsmittel |

**Tabelle 5.3** Auswirkungen der Einkaufsbelege auf Lagermenge und Buchhaltung bei »Lagerartikeln« (Forts.)

Die *Bestellung* wirkt sich bloß auf eine Erhöhung der verfügbaren Menge, jedoch nicht auf eine Veränderung der Lagermenge aus. Die Menge wird reserviert, aber nicht gebucht. Aus diesem Grund ergibt sich auch keine Journalbuchung bei der Bestellung. Beim *Warenein-gang* wird die tatsächliche Lagermenge gebucht, die wertmäßige Er-höhung (*Menge + Preis = Lagerwert*) in der Buchhaltung wird auf das Vorratskonto gebucht.

Die Belegstufe *Retoure* dreht diesen Vorgang einfach um. Sollte kein Wareneingang erstellt und die Bestellung direkt in der Eingangsrech-nung verarbeitet werden, erhöht sich die Lagermenge bzw. vollzieht sich die Verbuchung auf das Vorratskonto erst bei der Belegstufe *Ein-gangsrechnung*. Dabei erfolgt bei vorheriger Erstellung der Eingangs-rechnung nur noch die wertmäßige Verbuchung der Verbindlichkeit beim Lieferanten. Bei der *Gutschrift* wird sowohl der Vorgang des

Wareneingangs als auch der Eingangsrechnung (teilweise) umgedreht. Das bedeutet, die Verbindlichkeit beim Lieferanten wird ausgeglichen, die Lagermenge wird verringert und der Lagerwert auf das Vorratskonto rückgebucht. Die *Ausgangszahlung* gleicht die Verbindlichkeit an den Lieferanten aus, es gibt keinen Einfluss auf die wert- und mengenmäßige Lagerführung. Eine Übersicht über die automatischen Journalbuchungen in der Einkaufskette erhalten Sie in Abschnitt 9.2, »Buchungskreislauf in SAP Business One«.

Ein wichtiges Thema im Einkauf ist die buchhalterische Behandlung von Preisdifferenzen im Einkauf.

*Preisdifferenzen*

---

### Verrechnung zum tagesaktuellen Preis    [zB]

Sie bestellen 100 Stück Monitore zum Stückpreis von 279,00 EUR. Mit demselben Preis werden diese in der Belegstufe WARENEINGANG auf das Lager gebucht. In der Zwischenzeit erhöht sich jedoch der Preis auf 289,00 EUR, und Sie haben mit Ihrem Lieferanten eine Verrechnung zum tagesaktuellen Preis vereinbart. Die Differenz zwischen diesen beiden Preisen von *10,00 EUR × 100 Stück = 1.000,00 EUR* wird von SAP Business One automatisch in der Lagerbuchhaltung berücksichtigt.

---

Tabelle 5.4 zeigt die Auswirkungen der einzelnen Einkaufsbelege von Nicht-Lagerartikeln auf die Buchhaltung.

*Auswirkungen auf die Buchhaltung*

| Belegstufe | Auswirkungen auf Buchhaltung |
|---|---|
| Bestellanforderung | keine |
| Lieferantenanfrage | keine |
| Bestellung | keine |
| Eingangsrechnung | Buchung der Verbindlichkeit gegenüber dem Lieferanten |
| Gutschrift | Rückbuchung der Verbindlichkeit gegenüber dem Lieferanten |
| Ausgangszahlung | Ausgleich der Verbindlichkeit gegenüber dem Lieferanten, Verringerung der Zahlungsmittel |

**Tabelle 5.4** Auswirkungen der Einkaufsbelege auf Buchhaltung bei »Nicht-Lagerartikeln«

Bei einem Nicht-Lagerartikel entfallen alle mengen- und wertmäßigen Bewegungen in der Lagerverwaltung. Aus diesem Grund entfällt die Belegstufe WARENEINGANG komplett. Bei den restlichen Beleg-

Vorausrechnung

stufen (mit Ausnahme der Bestellung) wird die Buchung der Verbindlichkeit entsprechend automatisch angestoßen.

Eine Sonderstellung innerhalb der Belegkette im Einkauf nimmt die Einkaufsvorausrechnung ein. Wenn Ihr Lieferant Ihnen eine Vorausrechnung erstellt, wird die klassische Belegkette im Einkauf gewissermaßen umgedreht. Dementsprechend gestaltet sich die Belegkette im Einkauf mit der Vorausrechnung wie in Abbildung 5.44.

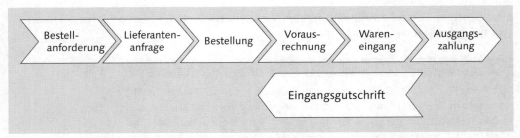

**Abbildung 5.44** Belegkette im Einkauf mit Vorausrechnung

Der Unterschied zur »klassischen« Belegkette im Einkauf liegt darin, dass nach der Bestellung zunächst sofort die Vorausrechnung folgt und erst dann der Wareneingang auf das Lager. Die Vorausrechnung kann mit der Gutschrift umgekehrt werden. Mit dem Wareneingang und der Ausgangszahlung, also der Zahlung der Vorausrechnung, ist der Einkaufsprozess abgeschlossen.

In der Praxis ist es durchaus üblich, dass die Lieferung von Ihrem Lieferanten, also der Wareneingang, erst nach geleisteter Ausgangszahlung erfolgt. Aber auch die Variante in Abbildung 5.44 ist möglich, bei der die Ausgangszahlung erst nach dem Wareneingang erfolgt.

**[+]**  **Vorausrechnung nur mit Belegart »Artikel« möglich**

Eine Vorausrechnung kann nur mit der Belegart ARTIKEL erstellt werden, da nur in diesem Fall das Umdrehen der Belegkette sinnvoll ist. Im Fall eines Servicebelegs existiert kein Wareneingang, und somit kann auch lediglich eine Eingangsrechnung angelegt werden.

»Nur-Steuer«-
Rechnung

In SAP Business One besteht darüber hinaus die Möglichkeit, eine Rechnung zu erstellen, die nur den Steuerbetrag der enthaltenen Artikel enthält. Diese wird in der Regel im Einkauf erstellt, z. B. für zollrelevante Angelegenheiten. Dazu blenden Sie die Spalte NUR

STEUER über den Button ☐ (FORMULAREINSTELLUNGEN) ein. Markieren Sie in der Spalte NUR STEUER jede Zeile, bei der nur der Steuerbetrag auf der Rechnung erscheinen soll. Alle Zeilen, die hier nicht markiert werden, werden als übliche Artikelzeilen behandelt.

## 5.5 Bestellanforderung

Die *Bestellanforderung* ist im Grunde genommen ein Beleg, der für interne Zwecke verwendet wird. Ziel ist es, alle Beschaffungsvorgänge im Unternehmen über die Mitarbeiter zu initiieren und z. B. durch die Einkaufsabteilung abzuwickeln. Dementsprechend wird die Bestellanforderung in der Regel von einem Mitarbeiter aus den einzelnen Fachabteilungen verwendet. Der Einkaufsmitarbeiter übernimmt ab der Belegstufe LIEFERANTENANFRAGE. Die weiteren Belegstufen werden gemäß der internen Organisation durch Einkauf, Lager und Buchhaltung abgewickelt.

Die Bestellanforderung im Modul EINKAUF (ab Release 9.0 von SAP Business One) ist ähnlich aufgebaut wie jeder Einkaufsbeleg. Einziger großer Unterschied ist, dass anstelle des Lieferanten automatisch der Ersteller des Belegs (= der Mitarbeiter) vorgeschlagen wird. Der Lieferant kommt erst ab der Belegstufe LIEFERANTENANFRAGE hinzu.

Bestellanforderung anlegen

Die folgenden Felder sind in den Kopfdaten zusätzlich zu einem üblichen Einkaufsbeleg für die Bestellanforderung relevant (siehe Abbildung 5.45).

▸ **Dropdown-Liste »Anforderer«**
Der ANFORDERER ist jener Mitarbeiter, der einen Materialbedarf hat. Dies kann in SAP Business One ein angelegter Benutzer oder Mitarbeiter sein. Wählen Sie dementsprechend den Eintrag BENUTZER oder MITARBEITER aus der Dropdown-Liste aus. Anschließend wählen Sie den gewünschten Benutzer oder Mitarbeiter aus der Auswahlliste aus. Standardmäßig wird der Benutzer vorgeschlagen, der die Bestellanforderung anlegt (siehe Benutzer »Robert Leitner« in Abbildung 5.45).

▸ **Felder »Name des Anforderers«, »Filiale« und »Abteilung«**
Diese Felder werden automatisch aufgrund des ausgewählten Benutzers oder Mitarbeiters gefüllt.

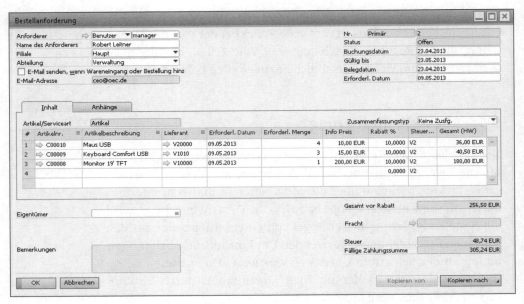

**Abbildung 5.45** Bestellanforderung

▶ **Checkbox »E-Mail senden, wenn Wareneingang oder Bestellung hinzugefügt wird«**

Markieren Sie diese Checkbox, und der Benutzer oder Mitarbeiter wird automatisch von SAP Business One per E-Mail benachrichtigt, sobald der Beschaffungsvorgang mit einer Bestellung oder einem Wareneingang in Gang gesetzt wurde.

▶ **Feld »E-Mail-Adresse«**

Das Feld E-MAIL-ADRESSE wird automatisch aufgrund des ausgewählten Benutzers oder Mitarbeiters befüllt.

▶ **Feld »Erforderl. Datum«**

Geben Sie im rechten oberen Bereich des Fensters das Datum ein, bis zu dem die angeforderte Ware bzw. das Material im Lager sein soll.

In der Belegmitte der Bestellanforderung sind die folgenden Felder relevant (siehe Abbildung 5.45):

▶ **Feld »Lieferant«**

Standardmäßig wird in diesem Feld der bevorzugte Lieferant aus den ARTIKELSTAMMDATEN (Registerkarte EINKAUF) vorgeschlagen. Der Lieferant ist jener Geschäftspartner, bei dem die angeforderte

Ware bzw. das Material in weiterer Belegfolge angefragt bzw. auch bestellt wird. Ändern Sie diesen bei Bedarf.

► **Feld »Erforderl. Datum«**
Das erforderliche Datum, das Sie in den Kopfdaten eingegeben haben, wird nach einer Hinweismeldung in die Belegzeilen kopiert.

► **Feld »Erforderl. Menge«**
Geben Sie hier für jeden Artikel die vom Mitarbeiter benötigte Menge ein.

► **Feld »Info Preis«**
Dieser Preis hat einen Informationscharakter und wird aufgrund des ausgewählten Lieferanten und der Preisliste vorgeschlagen, die diesem zugeordnet ist.

Klicken Sie abschließend auf den Button HINZUFÜGEN, um die Bestellanforderung anzulegen.

Im Gegensatz zu den Belegstufen, die Sie bisher kennengelernt haben, können Sie in der Bestellanforderung lediglich auf die Registerkarte ANHÄNGE zugreifen, um Dateien an die Bestellanforderung anzuhängen. Daten, die Sie in anderen Belegstufen z. B. auf den Registerkarten LOGISTIK und BUCHHALTUNG finden, sind in dieser Belegstufe noch nicht relevant.

Die Bestellanforderungen, die in allen Teilen des Unternehmens erstellt werden, können anschließend von den Einkaufsmitarbeitern bearbeitet werden. Diese können nun mehrere Lieferantenanfragen und schließlich Bestellungen anlegen.

*Offene Bestellanforderungen verwalten*

Eine Übersicht erhalten Sie – wie für jede Belegstufe – in den offenen Belegen unter EINKAUF • EINKAUFSBERICHTE • OFFENE BELEGE. Wählen Sie den Eintrag BESTELLANFORDERUNG aus der Dropdown-Liste im rechten oberen Bereich aus, und Sie erhalten eine Übersicht aller zu bearbeitenden Bestellanforderungen.

## 5.6 Lieferantenanfrage

Die *Lieferantenanfrage* ist nach der Bestellanforderung der nächste Schritt im Beschaffungsvorgang. Nachdem mit der Bestellanforderung der Bedarf an Ware bzw. Material festgelegt wurde, gilt es, mit mehreren Lieferantenanfragen an verschiedene Lieferanten das beste

Angebot zu ermitteln. Aus diesem Grund ist die Bestellanforderung technisch derart gestaltet, dass diese mehrfach in Lieferantenanfragen verarbeitet werden kann. Außerdem steht Ihnen im Modul Einkauf (Release 8.8) ein Erstellungsassistent für Lieferantenanfragen zur Verfügung, der ebenfalls in diesem Abschnitt behandelt wird.

**Anfrage erstellen – Angebote anfordern**

Die Lieferantenanfrage ähnelt sehr stark der Bestellung und übernimmt alle Daten aus der Bestellanforderung, wie in Abbildung 5.46 zu sehen ist.

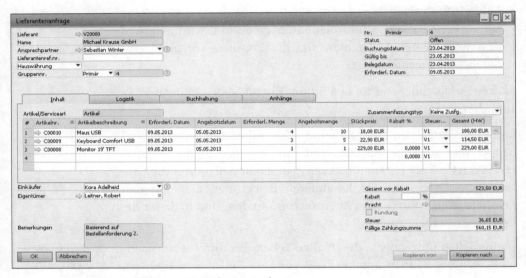

**Abbildung 5.46** Lieferantenanfrage

Darüber hinaus steht Ihnen im linken Bereich der Belegkopfdaten das Feld GRUPPENNR. zur Verfügung. Hier können Sie eine Nummer angeben, um mehrere Lieferantenanfragen zu einer Gruppe zusammenzufassen. Öffnen Sie dazu die Auswahlliste neben der Gruppennummer, und wählen Sie eine bereits bestehende Gruppennummer aus. Dadurch haben Sie ein verknüpfendes Element zu einer Bestellanforderung, die Sie an mehrere Lieferanten schicken. Falls Sie keine Gruppennummer auswählen, wird diese gemäß der definierten Nummerierungsserie fortlaufend hochgezählt.

Wenn Sie nun eine Lieferantenanfrage aus einer Bestellanforderung erstellen, werden Sie erkennen, dass der Status der Bestellanforderung immer auf OFFEN bleibt. Sie haben in diesem Zusammenhang die Möglichkeit, dieselbe Bestellanforderung mehrmals in eine Lieferantenanfrage zu »schieben« oder zu »ziehen«. Dies zeigt der Verknüpfungsplan in Abbildung 5.47. Um den Verknüpfungsplan zu öffnen, machen Sie einen Rechtsklick auf die Lieferantenanfrage und wählen die Option VERKNÜPFUNGSPLAN aus dem Kontextmenü aus.

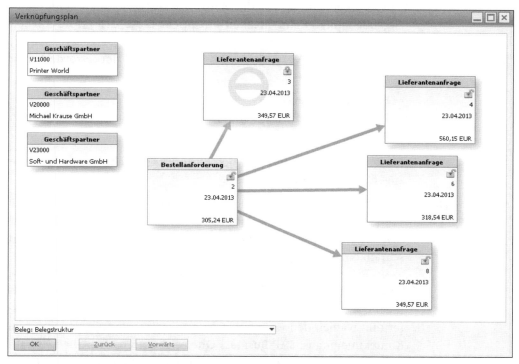

**Abbildung 5.47** Verknüpfungsplan für mehrere Lieferantenanfragen zu einer Bestellanforderung

Es ist gut zu erkennen, dass aus der Bestellanforderung 2 die Lieferantenanfragen 4, 6 und 8 erstellt wurden. Die Lieferantenanfrage 3 wurde erstellt und wieder storniert, was Sie anhand des großen runden Symbols erkennen können.

Nachdem nun mehrere Lieferantenanfragen erstellt und an die entsprechenden Lieferanten übermittelt wurden, gilt es nun – als nächste Aufgabe des Einkaufs –, die Angebote miteinander zu vergleichen. Dazu rufen Sie nacheinander die bereits angelegten Lieferantenanfragen auf und erfassen die Daten aus den Angeboten. Dies betrifft im Wesentlichen die folgenden Felder in den Lieferantenanfragen (siehe Abbildung 5.46):

Antworten von Lieferanten erfassen

▶ **Feld »Angebotsdatum«**
Das Angebotsdatum ist das Datum, das der Lieferant als Lieferdatum für den angefragten Artikel angibt.

▶ **Feld »Angebotsmenge«**
Die Angebotsmenge ist die Menge, die der Lieferant in seinem Angebot anbietet. Im Idealfall entspricht diese der erforderlichen Menge, sie kann jedoch z. B. aufgrund geringer Lagerbestände, vorgegebener Verpackungsgrößen etc. von der erforderlichen Menge abweichen.

▶ **Feld »Stückpreis«**
Der Stückpreis ist der vom Lieferanten angebotene Preis für den Artikel.

Klicken Sie abschließend auf den Button AKTUALISIEREN, um die hinzugefügten Daten zu speichern.

**Angebotsvergleich und Bestellung**
Ein übersichtliches Instrument zum Angebotsvergleich bietet SAP Business One mit dem Einkaufsbericht LIEFERANTENANFRAGEVERGLEICH (unter EINKAUF • EINKAUFSBERICHTE). Starten Sie diesen, und schränken Sie die Auswahlkriterien nach den Feldern ARTIKEL, LIEFERANT, BELEGNUMMER, GRUPPENNUMMER oder ERFORDERLICHES DATUM ein. Alternativ dazu rufen Sie eine der gegenständlichen Lieferantenanfragen auf, klicken mit der rechten Maustaste auf das Belegfenster und wählen den Eintrag LIEFERANTENANFRAGEVERGLEICH aus dem Kontextmenü aus. SAP Business One zeigt automatisch alle Lieferantenanfragen für den angefragten Artikel an (siehe Abbildung 5.48).

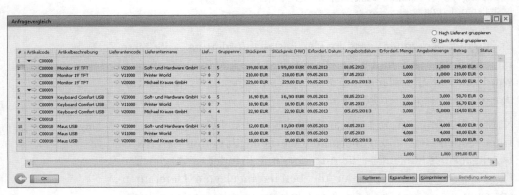

**Abbildung 5.48** Lieferantenanfragevergleich

Mit der Optionsgruppe im rechten oberen Bereich können Sie NACH ARTIKEL GRUPPIEREN (wie in Abbildung 5.48 dargestellt) oder NACH LIEFERANT GRUPPIEREN. Im rechten unteren Bereich haben Sie zudem die Möglichkeit, alle angezeigten Artikel/Lieferanten mit einem Klick auf die gleichnamigen Schaltflächen zu expandieren und die Details anzuzeigen bzw. zu komprimieren und die Details zu verbergen. Klicken Sie auf den Button SORTIEREN, um im nun geöffneten Fenster die Liste nach STÜCKPREIS, ANGEBOTSDATUM, ANGEBOTSMENGE oder BETRAG zu sortieren.

Der geringste Stückpreis und das früheste Angebotsdatum werden dabei farblich hervorgehoben. Im Beispiel in Abbildung 5.48 zeigt sich, dass bei allen drei Artikeln der Lieferant V23000 das günstigste Angebot abgegeben, jedoch den spätesten Angebotstermin geboten hat. Falls der Angebotstermin kein entscheidendes Kriterium ist, wird aller Voraussicht nach dieser Lieferant den Zuschlag erhalten.

Um nun das beste Angebot in eine Bestellung weiterzuverarbeiten, rufen Sie die gewünschte Lieferantenanfrage auf, klicken auf den Button KOPIEREN NACH und wählen den Eintrag BESTELLUNG aus der Werteliste aus. Anschließend klicken Sie im nun geöffneten Fenster BESTELLUNG auf den Button HINZUFÜGEN, um die Bestellung anzulegen.

Alternativ dazu haben Sie die Möglichkeit, die Bestellung direkt aus dem Fenster LIEFERANTENANFRAGEVERGLEICH heraus zu erstellen. Dazu markieren Sie alle gewünschten Artikel oder die dazugehörigen Lieferanten und klicken im rechten unteren Bereich auf den Button BESTELLUNG ANLEGEN. SAP Business One fragt mit einer Hinweismeldung, ob noch weitere Lieferantenanfragen mit derselben Gruppennummer geschlossen, also in einer Bestellung weiterverarbeitet werden sollen (siehe Abbildung 5.49).

**Bestellung direkt aus Lieferantenanfragevergleich**

Klicken Sie auf den Button JA, um alle Lieferantenanfragen mit derselben Gruppennummer in eine Bestellung weiterzuverarbeiten. Klicken Sie auf den Button NEIN, um nur die markierte Lieferantenanfrage in eine Bestellung weiterzuverarbeiten, oder schließen Sie die Hinweismeldung mit dem Symbol ⊠ im rechten oberen Bereich, um zum Lieferantenanfragevergleich zurückzukehren.

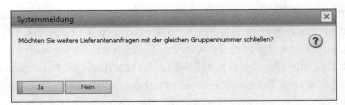

**Abbildung 5.49** Hinweismeldung beim Anlegen einer Bestellung aus dem Lieferantenanfragevergleich

Sobald eine Bestellung für alle Artikel aus den verschiedenen Lieferantenanfragen angelegt wurde, werden alle noch offenen Lieferantenanfragen sofort geschlossen. Dies soll anhand von Abbildung 5.50 illustriert werden, die den Verknüpfungsplan der nun bestellten drei Artikel zeigt.

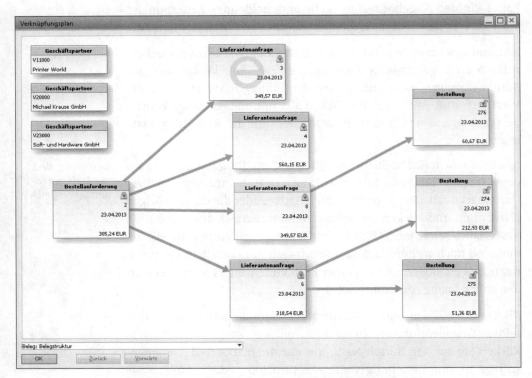

**Abbildung 5.50** Verknüpfungsplan nach Bestellung der Artikel

Es zeigt sich, dass aus der Lieferantenanfrage 8 die Bestellung 276 erzeugt wurde. Die restlichen Artikel wurden aus der Lieferantenanfrage 6 in die Bestellungen 274 und 275 weiterverarbeitet. Die Schlosssymbole sind in allen Lieferantenanfragen geschlossen 🔒, das heißt, der Status aller Lieferantenanfragen ist GESCHLOSSEN.

Ein weiteres Instrument, um den Beschaffungsprozess effizienter zu gestalten, ist der ERSTELLUNGSASSISTENT FÜR LIEFERANTENANFRAGEN im Modul EINKAUF. Dieser kann entweder auf bereits vorhandenen Bestellanforderungen basieren oder auf zu beschaffenden Artikeln. Dabei müssen Sie die folgenden sieben Schritte durchlaufen:

Erstellungsassistent für Lieferantenanfragen

1. **Belegerstellungsoptionen**

   Wählen Sie die Option NEUE PARAMETERGRUPPE, und vergeben Sie einen Gruppennamen und eine Beschreibung, oder wählen Sie die Option BESTEHENDE PARAMETERGRUPPE aus der Liste aus. Klicken Sie generell auf den Button ABBRECHEN, um den Assistenten ohne Speichern zu beenden. Klicken Sie auf den Button ZURÜCK, um zum vorangegangenen Schritt zu springen. Indem Sie auf den Button WEITER klicken, können Sie zum nächsten Schritt springen.

2. **Auswahlkriterien**

   In diesem Schritt können Sie zwischen zwei Optionen auswählen:

   – Wählen Sie die Option AUF ARTIKEL BASIEREN, um mehrere Lieferantenanfragen auf Basis eines oder mehrerer Artikel zu erstellen.

   – Wählen Sie die Option AUF BESTELLANFORDERUNGEN BASIEREN, um mehrere Lieferantenanfragen auf Basis einer oder mehrerer Bestellanforderungen zu erstellen.

   Wenn Sie die zweite Option wählen, können Sie im nächsten Schritt die Bestellanforderungen anhand der Kriterien DATUM, BELEGNUMMER, ANFORDERER, FILIALE, ABTEILUNG, PROJEKT oder ARTIKEL einschränken.

   | Erstellungsassistent von Lieferantenanfragen | **[+]** |
   |---|---|

   In weiterer Folge wird die Erstellung der Lieferantenanfragen auf Basis von Artikeln erklärt. Die Erstellung auf Basis von Bestellanforderungen funktioniert analog und wurde in anderer Form bereits beim manuellen Anlegen von Lieferantenanfragen in diesem Abschnitt vorgestellt.

3. **Artikel auswählen**

   Wählen Sie in der Tabellenstruktur die zu beschaffenden Artikel aus. Geben Sie darüber hinaus pro Artikel das erforderliche Datum

(Feld ERFORDERL. DATUM), die erforderliche Menge (Feld ERFOR-
DERL. MENGE) sowie bei Bedarf eine einheitliche Gruppennummer
(Feld GRUPPENNR.) und ein Gültigkeitsdatum im Feld GÜLTIG BIS an
(siehe Abbildung 5.51).

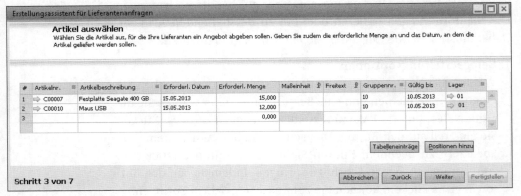

**Abbildung 5.51** Erstellungsassistent für Lieferantenanfragen – Schritt 3

### 4. Positionen für Lieferantenanfrage auswählen

In diesem Schritt wird zu jedem Artikel der bevorzugte Lieferant
aus den Artikelstammdaten angezeigt. Falls kein Lieferant angezeigt wird, können Sie an dieser Stelle einen Lieferanten eingeben
bzw. den vorgeschlagenen abändern. Markieren Sie außerdem die
Checkbox GEPARKTEN BELEG ANLEGEN, wenn die Lieferantenanfragen nicht gleich angelegt, sondern nur geparkt werden sollen.

### 5. Ergebnisvorschau

In diesem Schritt werden die zu erstellenden Lieferantenanfragen
nochmals in einer Vorschau angezeigt, damit Sie diese besser kontrollieren können.

### 6. Speicher- und Ausführoptionen

In diesem Schritt geben Sie an, was im abschließenden Schritt geschehen soll. Folgende Optionen stehen Ihnen zur Verfügung:

- Die Option AUSFÜHREN legt die Lieferantenanfragen an, aber
  speichert die Parameter nicht.

- Die Option PARAMETERGRUPPE SPEICHERN UND AUSFÜHREN legt
  die Lieferantenanfragen an und speichert die Parameter zur
  Wiederverwendung.

– Die Option Parametergruppe speichern und Beenden legt die
Lieferantenanfragen nicht an, speichert jedoch die Parameter
zur späteren Verwendung.

Darüber hinaus können Sie bei einem auftretenden Fehler zwischen den Optionen Ausführung beenden oder Lieferant überspringen wählen. Klicken Sie auf den Button Weiter, und Sie erhalten eine Hinweismeldung wie in Abbildung 5.52.

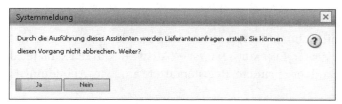

**Abbildung 5.52** Hinweismeldung vor dem Anlegen der Lieferantenanfragen

Bestätigen Sie die Hinweismeldung mit dem Button Ja, und die
Lieferantenanfragen werden angelegt.

7. **Zusammenfassungsbericht**
Im letzten Schritt zeigt SAP Business One eine Übersicht über die
erstellten Lieferantenanfragen und etwaige Hinweis- und Fehlermeldungen bei der Erstellung an (siehe Abbildung 5.53).

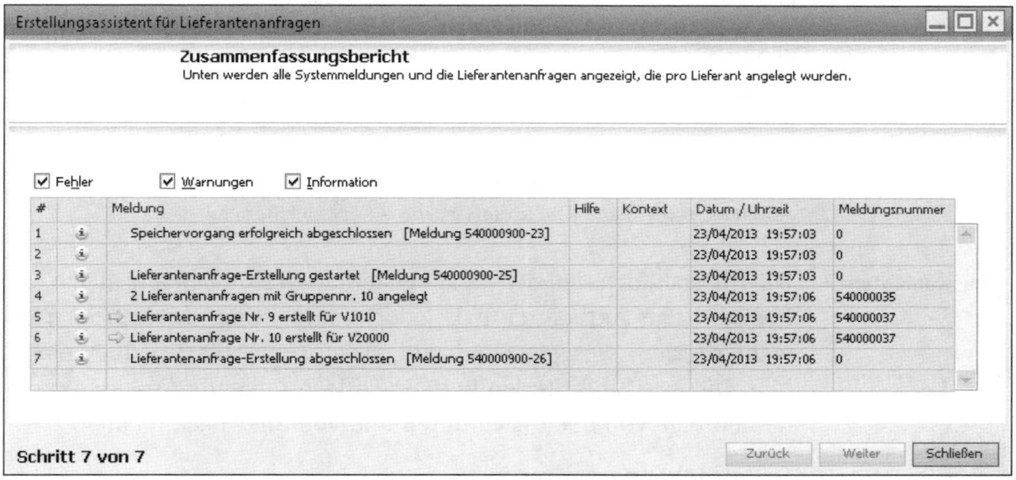

**Abbildung 5.53** Erstellungsassistent für Lieferantenanfragen – Schritt 7

Klicken Sie nun auf den Button Schliessen, um den Erstellungsassistenten zu beenden.

## 5.7    Berichte im Einkauf

SAP Business One bietet Berichte im Modul EINKAUF, die mit einer Vielzahl von Auswahlkriterien versehen sind. Im Folgenden werden diese Berichte mit den möglichen Auswahlkriterien vorgestellt.

Einkaufsanalyse

Die EINKAUFSANALYSE finden Sie unter EINKAUF • EINKAUFSBERICHTE • EINKAUFSANALYSE. Sie stützt sich grundsätzlich auf die Einkaufsbelege Eingangsrechnung, Bestellung und Wareneingang. Sie haben die Möglichkeit, die Analyse aus drei verschiedenen Blickwinkeln zu starten: mit Sicht auf LIEFERANTEN, ARTIKEL oder VERTRIEBSMITARBEITER. Das Fenster EINKAUFSANALYSE – AUSWAHLKRITERIEN bietet drei entsprechend bezeichnete Registerkarten an, wie Abbildung 5.54 zeigt.

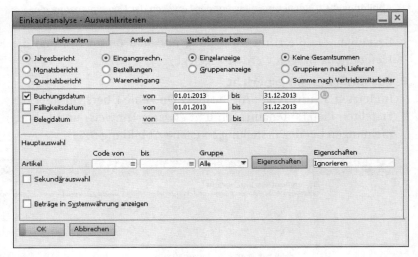

**Abbildung 5.54** Fenster »Einkaufsanalyse – Auswahlkriterien«

Auswahlkriterien

Die Auswahlkriterien der drei Registerkarten sind beinahe gleich, die Registerkarte ARTIKEL enthält jedoch noch einige zusätzliche Auswahlkriterien, weswegen wir auf diese Registerkarte näher eingehen. Die Auswahlkriterien berücksichtigen folgende Aspekte (in der Reihenfolge von oben nach unten und von links nach rechts):

▸ **Betrachtungszeitraum**
Wählen Sie, ob Sie die Daten auf Monats-, Quartals- oder Jahresbasis betrachten möchten.

▶ **Belegstufe**
Wählen Sie, ob Sie die Daten auf Basis der Bestellungen, der Wareneingänge oder der Eingangsrechnung betrachten möchten.

▶ **Optionsfelder »Einzelanzeige« und »Gruppenanzeige«**
Mit der Option EINZELANZEIGE betrachten Sie Daten zu den einzelnen Artikeln. Mit der Option GRUPPENANZEIGE werden die Daten auf Basis der Artikelgruppe gezeigt.

▶ **Weitere Gruppierungen**
Mit der Optionsgruppe im rechten oberen Bereich werden die beiden anderen Sichten LIEFERANT und VERTRIEBSMITARBEITER in die Artikelsicht mit einbezogen. Mit der Option GRUPPIEREN NACH LIEFERANT werden die angezeigten Daten (Artikel oder Artikelgruppen) zusätzlich nach dem Lieferanten aufgeteilt, bei dem diese Artikel (bzw. Artikelgruppen) eingekauft wurden. Mit der Option SUMME NACH VERTRIEBSMITARBEITER erfolgt die gleiche Aufteilung nach Vertriebsmitarbeitern. Mit der Option KEINE GESAMTSUMMEN erfolgt keine Gruppierung, und es wird keine Gesamtsumme erstellt.

▶ **Checkboxen »Buchungsdatum«, »Fälligkeitsdatum« und »Belegdatum«**
Geben Sie hier einen Zeitraum an, für den Sie die Daten betrachten möchten. Wählen Sie über die Checkbox ganz links das gewünschte Datum aus. Über den Button 🖩 (BUCHUNGSPERIODEN LISTENANSICHT) wählen Sie aus der Liste der Buchungsperioden aus.

▶ **Bereich »Hauptauswahl«**
Geben Sie hier an, welche Artikel Sie für die Analyse vorsehen. Sie haben drei Möglichkeiten, die Artikelauswahl einzuschränken:

– *Felder »Code von« und »bis«:* Öffnen Sie mit der ⇆-Taste die Auswahlliste ARTIKEL, und wählen Sie einen Artikelcode für die Felder VON und BIS aus. Im Bericht werden die Daten zu allen Artikeln zwischen den beiden ausgewählten Artikeln angezeigt.

– *Feld »Gruppe«:* Wählen Sie die gewünschte Artikelgruppe aus, zu der die Daten angezeigt werden sollen, oder wählen Sie den Eintrag ALLE, um die Auswahl nicht einzuschränken.

– *Button und Feld »Eigenschaften«:* Verwenden Sie die Eigenschaften des Artikels, die im Fenster ARTIKELSTAMMDATEN auf der Registerkarte EIGENSCHAFTEN zugewiesen werden (siehe Ab-

schnitt 4.6, »Artikel«), um die Anzeige der Daten weiter einzuschränken. Klicken Sie auf den Button EIGENSCHAFTEN, um die
Auswahl der Eigenschaften vorzunehmen (siehe Abbildung 5.55).

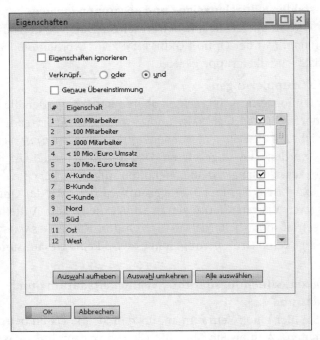

**Abbildung 5.55** Eigenschaften bei der Einkaufsanalyse auswählen

Die Checkbox EIGENSCHAFTEN IGNORIEREN demarkieren Sie, damit
die Einschränkung durch die ausgewählten Eigenschaften auch
angezeigt wird. In der Auflistung der Eigenschaften wählen Sie
durch Markieren der Checkbox jene Eigenschaften aus, die der
Artikel haben soll, damit er in der Einkaufsanalyse angezeigt
wird. Die getroffene Auswahl kann mit einer *Und-* oder einer
*Oder-Verknüpfung* auf die Artikeldaten angewendet werden.
Übertragen auf die Eigenschaften < 100 MITARBEITER und A-KUN-
DE aus Abbildung 5.55, stellen sich die beiden Verknüpfungsarten
wie in Abbildung 5.56 dar.

Wählen Sie als VERKNÜPFUNG die Option UND, wenn der angezeigte Artikel sowohl die Eigenschaft < 100 MITARBEITER als auch die
Eigenschaft A-KUNDE haben soll. In diesem Fall ist die Und-Ver-
knüpfung die *Schnittmenge* zwischen den Eigenschaften < 100
MITARBEITER und A-KUNDE. Wählen Sie als VERKNÜPFUNG die Op-

tion ODER, wenn der Artikel entweder die Eigenschaft < 100 MIT-
ARBEITER oder die Eigenschaft A-KUNDE haben soll. In diesem Fall
ist die Oder-Verknüpfung die *Gesamtmenge* aus < 100 MITARBEITER
und A-KUNDE.

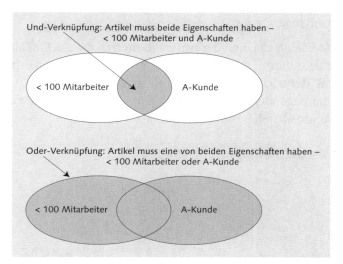

**Abbildung 5.56** »Und«- bzw. »Oder«-Verknüpfung von Eigenschaften

Markieren Sie alle dargestellten Eigenschaften mit dem Button
ALLE AUSWÄHLEN, demarkieren Sie sie mit dem Button AUSWAHL
AUFHEBEN. Bestätigen Sie Ihre Auswahl der Eigenschaften mit dem
Button OK. SAP Business One speichert diese Auswahl der Eigen-
schaften, und sie bleibt auch nach dem Schließen des Fensters EIN-
KAUFSANALYSE erhalten.

▶ **Checkbox »Sekundärauswahl«**
Markieren Sie diese Checkbox, um Ihre Auswahl nach Artikeln
noch weiter nach Lieferanten und/oder Vertriebsmitarbeitern einzuschränken. Wählen Sie Lieferanten mit der ⛭-Taste aus der
Auswahlliste aus, und geben Sie den Lieferantencode VON – BIS an.
Geben Sie auf Wunsch zudem eine Lieferantengruppe oder Liefe-
ranteneigenschaften an. Wählen Sie mit der ⛭-Taste Vertriebsmitarbeiter aus der Auswahlliste aus. Hier können Sie ebenso
einen Bereich der Vertriebsmitarbeiter VON – BIS angeben.

▶ **Checkbox »Beträge in Systemwährung anzeigen«**
Sollte Ihr Unternehmen eine von der Hauswährung abweichende
Systemwährung führen, haben Sie die Möglichkeit, die Einkaufs-

analyse in dieser Systemwährung anzeigen zu lassen. Die Systemwährung sollte nach Anlegen des Unternehmens, in der Phase der Systeminitialisierung, festgelegt werden. Wählen Sie diese aus der Auswahlliste der angelegten Währungen über den Pfad ADMINISTRATION • SYSTEMINITIALISIERUNG • FIRMENDETAILS • Registerkarte BASISINITIALISIERUNG aus.

**Auswahlkriterien bestätigen**
Bestätigen Sie die Festlegung der Auswahlkriterien für die Einkaufsanalyse mit dem Button OK, um den Bericht zu starten. Sie erhalten einen Bericht, der nach Artikelzeilen bzw. -gruppen markiert ist. Um in die dahinterliegenden Belege zu gelangen, klicken Sie doppelt auf die Zeilennummer (siehe Abbildung 5.57).

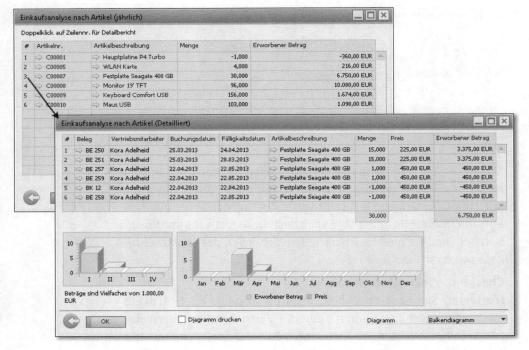

**Abbildung 5.57** Einkaufsanalyse – Übersicht und Detailbericht

Nunmehr sehen Sie im Detailbericht eine Auflistung der in den Auswahlkriterien festgelegten Belegstufe (z. B. EINGANGSRECHNUNG in Abbildung 5.57). Die Übersicht zeigt alle Belege, in denen der ausgewählte Beleg vorkommt. Mit einem Klick auf den orangefarbenen Pfeil in der Spalte der Belegnummer ganz links gelangen Sie zu dem einzelnen Beleg. Zusätzlich finden Sie noch eine grafische Aufbereitung zu diesem Artikel im unteren Bereich.

Mit dem Bericht OFFENE BELEGE steht Ihnen eine Übersicht über alle Belege – unterteilt nach Belegstufen – zur Verfügung, die noch nicht vollständig in einem Folgebeleg weiterverarbeitet wurden und die auch nicht manuell geschlossen oder storniert wurden. Rufen Sie das Fenster OFFENE BELEGE über EINKAUF • EINKAUFSBERICHTE • OFFENE BELEGE auf (siehe Abbildung 5.58).

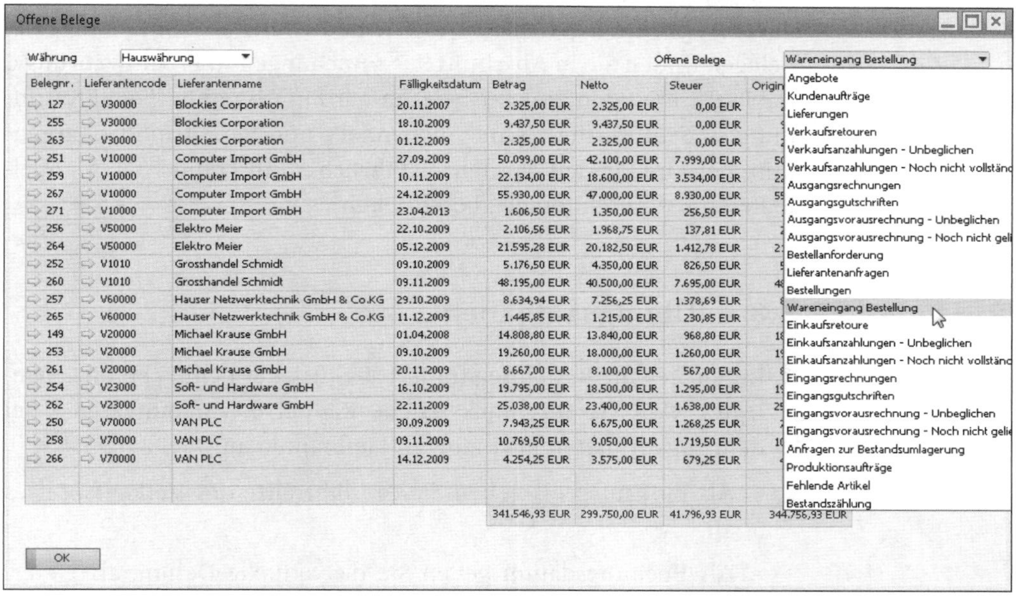

Bericht »Offene Belege«

**Abbildung 5.58** Offene Belege – hier: offene Wareneingänge

Wählen Sie die Belegstufe in der Dropdown-Liste im rechten oberen Bereich aus. In der Liste stehen Ihnen alle verfügbaren Belegstufen zur Verfügung – also Einkaufs- wie auch Verkaufsbelege. Im Beispiel in Abbildung 5.58 sehen Sie eine Übersicht über alle offenen Wareneingänge – das sind alle Wareneingänge, die noch nicht in einer Eingangsrechnung oder einer Retoure weiterverarbeitet und die auch nicht geschlossen/storniert wurden. Mit einem Klick auf den orangefarbenen Pfeil ⇨ in der Spalte BELEGNR. ganz links gelangen Sie zu dem einzelnen Beleg.

In der Dropdown-Liste WÄHRUNG im linken oberen Bereich können Sie wählen, ob die Belege in HAUSWÄHRUNG, SYSTEMWÄHRUNG oder

der WÄHRUNG DES GESCHÄFTSPARTNERS dargestellt werden sollen. Das bedeutet: Wenn Ihr Lieferant aus der Schweiz stammt und die Eingangsrechnung in Schweizer Franken ausgestellt ist, kann der Beleg im Bericht unter letztgenannter Option in Schweizer Franken dargestellt werden.

**Weitere Hinweise zum Einkauf**
Der Einkauf in SAP Business One ist mit anderen Modulen, Funktionen und Themen eng vernetzt. Aus diesem Grund werden weitere Inhalte, die eng mit dem Einkauf verknüpft sind, in anderen Kapiteln und Abschnitten behandelt. Auf drei Themen wird dabei ein besonderes Augenmerk gerichtet: Das Thema Fremdwährung in Einkaufsbelegen finden Sie in Abschnitt 9.7, »Buchungen in Fremdwährung«, die Preisfindung in Einkaufsbelegen wird in Abschnitt 7.4, »Preisfindung in SAP Business One«, behandelt, und Serien- und Chargennummern im Einkauf werden ausführlich in Abschnitt 7.8, »Manuelle Bestandstransaktionen«, beschrieben.

## 5.8    Übungsaufgaben

1. Legen Sie eine Bestellung für je 100 Stück der beiden bereits angelegten USB-Memory-Sticks (siehe Kapitel 4, »Stammdaten«) bei dem zugeordneten bevorzugten Lieferanten an.

   – Als Einkaufspreis geben Sie ca. die Hälfte des Verkaufspreises an.

   – Als Buchungsdatum geben Sie das aktuelle Datum, als Lieferdatum ein Datum in zwei Wochen an.

   – Legen Sie einen neuen Einkäufer mit einem beliebigen Namen an.

   – Gewähren Sie auf den gesamten Beleg 5 % Rabatt.

   – Wählen Sie eine abweichende Versandart aus der Werteliste aus.

   – Wählen Sie eine abweichende Zahlungsbedingung aus der Werteliste aus, und legen Sie die Bestellung an.

2. Legen Sie mit dem Eingangsdatum von exakt einer Woche später einen Wareneingang für den »USB-Stick 8 GB« von zunächst 50 Stück an. »Ziehen« Sie diesen Beleg aus dem Wareneingang.

3. Legen Sie mit dem Eingangsdatum von exakt zehn Tagen später einen Wareneingang für den »USB-Stick 8 GB« der restlichen 50 Stück an. »Ziehen« Sie diesen Beleg aus dem Wareneingang.

4. Legen Sie mit dem Eingangsdatum von exakt zwei Wochen später einen Wareneingang für den »USB-Stick 4 GB« von den gesamten 100 Stück an. »Schieben« Sie diesen Beleg aus der Bestellung.

5. Listen Sie die drei Wareneingänge in dem Bericht OFFENE BELEGE auf. Wechseln Sie über die orangefarbenen Pfeile in das Fenster ARTIKELSTAMMDATEN, und überprüfen Sie den neuen Lagerbestand der USB-Sticks auf der Registerkarte BESTANDSDATEN.

6. Erstellen Sie eine Eingangsrechnung, mit der Sie alle drei offenen Wareneingänge zu einer Sammelrechnung verarbeiten. Ändern Sie den Buchungstext für den Journaleintrag auf »Handelsware Speichermedien«.

7. Duplizieren Sie die Eingangsrechnung, und wählen Sie einen anderen Lieferanten aus. Löschen Sie die Zeile mit den »USB-Sticks 8 GB«, und reduzieren Sie den Stückpreis um 9 %. Fügen Sie die Eingangsrechnung hinzu. Kontrollieren Sie den Lagerbestand in den Artikelstammdaten.

8. Duplizieren Sie die Bestellung aus dem ersten Schritt. Wählen Sie einen neuen Lieferanten aus. Speichern Sie den Beleg als geparkten Beleg.

9. Rufen Sie den soeben geparkten Beleg nochmals auf, und fügen Sie zwei Stück des Artikels »A00003 IBM Infoprint 1226« hinzu. Speichern Sie den Beleg erneut als geparkten Beleg.

10. Rufen Sie den Beleg auf, und fügen Sie diesen hinzu.

*Die Verkaufsprozesse eines kleinen oder mittleren Unternehmens sind im Wesentlichen von der Pre-Sales-Phase, der Auftragsbearbeitung und -abwicklung sowie von der Fakturierung und dem Mahnwesen geprägt. In diesem Kapitel lernen Sie die Elemente und Phasen im Verkaufsprozess kennen.*

# 6 Verkauf

Nachdem wir uns im letzten Kapitel den Bereich *Einkauf* genauer angesehen haben, steht in diesem Kapitel der gesamte Bereich *Verkauf* im Mittelpunkt. Das Kapitel startet mit einer betriebswirtschaftlichen Einordnung von Absatz, Verkauf bzw. Vertrieb. Anschließend werden die verkaufsspezifischen Unterschiede im Belegaufbau zu den Einkaufsbelegen dargestellt. Da sich der Belegaufbau ähnlich wie beim Einkauf gestaltet und dieser bereits intensiv in Kapitel 5, »Einkauf«, behandelt wurde, beschränkt sich dieses Kapitel auf die Abweichungen und verkaufsspezifischen Charakteristika dieser Thematik.

Analog zur Strukturierung in Kapitel 5 folgt eine Übersicht über die Belegkette im Verkauf mit den Besonderheiten der einzelnen Belegstufen. Einen Schwerpunkt in diesem Kapitel stellt die Systematik des Bruttogewinns dar. Dieser ist ein kostenrechnerischer Gradmesser für den Erfolg im Verkauf. Das Kapitel schließt mit einer Darstellung der Berichte im Verkauf.

## 6.1 Betriebswirtschaftliche Aspekte des Verkaufs

Die betrieblichen Leistungsbereiche *Absatz*, *Verkauf* und *Vertrieb* in kleinen und mittleren Unternehmen zielen trotz inhaltlicher Überschneidungen auf jeweils andere Tätigkeiten im Unternehmen ab. Der *Absatz* dient als Oberbegriff für die verkauften Waren und Dienstleistungen eines Unternehmens. Der *Verkauf* und der *Vertrieb* sind Teilbereiche des gesamten Absatzprozesses. Der *Verkauf* umfasst alle Tätigkeiten, die den wirtschaftlichen und rechtlichen Übergang der Ware bzw. der Dienstleistung vom Verkäufer an den Käufer zum Gegenstand haben, wie z. B. Vertragsabschluss, Auftragsbearbeitung, Verpackung, Versand etc. Im *Vertrieb* stehen wiederum die technischen Aspekte der Leistungsverwertung im Vordergrund, um den Verkauf überhaupt zu bewirken. Gemäß dieser Abgrenzung werden der Verkauf in diesem Kapitel und der Vertrieb in Kapitel 11, »Opportunities im Vertrieb«, behandelt.

## 6.2 Vom Angebot bis zur Eingangszahlung

Belegkette im Verkauf

Der Verkaufsprozess basiert in SAP Business One auf einer hohen Integration der einzelnen Belegstufen im Verkauf, aber auch auf einer starken Vernetzung mit den Bereichen Einkauf und Lagerverwaltung. Die Belegkette im Verkauf umfasst folgende Belegstufen:

1. Angebot

2. Kundenauftrag

3. Lieferung (nur für Lagerartikel!)

4. Bei Bedarf: Retoure
   (Umkehrung der Lieferung, nur für Lagerartikel!)

5. Ausgangsrechnung

6. Bei Bedarf: Ausgangsgutschrift
   (Umkehrung von Ausgangsrechnung und Lieferung)

7. Eingangszahlung

Mit Ausnahme der Eingangszahlung, die im Modul BANKENABWICKLUNG angesiedelt ist, ist der Aufbau der Fenster sehr ähnlich. Aus diesem Grund werden die Besonderheiten in den folgenden Abschnitten anhand einer Belegstufe dargestellt. Geringfügige Unterschiede zu den Belegstufen im Einkauf werden gesondert behandelt.

Die Programmbedienung im Belegfenster erfolgt mit der gleichen Systematik wie in Abschnitt 3.5, »Mit Datensätzen arbeiten«. Beim Öffnen befindet sich das Fenster im HINZUFÜGEN-Modus. Sobald Sie alle Eingaben vorgenommen haben, wird mit einem Klick auf den Button HINZUFÜGEN der Beleg (z. B. das Angebot) angelegt. Um bestehende Belege aufzurufen, wechseln Sie mit dem Button 🔍 (DA-TENSATZ SUCHEN) oder der Tastenkombination ⌷Strg⌷+⌷F⌷ in den SU-CHEN-Modus.

Natürlich können Sie auch mit den Datensatzschaltflächen ⏮◀▶⏭ durch die Belege blättern. Da der zuletzt angelegte Beleg die höchste Belegnummer hat, können Sie mit dem Button ▶| (LETZ-TER DATENSATZ) sehr rasch zu diesem Beleg gelangen. Sobald Sie einen bestehenden Beleg ändern, ändert sich der Button im linken unteren Bereich von OK in AKTUALISIEREN. Klicken Sie auf diesen Button, um die vorgenommenen Änderungen zu bestätigen. Mit einem Klick auf den Button OK oder auf ABBRECHEN wird das Beleg-fenster geschlossen.

## 6.2.1 Belegkopf

Der Aufbau und die Funktionsweise des Belegkopfs bei den Ver-kaufsbelegen entsprechen denen der Einkaufsbelege. In der Beleg-stufe ANGEBOT wurde das übliche Feld LIEFERDATUM ersetzt durch das Feld GÜLTIG BIS, das die Gültigkeitsdauer eines Angebots festlegt. Dies ist jenes Datum, bis zu dem der Kunde zu den im Angebot fest-gelegten Konditionen bestellen kann.

## 6.2.2 Belegmitte

Alle Funktionen in der Belegmitte und deren Handhabung sind im Wesentlichen identisch mit der Belegmitte im Modul EINKAUF. Aus diesem Grund wird an dieser Stelle die Funktion behandelt, die entweder nur in Verkaufsbelegen vorkommt, etwa die VERFÜGBAR-KEITSPRÜFUNG VON LAGERARTIKELN oder die ERSTELLUNG EINER BE-STELLUNG AUS EINEM AUFTRAG, oder die von der Anwendungs-häufigkeit her eher in Verkaufsbelegen vorkommt, etwa die LISTE LETZTER PREISE und die ZUSAMMENFASSUNG VON BELEGZEILEN.

Auf der Registerkarte INHALT finden Sie generell die gleiche Anord-nung wie in Einkaufsbelegen vor. Alle Spalten oder Felder, die Sie

Registerkarte »Inhalt«

noch zusätzlich aus dem vorhandenen Fundus benötigen, blenden Sie mit dem Button ⬚ (FORMULAREINSTELLUNGEN) auf der Registerkarte TABELLENFORMAT ein.

**Verfügbarkeits-prüfung**

SAP Business One bietet ein effizientes Instrument, um die Verfügbarkeit eines in der Belegzeile verwendeten Artikels rasch zu prüfen. Diese Funktion können Sie ein- und ausschalten, indem Sie die Checkbox AUTOMATISCHE VERFÜGBARKEITSPRÜFUNG AKTIVIEREN markieren/demarkieren (über den Pfad ADMINISTRATION • SYSTEMINITIALISIERUNG • BELEGEINSTELLUNGEN • Registerkarte PRO BELEG • BELEG KUNDENAUFTRAG). Abbildung 6.1 zeigt diesen Parameter.

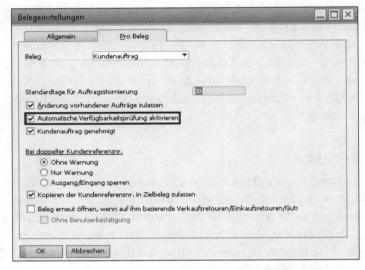

**Abbildung 6.1** Fenster »Belegeinstellungen« – Verfügbarkeitsprüfung aktivieren

Standardmäßig ist die Verfügbarkeitsprüfung aktiviert. Die Funktion der Verfügbarkeitsprüfung zeigt sich konkret in der Belegzeile im Kundenauftrag. Sobald Sie einen Artikel in der Belegzeile verwenden, dessen verfügbarer Bestand mit dem gerade erstellten Kundenauftrag ins Negative zu fallen droht, wird die Verfügbarkeitsprüfung aktiviert. Es öffnet sich dann ein Fenster wie in Abbildung 6.2, um mit einer von mehreren Möglichkeiten fortzufahren.

Im Beispiel in Abbildung 6.2 stellt sich die VERFÜGBARE MENGE wie folgt dar:

*Auf Lager (12 Stück) – Beauftragt (5 Stück) + Bestellt (11 Stück) = Verfügbare Menge (18 Stück)*

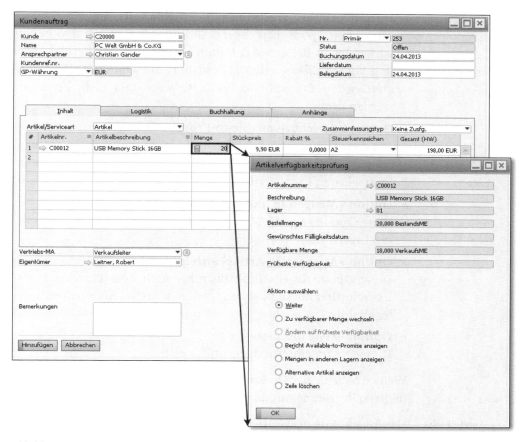

**Abbildung 6.2** Verfügbarkeitsprüfung im Feld »Menge« (Kundenauftrag)

Da es hier in weiterer Folge spätestens bei der Lieferung zu einem Lieferengpass kommen kann, wird die automatische Verfügbarkeitsprüfung in Gang gesetzt, sobald Sie im Feld MENGE die ⇥-Taste drücken. Im Fenster ARTIKELVERFÜGBARKEITSPRÜFUNG in Abbildung 6.2 stehen Ihnen sieben Möglichkeiten zur Verfügung:

▶ **Option »Weiter«**
Mit dieser Option ignorieren Sie den drohenden Engpass und kehren zum Beleg zurück.

▶ **Option »Zu verfügbarer Menge wechseln«**
Mit dieser Option wird automatisch die verfügbare Menge eingesetzt, damit diese nicht ins Negative fällt.

▸ **Option »Ändern auf früheste Verfügbarkeit«**
Mit dieser Option berechnet SAP Business One aus den bereits vorhandenen Belegen das Datum für die früheste Verfügbarkeit und kopiert dieses in das Lieferdatum. Die Option bleibt deaktiviert, wenn das früheste Verfügbarkeitsdatum nicht berechnet werden kann.

▸ **Option »Bericht Available-to-Promise anzeigen«**
Mit dieser Option wird der Available-to-Promise-Bericht geöffnet. Dieser zeigt jene Menge des Artikels an, die am Fälligkeitsdatum im fraglichen Lager verfügbar ist.

▸ **Option »Mengen in anderen Lagern anzeigen«**
Diese Option zeigt die Menge des ausgewählten Artikels auf anderen Lagern an.

▸ **Option »Alternative Artikel anzeigen«**
Diese Option listet Alternativartikel nach dem Prozentsatz der Übereinstimmung auf, sofern für diesen Artikel Alternativen angelegt wurden.

▸ **Option »Zeile löschen«**
Diese Option entfernt die geprüfte Zeile.

Wählen Sie eine der Optionen aus, und bestätigen Sie die Artikelverfügbarkeitsprüfung mit dem Button OK.

Letzte Preise | Das Angebot ist aus vertrieblicher Sicht die wichtigste Belegstufe. Da SAP Business One gerade die Pre-Sales-Phase unterstützt (vor allem durch das Modul OPPORTUNITIES, siehe Kapitel 11, »Opportunities im Vertrieb«), steht Ihnen mit dem BERICHT LETZTE PREISE eine sinnvolle Ergänzung bei der Preisfindung im Angebot zur Verfügung. Dieser Bericht bietet Ihnen die Möglichkeit, sozusagen auf Knopfdruck eine Übersicht zu erstellen, die – geordnet nach Geschäftspartner und Belegstufe im Verkauf – die letzten von Ihnen vergebenen Preise des ausgewählten Artikels anzeigt. Das Fenster LETZTE PREISE rufen Sie mit der Tastenkombination [Strg]+[⇆]-Taste im Feld STÜCKPREIS auf (siehe Abbildung 6.3).

**[zB]** | **Preise vergleichen**

Sie erstellen ein Angebot für einen sehr umsatzstarken Kunden. Der Preis der angefragten Artikel ist jeweils Verhandlungssache. Damit Sie Ihren Kunden im Verlauf der Zeit gleich gut behandeln, möchten Sie rasch die Preise dieses Artikels aus den letzten drei Angeboten vergleichen.

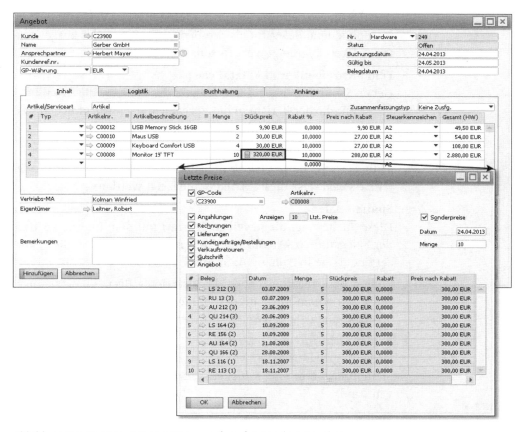

**Abbildung 6.3** Fenster »Letzte Preise« – aufgerufen aus dem Angebot

Dieser Bericht kann mit derselben Funktion auch allgemein über den Menüpfad LAGERVERWALTUNG • BESTANDSBERICHTE • BERICHT LETZTE PREISE aufgerufen werden. Sofern der Bericht jedoch direkt aus dem Angebot aufgerufen wird, sind der aktuelle GP-CODE (Geschäftspartnercode) und die ARTIKELNR. vorbelegt (siehe Abbildung 6.3) und schränken die Anzeige auf die notwendige Information ein.

Das Fenster LETZTE PREISE birgt – neben der Auswahl bzw. Vorbelegung mit Geschäftspartner und Artikel – noch folgende Möglichkeiten (siehe jeweils Abbildung 6.3):

▸ **Belegstufe im Verkauf**
Im linken oberen Bereich des Fensters steht Ihnen eine Checkbox-Gruppe mit allen infrage kommenden Belegstufen im Verkauf von der Anzahlung und der (Ausgangs-)rechnung über die Lieferung

und den Kundenauftrag bis hin zum Angebot zur Verfügung. Markieren Sie jene Belegstufen, von denen die Preise des ausgewählten Artikels angezeigt werden sollen.

▶ **Feld »Anzeigen« und »Ltzt. Preise«**
Geben Sie in diesem Feld in der Mitte des Fensters die Anzahl der Preise an, die der Bericht in die Vergangenheit zurückreichen soll. Standardmäßig werden die zehn letzten Preise angezeigt.

▶ **Checkbox »Sonderpreise«**
Aktivieren Sie diese Checkbox, damit auch die letzten verwendeten SONDERPREISE dieses Artikels angezeigt werden.

▶ **Spalte »Beleg«**
Diese Spalte zeigt die jeweilige Belegart mit dem internen Kürzel der Belegstufe in SAP Business One an. Eine Liste dieser Belegkürzel finden Sie in Anhang A, in Abschnitt A.3.

Zudem wird rechts daneben die historische BELEGNUMMER angezeigt. Mit einem Klick auf den orangefarbenen Pfeil ⇨ in dieser Spalte können Sie den Beleg aufrufen.

▶ **Felder »Datum« und »Menge«**
Diese Angaben beziehen sich ebenfalls auf die Sonderpreise, falls Staffelpreise und ein Gültigkeitszeitraum für diesen Artikel relevant sind.

▶ **Spalte »Datum«**
Diese Spalte zeigt das Belegdatum an.

▶ **Spalte »Menge«**
Diese Spalte zeigt die Menge des ausgewählten Artikels in dem historischen Beleg an.

▶ **Spalte »Stückpreis«**
Diese Spalte zeigt den historischen Preis des ausgewählten Artikels an.

[zB] **Vermuteter Preis zu hoch**

Im Beispiel in Abbildung 6.3 zeigt sich, dass ein beabsichtigter Preis von 320,00 EUR für den ausgewählten Artikel C00008 für den Geschäftspartner C23900 zu hoch ist. In den beiden Angeboten (QU 214 und QU 166) wurde der Artikel mit jeweils 300,00 EUR angeboten.

Ähnlich wichtig wie eine Übersicht über die letzten Preise ist eine Übersicht über die verfügbaren Mengen eines Artikels. Dazu klicken Sie in der Belegmitte mit der rechten Maustaste auf die gewünschte Artikelzeile und wählen den Eintrag AVAILABLE-TO-PROMISE aus dem Kontextmenü aus (Neuerung in Release 8.8 von SAP Business One). Daraufhin öffnet sich das Fenster BESTANDSSTATUS (AVAILABLE-TO-PROMISE) und zeigt alle Einkaufs- und Verkaufsbelege, die die verfügbare Menge beeinflussen (siehe Abbildung 6.4).

*Available-to-Promise (ATP)*

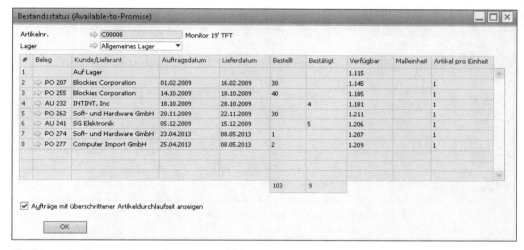

**Abbildung 6.4** Fenster »Bestandsstatus (Available-to-Promise)«

Zu dem ausgewählten Artikel werden alle Belege mit Belegtyp (z. B. PO für Bestellung und AU für Kundenauftrag) und Belegnummer angezeigt. Klicken Sie auf den orangefarbenen Pfeil ⇨, um den Beleg zu öffnen. Darüber hinaus sehen Sie für diesen Artikel das geplante LIEFERDATUM, die BESTELLTE (aus der Bestellung) bzw. BESTÄTIGTE (aus dem Kundenauftrag) Menge sowie die aufgrund des aktuellen Lagerstands damit VERFÜGBARE Menge. Die verfügbare Menge kann wie folgt errechnet werden: *Menge auf Lager – Menge bestätigt + Menge bestellt.*

Mit dem Zusammenfassungstyp bietet SAP Business One die Möglichkeit, Belegzeilen nach gleichartigen Gesichtspunkten zusammenzufassen. Die Dropdown-Liste ZUSAMMENFASSUNGSTYP befindet sich auf der Registerkarte INHALT im rechten oberen Bereich (siehe Abbildung 6.5).

*Belegzeilen zusammenfassen*

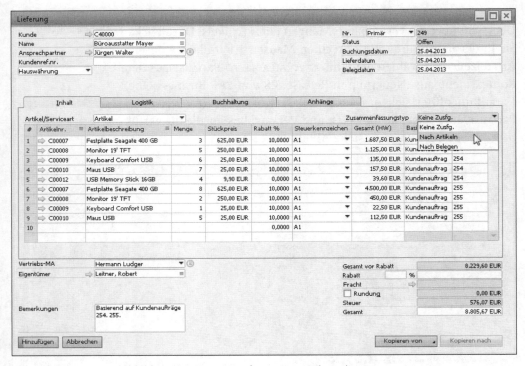

**Abbildung 6.5** Zusammenfassung von Belegzeilen

Die Zusammenfassung der Belegzeilen steht nur für Belege der Belegart ARTIKEL zur Verfügung und kann auf zwei Arten erfolgen:

▸ **Nach Artikeln**
Alle Belegzeilen mit den gleichen Artikeln werden zu einer Belegzeile zusammengefasst. Die Zusammenfassung ist jedoch nur möglich, wenn die Eigenschaften der Artikelzeilen die gleichen sind. Dies gilt in erster Linie für Artikelnummer, Artikelbezeichnung, Preis und Lager. Wenn all diese Eigenschaften in allen Artikelzeilen einheitlich sind, werden die einzelnen Mengen zusammengezählt, und es bleibt nach der Zusammenfassung nur eine einzige Artikelzeile übrig.

▸ **Nach Belegen**
Alle Belegzeilen mit den gleichen Basisbelegen werden zu einer Zeile zusammengefasst. Alle artikelspezifischen Felder werden dabei ausgeblendet. Dieser Zusammenfassungstyp kann nicht bei der ersten Belegstufe (z. B. ANGEBOT) verwendet werden.

Die Zusammenfassung von Belegen wird sinnvollerweise verwendet, wenn ein Beleg aus mehreren Basisbelegen mit etlichen Belegzeilen erstellt wird. Der Beleg kann auch in dieser zusammengefassten Anordnung gedruckt werden. Bei der Zusammenfassung nach Artikeln werden dann gleichartige Artikelzeilen zu einer zusammengefasst, um die Übersichtlichkeit des Belegs zu wahren.

| **Lieferschein aus vier gleichartigen Kundenaufträgen erstellen** | **[zB]** |
|---|---|

Sie erstellen für einen Kunden einen Lieferschein aus vier gleichartigen Kundenaufträgen mit je zehn Belegzeilen. Der Lieferschein hätte ohne Zusammenfassung 40 Belegzeilen. Mit der Zusammenfassung der gleichartigen Artikel kann der Lieferschein um einiges reduziert werden. Da der Lieferschein dem Kunden zur Kontrolle der Lieferung dient, ist es notwendig, dass eine Artikelzeile nicht viermal vorkommt.

Neben den üblichen Feldern, die bereits in den Einkaufsbelegen behandelt wurden, bietet die Belegstufe KUNDENAUFTRAG eine besondere Funktion. Sie haben die Möglichkeit, direkt aus dem Kundenauftrag heraus einen Einkaufsbeleg zu erzeugen, z. B. eine adäquate Bestellung. Zu diesem Zweck aktivieren Sie auf der Registerkarte LOGISTIK die Checkbox BESCHAFFUNGSBELEG.

*Registerkarte »Logistik«*

Nachdem Sie die Bestellung hinzugefügt haben, wird das Fenster BESCHAFFUNGSASSISTENT FÜR KUNDENAUFTRÄGE geöffnet. In diesem Assistenten, der in Release 8.8 von SAP Business One hinzukam, müssen Sie die folgenden sechs Schritte durchlaufen:

*Beschaffungsassistent für Kundenaufträge*

1. **Kunde**

   In der Tabellenstruktur wird der Kunde angezeigt, aus dessen Kundenauftrag heraus Sie den Beschaffungsassistenten gestartet haben (siehe Abbildung 6.7). Mit dem Button HINZUFÜGEN können Sie noch weitere Kunden hinzufügen, für deren offene Kundenaufträge ebenfalls ein Beschaffungsbeleg erstellt werden soll. Aktivieren Sie die Checkbox ALLE OFFENEN KUNDENAUFTRÄGE BERÜCKSICHTIGEN, und ein Beschaffungsbeleg wird nicht nur für den Kundenauftrag angelegt, aus dem heraus der Assistent gestartet wurde, sondern für alle offenen Kundenaufträge (siehe Abbildung 6.6).

   Klicken Sie auf den Button ABBRECHEN, um den Assistenten ohne Speichern zu beenden. Klicken Sie auf den Button ZURÜCK, um zum vorangegangenen Schritt zu springen. Klicken Sie auf den Button WEITER, um zum nächsten Schritt zu springen.

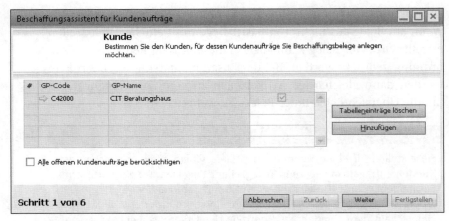

**Abbildung 6.6** Beschaffungsassistent für Kundenaufträge – Schritt 1

2. **Basisbelege (= Kundenaufträge)**

Markieren Sie in diesem Schritt alle Kundenaufträge, für die Sie einen Beschaffungsbeleg erstellen möchten.

3. **Basisbelegzeilen (= Kundenauftragspositionen)**

Wählen Sie aus der Dropdown-Liste ZIELBELEG aus, ob Sie eine BE-STELLUNG, eine LIEFERANTENANFRAGE, eine BESTELLANFORDERUNG oder einen PRODUKTIONSAUFTRAG anlegen möchten (siehe Abbildung 6.7).

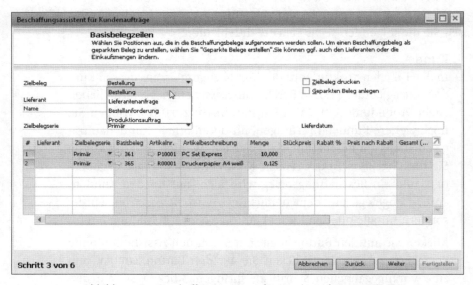

**Abbildung 6.7** Beschaffungsassistent für Kundenaufträge – Schritt 3

Füllen Sie anschließend das Feld LIEFERANT, wobei das Feld NAME automatisch befüllt wird. In der Tabelle sind standardmäßig alle zu beschaffenden Kundenauftragspositionen angezeigt. Demarkieren Sie alle Artikelzeilen, die nicht beschafft werden sollen. Wählen Sie in der Dropdown-Liste ZIELBELEGSERIE jenen Nummernkreis aus, in dem die Bestellung angelegt werden soll. Mit der Checkbox ZIELBELEG DRUCKEN werden die anzulegenden Belege sofort auf dem standardmäßig voreingestellten Drucker ausgedruckt. Mit der Checkbox GEPARKTEN BELEG ANLEGEN legen Sie fest, dass die Bestellung z. B. nicht hinzugefügt, sondern nur geparkt wird. Geben Sie im Feld LIEFERDATUM jenes Lieferdatum an, das in der Bestellung erscheinen soll.

4. **Zusammenführung**

   In diesem Schritt legen Sie fest, ob aus mehreren Kundenaufträgen ein oder mehrere Beschaffungsbelege erstellt werden. Markieren Sie die Option KEINE ZUSAMMENFÜHRUNG, und es wird für jeden einzelnen Kundenauftrag ein eigener Beschaffungsbeleg angelegt. Markieren Sie die Option ZUSAMMENGEFÜHRT NACH:, und Sie können festlegen, ob mehrere Belege zusammengeführt werden. Standardmäßig wird ein Beschaffungsbeleg pro Lieferant erstellt. Darüber hinaus können Sie jeweils einen Beleg pro LAGER sowie je zwei zusätzliche Zusammenführungskriterien wählen. Dazu aktivieren Sie die nächste leere Checkbox und wählen das gewünschte Kriterium aus der Dropdown-Liste aus, z. B. LIEFERDATUM, PROJEKTCODE, VERSANDART etc. Legen Sie in der Dropdown-Liste im unteren Bereich fest, ob bei einem auftretenden Fehler die Ausführung beendet oder zum nächsten Lieferanten gesprungen werden soll.

5. **Ergebnisvorschau**

   SAP Business One zeigt Ihnen an dieser Stelle die Details zu den im nächsten Schritt angelegten Beschaffungsbelegen an.

6. **Zusammenfassungsbericht**

   Abschließend erhalten Sie mit dem ZUSAMMENFASSUNGSBERICHT eine Übersicht über alle angelegten Beschaffungsbelege und über etwaige auftretende Fehler.

Klicken Sie dann auf den Button SCHLIESSEN, um den Assistenten zu beenden.

Alternativ können Sie die Anlage der Bestellung auch abbrechen. Falls Sie zu einem späteren Zeitpunkt die Bestellung aus dem Kundenauftrag nochmals durchführen möchten, rufen Sie den Kundenauftrag auf, demarkieren und markieren nochmals die Checkbox BESTELLUNGEN auf der Registerkarte LOGISTIK und klicken anschließend auf den Button AKTUALISIEREN. Daraufhin wird das Fenster BESCHAFFUNGSASSISTENT FÜR KUNDENAUFTRÄGE erneut geöffnet, das Sie auch über das Hauptmenü im Modul EINKAUF aufrufen können.

Registerkarte »Buchhaltung«

Die Registerkarte BUCHHALT. enthält die gleichen Felder wie die Belegstufe EINGANGSRECHNUNG. Im Feld JOURNALEINTRAG haben Sie die Möglichkeit, den Buchungstext für die Verbuchung der Ausgangsrechnung einzugeben. Standardmäßig sind hier die Belegart (AUSGANGSRECHNUNG) und die Kundennummer angegeben.

Rechnung mit Ratenzahlung

In Abschnitt 4.4, »Zahlungsbedingungen«, wurde dargestellt, wie eine Fälligkeit mit mehreren Raten in eine Zahlungsbedingung eingebaut werden kann. An dieser Stelle soll nun die praktische Anwendung anhand einer Ausgangsrechnung demonstriert werden, die der Käufer in Raten bezahlen kann. Auf der Registerkarte BUCHHALT. wird neben der Zahlungsbedingung (Feld ZAHLUNGSBEDING.) auch die Anzahl der RATEN im gleichnamigen Feld angezeigt (siehe Abbildung 6.8).

Bei der Auswahl einer Zahlungsbedingung mit Ratenzahlung werden die Raten unmittelbar und automatisch berechnet. Mit dem orangefarbenen Pfeil ⇨ neben dem Feld RATEN öffnen Sie das Fenster RATEN mit den tatsächlich festgelegten Raten und den Fälligkeitsterminen. Im Beispiel in Abbildung 6.8 wurde in der Zahlungsbedingung eine Bezahlung mit sechs Raten definiert, wobei die Raten jeweils im Abstand von einem Monat intervallmäßig angeordnet sind. Bei jeder Rate sind jeweils 15 % des Zahlungsbetrags fällig, lediglich bei der letzten Rate sind es 25 %.

Im Fenster RATEN können Sie *vor* dem Hinzufügen der Ausgangsrechnung noch alle Einstellungen ändern. Das bedeutet, neben der ANZAHL DER RATEN können Sie auch das Fälligkeitsdatum (Spalte DATUM), den Prozentsatz (Spalte %) und den Betrag (Spalte GESAMT) ändern. *Nach* dem Hinzufügen der Ausgangsrechnung können Sie nur noch das Fälligkeitsdatum (Spalte DATUM) ändern. Wenn Sie die Option STEUER AUF ERSTE RATE ANWENDEN wählen, werden der gesamte Steuerbetrag des Belegs plus die 15 % des Nettobetrags bereits bei der ersten Rate fällig, der verbleibende Nettobetrag wird gemäß den eingegebenen Prozentanteilen auf die restlichen Raten aufgeteilt. Mit der Option STEUER ANTEILIG ANWENDEN wird der Bruttobetrag einfach gemäß den Prozentsätzen auf die Raten aufgeteilt.

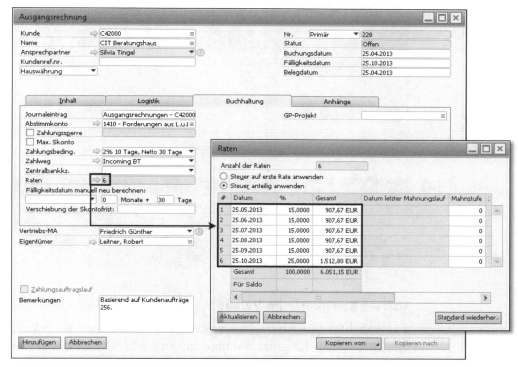

**Abbildung 6.8** Ausgangsrechnung mit Ratenzahlung

### 6.2.3 Belegfuß

SAP Business One erlaubt es, in der Belegkette im Verkauf sogenannte *Null-Lieferscheine* und *Null-Rechnungen* bzw. *Negativ-Lieferscheine* und *Negativ-Rechnungen* zu erstellen. Dies sind Lieferscheine und Rechnungen mit der Belegsumme null oder weniger als null. Nach dem Hinzufügen erhalten Sie je nach Belegsumme eine Sicherheitsabfrage, wie in Abbildung 6.9 dargestellt.

Null-Rechnung/
Negativ-Rechnung

Klicken Sie auf den Button JA, um den Beleg trotz der Belegsumme null oder kleiner null hinzuzufügen.

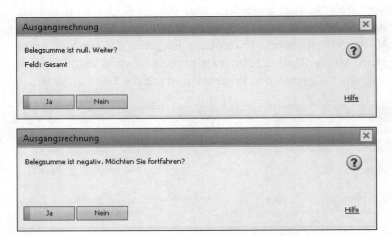

**Abbildung 6.9** Sicherheitsabfrage bei Belegsumme null

**[zB]** **Null-Beleg oder Negativ-Beleg**

Falls Sie Gratismuster oder -ware oder Leihware an Ihren Kunden liefern, wird dies in der Regel mit einem Lieferschein oder einer Ausgangsrechnung dokumentiert. In diesem Fall kommt der Null- bzw. Negativ-Beleg zum Einsatz.

### 6.2.4 Belegkette im Verkauf

In Kapitel 5, »Einkauf«, und im vorliegenden Abschnitt 6.2, »Vom Angebot bis zur Eingangszahlung«, haben Sie bereits im Detail den Aufbau und die Funktionen der einzelnen Belegstufen kennengelernt. Die Weiterverarbeitungsmöglichkeiten zwischen den Belegstufen wurden bereits in Abschnitt 5.4, »Belegkette im Einkauf«, ausreichend dokumentiert. An dieser Stelle sollen wiederum die verkaufsspezifischen Besonderheiten dargestellt werden. Wir konzentrieren uns zunächst auf die Einordnung des einzelnen Belegs in die gesamte Belegkette im Verkauf und im Folgenden auf die charakteristischen Unterschiede zum Einkauf.

In Abbildung 6.10 finden Sie eine Übersicht über die Belegkette im Verkauf.

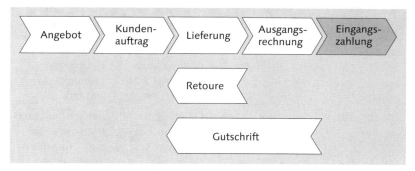

**Abbildung 6.10** Belegkette im Verkauf

Die Belegkette im Verkauf besteht größtenteils aus Elementen, die im Modul VERKAUF angesiedelt sind (Angebot, Kundenauftrag, Lieferung, Ausgangsrechnung, Retoure, Gutschrift). Lediglich das Fenster EINGANGSZAHLUNG ist im Modul BANKENABWICKLUNG positioniert. Thematisch gehört es jedoch zum Einkauf, da die Einkaufskette erst abgeschlossen ist, wenn der Einkauf auch bezahlt wurde. Funktionsweise und Handhabung der Eingangszahlung werden in Abschnitt 10.2, »Eingangszahlungen und Ausgangszahlungen«, ausführlich behandelt.

*Belegkette*

Grundsätzlich ist die Belegkette in SAP Business One sehr flexibel gestaltet. Sie haben die Möglichkeit, sie an einer beliebigen Stelle zu starten und auch fortzusetzen, ohne dass Sie alle Belegstufen der Kette durchlaufen müssen.

| **Beliebiger Beginn der Belegkette** | **[zB]** |
|---|---|
| Sie müssen die Belegkette nicht mit dem Angebot beginnen, sondern können auch gleich mit dem Kundenauftrag, der Lieferung oder der Ausgangsrechnung starten. Zudem muss auf einen Kundenauftrag auch nicht notwendigerweise eine Lieferung folgen, sondern es kann auch gleich eine Ausgangsrechnung aus einem Angebot oder einem Kundenauftrag angelegt werden. | |

In Tabelle 6.1 finden Sie eine Übersicht über die Möglichkeiten des »Schiebens« und »Ziehens« in den einzelnen Belegstufen der Belegkette im Verkauf. Zudem sind noch Besonderheiten zu den einzelnen Stufen angemerkt.

*Belege weiterverarbeiten*

| Belegstufe | Kopieren von (Basisbeleg) | Kopieren nach (Zielbeleg) | Besonderheit |
|---|---|---|---|
| Angebot | – | Auftrag, Lieferung, Vorausrechnung, Ausgangsrechnung | Beleg kann nach Hinzufügen geändert werden. |
| Kundenauftrag | Angebot | Lieferung, Vorausrechnung, Ausgangsrechnung | Beleg ist automatisch erstellbar, nach Hinzufügen änderbar. |
| Lieferung | Angebot, Auftrag, Retoure, Vorausrechnung | Retoure, Ausgangsrechnung | Beleg kann nach Hinzufügen nicht geändert werden. |
| Retoure | Lieferung | Wareneingang | Beleg kann nach Hinzufügen nicht geändert werden. |
| Ausgangsrechnung | Angebot, Auftrag, Lieferung | Gutschrift | Beleg kann nach Hinzufügen nicht geändert werden, sofortige Bezahlung möglich; Hinweis auf Beleg mit späterer Belegnummer. |
| Gutschrift | Ausgangsrechnung | – | Beleg kann nach Hinzufügen nicht geändert werden. |
| Eingangszahlung | Ausgangsrechnung | – | Beleg kann nach Hinzufügen nicht geändert werden. |

**Tabelle 6.1** Belegverarbeitung im Verkauf

**Lagerartikel und Nicht-Lagerartikel**

Das Modul VERKAUF ist – wie das Modul EINKAUF – ebenfalls eng mit den Modulen LAGERVERWALTUNG und FINANZWESEN verknüpft. Dabei kommt es darauf an, ob es sich bei den in den Belegstufen verwendeten Artikeln um *Lagerartikel* oder *Nicht-Lagerartikel* handelt.

Der Unterschied manifestiert sich darin, ob die Checkbox LAGERARTI-KEL im Fenster ARTIKELSTAMMDATEN markiert ist oder nicht. In Tabelle 6.2 wird die Auswirkung jeder einzelnen Belegstufe auf Lagermenge und Buchhaltung behandelt.

| Belegstufe | Auswirkungen auf Lagerhaltung (Menge) | Auswirkungen auf Buchhaltung (Wert) |
|---|---|---|
| Angebot | keine Lagerbewegung und keine Reservierung | keine |
| Kundenauftrag | keine Lagerbewegung, Erhöhung der *bestätigten* Menge, dadurch Verringerung der verfügbaren Menge (siehe Fenster ARTIKEL-STAMMDATEN, Registerkarte BESTANDS-DATEN, Abschnitt 4.6, »Artikel«) | keine |
| Lieferung | Verringerung der Lagermenge | automatische Wareneinsatzumbuchung |
| Retoure | Erhöhung der Lagermenge | Rückbuchung der Wareneinsatzumbuchung |
| Ausgangsrechnung | keine Lagerbewegung, sofern Wareneingang davor, sonst Verringerung der Lagermenge | Buchung der Forderung gegenüber dem Kunden, Erlösbuchung und automatische Wareneinsatzumbuchung (sofern kein Wareneingang davor) |
| Gutschrift | Erhöhung der Lagermenge, sofern keine Retoure davor | Rückbuchung der Forderung, Erlösberichtigung und Rückbuchung der Wareneinsatzumbuchung (sofern keine Retoure davor) |
| Eingangszahlung | keine Lagerbewegung | Ausgleich der Forderung gegenüber dem Kunden, Erhöhung Zahlungsmittel |

**Tabelle 6.2** Auswirkungen der Verkaufsbelege auf Lagermenge und Buchhaltung bei Lagerartikeln

Der *Kundenauftrag* hat lediglich eine Verringerung der verfügbaren Menge, jedoch keine Veränderung der Lagermenge zur Folge. Die Menge wird reserviert, aber nicht gebucht. Aus diesem Grund ergibt sich auch keine Journalbuchung beim Kundenauftrag. Bei der »Lieferung« wird die tatsächliche Lagermenge gebucht, die wertmäßige Wareneinsatzumbuchung wird in der Buchhaltung auf das Wareneinsatzkonto und das Vorratskonto gebucht. Die Belegstufe RETOURE dreht diesen Vorgang einfach um. Sollte keine Lieferung erstellt und der Kundenauftrag direkt in die Ausgangsrechnung verarbeitet werden, erfolgen die Verringerung der Lagermenge und die automatische Wareneinsatzumbuchung erst bei der Belegstufe AUSGANGSRECHNUNG. Bei dieser erfolgt bei vorheriger Erstellung der Lieferung nur noch die wertmäßige Verbuchung der Forderung beim Kunden. Bei der GUTSCHRIFT werden sowohl der Vorgang der Lieferung als auch der Vorgang der Ausgangsrechnung (teilweise) umgedreht. Das bedeutet, die Forderung beim Kunden wird egalisiert, die Lagermenge wird wieder erhöht und die Wareneinsatzumbuchung rückgebucht. Die »Eingangszahlung« gleicht die Forderung an den Kunden aus, es gibt keinen Einfluss auf die wert- und mengenmäßige Lagerführung. Eine Übersicht über die automatischen Journalbuchungen in der Verkaufskette erhalten Sie in Abschnitt 9.2, »Buchungskreislauf in SAP Business One«.

**Buchhaltung** Tabelle 6.3 zeigt die Auswirkungen der einzelnen Verkaufsbelege, die nur Nicht-Lagerartikel enthalten, auf die Buchhaltung.

| Belegstufe | Auswirkungen auf die Buchhaltung |
|---|---|
| Angebot | keine |
| Kundenauftrag | keine |
| Ausgangsrechnung | Buchung der Forderung gegenüber dem Kunden, Erlösbuchung |
| Gutschrift | Rückbuchung der Forderung gegenüber dem Kunden, Erlösberichtigung |
| Ausgangszahlung | Ausgleich der Forderung gegenüber dem Kunden, Erhöhung der Zahlungsmittel |

**Tabelle 6.3** Auswirkungen der Verkaufsbelege auf die Buchhaltung bei Nicht-Lagerartikeln

Bei einem Nicht-Lagerartikel entfallen alle mengen- und wertmäßigen Bewegungen in der Lagerverwaltung. Aus diesem Grund entfällt die Belegstufe der Lieferung komplett. Bei den restlichen Belegstufen (mit Ausnahme des Angebots und des Kundenauftrags) wird die Buchung der Forderung entsprechend automatisch angestoßen.

Eine Sonderstellung innerhalb der Belegkette im Verkauf nimmt die Ausgangsvorausrechnung ein. Wenn Sie Ihrem Kunden eine Vorausrechnung erstellen, wird die klassische Belegkette im Verkauf gewissermaßen umgedreht. Dementsprechend gestaltet sich die Belegkette im Verkauf mit der Vorausrechnung wie in Abbildung 6.11.

**Vorausrechnung**

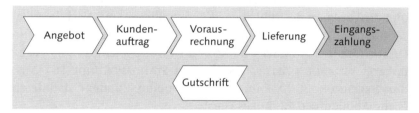

**Abbildung 6.11** Belegkette im Verkauf mit Vorausrechnung

Der Unterschied zur »klassischen« Belegkette im Verkauf liegt darin, dass nach dem Kundenauftrag zunächst sofort die Vorausrechnung folgt und erst dann die Lieferung mit dem Warenausgang aus dem Lager. Die Vorausrechnung kann mit der Gutschrift umgekehrt werden. Mit der Lieferung und der Eingangszahlung, also der Zahlung der Vorausrechnung, ist der Verkaufsprozess abgeschlossen. In der Praxis ist es durchaus üblich, dass die Lieferung an den Kunden erst nach geleisteter Eingangszahlung erfolgt. Aber auch die Variante in Abbildung 6.11 ist möglich, bei der die Eingangszahlung erst nach der Lieferung erfolgt.

---

**Vorausrechnung** **[+]**

Eine Vorausrechnung kann nur mit der Belegart ARTIKEL erstellt werden, da nur in diesem Fall das Umdrehen der Belegkette sinnvoll ist. Im Fall eines Servicebelegs existiert keine Lieferung, und somit reicht es aus, lediglich eine Ausgangsrechnung zu erstellen.

---

### 6.2.5 Weitere Funktionen im Verkauf

Neben den Standardfunktionen in der Belegkette im Verkauf gibt es noch weitere Besonderheiten, die in diesem Abschnitt beschrieben werden sollen. Dazu zählen die AUSGANGSRECHNUNG UND ZAHLUNG, die JOURNALBUCHUNGSVORSCHAU, die ÜBERPRÜFUNG DES BELEGDATUMS,

der BELEGERSTELLUNGSASSISTENT, die KONSOLIDIERUNG bei Verkaufsbelegen und das STRECKENGESCHÄFT.

**Belegart »Aus-
gangsrechnung
und Zahlung«**

Eine weitere Belegart, die abweichend von der klassischen Belegkette im Einkauf eingesetzt wird, ist die AUSGANGSRECHNUNG UND ZAH-
LUNG. Diese Belegart wird in der Regel nur bei sogenannter »Laufkundschaft« verwendet. Das bedeutet, für die Ausgangsrechnung
und Zahlung muss kein Kunde im Fenster GESCHÄFTSPARTNER-
STAMMDATEN angelegt werden. Sie benötigen einen »Dummy-Kunden«, der in den Geschäftspartner-Stammdaten angelegt sein muss
und die Funktion des »üblichen« Kunden übernimmt. Nachdem dieser Kunde angelegt ist, müssen Sie ihn auch unter ADMINISTRATION •
DEFINITIONEN • FINANZWESEN • KONTENFINDUNG SACHKONTEN • Registerkarte VERKAUF • ALLGEMEIN im Feld STANDARDKUNDE FÜR AUS-
GANGSRECHNUNG UND ZAHLUNG als »Dummy-Kunden« definieren
(siehe Abbildung 6.12, linkes Fenster).

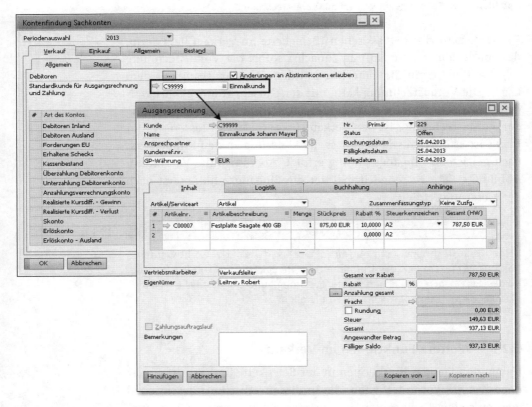

**Abbildung 6.12** »Dummy-Kunde« definieren – »Dummy-Kunde« in Ausgangsrechnung und Zahlung verwenden

Öffnen Sie im Feld STANDARDKUNDE FÜR AUSGANGSRECHNUNG UND ZAHLUNG mithilfe der ⌨-Taste die AUSWAHLLISTE GESCHÄFTSPARTNER, und wählen Sie den »Dummy-Kunden« aus. Dieser wird beim Aufrufen des Fensters AUSGANGSRECHNUNG automatisch in den Feldern KUNDE und NAME eingesetzt. Sie können nun noch das Feld NAME ändern und den tatsächlichen Namen des Kunden eingeben, damit dieser auch auf dem Ausdruck angezeigt wird. Dieser eingegebene Name wird naturgemäß nicht in die Geschäftspartner-Stammdaten zurückgeschrieben. Die Handhabung des Fensters AUSGANGSRECHNUNG erfolgt sonst wie bei der klassischen Ausgangsrechnung.

Die einzige Ausnahme ergibt sich nach dem Hinzufügen der Ausgangsrechnung. Der Unterschied zur klassischen Ausgangsrechnung besteht darin, dass die Ausgangsrechnung unmittelbar beim Hinzufügen bezahlt wird. Es wird automatisch das Fenster ZAHLUNGSMETHODEN geöffnet, in dem Sie die Zahlungsmethode und den Betrag auswählen, wie in Abbildung 6.13 dargestellt.

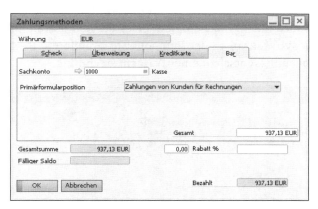

**Abbildung 6.13** Zahlungsmethode »Bar« – Ausgangsrechnung und Zahlung

In der Regel wird bei Laufkundschaft bar bezahlt, aus diesem Grund wird die Zahlungsmethode BAR kurz beschrieben. Eine ausführliche Behandlung des Themas Eingangszahlung finden Sie in Abschnitt 10.2, »Eingangszahlungen und Ausgangszahlungen«.

Nachdem das Fenster ZAHLUNGSMETHODEN automatisch nach dem Hinzufügen der Ausgangsrechnung geöffnet wurde, gehen Sie folgendermaßen vor:

*Ausgangsrechnung anlegen*

1. Wählen Sie die Registerkarte mit der gewünschten Zahlungsmethode aus, in unserem Fall BAR.

289

2. Positionieren Sie den Cursor im Feld GESAMT.

3. Kopieren Sie den Gesamtbetrag der Rechnung mit der Tastenkombination ⌨Strg+⌨B (leichter zu merken mit ⌨Strg + Betrag) in das Feld GESAMT.

4. Bestätigen Sie die Eingabe mit dem Button OK. Das Fenster ZAHLUNGSMETHODEN wird geschlossen, und Sie kehren zur Ausgangsrechnung zurück.

5. Klicken Sie auf den Button HINZUFÜGEN im Fenster AUSGANGSRECHNUNG, um die Ausgangsrechnung anzulegen.

Mit dem Hinzufügen der Rechnung wurden die Buchungen sowohl von der Ausgangsrechnung als auch von der Eingangszahlung im Hintergrund abgesetzt (siehe Tabelle 6.2 und Tabelle 6.3).

Journalbuchungs-vorschau

Da buchungswirksame Belege sofort bei Hinzufügen eine Journalbuchung auslösen, verfügen Sie mit der Journalbuchungsvorschau (ab Release 8.8 von SAP Business One) über ein sehr nützliches Instrument, um die ausgelöste Buchung zu simulieren. Klicken Sie bei geöffnetem, aber noch nicht hinzugefügtem Beleg auf den Button 🔍 (JOURNALBUCHUNGSVORSCHAU) in der Symbolleiste. Abbildung 6.14 zeigt die Journalbuchungsvorschau einer Ausgangsrechnung.

**Abbildung 6.14** Journalbuchungsvorschau einer Ausgangsrechnung

Journalbuchungen werden in Abschnitt 9.3 eingehend behandelt.

Falls Sie eine Ausgangsrechnung oder einen Lieferschein hinzufügen möchten, aber bereits Belege mit einem späteren Datum (und naturgemäß mit einer kleineren Belegnummer) existieren, erhalten Sie die Hinweismeldung aus Abbildung 6.15.

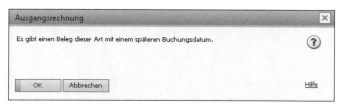

**Abbildung 6.15** Systemmeldung beim Anlegen eines Belegs mit früherem Buchungsdatum

Die gesetzlichen Regelungen verlangen, dass die Belegnummern lückenlos und aufsteigend sowie chronologisch angelegt werden – also datumsmäßig immer später.

Der BELEGERSTELLUNGSASSISTENT (VERKAUF • BELEGERSTELLUNGSASSISTENT) ist ein Instrument, mit dem Sie automatisch Zielbelege aus bereits vorhandenen, noch offenen Basisbelegen erstellen können. Bei diesem Vorgang werden Sie durch einen Assistenten unterstützt, der Sie schrittweise durch die Belegerstellung und die Selektion einer Reihe von Parametern führt.

Belegerstellungsassistent

---

**Einsatz des Belegerstellungsassistenten**　　　　　　　　　　　　**[zB]**

Sie verwenden den Belegerstellungsassistenten, wenn Sie einmal im Monat eine einzige Ausgangsrechnung für alle in diesem Monat angelegten und noch offenen Lieferscheine erstellen möchten. Oder Sie möchten eine Sammellieferung für einen bestimmten Kunden aus allen noch offenen Kundenaufträgen dieses Kunden erstellen.

---

Die automatische Erstellung der Belege erfolgt auf die folgende Art und Weise:

1. **Belegerstellungsoptionen**

   Wählen Sie zwischen den Optionen NEUE PARAMETERGRUPPE ❶ oder BESTEHENDE PARAMETERGRUPPE (siehe ❷ in Abbildung 6.16). Sobald Sie den Belegerstellungsassistenten das erste Mal (mit der Option NEUE PARAMETERGRUPPE) verwendet haben, werden die Parameter aus allen Schritten des Assistenten abgespeichert. Ab dem zweiten Einsatz können Sie dann eine neue Parametergruppe starten oder eine bestehende aufrufen. Letztere Option ermöglicht Ihnen, eine einmal getroffene Auswahl wiederzuverwenden.

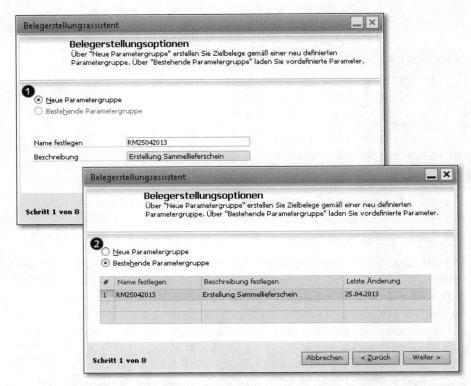

**Abbildung 6.16** Belegerstellungsassistent: Schritt 1 – zwei Belegerstellungs-optionen

Für die NEUE PARAMETERGRUPPE (siehe ❶ in Abbildung 6.16) legen Sie einen griffigen Namen im Feld NAME FESTLEGEN und eine erklärende BESCHREIBUNG an und klicken auf den Button WEITER. Für die BESTEHENDE PARAMETERGRUPPE (siehe ❷ in Abbildung 6.16, Fenster unten) markieren Sie die vorhandene Parametergruppe in der Tabelle und klicken auf den Button WEITER. Sie können generell mit den Buttons WEITER bzw. ZURÜCK einen Schritt vor bzw. zurück navigieren oder auch den Assistenten mit dem Button ABBRECHEN beenden.

2. **Zielbeleg**

Wählen Sie im zweiten Schritt Optionen, die den Zielbeleg betreffen:

– *Zielbeleg*: Wählen Sie als Zielbeleg KUNDENAUFTRAG, LIEFERUNG, RETOURE oder AUSGANGSRECHNUNG.

– *Buchungsdatum, Belegdatum:*
Wählen Sie die gewünschten Daten für den Zielbeleg.

– *Serie*:
Wählen Sie eine Belegnummernserie aus der Werteliste aus, deren nächste freie Belegnummer für den Zielbeleg verwendet wird.

– *Artikel oder Service:*
Markieren Sie die entsprechende Belegart, und wählen Sie aus, ob Sie eine Zusammenfassung der Belegzeilen möchten.

– *Wechselkurs:*
Wählen Sie im Fall von Fremdwährungsbelegen, ob der Wechselkurs aus dem BASISBELEG oder der AKTUELLE WECHSELKURS verwendet werden soll.

– *Geparkte Belege erstellen:*
Markieren Sie diese Checkbox, falls Sie die erstellten Belege nicht sofort hinzufügen, sondern als geparkte Belege speichern möchten.

3. **Basisbelege**
Wählen Sie bei diesem Schritt alle Parameter aus, die den Basisbeleg betreffen. Auf der linken Seite markieren Sie jene Basisbelege, die als Basis für die Erstellung der Zielbelege dienen. Auf der rechten Seite schränken Sie die Auswahl der Basisbelege hinsichtlich BUCHUNGSDATUM, LIEFERDATUM, BELEGNUMMERNSERIE etc. ein. Legen Sie im unteren Bereich noch die Sortierung fest. Dazu wählen Sie das gewünschte Sortierkriterium aus der Dropdown-Liste in der Spalte SORTIERFELD und legen in der Spalte REIHENFOLGE fest, ob das Sortierkriterium aufsteigend oder absteigend gereiht werden soll.

4. **Konsolidierungsoptionen**
Wenn Sie die Option KEINE KONSOLIDIERUNG wählen, wird pro Basisbeleg ein Zielbeleg erstellt. Wählen Sie die Option KONSOLIDIEREN NACH:, um die Zielbelege anhand der Kriterien darunter zusammenzufassen. Die Option SYSTEMSTANDARDS ist automatisch aktiviert, diese konsolidiert die Zielbelege standardmäßig nach BASISBELEGART, KUNDE und ARTIKEL- bzw. SERVICETYP. Darüber hinaus können Sie weitere Konsolidierungsoptionen wählen, etwa LIEFERADRESSE, ZAHLUNGSBEDINGUNGEN und ZAHLWEG. Außerdem stehen Ihnen unter der Checkbox ERWEITERTE KONSOLIDIERUNGS-

OPTIONEN maximal vier weitere Konsolidierungsmöglichkeiten zur Verfügung. Um diese Möglichkeit zu nutzen, markieren Sie die Checkbox ERWEITERTE KONSOLIDIERUNGSOPTIONEN, und im Block mit den vier Checkboxen aktivieren Sie die nächste freie Checkbox. Zudem wählen Sie die gewünschte Konsolidierungsoption aus der Dropdown-Liste aus. In der Dropdown-Liste finden Sie Konsolidierungsoptionen wie BUCHUNGSDATUM, VERTRIEBSMITARBEITER, PROJEKTCODE etc.

5. **Kunden**

   Wählen Sie hier die Kunden aus, für die die Zielbelege erstellt werden sollen. Dazu klicken Sie auf den Button KUNDEN HINZUFÜGEN, wie in Abbildung 6.17 dargestellt.

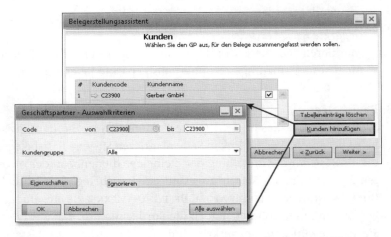

**Abbildung 6.17** Belegerstellungsassistent: Schritt 5 – Kunden auswählen

Im nun geöffneten Fenster GESCHÄFTSPARTNER – AUSWAHLKRITERIEN wählen Sie mit der ⛶-Taste in den Feldern CODE VON und BIS jene Geschäftspartner aus, für die Sie Zielbelege erstellen möchten. Sie haben zusätzlich die Möglichkeit, hinsichtlich der KUNDENGRUPPE und sogar der (Kunden-)EIGENSCHAFTEN Einschränkungen vorzunehmen. Bestätigen Sie Ihre Auswahl mit dem Button OK, und die ausgewählten Kunden werden in die Tabelle dahinter eingetragen. Nun können Sie noch zusätzlich die ausgewählten Kunden demarkieren bzw. wieder markieren.

6. **Meldungen und Alarme**

   Wählen Sie aus, wie mit fehlenden Daten und der Auswirkung auf Buchhaltung und Lagerhaltung umgegangen werden soll. Stan-

dardmäßig ist hier die Option ZUM NÄCHSTEN BELEG SPRINGEN voreingestellt. Diese Option ist auf jeden Fall empfehlenswert; alternativ können Sie automatisch zum nächsten Kunden springen
oder eine Bestätigung des Benutzers anfordern, falls ein Fehler
auftritt.

7. **Optionen »Speichern« und »Ausführen«**

An dieser Stelle können Sie den ASSISTENTEN AUSFÜHREN, die PA-
RAMETERGRUPPE SPEICHERN UND AUSFÜHREN oder die PARAMETER-
GRUPPE SPEICHERN UND BEENDEN (und gegebenenfalls zu einem
späteren Zeitpunkt ausführen).

Vor dem letzten Schritt macht SAP Business One Sie mit einer Systemmeldung wie in Abbildung 6.18 darauf aufmerksam, dass der
nun folgende Belegerstellungsvorgang nicht abgebrochen werden
kann.

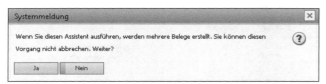

**Abbildung 6.18** Belegerstellungsassistent – Hinweis zum Belegerstellungsvorgang

8. **Zusammenfassungsbericht**

Nachdem die Zielbelege erstellt wurden, wird ein ZUSAMMENFAS-
SUNGSBERICHT wie in Abbildung 6.19 angezeigt.

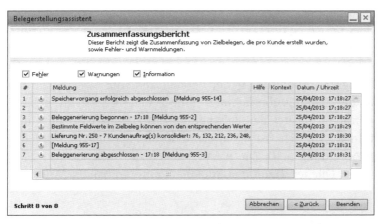

**Abbildung 6.19** Belegerstellungsassistent: Schritt 8 – »Zusammenfassungsbericht«

Als Ergebnis unseres Beispiels wird – wie in Abbildung 6.20 dokumentiert – aus den Kundenaufträgen 76, 132, 212, 236, 248, 250
und 252 (Basisbelege, siehe ❶) die Lieferung 250 (Zielbeleg, siehe ❷
in Abbildung 6.20) erstellt.

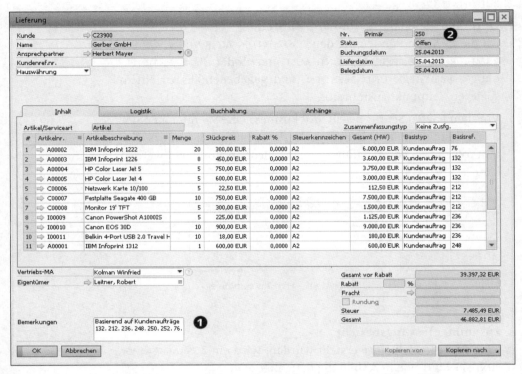

**Abbildung 6.20** Ergebnis Belegerstellungsassistent – Lieferung 250

**Konsolidierung
von Verkaufs-
belegen**

Im Fenster GESCHÄFTSPARTNER-STAMMDATEN, Registerkarte BUCHHALT.
• ALLGEMEIN, lassen sich im Feld KONSOLIDIERUNGS-GP abweichende
Geschäftspartner zuordnen. Diese können dann bei Lieferungs- bzw.
Zahlungskonsolidierung in der Verkaufskette die Ausgangsrechnung
bzw. die Zahlung übernehmen. Eine genaue Übersicht zur Definition finden Sie bei der Behandlung des Geschäftspartners in Abschnitt 4.3, »Geschäftspartner«, und dort im Speziellen in Tabelle 6.2
und Abbildung 6.10. Die Auswirkungen des Beispiels aus den genannten Quellen (Kunde »C30000 – Computerhandel Müller« und

dessen eingetragener Konsolidierungsgeschäftspartner »C40000 – Büroausstatter Mayer«) sehen Sie nun beispielhaft anhand der Option LIEFERUNGSKONSOLIDIERUNG und der Belege Lieferschein, Ausgangsrechnung und Eingangszahlung.

Zur Erinnerung sehen Sie in Abbildung 6.21 nochmals die Definition beim Geschäftspartner.

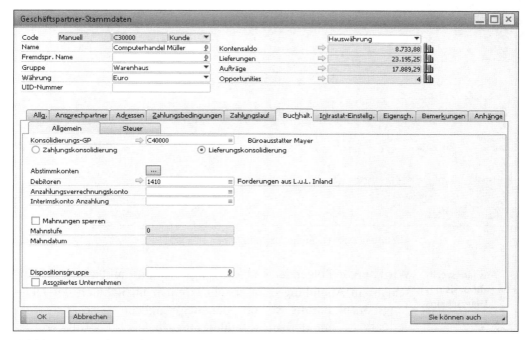

**Abbildung 6.21** Lieferungskonsolidierung des Kunden »C30000 – Computerhandel Müller«

Das Feld KONSOLIDIERUNGS-GP zeigt den Geschäftspartner, für den bei der Lieferungskonsolidierung die Ausgangsrechnung zusätzlich erstellt werden kann. Die entsprechende Option LIEFERUNGSKONSO-LIDIERUNG (oben auf der Registerkarte BUCHHALT. • ALLGEMEIN) ist markiert.

Die angelegte Lieferung beziehungsweise den Lieferschein für den Kunden »C30000 – Computerhandel Müller« sehen Sie in Abbildung 6.22.

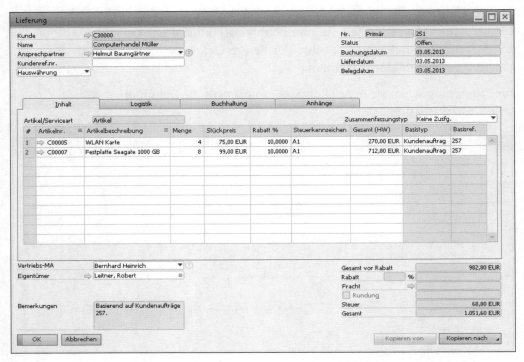

**Abbildung 6.22** Lieferung für den Kunden »C30000«

<table>
<tr><td>Ausgangsrech-<br>nung auf Basis des<br>Lieferscheins</td><td>Wird nun im Folgenden eine Ausgangsrechnung auf Basis des Liefer-<br>scheins in Abbildung 6.22 erstellt, können im Rahmen der Liefe-<br>rungskonsolidierung sowohl der ursprüngliche Geschäftspartner<br>»C30000 – Computerhandel Müller« als auch der als Konsolidierungs-<br>geschäftspartner eingetragene »C40000 – Büroausstatter Mayer« ver-<br>wendet werden.</td></tr>
</table>

**[zB]** | **Verschiedene Zuständigkeiten bei Lieferung und Rechnungsstellung**

Ihr Kunde »C30000 – Computerhandel Müller« beauftragt Sie mit der Lieferung von Computer-Hardware. Die Rechnung und Bezahlung werden
jedoch vom Mutterunternehmen von »C30000« durchgeführt, dem Kunden »C40000 – Büroausstatter Mayer«.

Abbildung 6.23 zeigt, dass nun sowohl der ursprüngliche Geschäftspartner aus dem Lieferschein (»C30000 – Computerhandel Müller«,
linkes Fenster) als auch der Konsolidierungsgeschäftspartner
(»C40000 – Büroausstatter Mayer«) den Lieferschein weiterverarbeiten können.

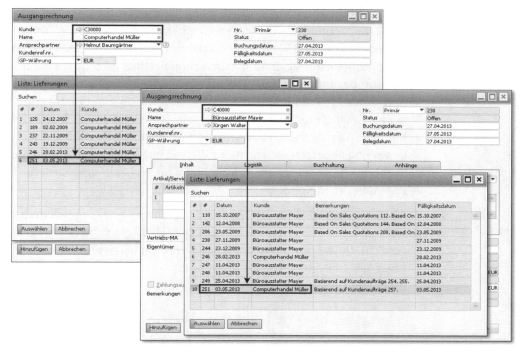

**Abbildung 6.23** Konsolidierung anhand der Ausgangsrechnung

Das Fenster LISTE: LIEFERUNGEN in Abbildung 6.23 erscheint, nachdem Sie auf den Button KOPIEREN VON geklickt haben. Es ist zu sehen, dass für beide Geschäftspartner jeweils der Lieferschein 251 aus Abbildung 6.22 in die Ausgangsrechnung kopiert werden kann. Die abschließende Eingangszahlung kann dann jeweils nur von jenem Geschäftspartner geleistet werden, der auch in der Ausgangsrechnung als Geschäftspartner auftritt.

---

**»Ziehen« und »Kopieren« von Belegen**    **[+]**

Wird der Beleg »weitergeschoben« (Button KOPIEREN NACH im Lieferschein), wird der ursprüngliche Geschäftspartner verwendet.

Nur beim »Ziehen« des Belegs (Button KOPIEREN VON in der Ausgangsrechnung) kann eine Auswahl zwischen dem ursprünglichen Geschäftspartner und dem Konsolidierungsgeschäftspartner getroffen werden. Darüber hinaus funktioniert die Konsolidierung nur, wenn die Belegkette im Verkauf »geschlossen« bleibt. Das bedeutet, Sie haben nicht die Möglichkeit, einen abweichenden Geschäftspartner in der Ausgangsrechnung auszuwählen, wenn kein Lieferschein angelegt wurde.

Streckengeschäft –
Drop-Shipment

Bei der Abwicklung eines Streckengeschäfts agiert Ihr Unternehmen als Vermittler und Abwickler des Geschäfts und bringt die Waren zu keinem Zeitpunkt in das eigene Lager ein. Das bedeutet, Sie nehmen einen Kundenauftrag an und geben zum gleichen Zeitpunkt eine Bestellung bei Ihrem Lieferanten im gleichen Ausmaß auf. Die Lieferung Ihres Lieferanten erfolgt im Unterschied zu einem konventionellen Geschäft nicht in Ihr Lager, sondern direkt in das Lager des Kunden. Aus diesem Grund wird in SAP Business One keine Lagerbewegung abgesetzt, sondern nur die wertmäßige Buchung, also die Verbindlichkeit gegenüber dem Lieferanten bzw. die Forderung gegenüber dem Kunden.

Lager für Strecken-
geschäft definieren

Als Voraussetzung für die Abwicklung eines Streckengeschäfts in SAP Business One muss zuerst ein Lager als Lager für das Streckengeschäft definiert werden. Dazu aktivieren Sie bei dem gewünschten Lager die Checkbox STRECKENGESCHÄFT, wie in Abbildung 6.24 gezeigt.

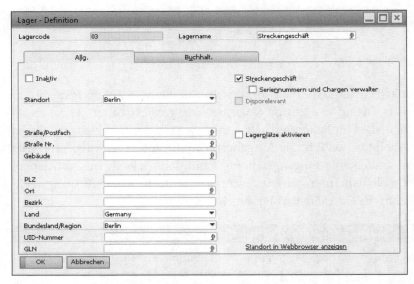

**Abbildung 6.24** Lager für ein Streckengeschäft definieren

Das Lager für das Streckengeschäft wird nicht tatsächlich bebucht, sondern fungiert lediglich als »Dummy-Lager«, das für den Kundenauftrag, die gleichzeitige Bestellung, die Lieferung und die Ausgangsrechnung herangezogen wird.

Der Ablauf für das Streckengeschäft umfasst im Groben folgende
Schritte:

1. Legen Sie einen Kundenauftrag mit den gewünschten Artikeln an,
   und verwenden Sie das Lager für das Streckengeschäft für die Artikelzeilen.

2. Nach dem Hinzufügen des Kundenauftrags wird automatisch das
   Fenster BESTELLBESTÄTIGUNG geöffnet. Transferieren Sie alle Artikelzeilen in die Tabelle BESTELLUNG, und fügen Sie die Bestellung
   hinzu.

3. Die Lieferung erfolgt direkt vom Lieferanten an den Kunden, ohne
   dass Ihr Lager dadurch berührt wird. Sobald die Lieferung ausgeführt wurde, erstellen Sie die Ausgangsrechnung auf Basis des
   Kundenauftrags an Ihren Kunden. Das Lager für das Streckengeschäft wird bis in die Ausgangsrechnung durchgereicht.

4. Mit dem Erhalt der Eingangsrechnung und deren Bezahlung sowie
   der Bezahlung der Ausgangsrechnung durch Ihren Kunden ist das
   Streckengeschäft abgeschlossen.

### 6.2.6 Wiederkehrende Transaktionen

Mit wiederkehrenden Transaktionen (ab Release 8.8 von SAP Business One) haben Sie die Möglichkeit, Einkaufs-, Verkaufs- und Lager-
belege in einem von Ihnen festgelegten Intervall automatisch erstellen zu lassen. Alles, was Sie dazu benötigen, sind ein geparkter Beleg
als Vorlage und eine Vorlage für die wiederkehrende Transaktion, in
der Sie das Intervall festlegen, innerhalb dessen die Belege zur Erstellung vorgeschlagen werden.

| Wiederkehrende Transaktionen | **[zB]** |
| --- | --- |
| Ihr Unternehmen verkauft als Händler Software und bietet seinen Kunden Wartungsverträge inklusive Support an. Die Beträge sind gleichbleibend, die Wartungsverträge laufen jeweils halbjährlich ab Vertragsabschluss. Pro Wartungsvertrag wird eine Ausgangsrechnung geparkt und mit einer Vorlage für wiederkehrende Transaktionen verknüpft. SAP Business One schlägt die wiederkehrende Ausgangsrechnung jedes halbe Jahr zum eingegebenen Datum vor. | |

Zunächst erstellen Sie eine Ausgangsrechnung oder jeden anderen
beliebigen Einkaufs-, Verkaufs- oder Lagerbeleg. Fügen Sie diesen

nicht hinzu, sondern klicken Sie mit der rechten Maustaste auf den Beleg, und wählen Sie die Option ALS GEPARKTEN BELEG SPEICHERN aus dem Kontextmenü aus.

**Wiederkehrende Transaktionen – Vorlagen**

Als Nächstes legen Sie eine Vorlage für die wiederkehrende Transaktion fest. Dazu öffnen Sie das Fenster WIEDERKEHRENDE TRANSAKTIONEN – VORLAGEN im Modul VERKAUF (siehe Abbildung 6.25).

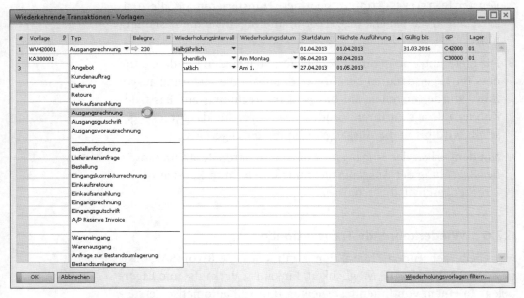

**Abbildung 6.25** Wiederkehrende Transaktionen – Vorlagen

Anschließend geben Sie die folgenden Daten ein:

▸ **Feld »Vorlage«**
Geben Sie hier einen maximal achtstelligen, eindeutigen Code für die Vorlage ein. Der Code sollte einen Rückschluss auf den wiederkehrenden Beleg zulassen.

▸ **Feld »Typ«**
Wählen Sie den gewünschten Belegtyp, der automatisch erstellt werden soll. Im Beispiel in Abbildung 6.25 ist dies der Typ AUSGANGSRECHNUNG.

▸ **Feld »Belegnr.«**
Öffnen Sie die Auswahlliste mit der ⬄-Taste, und wählen Sie den zuvor angelegten geparkten Beleg aus.

- **Dropdown-Liste »Wiederholungsintervall«**
  Wählen Sie jenes Intervall aus der Dropdown-Liste aus, mit dem Sie den Beleg wiederkehrend erstellen möchten. Ihnen stehen die Optionen TÄGLICH, WÖCHENTLICH, MONATLICH, VIERTELJÄHRLICH, HALBJÄHRLICH, JÄHRLICH und EINMALIG zur Verfügung.

- **Dropdown-Liste »Wiederholungsdatum«**
  Der Inhalt dieser Dropdown-Liste richtet sich nach dem Wiederholungsintervall. Haben Sie WÖCHENTLICH gewählt, werden die Wochentage (AM MONTAG, AM DIENSTAG etc.) angezeigt, haben Sie MONATLICH gewählt, werden die Tage (AM 1., AM 2. etc.) angezeigt. Wählen Sie damit das gewünschte Intervall aus.

- **Feld »Startdatum«**
  Legen Sie ein Startdatum fest. Falls das Startdatum vor dem aktuellen Tagesdatum liegt, macht SAP Business One Sie mit einer Hinweismeldung darauf aufmerksam.

- **Feld »Nächste Ausführung«**
  Dieses Datum wird automatisch aufgrund der Angaben zum Intervall und dem Startdatum errechnet und kann vom Benutzer nicht geändert werden.

- **Feld »Gültig bis«**
  Legen Sie mit diesem Datum das Enddatum fest, bis zu dem die wiederkehrende Transaktion erstellt werden soll.

- **Felder »GP« und »Lager«**
  Diese Daten werden automatisch aus dem geparkten Beleg übernommen.

Klicken Sie abschließend auf den Button AKTUALISIEREN, um die wiederkehrende Vorlage zu speichern.

Sobald gemäß dem Intervall ein Erstellungsdatum aus einer wiederkehrenden Vorlage erreicht ist, öffnet sich nun automatisch das Fenster BESTÄTIGUNG FÜR WIEDERKEHRENDE TRANSAKTIONEN (siehe Abbildung 6.26).

*Wiederkehrende Transaktionen ausführen*

Alle wiederkehrenden Transaktionen, deren nächstes Ausführungsdatum vor oder auf dem heutigen Datum liegt, werden hier angezeigt. Markieren Sie in der ersten Spalte alle wiederkehrenden Transaktionen per Checkbox, die Sie ausführen möchten, und klicken Sie auf den Button AUSFÜHREN, um die gewünschten Belege anzulegen.

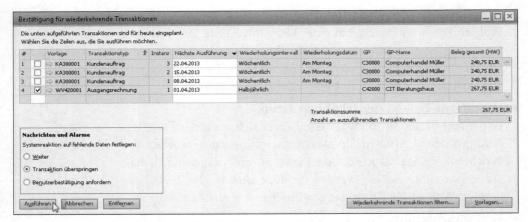

**Abbildung 6.26** Wiederkehrende Transaktionen ausführen

> **[+]** **Wiederkehrende Transaktionen ausführen**
>
> Um alle vorgeschlagenen wiederkehrenden Transaktionen auf einmal zu markieren, klicken Sie doppelt auf den Spaltenkopf der ersten Spalte mit den Checkboxen. Klicken Sie erneut darauf, um alle Transaktionen wieder zu demarkieren.

Falls Sie die wiederkehrenden Transaktionen derzeit nicht ausführen möchten, klicken Sie auf den Button ABBRECHEN. Beim erneuten Öffnen des Fensters werden alle Transaktionen wieder vorgeschlagen.

Falls aus irgendeinem Grund eine falsche Transaktion vorgeschlagen wird, markieren Sie diese und klicken auf den Button ENTFERNEN. Die vorgeschlagene Transaktion wird daraufhin gelöscht und nicht mehr vorgeschlagen. Zum nächsten Ausführungszeitpunkt wird die nächste Transaktion wieder laut Intervallplan vorgeschlagen, das bedeutet, die wiederkehrende Vorlage wird dadurch nicht beeinträchtigt.

Falls Sie einzelne Transaktionen zu einem späteren Zeitpunkt ausführen möchten, ändern Sie das Datum in der Spalte NÄCHSTE AUSFÜHRUNG.

Im linken unteren Bereich unter NACHRICHTEN UND ALARME geben Sie an, wie SAP Business One auf fehlende Daten reagieren soll. Wählen Sie die Option WEITER, um die Ausführung nochmals auszuprobieren. Wählen Sie die Option TRANSAKTION ÜBERSPRINGEN, um zur nächsten vollständigen Transaktion weiterzugehen. Mit der Option BENUTZER-

BESTÄTIGUNG ANFORDERN können Sie den Vorgang unterbrechen und vom Benutzer per Hinweismeldung fortsetzen lassen.

Klicken Sie auf den Button WIEDERKEHRENDE TRANSAKTIONEN FIL-TERN…, wenn Ihnen eine Vielzahl an wiederkehrenden Transaktionen vorgeschlagen wird und Sie diese einschränken möchten. Klicken Sie auf den Button VORLAGEN, um das Fenster WIEDERKEHRENDE VORLAGEN zu öffnen.

Nach einem Klick auf den Button AUSFÜHREN beginnt die Erstellung der Belege. Am Ende des Vorgangs erhalten Sie ein Übersichtsfenster mit den erstellten Belegen (siehe Abbildung 6.27).

*Wiederkehrende Transaktionen erstellen*

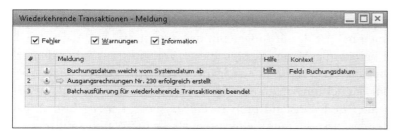

**Abbildung 6.27** Ausgangsrechnung 230 erstellen

Öffnen Sie das Fenster GESCHÄFTSPARTNER-STAMMDATEN, klicken Sie im rechten unteren Bereich auf den Button SIE KÖNNEN AUCH, und wählen Sie den Eintrag ZUGEHÖRIGE WIEDERKEHRENDE TRANSAKTIO-NEN ANZEIGEN aus. Eine Übersicht wird geöffnet, die alle wiederkehrenden Transaktionen zu diesem Geschäftspartner anzeigt.

*Wiederkehrende Transaktionen beim Geschäfts-partner*

Von den wiederkehrenden Transaktionen gibt es zusätzlich eine Verknüpfung zum Servicevertrag im Modul SERVICE. Da Servicever-träge aufgrund ihrer wiederkehrenden Natur beim Kunden abge-rechnet werden, ist es nur logisch, dass diese Verknüpfung existiert. Im Fenster SERVICEVERTRAG auf der Registerkarte VERTRIEBSDATEN können Sie dem Servicevertrag eine wiederkehrende Vorlage zuord-nen. Dies wird in Abschnitt 13.1, »Servicevertrag als Grundlage«, näher erläutert.

*Wiederkehrende Transaktionen beim Service-vertrag*

### 6.2.7  Bruttogewinn als Gradmesser im Verkauf

Im Verkauf ist es unabdingbar, einen Gradmesser zu haben, der Aus-kunft darüber gibt, in welchem Ausmaß eine Verkaufstransaktion erfolgreich war oder nicht und in welchem Ausmaß dieser Erfolg bzw. Misserfolg zum Unternehmensergebnis beigetragen hat. In SAP Business One steht Ihnen der Bruttogewinn als Gradmesser des Erfolgs im Verkauf zur Verfügung.

**Bruttogewinn**

Der *Bruttogewinn* oder *Rohertrag* ist der messbare Erfolg auf der niedrigsten Stufe des Unternehmens, da jede einzelne Verkaufstransaktion zumindest dazu beitragen sollte, die anfallenden Kosten eines Unternehmens zu decken und darüber hinaus – falls möglich – einen Gewinn zu erwirtschaften.

Der Bruttogewinn wird berechnet aus *Umsatz* minus (direkt zuzuordnender) *Materialkosten* einer Verkaufstransaktion. Ist der Bruttogewinn positiv, trägt er zur Deckung der weiteren Kosten im Unternehmen bei. Ist der Bruttogewinn negativ, ist dies ein Alarmsignal, dass bereits die Materialkosten dieser Verkaufstransaktion den erwirtschafteten Umsatz übersteigen. Vereinfacht gesagt, liegt – bei einem Handelsunternehmen – der Verkaufspreis der verkauften Waren unter dem Einstandspreis (= *Einkaufspreis* + *Bezugskosten*), bedeutet das, dass Sie teurer einkaufen, als Sie die Waren an Ihre Kunden weiterverkaufen. Dies sollte im laufenden Geschäftsbetrieb nur in Ausnahmefällen vorkommen – etwa wenn es sich um ein besonderes Prestigegeschäft handelt, das den Bekanntheitsgrad Ihres Unternehmens erhöht, weitere Folgegeschäfte in Aussicht stellt oder zur Konkurrenzabwehr dient.

**Bruttogewinn berechnen**

Der *Umsatz* aus der Berechnung des Bruttogewinns wird naturgemäß durch den Verkaufspreis bestimmt. Dieser ist wiederum Gegenstand der Verhandlung mit Ihrem Kunden oder Gegenstand wiederkehrend festgelegter Preislisten und richtet sich in der Regel nach dem Marktpreis (Zusammenspiel von Angebot und Nachfrage). Die Materialkosten richten sich wiederum nach der Art der Geschäfte, die Ihr Unternehmen betreibt:

▸ **Handelsunternehmen**
Bei Handelsunternehmen sind die Materialkosten die *Einstandspreise* (bzw. *Artikelkosten*) der eingekauften Waren. Der Einstandspreis einer Ware errechnet sich durch den Einkaufspreis dieser Ware zuzüglich der Bezugskosten. Die *Bezugskosten* wiederum sind alle Kosten, die für die Bereitstellung der Ware in Ihrem Unternehmen geleistet werden müssen, wie z. B. Transport, Versicherung, Zoll, Gebühren etc. Da diese Kosten speziell für den

Einkauf der Handelsware aufgewendet werden müssen, werden sie auch zum Wert der Ware beim Wareneingang dazugerechnet und nicht als übrige betriebliche Kosten dem Unternehmen zugerechnet.

Dieser Ansatz ist auch insoweit sinnvoll, als jene Kosten, die von den Handelswaren verursacht werden, beim Verkauf auch von diesen erwirtschaftet werden müssen. Es erscheint logisch, dass eine Ware mit gleichem Einkaufspreis mehr kostet, wenn sie nun aus Tokio eingekauft wird, als wenn sie aus München eingekauft wird, da die Bezugskosten aus Tokio jene aus München im deutschsprachigen Raum üblicherweise übersteigen. SAP Business One deckt diese Systematik mit der Berechnung der ARTIKELKOSTEN aus dem Einkaufspreis und den ZUSATZAUSGABEN (= Bezugskosten) im Einkauf ab.

▶ **Dienstleistungsunternehmen**
Bei Dienstleistungsunternehmen existieren in der Regel keine direkt der Verkaufstransaktion zurechenbaren Materialkosten (mit Ausnahme von Fremddienstleistungen, die als Lagerartikel definiert, eingekauft, auf Lager gelegt und beim Verkauf vom Lager genommen würden). Die klassischen, direkt zuzuordnenden Kosten eines Dienstleisters sind die geleisteten Stunden des Personals für ein Projekt (= Verkaufstransaktion).

Diese Leistungsstunden müssten über eine Soll-Ist-Stundenkostenberechnung (zu Teil- oder Vollkosten) der Verkaufstransaktion zugerechnet werden, die jedoch in dieser Form in SAP Business One nicht vorhanden ist. Jedoch können Sie die (z. B. in einem Tabellenkalkulationsprogramm) geplanten Leistungsstunden als Basispreis in der Bruttogewinnberechnung manuell eingeben.

▶ **Produktionsunternehmen**
Bei Produktionsunternehmen ergeben sich die Materialkosten der Verkaufstransaktion aus den Kosten der produzierten Ware. Die Bewertung der Produktionsartikel im Produktionsprozess ist als Teil des Moduls PRODUKTION ein weiterführendes Thema und wird aus diesem Grund nicht in diesem Buch behandelt.

Im Folgenden wird der Bruttogewinn anhand eines durchgängigen Beispiels in SAP Business One vom Einkauf der Ware über den Kundenauftrag bis zur Lieferung dieser Ware dargestellt.

Bruttogewinn in SAP Business One

Beispiel
Ausgangssituation Die Firma OEC Computers hat eine neue Ware, den Laptop Satellite C870D, mit einem Einkaufspreis von 200,00 EUR und einem Standardverkaufspreis von 350,00 EUR in das Sortiment aufgenommen. Zunächst werden 20 Stück dieser Ware zu einem Preis von 200,00 EUR über eine Eingangsrechnung eingekauft (siehe Abbildung 6.28).

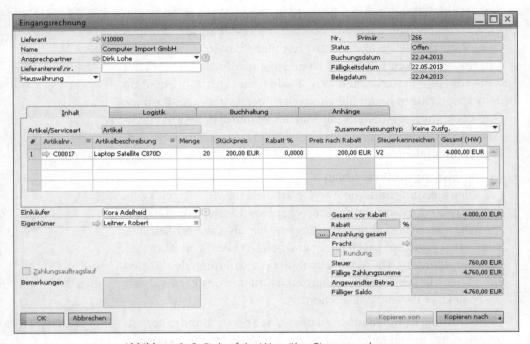

**Abbildung 6.28** Einkauf der Ware über Eingangsrechnung

Bestandssituation
der Ware
Gemäß der Eingangsrechnung (mit automatischem Wareneingang) gestaltet sich die Bestandssituation der Ware folgendermaßen (siehe Fenster ARTIKELSTAMMDATEN, Registerkarte BESTANDSDATEN): AUF LAGER: 20 Stück, BESTELLT: 0 Stück, BEAUFTRAGT: 0 Stück, VERFÜGBARE MENGE: 20 Stück; die ARTIKELKOSTEN von 200,00 EUR ergeben sich aus dem gleichlautenden Einkaufspreis und sind bewertet mit dem gleitenden Durchschnittspreis (keine Bezugskosten!).

Nach diesem Einkauf beauftragt ein Kunde den Kauf eines Laptops zum Preis von 350,00 EUR. Der entsprechende Kundenauftrag gestaltet sich wie in Abbildung 6.29.

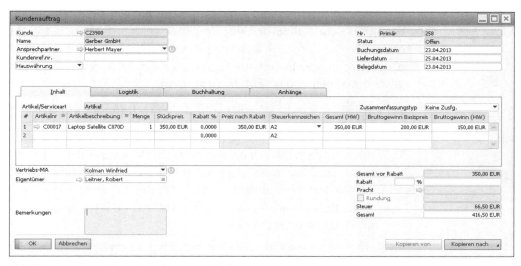

**Abbildung 6.29** Kundenauftrag für ein Stück der Ware

### Spalten »Bruttogewinn Basispreis« und »Bruttogewinn (HW)« einblenden [+]

Der Kundenauftrag in Abbildung 6.29 zeigt neben der Menge (1 Stück) und dem Stückpreis (350,00 EUR) in den beiden rechten Spalten den BRUTTOGEWINN BASISPREIS (200,00 EUR = Artikelkosten) und den eigentlichen BRUTTOGEWINN (HW) dieser Zeile: *150,00 EUR = 350,00 EUR (Stückpreis) – 200,00 EUR (Artikelkosten).*

Da diese beiden Spalten standardmäßig nicht eingeblendet sind, können Sie diese mit dem Button 🔲 (FORMULAREINSTELLUNGEN) auf der Registerkarte TABELLENFORMAT einblenden.

Um die Bruttogewinnberechnung für den gesamten Beleg zu betrachten, öffnen Sie das Fenster BRUTTOGEWINN AUF AUFTRAG mit dem Button 📠 (BRUTTOGEWINN…) aus der Symbolleiste (siehe Abbildung 6.30).

**Abbildung 6.30** Bruttogewinn für den gesamten Auftrag

Berechnungs-
grundlage ändern

Im Fenster BRUTTOGEWINN AUF AUFTRAG können Sie den errechneten Basispreis selbst ändern. Falls Sie genauere Informationen zu den Materialkosten der Verkaufstransaktionen haben, die auch einen genaueren Bruttogewinn erlauben, geben Sie den Basispreis (= Materialkosten) manuell in das Feld BASISPREIS ein.

Zudem haben Sie die Möglichkeit, die Berechnungsgrundlage des Basispreises im Feld BASISPREIS NACH zu ändern.

1. Wählen Sie dazu einfach die passende Grundlage aus der Auswahlliste aus. Die Voreinstellung für den Basispreis (in Abbildung 6.30 ARTIKELKOSTEN) stammt aus dem Fenster BELEGEINSTELLUNGEN, Registerkarte ALLGEMEIN (über ADMINISTRATION • SYSTEMINITIALISIERUNG • BELEGEINSTELLUNGEN).

2. Aktivieren Sie die Checkbox BRUTTOGEWINN BERECHNEN, damit die Bruttogewinnberechnung generell für Ihr Unternehmen eingeschaltet ist.

3. Wählen Sie aus der Auswahlliste die Berechnungsgrundlage aus, die – wie bereits in Abbildung 6.30 gezeigt – im Fenster BRUTTOGEWINN AUF AUFTRAG im KUNDENAUFTRAG geändert werden kann.

Berechnungs-
grundlage wählen

Die Wahl der Berechnungsgrundlage kann per definitionem nur eine näherungsweise Berechnung sein. Unabhängig davon, welche Grundlage Sie verwenden, steht der wahre Bruttogewinn de facto erst bei einer gründlichen Nachkalkulation der Verkaufstransaktion fest. Je nach Art des Geschäfts können die Abweichungen größer oder kleiner sein. Bei einem Handelsunternehmen mit wenig schwankenden Preisen ist die Fehlerrate sicherlich geringer als bei einem projektbezogenen Unternehmen, bei dem der korrekte Bruttogewinn im Vorhinein kaum berechnet werden kann. Daher ist es wichtig, jene Berechnungsgrundlage zu wählen, die sich der Kostenstruktur Ihres Unternehmens am besten annähert.

Berechnungs-
grundlage –
Bruttogewinn

Als Berechnungsgrundlage stehen in SAP Business One die folgenden Optionen zur Verfügung:

▶ **Basispreis nach »Preislisten«**
Als Berechnungsgrundlage können Sie jede Preisliste heranziehen. Am besten eignen sich naturgemäß die Einkaufspreislisten. Falls

Sie nur geringe Preisschwankungen im Einkauf haben, eignet sich diese Option auf jeden Fall.

▶ **Basispreis nach »Letzter Einkaufspreis«**
Nach jedem abgeschlossenen Einkauf wird der letzte Einkaufspreis für diesen Artikel in die Preisliste Letzter Einkaufspreis geschrieben. Gerade bei schwankenden Einkaufspreisen können Sie hier den letzten aktuellen Preis als Berechnungsbasis heranziehen.

▶ **Basispreis nach »Zuletzt ermittelter Preis«**
Mit dem Bestandsbewertungsbericht (unter Lagerverwaltung • Berichte • Bestandsbewertungsbericht) können Sie während des Jahres eine Neubewertung Ihres derzeitigen Artikelbestands nach verschiedenen Bewertungsmethoden durchführen. Die berechneten Lagerwerte der bewerteten Artikel werden in die Liste Zuletzt ermittelter Preis geschrieben. Diese neu bewerteten Preise können Sie dann als Berechnungsgrundlage für den Basispreis heranziehen.

▶ **Basispreis nach »Artikelkosten«**
Die Artikelkosten sind die laufend errechneten Lagerwerte gemäß den für die Artikel definierten Bewertungsmethoden (gleitendes Durchschnittspreisverfahren, FIFO-Verfahren), die in Abschnitt 7.3, »Lagerbewertungsmethoden«, detailliert behandelt werden. Da Sie eine dieser Methoden für die Bewertung Ihrer Vorräte einsetzen müssen, weil das gesetzlich vorgesehen ist, eignet sie sich in der Regel auch sehr gut für die Berechnung des Basispreises. In unserem Beispiel wird diese Variante eingesetzt.

Um die Auswirkungen auf den Bruttogewinn im Kundenauftrag zu demonstrieren, wird noch ein weiterer Einkauf der Ware zu einem unterschiedlichen Preis erstellt (siehe Abbildung 6.31).

**Auswirkungen auf den Bruttogewinn**

Die zehn Laptops in Abbildung 6.31 werden nun bei einem anderen Lieferanten zu einem günstigeren Preis von 180,00 EUR (anstelle des Listenpreises von 200,00 EUR) eingekauft. Dementsprechend ergibt sich nun in den Artikelstammdaten des Laptops die in Abbildung 6.32 gezeigte Bestandssituation.

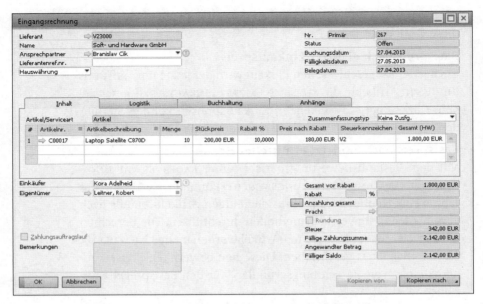

**Abbildung 6.31** Weiterer Einkauf der Ware über Eingangsrechnung

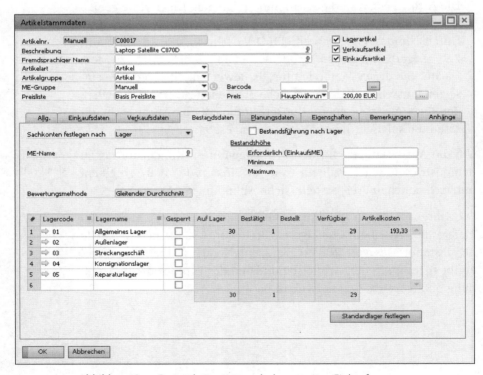

**Abbildung 6.32** Bestandssituation nach dem zweiten Einkauf

Die Bestandssituation in Abbildung 6.32 zeigt, dass sich nun 30 Stück (20 Stück aus dem ersten Einkauf und zehn Stück aus dem zweiten Einkauf) AUF LAGER befinden; das eine Stück aus dem angelegten Kundenauftrag ist BESTÄTIGT, und es wurde kein weiteres Stück BESTELLT.

Weitaus interessanter sind nun aber die ARTIKELKOSTEN von 193,33 EUR, da der zweite Einkauf dieses Artikels preiswerter war als der erste. Die Artikelkosten nach dem gleitenden Durchschnittspreis errechnen sich in diesem Fall folgendermaßen: *gesamte Artikelkosten* dividiert durch *Gesamtmenge auf Lager:*

$$\frac{(= 20 \times 200,00 \ EUR + 10 \times 180,00 \ EUR = 5.800,00 \ EUR)}{(= 30 \ Stück)} = 193,33 \ EUR$$

Die Auswirkungen sehen folgendermaßen aus: Die Berechnungsbasis im bereits angelegten Kundenauftrag wird nicht angetastet, kann allerdings jeweils manuell geändert werden.

Wenn Sie jedoch aus dem Kundenauftrag einen Lieferschein erstellen, gehen die tatsächlichen Artikelkosten in die Bruttogewinnberechnung ein, wie Abbildung 6.33 demonstriert.

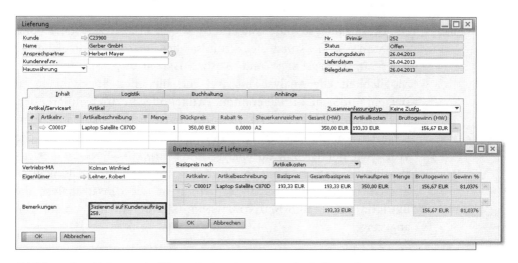

**Abbildung 6.33** Lieferung der Ware – Basispreis anpassen (Artikelkosten)

Abbildung 6.33 zeigt, dass bei der Erstellung der Lieferung auf Basis des Kundenauftrags die letzten aktuellen Artikelkosten der Ware von 193,33 EUR als Basispreis verwendet wurden. Dementsprechend erhöht sich bei einem gleichbleibenden Verkaufspreis der Brutto-gewinn gegenüber dem Kundenauftrag. Das bedeutet, spätestens mit der Belegstufe LIEFERUNG (bzw. »Ausgangsrechnung«, falls keine Lieferung erstellt wurde) wird der Bruttogewinn *fixiert* und kann danach nicht mehr geändert werden. Für die Anzeige der Artikelkosten blenden Sie im Fenster LIEFERUNG die Spalte ARTIKELKOSTEN mit dem Button ⬚ (FORMULAREINSTELLUNGEN) ein. Bei einer Weiterverarbeitung der Lieferung in einer Ausgangsrechnung wird der Basispreis nicht mehr angepasst, auch wenn sich die Artikelkosten in der Zwischenzeit aufgrund neuer Einkäufe oder Neubewertungen verändert haben.

Eine Übersicht über die erreichten Bruttogewinne im Verkauf erhalten Sie im Umsatzanalysebericht, der im folgenden Abschnitt detailliert behandelt wird.

## 6.3    Berichte im Verkauf

SAP Business One bietet Berichte im Modul VERKAUF, die mit einer Vielzahl von Auswahlkriterien versehen sind. Im Folgenden werden diese Berichte mitsamt den möglichen Auswahlkriterien behandelt.

Umsatzanalyse

Die Umsatzanalyse finden Sie unter VERKAUF • UMSATZBERICHTE • UMSATZANALYSE. Sie stützt sich grundsätzlich auf die Verkaufsbelege AUFTRAG, LIEFERSCHEIN und AUSGANGSRECHNUNG. Sie haben die Möglichkeit, die Analyse aus drei verschiedenen Blickwinkeln zu starten: mit Sicht auf Lieferanten, Artikel oder Vertriebsmitarbeiter. Das Fenster UMSATZANALYSE bietet drei entsprechend lautende Registerkarten an. Die Auswahlkriterien verwenden Sie auf die gleiche Weise wie bei der Einkaufsanalyse unter EINKAUF • EINKAUFSBERICHTE • EINKAUFSANALYSE (siehe Abschnitt 5.7, »Berichte im Einkauf«). Zusätzlich zur Einkaufsanalyse werden in der Umsatzanalyse die BRUTTOGEWINNE und BRUTTOGEWINNE IN % bei allen Darstellungen angezeigt.

Bericht »Geparkte Belege«

Der Bericht GEPARKTE BELEGE dient in erster Linie dazu, geparkte Belege wieder aufzurufen, gleichgültig, aus welchem Modul diese stammen. Die Vorgehensweise zum Aufrufen geparkter Belege und der weiteren Bearbeitung wurde bereits in Abschnitt 5.3, »Wichtige Funktionen im Beleg«, behandelt.

**Bericht »Offene Belege«**

Mit dem Bericht Offene Belege steht Ihnen eine Übersicht über alle Belege – unterteilt nach Belegstufen – zur Verfügung, die noch nicht vollständig in einem Folgebeleg weiterverarbeitet wurden und die auch nicht manuell geschlossen oder storniert wurden. Rufen Sie das Fenster Offene Belege über Verkauf • Umsatzberichte • Offene Belege auf. Die Funktionsweise dieses Berichts wurde bereits in Abschnitt 5.7, »Berichte im Einkauf«, dargestellt.

**Auftragsrückstand**

Der Auftragsrückstandsbericht (unter Verkauf • Umsatzberichte • Auftragsrückstand) ist ein wichtiger Baustein bei der Verwaltung von Backlogs (offene Belege) im Verkaufsbereich. Er beschreibt, welche Mengen der gesamten Kundenaufträge noch an Ihre Kunden zu liefern sind. Abbildung 6.34 zeigt ein Beispiel für einen Auftragsrückstandsbericht.

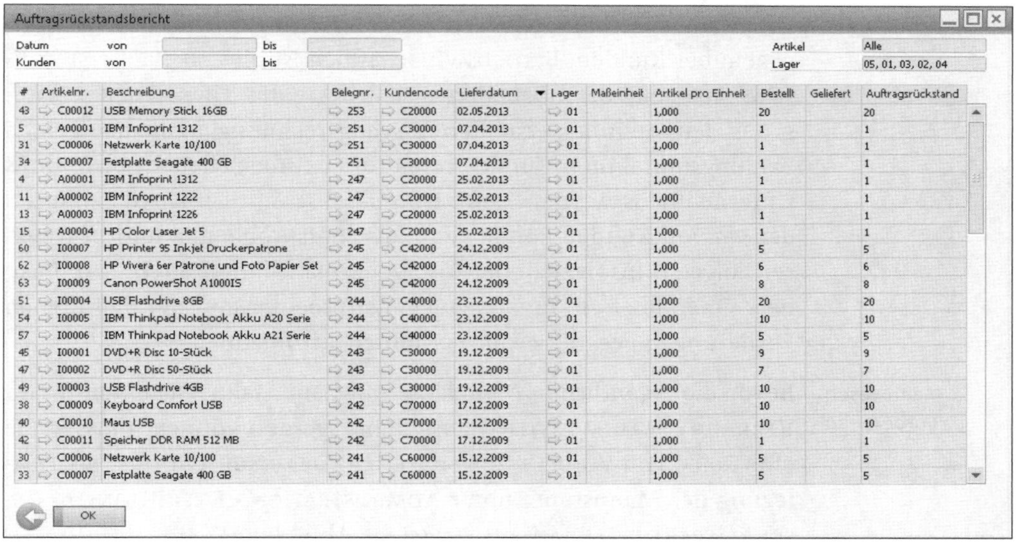


| # | Artikelnr. | Beschreibung | Belegnr. | Kundencode | Lieferdatum | Lager | Maßeinheit | Artikel pro Einheit | Bestellt | Geliefert | Auftragsrückstand |
|---|---|---|---|---|---|---|---|---|---|---|---|
| 43 | C00012 | USB Memory Stick 16GB | 253 | C20000 | 02.05.2013 | 01 | | 1,000 | 20 | | 20 |
| 5 | A00001 | IBM Infoprint 1312 | 251 | C30000 | 07.04.2013 | 01 | | 1,000 | 1 | | 1 |
| 31 | C00006 | Netzwerk Karte 10/100 | 251 | C30000 | 07.04.2013 | 01 | | 1,000 | 1 | | 1 |
| 34 | C00007 | Festplatte Seagate 400 GB | 251 | C30000 | 07.04.2013 | 01 | | 1,000 | 1 | | 1 |
| 4 | A00001 | IBM Infoprint 1312 | 247 | C20000 | 25.02.2013 | 01 | | 1,000 | 1 | | 1 |
| 11 | A00002 | IBM Infoprint 1222 | 247 | C20000 | 25.02.2013 | 01 | | 1,000 | 1 | | 1 |
| 13 | A00003 | IBM Infoprint 1226 | 247 | C20000 | 25.02.2013 | 01 | | 1,000 | 1 | | 1 |
| 15 | A00004 | HP Color Laser Jet 5 | 247 | C20000 | 25.02.2013 | 01 | | 1,000 | 1 | | 1 |
| 60 | I00007 | HP Printer 95 Inkjet Druckerpatrone | 245 | C42000 | 24.12.2009 | 01 | | 1,000 | 5 | | 5 |
| 62 | I00008 | HP Vivera 6er Patrone und Foto Papier Set | 245 | C42000 | 24.12.2009 | 01 | | 1,000 | 6 | | 6 |
| 63 | I00009 | Canon PowerShot A1000IS | 245 | C42000 | 24.12.2009 | 01 | | 1,000 | 8 | | 8 |
| 51 | I00004 | USB Flashdrive 8GB | 244 | C40000 | 23.12.2009 | 01 | | 1,000 | 20 | | 20 |
| 54 | I00005 | IBM Thinkpad Notebook Akku A20 Serie | 244 | C40000 | 23.12.2009 | 01 | | 1,000 | 10 | | 10 |
| 57 | I00006 | IBM Thinkpad Notebook Akku A21 Serie | 244 | C40000 | 23.12.2009 | 01 | | 1,000 | 5 | | 5 |
| 45 | I00001 | DVD+R Disc 10-Stück | 243 | C30000 | 19.12.2009 | 01 | | 1,000 | 9 | | 9 |
| 47 | I00002 | DVD+R Disc 50-Stück | 243 | C30000 | 19.12.2009 | 01 | | 1,000 | 7 | | 7 |
| 49 | I00003 | USB Flashdrive 4GB | 243 | C30000 | 19.12.2009 | 01 | | 1,000 | 10 | | 10 |
| 38 | C00009 | Keyboard Comfort USB | 242 | C70000 | 17.12.2009 | 01 | | 1,000 | 10 | | 10 |
| 40 | C00010 | Maus USB | 242 | C70000 | 17.12.2009 | 01 | | 1,000 | 10 | | 10 |
| 42 | C00011 | Speicher DDR RAM 512 MB | 242 | C70000 | 17.12.2009 | 01 | | 1,000 | 1 | | 1 |
| 30 | C00006 | Netzwerk Karte 10/100 | 241 | C60000 | 15.12.2009 | 01 | | 1,000 | 5 | | 5 |
| 33 | C00007 | Festplatte Seagate 400 GB | 241 | C60000 | 15.12.2009 | 01 | | 1,000 | 5 | | 5 |

**Abbildung 6.34** Fenster »Auftragsrückstandsbericht«

Die Auftragsrückstände werden in erster Linie nach Artikelnummern (Spalte Artikelnr.) sortiert. Zusätzlich werden noch die Belegnummer (Spalte Belegnr.) des Auftrags, der Kunde (Spalte Kundencode), das vereinbarte Lieferdatum und das Lager angezeigt. Die wichtigsten Informationen sind jedoch in den Spalten Bestellt, Geliefert und Auftragsrückstand (= *Bestellt – Geliefert*) aufgelistet. Mit einem Doppelklick auf die Spaltenüberschrift können Sie jeweils nach der gewünschten Spalte sortieren.

Bevor Sie zu dem Auftragsrückstandsbericht in Abbildung 6.34 gelangen, können Sie im ersten Schritt noch eine Reihe von Einschränkungen bezüglich LIEFERDATUM, KUNDENCODE, BELEGNUMMER, LAGER, ARTIKELNUMMER, ARTIKELGRUPPE, ARTIKELEIGENSCHAFTEN etc. vornehmen.

**Fälligkeit der Kundenforderungen**  Der Bericht FÄLLIGKEIT KUNDENVERBINDLICHKEITEN zeigt eine Aufstellung aller offenen Ausgangsrechnungen (unter Berücksichtigung der Gutschriften), gestaffelt nach der Dauer der Überfälligkeit. Da die Fälligkeitsübersicht eher zu den Berichten im Finanzwesen gehört, wird sie in Abschnitt 9.9, »Finanzberichte«, detailliert behandelt.

## 6.4 Mahnwesen in SAP Business One

Das Mahnwesen dient generell zur Verfolgung offener Forderungen gegenüber Kunden. Betriebswirtschaftlich ist dies eine äußerst kritische Aufgabe, da möglicherweise trotz guter Umsatzzahlen (aufgrund der von Ihnen erstellten Ausgangsrechnungen) die mangelnde Zahlungsmoral Ihrer Kunden rasch zum existenziellen Problem Ihres Unternehmens werden kann. Überdurchschnittlich lange Zahlungsdauern von Kunden können zu Liquiditätsproblemen und in weiterer Folge zu Insolvenz oder Insolvenzgefährdung führen. SAP Business One bietet ein umfassendes Instrumentarium, um die offenen Forderungen gegenüber Ihren Kunden anzumahnen.

**Mahnwesen vorbereiten**  Bevor die eigentlichen Mahnläufe mit dem Mahnassistenten (unter VERKAUF • MAHNASSISTENT) ausgeführt werden können, müssen Sie eine Reihe von Vorbereitungen treffen. Der erste Schritt ist die Festlegung der Mahnstufen unter ADMINISTRATION • DEFINITIONEN • GESCHÄFTSPARTNER • MAHNSTUFEN (siehe Abbildung 6.35).

**Mahnstufen definieren**  Das Definieren von Mahnstufen erfordert folgende Angaben:

1. **Feld »Briefformat«**
   Wählen Sie ein Briefformat (Mahnstufen) aus der Werteliste aus. Diese zehn Mahnstufen sind fix angelegt und können nicht erweitert werden.

2. **Feld »Wirksam nach (Tage)«**
   Geben Sie an, nach wie vielen Tagen ab Fälligkeitsdatum die Stufe in Kraft treten soll. Auch bei den nachfolgenden Mahnstufen

(Mahnstufe 2 und 3) werden die Tage jeweils vom Fälligkeitsdatum aus gerechnet!

3. **Feld »Gebühr je Mahnung«**

   Geben Sie hier die Mahnspesen oder die Gebühr an, die zu der an-
   gemahnten Summe hinzugerechnet werden. Im Beispiel in Abbildung 6.35 werden lediglich für die Mahnstufe 3 Mahnspesen verrechnet.

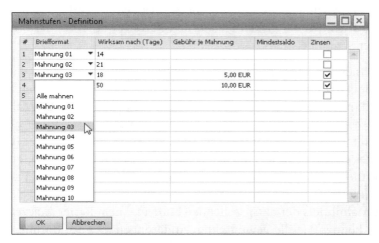

**Abbildung 6.35** Mahnstufen definieren

4. **Feld »Mindestsaldo«**

   Geben Sie hier an, ab welchem Mindestsaldo gemahnt wird.
   Wenn Sie möchten, dass bei jedem Betrag eine Mahnung geschickt
   wird, geben Sie hier 1,00 EUR ein. Auf der anderen Seite kann ein
   schlechter Eindruck beim Kunden entstehen, sollten Sie derartige
   Kleinbetragsrechnungen bereits in Ihr Mahnwesen aufnehmen.

5. **Checkbox »Zinsen«**

   Aktivieren Sie diese Checkbox, wenn für die gewählte Mahnstufe
   Verzugszinsen berechnet werden sollen.

6. **Definition bestätigen**

   Bestätigen Sie die Definition der Mahnstufen mit dem Button AK-
   TUALISIEREN, und schließen Sie das Fenster mit dem Button OK.

Als zweiten Schritt können Sie das Layout der Mahnbriefe anpassen,
falls es nicht Ihren Wünschen entspricht. Die Anpassung des Layouts
von Belegen ist generell eine sehr umfassende Thematik und muss

**Layout des Mahnbriefs**

vor Ort von einem Consultant – am besten anhand der zu erstellenden Mahnbriefe oder sonstiger Belege – geschult oder gleich von ihm vorgenommen werden. Das Anpassen von Belegen zählt aus diesem Grund zu den weiterführenden Themen und wird daher nicht in diesem Buch behandelt.

Falls Sie die Anpassung dennoch selbst ausprobieren möchten, positionieren Sie den Cursor im Fenster MAHNSTUFEN – DEFINITION in einer der Spalten jener Stufe, für die Sie das Layout bearbeiten möchten. Anschließend klicken Sie auf den Button 🖉 (LAYOUTDESIGNER) in der Symbolleiste.

Es öffnet sich das Fenster LAYOUT UND REIHENFOLGE, in dem Sie alle Layouts zu diesem Belegtyp aufgelistet sehen. Klicken Sie doppelt auf den Eintrag MAHNUNG 01 (SYSTEM) – 01 steht dabei für die Mahnstufe 1. Das Fenster BERICHTS- UND LAYOUTVERWALTUNG öffnet sich. Klicken Sie auf den Button BEARBEITEN. Entweder öffnet sich der Layoutdesigner, wenn Sie ein Layout mit dem Kürzel PLD öffnen, oder es öffnet sich SAP Crystal Reports, wenn Sie ein Layout mit dem Kürzel CR öffnen. In dem geöffneten Layoutdesigner werden alle Felder des Mahnbriefs der entsprechenden Stufe in einem Raster angezeigt. Nun können Sie die gewünschten Änderungen an Position und Inhalt der Felder vornehmen. Zum Abschluss speichern Sie das Layout unter einem neuen Namen, markieren das Layout im Fenster LAYOUT UND REIHENFOLGE und setzen es ALS STANDARD mit dem gleichnamigen Button im rechten unteren Bereich.

Nach Mahnstufen gestaffelte Mahnschreiben

Pro Mahnstufe wird in der Regel ein eigenes Mahnschreiben entworfen, die Formulierung ist gewöhnlich mit jeder weiteren Mahnstufe »schärfer« und eindeutiger. Während z. B. die erste Mahnung nur eine Zahlungserinnerung darstellen kann, ist die zweite Mahnung bereits eindeutig formuliert und kann bereits mit Verzugszinsen und Mahngebühren behaftet sein, während bei der dritten Mahnung bei vielen Unternehmen bereits mit der Übergabe an den Anwalt gedroht wird.

Mahnbedingungen anlegen

Im dritten Schritt legen Sie die Mahnbedingungen unter ADMINISTRATION • DEFINITIONEN • GESCHÄFTSPARTNER • MAHNBEDINGUNGEN an. Die Mahnbedingungen verwenden die von Ihnen soeben angelegten Mahnstufen als Grundlage, wobei Änderungen und Ergänzungen erlaubt sind. Abbildung 6.36 zeigt das Hinzufügen einer neuen Mahnbedingung.

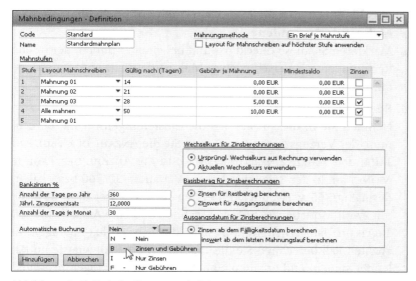

**Abbildung 6.36** Mahnbedingungen definieren

Die Mahnstufen werden in die Tabelle im oberen Bereich kopiert. Diese können jedoch beliebig abgeändert werden. Darüber hinaus müssen die folgenden Felder gepflegt werden:

1. **Felder »Code« und »Name«**

   Vergeben Sie einen eindeutigen Code und einen Namen für die Mahnbedingung. Diese Mahnbedingung wird dann dem Geschäftspartner zugeordnet.

2. **Dropdown-Liste »Mahnungsmethode«**

   Wählen Sie eine der folgenden drei Optionen:

   – Die Option EIN BRIEF JE RECHNUNG erzeugt eine Mahnung pro offener Rechnung des Kunden.

   – Die Option EIN BRIEF JE MAHNSTUFE erzeugt eine Mahnung pro Mahnstufe des Kunden.

   – Die Option EIN BRIEF JE GP erzeugt einen einzigen Brief pro Kunden, in dem alle Forderungen aufgelistet sind, gleichgültig, auf welcher Mahnstufe sich diese Ausgangsrechnung befindet. Bei dieser Option erscheinen noch weitere Auswahlmöglichkeiten, die GEBÜHREN, MINDESTSALDO und ZINSEN beim kombinierten Mahnungsformat betreffen.

3. **Checkbox »Layout für Mahnschreiben auf höchster Mahnstufe anwenden«**

   Markieren Sie diese Checkbox, und bei einem Kunden, der offene Rechnungen mit verschiedenen Mahnstufen hat, wird jenes Layout für die höchste Mahnstufe verwendet.

4. **Bereich »Bankzinsen %«**

   Nehmen Sie in diesem Bereich die Einstellungen für die Berechnung der Verzugszinsen vor. Geben Sie die Anzahl der Tage pro Jahr, den Jährl. Zinsprozentsatz und die Anzahl der Tage je Monat an. In der Regel werden die Varianten 30/360 bzw. kalendermäßig/365 verwendet. Im ersten Fall bedeutet dies, dass Sie mit zwölf Monaten zu 30 Tagen rechnen und eine Anzahl von 360 Tagen pro Jahr erhalten (d. h., auch der Februar hat 30 Tage). Im zweiten Fall berechnen Sie die Tage pro Monat so, wie sie im Kalender stehen, und erhalten eine Anzahl von 365 Tagen pro Jahr.

5. **Dropdown-Liste »Automatische Buchung«**

   Legen Sie mit dieser Dropdown-Liste fest, ob die in den Mahnschreiben an den Kunden verrechneten Zinsen und Gebühren beim Mahnlauf automatisch verbucht werden sollen (ab Release 8.8 von SAP Business One). Es stehen Ihnen die folgenden Optionen zur Verfügung:

   – *Nein*:

   Wählen Sie diese Option aus, wenn keine automatische Verbuchung erfolgen soll. In der Praxis sehen Buchhalter durchaus von einer automatischen Verbuchung ab, da die verrechneten Gebühren und Zinsen häufig ohnedies nicht bezahlt werden und dann wieder buchhalterisch korrigiert werden müssten. Erst bei Bezahlung des Kunden kann man die Zinsen und Gebühren noch manuell im Nachhinein verbuchen.

   – *Zinsen und Gebühren*:

   Wählen Sie diese Option, wenn sowohl Zinsen als auch Gebühren automatisch verbucht werden sollen.

   – *Nur Zinsen*:

   Wählen Sie diese Option, wenn nur die Zinsen, nicht jedoch die Gebühren automatisch verbucht werden sollen.

   – *Nur Gebühren*:

   Wählen Sie diese Option, wenn nur die Gebühren, nicht jedoch die Zinsen automatisch verbucht werden sollen.

Wenn Sie eine Option mit automatischer Verbuchung ausgewählt haben, klicken Sie auf den Button [...] (AUTOMATISCHE BUCHUNG) und geben je ein Ertragskonto für Zinsen und Gebühren ein.

6. **Optionsgruppe »Wechselkurs für Zinsberechnungen«**
Bestimmen Sie mit dieser Optionsgruppe die Vorgehensweise bei Fremdwährungsbelegen. Wählen Sie für die Bewertung der offenen Fremdwährungsforderung URSPRÜNGLICHEN WECHSELKURS AUS RECHNUNG VERWENDEN oder AKTUELLEN WECHSELKURS VERWENDEN.

7. **Optionsgruppe »Basisbetrag für Zinsberechnungen«**
Mit dieser Optionsgruppe können Sie bestimmen, auf welche Weise die Zinsen berechnet werden sollen. Wählen Sie die Option ZINSEN FÜR RESTBETRAG BERECHNEN, um die Verzugszinsen für die noch offenen Forderungen an den Kunden zu berechnen. Wählen Sie die Option ZINSWERT FÜR AUSGANGSSUMME BERECHNEN, um die Verzugszinsen für den jeweiligen Rechnungsbetrag zu berechnen, gleichgültig, welcher Betrag bereits bezahlt wurde.

8. **Optionsgruppe »Ausgangsdatum für Zinsberechnungen«**
Mit dieser Optionsgruppe legen Sie fest, ab welchem Datum die Zinsen berechnet werden. Es stehen Ihnen die Optionen ZINSEN AB DEM FÄLLIGKEITSDATUM BERECHNEN, was der Standardwert ist, und ZINSWERT AB DEM LETZTEN MAHNUNGSLAUF BERECHNEN zur Verfügung.

Klicken Sie auf den Button HINZUFÜGEN, um die Mahnbedingung anzulegen. Die angelegten Mahnbedingungen können Sie im Fenster GESCHÄFTSPARTNER-STAMMDATEN (GESCHÄFTSPARTNER • GESCHÄFTSPARTNER-STAMMDATEN) auf der Registerkarte ZAHLUNGSBEDINGUNGEN dem Kunden zuordnen. Im Fenster ALLGEMEINE EINSTELLUNGEN (ADMINISTRATION • SYSTEMINITIALISIERUNG • GESCHÄFTSPARTNER • MAHNBEDINGUNGEN), Registerkarte GP, können Sie eine STANDARDMAHNBEDINGUNG FÜR KUNDEN festlegen, die jeder neu angelegte Kunde automatisch erhält.

Wenn alle Vorbereitungen abgeschlossen sind und Sie Ihre überfälligen Forderungen nun mahnen möchten, führen Sie einen Mahnlauf im Mahnassistenten (über den Pfad VERKAUF • MAHNASSISTENT) durch. Der Mahnassistent führt Sie in sechs Schritten zur Durchführung eines solchen Mahnlaufs:

Mahnlauf
durchführen

1. **Assistent-Optionen**

   Ähnlich wie beim Belegerstellungsassistenten können Sie einen gespeicherten Assistenten mit allen Parametern laden oder einen neuen Assistenten starten. Als Unterschied wird hier jedoch der Name des Assistenten automatisch von SAP Business One in Schritt 2 vorgeschlagen. Sie können jeweils mit den Buttons WEITER bzw. ZURÜCK einen Schritt vor- bzw. zurückgehen oder den Assistenten mit dem Button ABBRECHEN beenden.

2. **Allgemeine Parameter**

   In diesem Schritt können Sie den vorgeschlagenen NAMEN dieses Mahnlaufs überschreiben. Das MAHNDATUM wird automatisch vergeben. Abschließend wählen Sie die MAHNSTUFE aus, die gemahnt werden soll. Sie haben die Möglichkeit, eine bestimmte oder alle Mahnstufen zu mahnen.

3. **Geschäftspartner – Auswahlkriterien**

   Wählen Sie hier die Kunden aus, für die Sie den Mahnlauf durchführen möchten. Klicken Sie auf den Button HINZUFÜGEN, um das Fenster für die Auswahl der Kunden zu öffnen (siehe ❶ in Abbildung 6.37).

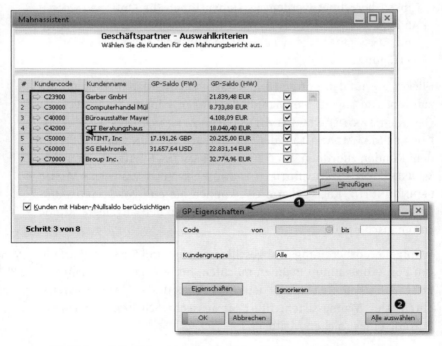

**Abbildung 6.37** Mahnassistent: Schritt 3 – Kunden auswählen

Sie können nun – wie bereits im Belegerstellungsassistenten demonstriert – die Kunden anhand der Felder CODE VON und BIS, KUNDENGRUPPE sowie mithilfe des Buttons EIGENSCHAFTEN auswählen. Um alle Kunden auszuwählen, klicken Sie auf den Button ALLE AUSWÄHLEN im rechten unteren Bereich des Fensters und bestätigen dies mit dem Button OK ❷. Alle Kunden werden in die Tabelle geladen, wie in Abbildung 6.37 zu sehen ist. Die Checkbox rechts neben dem Kunden signalisiert, dass dieser Kunde am Mahnlauf teilnimmt. Mit der Checkbox KUNDEN MIT HABEN-/ NULLSALDO BERÜCKSICHTIGEN werden auch Kunden in den Mahnlauf einbezogen, die entweder über ein ausgeglichenes Forderungskonto oder sogar über einen Saldo im Haben (auf der »verkehrten« Seite) verfügen. Dies bedeutet, der Kunde hat noch eine Gutschrift, oder er hat zu viel bezahlt – er hat im Grunde eine Forderung gegen Ihr Unternehmen.

4. **Belegparameter**

   Bei diesem Schritt schränken Sie das BUCHUNGSDATUM oder FÄLLIGKEITSDATUM VON und BIS ein und geben darunter an, ob Zahlungen und Rechnungen jeweils ohne einen Bezug zu einer Rechnung in dem Mahnlauf berücksichtigt werden sollen und ob Sie manuelle Journalbuchungen ebenfalls berücksichtigen möchten.

5. **Empfehlungsbericht**

   Nachdem Sie alle Parameter in den Schritten 1 bis 4 festgelegt haben, erhalten Sie von SAP Business One einen Empfehlungsbericht, in dem alle vorgeschlagenen Mahnungen aufgelistet sind (siehe Abbildung 6.38).

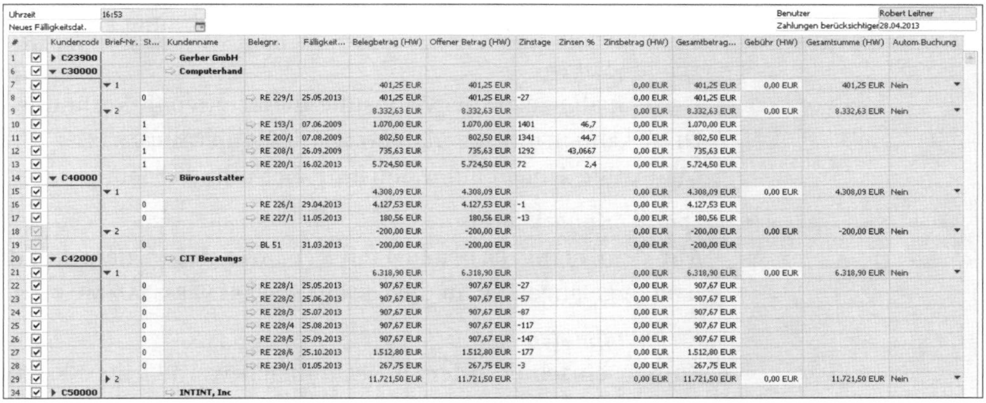

| # | Kundencode | Brief-Nr. | St... | Kundenname | Belegnr. | Fälligkeit... | Belegbetrag (HW) | Offener Betrag (HW) | Zinstage | Zinsen % | Zinsbetrag (HW) | Gesamtbetrag... | Gebühr (HW) | Gesamtsumme (HW) | Autom.Buchung |
|---|---|---|---|---|---|---|---|---|---|---|---|---|---|---|---|
| 1 | ▸ C23900 | | | Gerber GmbH | | | | | | | | | | | |
| 6 | ▾ C30000 | | | Computerhand | | | | | | | | | | | |
| 7 | | ▾ 1 | | | | | 401,25 EUR | 401,25 EUR | | | 0,00 EUR | 401,25 EUR | 0,00 EUR | 401,25 EUR | Nein |
| 8 | | | 0 | | RE 229/1 | 25.06.2013 | 401,25 EUR | 401,25 EUR | -27 | | 0,00 EUR | 401,25 EUR | | | |
| 9 | | ▾ 2 | | | | | 8.332,63 EUR | 8.332,63 EUR | | | 0,00 EUR | 8.332,63 EUR | 0,00 EUR | 8.332,63 EUR | Nein |
| 10 | | | 1 | | RE 193/1 | 07.06.2009 | 1.070,00 EUR | 1.070,00 EUR | 1401 | 46,7 | 0,00 EUR | 1.070,00 EUR | | | |
| 11 | | | 1 | | RE 200/1 | 07.06.2009 | 802,50 EUR | 802,50 EUR | 1341 | 44,7 | 0,00 EUR | 802,50 EUR | | | |
| 12 | | | 1 | | RE 208/1 | 26.09.2009 | 735,63 EUR | 735,63 EUR | 1292 | 43,0667 | 0,00 EUR | 735,63 EUR | | | |
| 13 | | | 1 | | RE 220/1 | 16.02.2013 | 5.724,50 EUR | 5.724,50 EUR | 72 | 2,4 | 0,00 EUR | 5.724,50 EUR | | | |
| 14 | ▾ C40000 | | | Büroausstatter | | | | | | | | | | | |
| 15 | | ▾ 1 | | | | | 4.308,09 EUR | 4.308,09 EUR | | | 0,00 EUR | 4.308,09 EUR | 0,00 EUR | 4.308,09 EUR | Nein |
| 16 | | | 0 | | RE 226/1 | 29.04.2013 | 4.127,53 EUR | 4.127,53 EUR | -1 | | 0,00 EUR | 4.127,53 EUR | | | |
| 17 | | | 0 | | RE 227/1 | 11.05.2013 | 180,56 EUR | 180,56 EUR | -13 | | 0,00 EUR | 180,56 EUR | | | |
| 18 | | ▾ 2 | | | | | -200,00 EUR | -200,00 EUR | | | 0,00 EUR | -200,00 EUR | 0,00 EUR | -200,00 EUR | Nein |
| 19 | | | 0 | | BL 51 | 31.03.2013 | -200,00 EUR | -200,00 EUR | | | 0,00 EUR | -200,00 EUR | | | |
| 20 | ▾ C42000 | | | CIT Beratung | | | | | | | | | | | |
| 21 | | ▾ 1 | | | | | 6.318,90 EUR | 6.318,90 EUR | | | 0,00 EUR | 6.318,90 EUR | 0,00 EUR | 6.318,90 EUR | Nein |
| 22 | | | 0 | | RE 228/1 | 25.05.2013 | 907,67 EUR | 907,67 EUR | -27 | | 0,00 EUR | 907,67 EUR | | | |
| 23 | | | 0 | | RE 228/2 | 25.06.2013 | 907,67 EUR | 907,67 EUR | -57 | | 0,00 EUR | 907,67 EUR | | | |
| 24 | | | 0 | | RE 228/3 | 25.07.2013 | 907,67 EUR | 907,67 EUR | -87 | | 0,00 EUR | 907,67 EUR | | | |
| 25 | | | 0 | | RE 228/4 | 25.08.2013 | 907,67 EUR | 907,67 EUR | -117 | | 0,00 EUR | 907,67 EUR | | | |
| 26 | | | 0 | | RE 228/5 | 25.09.2013 | 907,67 EUR | 907,67 EUR | -147 | | 0,00 EUR | 907,67 EUR | | | |
| 27 | | | 0 | | RE 228/6 | 25.10.2013 | 1.512,80 EUR | 1.512,80 EUR | -177 | | 0,00 EUR | 1.512,80 EUR | | | |
| 28 | | | 0 | | RE 230/1 | 01.05.2013 | 267,75 EUR | 267,75 EUR | -3 | | 0,00 EUR | 267,75 EUR | | | |
| 29 | | ▸ 2 | | | | | 11.721,50 EUR | 11.721,50 EUR | | | 0,00 EUR | 11.721,50 EUR | 0,00 EUR | 11.721,50 EUR | Nein |
| 34 | ▸ C50000 | | | INTINT, Inc | | | | | | | | | | | |

Uhrzeit 16:53 — Neues Fälligkeitsdat. — Benutzer Robert Leitner — Zahlungen berücksichtiger28.04.2013

**Abbildung 6.38** Mahnassistent: Schritt 5 – Empfehlungsbericht

Der Empfehlungsbericht in Abbildung 6.38 enthält eine Vielzahl von Daten, die teilweise abgeändert werden können (generell alle hellgrauen Felder). Zur besseren Illustration wurden nur die Daten von drei Kunden (»C30000 – Computerhandel Müller«, »C40000 – Büroausstatter Mayer« und »C42000 – CIT Beratungshaus«) expandiert. Die folgenden Daten werden angezeigt (von links nach rechts):

– *Checkbox »Teilnahme am Mahnlauf«*
Demarkieren Sie die Checkbox ganz links in der nicht beschrifteten Spalte, falls der Kunde nicht am Mahnlauf teilnehmen und keine Mahnung erhalten soll. Mit dieser Checkbox können Sie auch einzelne offene Rechnungen vom Mahnlauf ausnehmen.

**[+]** | **Markieren und Demarkieren von Checkboxen**

Klicken Sie auf den Spaltenkopf oberhalb der markierten Checkboxen, um alle Checkboxen gleichzeitig zu demarkieren. Klicken Sie nochmals darauf, und alle Checkboxen sind wieder markiert.

– *Spalte »Kundencode«*
Klicken Sie auf das schwarze Dreieck ▶, um den Bereich zu expandieren und alle Mahnungen dieses Kunden anzuzeigen. Um die Mahnungen aller Kunden anzuzeigen, klicken Sie auf den Button ALLES EXPANDIEREN im rechten unteren Bereich. Um alle Mahnungen wieder zu verbergen, klicken Sie auf den Button ALLES KOMPRIMIEREN.

– *Spalte »Brief-Nr.«*
Diese Spalte zeigt eine fortlaufende Nummer aller offenen Rechnungen dieses Kunden, die auf der Mahnung erscheinen.

– *Spalte »Stufe«*
Diese Spalte zeigt die Mahnstufe dieser offenen Rechnung an. Diese kann manuell verändert werden. Allerdings kann z. B. die Mahnstufe 1 nicht auf Mahnstufe 2 erhöht werden.

– *Spalte »Kundenname«*
Mit dem orangefarbenen Pfeil ⇨ links neben dem Kundennamen gelangen Sie in die GESCHÄFTSPARTNER-STAMMDATEN.

– *Rechnungsdaten*
Zu den einzelnen offenen Rechnungen werden die BELEGNR., das ursprüngliche FÄLLIGKEITSDATUM, der ursprüngliche BELEG-

BETRAG (HW), der noch ausstehende OFFENE BETRAG (HW), die errechneten ZINSTAGE, der Verzugszinsensatz (ZINSEN %) und ZINSBETRAG (HW) sowie der GESAMTBETRAG (= *offener Betrag + Zinsbetrag*) angezeigt. Alle Felder, die in Zusammenhang mit der Verzugszinsenberechnung stehen (ZINSTAGE, ZINSEN %, ZINSBETRAG und GESAMT), sind hellgrau hinterlegt und können daher pro offener Rechnung geändert werden.

- *Spalte »Gebühr (HW)«*
Diese Spalte zeigt die vorgeschlagene Mahngebühr pro offener Rechnung an. Die GEBÜHR ist hellgrau hinterlegt und kann daher geändert werden.

- *Spalte »Gesamtsumme (HW)«*
Diese Spalte zeigt den Gesamtbetrag, den der Kunde bei dieser offenen Rechnung zu bezahlen hat (= *offene Summe + Zinsbetrag + Mahngebühr*).

- *Spalte »Automatische Buchung«*
Diese Spalte zeigt die gleiche Dropdown-Liste wie bei den Mahnbedingungen und schlägt den dort eingegebenen Wert zur automatischen Buchung von Zinsen und Gebühren vor. Diese Option können Sie hier abändern.

- *Feld »Neues Fälligkeitsdat.«*
In dieses Feld im linken oberen Bereich des Fensters geben Sie das neue, von Ihnen gewünschte Fälligkeitsdatum ein. Bis zu diesem Zeitpunkt muss der Kunde die gemahnten Rechnungen bezahlen. Dieses Datum wird nicht bei den offenen Rechnungen gespeichert, kann aber auf den Mahnbriefen mit gedruckt werden.

- *Feld »Zahlungen berücksichtigen bis«*
Ändern Sie hier (rechts oben) das Datum von bereits bezahlten offenen Rechnungen, um den Betrachtungszeitraum zu ändern, und bestätigen Sie dies mit der ⬏-Taste.

| **Druckvorschau für Mahnbriefe** | **[+]** |

Sie haben bereits in Schritt 5 (»Empfehlungsbericht«) die Möglichkeit, die Mahnbriefe anzuschauen. Dazu markieren Sie die Zeile, in der eine Brief-Nr. steht, und klicken auf den Button 🔍 (DRUCKVORSCHAU). Alle ausgewählten Mahnungen werden in der Vorschau angezeigt.

### 6. **Verarbeitung**

In diesem letzten Schritt wird der eigentliche Mahnlauf im Hintergrund durchgeführt. Es stehen Ihnen vier Optionen zur Verfügung:

– *Auswahlparameter speichern und beenden:*
Wählen Sie diese Option, um alle vorgenommenen Einstellungen zu speichern und den Mahnlauf zu einem späteren Zeitpunkt fortzusetzen. Nicht gespeichert wird der Empfehlungsbericht. Das bedeutet, wenn Sie diesen Mahnlauf zu einem späteren Zeitpunkt fortsetzen, wird ein neuer Empfehlungsbericht erstellt, der zu diesem Ausführungszeitpunkt gültig ist.

– *Empfehlungsbericht: Entwurf speichern und beenden:*
Mit dieser Option werden alle Einstellungen sowie der erstellte Empfehlungsbericht gespeichert. Zu einem späteren Zeitpunkt können Sie diesen Empfehlungsbericht dann ausführen und die Mahnungen drucken. Falls Sie in der Zwischenzeit einen anderen Mahnlauf starten, werden alle offenen Rechnungen, Zahlungen und Gutschriften aus dem gespeicherten Empfehlungsbericht nicht berücksichtigt.

– *Nur ausführen, später drucken und verlassen:*
Mit dieser Option wird der Mahnlauf tatsächlich ausgeführt, es öffnet sich jedoch kein Druckdialog. Der Assistent kann zu einem späteren Zeitpunkt nochmals aufgerufen und die Mahnungen können gedruckt werden.

– *Mahnungen drucken und beenden:*
Der Mahnlauf wird nun tatsächlich ausgeführt, und es öffnet sich der Druckdialog, mit dem Sie die erstellten Mahnungen an einen beliebigen Drucker schicken können. Nachdem ein Mahnlauf abgeschlossen wurde, können Sie diesen dennoch zu Dokumentationszwecken aufrufen, aber naturgemäß nichts mehr ändern. Sie haben jedoch die Möglichkeit, im Empfehlungsbericht die Mahnungen mit dem Button 🖨 (DRUCKEN) nochmals auszudrucken oder sie sich mit dem Button 🔍 (DRUCKVORSCHAU) nochmals am Bildschirm anzusehen.

**Auswirkungen des Mahnlaufs** Das Ausführen des Mahnlaufs zieht nun folgende Konsequenzen nach sich: Zum einen werden alle gemahnten Rechnungen automatisch um eine Mahnstufe erhöht. Beim nächsten Mahnlauf werden diese Rechnungen (unter Einhaltung der in den Mahnbedingungen letztlich festgelegten Zeitspanne zwischen den Mahnstufen) mit der nächsthöheren Stufe vorgeschlagen. Um eine einzelne Ausgangsrechnung vom Mahnlauf auszunehmen, markieren Sie die Checkbox Mahnungen sperren auf der Registerkarte Logistik in dieser Ausgangsrechnung.

---

**Rechnung sperren**                                                     **[zB]**

Die Korrektheit einer Rechnung ist zwischen Ihnen und Ihrem Kunden noch nicht endgültig geklärt. Um den Kunden nicht weiter zu verärgern, markieren Sie diese Rechnung als gesperrt.

---

Darüber hinaus wird die höchste Mahnstufe von allen gemahnten Rechnungen eines Geschäftspartners mit dem entsprechenden Datum des Mahnlaufs im Fenster Geschäftspartner-Stammdaten, Registerkarte Buchhalt. • Allgemein, eingetragen (siehe Abbildung 6.39).

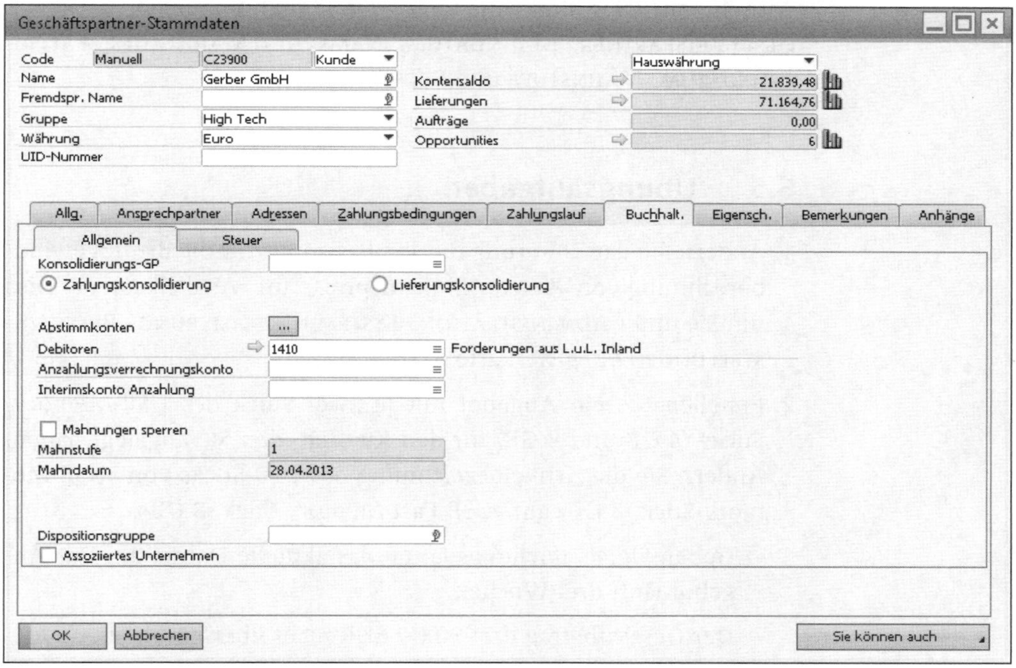

**Abbildung 6.39** Geschäftspartner – Mahnungen sperren

Im unteren Bereich in Abbildung 6.39 finden Sie die Felder Mahnstufe und Mahndatum, die die höchste Mahnstufe dieses Kunden anzeigen. Mit der Checkbox MAHNUNGEN SPERREN sind alle offenen und überfälligen Rechnungen dieses Kunden vom Mahnwesen generell ausgenommen.

**[zB]**

**Kunden für den Mahnlauf sperren**

Einer Ihrer Kunden hat aufgrund seiner schlechten Liquiditätssituation Zahlungsschwierigkeiten, und Sie gewähren ihm einen Zahlungsaufschub. Da der Mahnlauf in der Regel von einem Mitarbeiter in der Finanzbuchhaltung durchgeführt wird, sperren Sie diesen Kunden für den Mahnlauf, damit ihm nicht laufend Mahnungen für überfällige Rechnungen zugesendet werden.

Mahnhistorien-
bericht

Der *Mahnhistorienbericht* zeigt Ihnen übersichtlich historische Daten zu bereits durchgeführten Mahnläufen. Den Bericht finden Sie unter BERICHTE • GESCHÄFTSPARTNER • MAHNHISTORIENBERICHT. Im nun geöffneten Fenster MAHNHISTORIENBERICHT – AUSWAHL können Sie eine Reihe von Einschränkungen für die Anzeige der Mahnungen vornehmen. Dies sind unter anderem Einschränkungen bezüglich GESCHÄFTSPARTNER, MAHNDATUM, NAME DES MAHNLAUFS, FÄLLIGKEITSDATUM, MAHNSTUFE und RECHNUNGSNUMMER.

## 6.5    Übungsaufgaben

1. Ändern Sie den Ursprung für den Basispreis für die Bruttogewinnberechnung von »Letzter Einkaufspreis« auf »Artikelkosten«. Dies tun Sie unter ADMINISTRATION • SYSTEMINITIALISIERUNG • BELEGEINSTELLUNGEN • Registerkarte ALLGEMEIN.

2. Erstellen Sie ein Angebot mit je zwei Stück des USB-Memory-Sticks (4 GB und 8 GB) für den Kunden, den Sie angelegt haben. Ändern Sie die Artikelbezeichnung des USB-Sticks von »USB-Memory-Stick, 8 GB« auf »USB Fast Memory Stick, 8 GB«.

   – Geben Sie als Buchungsdatum das aktuelle Datum an. Das Angebot läuft drei Wochen.

   – Der Gesamtbetrag darf 90,00 EUR nicht überschreiten.

   – Erfassen Sie hinter beiden Artikelzeilen je eine Textzeile mit folgendem Wortlaut: »Eine detaillierte technische Beschreibung finden Sie auf unserer Website.«

- Fügen Sie nach der ersten Artikelzeile eine Zwischensumme ein.

- Fügen Sie vor der ersten Artikelzeile eine Artikelzeile mit zwei Stück der Artikelnummer »A00001 IBM Infoprint 1312« ein.

- Ändern Sie die Straße der Lieferadresse direkt im Beleg.

- Lassen Sie sich die Preise der letzten Angebote zu dem Artikel »A00001 IBM Infoprint 1312« direkt im Beleg anzeigen.

- Überprüfen Sie, wie hoch der gesamte Bruttogewinn dieses Angebots ist.

- Schließen Sie das Fenster LETZTE PREISE, und fügen Sie das Angebot hinzu.

3. Erstellen Sie einen Kundenauftrag, der alle Zeilen enthält, mit Ausnahme der ersten Zeile »A00001 IBM Infoprint 1312«.

4. Überprüfen Sie, ob der Kundenauftrag in dem Bericht AUFTRAGS-RÜCKSTANDSBERICHT erscheint.

5. Erstellen Sie für jede Artikelzeile des Kundenauftrags einen Lieferschein mit Datum im Abstand von je einer Woche.

6. Erstellen Sie eine Ausgangsrechnung für die beiden Lieferscheine mithilfe des Belegerstellungsassistenten.

7. Erstellen Sie eine Ausgangsgutschrift für ein Stück »USB-Memory-Stick, 8 GB«.

8. Duplizieren Sie den ursprünglichen Kundenauftrag, und erstellen Sie automatisch eine Bestellung daraus. Ändern Sie den Lieferanten in allen Artikeln auf »V10000«.

*Die Lagerverwaltung in SAP Business One bildet die Grundlage für alle Einkaufs- und Verkaufsprozesse. Das Kernstück der Lagerverwaltung sind die Lagerbewertungsmethoden. In diesem Kapitel werden außerdem manuelle Bestandstransaktionen, die Preisfindung und die Inventur behandelt.*

# 7 Lagerverwaltung

In diesem Kapitel beschäftigen wir uns mit dem gesamten Bereich der Lagerverwaltung. Nach einer kurzen betriebswirtschaftlichen Einordnung des Themas Lagerverwaltung folgt die Grundlage der Lagerverwaltung: die Definition der Lager und ihrer Attribute. Anschließend werden die vorhandenen Lagerbewertungsmethoden in SAP Business One anhand praktischer Bewertungsbeispiele behandelt.

Im Folgenden werden verschiedene Themenbereiche behandelt, die in der Lagerverwaltung angesiedelt sind, aber weitgehend die Module EINKAUF und VERKAUF betreffen. Dies sind die Preisfindung, die Mengeneinheiten, die Katalognummern sowie die Serien- und Chargennummern in SAP Business One. Zudem werden die manuellen Bestandstransaktionen und die Inventur in SAP Business One erläutert. Das Kapitel schließt mit den wichtigsten Bestandsberichten.

## 7.1 Betriebswirtschaftliche Aspekte der Lagerverwaltung

Die Lagerhaltung hat im Allgemeinen zwei Funktionen zu erfüllen. Auf der einen Seite ist dies die *Überbrückung* zwischen Beschaffung und Verwendung. Auf der anderen Seite steht die *Umformung* der Materialien im Lager von einem Zustand in einen anderen (z. B. Trocknen von Holz).

Überbrückung und Umformung

Generell gibt es nicht nur einen Prozessfluss im Einkauf und Verkauf, sondern auch in der Lagerhaltung. In diesem Zusammenhang spricht man von den fünf Phasen des Materialdurchlaufs:

1. **Waren- bzw. Materialannahme**
   Es wird überprüft, ob Menge und Qualität der eingehenden Waren und Materialien mit den Begleitpapieren (Lieferschein, Frachtbrief etc.) übereinstimmen.

2. **Warenprüfung**
   Nach der Warenannahme kommen die Waren zur Warenprüfung. Besondere Warenprüfungen (z. B. chemische Analysen und Festigkeitsproben) finden in der Regel an eigenen Warenprüfstellen statt.

3. **Einlagerung**
   Das Lager übernimmt die überprüften Waren und lagert sie an den vorgesehenen Lagerorten ein.

4. **Lagerung und Wartung**
   Während der Lagerung wird die Ware regelmäßig kontrolliert und gepflegt.

5. **Auslagerung**
   Die Bereitstellung von Materialien erfolgt sehr oft unter Verwendung von Materialannahmescheinen bzw. internen Lieferscheinen.

## 7.2 Lagerverwaltung in SAP Business One

Lager Die Grundlage der Lagerverwaltung in SAP Business One sind die angelegten *Lager*. Grundsätzlich können Sie beliebig viele Lager anlegen. Sie lassen sich bei der Lagerverwaltung (Berechnung der Artikelkosten, Reaktion auf Mindestbestand etc.) komplett trennen. Die Lager, die Sie in SAP Business One anlegen, müssen nicht notwendigerweise physikalisch getrennt sein. Es ist möglich, dass Sie *Haupt*- und *Ersatzteillager* in derselben Lagerhalle untergebracht haben, aber aus logistischen Gründen trennen möchten.

**[+]** **Frühzeitige und sinnvolle Organisation der Lager**

Überlegen Sie sich bereits in der Phase der Systeminitialisierung vor dem Anlegen oder Übernehmen der Artikelstammdaten die Aufteilung Ihrer Lager. Jede Einheit, die Sie als logistisch zusammengehörig empfinden, sollte dabei ein Lager in SAP Business One bilden (z. B. allgemeines Lager, Ersatzteillager, Nebenlager, Produktionslager, Zwischenlager, Ausschusslager etc.). Die Lager sind in der Regel physikalisch getrennt (z. B. Hauptlager, Außenlager München, Außenlager Stuttgart), dies muss aber – wie bereits beschrieben – nicht der Fall sein.

Um ein Lager zu definieren, öffnen Sie das Fenster LAGER-(STANDARD) – DEFINITION über ADMINISTRATION • DEFINITIONEN • LAGERVERWALTUNG • LAGER (siehe Abbildung 7.1).

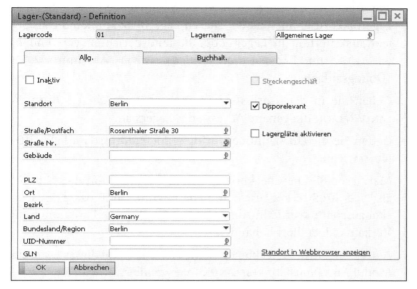

**Abbildung 7.1** Lager definieren

Mit folgenden Schritten legen Sie ein Lager an:

1. Geben Sie einen LAGERCODE (maximal acht Zeichen) im gleichnamigen Feld und einen Namen für das Lager im Feld LAGERNAME an. Die Liste der angelegten Lager wird nach dem Lagercode sortiert und z. B. auch in den Artikelstammdaten in dieser Anordnung angezeigt. Aus diesem Grund sollte das Lager, das am häufigsten verwendet wird, in der Sortierung ganz oben stehen. Das bedeutet, das erste Lager sollte den »niedrigsten« alphanumerischen Code tragen.

---

**Numerischen Code verwenden** **[+]**

Um die korrekte Anordnung der Lager sicherzustellen, verwenden Sie einen numerischen Code am Beginn des Namens. Zudem ist es sinnvoll, einen Hinweis auf den Lagernamen im Lagercode einzubauen, da an einigen Stellen im Programm (z. B. Belegzeilen) nur der Lagercode angezeigt wird (Beispiel: 01HL-MUC = Hauptlager 01 in München).

---

2. Wählen Sie auf der Registerkarte ALLG. einen STANDORT aus der Dropdown-Liste aus, oder wählen Sie den Eintrag NEU DEFINIEREN, um einen neuen Ort anzulegen.

   Mit dem zugewiesenen Ort können Sie mehrere Lager zu einem Lagerplatz zusammenfassen. Diesen Lagerplatz können Sie als Selektionskriterium in Lager- oder Bestandsberichten verwenden, wie z. B. im LAGERBESTANDSBERICHT (siehe Abschnitt 7.12, »Übungsaufgaben«).

3. Geben Sie in den Adressfeldern STRASSE/POSTFACH bis BUNDESLAND/REGION die genaue Adresse des Lagers an.

4. Geben Sie die UID-Nummer für diese Lieferadresse im Feld UID-NUMMER an.

5. Markieren Sie die Checkbox STRECKENGESCHÄFT, um dieses Lager als Lager für Streckengeschäfte zu definieren. Der Prozess des Streckengeschäfts wurde in Abschnitt 6.2.5, »Weitere Funktionen im Verkauf«, detailliert behandelt.

6. Aktivieren Sie die Checkbox DISPORELEVANT, wenn dieses Lager im Modul MATERIALBEDARFSPLANUNG verwendet werden soll.

7. Markieren Sie die Checkbox LAGERPLÄTZE AKTIVIEREN, um die Unterteilung der einzelnen Lager in Lagerplätze einzuschalten. Die Lagerverwaltung nach Lagerplätzen wird in Abschnitt 7.10, »Lagerplätze«, ausführlich behandelt.

8. Auf der Registerkarte BUCHHALT. finden Sie eine Reihe von Buchhaltungskonten, die die automatischen Buchungen im Hintergrund von Einkaufs- und Verkaufsbelegen sowie von sonstigen Lagerbewegungen steuern. Die Vorschlagswerte für die Registerkarte BUCHHALT. stammen aus dem Fenster KONTENFINDUNG SACHKONTEN unter ADMINISTRATION • DEFINITIONEN • FINANZWESEN • KONTENFINDUNG SACHKONTEN. Sollten Sie beim Anlegen Ihres Unternehmens einen vordefinierten Kontenplan verwenden, sind beinahe alle Konten in der KONTENFINDUNG SACHKONTEN bereits vordefiniert. Die letztgültige Festlegung dieser Konten sollte im Rahmen der Systeminitialisierung von einem Consultant – eventuell in Absprache mit Ihrem Steuerberater – vorgenommen werden.

9. Klicken Sie auf den Hyperlink STANDORT IN WEBBROWSER ANZEI-
GEN, um den Standort Ihres Lagers in einem Kartendienst, etwa
Google Maps oder Bing Maps, anzuzeigen. Den Kartendienst
wählen Sie im Fenster ALLGEMEINE EINSTELLUNGEN (unter ADMI-
NISTRATION • SYSTEMINITIALISIERUNG) im Feld KARTENDIENST aus.

10. Klicken Sie auf den Button HINZUFÜGEN, um das Lager anzulegen.

Falls Sie ein bereits angelegtes Lager nicht mehr verwenden, können
Sie das Fenster LAGER-(STANDARD) – DEFINITION erneut öffnen und
die Checkbox INAKTIV markieren.

---

**Lager »01 – Allgemeines Lager« entfernen**     **[+]**

Beim Neuanlegen Ihres Unternehmens wird automatisch ein Lager 01 –
ALLGEMEINES LAGER angelegt. Dieses kann nicht sofort gelöscht und dessen
Lagercode auch nicht verändert werden, da es an einer anderen Stelle als
Standardlager für alle neu angelegten Artikelstammdaten zugewiesen
wurde. Falls Sie dieses Lager entfernen oder seinen Lagercode ändern
möchten, legen Sie zunächst ein weiteres Lager nach Ihren Wünschen an.
Dieses wählen Sie unter ADMINISTRATION • SYSTEMINITIALISIERUNG • ALLGE-
MEINE EINSTELLUNGEN • Registerkarte BESTAND in der Auswahlliste im Feld
STANDARDLAGER aus. Kehren Sie zum Fenster LAGER – DEFINITION zurück,
und wählen Sie das Lager 01 – ALLGEMEINES LAGER nochmals aus. Dieses ist
nun nicht mehr zugewiesen und kann geändert oder mit der rechten
Maustaste über den Eintrag ENTFERNEN im Kontextmenü gelöscht werden.

---

Neben der Definition der Lager müssen Sie eine Reihe von Einstel-    Lager –
lungen vornehmen, um mit den laufenden Geschäftsprozessen zu    Einstellungen
beginnen. Öffnen Sie das Fenster FIRMENDETAILS über ADMINISTRATI-
ON • SYSTEMINITIALISIERUNG • FIRMENDETAILS • Registerkarte BASISINI-
TIALISIERUNG (siehe Abbildung 7.2). Die folgenden Einstellungen
können Sie an dieser Stelle vornehmen (siehe markierter Bereich in
Abbildung 7.2).

▸ **Dropdown-Liste »Bewertungsmethode Artikelgruppen«**
Wählen Sie eine Lagerbewertungsmethode aus der Werteliste aus.
Es stehen Ihnen die Optionen STANDARD, GLEITENDER DURCH-
SCHNITT und FIFO (First In – First Out) zur Verfügung. Die Lager-
bewertungsmethoden werden in Abschnitt 7.3 detailliert behan-
delt. Um eine Methode aus der Werteliste auszuwählen, müssen
Sie zunächst die Checkbox KONTINUIERLICHE BESTANDSFÜHRUNG
VERWENDEN markieren.

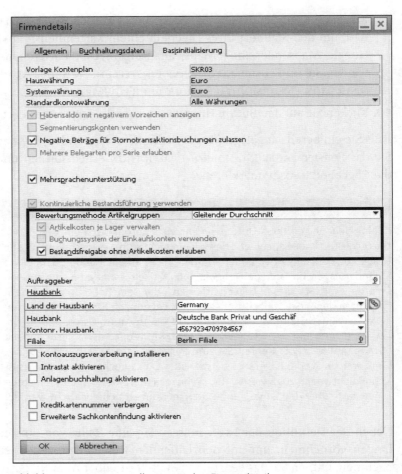

**Abbildung 7.2** Lagereinstellungen in den Firmendetails

▶ **Checkbox »Artikelkosten je Lager verwalten«**
Markieren Sie diese Checkbox, wenn die Lagerbewertungsmethode für jedes Lager extra angewendet werden soll. Markieren Sie diese Option also, wenn Sie möchten, dass z. B. der gleitende Durchschnittspreis für jedes einzelne Lager berechnet wird und nicht für alle Lager gemeinsam.

**[+]** **Checkbox »Artikelkosten je Lager verwalten«**

Diese Option sollten Sie nur verwenden, wenn nicht alle Lager gleichwertig behandelt werden können. Wenn Sie auch nur ein Lager haben, in dem der Lagerwert oder die Artikelkosten nicht sinnvoll berechnet werden können, sollte diese Checkbox markiert werden.

**Beispielhafte Nutzung der Checkbox »Artikelkosten je Lager verwalten«** **[zB]**

Sie führen ein Ausschusslager, in dem vom Kunden retournierte und eventuell beschädigte Ware gelagert wird. Die aufgrund der Lagerbewertungsmethode berechneten Artikelkosten dieser Artikel wären nicht sinnvoll und würden die Artikelkosten der übrigen Lager stark verzerren. Aus diesem Grund sollten die Artikelkosten pro Lager berechnet werden, um das Ausschusslager zu separieren.

▸ **Checkbox »Buchungssystem der Einkaufskonten verwenden«**
Diese Option aktiviert einen Mechanismus, mit dem beim Wareneingang eine zusätzliche Buchung auf ein »Dummy-Aufwandskonto« erfolgt. Dementsprechend kann dieses Aufwandskonto bei der Budgetierung herangezogen werden, um das Einkaufsbudget besser überwachen zu können. Das Buchungssystem der Einkaufskonten zählt zu den weiterführenden Themen und wird aus diesem Grund nicht in diesem Buch behandelt.

▸ **Checkbox »Bestandsfreigabe ohne Artikelkosten erlauben«**
Markieren Sie diese Checkbox, wenn Sie erlauben möchten, dass Artikel ohne Artikelkosten vom Lager genommen werden dürfen. Bei Einhaltung der üblichen Einkaufs- und Verkaufsprozesse (Wareneingang aus Einkaufskette vor Lieferung aus Verkaufskette) sollte der Artikel immer Artikelkosten größer als null haben. Sollte jedoch ein Artikel geliefert werden und dieser nicht auf dem Lager liegen (Menge auf Lager ist kleiner oder gleich null hat dieser Artikel einen Wert von null. Wenn Sie diese Möglichkeit verhindern möchten, markieren Sie diese Checkbox nicht. Die Option steht sehr eng im Zusammenhang mit den Einstellungen zur Reaktion auf die Freigabe von Lagerbeständen unter der Mindestgrenze unter ADMINISTRATION • BELEGEINSTELLUNGEN • Registerkarte ALLGEMEIN (Abschnitt 4.6, »Artikel«).

## 7.3    Lagerbewertungsmethoden

Als Unternehmer haben Sie von gesetzlicher Seite her die Pflicht und das betriebswirtschaftliche Interesse Ihrerseits, die *Vorräte* in Ihrem Unternehmen zu *bewerten* und den *Warenverbrauch* zu *ermitteln*. Selbst in einem kleinen und mittleren Unternehmen ist es mittlerweile völlig selbstverständlich, zu jeder Zeit den aktuellen Lagerwert und den bisher schon angefallenen Warenverbrauch zu kennen. Wie bereits anhand des Bruttogewinns in Abschnitt 6.2.7, »Bruttogewinn als Gradmesser im Verkauf«, verdeutlicht wurde, kann dieser aktuelle Lagerwert eine wertvolle Informationsbasis für einen Gradmesser des Erfolgs im Verkauf sein. Aus diesem Grund ist es unabdingbar, geeignete Verfahren für die Lagerbewertung zur Verfügung zu haben.

Arten der Verbrauchs-ermittlung

Generell wird zwischen zwei Arten der *Verbrauchsermittlung* unterschieden:

- **Indirekte Verbrauchsermittlung**
  Bei der *indirekten Verbrauchsermittlung* sind die laufenden Entnahmen vom Lager nicht bekannt. Der Verbrauch ergibt sich als Restgröße, die errechnet wird, wenn Anfangsbestand, Zukäufe und Endbestand bekannt sind. Aus diesem Grund enthält der Verbrauch alle Minderungen aufgrund von Schwund, Schaden oder sonstigen Verlusten.

- **Direkte Verbrauchsermittlung**
  Bei der *direkten Verbrauchsermittlung* sind neben dem Anfangsbestand, den Zukäufen und dem Endbestand auch Menge und Termin jeder Entnahme bekannt. So lässt sich ein Soll-Endbestand aus diesen Bestandteilen errechnen und mit dem Ist-Endbestand laut Inventur vergleichen. Als Ergebnis aus dem Vergleich zwischen Soll- und Ist-Endbestand erhalten Sie einen Überblick über die Fehlmenge oder den Überschuss am Ende des Geschäftsjahres.

Da die direkte Verbrauchsermittlung auch wesentlich präziser in der Bewertung der vorhandenen Vorräte ist, sollten Sie Verfahren dieser Kategorie der indirekten Verbrauchsermittlung vorziehen. Zu der Kategorie der direkten Verbrauchsermittlung gehören unter anderem die in SAP Business One verwendeten Bewertungsmethoden *gleitendes Durchschnittspreisverfahren* (siehe Abschnitt 7.3.3, »Gleitender Durchschnittspreis«) und *FIFO-Verfahren* (siehe Abschnitt 7.3.4, »FIFO (First In – First Out)«).

### 7.3.1 Übersicht

Bewertungs-methoden

Die Festlegung der Bewertungsmethode gehört zu den Aufgaben der Systeminitialisierung und muss aus diesem Grund z. B. vor dem Import oder dem Anlegen der Artikelstammdaten und der Ausführung der ersten Buchungen und Lagerbewegungen erfolgen.

Die Auswahl der *Lagerbewertungsmethode* für Ihr Unternehmen erfolgt in erster Linie anhand der vorhandenen Informationen. Welche Methode angewandt wird, hängt davon ab, welche Daten Ihrem Unternehmen zur Verfügung stehen oder welche Datenerhebung organisatorisch und technisch möglich und auch wirtschaftlich zumutbar ist. Die Bewertungsmethode sollte in jedem Fall in Absprache mit Ihrem Steuerberater oder einem Consultant erfolgen.

Lagerbewertungs-methode

Die *Bestandsbewertungsmethode* für alle Artikel wird im Fenster FIRMENDETAILS auf der Registerkarte BASISINITIALISIERUNG (siehe Abbildung 7.3) unter ADMINISTRATION • SYSTEMINITIALISIERUNG • FIRMENDETAILS festgelegt.

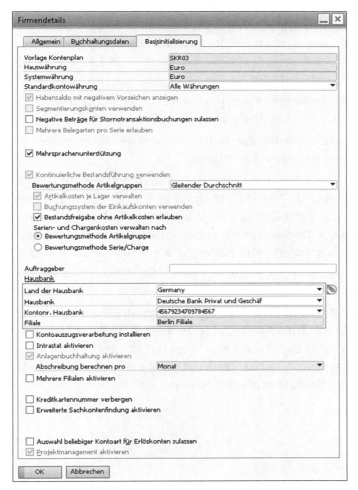

**Abbildung 7.3** Fenster »Firmendetails« – Bewertungsmethode auswählen

Standardbewer-
tungsmethode
festlegen

Gehen Sie folgendermaßen vor, um eine Standardbewertungsmethode festzulegen:

1. Markieren Sie auf der Registerkarte BASISINITIALISIERUNG die Checkbox KONTINUIERLICHE BESTANDSFÜHRUNG VERWENDEN, damit die Lagerbewertung generell aktiviert ist. Falls Sie SAP Business One in Ihrem Unternehmen nicht ganzheitlich, sondern nur für Teilbereiche, wie z. B. Service, Opportunities etc., einsetzen und die eigentliche Lagerbewertung und Finanzbuchhaltung in einem anderen System erfolgt, ist es nicht notwendig, die Lagerbewertung zu aktivieren.

2. Im zweiten Schritt wählen Sie die Bewertungsmethode aus der Auswahlliste BEWERTUNGSMETHODE ARTIKELGRUPPEN aus (siehe Abbildung 7.3). Die zur Verfügung stehenden Bewertungsmethoden STANDARD, GLEITENDER DURCHSCHNITT und FIFO werden von Abschnitt 7.3.2, »Standardpreis«, bis Abschnitt 7.3.4, »FIFO (First In – First Out)«, behandelt.

   – Falls die Artikelbewertung pro Lager erfolgen soll, markieren Sie zusätzlich die Checkbox ARTIKELKOSTEN JE LAGER VERWALTEN.

   – Andernfalls werden die Artikelkosten jeweils pro Artikel für alle Lager gemeinsam berechnet.

   Die im Feld BEWERTUNGSMETHODE ARTIKELGRUPPEN festgelegte Methode dient als Vorschlagswert für alle angelegten und importierten Artikel und lässt sich für jeden Artikel im Fenster ARTIKEL-STAMMDATEN, Registerkarte BESTAND, im Feld BEWERTUNGSMETHO-DE nochmals ändern. Die Änderung kann jedoch nur erfolgen, solange für diesen Artikel noch keine Lagerbewegung stattgefunden hat.

Bestandsbewer-
tungsmethode
ändern

In manchen Fällen ist es notwendig, die Bestandsbewertungsmethode für mehrere Artikel gleichzeitig zu ändern. SAP Business One stellt Ihnen dafür das Fenster BESTANDSBEWERTUNGSMETHODE (über LAGERVERWALTUNG • ARTIKELVERWALTUNG • BESTANDSBEWERTUNGS-METHODE) zur Verfügung (siehe Abbildung 7.4).

**Abbildung 7.4** Bestandsbewertungsmethode festlegen

Gehen Sie folgendermaßen vor, um die Bewertungsmethode zu ändern:

1. Wählen Sie dafür zuerst die Artikelnummern, die Artikelgruppe oder die Artikeleigenschaften über die entsprechenden Felder und den entsprechenden Button aus, für die die Bewertungsmethode geändert werden soll.

2. Wählen Sie danach die neue STANDARDBEWERTUNGSMETHODE aus, und bestätigen Sie diese mit dem Button OK. Das Fenster BEWERTUNGSMETHODE AKTUALISIEREN wird anschließend mit den ausgewählten Artikeln geöffnet (siehe Abbildung 7.5).

**Abbildung 7.5** Bewertungsmethode für ausgewählte Artikel aktualisieren

3. Klicken Sie auf den Button AKTUALISIEREN, und die Bewertungsmethode wird für die ausgewählten Artikel geändert.

341

### 7.3.2 Standardpreis

**Bewertung nach Standardpreis**

Die Bewertung nach Standardpreis folgt einem sehr einfachen Prinzip. Für jeden Artikel wird ein Standardpreis festgelegt, zu dem der Artikel im Verlauf der Zeit bewertet wird. Alle Buchungen auf das Vorratskonto erfolgen jeweils zum festgelegten Standardpreis, unabhängig davon, zu welchem Preis die Ware tatsächlich eingekauft wurde. Falls nun ein Einkauf zu einem anderen Preis als dem Standardpreis erfolgt, wird die Differenz jeweils auf ein Abweichungskonto gebucht.

**Bestandsneubewertungsbeleg**

Die Festlegung des Standardpreises erfolgt seit Release 9.2 von SAP Business One nicht mehr wie bisher im Fenster ARTIKELSTAMMDATEN auf der Registerkarte BESTANDSDATEN, sondern im Fenster BESTANDSNEUBEWERTUNG (unter LAGERVERWALTUNG • BESTANDSTRANSAKTIONEN). In diesem Fenster müssen Sie einen Bestandsneubewertungsbeleg anlegen und dort den gewünschten Standardpreis für diesen Artikel festlegen. Hier ist wichtig, dass Sie in diesem Bestandsneubewertungsbeleg dem Artikel in jedem Lager, in dem dieser Artikel vorkommt, den gewünschten Standardpreis zuordnen. Diese Vorgehensweise wird in Abschnitt 7.9, »Inventur«, näher erläutert. Beim Hinzufügen eines Artikels mit Standardpreis weist Sie SAP Business One im Fenster ARTIKELSTAMMDATEN auf diesen Umstand hin (siehe Abbildung 7.6).

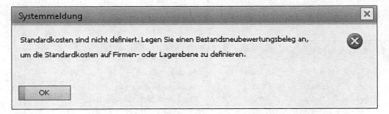

**Abbildung 7.6** Hinweis, dass ein Artikel mit Standardpreis seinen initialen Standardpreis im Fenster »Bestandsneubewertung« erhält

Nachdem Sie den Bestandsneubewertungsbeleg angelegt und dem Artikel für jedes gewünschte Lager einen Standardpreis zugewiesen haben, werden diese Standardpreise im Fenster ARTIKELSTAMMDATEN auf der Registerkarte BESTANDSDATEN auch angezeigt (siehe Spalte ARTIKELKOSTEN in Abbildung 7.7).

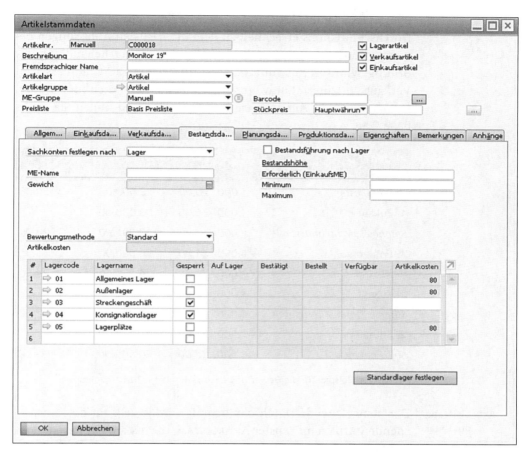

**Abbildung 7.7** Fenster »Artikelstammdaten« – festgelegter Standardpreis aus einem Bestandsneubewertungsbeleg

Sollte für einen bereits verwendeten Artikel der Standardpreis geändert werden müssen, legen Sie einen Bestandsneubewertungsbeleg an.

### 7.3.3 Gleitender Durchschnittspreis

Beim gleitenden Durchschnittspreisverfahren wird nach jedem Einkauf ein neuer Durchschnittspreis für den gesamten Lagerbestand eines bestimmten Artikels ermittelt (aus diesem Grund *gleitend*). Die Lagerentnahmen bis zum nächsten Einkauf werden dann mit diesem errechneten Durchschnittspreis bewertet. Benötigt wird dafür die Angabe der Reihenfolge der Zukäufe und Abfassungen. Kurz zusam-

Laufende Berechnung des Durchschnittspreises

343

mengefasst, lautet das Prinzip: Nach jedem Zukauf wird der neue Durchschnittspreis errechnet, zu dem die nächsten Abfassungen bewertet werden. Ein Beispiel wurde bereits bei der Behandlung des Bruttogewinns in Abschnitt 6.2.7, »Bruttogewinn als Gradmesser im Verkauf«, erläutert. Ein weiteres Beispiel mit den Daten für *Anfangsbestand*, *Zukäufe*, *Abfassungen* und *Soll-Endbestand* finden Sie in Tabelle 7.1.

| Aktion | Menge | Preis | Gesamtwert | Durch-schnittspreis |
|---|---|---|---|---|
| *Anfangsbestand* | 1.000 | 20,00 | 20.000,00 | 20,00 |
| 1. Zukauf | + 4.000 | 25,00 | + 100.000,00 | |
| *Summe/Durchschnittspreis* | 5.000 | | 120.000,00 | 24,00 |
| 1. Entnahme | − 4.000 | 24,00 | − 96.000,00 | |
| *Restbestand* | 1.000 | 24,00 | 24.000,00 | 24,00 |
| 2. Zukauf | + 3.000 | 28,00 | + 84.000,00 | |
| *Summe/Durchschnittspreis* | 4.000 | | 108.000,00 | 27,00 |
| 2. Entnahme | − 2.500 | 27,00 | − 67.500 | |
| *Soll-Endbestand* | 1.500 | 27,00 | 40.500,00 | 27,00 |

**Tabelle 7.1** Beispiel für die Bewertung nach gleitendem Durchschnittspreis

**Aktualisierung pro Lager** Der neue gleitende Durchschnittspreis wird jeweils für den entsprechenden Artikel im Fenster ARTIKELSTAMMDATEN auf der Registerkarte BESTANDSDATEN bei den einzelnen Lagern aktualisiert. Falls Sie die Option ARTIKELKOSTEN JE LAGER VERWALTEN im Fenster FIRMENDETAILS, Registerkarte BASISINITIALISIERUNG (unter ADMINISTRATION • SYSTEMINITIALISIERUNG • FIRMENDETAILS, siehe Abbildung 7.2), aktiviert haben, wird der gleitende Durchschnittspreis für jedes Lager einzeln berechnet (das heißt, es werden nur die Lagerbewegungen dieses Lagers zur Berechnung herangezogen) und bei den Lagern pro Artikel aktualisiert.

### 7.3.4    FIFO (First In – First Out)

**Entnahme in chronologischer Reihenfolge** Die Methode *First In – First Out* geht von der Annahme aus, dass jene Artikel, die zuerst in das Lager gelegt werden, auch zuerst wieder aus dem Lager genommen werden. Daher »merkt« sich SAP Business One den Preis jedes Zukaufs und bewertet die Artikel dementsprechend. Bei der Abfassung aus dem Lager werden die Artikel aus früheren Zukäufen zuerst vom Lager genommen. Bei steigenden Preisen führt das FIFO-Verfahren tendenziell zu einer höheren Bewertung des Bestands am Lager und zu einer niedrigeren Bewertung der abgefassten Waren. Die Bewertung nach FIFO-Verfahren wird anhand eines Beispiels in Tabelle 7.2 durchgerechnet.

| Aktion | Menge | Preis | Wert | Quelle | »FIFO-Wert« |
|---|---|---|---|---|---|
| Anfangsbestand | 1.000 | 20,00 | 20.000,00 | | |
| 1. Zukauf | + 4.000 | 25,00 | + 100.000,00 | | |
| 2. Zukauf | + 3.000 | 28,00 | + 84.000,00 | | |
| Summe | 8.000 | | 204.000,00 | | |
| 1. Entnahme | – 4.000 | | | | |
| | – 1.000 | 20,00 | – 20.000,00 | Anfangsbestand | |
| | – 3.000 | 25,00 | – 75.000,00 | 1. Zukauf | |
| Summe | – 4.000 | | – 95.000,00 | | 23,75 |
| 2. Entnahme | – 2.500 | | | | |
| | – 1.000 | 25,00 | – 25.000,00 | 1. Zukauf | |
| | – 1.500 | 28,00 | – 42.000,00 | 2. Zukauf | |
| Summe | – 2.500 | | – 67.000,00 | | 26,80 |

**Tabelle 7.2** Beispiel für die Bewertung nach FIFO

Bei der FIFO-Methode liegt die Besonderheit bei den Entnahmen aus dem Lager. Da die zuerst in das Lager gelegten Artikel auch wieder zuerst aus dem Lager genommen werden müssen, muss die Reihenfolge der Artikelzugänge bei der Entnahme (z. B. Lieferung oder Ausgangsrechnung) berücksichtigt werden. Im Beispiel in Tabelle 7.2 ist die Reihenfolge: Anfangsbestand, 1. Zukauf, 2. Zukauf. Bei der Berechnung des Warenverbrauchs wird die zeitliche Reihenfolge der Zugänge für einen Artikel eingehalten.

First In – First Out

Aus diesem Grund wird bei der 1. Entnahme in Tabelle 7.2 die komplette Entnahme rechnerisch in zwei Teile zerlegt. Bei einer Entnahme von 4.000 Stück werden zuerst die 1.000 Stück zu 20,00 EUR aus dem Anfangsbestand und weitere 3.000 Stück zu 25,00 EUR aus dem 1. Zukauf genommen. Diese rein rechnerische Aufteilung (physisch werden einfach 4.000 Stück aus dem Lager genommen) erfolgt, weil der Anfangsbestand in der chronologischen Reihenfolge vor dem

1. Zukauf stattgefunden hat. Erst wenn die gesamte Menge aus dem Anfangsbestand aus dem Lager genommen wurde, kann mit dem 1. Zukauf fortgefahren werden, dann mit dem 2. Zukauf etc.

Bei der 2. Entnahme von 2.500 Stück werden die restlichen 1.000 Stück zu 25,00 EUR aus dem 1. Zukauf und weitere 1.500 Stück zu 28,00 EUR aus dem 2. Zukauf entnommen.

**[+]**

### FIFO ist ein Näherungsverfahren

Das FIFO-Verfahren ist (genauso wie der gleitende Durchschnittspreis) nur ein näherungsweises Verfahren, das aus rechnerischen Gründen auf diese Art verwendet wird. In der Realität ist es nicht möglich, die Entnahmen nach genau dieser Vorgehensweise (Anfangsbestand, dann 1. Zukauf, dann 2. Zukauf) durchzuführen. Dies würde dann bereits dem *Identitätspreisverfahren* entsprechen.

In der Folge soll nun das Rechenbeispiel aus Tabelle 7.2 konkret anhand der Bewegungen in SAP Business One demonstriert werden:

▸ **Anfangsbestand**
Als Erstes wird im Fenster ANFANGSBESTAND (unter LAGERVERWAL-TUNG • BESTANDSTRANSAKTIONEN) der Anfangsbestand von 1.000 Stück zu 20,00 EUR erfasst (siehe Abbildung 7.8). Eine detaillierte Behandlung der Inventur erfolgt in Abschnitt 7.9, »Inventur«.

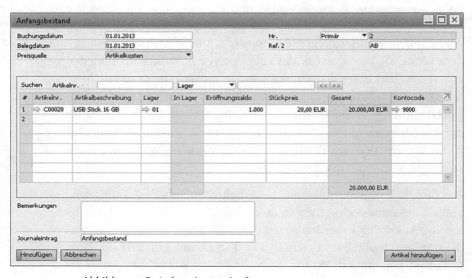

**Abbildung 7.8** Anfangsbestand erfassen

▶ **1. Zukauf**

Nun erfolgt die Erfassung des 1. Zukaufs von 4.000 Stück zu 25,00 EUR über eine Eingangsrechnung (siehe Abbildung 7.9).

**Abbildung 7.9** 1. Zukauf über Eingangsrechnung erfassen

▶ **2. Zukauf**

Der 2. Zukauf von 3.000 Stück zu 28,00 EUR erfolgt anhand einer weiteren Eingangsrechnung (siehe Abbildung 7.10). Der Bestand des Artikels auf Lager beträgt daraufhin 8.000 Stück. Beim FIFO-Verfahren werden jedoch – im Gegensatz zum gleitenden Durchschnittspreisverfahren – keine laufenden Artikelkosten im Fenster ARTIKELSTAMMDATEN auf der Registerkarte BESTANDSDATEN angezeigt.

**Abbildung 7.10** 2. Zukauf über Eingangsrechnung erfassen

▸ **1. Entnahme**

Die 1. Entnahme der Ware von 4.000 Stück wird mit einer LIEFE-RUNG gebucht (siehe Abbildung 7.11). Zusätzlich wird im Fenster JOURNALBUCHUNG die automatisch abgesetzte Buchung gezeigt. Beachten Sie den entnommenen Warenverbrauch in der Journal-buchung von 95.000,00 EUR (siehe ❶ in Abbildung 7.11) und die ARTIKELKOSTEN (= FIFO-Wert) im Fenster LIEFERUNG von 23,75 EUR ❷ (95.000,00 EUR dividiert durch 4.000 Stück ❸).

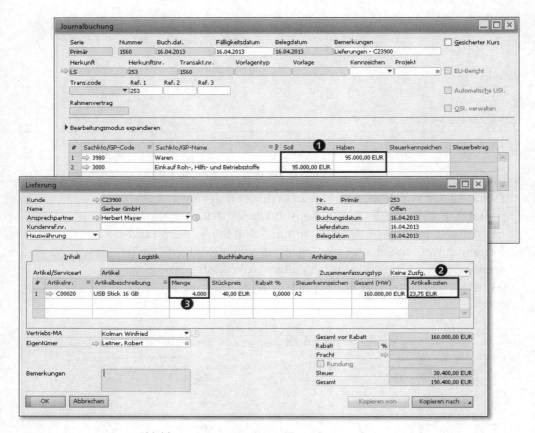

**Abbildung 7.11** 1. Entnahme über Lieferung erfassen

▸ **2. Entnahme**

Die 2. Entnahme der Ware von 2.500 Stück wird ebenfalls per LIE-FERUNG erfasst (siehe Abbildung 7.12). Der über die JOURNALBU-CHUNG auf das Vorratskonto umgebuchte Warenverbrauch beträgt nun 67.000,00 EUR ❶, die ARTIKELKOSTEN dieser LIEFERUNG 26,80 EUR ❷ (67.000,00 EUR dividiert durch 2.500 Stück ❸).

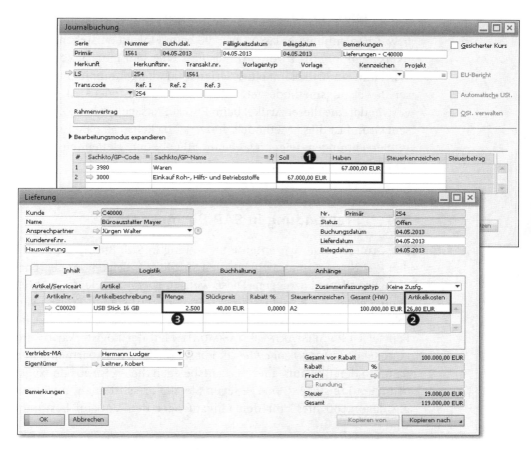

**Abbildung 7.12** 2. Entnahme über Lieferung erfassen

Nach allen Zukäufen und Entnahmen bleiben von diesem Artikel 2.500 Stück auf Lager. Der nur rechnerisch ermittelte »FIFO-Wert« beträgt 26,80 EUR. Somit wurde das FIFO-Beispiel aus Tabelle 7.2 komplett durchgeführt.

### 7.3.5 Bewertung nach Serien-/Chargennummer

Diese Bewertungsmethode steht nur für jene Artikel zur Verfügung, für die auf der Registerkarte ALLGEMEIN die Serien- oder Chargennummernverwaltung aktiviert wurde. Eine genaue Beschreibung der Verwaltung von Serien- bzw. Chargennummern finden Sie in Abschnitt 7.7.

Aufgrund der dem Artikel beim Wareneingang zugeordneten Serien-bzw. Chargennummer lassen sich die beim Einkauf entstehenden Artikelkosten innerhalb von SAP Business One sehr einfach verfolgen. Wird nun ein Artikel mit einer Serien- und Chargennummer und dieser Bewertungsmethode verkauft, werden exakt jene Artikelkosten verwendet, die dieser Artikel beim Einkauf tatsächlich hatte. Aus diesem Grund ist diese Methode sehr exakt, da keinerlei näherungsweise Berechnungen wie etwa beim FIFO- oder gleitenden Durchschnittspreisverfahren zur Anwendung kommen.

## 7.4 Preisfindung in SAP Business One

Preislisten

Die Grundlage der gesamten Preisfindung in SAP Business One bilden *Preislisten*. Grundsätzlich haben Sie die Möglichkeit, unbegrenzt viele Preislisten anzulegen. Diese werden zuerst angelegt, anschließend werden die einzelnen Artikel in der Preisliste mit Preisen versehen. Die angelegten Preislisten werden dem Geschäftspartner im Fenster GESCHÄFTSPARTNER-STAMMDATEN auf der Registerkarte ZAHLUNGSBEDINGUNGEN zugewiesen. Für diesen Geschäftspartner gelten damit in den Einkaufs- und Verkaufsbelegen die Preise aus der zugeordneten Preisliste. Generell legen Sie alle Preislisten an, unabhängig davon, ob diese für den Einkauf oder den Verkauf bestimmt sind.

[+] **Frühzeitige und sinnvolle Organisation von Preislisten**

Überlegen Sie sich in der Phase der Systeminitialisierung – vor Eingabe oder Import der Artikelstammdaten –, welche Preislisten Sie anlegen möchten.

Es ist weder sinnvoll, eine Verkaufspreisliste für all Ihre Kunden noch eine Verkaufspreisliste für jeden Kunden anzulegen.

Eine Preisliste sollte für eine scharf abgrenzbare Gruppe von Kunden oder Lieferanten angelegt werden. Diese Abgrenzung kann nach vertikal einteilbaren Segmenten der Geschäftspartner erfolgen (z. B. Lieferanten, Großhandel, Einzelhandel, Endkunden) oder nach der Bedeutung des Geschäftspartners (z. B. Stammkunden, Laufkunden, A-Kunden, B-Kunden, C-Kunden etc.) oder ähnlichen Gesichtspunkten.

Rabatte oder spezielle Preise, die Sie nur einer kleinen Gruppe von Geschäftspartnern oder lediglich vereinzelt gewähren, werden über Sonderpreise, Rabattgruppen sowie Zeit- und Mengenrabatte abgedeckt.

## 7.4.1 Preislisten definieren

Die Preislisten definieren Sie unter LAGERVERWALTUNG • Ordner
PREISLISTEN • Fenster PREISLISTEN (siehe Abbildung 7.13).

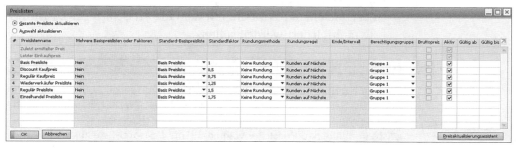

**Abbildung 7.13** Preislisten definieren

Bei der Neuanlage Ihres Unternehmens legt SAP Business One automatisch zehn Preislisten zur freien Verfügung an. Diese Preislisten
können Sie umbenennen, indem Sie in das Feld PREISLISTENNAME klicken und den Namen überschreiben.

**Grundausstattung Preislisten**

Um eine neue Preisliste anzulegen, gehen Sie folgendermaßen vor:

**Neue Preisliste anlegen**

1. **Zeile hinzufügen**
   Klicken Sie mit der rechten Maustaste auf eine beliebige Zeile, und
   wählen Sie den Eintrag ZEILE HINZUFÜGEN. Unterhalb der letzten
   Preisliste wird eine neue Preisliste angelegt.

2. **Feld »Preislistenname« pflegen**
   Geben Sie einen PREISLISTENNAMEN an. Es ist sinnvoll, wenn der
   Preislistenname einen Hinweis auf die Zielgruppe gibt, der die
   Preisliste zugeordnet wird.

3. **Anzeigefeld »Mehrere Basispreislisten oder Faktoren«**
   Dieses Feld zeigt Ihnen an, wenn in der Preisliste verschiedene Artikel auch unterschiedliche Standard-Basispreislisten und damit
   auch unterschiedliche Faktoren haben. Aus Abbildung 7.13 geht
   hervor, dass für alle Preislisten keine oder zumindest nur eine
   Standard-Basispreisliste definiert ist.

4. **Feld »Standard-Basispreisliste« pflegen**
   Mit der Auswahlliste in der Spalte STANDARD-BASISPREISLISTE kön-
   nen Sie eine andere Preisliste als Berechnungsbasis für die aktuelle
   Preisliste verwenden. Standardmäßig wird dieselbe Preisliste als

Basis verwendet. Sobald Sie eine Basispreisliste ausgewählt haben, werden die Preise dieser Basispreisliste multipliziert mit dem Standardfaktor in die aktuelle Preisliste geschrieben.

5. **Feld »Standardfaktor« pflegen**
   Geben Sie einen Faktor an, mit dem die Preise aus der Basispreisliste multipliziert werden sollen.

**[+]** | **Preislisten miteinander verknüpfen**

Sie möchten z. B., dass die Wiederverkäuferpreise exakt um 25 % höher sind als die Großhandelspreise. Sie legen beide Preislisten an und füllen nur die Einkaufspreisliste (= Basispreisliste). Bei der Wiederverkäuferpreisliste (= abhängige Preisliste) wählen Sie die Basispreisliste aus und setzen den Faktor mit 1,25 an (für das Beispiel siehe ❶ Abbildung 7.14).

Der Stückpreis in der abhängigen Preisliste (= Wiederverkäufer Preisliste in Abbildung 7.14) wird automatisch aus der Basispreisliste errechnet ❷ (Basispreisliste: 400 EUR × 1,25 = Wiederverkäuferpreisliste: 500 EUR). Dieser kann jedoch überschrieben werden. Wenn Sie einen Preis in eine abhängige Preisliste eintragen, wird die Checkbox Manuell in der Spalte ganz rechts markiert. Demarkieren Sie diese Checkbox, wird der berechnete Preis wieder eingesetzt. Sollten Sie Preise in der Basispreisliste ändern, wird der neu berechnete Preis in der abhängigen Preisliste angezeigt, sobald Sie diese Preisliste wieder öffnen.

6. **Feld »Rundungsmethode« pflegen**
   Wählen Sie an dieser Stelle aus, ob auf den vollen Dezimalbetrag, auf den vollen Betrag oder auf die volle Zehnerstelle gerundet werden soll. Darüber hinaus können Sie noch auf ein fixiertes Ende oder ein fixiertes Intervall runden. Wenn Sie keine dieser Optionen wählen, wird automatisch der standardmäßige Eintrag Keine Rundung angewandt.

7. **Feld »Rundungsregel« pflegen**
   Der Inhalt der Auswahlliste Rundungsregel richtet sich nach der zuvor gewählten Rundungsmethode. Für die genaue Anwendung der Rundungsmethoden – vor allem fixiertes Intervall und fixiertes Ende – sollten Sie einen Consultant zu Rate ziehen.

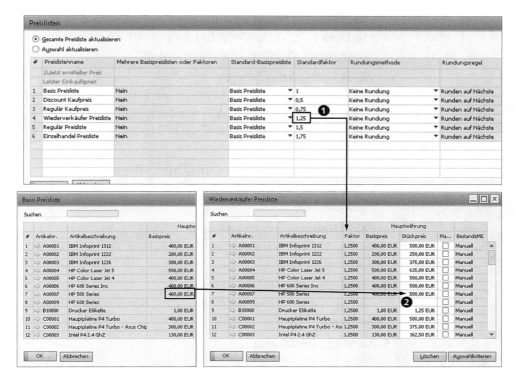

**Abbildung 7.14** Beispiel für verknüpfte Preislisten

8. **Feld »Ende/Intervall«**

Der Inhalt des Feldes Ende/Intervall ist verknüpft mit der Rundungsregel fixiertes Intervall und fixiertes Ende. Für die genaue Anwendung dieser Rundungsmethoden sollten Sie einen Consultant zu Rate ziehen.

9. **Feld »Berechtigungsgruppe« pflegen**

Wählen Sie in diesem Feld eine Berechtigungsgruppe aus der Werteliste aus. Die Preislistengruppe kann unter Administration • Systeminitialisierung • Berechtigungen • Fenster Allgemeine Berechtigungen für die gewünschten Benutzer freigegeben werden. Sinnvollerweise sollten jene Preislisten, die für denselben Benutzerkreis zugänglich sind, auch dieselbe Berechtigungsgruppe erhalten.

10. **Checkbox »Bruttopreis« pflegen**

    Markieren Sie diese Checkbox, wenn die von Ihnen erfassten Preise dieser Preisliste Bruttopreise sind.

11. **Checkbox »Aktiv« pflegen**

    Standardmäßig ist diese Checkbox markiert. Sollte diese Preisliste jedoch nicht mehr in Verwendung sein, entfernen Sie das Häkchen. Die Preisliste kann daraufhin nicht mehr zugeordnet werden.

12. **Felder »Gültig ab« und »Gültig bis« pflegen**

    Geben Sie mit den beiden Daten den Gültigkeitszeitraum für die Preisliste an.

13. **Feld »Hauptwährung« pflegen**

    Geben Sie die Währung an, die für diese Preisliste die Hauptwährung darstellt.

14. **Preisliste anlegen**

    Klicken Sie auf den Button AKTUALISIEREN, um die Preisliste anzulegen.

15. **Meldung bestätigen**

    Sie erhalten ein eigenes Meldungsfenster, das den Vorgang bestätigt. Klicken Sie auf den Button OK, um dieses Fenster zu schließen und zum Fenster PREISLISTEN zurückzukehren.

**Preisliste löschen**

Um eine Preisliste zu löschen, darf diese keinem Geschäftspartner zugewiesen sein. Klicken Sie mit der rechten Maustaste auf die zu löschende Preisliste, und wählen Sie den Eintrag ZEILE LÖSCHEN, um die Preisliste zu entfernen. Anschließend klicken Sie auf den Button AKTUALISIEREN und bestätigen die Sicherheitsabfrage mit dem Button JA. Es erscheint das bereits bekannte Fenster, das den Vorgang bestätigt. Schließen Sie dieses mit dem Button OK.

**Preisliste mit Preisen füllen**

Um eine Preisliste zu füllen, klicken Sie doppelt auf die Zeilennummer der gewünschten Preisliste. Nun öffnet sich die eigentliche Preisliste, die alle Artikel enthält, die zu diesem Zeitpunkt in den Artikelstammdaten angelegt sind. In der Preisliste finden Sie die Spalten ARTIKELNR. (Verzweigung in die Artikelstammdaten über orangefarbenen Pfeil ), ARTIKELBESCHREIBUNG, BASISPREISLISTE, BASISPREIS (= Preis des Artikels in der Basispreisliste) und den FAKTOR, mit dem der Basispreis multipliziert wurde. Die beiden letzten

Spalten sind grau hinterlegt und können nicht geändert werden. In der Spalte STÜCKPREIS geben Sie den Preis des Artikels ein.

**Basispreisliste pro Artikel** **[+]**

Durch die Spalte BASISPREISLISTE in der eigentlichen Preisliste haben Sie die Möglichkeit, für jeden einzelnen Artikel eine eigene Basispreisliste festzulegen. Folglich sind Sie bei der Verknüpfung Ihrer Preislisten sehr flexibel und haben viele Möglichkeiten. Sie können z. B. für eine Verkaufspreisliste mehrere Einkaufspreislisten mit unterschiedlichen Berechnungsfaktoren als Basis verwenden.

Wenn Sie eine von Ihrer Hauswährung abweichende Währung eingeben, verwenden Sie das korrekte Währungskürzel (z. B. EUR, CHF, USD etc.) in irgendeiner Form unmittelbar vor oder hinter dem Betrag.

**Eingabe von Beträgen in Fremdwährung** **[zB]**

SAP Business One macht aus »11usd« oder »usd11«: »11,00 USD«. Bestätigen Sie die Eingabe der Preise mit dem Button AKTUALISIEREN. Schließen Sie das Fenster mit dem Button OK.

Mit dem Button LÖSCHEN im rechten unteren Bereich löschen Sie die Preise aller Artikel, die zu diesem Zeitpunkt in der Preisliste angezeigt werden. Mit dem Button AUSWAHLKRITERIEN (ebenfalls im rechten unteren Bereich) können Sie die gesamte Artikelliste einschränken. Dazu klicken Sie auf den genannten Button. Ihnen wird das Fenster PREISLISTE – AUSWAHLKRITERIEN angezeigt. Geben Sie dort die gewünschten Einschränkungen ein. So können Sie z. B. hinsichtlich Artikelnummer, Artikelgruppe, Artikeleigenschaft oder Hauptlieferant mithilfe der entsprechenden Felder und des entsprechenden Buttons selektieren, um die Anzeige der Artikelliste einzuschränken. Das Fenster PREISLISTE –AUSWAHLKRITERIEN wird Ihnen auch angezeigt, wenn Sie im Fenster PREISLISTEN im linken oberen Bereich die Option AUSWAHL AKTUALISIEREN wählen.

Nachdem Sie die Option AUSWAHL AKTUALISIEREN (siehe ❶ in Abbildung 7.15) ausgewählt haben, klicken Sie doppelt auf die gewünschte Zeilennummer, um zur Preisliste zu gelangen. Davor öffnet sich wieder das bereits bekannte Fenster PREISLISTE – AUSWAHLKRITERIEN. Geben Sie die gewünschten Einschränkungen ein ❷ (wie im Beispiel in Abbildung 7.15), und klicken Sie auf den Button OK. Als Ergebnis

Artikel in Preisliste auswählen

erhalten Sie die Preisliste, eingeschränkt durch die eingegebenen Kriterien ❸. Wenn Sie nun Preise löschen, bezieht sich das Löschen nur auf die eingeschränkte Preisliste.

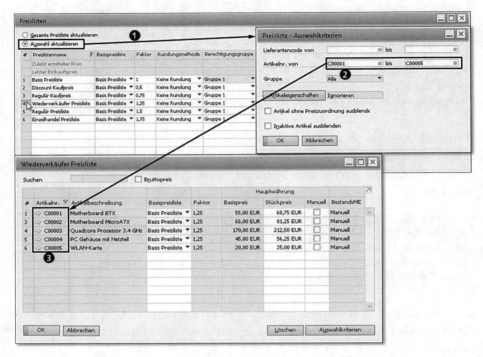

**Abbildung 7.15** Preisliste – eingeschränkt durch Auswahlkriterien

**Preisliste »Letzter Einkaufspreis«** Die Preisliste LETZTER EINKAUFSPREIS nimmt eine Sonderstellung innerhalb der Preislisten ein. Sie wird automatisch mit dem letzten Einkaufspreis des entsprechenden Artikels gefüllt, sobald eine der folgenden Transaktionen durchgeführt wird:

- Eingangsrechnung
- Datenimport von Preisen in die Preisliste LETZTER EINKAUFSPREIS
- Buchung von Anfangsmengen in der Phase der Systeminitialisierung
- Bestandsbuchung aufgrund positiver Inventurdifferenzen (siehe Abschnitt 7.9, »Inventur«)
- Produktionsauftrag

Sobald für einen Artikel eine dieser Transaktionen angelegt wird, wird auch der letzte Einkaufspreis automatisch aktualisiert.

**Automatische Aktualisierung der Preislisten**

Bei jeder neuen Eingangsrechnung werden automatisch die Preise der Artikel aus der Eingangsrechnung in der Preisliste LETZTER EINKAUFSPREIS aktualisiert.

Diese Preisliste kann z. B. auch als Basis für eine andere Preisliste verwendet werden. Somit können Sie z. B. die Verkaufspreise mit einem beliebigen Faktor an die letzten Einkaufspreise knüpfen.

Der Preis, den Sie in einer Preisliste eingeben, erscheint bei der Auswahl dieser Preisliste im Artikelstamm und umgekehrt. Das bedeutet, wenn Sie einen Preis im Artikelstamm eingeben, wird dieser in die entsprechende Preisliste zurückgeschrieben (siehe Abschnitt 4.6, »Artikel«).

*Zusammenhang Preisliste – Artikelstamm*

**Import umfangreicher Preislisten** **[+]**

Seit Release 9.2 von SAP Business One haben Sie die Möglichkeit, die Artikelpreise umfangreicher Preislisten aus Excel zu importieren. Den Import nehmen Sie im Fenster AUS EXCEL IMPORTIEREN... unter dem Menüpfad ADMINISTRATION • DATENIMPORT/-EXPORT • DATENIMPORT vor.

Der Datenimport ist einfach zu handhaben, zählt jedoch zu den weiterführenden Themen und wird in diesem Einsteigerbuch nicht behandelt. Aus diesem Grund sollten Sie einen Consultant oder Key-User zu Rate ziehen.

*Artikelpreise importieren*

### 7.4.2 Preisaktualisierungsassistent

Seit Release 9.2 von SAP Business One steht Ihnen der Preisaktualisierungsassistent zur Verfügung. Mit diesem Assistenten haben Sie die Möglichkeit, Ihre Listenpreise mit wenigen Schritten neu zu berechnen. Das Fenster PREISAKTUALISIERUNGSASSISTENT finden Sie im Modul LAGERVERWALTUNG im Ordner PREISLISTEN. Alternativ dazu können Sie den Assistenten direkt aus dem Fenster PREISLISTE (Button PREISAKTUALISIERUNGSASSISTENT rechts unten) starten.

**Preisaktualisierungsassistent** **[zB]**

Als Beispiel für die Funktionsweise des Preisaktualisierungsassistenten sollen die Artikel »A00001« bis »A00007« in der Basispreisliste um 3 % erhöht werden. Um diese Preisaktualisierung mithilfe des Preisaktualisierungsassistenten zu realisieren, durchlaufen Sie die folgenden Schritte:

Starten Sie zunächst den Assistenten, und klicken Sie auf der Startseite auf den Button WEITER, um zum ersten Schritt zu kommen (siehe Abbildung 7.16).

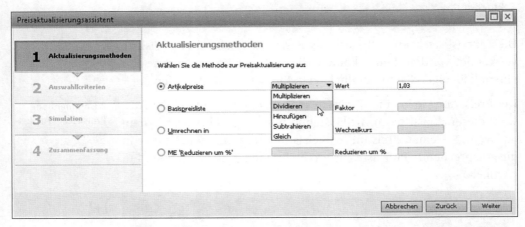

**Abbildung 7.16** Fenster »Preisaktualisierungsassistent«: Schritt 1 – Aktualisierungsmethoden

Schritt 1 – Aktualisierungsmethoden

Wählen Sie eine der vier Methoden ARTIKELPREIS, BASISPREISLISTE, UMRECHNEN IN und ME REDUZIEREN UM % aus der Optionsgruppe:

▶ *Artikelpreis*: Wählen Sie diese Option, um den Artikelpreis nach Auswahl einer der Grundrechenarten aus der Dropdown-Liste (MULTIPLIZIEREN, DIVIDIEREN, HINZUFÜGEN = Addieren und SUBTRAHIEREN) neu zu berechnen oder einen neuen absoluten Preis (Eintrag GLEICH in der Dropdown-Liste) zu setzen. Geben Sie anschließend den gewünschten Wert im Feld WERT ein.

▶ *Basispreisliste*: Wählen Sie diese Option, um den Multiplikationsfaktor von verknüpften Preislisten zu aktualisieren. Anschließend wählen Sie die zu ändernde Preisliste aus der Dropdown-Liste. Geben Sie den neuen Faktor im Feld FAKTOR an.

▶ *Umrechnen in*: Wählen Sie diese Option, um die Preise in Fremdwährung umzurechnen. Wählen Sie anschließend die gewünschte Währung aus der Dropdown-Liste, und geben Sie im Feld WECHSELKURS den Wechselkurs ein.

▸ *ME Reduzieren um %?*: Wählen Sie diese Option, um die Preise anhand der »Reduzieren-um-%«-Information der Mengeneinheiten
zu aktualisieren. Wählen Sie anschließend die Rechenoperation
aus der Dropdown-Liste, und geben Sie den gewünschten Prozentsatz im Feld REDUZIEREN UM % ein.

In unserem Beispiel wählen wir die Option ARTIKELPREIS, die Rechen-
operation MULTIPLIZIEREN aus der Dropdown-Liste und geben den
Wert »1,03« ein. Dadurch werden die Preise um 3 % erhöht. Klicken
Sie abschließend auf den Button WEITER.

Wählen Sie im zweiten Schritt die Artikel für die Preisaktualisierung
aus. Sie haben die Möglichkeit, die Artikelauswahl nach bevorzug-
tem Lieferanten, Artikelgruppe, Artikelnummer und Artikeleigenschaften einzugrenzen. Im Beispiel in Abbildung 7.17 wird auf die
Artikel von »A00001« bis »A00007« eingeschränkt.

Schritt 2 – Aus-
wahlkriterien
Artikelauswahl

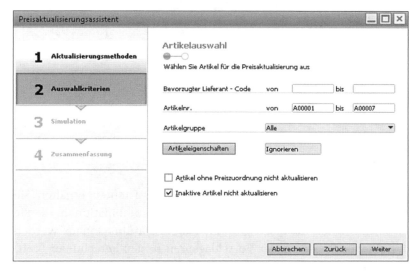

**Abbildung 7.17** Fenster »Preisaktualisierungsassistent«: Schritt 2 – Artikelauswahl

Markieren Sie bei Bedarf die Checkbox ARTIKEL OHNE PREISZUORD-
NUNG NICHT AKTUALISIEREN, um Artikel, die keinen Listenpreis haben, zu überspringen. Markieren Sie darüber hinaus die Checkbox
INAKTIVE ARTIKEL NICHT AKTUALISIEREN, um die inaktiven Artikel zu
überspringen.

**Schritt 2 – Auswahlkriterien Preisauswahl**

Ebenfalls im zweiten Schritt selektieren Sie die Preislisten, in denen die zuvor ausgewählten Artikel aktualisiert werden sollen. Wählen Sie dazu die gewünschte Preisliste aus der Dropdown-Liste PREISLISTE. Alternativ können Sie den Eintrag MEHRFACH auswählen, auf den Button ... (PREISLISTEN) klicken und die gewünschten Preislisten in dem sich nun öffnenden Fenster markieren. Im Beispiel in Abbildung 7.18 ist nur die BASIS PREISLISTE markiert. Die restlichen Preislisten sind grau hinterlegt, da alle anderen zur Auswahl stehenden Preislisten von dieser Basispreisliste abhängen.

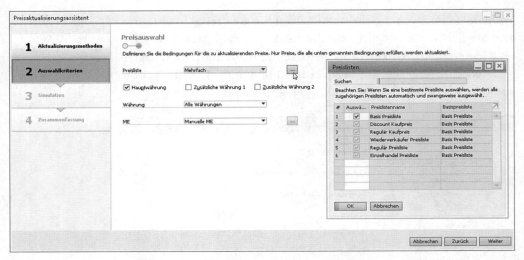

**Abbildung 7.18** Fenster »Preisaktualisierungsassistent«: Schritt 2 – Preisauswahl

**Schritt 3 – Simulation**

Im dritten Schritt des Preisaktualisierungsassistenten erhalten Sie einen Vorschlag aller Artikel- und Preislistenkombinationen, die Sie in den Schritten davor ausgewählt haben. Darüber hinaus werden der aktuelle Preis und der Vorschlagspreis (= neu berechneter Preis) angezeigt.

Markieren Sie nun alle Kombinationen, für die die Preisaktualisierung durchgeführt werden soll. Das Beispiel in Abbildung 7.19 zeigt sehr anschaulich im rechten Bereich des Rasters, dass für den Artikel »A00001« in der BASIS PREISLISTE der Preis von 110,00 EUR (= 100 %) um 3,30 EUR (= 3 %) auf 113,30 EUR (= 103 %) aktualisiert werden soll.

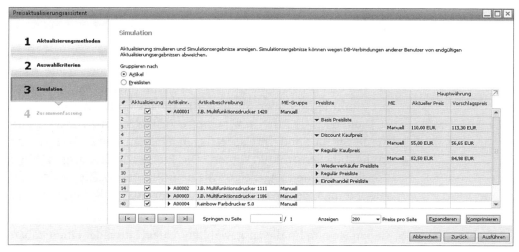

**Abbildung 7.19** Fenster »Preisaktualisierungsassistent«: Schritt 3 – Simulation

Klicken Sie abschließend auf den Button AUSFÜHREN, und die Preisaktualisierung startet

Im letzten Schritt des Preisaktualisierungsassistenten erhalten Sie alle Informationen und gegebenenfalls Fehler, die bei der Preisaktualisierung vorgekommen sind. Klicken Sie abschließend auf den Button FERTIGSTELLEN, um den Assistenten zu beenden.

Schritt 4 – Zusammenfassung

### 7.4.3 Sonderpreise

*Sonderpreise* sind Preise, die Sie einzelnen Geschäftspartnern oder einer (üblicherweise kleinen) Gruppe von Geschäftspartnern für ausgewählte Artikel zuordnen. Sonderpreise definieren Sie unter LAGERVERWALTUNG • Ordner PREISLISTEN • Ordner SONDERPREISE • Fenster SONDERPREISE FÜR GESCHÄFTSPARTNER (siehe Abbildung 7.20).

Gehen Sie folgendermaßen vor, um Sonderpreise anzulegen:

Sonderpreise anlegen

1. Wählen Sie einen Geschäftspartner aus der Werteliste aus, für den Sie die Sonderpreise festlegen möchten. Dieser wird mit GP-CODE, GP-NAME und GP-TYP angezeigt.

2. Wählen Sie eine Preisliste aus der entsprechenden Werteliste aus. Die Preisliste dient als Basis für die in der Tabellenstruktur einzugebenden Sonderpreise.

3. Geben Sie einen Rabatt in Prozent im Feld Prozent Rabatt an, der in die Spalte Rabatt kopiert wird und als Basis für die einzugebenden Sonderpreise dient.

4. Positionieren Sie den Cursor in der ersten Zeile der Spalte Artikelnr., und drücken Sie die ⎀-Taste, um die Auswahlliste Artikel zu öffnen. Wählen Sie jene Artikel aus (linke Maustaste und ⇧- oder Strg-Taste, um mehrere Artikelzeilen zu markieren), für die Sie die Sonderpreise festlegen möchten. Die Artikel werden in die Tabellenstruktur kopiert. Die Preise aus der ausgewählten Preisliste werden angezeigt. Mit dem Button Positionen hinzufüg. können Sie die Artikelauswahl über Auswahlkriterien besser einschränken.

5. Geben Sie nun für die ausgewählten Artikel entweder einen Rabatt in % in der Spalte Rabatt oder einen Preis nach Rabatt ein. Die beiden Felder werden jeweils vice versa berechnet.

6. Die Checkbox Auto ist standardmäßig aktiviert. Das bedeutet, wenn der Preis in der verknüpften Preisliste z. B. um 10 % angehoben wird, erhöht sich auch der Sonderpreis automatisch um 10 %.

7. Klicken Sie auf den Button Hinzufügen, um die Sonderpreise für den ausgewählten Geschäftspartner und die ausgewählten Artikel anzulegen.

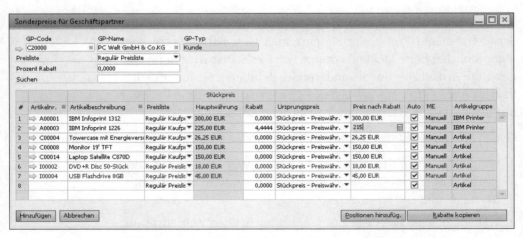

**Abbildung 7.20** Sonderpreise für Geschäftspartner festlegen

SAP Business One ermöglicht es, dass die angelegten Sonderpreise nur innerhalb eines bestimmten Zeitraums gültig sind. Dazu klicken Sie doppelt auf die Zeilennummer des angegebenen Sonderpreises (oder auch rechte Maustaste, Eintrag ZEITRABATTE). Geben Sie im nun geöffneten Fenster ZEITRABATTE im Feld GÜLTIG BIS das Datum ein, bis zu dem der Sonderpreis gelten soll (siehe Beispiel in Abbildung 7.21).

Sonderpreise – begrenzte Gültigkeit

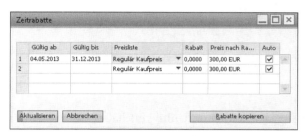

**Abbildung 7.21** Gültigkeitszeitraum von Sonderpreisen festlegen

Im Beispiel in Abbildung 7.21 ist der Sonderpreis nur bis Ende des Jahres gültig, danach gilt wieder der Preis aus der dem Geschäftspartner zugeordneten Preisliste. Als Beginn des Gültigkeitszeitraums wird immer das Datum des Hinzufügens des Sonderpreises verwendet. Zusätzlich können Sie auch einen abweichenden Rabatt (Spalte RABATT) oder Sonderpreis (Spalte PREIS NACH RABATT) angeben. Dieser ist dann für den eingegebenen Zeitraum gültig, danach gilt wieder der Sonderpreis, der ursprünglich eingegeben wurde.

Da es wahrscheinlich ist, dass Sie einen Gültigkeitszeitraum für mehrere Sonderpreise festlegen möchten, können Sie diese Zeiträume kopieren. Dazu klicken Sie im Fenster ZEITRABATTE auf den Button RABATTE KOPIEREN. Im nun geöffneten Fenster ZEITRABATTE – ARTIKEL – AUSWAHLKRITERIEN legen Sie für die Sonderpreise des Geschäftspartners einen Gültigkeitszeitraum für die weiteren gewünschten Artikel fest (siehe Abbildung 7.22).

Zeiträume kopieren

Markieren Sie die Checkbox ARTIKEL OHNE ZEITRABATTE AUSWÄHLEN, und es werden alle Artikel markiert, die noch keinen Gültigkeitszeitraum für den Sonderpreis haben (siehe Abbildung 7.22). Aktivieren Sie die Checkbox ARTIKEL DER GLEICHEN ME-GRUPPE AUSWÄHLEN, und Sie können Gültigkeitszeiträume für Sonderpreise aufgrund der Mengeneinheiten vergeben.

**Abbildung 7.22** Gültigkeitszeitraum von Sonderpreisen kopieren – Artikel auswählen

Staffelsonderpreise  Neben der Festlegung der zeitlichen Gültigkeit haben Sie die Möglichkeit, die Sonderpreise nach der Menge zu staffeln.

[zB]  **Sonderpreise nach der Menge staffeln**

Abbildung 7.23 zeigt, wie eine Mengenstaffelung von Preisen aussehen könnte: bis zehn Stück 300,00 (= Preis aus der Preisliste); ab zehn Stück 289,00 EUR; ab 20 Stück 279,00 EUR; ab 50 Stück 259,00 EUR. Dazu klicken Sie im Fenster ZEITRABATTE doppelt auf die Zeilennummer des Gültigkeitsbereichs. Das Fenster SONDERPREISE – MENGENRABATTE, in dem Sie die Mengenstaffeln und die dazugehörigen Preise wie in Abbildung 7.23 festlegen, wird geöffnet.

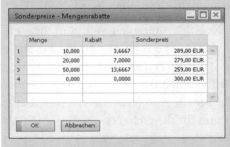

**Abbildung 7.23** Sonderpreise – Mengenstaffeln festlegen

Der angegebene Sonderpreis gilt jeweils ab der eingegebenen Menge, darunter gilt der ursprünglich eingegebene Sonderpreis. Klicken Sie auf den Button AKTUALISIEREN, um die Eingabe zu bestätigen; dies wiederholen Sie in den beiden höhergestuften Fenstern. Der Gültigkeitszeitraum des Sonderpreises erstreckt sich auch auf den gestaffelten Sonderpreis. Abbildung 7.24 zeigt nochmals den Zusammenhang zwischen Sonderpreis, Gültigkeitszeitraum und Staffelsonderpreis.

Der Artikel »A00001« hat einen Sonderpreis, der bis nur zum 31.12 gültig ist. Mit steigender verkaufter Menge (ab 10, ab 20, ab 50 Stück) sinkt der Sonderpreis entsprechend.

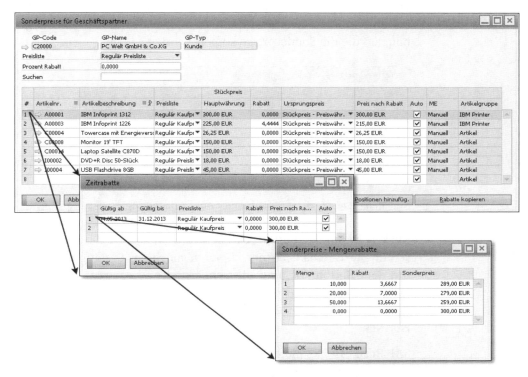

**Abbildung 7.24** Zusammenhang Sonderpreise – Zeitrabatte – Mengenrabatte

Anstelle des Doppelklicks können Sie auch den Weg über die rechte Maustaste und den entsprechenden Eintrag nehmen. Änderungen müssen auch in dem jeweils übergeordneten Fenster mit dem Button AKTUALISIEREN bestätigt werden.

SAP Business One bietet einen breiten Funktionsumfang, um Sonderpreise eines Geschäftspartners auf andere zu übertragen. Der einfachste Weg ist, einen Geschäftspartner, für den Sie bereits die Sonderpreise festgelegt haben, als Kopiervorlage zu verwenden. Dazu suchen Sie die Sonderpreise dieses Geschäftspartners im Fenster SONDERPREISE FÜR GESCHÄFTSPARTNER. Dieses Fenster bietet ebenfalls alle bisher kennengelernten Suchmöglichkeiten. Bei wenigen Sonderpreisen blättern Sie mithilfe der Datensatzschaltflächen. Oder Sie wechseln in den SUCHEN-Modus und tragen den Geschäftspartner-

Sonderpreise
kopieren

code ein oder lassen sich eine komplette Liste der Geschäftspartner anzeigen, indem Sie einen Stern »*« in das Feld GP-CODE oder GP-NAME eingeben. Anschließend klicken Sie auf den Button RABATTE KOPIEREN. Ihnen wird das gleichnamige Fenster angezeigt (siehe Abbildung 7.25), in dem Sie die Kriterien jener Geschäftspartner angeben, auf die die Sonderpreise kopiert werden sollen.

**Abbildung 7.25** Sonderpreise kopieren – Auswahlkriterien für Geschäftspartner

Klicken Sie auf den Button ALLE AUSWÄHLEN, falls Sie die Sonderpreise auf alle Geschäftspartner kopieren möchten. Bestätigen Sie dies mit dem Button OK, und die Sonderpreise werden auf alle ausgewählten Geschäftspartner kopiert. Bestätigen Sie dies nochmals mit dem Button AKTUALISIEREN im Fenster SONDERPREISE FÜR GESCHÄFTSPARTNER.

SAP Business One bietet auch eine eigene Funktion, um Sonderpreise nach erweiterten Auswahlkriterien auf andere Geschäftspartner zu kopieren. Unter LAGERVERWALTUNG • PREISLISTEN • SONDERPREISE öffnen Sie das Fenster SONDERPREISE ZUR AUSWAHL KOPIEREN (siehe Abbildung 7.26).

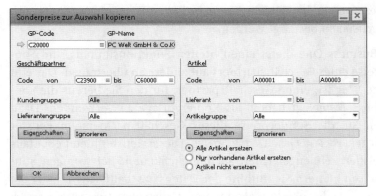

**Abbildung 7.26** Fenster »Sonderpreise zur Auswahl kopieren«

Um bereits definierte Sonderpreise auf andere Geschäftspartner zu kopieren, gehen Sie folgendermaßen vor:

1. Wählen Sie im Feld GP-CODE im linken oberen Bereich einen Geschäftspartner als Kopiervorlage aus. Die Artikel mit Sonderpreisen dieses Geschäftspartners werden auf die Zielgeschäftspartner kopiert.

2. Wählen Sie im linken Bereich darunter jene Geschäftspartner aus, auf die die Sonderpreise kopiert werden sollen. Als Auswahlkriterien können Sie den Geschäftspartnercode (CODE VON – BIS), die KUNDEN- bzw. LIEFERANTENGRUPPE und den Button EIGENSCHAFTEN verwenden. Im Beispiel in Abbildung 7.26 werden die Sonderpreise auf die Geschäftspartner »C23900« bis »C60000« kopiert.

3. Wählen Sie im rechten Bereich die ARTIKEL aus, für die die Sonderpreise kopiert werden sollen. Als Auswahlkriterien können Sie die Artikelnummer (CODE VON – BIS), den Code des Hauptlieferanten des Artikels (LIEFERANT VON – BIS), die ARTIKELGRUPPE und den Button EIGENSCHAFTEN verwenden.

4. Für den Kopiervorgang müssen Sie eine von drei Optionen auswählen:

   – *Alle Artikel ersetzen:* Mit dieser Option werden alle Sonderpreise auf den Zielgeschäftspartner kopiert, unabhängig davon, ob bei diesem Geschäftspartner bereits Sonderpreise vorhanden sind oder nicht.

   – *Nur vorhandene Artikel ersetzen:* Mit dieser Option werden nur jene Sonderpreise kopiert, die sowohl beim Quellgeschäftspartner als auch beim Zielgeschäftspartner vorhanden sind.

   – *Artikel nicht ersetzen*: Mit dieser Option werden nur jene Sonderpreise kopiert, die beim Zielgeschäftspartner nicht vorhanden sind. Jene Sonderpreise, die bereits vorhanden sind, werden nicht verändert.

5. Klicken Sie auf den Button OK, um den Kopiervorgang zu starten. Anschließend erhalten Sie eine Hinweismeldung, falls Sonderpreise geändert wurden. Bestätigen Sie diese mit dem Button JA.

Mit dem Fenster SONDERPREISE GLOBAL AKTUALISIEREN, das Sie über den Menüpfad LAGERVERWALTUNG • PREISLISTEN • SONDERPREISE erreichen, steht Ihnen ein Instrument zur Verfügung, mit dem Sie Sonderpreise sehr einfach aktualisieren können (siehe Abbildung 7.27).

*Sonderpreise auf andere Geschäftspartner kopieren*

*Sonderpreise global aktualisieren*

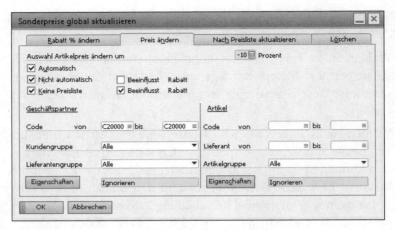

**Abbildung 7.27** Fenster »Sonderpreise global aktualisieren«

Generell haben Sie vier Möglichkeiten, Sonderpreise zu aktualisieren:

▸ Aktualisieren des mit dem Sonderpreis verbundenen Rabattprozentsatzes (Registerkarte RABATT % ÄNDERN)

▸ Aktualisieren des Sonderpreises (Registerkarte PREIS ÄNDERN)

▸ Aktualisieren des Sonderpreises über die verknüpfte Preisliste (Registerkarte NACH PREISLISTE AKTUALISIEREN)

▸ Löschen von Sonderpreisen (Registerkarte LÖSCHEN)

Im unteren Bereich geben Sie jeweils auf allen vier Registerkarten die GESCHÄFTSPARTNER und ARTIKEL an, für die die Sonderpreise aktualisiert werden sollen. Klicken Sie anschließend auf den Button OK, um die Änderung der Sonderpreise zu bestätigen. Der obere Bereich ändert sich je nach Registerkarte:

▸ **Registerkarte »Preis ändern«**
Geben Sie einen Änderungsprozentsatz an. Bei einer Preisminderung setzen Sie wie in Abbildung 7.27 ein Minus vor den Prozentsatz. Zudem geben Sie die Optionen an, die maßgeblich für die Änderung der Sonderpreise sind:

– *Automatisch:* Mit dieser Option werden nur jene Sonderpreise geändert, bei denen im Fenster SONDERPREISE FÜR GESCHÄFTSPARTNER die Checkbox AUTOMATISCH markiert ist.

– *Nicht automatisch:* Mit dieser Option werden nur jene Sonderpreise geändert, bei denen im Fenster SONDERPREISE FÜR GESCHÄFTSPARTNER die Checkbox AUTOMATISCH *nicht* markiert ist.

– *Keine Preisliste:* Mit dieser Option werden all jene Sonderpreise geändert, die ohne Bezug zu einer Preisliste angelegt wurden.

– *Beeinflusst Rabatt*: Mit dieser Option wird bei einer Änderung des Sonderpreises auch der Rabatt neu berechnet und entsprechend geändert. Ohne diese Option wird der Sonderpreis geändert, der damit in Zusammenhang stehende Rabattprozentsatz bleibt aber unverändert.

▶ **Registerkarte »Rabatt % ändern«**
Die Änderung des Rabattprozentsatzes funktioniert auf die gleiche Weise wie die Änderung des Preises. Der einzige Unterschied liegt darin, dass sich der Änderungsprozentsatz auf den Rabatt in % und nicht auf den Preis auswirkt. Mit der Checkbox BEEINFLUSST PREIS legen Sie fest, ob die Rabattänderung auch den Preis ändert oder nicht.

▶ **Registerkarte »Nach Preisliste aktualisieren«**
Die Änderungsfunktion auf dieser Registerkarte betrifft nur jene Sonderpreise, die im Fenster SONDERPREISE FÜR GESCHÄFTSPARTNER nicht als AUTOMATISCH gekennzeichnet wurden und die mit einer bestimmten Preisliste verknüpft sind. Die Änderung besteht darin, dass der Preis in der zugeordneten Preisliste mit dem im Fenster SONDERPREISE FÜR GESCHÄFTSPARTNER zugeordneten Rabattprozentsatz multipliziert wird.

▶ **Registerkarte »Löschen«**
Wählen Sie hier jene Geschäftspartner und Artikel aus, deren Sonderpreise gelöscht werden sollen.

## 7.4.4 Zeit- und Mengenrabatte

Mit der Funktion ZEIT- UND MENGENRABATTE können Sie für »klassische« Listenpreise einen Gültigkeitszeitraum und einen Staffelpreis festlegen. Die Vorgehensweise erfolgt analog zu der Festlegung von Gültigkeitszeiträumen und Staffelpreisen im Fenster SONDERPREISE FÜR GESCHÄFTSPARTNER. Zeit- und Mengenrabatte finden Sie über den Pfad LAGERVERWALTUNG • Ordner PREISLISTEN • Fenster ZEIT- UND MENGENRABATTE (siehe Abbildung 7.28).

Um einen Gültigkeitszeitraum und einen Staffelpreis festzulegen, führen Sie die folgenden Schritte aus:

*Zeit- und Mengenrabatte festlegen*

1. Wählen Sie eine PREISLISTE aus der Werteliste aus, für die Sie einen Gültigkeitszeitraum und/oder einen Staffelpreis festlegen möchten.

2. Wählen Sie in der Tabellenstruktur die Artikel aus der Werteliste aus. Öffnen Sie die Werteliste mit der [⇥]-Taste im Feld ARTI-KELNR. Die Artikelauswahl können Sie auch über den Button POSI-TIONEN HINZUFÜGEN vornehmen.

3. Markieren Sie jene Artikelzeilen, für die Sie die Gültigkeitszeit-räume festlegen möchten (linke Maustaste und [⇧]-Taste).

4. Klicken Sie mit der rechten Maustaste in eine Zeile (nicht auf die Zeilennummer!), und wählen Sie den Eintrag ZEITRABATTE aus dem Kontextmenü aus, wie in Abbildung 7.28 zu sehen ist.

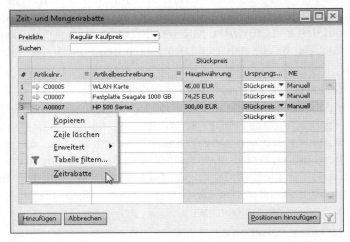

**Abbildung 7.28** Fenster »Zeit- und Mengenrabatte« – Gültigkeitszeitraum festlegen

5. Geben Sie im Fenster ZEITRABATTE ein Datum im Feld GÜLTIG BIS ein. Das Feld GÜLTIG AB wird automatisch gefüllt.

6. Klicken Sie doppelt auf die Zeilennummer, um den Staffelpreis festzulegen. Geben Sie im nun geöffneten Fenster MENGENRABAT-TE FÜR PREISLISTE die Menge und den davon abhängigen Rabatt oder Preis ein.

7. Bestätigen Sie alle Eingaben in den drei Fenstern mit dem Button AKTUALISIEREN. Schließen Sie das Fenster mit dem Button OK.

Rabattgruppen     Ab Release 9.0 von SAP Business One können Sie pro Geschäftspart-ner Rabattprozentsätze nach verschiedenen Gesichtspunkten, etwa Artikelgruppen, Artikeleigenschaften und Hersteller, festlegen. Öff-nen Sie das Fenster RABATTGRUPPEN über den Pfad LAGERVERWAL-TUNG • PREISLISTEN • SONDERPREISE (siehe Abbildung 7.29).

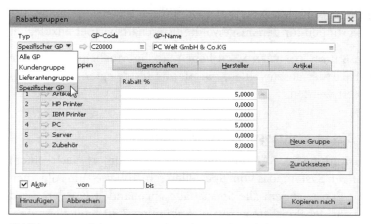

**Abbildung 7.29** Rabattgruppen, festgelegt nach Artikelgruppen

Die Festlegung der Rabattgruppe erfolgt denkbar einfach und funktioniert auf allen Registerkarten auf die gleiche Weise.

Rabattgruppen festlegen

1. Im ersten Schritt wählen Sie in der Dropdown-Liste Typ aus, für welche Geschäftspartner Sie die Rabattgruppe festlegen möchten. Danach richten sich die weiteren Felder im oberen Bereich des Fensters. An dieser Stelle haben Sie die folgenden Optionen:

   – *Alle GP:* Wählen Sie diese Option, und die Rabattgruppe wird für alle Geschäftspartner festgelegt. Sie brauchen keine weitere Auswahl zu treffen.

   – *Kundengruppe:* Wählen Sie eine Kundengruppe, für die die Rabattgruppe festgelegt wird.

   – *Lieferantengruppe:* Wählen Sie eine Lieferantengruppe, für die die Rabattgruppe festgelegt wird.

   – *Spezifischer GP:* Wählen Sie diese Option und den gewünschten Geschäftspartner aus. Für diesen Geschäftspartner wird folglich die Rabattgruppe festgelegt (siehe Abbildung 7.29).

2. Anschließend legen Sie die RABATTPROZENTSÄTZE für die gewünschten Artikelgruppen, Artikeleigenschaften oder Hersteller fest. Im Beispiel in Abbildung 7.29 werden dem Geschäftspartner »C20000 – PC Welt GmbH & Co. KG« für Artikel aus der Artikelgruppe ARTIKEL 5 % Rabatt gewährt, für Artikel der Artikelgruppe PC werden ihm ebenfalls 5 % gewährt und für Artikel der Artikelgruppe ZUBEHÖR sogar 8 %.

3. Klicken Sie abschließend auf den Button HINZUFÜGEN, um die Rabattgruppen für den ausgewählten Geschäftspartner anzulegen.

Mit dem Button KOPIEREN NACH haben Sie die Möglichkeit, weitere Geschäftspartner auszuwählen, auf die die festgelegten Rabattgruppen kopiert werden.

### 7.4.5 Zusammenfassung Preisfindung

Die Preisfindung in SAP Business One funktioniert nach einem mehrstufigen System, das vom Speziellen schrittweise zum Allgemeinen geht. Erst nachdem alle Spezialfälle abgehandelt wurden, wird der Preis aus der Preisliste gezogen. Abbildung 7.30 zeigt alle möglichen Stufen, die durchlaufen werden können, um einen Preis in der Belegzeile vorzuschlagen.

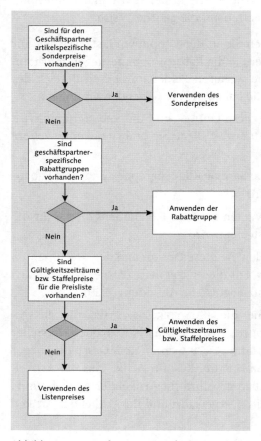

**Abbildung 7.30** Stufenweise Preisfindung in SAP Business One

Bei den jeweils gezogenen Preisen aus der Preisfindung handelt es sich stets um Vorschlagswerte – das bedeutet, dass sie immer im Beleg überschrieben werden können.

Alle Preise, die aus der ersten bis dritten Stufe in Abbildung 7.30 stammen, sind in der Belegzeile blau gekennzeichnet. Lediglich Listenpreise sind schwarz gekennzeichnet.

Farbkennung von Preisen

Die Preisfindung nach der vierten Stufe erfolgt aufgrund der Zuordnung einer Preisliste zu einem Geschäftspartner, der Vergabe eines Artikelpreises und der Anzeige dieses Preises in der Belegzeile.

Die Anzeige des Preises in der Belegzeile erfolgt gemäß den folgenden Schritten (siehe auch Abbildung 7.31):

❶ Zuordnung der Preisliste zum Geschäftspartner

❷ Artikelpreise in der zugeordneten Preisliste bzw. im Artikelstamm füllen

❸ Anzeige des Artikelpreises aus der Preisliste in der Belegzeile

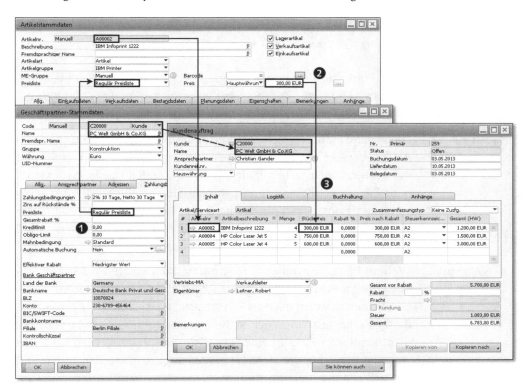

**Abbildung 7.31** Beispiel für eine Preisfindung über die Preisliste

373

**Preisbericht**

Unter den vielen Möglichkeiten, um den Preis eines Artikels zu bestimmen, ist der Preisbericht eine sehr nützliche Funktion, die ab Release 9.0 von SAP Business One zur Verfügung steht. Klicken Sie in jedem beliebigen Beleg mit der rechten Maustaste auf den Preis in der Belegzeile (STÜCKPREIS oder PREIS NACH RABATT), und wählen Sie den Eintrag PREISBERICHT aus dem Kontextmenü aus. Ihnen wird das Fenster PREISBERICHT mit einem Überblick über die Preise in allen Preislisten für diesen Artikel und etwaige Sonderpreise angezeigt (siehe Abbildung 7.32).

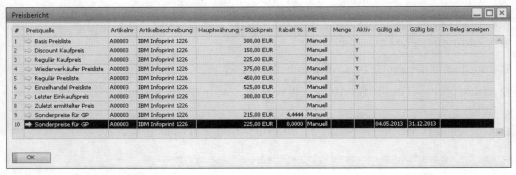

**Abbildung 7.32** Preisbericht für Artikel »A00003«

Jener Preis, der nun in der Belegzeile verwendet wird, ist blau markiert. In Abbildung 7.32 zeigt sich, dass für den Artikel »A00003« ein Sonderpreis von 225,00 EUR für diesen Kunden verwendet wird.

**Rabattgruppen-bericht**

Die gleiche Funktion steht zur Verfügung, um für einen Kunden und Artikel bestehende Rabattgruppen herauszufinden. Klicken Sie mit der rechten Maustaste auf den Preis in der Belegzeile (STÜCKPREIS oder PREIS NACH RABATT), und wählen Sie den Eintrag RABATTGRUPPENBERICHT aus dem Kontextmenü aus. Im nun geöffneten Fenster RABATTGRUPPENBERICHT werden alle für den fraglichen Artikel und Geschäftspartner verwendeten Rabattgruppen aufgelistet.

**Allgemeine Einstellungen – Preisfindung**

Weitere Einstellungen zur Preisfindung können Sie im Fenster ALLGEMEINE EINSTELLUNGEN auf der Registerkarte PREISFINDUNG einsehen (unter ADMINISTRATION • SYSTEMINITIALISIERUNG). Legen Sie an dieser Stelle fest, in welchen Bereichen Null-Preise, wie z. B. ein nicht gepflegter Preis in einer Preisliste, angezeigt werden sollen, in welchen Bereichen inaktive Preislisten angezeigt werden sollen und ob Artikel ohne Preiszuordnung aus der Datenbank entfernt werden sollen.

# 7.5 Mengeneinheiten in SAP Business One

Mengeneinheiten in SAP Business One (ab Release 8.8) werden dazu verwendet, all jene Artikel abzubilden, die nicht in einzelnen Stück, Kilo, Liter, Meter etc. eingekauft, gelagert und verkauft werden. Die Mengeneinheiten sind ein klassisches Beispiel für die tiefe Integration innerhalb von SAP Business One. Sie berühren die ARTIKEL-STAMMDATEN, den EINKAUF, die LAGERUNG und den VERKAUF sowie die entsprechenden Berichte.

Das Prinzip der Mengeneinheiten wird im Folgenden anhand eines durchgängigen Beispiels in zwei Varianten veranschaulicht: Die Firma OEC Computers lässt als Hardwarehändler von einem Hardwareproduzenten USB-Sticks als Eigenmarke »OEC Storage« produzieren und kauft diese zu einem Preis von 120,00 EUR pro Karton. In den Kartons befinden sich je 20 quaderförmige Dosen mit Schaumstoffeinlage zu zwei Stück. Im Lager stehen die Dosen zum Verkauf bereit. Im Verkaufsraum liegen die USB-Sticks in einer großen Schüssel griffbereit und werden in erster Linie aus Marketinggründen einzeln zu 4,00 EUR pro Stück verkauft oder auf Nachfrage auch in Dosen zu zwei Stück.

Beispiel »Mengeneinheiten«

Zusammengefasst in Tabelle 7.3, wird der Artikel in den folgenden Mengeneinheiten und Preisen geführt.

| | Einkauf | Lager (BestandsME) | Verkauf |
|---|---|---|---|
| **Mengeneinheit** | Karton (zu 20 Dosen) | Dosen (zu zwei Stück) | Stück oder Dosen |
| **Preis** | 120,00 | 6,00 | 4,00 oder 8,00 |
| **Preisliste** | Basispreisliste | | Einzelhandel Preisliste |

**Tabelle 7.3** Beispiel für Mengeneinheiten

Dieses Illustrationsbeispiel soll in zwei verschiedenen Varianten abgebildet werden:

▶ manuelle Mengeneinheiten direkt in den Artikelstammdaten (siehe Abschnitt 7.5.1)

▶ Mengeneinheiten-Gruppen, die mehreren gleichartigen Artikeln zugewiesen werden können (siehe Abschnitt 7.5.2)

### 7.5.1 Manuelle Mengeneinheiten

**Manuelle Mengen-einheiten definieren**

Wie bereits in Abschnitt 4.6, »Artikel«, dargestellt, erfolgt die Definition der manuellen Mengeneinheiten im Fenster ARTIKELSTAMMDATEN (Hauptmenüpfad LAGERVERWALTUNG • ARTIKELSTAMMDATEN) auf den Registerkarten EINKAUFSDATEN (siehe Abbildung 7.33) und VERKAUFSDATEN (siehe Abbildung 7.34).

**Mengeneinheit Einkauf**

Zunächst erfolgt die Definition für den *Einkauf* (siehe Abbildung 7.33).

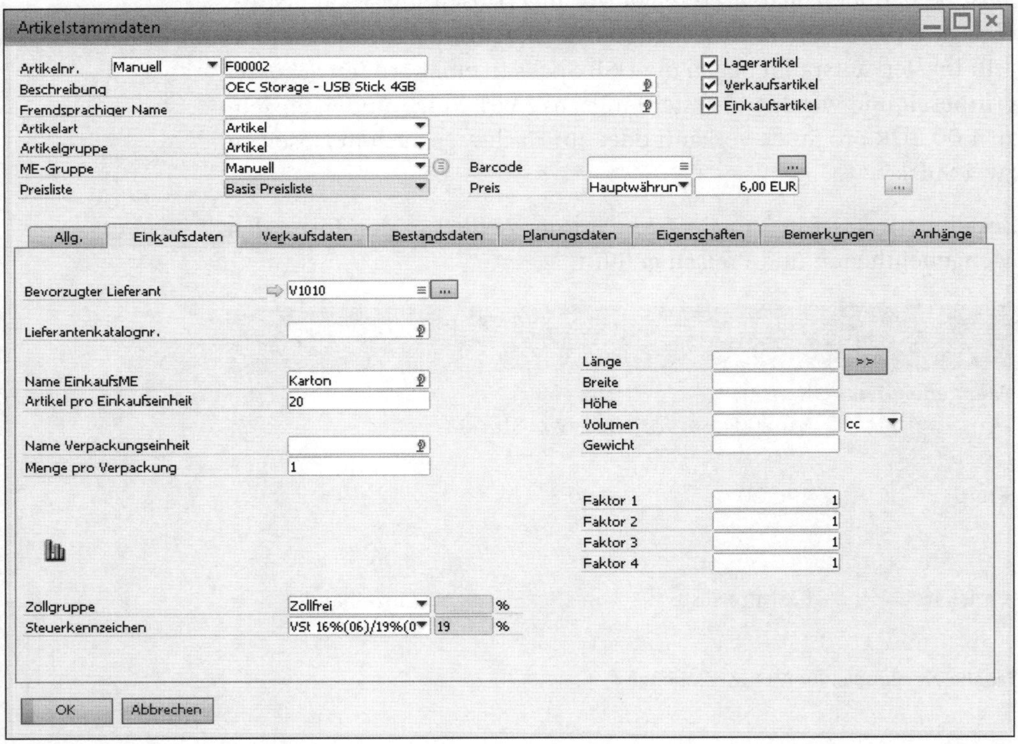

**Abbildung 7.33** Manuelle Mengeneinheiten für den Einkauf definieren

Wie Abbildung 7.33 zeigt, steht in den Kopfdaten das Feld ME-GRUP-PE auf MANUELL. Dies ist der Standardwert, der nicht verändert werden muss. Anschließend wurde für den USB-Stick auf der Registerkarte EINKAUFSDATEN für die Einkaufsmengeneinheit im Feld NAME EINKAUFSME der Wert KARTON manuell eingegeben und mit 20 ARTIKELN PRO EINKAUFSEINHEIT definiert. Dies hätte grundsätzlich auch über die Verpackungseinheit abgebildet werden können, wird aber der Einfachheit halber komplett über die Mengeneinheit definiert. Der in der Einkaufspreisliste eingegebene Preis von 6,00 EUR bezieht sich jedoch auf die Basiseinheit (Dosen) und nicht auf die Einkaufsmengeneinheit (Karton).

Auf der Registerkarte BESTANDSDATEN geben Sie für die Mengeneinheit, die auf Lager liegt, im Feld ME-NAME den Namen »Dose« manuell ein.

**Mengeneinheit Lager**

Für den *Verkauf* wurde die Definition gemäß Abbildung 7.34 vorgenommen.

**Mengeneinheit Verkauf**

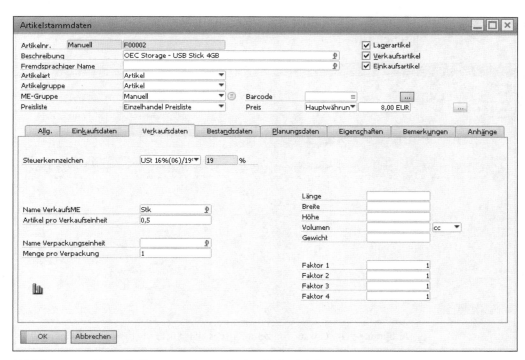

**Abbildung 7.34** Manuelle Mengeneinheiten für den Verkauf definieren

Abbildung 7.34 zeigt, dass die Verkaufsmengeneinheit im Feld NAME VERKAUFSME mit STK (Stück) festgelegt wurde. Das entspricht der Strategie des Hardwarehändlers, die USB-Sticks einzeln zu verkaufen. Und das bedeutet, die Einkaufsmengeneinheit von Kartons zu 20 Dosen wird gewissermaßen im Lager in Dosen »zerlegt«, die wiederum für den Verkauf in Einzelstücke »zerlegt« werden.

**Mengeneinheiten auf Lager**

Die Mengeneinheiten, die auf Lager gelegt werden, entsprechen somit einer Dose zu zwei Stück. Der folgende Einkauf der USB-Sticks soll dies demonstrieren. Abbildung 7.35 zeigt den Einkauf von zehn Kartons USB-Sticks. Die eingegebene Menge in den Einkaufsbelegen, wie hier in der Eingangsrechnung, entspricht der in den ARTIKEL-STAMMDATEN auf der Registerkarte EINKAUF festgelegten Einkaufsmengeneinheit (Karton). Dies erkennen Sie in der Spalte ARTIKEL PRO EINHEIT rechts neben der Menge (zehn Kartons), die den Wert 20 anzeigt (20 USB-Sticks pro Karton). Bei einem Einkaufspreis von 6,00 EUR pro Dose (Bestandsmengeneinheit Dose) ergibt sich ein PREIS NACH RABATT in der Eingangsrechnung von 120,00 EUR pro Einkaufsmengeneinheit (Karton zu 20 Dosen), wie in Abbildung 7.35 zu sehen ist.

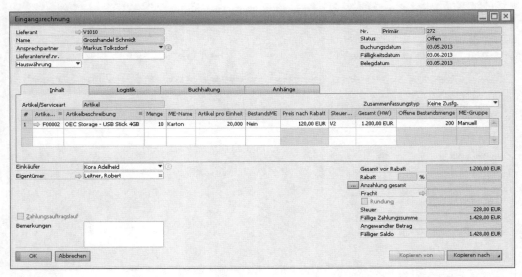

**Abbildung 7.35** Einkauf von zehn Kartons USB-Sticks über Eingangsrechnung

Nach dem Hinzufügen der Eingangsrechnung zeigt sich der Lagerbestand des Artikels (Klick auf den orangefarbenen Pfeil ⇨ neben der ARTIKELNUMMER in der EINGANGSRECHNUNG) wie in Abbildung 7.36.

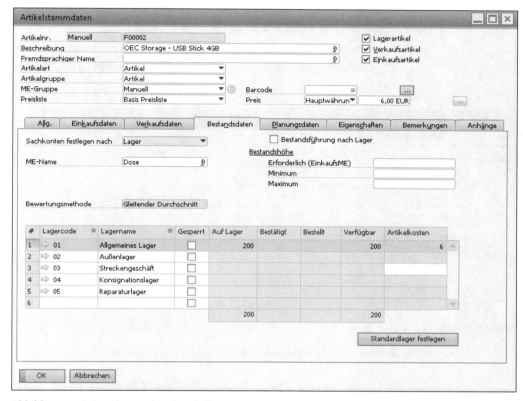

**Abbildung 7.36** Lagerbestand und Artikelkosten der USB-Sticks

Die markierte Zeile des Lagers 01 auf der Registerkarte BESTANDSDATEN in den ARTIKELSTAMMDATEN zeigt eine Menge AUF LAGER von 200 Dosen (Bestandsmengeneinheit), das entspricht den eingekauften zehn Kartons zu 20 Dosen. Die ARTIKELKOSTEN entsprechen naturgemäß dem Einkaufspreis von 6,00 EUR pro Dose.

Bei Artikeln mit abweichenden Mengeneinheiten haben Sie jedoch auch die Möglichkeit, die Systematik der Einkaufsmengeneinheit zu durchbrechen. Dazu steht Ihnen im Einkaufsbeleg die Spalte BESTANDSME (= Bestandsmengeneinheiten) zur Verfügung, wie in Abbildung 7.37 demonstriert.

**Spalte »BestandsME«**

Klicken Sie auf das Dropdown-Feld in der Spalte BESTANDSME, und Sie haben zwei Optionen zur Auswahl:

▶ NEIN – Diese Option ist standardmäßig eingestellt und bedeutet, dass die Einkaufsmengeneinheit und nicht die Basiseinheit für den Einkauf verwendet wird.

▶ JA – Wählen Sie diese Option, um anstelle der voreingestellten Einkaufsmengeneinheit (Karton) die Bestandsmengeneinheit (Dose) zu verwenden.

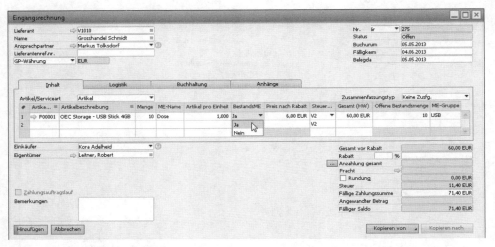

**Abbildung 7.37** Basiseinheiten in Eingangsrechnung verwenden

**Option »Ja« wählen** Wählen Sie nun die Option JA, um die Bestandsmengeneinheit zu aktivieren. Alle von der gewählten Einheit abhängigen Spalten, wie die ARTIKEL PRO EINHEIT und der PREIS NACH RABATT, ändern sich entsprechend. Wenn wir nun wie in Abbildung 7.37 eine Menge von 10 eingeben, sind dies zehn Dosen USB-Sticks und nicht zehn Kartons zu zwanzig Dosen. Die ARTIKEL PRO EINHEIT betragen daher 1, und der PREIS NACH RABATT liegt bei 6,00 EUR pro Dose. Der Lagerbestand nach Hinzufügen beträgt entsprechend zehn Dosen.

Im Verkauf werden jeweils – gemäß der Definition im Fenster ARTIKELSTAMMDATEN, Registerkarte VERKAUF – die Verkaufsmengeneinheiten, also Stück, verwendet (siehe Fenster LIEFERUNG in Abbildung 7.38). Sie sehen, dass nun acht STK USB-Sticks (Spalten MENGE und ME-NAME) geliefert werden. Die Bestandsmengeneinheit (Spalte MENGE (BESTANDSME)) beträgt daher vier Dosen und der Preis pro Stück 4,00 EUR.

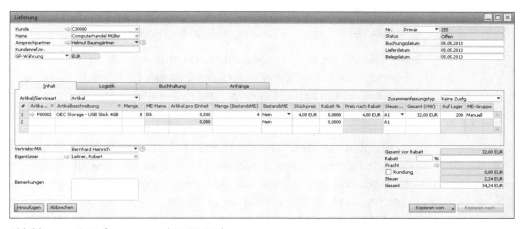

**Abbildung 7.38** Lieferung von acht USB-Sticks

Falls der Kunde jedoch die Dosen zu zwei USB-Sticks möchte, wählen Sie in der Spalte BESTANDSME den Eintrag JA aus der Werteliste aus.

### 7.5.2 Mengeneinheiten-Gruppen

Dieses Beispiel mit Mengeneinheiten soll nun mit Mengeneinheiten-Gruppen durchgeführt werden. Mengeneinheiten-Gruppen können, einmal definiert, mehreren gleichartigen Artikeln zugeordnet werden. Zunächst müssen jedoch unter ADMINISTRATION • DEFINITIONEN • LAGERVERWALTUNG • MASSEINHEITEN die Maßeinheiten angelegt werden. In unserem Beispiel sind dies KARTON, DOSE und STÜCK (siehe Abbildung 7.39).

| # | ME-Code | ME-Name | Länge | Breite | Höhe | Volumen | Volumen ... | Gewicht |
|---|---------|---------|-------|--------|------|---------|-------------|---------|
| 1 | Manuell | Manuell | | | | | cc | |
| 2 | Karton | Karton | 24cm | 20cm | 8cm | 3.840 | cc | 6kg |
| 3 | 6Pack | 6Pack | 30cm | 21cm | 24cm | 15.120 | cc | 15kg |
| 4 | Packung | Packung | | | | | cc | |
| 5 | Dose | Dose | 12cm | 4cm | 3cm | 144 | cc | 300g |
| 6 | Stück | Stück | | | | | cc | |
| 7 | | | | | | | cc | |

**Abbildung 7.39** Maßeinheiten »Karton«, »Dose« und »Stück« anlegen

Falls möglich, tragen Sie zusätzlich die entsprechenden Abmessungen und das Gewicht ein. Anschließend erfolgt die Definition im

Fenster Mengeneinheitengruppen – Definition (unter Administration • Definitionen • Lagerverwaltung) wie in Abbildung 7.40.

Geben Sie für die Mengeneinheiten-Gruppe zunächst eine Gruppe sowie dann eine Gruppenbeschreibung ein (siehe ❶ in Abbildung 7.40). Anschließend klicken Sie auf den Button Gruppendefinition im rechten unteren Bereich des Fensters. Im nun geöffneten Fenster Gruppendefinition legen Sie die mengenmäßige Verknüpfung zwischen den Mengeneinheiten fest ❷. Die oberste Mengeneinheit ist dabei die Bestandsmengeneinheit. Darunter werden die weiteren mengenmäßigen Verhältnisse festgelegt. In unserem Beispiel in Abbildung 7.41 ist dies ein Karton (= 20 Dosen = 40 Stück). Klicken Sie in beiden offenen Fenstern jeweils auf den Button Aktualisieren und den Button OK, um die Mengeneinheiten-Gruppe zu speichern.

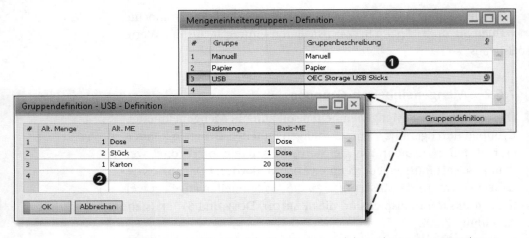

**Abbildung 7.40** Mengeneinheiten-Gruppe und dazugehörige Mengeneinheiten definieren

**Mengeneinheiten-Gruppe dem Artikel zuordnen**

Im nächsten Schritt muss die Mengeneinheiten-Gruppe dem Artikel zugeordnet werden. Dies geschieht im Fenster Artikelstammdaten in den Kopfdaten im Feld ME-Gruppe (siehe Abbildung 7.41).

Wählen Sie jene Mengeneinheiten-Gruppe aus der Dropdown-Liste im Feld ME-Gruppe aus, die Sie für diesen Artikel angelegt haben. Daraufhin erhalten Sie eine Hinweismeldung, dass alle manuell eingegebenen Einkaufsmengeneinheiten, Verkaufsmengeneinheiten, Verpackungseinheiten und dazugehörigen Preise entfernt werden.

Bestätigen Sie diese Meldung, und die jeweiligen Felder für die manuelle Eingabe der Mengeneinheiten werden ersetzt, um die Mengeneinheiten-Gruppe auszuwählen.

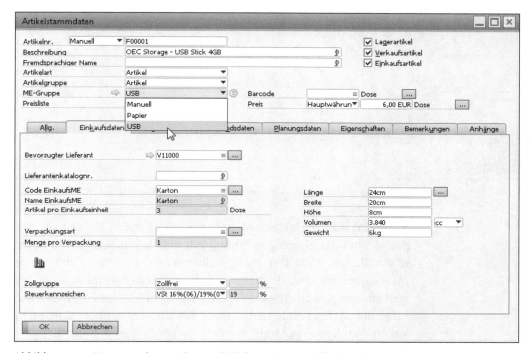

**Abbildung 7.41** Mengeneinheiten-Gruppe (ME-Gruppe) zum Artikel zuordnen

Wählen Sie nun auf den Registerkarten EINKAUFSDATEN (KARTON, siehe Abbildung 7.41), BESTANDSDATEN (DOSE) und VERKAUFSDATEN (STÜCK) die entsprechenden Mengeneinheiten aus den Auswahllisten aus. Die Menge pro Mengeneinheit wird jeweils automatisch angezeigt. Klicken Sie auf den Button [...] rechts neben dem Feld CODE ... ME (z. B. CODE EINKAUFSME in Abbildung 7.42), und Sie erhalten im nun geöffneten Fenster einen Überblick über alle Mengeneinheiten-Gruppen und deren mengenmäßige Verhältnisse sowie über den Zusammenhang mit allen zugehörigen Verpackungsarten.

Der Einkauf mit Mengeneinheiten-Gruppen hat ähnliche Auswirkungen wie derjenige mit manuellen Mengeneinheiten (siehe Abbildung 7.42).

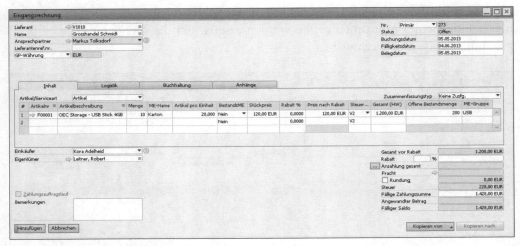

**Abbildung 7.42** Eingangsrechnung mit Mengeneinheiten-Gruppen

Beim Einkauf der gleichen Menge von zehn Kartons bleiben alle Felder wie bei der Eingangsrechnung mit manuellen Mengeneinheiten in Abbildung 7.37. Der einzige Unterschied besteht in der Spalte ME-GRUPPE, in der die zuvor angelegte Mengeneinheiten-Gruppe USB angezeigt wird. Sobald die Eingangsrechnung hinzugefügt wird, kann die Mengeneinheiten-Gruppe bei diesem Artikel nicht mehr auf eine andere abgeändert werden. Es können jedoch die mengenmäßigen Verhältnisse noch geändert werden.

Der große Vorteil liegt darin, dass die Mengeneinheiten-Gruppe auch in anderen gleichartigen Artikeln verwendet werden kann.

## 7.6    Katalognummern in SAP Business One

Fremdkatalog-
nummern
In SAP Business One haben Sie die Möglichkeit, Katalognummern pro Geschäftspartner für jeden Artikel zu verwalten. Diese *Fremdkatalognummern* eines Artikels dienen dazu, die Einkaufs- und Verkaufsbelege an die Bedürfnisse des Lieferanten bzw. Kunden anzupassen, damit dieser sich in seinen eigenen Artikelnummern wiederfindet.

Lieferanten-
katalognummern
Falls Sie nur eine einzige fremde Artikelnummer pro Artikel führen müssen (z. B. nur für den Hauptlieferanten des Artikels), können Sie dies im Feld LIEFERANTENKATALOGNR. im Fenster ARTIKELSTAMM-

DATEN (unter LAGERVERWALTUNG • ARTIKELSTAMMDATEN) auf der Registerkarte EINKAUF festlegen.

Falls Sie für einen Artikel für mehrere Lieferanten eine Katalognummer oder eine fremde Artikelnummer festlegen möchten, müssen Sie diese als GESCHÄFTSPARTNERKATALOGNUMMERN unter LAGERVERWALTUNG • ARTIKELVERWALTUNG • GESCHÄFTSPARTNERKATALOGNUMMERN definieren.

Die Definition der Geschäftspartnerkatalognummern kann ausgehend vom Artikel oder vom Geschäftspartner erfolgen. Dementsprechend existieren zwei Registerkarten (ARTIKEL bzw. GESCHÄFTSPARTNER) im Fenster GESCHÄFTSPARTNERKATALOGNUMMERN. Für das Definieren von Geschäftspartnerkatalognummern gehen Sie für beide Registerkarten gleich vor. Führen Sie folgende Schritte aus:

Geschäftspartner-katalognummern definieren

1. Gehen Sie auf die Registerkarte ARTIKEL, öffnen Sie mit der ⇆-Taste im Feld CODE die Auswahlliste ARTIKEL im Kopfbereich, und wählen Sie einen Artikel aus, für den Sie die Geschäftspartnerkatalognummern definieren möchten. Klicken Sie auf den Button AUSWÄHLEN, um den Artikel mitsamt der Beschreibung anzuzeigen. Der Cursor wird in der Tabelle im Feld GP-CODE positioniert. Alternativ dazu wählen Sie auf der Registerkarte GESCHÄFTSPARTNER einen Geschäftspartner aus.

2. Öffnen Sie mit der ⇆-Taste im Feld GP-CODE die Auswahlliste GESCHÄFTSPARTNER, und wählen Sie die Geschäftspartner aus, für die Sie die Katalognummern definieren möchten. Eine Mehrfachauswahl erreichen Sie mit der Kombination ⎈Strg⎉- bzw. ⇧-Taste und linke Maustaste. Klicken Sie im nun geöffneten Fenster LISTE: GESCHÄFTSPARTNER auf den Button AUSWÄHLEN, um die ausgewählten Geschäftspartner in die Tabelle einzufügen, wie es in Abbildung 7.43 zu sehen ist.

   Alternativ dazu öffnen Sie auf der Registerkarte GP mit der ⇆-Taste im Feld ARTIKELNR. die Auswahlliste ARTIKEL und wählen die Artikel aus, für die Sie die Katalognummern des im Kopfbereich ausgewählten Geschäftspartners definieren möchten.

3. Geben Sie für jeden Geschäftspartner in der Spalte GP KATALOGNR. die entsprechende Katalognummer ein.

4. Um eine Geschäftspartnerkatalognummer zu löschen, markieren Sie die gewünschte Zeile und klicken auf den dann aktiven Button ZEILEN LÖSCHEN.

5. Klicken Sie auf den Button HINZUFÜGEN, um die Geschäftspartnerkatalognummern anzulegen.

**Abbildung 7.43** Geschäftspartnerkatalognummern definieren

Die angelegten Katalognummern können Sie im SUCHEN-Modus sowohl aus Sicht des Artikels als auch aus Sicht des Geschäftspartners auffinden. Die Katalognummern werden naturgemäß wechselseitig angezeigt.

**[zB]** **Katalognummern auffinden**

In Abbildung 7.43 wurde für den Artikel »C0007« die Katalognummer 655-1998 für den Geschäftspartner »C42000 – CIT Beratungshaus« definiert.

Wenn Sie nun auf der Registerkarte GP nach »C30000 – Computerhandel Müller« suchen, erhalten Sie als Ergebnis die definierte Geschäftspartnerkatalognummer des Artikels »C00007«, wie in Abbildung 7.44 zu sehen ist.

**Abbildung 7.44** Geschäftspartnerkatalognummer nach Geschäftspartner

Eine andere Möglichkeit besteht darin, die Katalognummern mit dem Button ➡ (NÄCHSTER DATENSATZ) bzw. mit dem Button ⬅ (VORHERIGER DATENSATZ) »durchzublättern«.

Auf der Registerkarte GP steht Ihnen eine weitere Option zur Verfügung (siehe Abbildung 7.44). Mit der Checkbox GP-KATALOGNUMMER IN BELEGEN DRUCKEN können Sie anstelle der in den Artikelstammdaten definierten Artikelnummer die für den Geschäftspartner wichtigere Katalognummer verwenden.

Katalognummer verwenden

Sobald der Geschäftspartner »C30000 – Computerhandel Müller« in einem Beleg ausgewählt wird, wird anstelle der Spalte ARTIKELNUMMER die Spalte GP KATALOGNR. eingeblendet, wie in Abbildung 7.45 zu sehen ist.

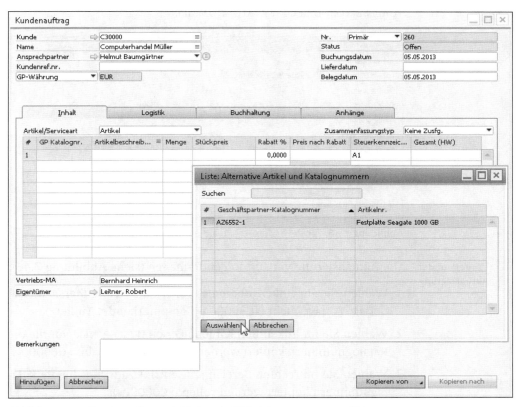

**Abbildung 7.45** Kundenauftrag – Artikel nach GP-Katalognummer auswählen

Öffnen Sie mit der ⟦↹⟧-Taste im Feld GP KATALOGNR. die Auswahlliste LISTE: ALTERNATIVE ARTIKEL UND KATALOGNUMMERN, und Sie erhalten den eingangs definierten Artikel (siehe Abbildung 7.45). Um die Auswahl nach der üblichen Artikelnummer vorzunehmen, öffnen Sie die Auswahlliste Artikel aus dem Feld Artikelbeschreibung oder demarkieren die Checkbox GP-Katalognummer anzeigen im Fenster Formulareinstellungen – Button [_] (Formulareinstellungen) –, Registerkarte Beleg/Allgemein.

**GP-Katalognummern global aktualisieren**

In manchen Fällen ist es notwendig, eine Reihe von GP-Katalognummern gleichzeitig zu aktualisieren. Dabei wählen Sie einen Quellgeschäftspartner aus, der als Vorlage für alle Geschäftspartner dient, deren GP-Katalognummern aktualisiert werden sollen. Die Aktualisierung der Katalognummern erfolgt im Fenster Globale Aktualisierung der GP-Katalognummern (siehe Abbildung 7.46) über den Menüpfad Lagerverwaltung • Artikelverwaltung • Globale Aktualisierung der GP-Katalognummern.

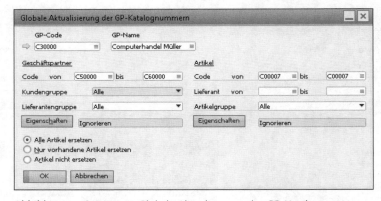

**Abbildung 7.46** Fenster »Globale Aktualisierung der GP-Katalognummern«

**Verlauf der Aktualisierung**

Die Aktualisierung verläuft folgendermaßen (siehe Abbildung 7.46):

1. Wählen Sie im linken oberen Bereich einen Geschäftspartner, der als Vorlage dient (»C30000 – Computerhandel Müller«).

2. Wählen Sie im linken Bereich jene Geschäftspartner, auf die die Katalognummern kopiert werden sollen (»C50000« bis »C60000«).

3. Wählen Sie im rechten Bereich jene Artikel aus, für die die Katalognummern kopiert werden sollen (»C00007«).

4. Wählen Sie im unteren Bereich eine der folgenden drei Optionen (ähnlich denen bei der Aktualisierung von Sonderpreisen in Abschnitt 7.4, »Preisfindung in SAP Business One«):

– *Alle Artikel ersetzen:* Bei dieser Option werden die Katalognummern für alle ausgewählten Artikel kopiert, unabhängig davon, ob für diesen Artikel und diesen Geschäftspartner bereits Katalognummern existieren oder nicht.

– *Nur vorhandene Artikel ersetzen:* Bei dieser Option werden nur die Katalognummern jener Artikel aktualisiert, die sowohl beim Quellgeschäftspartner als auch beim Zielgeschäftspartner vorhanden sind.

– *Artikel nicht ersetzen:* Mit dieser Option werden nur die Katalognummern jener Artikel ersetzt, die beim Zielgeschäftspartner noch frei, also noch nicht definiert sind.

5. Klicken Sie auf den Button OK, um die Aktualisierung vorzunehmen. Anschließend erhalten Sie eine Systemmeldung, dass der Vorgang erfolgreich durchgeführt wurde.

Die Aktualisierung der GP-Katalognummern kann beliebig oft durchgeführt werden.

---

**Import umfangreicher Geschäftspartnerkatalognummern**　　　**[+]**

Seit Release 9.2 von SAP Business One haben Sie die Möglichkeit, umfangreiche Listen von Geschäftspartnerkatalognummern aus Excel zu importieren. Den Import nehmen Sie im Fenster AUS EXCEL IMPORTIEREN... unter dem Menüpfad ADMINISTRATION • DATENIMPORT/-EXPORT • DATENIMPORT vor.

Der Datenimport ist einfach zu handhaben, zählt jedoch zu den weiterführenden Themen und wird daher in diesem Einsteigerbuch nicht behandelt. Aus diesem Grund sollten Sie einen Consultant oder Key-User zu Rate ziehen.

---

## 7.7　Verwaltung von Serien-/Chargennummern

SAP Business One bietet die Möglichkeit, für einen Artikel sowohl Seriennummern als auch Chargennummern nach unterschiedlichen Gesichtspunkten zu verwalten. In den folgenden Abschnitten wird dies dargestellt.

### 7.7.1 Seriennummern

Die *Seriennummer* ist eine eindeutige Nummer, die Ihr Unternehmen zu Dokumentationszwecken oder aus betriebswirtschaftlichen Gründen (Garantie, Gewährleistung, Qualitätsmanagement-Erfordernisse etc.) verwalten muss oder sollte. Die Verwaltung der Seriennummer berührt alle lagerbewegenden Transaktionen in SAP Business One – vom Einkauf über Bestandstransaktionen bis zu Inventur und Verkauf.

Artikelstammdaten In den ARTIKELSTAMMDATEN auf der Registerkarte ALLG. legen Sie fest, ob für einen Artikel Seriennummern verwaltet werden (siehe Abbildung 7.47).

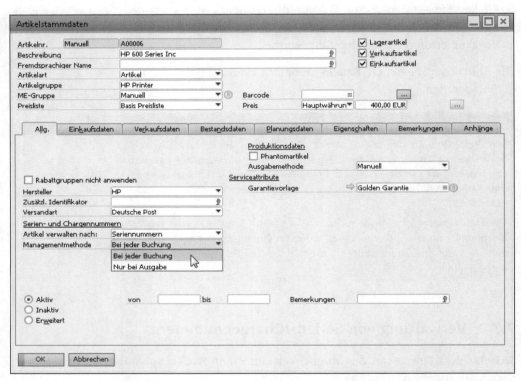

**Abbildung 7.47** Fenster »Artikelstammdaten« – Seriennummernverwaltung definieren

Legen Sie im Bereich SERIEN- UND CHARGENNUMMERN fest, in welcher Form die Seriennummern verwaltet werden sollen. Die Verwaltung der Seriennummern bezieht sich in erster Linie auf den Lagerzugang und Lagerabgang der Seriennummernartikel, unabhängig davon, aus welcher Transaktion in SAP Business One der Zugang (Wareneingang, Eingangsrechnung, manueller Wareneingang, Anfangsbestand, Umlagerung etc.) bzw. der Abgang (Lieferung, Ausgangsrechnung, manueller Warenausgang, Umlagerung etc.) stammt. Dazu wählen Sie im Feld ARTIKEL VERWALTEN NACH den Eintrag SERIENNUMMERN aus, wie in Abbildung 7.47 zu sehen ist.

Generell stehen Ihnen für die Verwaltung der Seriennummern drei Optionen zur Verfügung:

**Seriennummern verwalten**

▶ **Seriennummer bei Zu- und Abgang**
Mit dieser Option müssen Sie bei jeder Transaktion mit einem Seriennummernartikel eine Seriennummer erfassen. Wählen Sie im Feld MANAGEMENTMETHODE den Eintrag BEI JEDER BUCHUNG.

▶ **Seriennummer nur bei Abgang (mit automatischer Erstellung)**
Mit dieser Option müssen Sie die Seriennummer nur bei Ausgabe erfassen. Beim Zugang wird von SAP Business One eine automatische Seriennummer erstellt. Wählen Sie im Feld MANAGEMENTMETHODE den Eintrag NUR BEI AUSGABE; zusätzlich markieren Sie die Checkbox AUTOMATISCHE SERIENNUMMERNERSTELLUNG BEI EINGANG.

▶ **Seriennummer nur bei Abgang (ohne automatische Erstellung)**
Mit dieser Option müssen Sie die Seriennummer nur bei Ausgabe erfassen. Beim Zugang wird von SAP Business One keine Seriennummer vergeben. Wählen Sie im Feld MANAGEMENTMETHODE den Eintrag NUR BEI AUSGABE; zusätzlich demarkieren Sie die Checkbox AUTOMATISCHE SERIENNUMMERNERSTELLUNG BEI EINGANG.

Den Vorschlagswert für die drei Optionen können Sie im Fenster ALLGEMEINE EINSTELLUNGEN auf der Registerkarte BESTANDSDATEN (unter ADMINISTRATION • SYSTEMINITIALISIERUNG • ALLGEMEINE EINSTELLUNGEN) im Block MANAGEMENTMETHODE festlegen. Darunter legen Sie im Feld EINDEUTIGE SERIENNUMMERN NACH fest, welche Seriennummernart eindeutig geführt werden soll. Hier stehen Ihnen die Optionen KEINE, HERSTELLERSERIENNUMMER und SERIENNUMMER (= allgemeine Seriennummer) zur Verfügung.

**Vorschlagswert festlegen**

Im Folgenden wird ein durchgängiges Beispiel für die Verwaltung von Seriennummern gezeigt. Das Beispiel richtet sich nach der ersten Option (Seriennummer bei Zu- und Abgang), da bei dieser Art der

**Zugang der Seriennummern**

Verwaltung der Seriennummer die meisten Bereiche berührt werden. Der Zugang der Seriennummern wird jeweils anhand eines Wareneingangs demonstriert. Der Wareneingang der Seriennummernartikel gestaltet sich wie in Abbildung 7.48.

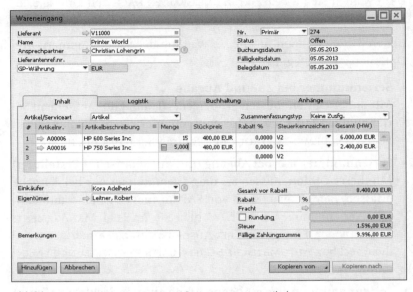

**Abbildung 7.48** Wareneingang von Seriennummernartikeln

Seriennummern definieren

Die Definition der Seriennummern für die beiden Artikelzeilen erfolgt im Fenster SERIENNUMMERN – DEFINITION, das Abbildung 7.49 zeigt. Das Fenster kann mit der Tastenkombination ⬆ + ⇥ -Taste im Feld MENGE oder mit einem Klick auf den Button HINZUFÜGEN geöffnet werden.

Seriennummern zum Wareneingang speichern

Im Fenster SERIENNUMMERN – DEFINITION markieren Sie die Artikelzeile in der oberen Tabelle und geben die Seriennummern in der unteren Tabelle in der entsprechenden Spalte ein. Im Beispiel in Abbildung 7.49 wurde die Seriennummer verwendet, da diese als eindeutig definiert wurde und aus diesem Grund ein Pflichtfeld ist. Zusätzlich könnten Sie aber auch die Spalte HERSTELLERSERIENNR. füllen, falls der Artikel eine zweite Seriennummer trägt. Wenn die Spalte schreibgeschützt ist, klicken Sie auf den Button 🗎 (FORMULAREINSTELLUNGEN) und wählen im nächsten Fenster die Option SERIENNUMMERNTABELLE aus. Nun können Sie die zur Verfügung stehenden

Spalten auf SICHTBAR und AKTIV setzen. Klicken Sie abschließend auf den Button OK, und die Seriennummern werden zum Wareneingang gespeichert.

**Abbildung 7.49** Seriennummern definieren

SAP Business One bietet ein Hilfsmittel, um aufeinanderfolgende Seriennummern rasch zu definieren.

Aufeinanderfolgende Seriennummern definieren

1. Dazu klicken Sie im Fenster SERIENNUMMERN – DEFINITION auf den Button AUTOMATISCHE ERSTELLUNG… im rechten unteren Bereich. Es öffnet sich das Fenster AUTOMATISCHES ANLEGEN VON SERIENNUMMERN wie in Abbildung 7.50.

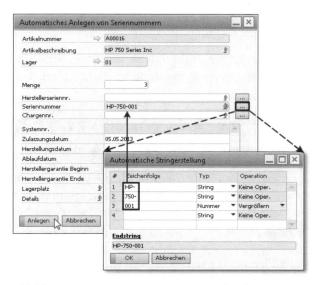

**Abbildung 7.50** Seriennummern automatisch anlegen

393

2. Klicken Sie auf den Button [...] neben dem Feld SERIENNUMMER, und das Fenster AUTOMATISCHE STRINGERSTELLUNG wird geöffnet. In diesem Fenster können Sie fortlaufende Seriennummern definieren.

   – Dies funktioniert auch, wenn die Seriennummer alphanumerische Zeichen enthält. Sie können die Seriennummer auf die gleiche Weise wie in Abbildung 7.50 »zusammenbasteln«.

   – Die alphanumerischen Teile der Seriennummer werden jeweils als Typ STRING definiert, der numerische Teil (Typ NUMMER) kann VERGRÖSSERT oder VERKLEINERT werden oder GLEICH BLEIBEN.

3. Klicken Sie abschließend auf den Button OK und im Fenster AUTOMATISCHES ANLEGEN VON SERIENNUMMERN auf den Button ANLEGEN, und die Seriennummer wird gemäß der Definition erstellt, wie das Beispiel in Abbildung 7.49 zeigt.

4. Markieren Sie die nächste Artikelzeile im Fenster SERIENNUMMERN – DEFINITION, und verfahren Sie auf die gleiche Weise, bis Sie die Seriennummern für alle Artikelzeilen erstellt haben.

5. SAP Business One überprüft laufend, ob die Anzahl der angelegten Seriennummern mit der Menge im Beleg übereinstimmt. Die Anzahl der noch fehlenden Seriennummern sehen Sie in der Spalte OFF. MGE. im rechten oberen Bereich des Fensters SERIENNUMMERN – DEFINITION (siehe Abbildung 7.49).

6. Sobald Sie die erforderliche Anzahl von Seriennummern erreicht haben, erhalten Sie eine Hinweismeldung in der Meldungsleiste am unteren Rand des Bildschirms.

**[+]** **Fehlerhafte Seriennummer**

Falls Sie eine Seriennummer irrtümlich angelegt haben, markieren Sie die entsprechende Zeile (mehrfaches Markieren mit ⬆-Taste und linker Maustaste), klicken mit der rechten Maustaste auf die Markierung und wählen aus dem Kontextmenü den Eintrag ZEILEN LÖSCHEN aus. Klicken Sie auf die Buttons AKTUALISIEREN und OK, um das Fenster SERIENNUMMERN – DEFINITION zu schließen und zum Wareneingang zurückzukehren.

7. Klicken Sie schließlich im Fenster WARENEINGANG auf den Button HINZUFÜGEN, und die Seriennummern werden auf Lager gelegt.

Um die Seriennummern eines Belegs anzuzeigen, rufen Sie den Beleg auf, klicken mit der rechten Maustaste auf das Belegfenster und wählen aus dem Kontextmenü den Eintrag TRANSAKTIONSBERICHT SERIENNUMMERN aus. Abbildung 7.51 zeigt den Bericht zu unserem Beispiel.

»Transaktionsbericht Seriennummern«

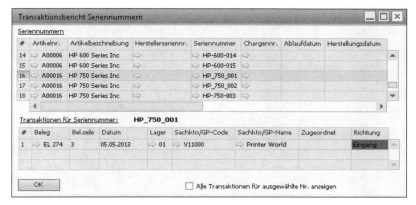

**Abbildung 7.51** »Transaktionsbericht Seriennummern« im Wareneingang

Der Bericht zeigt in der oberen Tabelle SERIENNUMMERN alle Seriennummern der einzelnen Artikel aus dem Wareneingang. Markieren Sie eine Zeile in der oberen Tabelle, um in der unteren Tabelle TRANSAKTIONEN FÜR SERIENNUMMER den Weg mit Transaktionen in SAP Business One zu verfolgen. Zu diesem Zeitpunkt existiert nur ein Zugang der Seriennummer aus dem angelegten Wareneingang.

Der Abgang der Seriennummer wird anhand einer Lieferung demonstriert. Dazu legen Sie einen Lieferschein mit dem zugegangenen Seriennummernartikel an.

Abgang der Seriennummer

Die Auswahl der Seriennummer erfolgt denkbar einfach im Fenster AUSWAHL SERIENNUMMERN (siehe Abbildung 7.52).

1. Öffnen Sie das Fenster mit der Tastenkombination ⎡Strg⎤+⎡⇆⎤ im Feld MENGE (im Fenster LIEFERUNG), oder klicken Sie auf den Button HINZUFÜGEN, und SAP Business One öffnet das Fenster automatisch.

   – Markieren Sie die Artikelzeile in der oberen Tabelle, und Sie erhalten die auf dem Lager zur Verfügung stehenden Seriennummern in der Tabelle VERFÜGBARE SERIENNUMMERN im linken unteren Bereich.

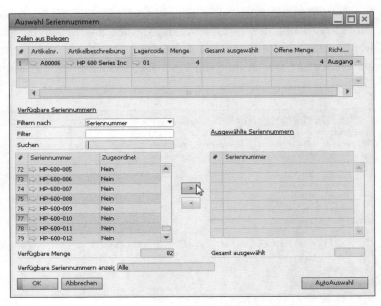

**Abbildung 7.52** Seriennummern im Lieferschein auswählen

– Markieren Sie die gewünschten Seriennummern mit der linken Maustaste und der ⟨⇧⟩- oder ⟨Strg⟩-Taste, und klicken Sie auf den Button ⟨ > ⟩, damit die Seriennummern in die rechte untere Tabelle AUSGEWÄHLTE SERIENNUMMERN verschoben werden. Alternativ dazu können Sie auch den Button AUTOAUSWAHL im rechten unteren Bereich des Fensters anklicken, um die ersten vier Seriennummern in der Liste auszuwählen.

– Klicken Sie auf die Buttons AKTUALISIEREN und OK, um die Seriennummern der Lieferung hinzuzufügen und zum Fenster LIEFERUNG zurückzukehren.

2. Klicken Sie im Fenster LIEFERUNG auf den Button HINZUFÜGEN, um die Lieferung anzulegen und die Seriennummern vom Lager zu nehmen. Abbildung 7.53 zeigt den Transaktionsbericht zur angelegten Lieferung.

3. Markieren Sie die Checkbox ALLE TRANSAKTIONEN FÜR AUSGEWÄHLTE NR. ANZEIGEN, damit in der unteren Tabelle TRANSAKTIONEN FÜR SERIENNUMMER: alle Bewegungen der Seriennummer angezeigt werden.

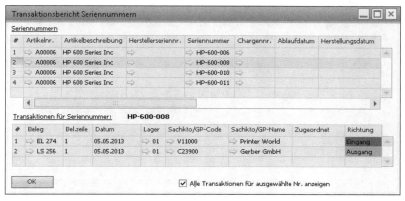

**Abbildung 7.53** »Transaktionsbericht Seriennummern« mit Seriennummern in der Lieferung

Der Zugang aus dem Wareneingang ist in Zeile 1 zu sehen (Wert EIN-GANG in Spalte RICHTUNG) und der Abgang aus der Lieferung in Zeile 2 (Wert AUSGANG in Spalte RICHTUNG). Klicken Sie auf den orangefarbenen Pfeil [⇨] neben der Belegnummer in der Spalte BELEG, um zum dahinterliegenden Beleg zu verzweigen.

| Serien- und Chargennummern in geparkten Belegen verwenden | **[+]** |

Sie haben die Möglichkeit, sowohl Seriennummern als auch Chargennummern ohne Einschränkungen auch in geparkten Belegen zu verwenden. Beim Hinzufügen des geparkten Belegs überprüft SAP Business One, ob die im geparkten Beleg verwendete Serien- bzw. Chargennummer noch verfügbar ist. Erst dann kann der Beleg hinzugefügt werden. Der Andruck der Serien- bzw. Chargennummer richtet sich ebenfalls nach dieser Systematik.

Den TRANSAKTIONSBERICHT SERIENNUMMERN können Sie auch unter LAGERVERWALTUNG • BESTANDSBERICHTE in allgemeiner Form abrufen. Der Bericht ist gleich aufgebaut, allerdings kann anhand einiger Auswahlkriterien vorselektiert werden (siehe Abbildung 7.54).

»Transaktionsbericht Seriennummern« aufrufen

Im Fenster TRANSAKTIONSBERICHT SERIENNUMMERN – AUSWAHLKRITERIEN können Sie generell Einschränkungen durch Artikelattribute vornehmen. Auf den einzelnen Registerkarten finden Sie zusätzlich eine Reihe von Parametern, die die Auswahl weiter einschränken. Exemplarisch ist die Festlegung der Auswahlkriterien in Abbildung 7.54, die nach Belegen erfolgt und für das Beispiel zuvor den gleichen Bericht im Lieferschein aufrufen würde.

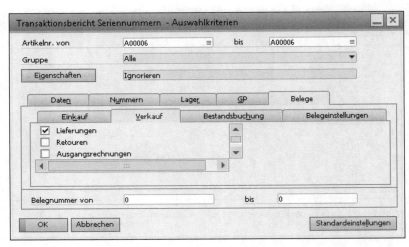

**Abbildung 7.54** Fenster »Transaktionsbericht Seriennummern – Auswahlkriterien«

**Weitere Berichte zu Seriennummern**

Unter LAGERVERWALTUNG • ARTIKELVERWALTUNG • ARTIKELSERIEN-NUMMERN • DETAILS SERIENNUMMER können Sie rasch einzelne Seriennummern abrufen. Geben Sie einfach die Artikelnummer und einen Stern »*« in ein weiteres Feld oder die Seriennummer in das entsprechende Feld ein, und klicken Sie auf den Button SUCHEN. So erhalten Sie komprimiert die wichtigsten Informationen zu der gesuchten Seriennummer.

**Bericht »Seriennummern-verwaltung«**

Mit dem Bericht SERIENNUMMERNVERWALTUNG (über den Pfad LAGER-VERWALTUNG • ARTIKELVERWALTUNG • ARTIKELSERIENNUMMERN) können Sie nachträglich bei der Seriennummerneingabe aufgetretene Fehler korrigieren. Dazu schränken Sie im Fenster AUSWAHLKRITERI-EN die Auswahl auf den gewünschten Artikel und den Beleg ein, in dem die Seriennummer vorkommt. Im Feld OPERATION wählen Sie aus, ob Sie die Seriennummer neu anlegen oder lediglich aktualisieren möchten. Klicken Sie auf den Button OK, und Sie gelangen zum Fenster SERIENNUMMERNVERWALTUNG – AKTUALISIERUNG, in dem Sie die Änderungen an den vorhandenen Seriennummern vornehmen können.

**Bericht »Details Seriennummer«**

Mit dem Fenster DETAILS SERIENNUMMER haben Sie die Möglichkeit, einzelne Seriennummern zu suchen und aufzurufen. Zudem können Sie die Seriennummern – wie jeden anderen Datensatz – mit den Datensatzschaltflächen »durchblättern« (siehe Abbildung 7.55).

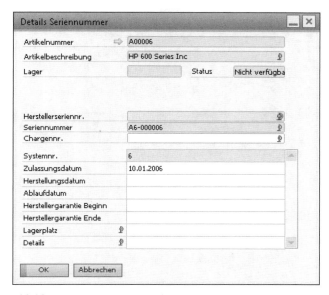

**Abbildung 7.55** Fenster »Details Seriennummer«

## 7.7.2 Chargennummern

*Chargennummern* sind Nummern, die eine ganze Charge oder eine abgegrenzte Menge kennzeichnen. Dementsprechend muss neben der Chargennummer auch die Menge der Artikel angegeben werden, die zu dieser Charge gehören. Chargennummern werden z. B. in der Lebensmittel- und Pharmaindustrie verwendet und ermöglichen die Rückverfolgung jedes einzelnen Artikels einer zugehörigen Produktionscharge.

In SAP Business One erfolgt die Handhabung der Chargennummer auf die gleiche Weise wie die der Seriennummer, mit dem einzigen Unterschied, dass die Menge als weitere Information mitgeführt wird.

Die Definition im Artikelstamm erfolgt in den ARTIKELSTAMMDATEN auf der Registerkarte ALLG. und ist in Abbildung 7.56 zu sehen.

Definition im Artikelstamm

Wählen Sie den Eintrag CHARGEN im Feld ARTIKEL VERWALTEN NACH. Zusätzlich wählen Sie im Feld MANAGEMENTMETHODE, ob die Chargennummer bei jeder Buchung oder nur bei der Ausgabe eingegeben werden soll.

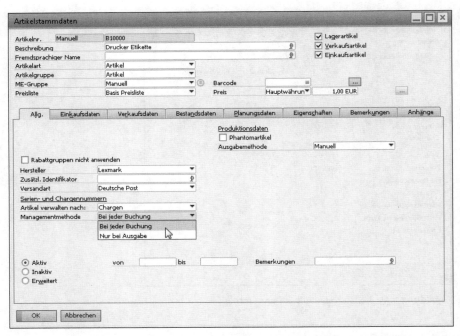

**Abbildung 7.56** Fenster »Artikelstammdaten« – Chargennummernverwaltung definieren

Zugang der
Chargennummer

Der Zugang der Chargennummer z. B. über den Wareneingang erfordert die gleichen Schritte wie bei der Seriennummer. Einen kleinen Unterschied gibt es bei der Definition der Chargennummer (siehe Abbildung 7.57).

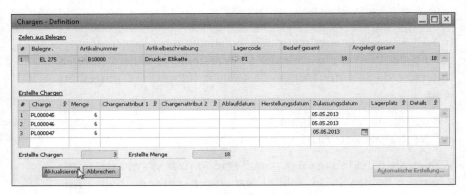

**Abbildung 7.57** Chargennummern und Mengen definieren

Im Fenster CHARGEN – DEFINITION ([Strg]+[⇆]-Taste im Feld MENGE im Fenster WARENEINGANG) müssen Sie in der Spalte CHARGE die

Chargennummer eingeben, und in der Spalte MENGE tragen Sie die Menge für diese Chargennummer ein. Beim Anlegen einer fortlaufenden Chargennummer müssen Sie im Fenster AUTOMATISCHE CHARGENANLAGE (siehe Abbildung 7.58) im rechten oberen Bereich die ANZ. CHARGEN eingeben.

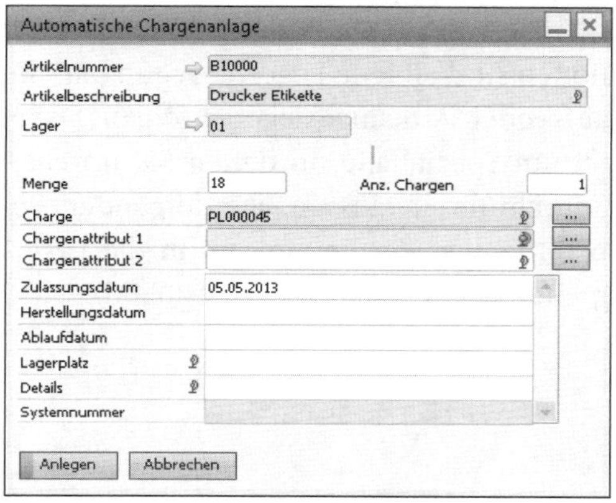

**Abbildung 7.58** Fenster »Automatische Chargenanlage«

Klicken Sie auf den Button ANLEGEN, um die Chargennummern anzulegen und gemäß der Anzahl der Chargen gleichmäßig zu verteilen.

Beim Abgang der Chargennummern z. B. über den Lieferschein muss bei der Auswahl der Chargennummer zusätzlich die Menge pro Charge angegeben werden. Ein Beispiel dafür finden Sie in Abbildung 7.59.

Abgang der Chargennummer

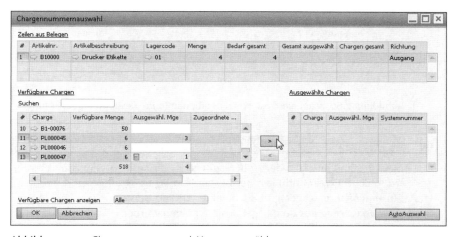

**Abbildung 7.59** Chargennummer und Menge auswählen

Alle weiteren Funktionen wie der TRANSAKTIONSBERICHT CHARGEN-
NUMMER, der Bericht CHARGENNUMMERNVERWALTUNG etc. arbeiten
auf die gleiche Weise wie bei der Seriennummer.

## 7.8    Manuelle Bestandstransaktionen

Manuelle Bestandstransaktionen sind all jene Lagerbewegungen, die
nicht im Rahmen von Einkaufs- oder Verkaufsbelegen erfolgen. Dabei
handelt es sich in der Regel um Spezialfälle, in denen Sie unregel-
mäßige Lagerbewegungen durchführen müssen. Die folgenden Bestandstransaktionen stehen Ihnen zur Verfügung, um in die Lagerverwaltung lenkend einzugreifen (siehe auch Abbildung 7.60):

▸ Wareneingang

▸ Bestandsumlagerung

▸ Warenausgang

▸ Bestandsneubewertung (nur Veränderung des Lagerwerts!)

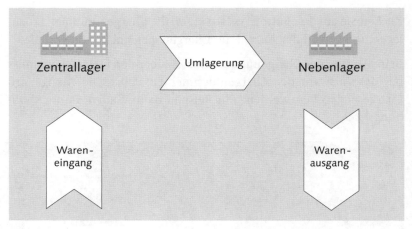

**Abbildung 7.60** Manuelle Bestandstransaktionen (ohne Bestandsneubewertung)

**[zB]**

**Bestandsumlagerung und Warenausgang**

Der Bestand in einem der Nebenlager ist zu gering, und es müssen Waren
vom Zentrallager mithilfe einer Bestandsumlagerung umgelagert werden.
In einem Ihrer Lager gibt es defekte Artikel; diese müssen über einen
Warenausgang aus dem Lager ausgeschieden werden.

Alle Bestandstransaktionen finden Sie über den Hauptmenüpfad LA-GERVERWALTUNG • Ordner BESTANDSTRANSAKTIONEN. Die Bestandstransaktionen lösen wie jeder Beleg, der Auswirkungen auf das Lager hat, automatisch Buchungen im Hintergrund aus. Diese Buchungen werden in Abschnitt 9.2, »Buchungskreislauf in SAP Business One«, näher behandelt.

Mit dem Wareneingang haben Sie die Möglichkeit, außerplanmäßige Zugänge auf ein beliebiges Lager durchzuführen.

Wareneingang

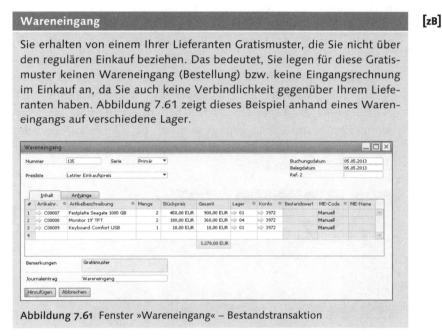

**Wareneingang**

Sie erhalten von einem Ihrer Lieferanten Gratismuster, die Sie nicht über den regulären Einkauf beziehen. Das bedeutet, Sie legen für diese Gratismuster keinen Wareneingang (Bestellung) bzw. keine Eingangsrechnung im Einkauf an, da Sie auch keine Verbindlichkeit gegenüber Ihrem Lieferanten haben. Abbildung 7.61 zeigt dieses Beispiel anhand eines Wareneingangs auf verschiedene Lager.

**[zB]**

**Abbildung 7.61** Fenster »Wareneingang« – Bestandstransaktion

Gehen Sie bei einem solchen Wareneingang folgendermaßen vor:

Vorgehensweise Wareneingang

1. Öffnen Sie das Fenster WARENEINGANG über LAGERVERWALTUNG • BESTANDSTRANSAKTIONEN • WARENEINGANG.

2. Wählen Sie eine PREISLISTE im gleichnamigen Feld aus der Werteliste aus, anhand derer die auf das Lager zugehenden Artikel bewertet werden.

3. Wählen Sie eine SERIE (= Belegnummernserie) aus der Werteliste aus. Die Serie bestimmt wie bei Ein- und Verkaufsbelegen die nächste Belegnummer, die automatisch von SAP Business One vergeben wird.

4. Auch die Felder BUCHUNGSDATUM und BELEGDATUM werden automatisch von SAP Business One gefüllt. Ändern Sie diese bei Bedarf.

5. Wählen Sie in der Tabellenstruktur jene Artikel (Felder ARTIKELNR. und ARTIKELBESCHREIBUNG) inklusive MENGE und STÜCKPREIS aus, die dem Lager zugehen sollen.

6. Wählen Sie für jede Artikelzeile das LAGER aus, dem die Artikel zugehen sollen. Standardmäßig ist im Fenster WARENEINGANG die Spalte LAGER nicht eingeblendet. Blenden Sie sie mit dem Button ☐ (FORMULAREINSTELLUNGEN) auf der Registerkarte TABELLENFORMAT ein. Falls Sie das Lager für alle Belegzeilen gleichzeitig ändern möchten, wechseln Sie im Fenster FORMULAREINSTELLUNGEN – WARENEINGANG auf die Registerkarte BELEG • TABELLE, und wählen Sie im entsprechenden Feld das Lager aus (siehe Abbildung 7.62). Nachdem Sie das Lager ausgewählt haben, erhalten Sie eine Systemmeldung, in der Sie gefragt werden, ob alle Belegzeilen mit dem ausgewählten Lager aktualisiert werden sollen. Bestätigen Sie diese Frage mit dem Button JA.

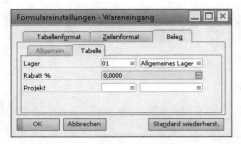

**Abbildung 7.62** Formulareinstellungen – Lager auswählen

7. Klicken Sie auf den Button HINZUFÜGEN, um den Wareneingang anzulegen.

Warenausgang  Verwenden Sie den Warenausgang, um außerplanmäßige Lagerabgänge abzuwickeln. Die Handhabung des Fensters WARENAUSGANG erfolgt auf die gleiche Weise, wie bereits beim Wareneingang gezeigt. Zusätzlich werden nach dem Hinzufügen des Warenausgangs in der Spalte BESTANDSWERT die aktuellen Artikelkosten angezeigt.

Umlagerung  Mit der Bestandsumlagerung können Sie Artikel zwischen zwei Lagern transferieren (siehe Abbildung 7.63).

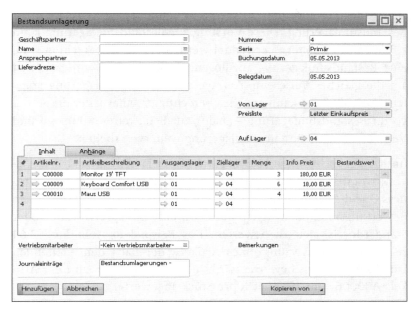

**Abbildung 7.63** Fenster »Bestandsumlagerung«

Die Handhabung der BESTANDSUMLAGERUNG erfolgt auf die gleiche Weise wie die Handhabung des Wareneingangs. Zusätzlich können bzw. müssen zwei weitere Angaben gemacht werden:

▶ **Feld »Geschäftspartner«**
Sie haben die Möglichkeit, bei der Bestandsumlagerung einen GE-SCHÄFTSPARTNER samt ANSPRECHPARTNER aus der Werteliste auszu-wählen. Dieser Kunde wird auch auf den Belegausdruck gedruckt.

---

**Verwendung eines Lagers für Leihgeräte** [zB]

Sie stellen für Ihre Kunden Leihgeräte bereit (z. B. im Hardwarehandel Leih-Notebooks). Jede Verleihung dokumentieren Sie mit einer Umlage-rung auf ein »Leihlager«, das Sie extra dafür anlegen. Als Geschäftspartner setzen Sie jeweils den Kunden ein, der das Leihgerät erhält. Damit haben Sie auf einfache Weise einen Überblick über die verliehenen Geräte und können den Ausdruck der Umlagerung (mit dem Kundennamen) als Leih-beleg verwenden.

---

▶ **Feld »Von Lager«**
In diesem Feld im rechten oberen Bereich des Fensters geben Sie an, von welchem Lager Sie die ausgewählten Artikel nehmen.

Anfrage zur
Bestands-
umlagerung

Neben der Bestandsumlagerung gibt es nunmehr eine Anfrage zur Bestandsumlagerung. Diese Vorstufe zur Bestandsumlagerung kann z. B. von Mitarbeitern verwendet werden, die nicht berechtigt sind, eine Bestandsumlagerung anzulegen. In diesem Fall wird zunächst auf die gleiche Weise eine Anfrage zur Bestandsumlagerung angelegt. Anschließend kann ein dazu berechtigter Mitarbeiter die Anfrage zur Bestandsumlagerung – analog zur Belegkette im Einkauf und Verkauf – in eine Bestandsumlagerung weiterverarbeiten.

Bestands-
neubewertung

Im Fenster BESTANDSNEUBEWERTUNG (unter LAGERVERWALTUNG • BESTANDSTRANSAKTIONEN • BESTANDSNEUBEWERTUNG) bietet SAP Business One die Möglichkeit, Artikel mit allen zur Verfügung stehenden Bewertungsmethoden (gleitender Durchschnittspreis, FIFO oder Standardpreis) neu zu bewerten. Das Beispiel in Abbildung 7.64 zeigt die Neubewertung eines Artikels, der nach dem gleitenden Durchschnittspreis bewertet wird. In diesem Beispiel wird der Artikel »A00006« um 10,00 EUR pro Stück abgewertet.

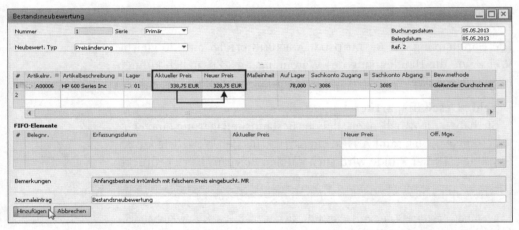

**Abbildung 7.64** Bestandsneubewertung nach dem gleitenden Durchschnittspreisverfahren

Vorgehensweise
bei der Bestands-
neubewertung

Für die Bestandsneubewertung gehen Sie folgendermaßen vor:

1. Wählen Sie einen Eintrag im Feld NEUBEWERT. TYP aus der Werteliste aus. SAP Business One bietet zwei Möglichkeiten der Artikelneubewertung:

   – *Preisänderung:* Wählen Sie diese Option, um direkt die Artikelkosten zu ändern. Der gesamte Bestandswert dieses Artikels wird daraufhin neu berechnet. Das Beispiel in Abbildung 7.64 zeigt eine Kostenänderung. Die Artikelkosten von »A00006« werden von 338,75 EUR auf 328,75 EUR geändert.

– *Bestandsbelastung/-entlastung:* Wählen Sie diese Option, um den gesamten Bestandswert zu ändern. Die Artikelkosten der einzelnen Artikel werden daraufhin neu berechnet.

2. Wählen Sie mit der ⇥-Taste im Feld ARTIKELNR. einen Artikel aus der Werteliste aus. Die aktuellen Artikelkosten dieses Artikels werden daraufhin angezeigt. Die Bestandsneubewertung kann nicht nach dem FIFO-Verfahren erfolgen. Dementsprechend können Sie Artikel, denen diese Bewertungsmethode zugeordnet wurde, nicht aus der Auswahlliste auswählen.

3. Geben Sie die neuen Artikelkosten im Feld NEUER PREIS ein.

4. Geben Sie bei Bedarf im Feld BEMERKUNGEN einen Grund für die Bestandsneubewertung an.

5. Geben Sie bei Bedarf im Feld JOURNALEINTRAG einen Buchungstext ein.

6. Klicken Sie auf den Button HINZUFÜGEN, um die Bestandsneubewertung vorzunehmen.

Die Sachkonten, die bei der Bestandsneubewertung bebucht werden, werden in der KONTENFINDUNG SACHKONTEN (unter ADMINISTRATION • DEFINITIONEN • FINANZWESEN) festgelegt. Diese Festlegung sollte ein Key-User oder ein Consultant vornehmen.

Die Bestandsbewertung ist auch nach dem FIFO-Verfahren möglich. Abbildung 7.65 zeigt ein Beispiel für diese Art der Bestandsneubewertung. Nach Aufrufen des Artikels erscheinen im unteren Bereich des Fensters BESTANDSNEUBEWERTUNG alle Zukäufe mit den jeweiligen Preisen. Nachdem es beim FIFO-Verfahren keinen allgemeingültigen Preis für alle Artikel gibt, werden alle »FIFO-Werte« gestaffelt dargestellt.

*Bestandsneubewertung nach FIFO*

Geben Sie nun bei jedem relevanten Zukauf den neuen Preis ein. Bei jenen Zukäufen, deren Wert sich nicht ändert, kann das Feld NEUER PREIS leer bleiben.

**[+]**

**Jede Bestandsneubewertung erhält einen Beleg**

Jede Bestandsneubewertung bleibt als Beleg erhalten. Wechseln Sie in den SUCHEN-Modus, um eine »alte« Bewertung zu suchen, bzw. verwenden Sie die Datensatzschaltflächen |◄  ◄  ➡  ➡|, um »alte« Bewertungen »durchzublättern«.

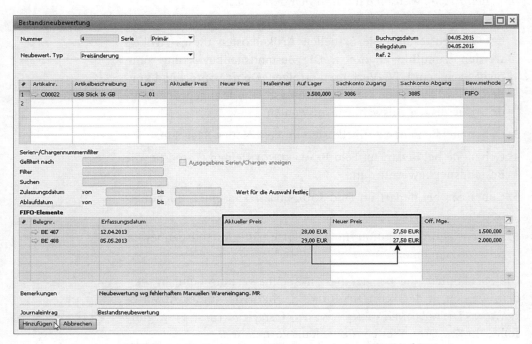

**Abbildung 7.65** Bestandsneubewertung nach dem FIFO-Verfahren

## 7.9 Inventur

**Arten der Bestandsaufnahme**

Vorbedingung für den Jahresabschluss ist die *Inventur*, also die körperliche Bestandsaufnahme der Vermögensgüter. Die körperliche Bestandsaufnahme bedeutet das physische Zählen, Messen oder Wiegen der Vorräte im Unternehmen (z. B. im Lager). Für die körperliche Bestandsaufnahme stehen verschiedene Methoden zur Verfügung:

▸ **Inventur am Bilanzstichtag**
Alle Vermögensgüter werden am Bilanzstichtag körperlich gezählt, gewogen oder gemessen.

▶ **Abweichende Stichtagsinventur**
Alle Vermögensgüter werden in einem definierten Zeitraum vor oder nach dem Bilanzstichtag körperlich erfasst. Es muss jedoch durch ein entsprechendes Aufzeichnungssystem gewährleistet sein, dass der Bestand zum Bilanzstichtag durch Vor- oder Rückrechnung ordnungsgemäß festgestellt werden kann.

▶ **Permanente Inventur**
Die Bestände werden aufgrund eines Inventurplans zu unterschiedlichen Zeitpunkten während des Geschäftsjahrs körperlich erfasst und mit den Aufzeichnungen verglichen. Es muss sichergestellt sein, dass jeder Vermögensgegenstand zumindest einmal im Jahr erfasst wird. Weitere Aufzeichnungen müssen auch in diesem Fall gewährleisten, dass der Bestand am Bilanzstichtag ordnungsgemäß errechnet werden kann.

▶ **Stichprobeninventur**
Menge und Wert der Vermögensgüter werden mithilfe »anerkannter« mathematisch-statistischer Methoden aufgrund von Stichproben ermittelt.

Dies sind die Arten der Inventur, wie Sie sie in der einschlägigen betriebswirtschaftlichen Literatur finden können. Beschäftigen wir uns nun mit der Durchführung der Inventur in SAP Business One.

### 7.9.1 Anfangsmengen

Bevor Sie den Echtbetrieb mit SAP Business One aufnehmen (Phase der Systeminitialisierung), muss der Anfangsbestand der Artikel auf den einzelnen Lagern eingegeben oder importiert werden. Der Datenimport zählt zu den weiterführenden Themen und muss zumindest unter Anleitung eines Consultants durchgeführt werden. Die manuelle Eingabe des Anfangsbestands Ihrer Waren erfolgt im Fenster ANFANGSBESTAND (siehe Abbildung 7.66) über den Pfad LAGERVERWALTUNG • BESTANDSTRANSAKTIONEN.

Wählen Sie im Feld PREISQUELLE FÜR LAGERBESTANDSBUCHUNG eine Quelle für den Lagerwert der ausgewählten Artikel. Bei der Angabe des Anfangsbestands müssen Sie sowohl die Menge als auch den Preis (= Bestands- bzw. Lagerwert) des Artikels angeben. Dies können eine beliebige Preisliste, der zuletzt ermittelte Preis oder die gegenwärtigen Artikelkosten sein. In der Regel erfassen Sie den Anfangsbestand – nomen est omen – auch wirklich am Anfang, also noch bevor jegliche Transaktionen wie Einkaufsbelege oder manuelle Bestandstransaktionen angelegt werden. In diesem Fall sind die Preisquellen ARTIKELKOSTEN und ZULETZT ERMITTELTER PREIS leer. Es bietet sich zumindest als Richtwert an, eine der vorhandenen Einkaufspreislisten zu verwenden.

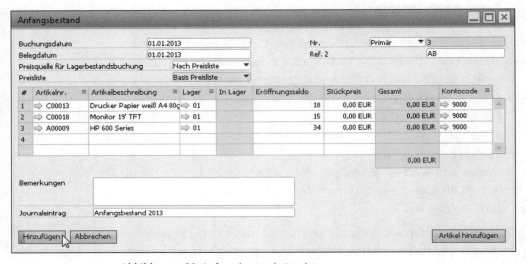

**Abbildung 7.66** Anfangsbestand eingeben

Erfassen Sie schließlich die eigentlichen Mengen und Preise wie in Abbildung 7.66.

Anfangsbestand eingeben

Zur Eingabe des Anfangsbestands gehen Sie folgendermaßen vor:

1. Geben Sie das BUCHUNGSDATUM (Beginn des Geschäftsjahres) und, falls gewünscht, eine Referenz (Feld REF. 2) und einen Buchungstext (Feld JOURNALEINTRAG) an.

2. Anschließend geben Sie für jeden Artikel den vorhandenen Anfangsbestand in der Spalte ERÖFFNUNGSSALDO und den aktuellen Preis (= Bestands- bzw. Lagerwert) des Artikels in der Spalte STÜCKPREIS an. Falls Sie als Preisquelle eine Preisliste ausgewählt haben, überschreiben Sie einfach die vorgeschlagenen Preise. In der letzten Spalte KONTOCODE geben Sie das Eröffnungsbilanzkonto an.

3. Klicken Sie auf den Button ARTIKEL HINZUFÜGEN im rechten unteren Bereich, um Artikel nach Auswahlkriterien wie Lieferant, Artikelgruppe, Artikeleigenschaft oder Lager in die Liste einzufügen.

4. Klicken Sie auf den Button HINZUFÜGEN, um die Anfangsbestände einzubuchen.

### 7.9.2 Inventur und Bestandsbewertung

Bevor Sie mit der eigentlichen Inventur, also der körperlichen Erfassung, beginnen, müssen Sie als ersten Schritt die Inventurzähllisten ausdrucken. Inventurzähllisten sind Hilfsmittel, die SAP Business One zur Verfügung stellt, um den Zählvorgang zu unterstützen. Auf der Inventurzählliste finden sich das Lager samt Lagernummer, das Datum und in tabellarischer Aufstellung eine Positionsnummer, die Artikelnummer, die Artikelbezeichnung und ein Feld, in dem der gezählte Stand eingetragen werden muss.

Das Drucken der Inventurzählliste erfolgt aus dem Fenster BE-STANDSZÄHLUNG heraus über den Pfad LAGERVERWALTUNG • BESTAND-STRANSAKTIONEN • BESTANDSZÄHLUNG. Klicken Sie nun auf den Button 🖨 (DRUCKEN), um die Zählliste auszudrucken, oder auf den Button 🔍 (DRUCKVORSCHAU), um sich die Zählliste auf dem Bildschirm anzusehen.

---

**Checkbox »Lagermenge ausblenden« beim Drucken markieren** **[+]**

Beim Drucken werden Sie im Rahmen einer Hinweismeldung gefragt, ob die Lagermenge am Zähldatum eingeblendet oder ausgeblendet werden soll. Die aktuelle Lagermenge sollte nicht auf die Inventurzählliste gedruckt werden. Ihre Mitarbeiter werden sonst eventuell dazu verleitet, die körperliche Erfassung nicht ordnungsgemäß zu erledigen, sondern die aufgedruckte Lagermenge – oder leichte Abweichungen davon – in die Zählliste einzutragen.

---

Die Inventur in SAP Business One erfolgt im Fenster BESTANDSZÄH-LUNG in zwei Schritten:

1. Festlegung der aktuellen Lagermenge aus der Inventurzählliste (Fenster BESTANDSZÄHLUNG, siehe Abbildung 7.68)

2. Festlegung des aktuellen Lagerwerts (Fenster BESTANDSBUCHUNG, siehe Abbildung 7.69)

Lagermenge
festlegen Betrachten wir im ersten Schritt die Festlegung der Lagermenge. Auf der Registerkarte BESTANDSZÄHLUNG können Sie mit dem Button AR-TIKEL HINZUFÜGEN (Option ARTIKEL AUSWÄHLEN) im unteren Bereich die Eingabe anhand verschiedener Auswahlkriterien wie Artikelnummer, Lieferant, Artikelgruppe, Artikeleigenschaften etc. einschränken. Zudem können Sie das Lager angeben, für das die Lagermenge festgelegt werden soll (siehe Abbildung 7.67).

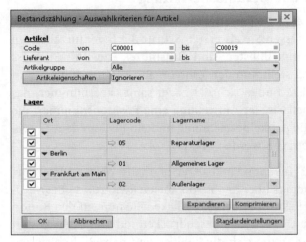

**Abbildung 7.67** Fenster »Bestandszählung – Auswahlkriterien für Artikel«– Artikel hinzufügen

Klicken Sie anschließend auf den Button OK, um den Ausdruck der Inventurzählliste zu ermöglichen und dann die Eingabe der Lagermengen im Fenster BESTANDSZÄHLUNG (siehe Abbildung 7.68) zu starten.

Nachdem die Zählung erfolgt ist und die Inventurzähllisten befüllt wurden, kann mit der Eingabe der ermittelten Ist-Menge begonnen werden (siehe Abbildung 7.68).

1. Geben Sie die von Ihnen gezählte Menge aus der Inventurzählliste ein. SAP Business One markiert jeweils die Checkbox GEZÄHLT, sobald Sie eine Eingabe in der entsprechenden Zeile vorgenommen haben.

2. Klicken Sie dann auf den Button HINZUFÜGEN, um die Eingabe der Ist-Menge abzuschließen.

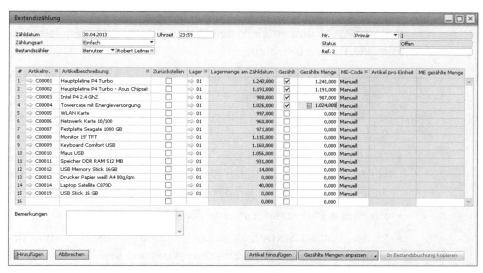

**Abbildung 7.68** Fenster »Bestandszählung«– Lagermengen eingeben

Zur leichteren Bedienung können Sie im unteren Bereich des Fensters die Dropdown-Liste GEZÄHLTE MENGEN ANPASSEN verwenden. Wählen Sie die Option MENGE AUF LAGER AM ZÄHLDATUM KOPIEREN, und der Lagerstand wird in die Spalte GEZÄHLTE MENGE kopiert. Wählen Sie die Option ALS NICHT GEZÄHLT FESTLEGEN, und in der Spalte GEZÄHLT wird die Checkbox bei allen Artikeln demarkiert.

Als zweiter Schritt erfolgt die Zuordnung eines Lagerwerts zu den gezählten Artikeln. Dazu rufen Sie z. B. mit den Datensatzschaltflächen **I◄ ◄ ► ►I** die gewünschte Bestandszählung auf und klicken auf den Button IN BESTANDSBUCHUNG KOPIEREN. Es öffnet sich das Fenster BESTANDSBUCHUNG (siehe Abbildung 7.69).

**Lagerwert festlegen**

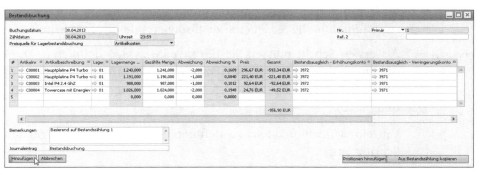

**Abbildung 7.69** Fenster »Bestandsbuchung« – Lagerwert in Bestandsbuchung eingeben

Geben Sie in den Kopfdaten des Fensters BESTANDSBUCHUNG das BUCHUNGSDATUM und eine etwaige Preisquelle an. Zudem müssen Sie folgende Spalten beachten:

- Die Spalte LAGERMENGE enthält jene Menge, die laut den Lagerbewegungen von SAP Business One auf Lager sein müsste.

- Die Spalte GEZÄHLTE MENGE zeigt jene Menge, die Sie im Fenster BESTANDSVERFOLGUNG eingegeben haben.

- Die Spalte ABWEICHUNG zeigt die Differenz zwischen der Menge auf Lager und der gezählten Menge an. Die Differenz können Sie ändern. Das wirkt sich auf die gezählte Menge aus.

- Die Spalte PREIS zeigt den aktuellen Preis laut Preisquelle.

- In den Spalten BESTANDSAUSGLEICH – ERHÖHUNGSKONTO und BESTANDSAUSGLEICH – VERRINGERUNGSKONTO geben Sie das Gegenkonto für die Bestandsbuchung an. Um das Konto in alle Zeilen zu kopieren, geben Sie dieses über den Button ⬚ (FORMULAREINSTELLUNGEN) ein.

Nachdem Sie alle Mengeneingaben und Preisbewertungen abgeschlossen haben, klicken Sie auf den Button HINZUFÜGEN, um die Bestandsbuchung durchzuführen. Beachten Sie dabei, in welcher Buchungsperiode Sie sich befinden.

### 7.9.3 Regelmäßige Inventur – Cycle-Counting-Empfehlung

Neben der klassischen Inventur am Ende des Geschäftsjahres können Sie auch während des Jahres beliebig viele Inventuren durchführen. SAP Business One unterstützt ein solches Vorhaben durch den Einsatz von Inventurzyklen. Diese Inventurzyklen können jeweils pro Artikel zugeordnet werden und enthalten eine Erinnerungsfunktion, die Sie an eine zu absolvierende Inventur erinnert.

Als ersten Schritt müssen Sie die Inventurzyklen definieren. Dazu öffnen Sie das Fenster INVENTURZYKLEN – DEFINITION über den Pfad ADMINISTRATION • DEFINITIONEN • LAGERVERWALTUNG (siehe Abbildung 7.70).

Um einen Inventurzyklus zu definieren, führen Sie die folgenden Schritte aus:

1. Geben Sie im Feld ZYKLUSCODE einen Namen für den Inventurzyklus ein. Dieser sollte einen Hinweis auf die Häufigkeit geben.

2. Wählen Sie eine WIEDERHOLUNG aus der gleichnamigen Werteliste aus. Neben periodisch wiederkehrenden Häufigkeiten können Sie auch einmalige Termine mit dem Eintrag KEINE festlegen.

3. Geben Sie in den Feldern WIEDERHOLEN ALLE und WIEDERHOLEN AM die gewünschten Wiederholungsintervalle ein.

4. Geben Sie im Feld UHRZEIT eine Zeit an, zu der die nächste Inventur für diesen Zyklus durchgeführt werden soll.

5. Geben Sie bei Bedarf noch einen Endpunkt nach einer bestimmten Anzahl von Terminen oder einem bestimmten Datum ein.

6. Klicken Sie auf den Button HINZUFÜGEN, um den Inventurzyklus anzulegen. Das Fenster bleibt im HINZUFÜGEN-Modus und ermöglicht Ihnen, beliebig viele Inventurzyklen anzulegen.

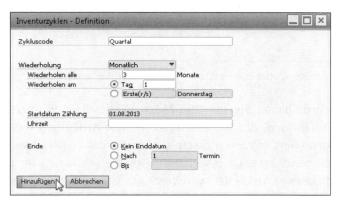

**Abbildung 7.70** Inventurzyklus definieren

Als zweiten Schritt müssen Sie den definierten Inventurzyklus den einzelnen Artikeln zuweisen. Wechseln Sie dazu auf die Registerkarte BESTANDSDATEN im Fenster ARTIKELSTAMMDATEN (siehe Abbildung 7.71).

**Inventurzyklus zuweisen**

Weisen Sie den Zykluscode in der Spalte ZYKLUSCODE pro Lager zu (siehe Abbildung 7.71). Das bedeutet, Sie können sich auch nur für die Inventur dieses Artikels für einzelne Lager erinnern lassen. Die Spalte ZYKLUSCODE wird in der Standardanordnung nicht angezeigt und muss mit dem Button ⬚ (FORMULAREINSTELLUNGEN) eingeblendet werden.

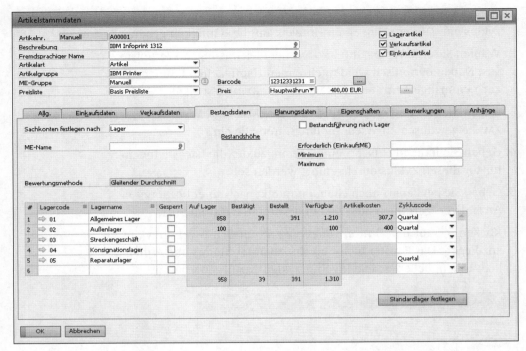

**Abbildung 7.71** Fenster »Artikelstammdaten« – Zykluscode zuweisen

Cycle-Counting-Empfehlungen

Als letzten Schritt haben Sie nun die Möglichkeit, einen Empfehlungsbericht aufzurufen, der Ihnen anzeigt, welche Artikel auf welchen Lagern inventiert werden müssen. Öffnen Sie das Fenster Empfehlungen für regelmässige Inventur – Auswahlkriterien über den Pfad Lagerverwaltung • Bestandstransaktionen • Regelmässige Inventur. Im nun geöffneten Fenster geben Sie an, welchen Zykluscode Sie auf welchem Lager an welchem Ort betrachten möchten.

Klicken Sie auf den Button OK, und Sie erhalten einen Empfehlungsbericht mit den zu inventierenden Artikeln plus dem dazugehörigen Lager.

Sobald Sie die Inventur für den angegebenen Artikel in dem ebenfalls angegebenen Lager durchgeführt haben, markieren Sie die Checkbox in der Spalte Gezählt. Klicken Sie abschließend auf den Button Als gezählt kennzeichnen, damit die angegebenen Empfehlungen aus der Liste entfernt und nicht mehr vorgeschlagen werden. Klicken Sie auf den Button Bestandszählung, um direkt das Fenster Bestandszählung zu öffnen und die Inventur durchzuführen.

# 7.10    Lagerplätze

Die Abbildung und Verwaltung von *Lagerplätzen* ist eine umfangreiche Neuerung in SAP Business One 9.0. Die bis dahin vorhandene Funktion der Lagerverwaltung wird dadurch nicht beeinträchtigt, Sie haben jedoch die Möglichkeit, für ausgewählte Lager die Lagerplatzfunktion zu aktivieren.

Wenn Sie Lagerplätze verwenden, bedeutet dies, dass Sie nicht nur ein Lager als Ganzes verwenden, sondern auch die physikalischen Unterteilungen des Lagers mit bis zu vier Ebenen abbilden können. Das können z. B. Reihen, Gänge, Regale, Boxen, Container, Schachteln, Kisten, Kästen etc. sein. Das bedeutet, der Lagerplatz ist die kleinste verwendbare Raumeinheit im Lager.

Das Verwalten von Lagerplätzen soll anhand des folgenden durchgängigen Beispiels erklärt werden.

| **Lagerplätze bei der OEC Computers Deutschland** | **[zB]** |
| --- | --- |
| Die OEC Computers betreibt ein Nebenlager, das in sechs Gänge mit je neun Regalen unterteilt ist. Jedes Regal besitzt vier Fächer, die wiederum jeweils vier Boxen beinhalten. In Summe ergibt dies $6 \times 9 \times 4 \times 4 = 864$ *Lagerplätze*. | |

## 7.10.1  Lagerplätze aktivieren

Zunächst wird das Nebenlager angelegt und die Lagerplatzfunktion nur für dieses Lager aktiviert. Dazu legen Sie im Fenster LAGER – DEFINITION unter ADMINISTRATION • DEFINITIONEN • LAGERVERWALTUNG • LAGER das Nebenlager mit LAGERCODE und LAGERNAME an und markieren die Checkbox LAGERPLÄTZE AKTIVIEREN. Daraufhin erscheint eine neue Registerkarte LAGERPLÄTZE (siehe Abbildung 7.72).

Auf der Registerkarte LAGERPLÄTZE stehen Ihnen die folgenden Felder zur Verfügung:

▸ **Feld »Lagerplatzcode-Separator«**
Geben Sie hier das Trennzeichen für die später zu erstellenden Lagerplatzcodes ein. Standardmäßig ist hier der Bindestrich (-) eingestellt. Das Trennzeichen trennt die Codes der einzelnen Lagerunterebenen wie Gang, Regal, Fach und Box.

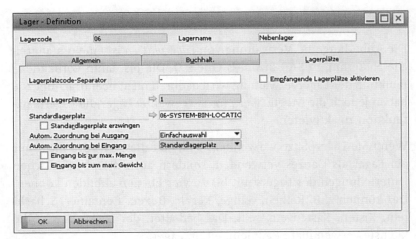

**Abbildung 7.72** Fenster »Lager« – neue Registerkarte »Lagerplätze«

▶ **Feld »Anzahl Lagerplätze«**
Dieses Feld ist ein reines Anzeigefeld und zeigt die Anzahl der Lagerplätze, die aufgrund der Unterebenen wie Gang, Regal, Fach
oder Box automatisch angelegt werden. Da bei Aktivierung der Lagerplätze automatisch ein Standardlagerplatz angelegt wird, erscheint hier zu Beginn der Wert »1«.

▶ **Feld »Standardlagerplatz«**
Dieses Feld zeigt den derzeit gültigen Standardlagerplatz an. Stan-
dardmäßig wird hier der Lagerplatz »Lagercode-SYSTEM-BIN-
LOCATION« angezeigt. Um diesen Lagerplatz zu ändern, klicken
Sie in das Feld, löschen diesen Wert und wählen mithilfe der ⤴-
Taste aus dem sich öffnenden Fenster LISTE: LAGERPLÄTZE einen
neuen Lagerplatz aus.

▶ **Checkbox »Standardlagerplatz erzwingen«**
Markieren Sie diese Checkbox, wenn die Artikel bei einem Wareneingang nur auf den Standardlagerplatz gelegt werden müssen.

▶ **Dropdown-Liste »Autom. Zuordnung bei Ausgang«**
Wählen Sie hier aus, wie SAP Business One bei Warenausgang der
Artikel von Lagerplätzen verfahren soll. Dabei stehen Ihnen die
folgenden Optionen zur Verfügung:

– *Einfachauswahl:* Verwenden Sie diese Option nur, wenn es eine
eindeutige Zuordnungsmöglichkeit der Artikel aus den Lagerplätzen gibt. Das ist einerseits der Fall, wenn für den Warenaus-

gang genügend Artikel an einem Lagerplatz liegen oder wenn der exakte Bedarf (nicht mehr oder weniger) an mehreren Lagerplätzen liegt.

- *Reihenfolge Lagerplatzcodes:* Verwenden Sie diese Option, wenn die Artikel für den Warenausgang nach der alphanumerischen Reihenfolge der Lagerplatzcodes ausgegeben werden sollen.

- *Alternative Reihenfolge Sortiercodes:* Verwenden Sie diese Option, wenn die Artikel für den Warenausgang nach der alphanumerischen Reihenfolge der Sortiercodes der Lagerplätze ausgegeben werden sollen.

- *Absteigende Menge:* Verwenden Sie diese Option, wenn die Artikel nach der absteigenden Lagermenge der Artikel in den Lagerplätzen ausgegeben werden sollen. Das bedeutet, zuerst wird der Lagerplatz mit der höchsten Menge des Artikels genommen, dann jener mit der zweithöchsten Menge etc.

- *Aufsteigende Menge:* Verwenden Sie diese Option, wenn die Artikel nach der aufsteigenden Lagermenge der Artikel in den Lagerplätzen ausgegeben werden sollen. Das bedeutet, zuerst wird der Lagerplatz mit der niedrigsten Menge des Artikels genommen, dann jener mit der zweitniedrigsten Menge etc.

- *FIFO:* Verwenden Sie diese Option, wenn Sie die Lagerbewertungsmethode »First In – First Out« anwenden möchten.

- *LIFO:* Verwenden Sie diese Option, wenn Sie die Lagerbewertungsmethode »Last In – First Out« anwenden möchten.

▶ **Dropdown-Liste »Automatische Zuordnung bei Eingang«**
Wählen Sie hier aus, wie SAP Business One beim Wareneingang der Artikel von Lagerplätzen verfahren soll. Dabei stehen Ihnen die folgenden Optionen zur Verfügung:

- *Standardlagerplatz*: Verwenden Sie diesen Eintrag, wenn der Wareneingang des Artikels auf den Standardlagerplatz erfolgen soll.

- *Letzter Lagerplatz, an dem der Artikel einging*: Verwenden Sie diesen Eintrag, wenn der zuletzt verwendete Lagerplatz für diesen Artikel nochmals verwendet werden soll.

- *Aktuelle Lagerplätze des Artikels*: Verwenden Sie diesen Eintrag, wenn der Artikel auf jene Lagerplätze gelegt wird, auf denen dieser bereits liegt.

– *Aktuelle und vorherige Lagerplätze des Artikels*: Verwenden Sie diesen Eintrag, wenn der Artikel auf jene Lagerplätze gelegt wird, auf denen dieser bereits liegt oder gelegen hat.

▶ **Checkbox »Eingang bis zur max. Menge«**
Markieren Sie diese Checkbox, wenn SAP Business One Sie warnen soll, wenn die Artikelmenge beim Wareneingang an diesem Lagerplatz erreicht oder überschritten wurde.

▶ **Checkbox »Eingang bis zum max. Gewicht«**
Markieren Sie diese Checkbox, wenn SAP Business One Sie warnen soll, wenn das Artikelgewicht beim Wareneingang an diesem Lagerplatz erreicht oder überschritten wurde.

▶ **Checkbox »Empfangende Lagerplätze aktivieren«**
Markieren Sie diese Checkbox, wenn jeder Lagerplatz in diesem Lager auch Artikel aus einem Wareneingang empfangen kann.

Klicken Sie abschließend auf den Button Hinzufügen (bei Neuanlage des Lagers) oder auf den Button Aktualisieren (bei Änderung eines bereits bestehenden Lagers), um die Änderungen zu speichern.

### 7.10.2 Lagerplätze anlegen

Nachdem nun die Lagerplätze im Lager aktiviert wurden, können die Lagerplätze in diesem Lager angelegt werden. Dazu gehen Sie folgendermaßen vor:

1. Pflegen Sie die Lagerunterebenen (in unserem Beispiel Gang, Regal, Fach und Box).

2. Legen Sie die Lagerunterebenencodes manuell oder automatisch an.

3. Generieren Sie die tatsächlichen Lagerplätze aufgrund der Lagerunterebenencodes.

Lagerunterebenen pflegen

Die Lagerunterebenen pflegen Sie im Fenster Lagerplatz-Feldaktivierung unter Administration • Definitionen • Lagerverwaltung • Lagerplätze (siehe Abbildung 7.73).

Wie in Abbildung 7.73 erkennbar ist, stehen Ihnen maximal vier Unterebenen zur Verfügung. Überschreiben Sie die vorgeschlagenen Werte mit den tatsächlichen Unterebenen Ihres Lagers (z. B. Gang, Regal, Fach und Box), und markieren Sie jeweils die Checkbox Aktiv.

**Abbildung 7.73** Lagerunterebenen pflegen

Klicken Sie abschließend auf den Button AKTUALISIEREN, um die Änderungen zu speichern, und auf den Button OK, um das Fenster zu schließen.

Das Anlegen der Lagerunterebenencodes kann manuell oder – bei einer großen Anzahl – auch automatisiert erfolgen.

Lagerunterebenen-
codes anlegen

Das manuelle Anlegen erfolgt im Fenster LAGERUNTEREBENENCODES – DEFINITION unter ADMINISTRATION • DEFINITIONEN • LAGERVERWAL-TUNG • LAGERPLÄTZE • LAGERUNTEREBENENCODES (siehe Abbildung 7.74). Dazu wählen Sie die gewünschte LAGERUNTEREBENE aus der gleichnamigen Dropdown-Liste. Anschließend geben Sie für jeden zukünftigen Lagerplatz einen CODE und eine BESCHREIBUNG ein. Im Beispiel in Abbildung 7.74 gibt es für die Lagerunterebene GANG die zukünftigen Lagerplätze G1 bis G6 – also Gang 1 bis Gang 6.

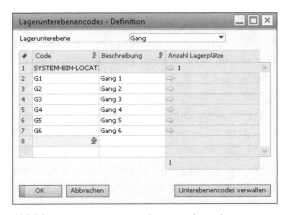

**Abbildung 7.74** Lagerunterebenencodes anlegen

Wenn Sie sehr viele Lagerunterebenencodes haben, können Sie diese auch automatisiert anlegen. Dies erfolgt im Fenster VERWALTUNG

VON LAGERUNTEREBENENCODES unter ADMINISTRATION • DEFINITIO-
NEN • LAGERVERWALTUNG • LAGERPLÄTZE (siehe Abbildung 7.75).

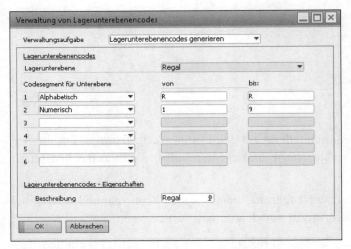

**Abbildung 7.75** Lagerunterebenencodes automatisiert anlegen

Dazu stellen Sie die Dropdown-Liste VERWALTUNGSAUFGABE auf den
Eintrag LAGERUNTEREBENENCODES GENERIEREN. Anschließend wählen
Sie die gewünschte LAGERUNTEREBENE in der gleichnamigen Drop-
down-Liste aus.

Danach müssen noch die Lagerunterebenencodes zusammengesetzt
werden. Das Beispiel aus Abbildung 7.75 zeigt das Anlegen der neun
Regale (R1 bis R9) der gleichnamigen Lagerunterebene. Dazu müssen
Sie den Lagerunterebenencode aus dem alphanumerischen »R« und
den numerischen Werten »1« bis »9« zusammensetzen. Dies erreichen Sie mittels der Dropdown-Listen in der Spalte CODESEGMENT
FÜR UNTEREBENE in den ersten beiden Zeilen und der Eingabe der
entsprechenden Werte, wie in Abbildung 7.75 zu sehen ist. Im untersten Feld BESCHREIBUNG geben Sie noch die Beschreibung für die
Lagerunterebenencodes ein. Diese muss beim automatisierten Anlegen bei allen Lagerunterebenencodes gleich lauten. Sie können sie
aber im Fenster LAGERUNTEREBENENCODES – DEFINITION nachbear-
beiten.

Klicken Sie auf den Button OK, und es öffnet sich das Fenster LAGER-
UNTEREBENENCODES VERWALTEN – GENERIERUNGSVORSCHAU. Dieses
Fenster zeigt alle Codes, die nun angelegt werden sollen. Alle bereits
angelegten Lagerunterebenencodes werden in roter Schrift darge-

stellt und dementsprechend nicht nochmals angelegt. Klicken Sie auf den Button GENERIEREN, und die Lagerunterebenencodes werden nun tatsächlich angelegt.

Im nächsten Schritt werden auf Basis der angelegten Lagerunterebenencodes die tatsächlichen Lagerplätze generiert. Das Generieren der Lagerplätze erfolgt im Fenster LAGERPLATZVERWALTUNG unter LAGERVERWALTUNG • LAGERPLÄTZE (siehe Abbildung 7.76).

*Lagerplätze generieren*

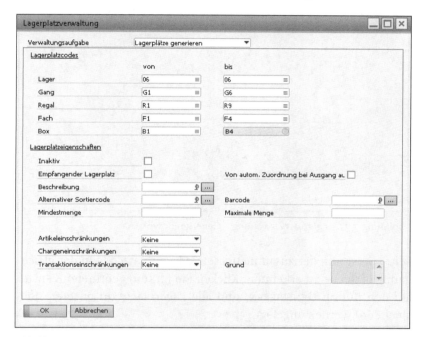

**Abbildung 7.76** Lagerplätze generieren

Wählen Sie zunächst aus der Dropdown-Liste VERWALTUNGSAUFGABE den Eintrag LAGERPLÄTZE GENERIEREN aus. Anschließend wählen Sie im Bereich LAGERPLATZCODES das entsprechende Lager und die zu generierenden Lagerplätze aus. Dies erreichen Sie, indem Sie für die jeweiligen Lagerunterebenen die Lagerunterebenencodes in den Spalten VON und BIS aus der Auswahlliste auswählen, wie Sie in Abbildung 7.76 sehen.

Im unteren Bereich LAGERPLATZEIGENSCHAFTEN können Sie den zu generierenden Lagerplätzen noch verschiedene Eigenschaften bzw. Einschränkungen wie Sortiercode, Mindestmenge, Maximalmenge, Artikeleinschränkungen etc. mitgeben.

Klicken Sie abschließend auf den Button OK, um das Fenster LAGER-
PLATZVERWALTUNG – GENERIERUNGSVORSCHAU zu öffnen (siehe Abbildung 7.77).

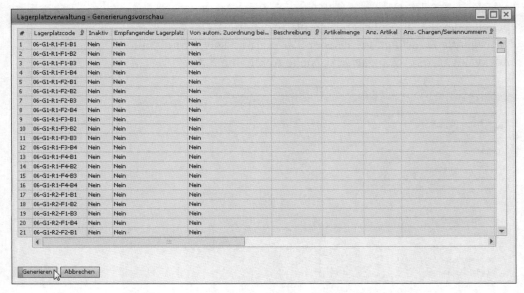

**Abbildung 7.77** Lagerplatzverwaltung – Generierungsvorschau

Sehr gut ist nun der zusammengesetzte Lagerplatzcode in der gleichnamigen Spalte zu erkennen. Klicken Sie im nun geöffneten Fenster
auf den Button GENERIEREN, und alle Lagerplätze (in unserem Beispiel 864) werden angelegt.

### 7.10.3 Lagerplätze in Einkaufs- und Verkaufsbelegen verwenden

Nachdem die Lagerplätze nun tatsächlich generiert wurden, können
diese auch in Wareneingängen und Warenausgängen verwendet
werden.

Wareneingang auf
Lagerplätze

Mittels eines Wareneingangs wird Ware auf das Lager mit den aktivierten Lagerplätzen gelegt (siehe Abbildung 7.78).

Um die Lagerplatzfunktion richtig zu verwenden, klicken Sie auf den
Button 🗋 (FORMULAREINSTELLUNGEN) und blenden die Spalten LA-
GER und LAGERPLATZZUORDNUNG ein.

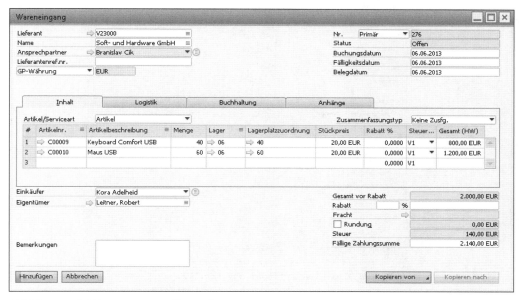

**Abbildung 7.78** Wareneingang auf Lagerplätze

Wählen Sie in der Spalte LAGER nun das Lager mit den aktivierten Lagerplätzen aus. In unserem Beispiel in Abbildung 7.78 ist dies das Lager »06« (Nebenlager). SAP Business One befüllt automatisch die Spalte LAGERPLATZZUORDNUNG mit der eingegebenen Menge des Wareneingangs. Würden Sie nun den Wareneingang hinzufügen, würde die gesamte Menge auf den beim Lager definierten Standardlagerplatz gelegt werden.

Um die Menge aus dem Wareneingang nun aber auf verschiedene Lagerplätze zu verteilen, klicken Sie auf den orangefarbenen Pfeil ⇨ in der Spalte LAGERPLATZZUORDNUNG. Im nun geöffneten Fenster LAGERPLATZZUORDNUNG – ZUGANG geben Sie die Aufteilung der gesamten Menge in der Artikelzeile auf die einzelnen Lagerplätze an (siehe Abbildung 7.79).

Dazu verwenden Sie in der Spalte LAGERPLATZ die ⇥-Taste, um die Auswahlliste zu öffnen, und wählen alle Lagerplätze aus, auf die zumindest ein Stück gelegt werden soll. Anschließend ordnen Sie in der Spalte ZUGEORDNET den einzelnen Lagerplätzen die gewünschten Mengen zu.

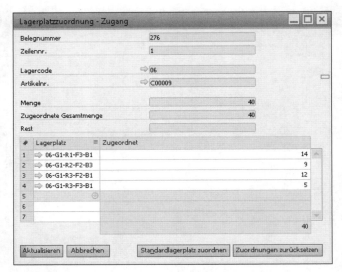

**Abbildung 7.79**  Lagerplatzzuordnung beim Wareneingang

Klicken Sie abschließend auf AKTUALISIEREN und OK, und Sie kehren zum Fenster WARENEINGANG zurück. Klicken Sie dann auf den Button HINZUFÜGEN, um den Wareneingang tatsächlich anzulegen.

**[+]**  **Verwendung von Lagerplätzen**

Sobald Sie für ein Lager die Lagerplätze aktiviert haben, können Sie diese in allen lagerwirksamen Belegen wie Wareneingang, Warenausgang, Eingangsrechnung, Ausgangsrechnung, Bestandsumlagerung etc. verwenden.

Warenausgang von Lagerplätzen

Der Warenausgang von den Lagerplätzen erfolgt in unserem Beispiel mittels einer Ausgangsrechnung (siehe Abbildung 7.80).

Auch in der Ausgangsrechnung sollten die Spalten LAGER und LAGERPLATZZUORDNUNG eingeblendet sein. Sobald Sie ein Lager mit aktivierten Lagerplätzen in der Artikelzeile verwenden, wird die Menge automatisch in der Spalte LAGERPLATZZUORDNUNG angezeigt. Sobald der ausgewählte Artikel auf mehrere Lagerplätze verteilt ist, wird der Wert in der Spalte LAGERPLATZZUORDNUNG in Rot angezeigt.

Klicken Sie auf den orangefarbenen Pfeil ⇨ in der Spalte LAGERPLATZZUORDNUNG. Das nun geöffnete Fenster LAGERPLATZZUORDNUNG – ABGANG zeigt Lagerplätze an, auf denen zumindest ein Stück des entsprechenden Artikels liegt (siehe Abbildung 7.81).

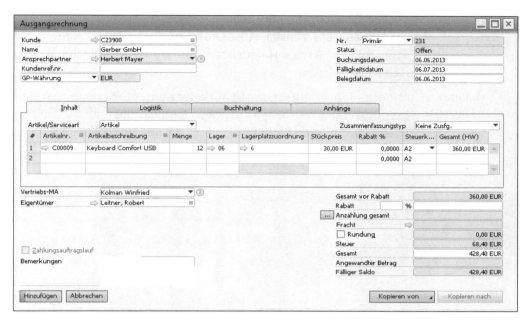

**Abbildung 7.80** Warenausgang von Lagerplätzen mittels Ausgangsrechnung

**Abbildung 7.81** Lagerplatzzuordnung – Warenausgang

Geben Sie nun in der Spalte ZUGEORDNET jene Mengen ein, die von den entsprechenden Lagerplätzen abgebucht werden sollen.

Klicken Sie abschließend auf die Buttons AKTUALISIEREN und OK, und Sie kehren zum Fenster AUSGANGSRECHNUNG zurück. Klicken Sie dann auf den Button HINZUFÜGEN, um die Ausgangsrechnung tatsächlich anzulegen.

**Inhaltsliste Lagerplatz**

Mit dem Bericht INHALTSLISTE LAGERPLATZ unter LAGERVERWALTUNG • BESTANDSBERICHTE erhalten Sie einen Überblick über die auf den einzelnen Lagerplätzen befindlichen Artikel (siehe Abbildung 7.82).

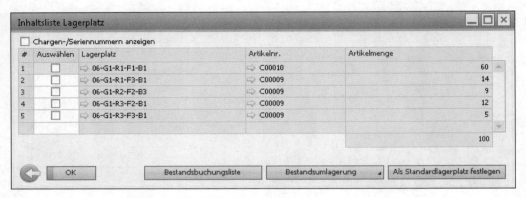

**Abbildung 7.82** Inhaltsliste Lagerplatz

Zunächst wird das Fenster INHALTSLISTE LAGERPLATZ – AUSWAHLKRITERIEN geöffnet. Dort können Sie die Inhaltsliste vorab einschränken nach LAGERPLATZCODE VON – BIS, ARTIKELNR. VON – BIS, ARTIKELGRUPPE, LAGER, UNTEREBENE etc.

## 7.11 Bestandsberichte

SAP Business One bietet eine Reihe von Berichten in der Lagerverwaltung an. An dieser Stelle lernen Sie die gängigsten Berichte kennen.

**Anzeige einschränken**

Für alle behandelten Berichte gilt, dass beim Aufrufen des Berichts ein Fenster AUSWAHLKRITERIEN erscheint, in dem Sie die Anzeige bezüglich des Artikels (Felder ARTIKELNR. VON – BIS, GRUPPE und Button ARTIKELEIGENSCHFT.) und weiterer Kriterien einschränken können (siehe Abbildung 7.83). Wenn Sie die Auswahlkriterien mit dem Button OK bestätigen, wird erst der eigentliche Bericht aufgerufen.

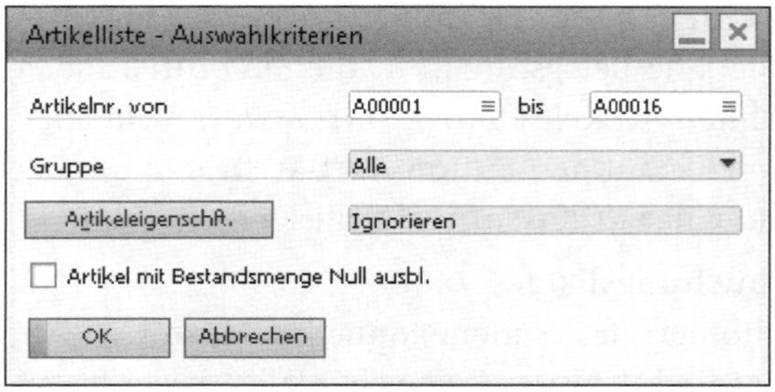

**Abbildung 7.83** Artikelliste – Auswahlkriterien

Die folgenden Berichte finden Sie über den Pfad LAGERVERWALTUNG •
BESTANDSBERICHTE:

**Häufige
Berichtsarten**

▸ **Bericht »Artikelliste«**
Dieser Bericht zeigt eine Artikelliste, die bezüglich ARTIKELNUMMER
VON – BIS, (Artikel-)GRUPPE und ARTIKELEIGENSCHAFT eingeschränkt
werden kann. Davon abgesehen, können Sie all jene Artikel nicht
anzeigen lassen, deren aktuelle Bestandsmenge null beträgt. In der
Artikelliste finden Sie neben der Artikelgruppe und dem aktuellen
Bestand alle verfügbaren Preislisten als Spalten aufgeführt. Falls
Sie die Artikelliste drucken oder in der Druckvorschau ansehen
möchten, wählen Sie eine Preisliste aus. Da nur eine Preisliste im
Ausdruck angezeigt werden kann, markieren Sie die Spalte mit der
gewünschten Preisliste, die daraufhin im Ausdruck erscheint.
Standardmäßig wird die erste Preisliste auf der linken Seite ausge-
druckt.

▸ **Bericht »Geparkte Belege«**
Dieser Bericht wurde bereits in Abschnitt 6.3, »Berichte im Verkauf«, behandelt.

▸ **Bericht »Letzte Preise«**
Dieser Bericht wurde bereits in Abschnitt 6.2.2, »Belegmitte«,
behandelt.

▸ **Bericht »Inaktive Artikel«**
Dieser Bericht zeigt jene Artikel an, die in keiner der ausgewählten
Belegstufen verwendet wurden. Sie können die Auswahl im Fenster AUSWAHLKRITERIEN hinsichtlich der üblichen Artikelattribute
einschränken. Zusätzlich geben Sie den Beginn des Betrachtungs-
zeitraums im Feld DATUM VON an. Klicken Sie auf den Button OK,

um den Bericht zu starten. In der eigentlichen Liste der inaktiven Artikel markieren Sie jene Belegstufen, für die Sie prüfen möchten, ob die ausgewählten Artikel seit dem DATUM VON nicht angezeigt werden. Klicken Sie auf den Button AKTUALISIEREN, um den Bericht nach Änderung der Kriterien zu aktualisieren.

▶ **Bericht »Bestandsbuchungsliste«**

Dieser Bericht funktioniert nach einem ähnlichen Muster wie die UMSATZANALYSE im Modul VERKAUF (siehe ebenfalls Abschnitt 6.3, »Berichte im Verkauf«) und die EINKAUFSANALYSE im Modul EINKAUF (siehe Abschnitt 5.7, »Berichte im Einkauf«).

– Sie können den Bericht nach Artikel (Registerkarte ARTIKEL), Geschäftspartner (Registerkarte GP) und nach anderen Kriterien ausführen lassen, wie z. B. hinsichtlich des Vertriebsmitarbeiters, eines Projekts oder einer Lieferantenkatalognummer (Registerkarte ANDERE).

– Sie können die Anzeige im Fenster AUSWAHLKRITERIEN hinsichtlich Lager, Ort und Transaktionsdatum weiter einschränken und im linken unteren Bereich nach Kriterien wie Buchungsdatum, Menge, Preis und GP-Name sortieren (siehe Abbildung 7.84).

Als Ergebnis erhalten Sie eine Liste aller Mengenbewegungen für die ausgewählten Artikel mit den verknüpften Belegen, den dazugehörigen Preisen und der kumulierten Menge.

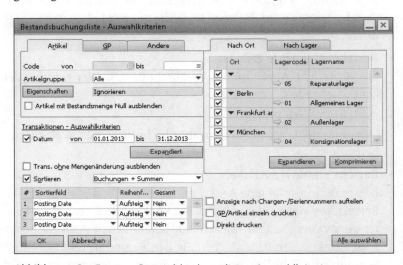

**Abbildung 7.84** Fenster »Bestandsbuchungsliste – Auswahlkriterien«

▶ **Bericht »Bestandsstatus«**

Der Bericht BESTANDSSTATUS zeigt die gleichen Bestandteile zur Berechnung der verfügbaren Menge (*Auf Lager Bestätigt + Bestellt = Verfügbare Menge*) an wie im Fenster ARTIKELSTAMMDATEN auf der Registerkarte BESTANDSDATEN. Der Unterschied liegt darin, dass Sie den Bestandsstatus für alle Artikel gleichzeitig sehen können.

Eine Übersicht über alle Möglichkeiten zum Bericht BESTANDSSTATUS sehen Sie in Abbildung 7.85.

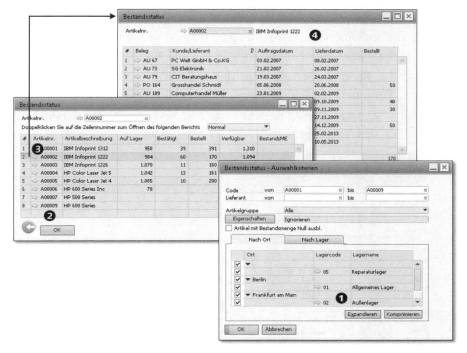

**Abbildung 7.85** Übersicht über den Bestandsstatus

Gehen Sie hier folgendermaßen vor:

▶ Wählen Sie zunächst die gewünschten Artikel im Fenster BESTANDSSTATUS – AUSWAHLKRITERIEN ❶ aus. Die gewünschte Auswahl sehen Sie im Fenster BESTANDSSTATUS ❷.

▶ Klicken Sie doppelt auf die Zeilennummer des Artikels ❸, um die bereits erstellten Kundenaufträge und Bestellungen zu dem Artikel zu sehen ❹.

431

**[+]** **Detailbericht**

Dieser Detailbericht kann naturgemäß nur bei Zeilen aufgerufen werden, in denen es Mengen in den Spalten BESTELLT oder BESTÄTIGT gibt. Über den Button ▭ im Detailbericht gelangen Sie zum entsprechenden Beleg.

▸ **Bericht »Lagerbestandsbericht«**

Dieser Bericht zeigt den aktuellen Lagerbestand als Übersichts- oder Detailbericht an. Sie können die Anzeige im Fenster AUSWAHLKRITE-RIEN hinsichtlich Artikel, Lager (Registerkarte LAGER) und Ort (Registerkarte ORT) einschränken. Zusätzlich können Sie sich mit der Checkbox ART. MIT MENGE 0 IM BEST. AUSBLENDEN nur jene Artikel anzeigen lassen, die auch einen Bestand auf Lager haben.

Im Bereich ANZEIGEN auf der rechten Seite stehen Ihnen zwei Optionen zur Verfügung:

– *Normal:* Dieser Bericht zeigt den gesamten Lagerbestand und den Lagerbestand pro Lager für die ausgewählten Artikel an (siehe Abbildung 7.86).

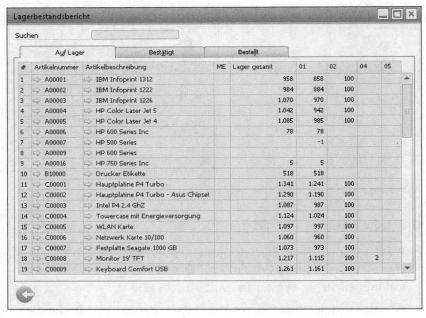

**Abbildung 7.86** Fenster »Lagerbestandsbericht« – Normal

Klicken Sie auf die Registerkarte BESTÄTIGT, um alle ausgewählten Artikel anzuzeigen, die sich derzeit in Kundenaufträgen befinden. Klicken Sie auf die Registerkarte BESTELLT, um alle ausgewählten Artikel anzuzeigen, die sich derzeit in Bestellungen befinden.

– *Detailbericht:* Wählen Sie diese Option und eine Preisliste im Feld PREISQUELLE, die als Grundlage für den Gesamtwert herangezogen wird. Zusätzlich zum Normalbericht erhalten Sie pro Artikel den BESTANDSSTATUS, das LETZTE EINGANGS- UND AUS-GANGSDATUM des Artikels sowie den AKTUELLEN ARTIKELPREIS und den GESAMTWERT des Artikels.

▶ **Bericht »Bestandsprüfungsbericht«**
Dieser Bericht zeigt detailliert alle Bewegungen eines Artikels vom Eröffnungsbestand über alle Einkaufs- und Verkaufstransaktionen und internen Transaktionen pro Lager mit Menge, Kosten, kumulativer Menge und kumulativem Wert. Sie können die Anzeige im Fenster AUSWAHLKRITERIEN bezüglich Buchungsdatum, Artikel, Lager und Lagerort sowie Sachkonten einschränken. Zudem können Sie angeben, ob die Anzeige nach Lagern gruppiert oder ob der Bericht nach Artikeln oder dahinterliegenden Sachkonten zusammengefasst werden soll (siehe Abbildung 7.87).

**Abbildung 7.87** Fenster »Bestandsprüfungsbericht – Auswahlkriterien«

Aus den Auswahlkriterien in Abbildung 7.87 ergibt sich der Bestandsprüfungsbericht in Abbildung 7.88.

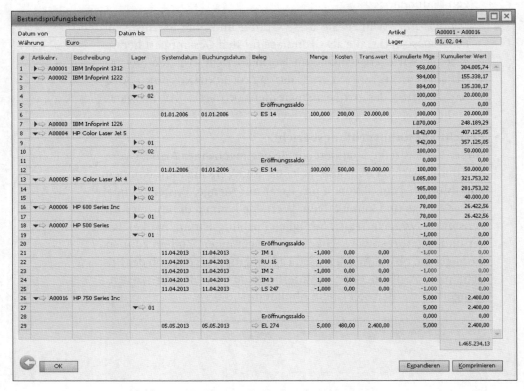

| # | Artikelnr. | Beschreibung | Lager | Systemdatum | Buchungsdatum | Beleg | Menge | Kosten | Trans.wert | Kumulierte Mge | Kumulierter Wert |
|---|---|---|---|---|---|---|---|---|---|---|---|
| 1 | ▶⇨ A00001 | IBM Infoprint 1312 | | | | | | | | 958,000 | 304.005,74 |
| 2 | ▼⇨ A00002 | IBM Infoprint 1222 | | | | | | | | 984,000 | 155.338,17 |
| 3 | | | ▶⇨ 01 | | | | | | | 884,000 | 135.338,17 |
| 4 | | | ▼⇨ 02 | | | | | | | 100,000 | 20.000,00 |
| 5 | | | | | | Eröffnungssaldo | | | | 0,000 | 0,00 |
| 6 | | | | 01.01.2006 | 01.01.2006 | ⇨ ES 14 | 100,000 | 200,00 | 20.000,00 | 100,000 | 20.000,00 |
| 7 | ▶⇨ A00003 | IBM Infoprint 1226 | | | | | | | | 1.070,000 | 248.189,29 |
| 8 | ▼⇨ A00004 | HP Color Laser Jet 5 | | | | | | | | 1.042,000 | 407.125,05 |
| 9 | | | ▶⇨ 01 | | | | | | | 942,000 | 357.125,05 |
| 10 | | | ▼⇨ 02 | | | | | | | 100,000 | 50.000,00 |
| 11 | | | | | | Eröffnungssaldo | | | | 0,000 | 0,00 |
| 12 | | | | 01.01.2006 | 01.01.2006 | ⇨ ES 14 | 100,000 | 500,00 | 50.000,00 | 100,000 | 50.000,00 |
| 13 | ▼⇨ A00005 | HP Color Laser Jet 4 | | | | | | | | 1.085,000 | 321.753,32 |
| 14 | | | ▶⇨ 01 | | | | | | | 985,000 | 281.753,32 |
| 15 | | | ▶⇨ 02 | | | | | | | 100,000 | 40.000,00 |
| 16 | ▼⇨ A00006 | HP 600 Series Inc | | | | | | | | 78,000 | 26.422,56 |
| 17 | | | ▶⇨ 01 | | | | | | | 78,000 | 26.422,56 |
| 18 | ▼⇨ A00007 | HP 500 Series | | | | | | | | -1,000 | 0,00 |
| 19 | | | ▼⇨ 01 | | | | | | | -1,000 | 0,00 |
| 20 | | | | | | Eröffnungssaldo | | | | 0,000 | 0,00 |
| 21 | | | | 11.04.2013 | 11.04.2013 | ⇨ IM 1 | -1,000 | 0,00 | 0,00 | -1,000 | 0,00 |
| 22 | | | | 11.04.2013 | 11.04.2013 | ⇨ RU 16 | 1,000 | 0,00 | 0,00 | 0,000 | 0,00 |
| 23 | | | | 11.04.2013 | 11.04.2013 | ⇨ IM 2 | -1,000 | 0,00 | 0,00 | -1,000 | 0,00 |
| 24 | | | | 11.04.2013 | 11.04.2013 | ⇨ IM 3 | 1,000 | 0,00 | 0,00 | 0,000 | 0,00 |
| 25 | | | | 11.04.2013 | 11.04.2013 | ⇨ LS 247 | -1,000 | 0,00 | 0,00 | -1,000 | 0,00 |
| 26 | ▼⇨ A00016 | HP 750 Series Inc | | | | | | | | 5,000 | 2.400,00 |
| 27 | | | ▼⇨ 01 | | | | | | | 5,000 | 2.400,00 |
| 28 | | | | | | Eröffnungssaldo | | | | 0,000 | 0,00 |
| 29 | | | | 05.05.2013 | 05.05.2013 | ⇨ EL 274 | 5,000 | 480,00 | 2.400,00 | 5,000 | 2.400,00 |

1.465.234,13

**Abbildung 7.88** Fenster »Bestandsprüfungsbericht«

Hier haben Sie folgende Handlungsmöglichkeiten:

– Klicken Sie auf das schwarze Dreieck ▶ in den Spalten ARTI-KELNR. und LAGER, um den jeweiligen Bereich zu expandieren oder zu komprimieren. Mit den Buttons EXPANDIEREN und KOMPRIMIEREN im rechten unteren Bereich können Sie dies für alle Artikelzeilen durchführen.

– Klicken Sie auf den orangefarbenen Pfeil ⇨ in der Spalte BELEG, um in die dahinterliegende Transaktion zu diesem Artikel zu verzweigen.

Für jede Artikelzeile werden die MENGE, die KOSTEN und der TRANS.WERT in den entsprechenden Spalten angezeigt. In den beiden Spalten ganz rechts erscheinen die KUMULIERTE MGE. und der KUMULIERTE WERT.

▸ **Bericht »Bestandsbewertungsbericht«**

Dieser Bericht dient dazu, ausgewählte Artikel, eingeschränkt hinsichtlich Lager oder Ort, »fiktiv« neu zu bewerten. So haben Sie die Möglichkeit, Bewertungsszenarien für Ihr Lager und Ihre Artikel durchzuspielen.

| Anwendungsrelevanz | [+] |
| --- | --- |
| Diese Szenarien sind nur dann sinnvoll, wenn eine von der derzeitigen Bewertungsmethode abweichende Methode als Basis für diesen Bericht verwendet wird. | |

Die Bewertung verändert die laufende Lagerbewertung nicht. Dies geschieht nur in der BESTANDSNEUBEWERTUNG im Modul LAGER (siehe Abschnitt 7.8, »Manuelle Bestandstransaktionen«). Die Ergebnisse dieser Bewertung werden jedoch in die Preisliste ZULETZT ERMITTELTER PREIS geschrieben und können in anderen Bereichen, wie z. B. bei der Bruttogewinnberechnung, herangezogen werden. Im Fenster AUSWAHLKRITERIEN können Sie auf der rechten Seite alle Kriterien für die »fiktive« Bewertung festlegen.

▸ **Bericht »Transaktionsbericht Seriennummern«**

Dieser Bericht wurde bereits in Abschnitt 7.7, »Verwaltung von Serien-/Chargennummern«, behandelt.

▸ **Bericht »Transaktionsbericht Chargennummer«**

Dieser Bericht wurde ebenfalls bereits in Abschnitt 7.7 behandelt.

## 7.12 Übungsaufgaben

1. Legen Sie das Lager »07 – Reparaturlager« an. Ändern Sie die voreingestellten Konten nicht. Geben Sie Ihren Firmensitz als Lagerort an.

2. Ändern Sie die Lagerbewertungsmethode der beiden Memory-Sticks in einem Zug auf »FIFO«.

3. Legen Sie die Preisliste »VIP-Kundenpreisliste« an. Die Preise dieser neuen Preisliste sollen auf der Basispreisliste zuzüglich 35 % basieren.

4. Geben Sie einen Staffelsonderpreis für den »USB-Memory-Stick 8 GB« an, der bis Ende des Jahres gilt. Bis fünf Stück gilt der Listenpreis, darüber hinaus sinkt der Preis um jeweils 5,00 EUR beim Verkauf von sieben weiteren bis maximal 40 Stück.

5. Auf welche Weise erkennen Sie einen Sonderpreis in der Belegzeile?

6. Rufen Sie den Lagerbericht BESTANDSSTATUS mit der Einschränkung auf die Memory-Sticks auf. Wie viel Stück sind von beiden Artikeln insgesamt verfügbar?

7. Legen Sie einen Artikel für das Fachbuch »SAP Business One. Das Praxishandbuch« mit der nächsthöheren Artikelnummer und der genannten Artikelbeschreibung komplett an. Der Artikel wird jeweils im Doppelpack in einem Plastikbeutel eingekauft und als Einzelstück verkauft. Weisen Sie jeweils einen realistischen Ein- und Verkaufspreis zu.

8. Geben Sie für die USB-Sticks die in Klammern stehenden Katalognummern für die Lieferanten »V10000« (»U554R«), »V20000« (»AB233K«) und »V30000« (»ST844«) an.

9. Legen Sie einen Artikel »Flachbettscanner QuickScan« mit einer beliebigen Artikelnummer und der genannten Artikelbeschreibung komplett an, und berücksichtigen Sie die folgenden Informationen:

   – Artikel verwalten nach: Seriennummern

   – Managementmethode: Bei jeder Buchung

   – Garantievorlage: Silbergarantie

10. Erstellen Sie einen Wareneingang für zwölf Stück des Flachbettscanners. Legen Sie die Seriennummern von »FBS5223-H« bis »FBS5234-H« fest. Diese sollen automatisch und fortlaufend erstellt werden.

11. Erstellen Sie einen Lieferschein für drei Stück des Flachbettscanners mit beliebigen Seriennummern. Rufen Sie den TRANSAKTIONSBERICHT SERIENNUMMERN zu dieser Lieferung auf.

12. Erstellen Sie eine Ausgangsrechnung für weitere vier Stück des Flachbettscanners mit beliebigen Seriennummern.

13. Erstellen Sie eine Umlagerung eines weiteren Flachbettscanners mit einer beliebigen Seriennummer von Lager »01 – Allgemeines Lager« auf »07 – Reparaturlager«.

14. Rufen Sie den BESTANDSPRÜFUNGSBERICHT auf, und schränken Sie diesen auf den Flachbettscanner ein.

*Rahmenverträge sind eine weitere Methode, um länger-
fristige Geschäftsbeziehungen inklusive deren wechselseitiger
Verpflichtungen in SAP Business One abzubilden.*

# 8 Rahmenverträge

Rahmenverträge sind Vereinbarungen mit einem Kunden oder Lieferanten über die Lieferung einer bestimmten Anzahl von Artikeln
über einen definierten Zeitraum. Alle Einkaufs- bzw. Verkaufsbelege
werden bei der Abwicklung des Rahmenvertrags mit diesem verknüpft. Auf diese Weise kann der Grad der Erfüllung des Rahmenvertrags laufend überprüft werden. In diesem Kapitel erfahren Sie,
wie Sie einen Rahmenvertrag anlegen, diesen erfüllen und welche
Berichte in SAP Business One zum Thema *Rahmenvertrag* zur Verfügung stehen. Rahmenverträge sind eine Neuerung aus Release 8.8.

In diesem Kapitel verzichte ich auf Übungsaufgaben, da hierbei über-
wiegend Einkaufs- und Verkaufsbelege angelegt werden würden.
Dies haben Sie bereits ausführlich in den Übungsaufgaben von Kapitel 5, »Einkauf«, und Kapitel 6, »Verkauf«, trainiert.

## 8.1 Rahmenvertrag anlegen

Das Fenster RAHMENVERTRAG finden Sie unter dem Menüpunkt GE-
SCHÄFTSPARTNER • RAHMENVERTRAG. Da es sich bei Rahmenverträgen
mit anderen Geschäftspartnern eher um Stammdaten handelt, wird
das Fenster im SUCHEN-Modus geöffnet. Mit dem Button 🖹 (HINZU-
FÜGEN) wechseln Sie in den HINZUFÜGEN-Modus und können einen
neuen Rahmenvertrag anlegen (siehe Abbildung 8.1).

Abbildung 8.1 Rahmenvertrag anlegen – Registerkarte »Allgemein«

Rahmenvertrag –
Kopfdaten

Die folgenden Felder finden Sie in den Kopfdaten des Fensters RAH-
MENVERTRAG:

▸ **Feld »GP-Code«**
Wählen Sie hier den Geschäftspartner aus, mit dem Sie den Rahmenvertrag abgeschlossen haben.

▸ **Feld »GP-Name«**
Der Name des ausgewählten Geschäftspartners erscheint automatisch in diesem Feld.

▸ **Felder »Ansprechpartner«, »Telefonnummer« und »E-Mail«**
Der Hauptansprechpartner aus den Geschäftspartner-Stammdaten
sowie dessen Telefonnummer und E-Mail-Adresse werden automatisch angezeigt.

Möchten Sie einen abweichenden Ansprechpartner angeben, wählen Sie ihn aus der Dropdown-Liste im Feld ANSPRECHPARTNER aus.

▸ **Feld »Beschreibung«**
Geben Sie hier eine kurze Beschreibung des abgeschlossenen Rahmenvertrags an.

▸ **Feld »Nr.«**
Diese fortlaufende Rahmenvertragsnummer wird von SAP Business One gemäß der von Ihnen eingestellten Nummernserie automatisch vergeben. Wie Sie die Einstellungen der Nummerierung

für Ihre Projekte ändern, wird ausführlich in Abschnitt 4.7, »Belegnummerierung«, beschrieben Wählen Sie alternativ dazu den Eintrag MANUELL aus der Werteliste, und vergeben Sie eine selbst gewählte Vertragsnummer. Diese Vertragsnummer muss jedoch eindeutig sein.

▸ **Feld »Vertragsmethode«**
Wählen Sie hier die Vertragsmethode ARTIKELMETHODE oder GELDMETHODE. Geldmethode bedeutet, dass mit dem Geschäftspartner ein bestimmter Umsatzbetrag vereinbart wird. Die gängigere Artikelmethode bedeutet, dass mit dem Geschäftspartner eine bestimmte Abnahmemenge vereinbart wird.

▸ **Feld »Startdatum«**
Geben Sie hier das Startdatum des abgeschlossenen Rahmenvertrags ein.

▸ **Feld »Enddatum«**
Geben Sie hier das geplante Enddatum des abgeschlossenen Rahmenvertrags ein.

▸ **Feld »Beendigungsdatum«**
Geben Sie hier ein Datum ein, falls der mit Ihrem Geschäftspartner abgeschlossene Rahmenvertrag vorzeitig beendet wurde.

| Beendeter Rahmenvertrag | [+] |
| --- | --- |
| Sobald Sie ein Beendigungsdatum in dieses Feld eingeben, ändert SAP Business One automatisch den Status auf der Registerkarte ALLGEMEIN auf BEENDET. | |

▸ **Feld »Unterzeichnungsdatum«**
Geben Sie hier ein Datum ein, an dem die Rahmenvereinbarung unterzeichnet wurde.

Auf der Registerkarte ALLGEMEIN befinden sich die folgenden Felder:

*Registerkarte »Allgemein«*

▸ **Feld »Vertragstyp«**
Wählen Sie an dieser Stelle den Vertragstyp für den Rahmenvertrag aus. Es stehen Ihnen die Vertragstypen ALLGEMEIN und SPEZIFISCH zur Verfügung.

– *Allgemein*: Verwenden Sie diesen Vertragstyp, wenn Sie die für diesen Geschäftspartner bereits bestehenden Listen- und Sonderpreise verwenden möchten.

– *Spezifisch*: Verwenden Sie diesen Vertragstyp, wenn Sie nur für diesen Rahmenvertrag abweichende Preise in den zugehörigen Belegen verwenden möchten.

**[+]** | **Allgemeiner und spezifischer Rahmenvertrag**

Der Unterschied zwischen beiden Typen liegt im Grunde genommen nur in der Preisbildung für den Rahmenvertrag.

▸ Der Vertragstyp ALLGEMEIN ignoriert alle Preise, die im Rahmenvertrag selbst eingegeben werden, und greift auf die bis dato mit diesem Geschäftspartner vereinbarten Listen- und Sonderpreise zurück. Dies bedeutet, dass Sie hier keine Preisermäßigungen für die einzelne Transaktion berücksichtigen können. Der aus einem Rahmenvertrag für den Geschäftspartner generierte Rabatt wird stattdessen in Form eines Umsatzbonus oder Jahresrabatts mittels einer Wertgutschrift abgebildet. Eine Wertgutschrift ist dabei eine Gutschrift ohne Lagerbewegung, deren Nettobetrag den Rabatt für den Geschäftspartner darstellt. Dies entspricht einem Rahmenvertrag, bei dem ein bestimmtes Umsatz- oder Mengenziel vereinbart wird. Wird dieses vereinbarte Ziel erreicht, wird der Rabatt in Form der Wertgutschrift ausgestellt.

▸ Der Vertragstyp SPEZIFISCH verwendet nur die Preise aus dem Rahmenvertrag und ignoriert alle sonstigen bestehenden Listen- und Sonderpreise, die mit diesem Geschäftspartner ausgehandelt wurden. Das bedeutet, es kann in den Rahmenvertragspreisen ein Rabatt für jede Transaktion berücksichtigt werden. Dies entspricht einem Rahmenvertrag, der auf einen Lieferplan mit regelmäßigen Intervallen abzielt und aufgrund dessen für jede Transaktion ein Rabatt gewährt wird.

▸ **Checkbox »In Rahmenvertrag festgelegte Preise ignorieren«**
Das Erscheinungsbild dieser Checkbox hängt davon ab, wie Sie das Feld VERTRAGSTYP gefüllt haben:

– *Vertragstyp Allgemein*: Diese Checkbox ist aktiviert und ausgegraut. Das bedeutet, es gelten alle Sonderpreise und die in Preislisten festgelegten Preise. Die im Rahmenvertrag festgelegten Preise werden ignoriert.

– *Vertragstyp Spezifisch*: Diese Checkbox ist nicht aktiviert und grau hinterlegt. Das bedeutet, es gelten nur die in diesem Rahmenvertrag festgelegten Preise.

▸ **Feld »Zahlungsbedingungen«**
Wählen Sie eine Zahlungsbedingung aus der Dropdown-Liste bzw. den Eintrag NEU DEFINIEREN, um eine neue Zahlungsbedingung

anzulegen. Die ausgewählte Zahlungsbedingung gilt dann nur für diesen Rahmenvertrag und kann z. B. abweichend von der üblichen Zahlungsbedingung dieses Geschäftspartners definiert werden. Diese Funktion steht Ihnen erst mit Release 9.1 zur Verfügung.

Damit Sie dieses Feld sichtbar machen und verwenden können, markieren Sie die beiden Checkboxen MEHRERE RAHMENVERTRÄGE FÜR DENSELBEN EINGANGSBELEG SPERREN sowie MEHRERE RAHMENVERTRÄGE FÜR DENSELBEN AUSGANGSBELEG SPERREN im Fenster BELEGEINSTELLUNGEN auf der Registerkarte ALLGEMEIN unter ADMINISTRATION • SYSTEMINITIALISIERUNG.

▶ **Feld »Zahlweg«**
Sie können einen Zahlweg aus der Dropdown-Liste auswählen. Wie Sie einen neuen Zahlweg anlegen, lesen Sie in Abschnitt 10.4.1, »Zahlweg als Grundlage für den Zahlungsassistenten«. Der ausgewählte Zahlweg gilt nur für diesen Rahmenvertrag und kann abweichend vom üblichen Zahlweg dieses Geschäftspartners definiert werden.

Auch diese Funktion steht Ihnen erst seit Release 9.1 von SAP Business One zur Verfügung. Um sie zu verwenden, müssen Sie sie ebenfalls durch Aktivieren der Checkboxen MEHRERE RAHMENVERTRÄGE FÜR DENSELBEN EINGANGSBELEG SPERREN sowie MEHRERE RAHMENVERTRÄGE FÜR DENSELBEN AUSGANGSBELEG SPERREN im Fenster BELEGEINSTELLUNGEN auf der Registerkarte ALLGEMEIN unter ADMINISTRATION • SYSTEMINITIALISIERUNG einblenden.

▶ **Feld »Zahlungswahrscheinlichkeit %«**
Geben Sie hier einen Prozentsatz für die Wahrscheinlichkeit an, mit der die Kundenforderungen aus dem Rahmenvertrag bezahlt werden.

▶ **Feld »Status«**
Wählen Sie hier den Status für diesen Rahmenvertrag aus. Die folgenden Möglichkeiten stehen Ihnen dabei zur Verfügung:

– *Genehmigt*: Dies ist der »Normalfall« für den Rahmenvertrag. Dieser Rahmenvertrag muss durch keinen Vorgesetzten mehr genehmigt werden und wurde weder erfüllt noch vorzeitig beendet. Alle Einkaufs- und Verkaufsbelege können zu diesem Rahmenvertrag erstellt werden.

– *Zurückgestellt*: Der Rahmenvertrag ist inaktiv. Es können weder Einkaufs- noch Verkaufsbelege zu diesem Rahmenvertrag erstellt werden.

– *Entwurf*: Der Rahmenvertrag muss erst innerhalb des eigenen Unternehmens genehmigt werden. Dieser Status erscheint zunächst, wenn ein neuer Rahmenvertrag angelegt wird. Bei diesem Status können ebenfalls keine Einkaufs- und Verkaufsbelege erstellt werden.

– *Beendet*: Sobald im Feld BEENDIGUNGSDATUM ein Datum eingegeben wird, springt der Status automatisch auf BEENDET. Einkaufs- und Verkaufsbelege zu diesem Rahmenvertrag können nur mit einem Buchungsdatum erstellt werden, das zwischen dem Startdatum und dem Beendigungsdatum liegt.

▸ **Feld »Eigentümer«**
Der Eigentümer wird von SAP Business One automatisch aufgrund des Benutzers zugeordnet. Der Eigentümer ist relevant für das Dateneigentum und die Definition, welcher Mitarbeiter – abhängig von dessen Stellung im Unternehmen – welche Dokumente abrufen darf. Dies ist besonders in den Bereichen relevant, in denen die Vertraulichkeit der Daten einen hohen Stellenwert einnimmt. Das Dateneigentum zählt zu den weiterführenden Themen und wird aus diesem Grund in diesem Buch nicht behandelt.

▸ **Checkbox »Verlängerung« und Felder »Erinnerung«**
Aktivieren Sie die Checkbox VERLÄNGERUNG, wenn SAP Business One Sie daran erinnern soll, dass dieser Rahmenvertrag verlängert werden soll. Zusätzlich geben Sie in den Feldern ERINNERUNG den Zeitraum an, in dem SAP Business One Sie vor Ablauf des eingegebenen Enddatums erinnern soll.

▸ **Feld »Bemerkungen«**
In diesem Feld haben Sie die Möglichkeit, umfangreiche Bemerkungen zu diesem Rahmenvertrag einzugeben.

Registerkarte
»Details«
Auf der Registerkarte DETAILS definieren Sie den eigentlichen Inhalt des Rahmenvertrags, indem Sie die Artikel, Mengen und Preise festlegen (siehe Abbildung 8.2).

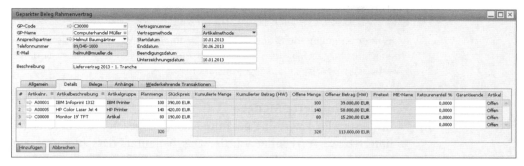

**Abbildung 8.2** Rahmenvertrag anlegen – Registerkarte »Details«

Hier finden Sie die folgenden Felder:

▶ **Feld »Artikelnr.«**
Geben Sie die Artikelnummer ein, oder drücken Sie die ⇥-Taste, um die Auswahlliste zu öffnen. Wie gewohnt können Sie in der Auswahlliste mehrere einzelne Artikel auswählen, indem Sie die Strg-Taste halten und die Artikel mit der linken Maustaste markieren. Alle Artikel eines Listenbereichs wählen Sie aus, indem Sie die ⇧-Taste gedrückt halten und den ersten und letzten Artikel dieses Bereichs mit der linken Maustaste markieren.

▶ **Feld »Artikelbeschreibung«**
Die Artikelbeschreibung des ausgewählten Artikels erscheint automatisch in diesem Feld.

▶ **Feld »Artikelgruppe«**
Die Artikelgruppe des ausgewählten Artikels erscheint ebenfalls automatisch in diesem Feld.

▶ **Feld »Planmenge«**
Geben Sie hier die Menge ein, die gemäß dem Rahmenvertrag für diesen Artikel geplant ist.

▶ **Feld »Stückpreis«**
Geben Sie hier den Stückpreis ein, der gemäß dem Rahmenvertrag für diesen Artikel vorgesehen ist. Dieser Stückpreis ist nur ein Vorschlagswert, der im Beleg überschrieben werden kann. Wenn Sie den Stückpreis im Beleg überschreiben, macht SAP Business One Sie mit einer Hinweismeldung links unten in der Statusleiste auf diesen Sachverhalt aufmerksam.

**[+]**

> ### Vertragstyp »Spezifisch«
>
> Der hier eingegebene Stückpreis wird in einem Einkaufs- bzw. Verkaufs-
> beleg nur vorgeschlagen, wenn Sie auf der Registerkarte ALLGEMEIN den
> Vertragstyp SPEZIFISCH ausgewählt haben.

▸ **Feld »Kumulierte Menge«**

In diesem Feld wird die gesamte Menge angezeigt, die bereits geliefert bzw. verrechnet wurde. Das bedeutet, dass hier nur ein
Wert angezeigt wird, wenn bereits Einkaufs- bzw. Verkaufsbelege
zu diesem Rahmenvertrag in SAP Business One angelegt wurden.

▸ **Feld »Kumulierter Betrag (HW)«**

In diesem Feld wird der gesamte Nettobetrag angezeigt, der bereits geliefert bzw. verrechnet wurde. Dieser ergibt sich aus der
gesamten Menge multipliziert mit dem Stückpreis aus dem jeweiligen Beleg.

▸ **Feld »Offene Menge«**

In diesem Feld wird jene Menge angezeigt, die noch geliefert bzw.
verrechnet werden muss. Sie berechnet sich so:
*Planmenge – kumulierte Menge*

▸ **Feld »Offener Betrag (HW)«**

In diesem Feld wird jener Betrag angezeigt, der noch nicht geliefert bzw. verrechnet wurde. Er berechnet sich so:
*offene Menge × Stückpreis*

▸ **Feld »Freitext«**

In diesem Feld haben Sie die Möglichkeit, eine Anmerkung zu dieser Artikelzeile einzugeben.

▸ **Feld »ME-Name«**

Dieses Feld zeigt die Bestandsmengeneinheit für den Artikel an,
der in den Artikelstammdaten auf der Registerkarte BESTANDSDA-
TEN im Feld BESTANDSMENGENEINHEIT definiert wurde.

▸ **Feld »Retourenanteil %«**

Geben Sie hier einen Prozentsatz für die Wahrscheinlichkeit ein,
mit der der Artikel vom Geschäftspartner retourniert werden
wird. Eine Wahrscheinlichkeit von 5 % gibt z. B. an, dass im
Durchschnitt jeder 20. Artikel zurückgesendet wird.

▸ **Feld »Garantieende«**

Geben Sie hier ein Datum ein, zu dem die Garantie für diesen Artikel endet.

Auf der Registerkarte BELEGE finden Sie eine Historie über alle Einkaufs- und Verkaufsbelege, die es zu diesem Rahmenvertrag gibt. Diese Übersicht ist erst relevant, wenn die ersten Lieferungen erfolgen und somit der Rahmenvertrag erfüllt wird. Aus diesem Grund wird diese Registerkarte in Abschnitt 8.2, »Rahmenvertrag erfüllen«, anhand eines Beispiels behandelt.

Registerkarte »Belege«

Auf der Registerkarte ANHÄNGE haben Sie darüber hinaus die Möglichkeit, Dateianhänge zu diesem Rahmenvertrag zu hinterlegen (siehe Abbildung 8.3).

Registerkarte »Anhänge«

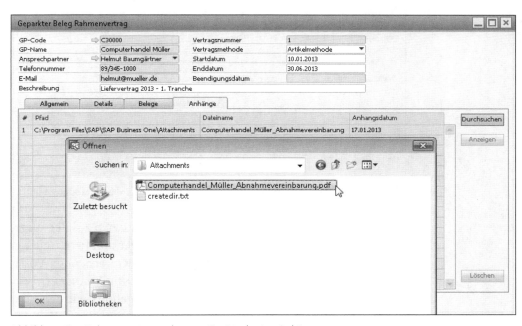

**Abbildung 8.3** Rahmenvertrag anlegen – Registerkarte »Anhänge«

Klicken Sie dazu auf den Button DURCHSUCHEN, wählen Sie im sich öffnenden Dialogfenster ein Dokument aus Ihrem lokalen Ordner, und bestätigen Sie Ihre Auswahl mit dem Button ÖFFNEN.

Rahmenverträge und wiederkehrende Transaktionen (siehe Abschnitt 6.2.6, »Wiederkehrende Transaktionen«) ergänzen sich inhaltlich sehr gut. Wenn Sie mit Ihrem Geschäftspartner wiederkeh-

Registerkarte »Wiederkehrende Transaktionen«

rende Transaktionen vereinbart haben, liegt meist ein Rahmen-vertrag zugrunde. Daher können Sie dem Rahmenvertrag auf der Registerkarte WIEDERKEHRENDE TRANSAKTIONEN z. B. Einkaufs- oder Verkaufsbelege hinzuzufügen (siehe Abbildung 8.4).

Dazu wählen Sie im linken Bereich WIEDERHOLUNGSVORLAGEN eine oder mehrere Vorlagen für wiederkehrende Transaktionen aus. Klicken Sie in der Spalte VORLAGE auf den Button ▣ (AUSWAHLLISTE), und wählen Sie die gewünschte wiederkehrende Transaktion für diesen Geschäftspartner aus.

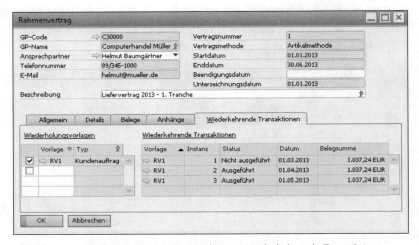

**Abbildung 8.4** Rahmenvertrag – Registerkarte »Wiederkehrende Transaktionen«

Dadurch werden alle wiederkehrenden Transaktionen aus der ausge-wählten Vorlage mit diesem Rahmenvertrag verknüpft. Aktivieren Sie die Checkbox ganz links in der Spalte der entsprechenden Vorla-ge, werden im rechten Bereich WIEDERKEHRENDE TRANSAKTIONEN alle Belege angezeigt – egal, ob sie bereits ausgeführt wurden oder nicht. Abbildung 8.4 zeigt, dass zwei von drei wiederkehrenden Transaktionen ausgeführt wurden.

**Rahmenvertrag hinzufügen**

Nachdem Sie alle notwendigen Daten auf den Registerkarten einge-geben haben, klicken Sie abschließend auf den Button HINZUFÜGEN (siehe Abbildung 8.2).

Um einen bestehenden Vertrag zu ändern, rufen Sie ihn im SUCHEN-Modus auf. Nehmen Sie die gewünschte Änderung vor, und klicken Sie auf den Button AKTUALISIEREN, um die Änderung zu bestätigen.

Sobald Sie einen gültigen Rahmenvertrag haben, kann dieser mit Belegen »abgearbeitet« werden. Im Fenster RAHMENVERTRAG haben Sie die Möglichkeit, schnell einen gewünschten Beleg anzulegen. Dazu klicken Sie im rechten unteren Bereich auf den Button KOPIEREN NACH (siehe z. B. Abbildung 8.1) und wählen die gewünschte Belegart aus der Dropdown-Liste. SAP Business One öffnet einen Beleg entsprechend der ausgewählten Belegart im HINZUFÜGEN-Modus und belegt die wichtigsten Daten wie Geschäftspartner, Artikel, Rahmenvertrag, Zahlungsbedingung etc. bereits vor. Ändern Sie den Beleg wie gewünscht, und klicken Sie auf den Button HINZUFÜGEN, um diesen Beleg anzulegen.

*Belege aus Rahmenvertrag heraus anlegen*

Um einen bestehenden Rahmenvertrag zu duplizieren, klicken Sie mit der rechten Maustaste auf den vorhandenen Rahmenvertrag und wählen den Eintrag DUPLIZIEREN. Nehmen Sie die gewünschten Änderungen vor, und bestätigen Sie diese mit dem Button 📄 (HINZUFÜGEN). Auf diese Weise können Sie sehr einfach und schnell ähnlich gestaltete Rahmenverträge anlegen, ohne sie von Grund auf neu eingeben zu müssen.

*Rahmenvertrag duplizieren*

## 8.2 Rahmenvertrag erfüllen

Ein Rahmenvertrag wird im Wesentlichen dadurch erfüllt, dass alle relevanten Einkaufs- und Verkaufsbelege in Zusammenhang mit einem Rahmenvertrag gesetzt werden. Dies soll anhand des folgenden Beispiels illustriert werden.

Mit einem Kunden wurde ein Rahmenvertrag über einen Lieferplan von drei Artikeln aus dem Sortiment abgeschlossen. Im Folgenden wird gezeigt, wie Sie die wesentlichen drei Schritte in Bezug auf die Erfüllung des Rahmenvertrags abwickeln – die Anlage von Kundenauftrag, Ausgangsrechnung und Gutschrift zum Rahmenvertrag. Alle gezeigten Schritte funktionieren einkaufsseitig auf die gleiche Weise. Die Ausgangsdaten finden Sie in Abbildung 8.2 und in Tabelle 8.1.

| Artikel | Planmenge | Preis |
|---|---|---|
| IBM Infoprint 1312 | 100 | EUR 390,00 |
| HP Color Laser Jet 4 | 140 | EUR 420,00 |
| Monitor 19' TFT | 80 | EUR 190,00 |

**Tabelle 8.1** Beispiel eines Rahmenvertrags – Artikeldetails

### 8.2.1 Kundenauftrag zu Rahmenvertrag anlegen

Ausgehend von den vereinbarten Artikeln, Planmengen und Preisen, wird im ersten Schritt ein Kundenauftrag mit zwei der drei Artikel angelegt (siehe ❶ in Abbildung 8.5).

In den Belegzeilen des Kundenauftrags ist die Spalte RAHMENVERTRAG entscheidend, denn hier erfolgt die Verknüpfung des Artikels mit dem Rahmenvertrag. Diese Verknüpfung wird entlang der Belegkette bis zur Ausgangsrechnung und Ausgangsgutschrift weitergegeben.

Nachdem der Kunde und die Artikel ausgewählt wurden, erscheint in unserem Beispiel die Nummer des Rahmenvertrags automatisch, da für den ausgewählten Kunden und die ausgewählten Artikel nur ein einziger Rahmenvertrag (siehe ❷ in Abbildung 8.5) existiert.

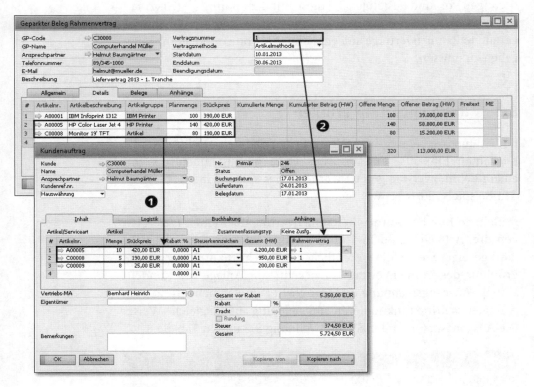

**Abbildung 8.5** Kundenauftrag zu Rahmenvertrag

Die dritte Artikelzeile im Fenster KUNDENAUFTRAG ist nicht Teil des
Rahmenvertrags, und aus diesem Grund bleibt die Spalte RAHMEN-
VERTRAG hier leer. Die im Kundenauftrag vorgeschlagenen Preise
stammen aus dem Rahmenvertrag, wie anhand von Abbildung 8.5
gut erkennbar ist. Die Preise werden aus dem Rahmenvertrag vorgeschlagen, da hier der Vertragstyp SPEZIFISCH gewählt wurde (siehe
auch Abbildung 8.1). Darüber hinaus sind die Preise blau dargestellt,
was aus der allgemeinen Preissystematik auf einen Sonderpreis –
eben den Preis aus dem Rahmenvertrag – hinweist.

Die Auswirkungen des Kundenauftrags auf den Rahmenvertrag sind
auf der Registerkarte BELEGE (siehe Abbildung 8.6) ersichtlich. Beide
Belegzeilen aus dem Kundenauftrag sind hier verzeichnet.

*Auswirkungen auf den Rahmenvertrag*

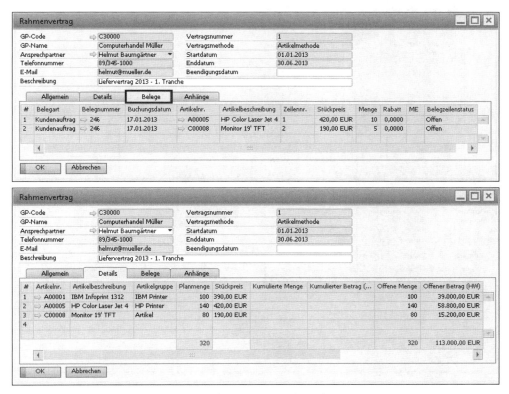

**Abbildung 8.6**  Rahmenvertrag nach Hinzufügen eines Kundenauftrags

Da der Kundenauftrag nicht lagerwirksam ist, hat dieser folglich keine Auswirkung auf die Spalten OFFENE MENGE bzw. KUMULIERTE MENGE des Rahmenvertrags auf der Registerkarte DETAILS (siehe Abbildung 8.6 unten). Die kumulierte Menge ist gleich null, die offene Menge entspricht der Lagermenge.

Im Gegensatz zum Kundenauftrag haben alle lagerwirksamen Belege, wie Lieferung, Ausgangsrechnung, Retoure oder auch Ausgangsgutschrift, sehr wohl eine Auswirkung auf die kumulierte bzw. offene Menge des Rahmenvertrags.

### 8.2.2 Ausgangsrechnung zu Rahmenvertrag anlegen

Als Nächstes wird in unserem Beispiel der Kundenauftrag in eine Ausgangsrechnung weiterverarbeitet. Im Rahmenvertrag auf der Registerkarte DETAILS wird die gelieferte bzw. verrechnete Menge in der Spalte KUMULIERTE MENGE angezeigt (siehe Abbildung 8.7).

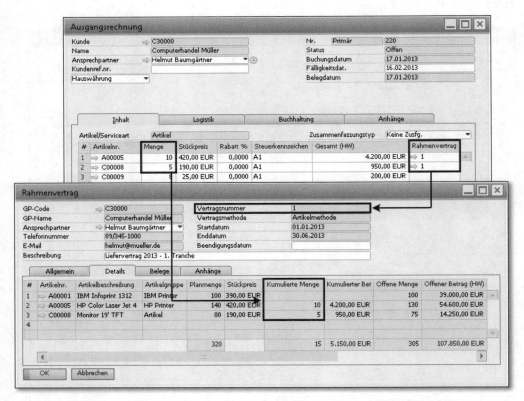

**Abbildung 8.7** Rahmenvertrag nach Hinzufügen einer Ausgangsrechnung

Darüber hinaus reduzieren sich die offene Menge und damit der offene Betrag um den entsprechenden Wert. Damit haben Sie die Möglichkeit, den Erfüllungsgrad für jeden einzelnen Rahmenvertrag exakt nachzuverfolgen.

### 8.2.3 Gutschrift zu Rahmenvertrag anlegen

Da es bei der Abwicklung eines Rahmenvertrags jederzeit zu mangelhaften Lieferungen kommen kann, haben Sie auch die Möglichkeit, eine Gutschrift zu einem Rahmenvertrag anzulegen.

Dies kann sowohl eine Gutschrift aufgrund einer Warenrücksendung als auch eine Wertgutschrift sein, die keine Lagerbewegung verursacht, aber z. B. einen Umsatzbonus für den Vertragspartner abbildet.

Erstellen Sie eine entsprechende Eingangs- bzw. Ausgangsgutschrift, und wählen Sie den fraglichen Rahmenvertrag in der Spalte RAHMENVERTRAG aus. Sobald die Gutschrift hinzugefügt wird, erscheint diese im Fenster RAHMENVERTRAG auf der Registerkarte BELEGE.

## 8.3 Bericht zu einem Rahmenvertrag

Als Bericht zu einem Rahmenvertrag finden Sie die Rahmenvertragsliste im Hauptmenü unter dem Punkt GESCHÄFTSPARTNER/RAHMENVERTRAGSLISTE (siehe Abbildung 8.8). Der Bericht lässt sich nach diversen Auswahlkriterien, wie etwa Vertragstyp, Vertragsstatus, Datum oder Erfüllungsstatus, eingrenzen.

**Rahmenvertragsliste**

| # | Vertragsn | GP-Code | GP-Name | Startdatum | Enddatum | Beendig | Erfüllungsst | Typ | Eigentümer | Artikelnr. | Artikelbesch | Stückpreis | Planmenge | Kumulierte M | Offene M | Kumulierter Betrag | Offener Betrag | Zeilensta |
|---|---|---|---|---|---|---|---|---|---|---|---|---|---|---|---|---|---|---|
| 1 | 1 | C30000 | Computerh | 01.01.2013 | 30.06.2013 | | Nicht erfüll | Spezifisch | Robert Leitner | | | | 320 | 15 | 305 | 5.150,00 EUR | 107.850,00 EUR | |
| 2 | | | | | | | Nicht erfüllt | | | A00001 | IBM Infopr | 390,00 EUR | 100 | | 100 | | 39.000,00 EUR | Offen |
| 3 | | | | | | | Nicht erfüllt | | | A00005 | HP Color La | 420,00 EUR | 140 | 10 | 130 | 4.200,00 EUR | 54.600,00 EUR | Offen |
| 4 | | | | | | | Nicht erfüllt | | | C00008 | Monitor 19 | 190,00 EUR | 80 | 5 | 75 | 950,00 EUR | 14.250,00 EUR | Offen |
| 5 | 2 | C23900 | Gerber Gm | 01.02.2013 | 31.03.2013 | | Nicht erfüllt | Allgemein | Robert Leitner | | | | 140 | | 140 | | 17.300,00 EUR | |
| 6 | | | | | | | Nicht erfüllt | | | I00005 | IBM Thinkp | 130,00 EUR | 80 | | 80 | | 10.400,00 EUR | Offen |
| 7 | | | | | | | Nicht erfüllt | | | I00006 | IBM Thinkp | 115,00 EUR | 60 | | 60 | | 6.900,00 EUR | Offen |
| 8 | 3 | C40000 | Büro-ausstal | 26.11.2012 | 31.01.2013 | | Erfüllt | Allgemein | Robert Leitner | | | | 15 | 15 | | 1.425,00 EUR | | |
| 9 | | | | | | | Erfüllt | | | LB0001 | IT Dienstleis | 95,00 EUR | 15 | 15 | | 1.425,00 EUR | | Offen |
| | | | | | | | | | | | | | 475 | 30 | 445 | 6.575,00 EUR | 125.150,00 EUR | |

OK — Expandieren — Komprimieren

**Abbildung 8.8** Rahmenvertragsliste

Die Rahmenvertragsliste gibt Ihnen einen Überblick über alle Rahmenverträge mit den zugehörigen Artikeln und dem Erfüllungsstatus zu jedem einzelnen Artikel.

*Das Finanzwesen umfasst die Aufzeichnungen, die Sie laut Gesetz anfertigen müssen. In SAP Business One läuft ein Großteil der Buchungen bereits automatisiert in das Journal. Eine Übersicht über die automatischen und die restlichen manuellen Buchungen finden Sie in diesem Kapitel.*

# 9 Finanzwesen

In diesem Kapitel beschäftigen wir uns mit dem gesamten Bereich *Finanzwesen*. Die Grundlage für die Buchhaltung bildet das einzelne Konto oder der Kontenplan. Darauf aufbauend wird die Journalbuchung behandelt. Diese wird automatisch aus anderen Modulen in SAP Business One oder manuell direkt im Modul FINANZWESEN erstellt. Es folgen einige effiziente Hilfsmittel im Finanzwesen wie etwa vorerfasste Belege, Kontierungsmuster und Dauerbuchung. Anschließend machen wir einen Exkurs zur Kostenrechnung und deren Anknüpfung an die Buchhaltung. Das Kapitel schließt mit den wichtigsten Finanzberichten, die in SAP Business One verfügbar sind.

## 9.1 Kontenplan

Beim Anlegen eines Unternehmens können Sie wählen, ob ein vordefinierter Kontenplan angelegt werden soll oder ob Sie Ihren eigenen Kontenplan erstellen möchten. Die vordefinierten Kontenpläne entsprechen den Rechnungslegungsvorschriften des jeweiligen Landes und sind nach dem Muster eines Gemeinschaftskontenrahmens bzw. Einheitskontenrahmens erstellt.

Vordefiniert oder selbst erstellt

**Vordefinierten Kontenplan verwenden** [+]

Falls Sie in Ihrem Unternehmen nicht bereits über einen stark vom Gemeinschaftskontenrahmen bzw. Einheitskontenrahmen abweichenden Kontenplan verfügen und keine ausgeprägten Kenntnisse des Rechnungswesens besitzen, empfiehlt es sich, einen vordefinierten Kontenplan zu verwenden. Diesen vordefinierten Kontenplan können Sie sehr einfach und schnell anpassen und die individuellen Konten Ihres Kontenplans hinzufügen. Diese Variante sollte wesentlich zeitsparender sein, als einen komplett neuen Kontenplan anzulegen.

Für die Bearbeitung des Kontenplans und die Erstellung neuer Konten stehen Ihnen im Modul FINANZWESEN zwei Fenster zur Verfügung: auf der einen Seite das Fenster KONTENPLAN und auf der anderen Seite das Fenster KONTENPLAN BEARBEITEN. Ersteres eignet sich gut, um bestehende Konten zu verwalten, und enthält alle Daten zum einzelnen Konto. Letzteres eignet sich sehr gut, um einen bestehenden Kontenplan umzuorganisieren und neue Konten durch das Kopieren bereits vorhandener Konten anzulegen.

Kontenplan

Der Kontenplan in SAP Business One ist bildlich gesprochen wie ein Aktenschrank organisiert. Die einzelnen Schubladen des Aktenschranks sind thematisch vereinheitlicht und entsprechen ungefähr den Kontenklassen im Standardkontenrahmen bzw. im Einheitskontenrahmen. Der Kontenrahmen aus den folgenden Abbildungen entspricht dem deutschen Kontenrahmen SKR03. Das Fenster KONTENPLAN im Modul FINANZWESEN zeigt diesen Aktenschrank auf der rechten Seite (siehe Abbildung 9.1).

Abbildung 9.1 zeigt das Konto 4930 – BÜROBEDARF, das in der Schublade AUFWAND steckt. Das erkennen Sie daran, dass diese Schublade herausgezogen ist. In dieser Schublade befinden sich Aufwendungen wie Materialaufwand, Personalaufwand, Abschreibungen und sonstige betriebliche Aufwendungen. Klicken Sie auf die Schublade im rechten Teil des Fensters, um die darin enthaltenen Konten anzuzeigen. Seit Release 9.2 von SAP Business One haben Sie die Möglichkeit, die Schubladen ebenfalls umzubenennen. Klicken Sie in diesem Fall auf die Schublade, und markieren Sie jeweils den obersten Eintrag in dieser Liste. Die Schublade wird daraufhin wie jedes Konto im linken Teil des Fensters angezeigt, und Sie können nun das Feld BEZEICHNUNG ändern und mit dem Button AKTUALISIEREN bestätigen.

Konto anlegen

Für das einzelne Konto werden die folgenden Informationen mitgeführt, und es müssen beim Anlegen eines Kontos in folgenden Feldern und Checkboxen Informationen eingegeben werden:

▸ **Checkbox-Gruppe »Details Sachkonto«**
Jedes Konto ist entweder ein TITEL oder ein AKTIVES KONTO.

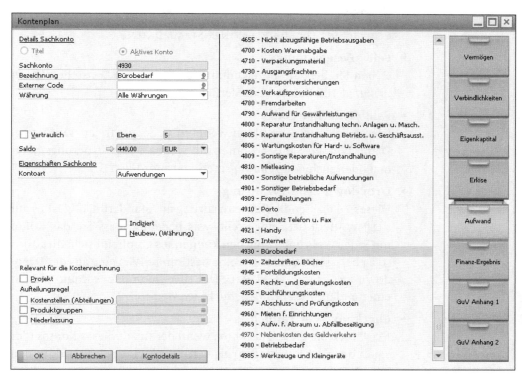

**Abbildung 9.1** Kontenplan mit Aktenschrank auf der rechten Seite

---

**Aktives Konto** [zB]

Das Konto 4930 aus Abbildung 9.1 ist ein aktives Konto, das bebucht werden kann. Mit den Titeln wird die hierarchische Struktur des Kontenplans abgebildet. Sie können beliebig viele Titel untereinander aufführen, um eine baumartige Struktur abzubilden.

Das Konto 4930 – Bürobedarf hängt unter der Aktenschrankschublade Aufwand, außerdem unter den Titeln 5000000 – Aufwendungen, 500080 – Sonstige betriebliche Aufwendungen und 500085 – Andere betriebl. Aufwendungen.

---

▸ **Feld »Sachkonto«**

Dieses Feld zeigt die Kontonummer des aktiven Kontos bzw. des Titels. Es stehen bis zu 15 Zeichen zur Verfügung. Die Kontonummer muss eindeutig sein, das bedeutet, es darf keine zwei Konten mit der gleichen Kontonummer geben. Da Geschäftspartner ebenfalls als Personenkonten in der Buchhaltung agieren, dürfen die

Kontonummern im Kontenplan nicht die gleichen sein wie der GP-CODE in den GESCHÄFTSPARTNER-STAMMDATEN.

▶ **Feld »Bezeichnung«**
Geben Sie hier die Bezeichnung des Kontos ein. Es stehen Ihnen maximal 100 Zeichen zur Verfügung.

▶ **Feld »Externer Code«**
Dieses Feld steht für einen weiteren Code zur freien Verfügung. Damit können Sie den Konten ein weiteres Klassifizierungsmerkmal oder auch Gruppierungsmerkmal zuordnen.

▶ **Dropdown-Liste »Währung«**
Dieses Feld zeigt die Kontenwährung an. Standardmäßig ist es auf ALLE WÄHRUNGEN eingestellt, was bedeutet, dass Sie das Konto mit jeder Währung bebuchen können. Es empfiehlt sich, dies auch so zu belassen. Wählen Sie eine bestimmte Währung aus der Dropdown-Liste aus (z. B. EUR, USD, CHF), wenn dieses Konto nie mit einer anderen Währung bebucht werden soll.

▶ **Checkbox »Vertraulich«**
Markieren Sie diese Checkbox, wenn der Inhalt dieses Kontos (der Saldo oder die Buchungen) als vertraulich eingestuft wird. In den Berechtigungen können die als vertraulich gekennzeichneten Konten für bestimmte Benutzer berechtigt werden.

▶ **Feld »Ebene«**
Zeigt die Ebene in der Hierarchie, auf der sich das Konto befindet. Die Ebene kann im Fenster KONTENPLAN BEARBEITEN geändert werden. Ebene 1 steht nur für Titel zur Verfügung, die Ebenen 2 bis 10 stehen auch für aktive Konten zur Verfügung. Wenn Sie im Fenster KONTENPLAN im HINZUFÜGEN-Modus ein neues Konto anlegen, wird es auf die Ebene gesetzt, auf der Sie sich gerade befinden.

▶ **Feld »Saldo«**
Dieses Feld zeigt den aktuellen Saldo des Kontos an. Klicken Sie auf den orangefarbenen Pfeil 🠪, um den Saldo im Fenster KONTENSALDO im Detail ansehen zu können.

▶ **Dropdown-Liste »Kontoart«**
Geben Sie hier die Kontoart des Kontos an. SAP Business One unterscheidet an dieser Stelle zwischen AUFWENDUNGEN, ERTRÄGEN und SONSTIGEN KONTEN (z. B. alle Bestandskonten). Diese Unterscheidung ist auch maßgeblich für die Budgetierung in SAP Business One.

▶ **Checkbox »Indiziert«**

In SAP Business One haben Sie die Möglichkeit, in den Finanzberichten eine Neubewertung des Kontos vorzunehmen (z. B. Finanzbericht HAUPTBUCH). Diese Neubewertung kann nach der Fremdwährung oder einem Index erfolgen, wie z. B. dem Verbraucherpreisindex. Alle Konten, bei denen die Checkbox INDIZIERT markiert ist, werden bei dieser Neubewertung einbezogen. Falls Konten darunterhängen, werden diese ebenfalls in die Neubewertung mit einbezogen.

▶ **Checkbox »Neubew. (Währung)«**

Markieren Sie diese Checkbox, um für dieses Konto einen automatischen Umrechnungsdifferenzenausgleich zu erzeugen.

▶ **Checkbox »Abstimmkonto« (nur für Kontoart »Sonstige«)**

Markieren Sie diese Checkbox, wenn es sich um ein Abstimmoder Sammelkonto handelt. Auf dem Abstimmkonto werden alle Buchungen vorgenommen, die z. B. auch auf den Personenkonten (Kunden- oder Lieferantenkonten) erfolgen. Dieses Feld ist nur bei der Kontoart SONSTIGE verfügbar, also bei allen Bilanzkonten.

▶ **Checkbox »Geldkonto« (nur für Kontoart »Sonstige«)**

Aktivieren Sie diese Checkbox, wenn es sich um ein Konto handelt, auf dem Zahlungsströme erfolgen, wie z. B. Bank, Kasse etc. Die auf diese Weise markierten Konten finden zudem Berücksichtigung im Cashflow-Bericht. Falls die Checkbox INDIZIERT markiert ist, wird diese demarkiert und umgekehrt. Ein Geldkonto kann nicht gleichzeitig indiziert werden, das bedeutet, für dieses Konto ist keine Neubewertung möglich. Dieses Feld ist nur bei der Kontoart SONSTIGE verfügbar, also bei allen Bilanzkonten.

▶ **Feld »Projekt«**

In diesem Feld können Sie dem Konto ein Projekt zuordnen, dem alle Aufwendungen und Erträge zugewiesen werden. Das Projekt agiert wie ein Kostenträger.

▶ **Bereich »Aufteilungsregel«**

Sie haben die Möglichkeit, jedem Aufwands- oder Ertragskonto eine kostenrechnerische Aufteilungsregel zuzuordnen. Diese teilt den gebuchten Aufwand bzw. Ertrag festgelegten Kostenstellen in einem festgelegten Aufteilungsverhältnis zu. Diese Option wählen Sie, wenn Sie z. B. den Energieaufwand im Verhältnis zur Fläche den einzelnen Kostenstellen zuordnen möchten.

Klicken Sie auf den Button KONTODETAILS. Anschließend können Sie für das Konto noch zusätzliche Informationen eingeben (siehe Abbildung 9.2).

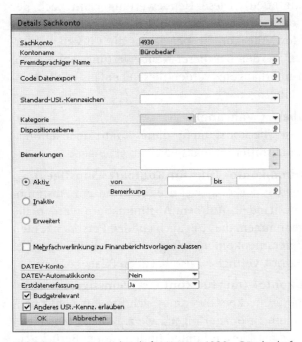

**Abbildung 9.2** Kontodetails für Konto »4930 – Bürobedarf«

Fenster »Details Sachkonto«

Bei diesen zusätzlichen Informationen handelt es sich um die folgenden Felder, Dropdown-Listen oder Checkboxen:

▸ **Feld »Fremdsprachiger Name«**
Mit diesem Feld steht Ihnen eine weitere Möglichkeit zur Verfügung, um eine Bezeichnung anzugeben. Falls Sie den Kontennamen übersetzen möchten, klicken Sie mit der rechten Maustaste in die Kontenbezeichnung.

▸ **Feld »Code Datenexport«**
Verwenden Sie dieses Feld, wenn Sie Buchhaltungsdaten aus SAP Business One in eine fremde Software exportieren möchten. In diesem Fall geben Sie in dieses Feld die fremde Kontonummer ein, damit die exportierten Daten zugeordnet werden können.

▸ **Dropdown-Liste »Standard-USt.-Kennzeichen«**
Ordnen Sie dem Konto ein USt.-Kennzeichen (= Steuerkennzeichen) zu. Aufgrund des zugeordneten USt.-Kennzeichens berech-

net SAP Business One automatisch die Umsatzsteuer bei Eingabe des Brutto- oder Nettobetrags in die Journalbuchung.

▶ **Dropdown-Liste »Kategorie«**
Wählen Sie die Kategorien BILANZ, GEWINN und VERLUST oder SONSTIGE aus der Dropdown-Liste aus. Anschließend wählen Sie aus der Dropdown-Liste rechts daneben die dazugehörige Unterkategorie aus oder klicken auf den Eintrag NEU DEFINIEREN, um eine neue Unterkategorie anzulegen. In allen Lokalisierungen im deutschsprachigen Raum sind von SAP Business One keine Unterkategorien vordefiniert und müssen selbst angelegt werden.

▶ **Feld »Dispositionsebene«**
Geben Sie hier bei Bedarf die Dispositionsebene an, die für die Liquiditätsprognose über das Integration Framework von SAP Business One verwendet wird. Über das Integration Framework kann die SAP-Business-One-Installation Ihrer Niederlassung mit der SAP-Installation einer anderen Niederlassung in Ihrem Konzern prozess- und datentechnisch integriert werden.

▶ **Feld »Bemerkungen«**
Tragen Sie in dieses Feld weitere Erläuterungen ein.

▶ **Optionsfelder »Aktiv«, »Inaktiv« und »Erweitert«**
Geben Sie einen Zeitraum in die Felder VON … BIS (plus dazugehöriger Begründung) ein, für den das Konto AKTIV ist bzw. für den das Konto gesperrt (= INAKTIV) ist. In dem inaktiven Zeitraum kann das Konto nicht bebucht werden. Darüber hinaus haben Sie die Möglichkeit, mit der Option ERWEITERT eine Kombination aus aktivem und inaktivem Zeitraum festzulegen.

▶ **Checkbox »Mehrfachverlinkung zu Finanzberichtsvorlagen zulassen«**
Markieren Sie diese Checkbox, um dieses Konto mehr als einmal in derselben Finanzberichtsvorlage zu verwenden. Finanzberichtsvorlagen können Sie im Fenster FINANZBERICHTSVORLAGEN im Modul FINANZWESEN definieren.

▶ **Feld »DATEV-Konto« (nur deutsche Lokalisierung)**
Geben Sie hier das entsprechende DATEV-Konto an.

▶ **Dropdown-Liste »DATEV-Automatikkonto« (nur deutsche Lokalisierung)**
Geben Sie mittels der Dropdown-Liste an, ob es sich bei diesem Konto um ein DATEV-Automatikkonto handelt.

▸ **Dropdown-Liste »Erstdatenerfassung«**
**(nur deutsche Lokalisierung)**
Geben Sie eine Erstdatenerfassung an, und wählen Sie entweder
die Option JA oder NEIN aus der Dropdown-Liste.

▸ **Checkbox »Budgetrelevant«**
Markieren Sie diese Checkbox, wenn das Konto im Budget verwendet werden soll. Die Budgetierung in SAP Business One zählt
zu den weiterführenden Themen und wird aus diesem Grund
nicht in diesem Buch behandelt.

▸ **Checkbox »Anderes USt.-Kennz. erlauben«**
Aktivieren Sie diese Checkbox, wenn Sie erlauben möchten, dass
in der Journalbuchung bei einer Buchung auf dieses Konto ein anderes USt.-Kennzeichen ausgewählt werden kann. Falls diese
Checkbox nicht markiert ist, wird zur Berechnung nur das zugeordnete USt.-Kennzeichen im Feld STANDARD-USt.-KENNZEICHEN
verwendet.

▸ **Checkboxen »Wechselkursdifferenzen« und »Währungsum-
rechnung«**
**(nur für Kontoart »Sonstige«)**
Markieren Sie diese Checkboxen, wenn das Konto in die automatische Berechnung der Wechselkursdifferenzen bzw. der Währungs-
umrechnung fallen soll. Diese Checkboxen sind nur bei Konten
mit der Kontoart SONSTIGE sichtbar.

Die Handhabung des Fensters KONTENPLAN erfolgt auf die gleiche
Weise wie andere Stammdatenfenster, etwa ARTIKELSTAMMDATEN
und GESCHÄFTSPARTNER. Das bedeutet, dass Sie das Fenster sowohl
im SUCHEN-Modus mit allen nicht grau hinterlegten Feldern als Such-
kriterium als auch im HINZUFÜGEN-Modus verwenden können, um
neue Konten hinzuzufügen.

Kontenplan
bearbeiten

Im Fenster KONTENPLAN BEARBEITEN können Sie sehr schnell neue
Konten hinzufügen, wenn Sie bestehende Konten als Kopiervorlage
verwenden. Öffnen Sie das Fenster KONTENPLAN BEARBEITEN (FI-
NANZWESEN • KONTENPLAN BEARBEITEN), und Sie erhalten die Möglichkeit, eine Vorauswahl zu treffen (siehe Abbildung 9.3).

Im Fenster KONTENPLAN BEARBEITEN – AUSWAHLKRITERIEN markieren
Sie jene Kategorien des Kontenplans, die Sie bearbeiten möchten.
Diese Kategorien entsprechen den Schubladen des Aktenschranks

aus dem Fenster KONTENPLAN. Klicken Sie auf den Button ALLE AUS-
WÄHLEN, um alle Kategorien des Kontenplans auszuwählen; klicken
Sie auf AUSWAHL LÖSCHEN, um sie wieder zu demarkieren. Klicken
Sie abschließend auf den Button OK, um die ausgewählten Kategori-
en anzuzeigen (siehe Abbildung 9.4).

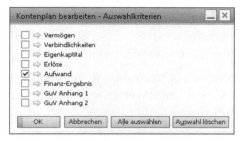

**Abbildung 9.3**  Fenster »Kontenplan bearbeiten – Auswahlkriterien«

**Abbildung 9.4**  Fenster »Kontenplan bearbeiten« – gleichrangiges Konto anlegen

Da in diesem Fenster kein Aktenschrank mit den Kategorien des
Kontenplans vorhanden ist, müssen Sie die Auswahl der Kategorien
jeweils im Fenster KONTENPLAN BEARBEITEN – AUSWAHLKRITERIEN
treffen.

**Konto anlegen**

Gehen Sie anschließend wie folgt vor, um ein Konto anzulegen:

1. Um ein neues Konto anzulegen, markieren Sie das Konto, unter dem Sie das neue Konto anlegen möchten, und klicken auf den Button GLEICHRANG. KTO HINZUFÜG.

2. Unterhalb des markierten Kontos wird ein neues Konto angelegt, das die gleiche Einordnung hat wie das markierte Konto.

3. Geben Sie SACHKONTO und KONTONAME ein, und klicken Sie auf den Button AKTUALISIEREN, um das Konto anzulegen.

   – Mit dem Feld EBENE geben Sie allgemein den Rang innerhalb des Kontenplans an, das Feld HAUPTEBENE bezeichnet die Schublade des Aktenschranks.

   – Mit dem Feld ÜBERGEORDNETES ELEMENT geben Sie an, unter welchem Konto das betreffende Konto hängt, und POSITION IN HAUPTEBENE enthält die Angabe, auf welcher Position sich das betreffende Konto befindet, falls mehrere Konten unter dem übergeordneten Konto hängen.

Eine weitere Möglichkeit, um ein Konto anzulegen, besteht darin, ein übergeordnetes Konto zu markieren und auf den Button UNTERGEORDN. KTO. HINZUFÜG. zu klicken.

Klicken Sie auf den blau hinterlegten weißen Pfeil in der linken unteren Ecke, um wieder zu den Auswahlkriterien zu gelangen, ohne das Fenster zu schließen.

Konto löschen | Um ein Konto zu löschen, klicken Sie es mit der rechten Maustaste an und wählen den Eintrag ERWEITERT und anschließend KONTO LÖSCHEN aus dem Kontextmenü aus. Eine Übersicht über alle Konten und einen druckbaren Kontenplan finden Sie in dem Finanzbericht SACHKONTEN UND GESCHÄFTSPARTNER. Dieser wird in Abschnitt 9.9, »Finanzberichte«, näher beschrieben.

## 9.2    Buchungskreislauf in SAP Business One

Laufende Buchung eines KMUs | Die gesamten Buchungen eines kleinen und mittleren Unternehmens (KMU) können in verschiedenen Themenbereichen zusammengefasst werden. Diese Buchungen sind typisch für die Buchhaltung eines KMUs und können dementsprechend auch auf andere kleine und mittlere Unternehmen übertragen werden. Die gesamte

Buchhaltung besteht aus Eröffnungsbuchungen, laufenden Buchungen während des Geschäftsjahres und Abschlussbuchungen am Ende eines Geschäftsjahres. Die Eröffnungs- und Abschlussbuchungen gehören zu den weiterführenden Themen und werden aus diesem Grund nicht in diesem Buch behandelt.

| **Unterstützung beim ersten Jahresabschluss mit SAP Business One** | **[+]** |
| --- | --- |
| Der Jahresabschluss in Ihrem Unternehmen (zumindest im ersten Jahr der Arbeit mit SAP Business One) sollte unter Zuhilfenahme eines Consultants in Absprache mit Ihrem Steuerberater erfolgen. | |

Die laufenden Buchungen, die während des Jahres in Ihrem Unternehmen zu erledigen sind, können gemäß der Aufstellung in Abbildung 9.5 kategorisiert werden.

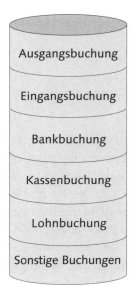

Ausgangsbuchung

Eingangsbuchung

Bankbuchung

Kassenbuchung

Lohnbuchung

Sonstige Buchungen

**Abbildung 9.5** Übersicht über laufende Buchungen eines KMUs

Zu den einzelnen Kategorien sind noch folgende hilfreiche Anmerkungen anzufügen:

Kategorien der laufenden Buchungen

► **Ausgangsbuchung**
Zu den Ausgangsbuchungen zählen alle Verkaufsbuchungen eines Unternehmens. Dazu gehören neben den Verkäufen auch Warenrücksendungen, Gutschriften, die laufende Wareneinsatzumbuchung etc.

▸ **Eingangsbuchung**
Neben den klassischen Wareneinkäufen inklusive Gutschriften
und Buchungen auf das Vorratskonto gehören dazu auch alle Auf-
wandsbuchungen bezüglich der übrigen betrieblichen Aufwendungen und der Einkauf von Dienstleistungen.

▸ **Bankbuchung**
Zu den Bankbuchungen zählen Eingangszahlungen und Ausgangszahlungen sowie die sonstigen Buchungen, die aus Spesen, Gebühren und Zinsen resultieren.

▸ **Kassenbuchung**
Alle Bareinkäufe und Barverkäufe sowie Transfers zwischen Kasse
und Bank fallen in diese Kategorie.

▸ **Lohnbuchung**
Die Verbuchung des Buchungsbelegs aus der Lohnverrechnung
(zumeist vom Steuerberater) erfolgt im Rahmen der Lohnbuchun-
gen.

▸ **Sonstige Buchungen**
Alle restlichen Buchungen, die nicht in eine der vorangegangenen
Kategorien fallen (mit Ausnahme der Eröffnungs- und Abschluss-
buchungen), gehören in diese Kategorie.

Laufende
Buchungen in
SAP Business One

Der Großteil der laufenden Buchungen während des Geschäftsjahres, die an dieser Stelle in Kategorien gefasst wurden, erfolgt automatisch durch die Erstellung einer bestimmten Belegart (z. B. Eingangsrechnung, Lieferung) in SAP Business One. Die Restgröße
der nicht automatisch abgesetzten Buchungen aus den einzelnen Belegarten wird manuell in der Journalbuchung erstellt. Für ein effizientes Arbeiten mit der Journalbuchung stehen Hilfsmittel wie die
vorerfassten Belege (siehe Abschnitt 9.4, »Buchungsvorerfassung«)
und die Dauerbuchung (siehe Abschnitt 9.6, »Dauerbuchungen«) zur
Verfügung.

Die in Abbildung 9.5 gezeigten Buchungskategorien werden durch
bestimmte Belegarten in SAP Business One abgedeckt. Abbildung 9.6
zeigt eine Übersicht darüber, welche Buchungskategorien durch welche Belegarten abgedeckt werden.

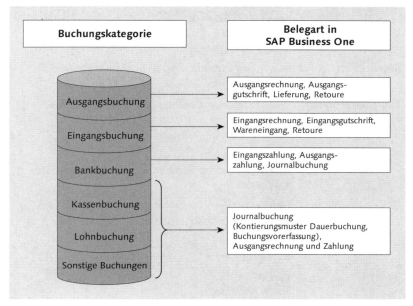

**Abbildung 9.6** Buchungskreislauf in SAP Business One

Lediglich die Journalbuchung muss manuell erstellt werden (unter Verwendung der genannten Hilfsmittel). Alle anderen Belegarten werden durch SAP Business One automatisch verbucht, wodurch sich der tatsächliche laufende Buchungsaufwand reduziert.

Buchungen in SAP Business One

Die Grundlage für die automatischen Buchungen in SAP Business One bildet die KONTENFINDUNG SACHKONTEN (über ADMINISTRATION • DEFINITIONEN • FINANZWESEN • KONTENFINDUNG SACHKONTEN). In dieser KONTENFINDUNG SACHKONTEN wird eine Reihe von Kontierungen festgelegt, die alle automatischen Buchungen der einzelnen Belegarten steuern. Beim Anlegen Ihres Unternehmens werden (bei Verwendung des Standardkontenplans) diese Kontierungen automatisch zugeordnet. Falls Sie eine abweichende Kontierung planen oder einen individuellen Kontenplan verwenden, müssen Sie Anpassungen in der KONTENFINDUNG SACHKONTEN unter Zuhilfenahme eines Consultants vornehmen.

Tabelle 9.1 zeigt Ihnen eine Übersicht über die automatischen Buchungen in der Belegkette.

| Belegstufe | Buchung |
|---|---|
| Wareneingang | Vorratskonto<br>an Wareneingangsrechnungs-Verrechnungskonto |
| Retoure | Wareneingangsrechnungs-Verrechnungskonto<br>an Vorratskonto |
| Eingangsrechnung | Wareneingangsrechnungs-Verrechnungskonto<br>Vorsteuer<br>an Lieferanten |
| Eingangsgutschrift | Lieferant<br>an Wareneingangsrechnungs-Verrechnungskonto<br>an Vorsteuer |
| Ausgangszahlung | Lieferant<br>an Zahlungsmittelkonto (Kasse, Bank etc.) |
| Lieferung | Wareneinsatz<br>an Vorratskonto |
| Retoure | Vorratskonto<br>an Wareneinsatz |
| Ausgangsrechnung | Kunde<br>an Umsatzerlöse<br>an Umsatzsteuer |
| Ausgangsgutschrift | Umsatzerlöse<br>Umsatzsteuer<br>an Kunden |
| Eingangszahlung | Zahlungsmittelkonto<br>an Kunden |

**Tabelle 9.1** Automatische Verbuchung der einzelnen Belegstufen

Varianten der
Warenverbuchung

Bei der Verbuchung von Wareneinkäufen und Warenverkäufen verwendet SAP Business One eine Vorgehensweise, die die Realität sehr gut abbildet. Grundsätzlich gibt es zwei Ansätze der Warenverbuchung im Einkauf.

▸ **Als Warenvorrat**

*Variante 1* verbucht die Wareneinkäufe immer auf das Vorratskonto (Umlaufvermögen), und erst am Jahresende wird der tatsächliche Wareneinsatz (Aufwandskonto) mit der Inventur ermittelt. Das führt während des Jahres dazu, dass sich das Unternehmen aufgrund des fehlenden Aufwands aus dem Wareneinsatz erfolgsmäßig tendenziell besser darstellt, als es tatsächlich ist.

▸ **Als Wareneinsatz**

*Variante 2* verbucht alle Wareneinkäufe sofort als Wareneinsatz, obwohl diese tatsächlich zumindest zum Teil noch auf Lager liegen und in das Umlaufvermögen gehören. Erst am Jahresende wird der tatsächliche Wareneinsatz aufgrund der Inventur ermittelt. Das führt während des Jahres dazu, dass sich das Unternehmen aufgrund des sofort verbuchten Aufwands aus dem Wareneinsatz erfolgsmäßig tendenziell schlechter darstellt, als es tatsächlich ist.

SAP Business One bucht die Wareneinkäufe aus dem Wareneingang auf das Vorratskonto, und erst mit der Abfassung aus dem Lager (mit der Lieferung) wird der Warenwert auf das Wareneinsatzkonto umgebucht. Diese Variante nähert sich am ehesten der Realität an.

*Warenverbuchung in SAP Business One*

Außerdem berücksichtigt SAP Business One einen möglichen zeitlichen Unterschied zwischen dem Wareneingang und der gegenüber dem Lieferanten entstandenen Verbindlichkeit aufgrund der Eingangsrechnung. Für diese zeitliche Überbrückung wurde das Wareneingangsrechnungs-Verrechnungskonto (*WeRe-Konto*) ins Leben gerufen. Dieses Konto agiert als Platzhalter für den Zeitraum zwischen Wareneingang und Lieferung. Das bedeutet, ein Wareneingang wird in zwei Schritten gebucht.

*WeRe-Konto*

1. Zunächst wird der physische Wareneingang auf das Vorratskonto gebucht. Als Gegenkonto agiert das WeRe-Konto.

2. Sobald die Eingangsrechnung verbucht wird, wird das WeRe-Konto wieder ausgeglichen, und es werden die Verbindlichkeit gegenüber dem Lieferanten und die Vorsteuer gebucht.

---

**Zusammenfallen von Wareneingang und Eingangsrechnung** **[+]**

Fallen der Wareneingang und die Eingangsrechnung zusammen (das heißt, nur die Eingangsrechnung, nicht aber der Wareneingang wird erstellt), wird das WeRe-Konto nicht benötigt, und es werden direkt Vorratskonto und Vorsteuer gegen Lieferant gebucht.

---

Im Grunde genommen muss SAP Business One bei jeder Artikelzeile – sowohl im Einkauf als auch im Verkauf – »wissen«, auf welches Konto der Artikel gebucht wird. Auf welches Erlöskonto wird z. B. bei der Ausgangsrechnung der Erlös des Artikels in der dritten Artikelzeile gebucht? SAP Business One bietet drei Methoden an, mit denen die Sachkonten festgelegt werden können:

*Sachkonten festlegen*

> **Nach Lager**
> Die Festlegung des Kontos in der Artikelzeile erfolgt aufgrund des hinterlegten Kontos beim ausgewählten Lager.

> **Nach Artikelgruppe**
> Die Festlegung des Kontos in der Artikelzeile erfolgt aufgrund des hinterlegten Kontos bei der Artikelgruppe dieses Artikels.

> **Nach Artikel**
> Die Festlegung des Kontos in der Artikelzeile erfolgt aufgrund des in den Artikelstammdaten hinterlegten Kontos dieses Artikels.

**Methode auswählen** Die Auswahl der Methode erfolgt im Fenster ALLGEMEINE EINSTELLUNGEN, Registerkarte BESTAND, Registerkarte ARTIKEL, im Feld SACHKONTEN FESTLEGEN NACH. Wählen Sie die Option LAGER, ARTIKELGRUPPE oder ARTIKELEBENE aus der Werteliste aus. Die ausgewählte Option ist lediglich ein Vorschlagswert für alle neu anzulegenden Artikel und kann im Fenster ARTIKELSTAMMDATEN, Registerkarte BESTANDSDATEN, im Feld SACHKONTEN FESTLEGEN NACH jederzeit geändert werden. Die Änderung wird ab der nächsten Buchung wirksam.

**[+]** | **Festlegen der Sachkonten vor der ersten Buchung**

Die Festlegung der Sachkontenmethode ist eine zentrale Überlegung vor der ersten Buchung. Sie ist ein wichtiger Baustein und dient dazu, Ihre Erlös- und Aufwandsstruktur abzubilden.

**[zB]** | **Festlegen der Sachkonten vor der ersten Buchung**

Sie möchten Ihre Erlöse pro Artikelgruppe auf einem eigenen Erlöskonto sammeln. Dementsprechend werden Sie die Artikelgruppen und die Erlöskonten anlegen und als Sachkontenmethode die Verbuchung nach Artikelgruppe einstellen. Diese Systematik sollten Sie vor Beginn des Echtbetriebs bis zur letzten Konsequenz durchdenken und gegebenenfalls einen Consultant zu Rate ziehen, der die Vor- und Nachteile jeder Variante darlegen kann.

## 9.3    Journalbuchungen

Das Fenster JOURNALBUCHUNG (FINANZWESEN • JOURNALBUCHUNG) ist das zentrale Buchungsfenster, in dem alle automatischen Buchungen landen und alle manuellen Buchungen angelegt werden (siehe Abbildung 9.7).

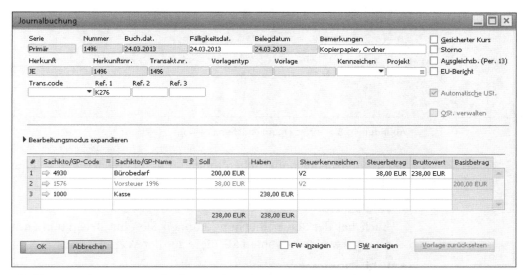

**Abbildung 9.7** Fenster »Journalbuchung« – Bareinkauf von Büromaterial

Die Buchungsmaske (= Fenster JOURNALBUCHUNG) ist mehrzeilig, die **Buchungsmaske** Buchung erfolgt wie ein Buchungssatz aus der doppelten Buchhaltung auf dem Papier. Aus diesem Grund ist der Wiedererkennungswert gerade für Einsteiger sehr hoch und die Einstiegsschwelle beim Buchen relativ niedrig.

Das Fenster JOURNALBUCHUNG entspricht in seiner Handhabung jedem anderen Fenster in SAP Business One. Das bedeutet, Sie gehen in den HINZUFÜGEN-Modus, um neue Buchungen anzulegen, wobei eine Buchung einem Datensatz entspricht. Dieser Datensatz hat die Kopfdaten im oberen Bereich und die Buchungszeilen in der Tabelle im unteren Bereich. Füllen Sie alle relevanten Felder aus, und klicken Sie auf den Button HINZUFÜGEN, um die Journalbuchung zu buchen.

Das Fenster bleibt nach dem Hinzufügen der Journalbuchung jeweils **Buchungssatz** im HINZUFÜGEN-Modus, um sofort die nächste Journalbuchung zu **suchen** buchen. Um einen Buchungssatz zu suchen, wechseln Sie in den SUCHEN-Modus. Um die Buchungssätze »durchzublättern«, klicken Sie die Datensatzschaltflächen an. Alle automatisch angelegten Buchungen finden Sie ebenfalls in diesem Fenster. Wenn Sie z. B. eine Ausgangsrechnung hinzufügen und diese im Fenster JOURNALBUCHUNG suchen, öffnen Sie das Fenster und klicken auf den Button ➡️| (LETZTER DATENSATZ), um die zuletzt angelegte Journalbuchung aus der Ausgangsrechnung aufzurufen.

**Abbildung 9.8** Fenster »Journalbuchung« – Kopfbereich

**Kopfbereich der Journalbuchung**

Bei der Journalbuchung stehen Ihnen im Kopfbereich die folgenden Felder und Checkboxen zur Verfügung (siehe Abbildung 9.8):

▶ **Feld »Serie«**
Auch bei der Journalbuchung können Sie eine Belegnummernserie verwenden. Wählen Sie diese aus der Werteliste aus.

▶ **Feld »Nummer«**
Die Journalbuchungsnummer wird automatisch von SAP Business One vergeben.

▶ **Feld »Buch.dat.«**
Geben Sie das Buchungsdatum des Belegs ein.

▶ **Feld »Fälligkeitsdat.«**
Dieses Feld zeigt das Fälligkeitsdatum des Belegs an. Bei der Verbuchung von Eingangs- oder Ausgangsrechnungen wird das Fälligkeitsdatum automatisch aufgrund der bei der Rechnung hinterlegten Zahlungsbedingung errechnet.

▶ **Feld »Belegdatum«**
Geben Sie das Belegdatum des Belegs ein. Der Unterschied zwischen Buchungsdatum und Belegdatum wurde bereits bei der Bestellung in Abschnitt 5.2.1, »Belegkopf«, erläutert.

▶ **Feld »Bemerkungen«**
Geben Sie in diesem Feld einen Buchungstext ein. Falls Sie einen Transaktionscode (im Feld TRANS.CODE) auswählen, wird dessen Beschreibung angezeigt. Diese können Sie dann im Feld ergänzen. Bei der Verbuchung eines Belegs wird in diesem Feld der Inhalt des Feldes JOURNALEINTRAG auf der Registerkarte BUCHHALT. des Belegfensters angezeigt. Das bedeutet: Bevor Sie z. B. die Ausgangsrechnung hinzufügen, können Sie das Feld JOURNALEINTRAG noch bearbeiten, um den Buchungstext zu ändern.

> ▸ **Feld »Herkunft«**
>
> Dieses Feld zeigt den Ursprung der Journalbuchung mit einem zweistelligen Kürzel an. Dieses Kürzel ist eine interne Abkürzung für die jeweilige Belegart, die diese Journalbuchung verursacht hat (z. B. »BE« für Eingangsrechnung). Sofern die Journalbuchung nicht aus einer ERÖFFNUNGSBUCHUNG stammt oder direkt im Fenster JOURNALBUCHUNG angelegt wurde, können Sie mit dem orangefarbenen Pfeil ⇨ neben dem Feld HERKUNFT den dahinterliegenden Beleg aufrufen. Tabelle 9.2 zeigt eine Übersicht über die gängigsten Belegkürzel in diesem Feld.

| Belegkürzel | Belegart |
|---|---|
| BC | Abschlusssaldo |
| BE | Eingangsrechnung |
| BL | Eingangszahlung |
| BR | Retoure |
| DT | Ausgangsanzahlungsrechnung |
| DT | Eingangsanzahlungsrechnung |
| EL | Wareneingang (Bestellung) |
| ES | Eröffnungssaldo |
| EZ | Einzahlung |
| IM | Bestandsumlagerung |
| JE | Journalbuchung |
| KR | Ausgangsgutschrift |
| LS | Lieferung |
| LT | Bestandsbuchung |
| MR | Bestandsneubewertung |
| RE | Ausgangsrechnung |

**Tabelle 9.2** Übersicht über die gängigsten Belegkürzel

**Alle Belegkürzel in Anhang A**  [+]

Eine komplette Aufstellung aller Belegkürzel, die in SAP Business One verwendet werden, finden Sie in Abschnitt A.3.

> ▸ **Feld »Herkunftsnr.«**
>
> Dieses Feld zeigt die Belegnummer der Belegart aus dem Feld HERKUNFT.

- **Feld »Transakt.nr.«**
  Dieses Feld zeigt die von SAP Business One automatisch vergebene fortlaufende JOURNALNUMMER.

- **Felder »Vorlagentyp« und »Vorlage«**
  Diese beiden Felder werden für die Funktionen KONTIERUNGSMUSTER und DAUERBUCHUNG verwendet und aus diesem Grund in Abschnitt 9.5, »Kontierungsmuster«, und Abschnitt 9.6, »Dauerbuchungen«, näher behandelt.

- **Dropdown-Liste »Kennzeichen«**
  Wählen Sie aus der Dropdown-Liste ein Zessionskennzeichen aus, oder legen Sie mit dem Eintrag NEU DEFINIEREN ein neues Kennzeichen an. Das Zessionskennzeichen wird beim GESCHÄFTSPARTNER auf der Registerkarte ALLGEMEIN hinterlegt. Wird nun eine Ausgangsrechnung für diesen Kunden erstellt, erscheint das Zessionskennzeichen auf der Registerkarte BUCHHALT. der AUSGANGSRECHNUNG. Aufgrund der automatischen Verbuchung wird das Zessionskennzeichen schließlich in das Feld KENNZEICHEN der JOURNALBUCHUNG weitergereicht. Somit ist gekennzeichnet, dass die Forderung aus dieser Ausgangsrechnung zediert ist, das bedeutet, sie wurde an einen Dritten abgetreten, und dieser ist nun der eigentliche Gläubiger.

- **Werteliste »Projekt«**
  Wählen Sie ein Projekt aus der Werteliste aus, wenn Sie den Aufwand bzw. den Ertrag kostenrechnerisch diesem Projekt zuordnen möchten. Die Zuordnung wird in Abschnitt 9.8, »Einbinden der Kostenrechnung«, näher behandelt.

- **Dropdown-Liste »Trans.code«**
  Wählen Sie einen Transaktionscode aus der Werteliste oder den Eintrag NEU DEFINIEREN, um einen neuen Transaktionscode anzulegen. Mit diesem Transaktionscode haben Sie die Möglichkeit, Ihre Buchungen zu kategorisieren. Dies könnte nach dem Vorbild einer Buchungsart erfolgen (Eingangsrechnung, Ausgangsrechnung, Kasse, Bank, Lohnbuchung, Saldovortrag, Eröffnungsbuchung etc.). Jede andere Kategorisierung ist ebenfalls denkbar. Beim Anlegen eines neuen Transaktionscodes erfassen Sie jeweils Code und Beschreibung. Der Code wird im Feld TRANS.CODE, die Beschreibung im Feld BEMERKUNGEN angezeigt, sofern hier nicht schon ein Buchungstext eingegeben wurde.

▶ **Feld »Ref. 1«**
Geben Sie die Belegnummer in dieses Feld ein.

▶ **Feld »Ref. 2«**
Dieses Feld steht für eine weitere Belegnummer zur Verfügung. Wenn Sie bei einer *Eingangsrechnung* eine Fremdbelegnummer im Feld LIEFERANTENREFERENZNUMMER erfassen, wird diese im Feld REF. 2 angezeigt.

▶ **Feld »Ref. 3«**
Das Feld REF. 3 ist eigentlich wesentlich informativer in der Journalbuchungszeile. Zum Beispiel steht bei einer Eingangszahlung die fortlaufende Belegnummer in der Buchungszeile des Kundenkontos und die Bankbelegnummer (= Nummer des Kontoauszugs) in der Buchungszeile des Bankkontos. Dennoch haben Sie die Möglichkeit, weitere Belegnummern in das Feld REF. 3 einzugeben. In diesem Fall werden alle automatisch übernommenen Belegnummern überschrieben.

▶ **Checkbox »Gesicherter Kurs«**
Für eine Buchung in Fremdwährung wird der Wechselkurs aus dem Fenster WECHSELKURSE UND INDIZES (siehe Abschnitt 9.7, »Buchungen in Fremdwährung«) verwendet. Falls Sie nur für diese Journalbuchung einen abweichenden Wechselkurs festlegen möchten, markieren Sie die Checkbox GESICHERTER KURS, wählen eine WÄHRUNG aus und geben einen WECHSELKURS im Feld rechts daneben ein, das beim Markieren der Checkbox erscheint.

▶ **Checkbox »Storno«**
Aktivieren Sie diese Checkbox, wenn Sie zu der eingegebenen Buchung eine Rückbuchung in der umgekehrten Form zu einem bestimmten Datum planen. Diese Technik kann z. B. für Abgrenzungsbuchungen oder die Dotation und Auflösung von Rückstellungen zwischen dem alten und neuen Geschäftsjahr eingesetzt werden.

– Nachdem Sie die Checkbox markiert haben, erscheint rechts daneben ein weiteres Feld, in das Sie das DATUM für die stornierten Transaktionen eingeben können. SAP Business One erinnert Sie beim ersten Einstieg an dieses Datum und öffnet das Fenster STORNIERTE TRANSAKTIONEN.

– In diesem Fenster werden alle Journalbuchungen vorgeschlagen (und sind bereits markiert), die zum aktuellen Datum storniert werden sollen. Klicken Sie auf den Button Ausführen, um die umgedrehten Journalbuchungen hinzuzufügen.

▶ **Checkbox »Ausgleichsb. (Per. 13)«**
Markieren Sie diese Checkbox, um die Journalbuchung als Abschlussbuchung (für die 13. Periode) zu kennzeichnen. Die auf diese Weise markierten Journalbuchungen können von den Finanzberichten ausgenommen werden.

▶ **Checkbox »EU-Bericht«**
Aktivieren Sie diese Checkbox, und die Journalbuchung erscheint in der zusammenfassenden Meldung.

▶ **Checkbox »Automatische USt.«**
Diese Checkbox ist standardmäßig markiert. Wenn bei einem Konto ein Standard-USt.-Code hinterlegt ist, wird eine zweite Zeile unterhalb des ausgewählten Kontos eingefügt, in der die Umsatzsteuer automatisch berechnet wird. Ist die Checkbox demarkiert, wird keine automatische Umsatzsteuerberechnung vorgenommen.

▶ **Checkbox »QSt. verwalten«**
Mit dieser Checkbox wird die Quellensteuerfunktion für diese Journalbuchung aktiviert. Die Checkbox kann nur markiert werden, wenn die Checkbox Automatische USt. aktiviert ist.

▶ **Checkboxen »FW anzeigen« und »SW anzeigen«
(unterhalb der Journalbuchungszeilen)**
Klicken Sie auf die Checkbox FW anzeigen, um die Spalten Soll (FW) und Haben (FW) einzublenden, in die Sie Buchungsbeträge in Fremdwährung eingeben können. Klicken Sie abermals auf die Checkbox, und die Spalten werden wieder ausgeblendet. Klicken Sie auf die Checkbox SW anzeigen, und es werden die Spalten Soll (SW) und Haben (SW) eingeblendet. Diese zeigen den Buchungsbetrag in Systemwährung an. Genaueres zum Thema Fremdwährung erfahren Sie in Abschnitt 9.7, »Buchungen in Fremdwährung«.

**Zeilenbereich der Journalbuchung** Die Buchung können Sie nun in den Journalbuchungszeilen (Weiterspringen können Sie dabei jeweils mit der ⇥-Taste) komplettieren (siehe Abbildung 9.9).

| # | Sachkto/GP-Code | ≡ | Sachkto/GP-Name | ≡ | Soll | Haben | Steuerkennzeichen | Steuerbetrag | Bruttowert | Basisbetrag |
|---|---|---|---|---|---|---|---|---|---|---|
| 1 | ⇨ 4930 | | Bürobedarf | | 120,00 EUR | | V2 ▼ | 22,80 EUR | 142,80 EUR | |
| 2 | ⇨ 1576 | | Vorsteuer 19% | | 22,80 EUR | | V2 | | | 120,00 EUR |
| 3 | ⇨ 1000 | | Kasse | | | 119,00 EUR | ▼ | | | |
| 4 | | | | | | | | | | |
| | | | | | 142,80 EUR | 119,00 EUR | | | | |
| | | | | | | 23,80 EUR | | | | |

**Abbildung 9.9** Journalbuchung – Zeilenbereich

Gehen Sie zur Vervollständigung folgendermaßen vor:

1. **Spalte »Sachkto/GP-Code« pflegen**
   Geben Sie hier die Kontonummer ein, oder drücken Sie auf die
   ⬚-Taste, um die Auswahlliste zu öffnen. Wählen Sie das gewünschte Konto aus der Auswahlliste aus, und klicken Sie auf
   den Button AUSWÄHLEN. Die Auswahl bzw. Suche der Kontonummer erfolgt auf die gleiche Weise wie z. B. die Suche nach Artikeln in der Belegzeile. Um z. B. die Suche auf ein Konto der
   Klasse 4 einzuschränken, geben Sie »4*« in das Feld SACHKONTO/
   GP-CODE ein. Die Auswahlliste zeigt alle Konten, die mit »4« beginnen, unabhängig davon, was dahinter folgt. Um einen Geschäftspartner auszuwählen, geben Sie den GP-Code ein oder
   verwenden die Tastenkombination ⌈Strg⌉+⬚, um die Auswahlliste für Geschäftspartner zu öffnen.

2. **Spalte »Sachkto/GP-Name«**
   Die Bezeichnung des Sachkontos bzw. Geschäftspartners wird automatisch in diesem Feld angezeigt.

3. **Spalten »Soll« und »Haben« pflegen**
   Geben Sie den Soll- bzw. Haben-Betrag ein. Wenn Sie die Gegenbuchung eingeben, müssen Sie lediglich mit der ⬚-Taste in das
   Gegenkonto (Soll oder Haben) springen, der Restbetrag wird daraufhin automatisch eingefügt. Diese Funktion ist gerade bei Split-
   buchungen sehr hilfreich, da der noch ausstehende Restbetrag aufgrund der Soll-Haben-Gleichheit jeweils vorgeschlagen wird. Im
   Fall einer Fremdwährungsbuchung markieren Sie die Checkbox
   FW ANZEIGEN und geben den Fremdwährungsbetrag in die neu
   eingeblendeten Spalten ein.

4. **Spalte »Steuerkennzeichen« pflegen**
   Diese Spalte dient zur Berechnung der Umsatzsteuer und wird automatisch aufgrund des Vorschlagswerts des jeweiligen Kontos aus
   dem Kontenplan angezeigt. Sie können den Steuercode vor dem

Hinzufügen der Journalbuchung ändern. Die Steuercodes werden automatisch beim Anlegen Ihres Unternehmens mit angelegt und die korrekten Steuerkonten zugeordnet. Falls Sie noch weitere Steuercodes benötigen oder abweichende Steuerkonten zuweisen möchten, können Sie dies im Fenster STEUERKENNZEICHEN – DEFINITION unter ADMINISTRATION • DEFINITIONEN • FINANZWESEN • STEUER • STEUERKENNZEICHEN tun.

**[+]** **Unterstützung bei der Verwaltung von Steuerkennzeichen**

Das Verwalten der Steuerkennzeichen und das Zuweisen der Steuerkonten sollten durch einen Consultant – eventuell in Absprache mit einem Steuerberater – durchgeführt werden.

5. **Spalte »Steuerbetrag« pflegen**
   Dieser Betrag wird automatisch aufgrund des hinterlegten Steuerkennzeichens berechnet.

6. **Spalte »Bruttowert« pflegen**
   Dies ist der errechnete Betrag aus dem Betrag, der im Feld SOLL bzw. HABEN eingegeben wird, plus dem STEUERBETRAG, der aufgrund der Steuerkennzeichen berechnet wird.

**[+]** **Beleg mit Bruttobetrag buchen**

In der Buchhaltungspraxis wird ein Beleg in der Regel mit dem Bruttobetrag gebucht. Die gleiche Praxis können Sie mit einer weiteren kleinen Einstellung erreichen. Klicken Sie auf den Button ⬚ (FORMULAREINSTELLUNGEN), um die Spaltenanordnung für das Fenster JOURNALBUCHUNG anzupassen.

▸ Ziehen Sie die Spalte BRUTTOWERT zwischen die Spalten NAME und SOLL.

▸ Springen Sie mit der ⬚-Taste durch die Belegzeile.

▸ Geben Sie nach Auswahl des Kontos den Bruttobetrag des Belegs in das Feld BRUTTOWERT ein.

SAP Business One berechnet aufgrund der Steuerkennzeichen automatisch den Steuerbetrag und fügt den errechneten Nettobetrag (= *Bruttobetrag – Steuerbetrag*) in das Feld SOLL bzw. HABEN ein.

Der Nettobetrag wird automatisch in das Feld SOLL eingefügt, wenn als Steuerkennzeichen ein *Vorsteuerkennzeichen* hinterlegt oder ausgewählt wurde. Der Nettobetrag wird in das Feld HABEN eingefügt, wenn als Steuerkennzeichen ein *Umsatzsteuerkennzeichen* hinterlegt oder ausgewählt wurde.

7. **Spalte »Basisbetrag«**

Dieser Betrag ist der Betrag in der Steuerzeile, auf dessen Basis der Steuerbetrag errechnet wird.

8. **Button »Hinzufügen« anklicken**

Klicken Sie abschließend auf den Button HINZUFÜGEN, um die Journalbuchung anzulegen. Das Fenster JOURNALBUCHUNG bleibt im HINZUFÜGEN-Modus, damit Sie sofort eine weitere Journalbuchung anlegen können.

Im Fenster JOURNALBUCHUNG können Sie mit dem Button 🗋 (FOR-MULAREINSTELLUNGEN) noch eine Reihe weiterer Felder einblenden, wie z. B. BEMERKUNGEN, REF. 1, REF. 2, BUCHUNGSDATUM, BELEG-DATUM, FÄLLIGKEITSDATUM etc. Diese Felder wurden größtenteils bereits bei den Kopfdaten der Journalbuchung behandelt. Der Unterschied liegt darin, dass die Felder auch pro Journalzeile zur Verfügung stehen. Wenn Sie nun das gleichnamige Feld in den Kopfdaten füllen, werden gleichzeitig auch die Zeilenfelder aktualisiert. SAP Business One macht Sie mit einer Hinweismeldung wie in Abbildung 9.10 darauf aufmerksam. Klicken Sie auf den Button JA, um fortzufahren.

*Weitere Felder im Zeilenbereich pflegen*

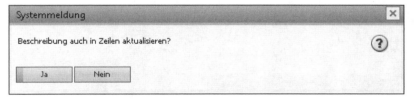

**Abbildung 9.10** Hinweismeldung – geändertes Feld aus Kopfdaten in Journalzeile aktualisieren

Um gleichzeitig den Überblick über alle Felder zu haben, markieren Sie die Buchungszeile und klicken in den Kopfdaten der Journalbuchung im linken Bereich auf das kleine schwarze Dreieck ▶ (BEARBEITUNGSMODUS EXPANDIEREN), um den Bereich darunter zu expandieren. An dieser Stelle stehen Ihnen alle Felder der Belegzeile zur Verfügung.

Die Funktion DUPLIZIEREN ist gerade bei der Journalbuchung eine wertvolle Unterstützung. Suchen Sie eine beliebige Journalbuchung heraus, die Sie in dieser oder ähnlicher Form nochmals buchen möchten. Klicken Sie mit der rechten Maustaste auf die Journal-

*Journalbuchung duplizieren*

buchung, und wählen Sie den Eintrag DUPLIZIEREN aus dem Kontext-menü aus. Die Journalbuchung wird dupliziert, und das Fenster befindet sich nunmehr im HINZUFÜGEN-Modus. Sie müssen lediglich die gewünschten Änderungen vornehmen und auf den Button HINZUFÜGEN klicken, um die Journalbuchung anzulegen.

**Journalbuchung stornieren** Nach den Grundsätzen ordnungsgemäßer Buchführung darf eine bereits hinzugefügte Buchung nicht mehr gelöscht werden; die Buchungen müssen lückenlos und nachvollziehbar sein. Es gilt das Prinzip »Durchstreichen, aber nicht radieren!«. Dementsprechend können Sie in SAP Business One eine Journalbuchung zwar nicht löschen, aber sehr leicht stornieren. Dazu klicken Sie mit der rechten Maustaste auf die zu stornierende Buchung und wählen den Eintrag ABBRECHEN/STORNIEREN (siehe Abbildung 9.11).

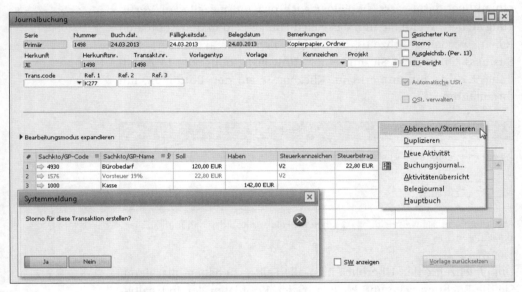

**Abbildung 9.11** Eine Journalbuchung stornieren

**Negatives Vorzeichen bei Buchungsstorno** Bestätigen Sie die Sicherheitsabfrage mit dem Button JA, um eine Stornobuchung zu erstellen. Diese Buchung wird nicht umgedreht, sondern mit negativen Vorzeichen versehen (siehe Abbildung 9.12). Dies hat den Vorteil, dass Sie in einem Buchungsjournal diese Stornobuchungen sehr einfach am Vorzeichen erkennen. Klicken Sie auf den Button HINZUFÜGEN, um die Stornobuchung anzulegen.

**Abbildung 9.12** Stornierte Journalbuchung mit negativem Vorzeichen

Falls Sie möchten, dass die Stornobuchung umgedreht und nicht mit einem negativen Vorzeichen gebucht wird, deaktivieren Sie die Checkbox NEGATIVE BEITRÄGE FÜR STORNOTRANSAKTIONSBUCHUNGEN ZULASSEN unter ADMINISTRATION • SYSTEMINITIALISIERUNG • FIRMENDETAILS • Registerkarte BASISINITIALISIERUNG.

| **Welche Journalbuchungen kann man stornieren?** | **[+]** |
|---|---|

Sie können mit der Funktion ABBRECHEN/STORNIEREN nur jene Journalbuchungen stornieren, die nicht aus Belegen stammen.

| **Stornierung einer auf einer Eingangsrechnung basierenden Buchung** | **[zB]** |
|---|---|

Eine Journalbuchung, die aufgrund einer Eingangsrechnung erstellt wurde, kann nur mit einer Eingangsgutschrift und nicht mit einer Stornobuchung im Fenster JOURNALBUCHUNG storniert werden.

## 9.4    Buchungsvorerfassung

Die vorerfassten Belege sind ein Instrument, mit dem Sie Buchungen im Voraus auf einen Stapel legen und diesen dann auf einmal verbuchen können. Der Vorteil liegt darin, dass Sie noch Änderungen vornehmen können. Ein weiterer Vorteil besteht darin, dass andere Mitarbeiter Buchungen vorerfassen können und diese dann erst durch einen erfahrenen Mitarbeiter aus der Buchhaltung verbucht werden.

Mehrere Buchungen auf einmal verbuchen

Das Fenster VORERFASSTE BELEGE (über ADMINISTRATION • DEFINITIONEN) ist zweigeteilt (siehe Abbildung 9.13).

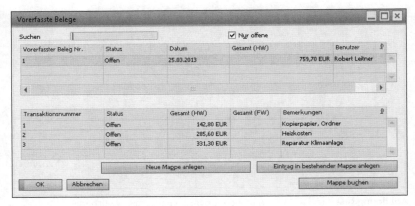

**Abbildung 9.13** Fenster »Vorerfasste Belege«

Obere und untere Tabelle

In der Tabelle im oberen Bereich finden Sie die einzelnen Mappen, die wiederum die eigentlichen vorerfassten Buchungen enthalten. Um eine neue Mappe (oder einen neuen Stapel) von Buchungen anzulegen, klicken Sie auf den Button NEUE MAPPE ANLEGEN. In der Tabelle im oberen Bereich wird daraufhin ein neuer Eintrag angelegt, und das bereits bekannte Fenster JOURNALBUCHUNG wird geöffnet. Alle Buchungen, die Sie nun anlegen, werden nicht sofort gebucht, sondern in der Mappe abgelegt. Sie können beliebig viele Buchungen in der Mappe ablegen.

Klicken Sie auf den Button SCHLIESSEN, um das Fenster JOURNALBUCHUNG wieder zu schließen. Klicken Sie anschließend im Fenster VORERFASSTE BELEGE auf den Button AKTUALISIEREN, um die angelegten Journalbuchungen zu speichern. Sie haben nun verschiedene Möglichkeiten:

▶ **Journalbuchung in bestehende Mappen buchen**
Um Journalbuchungen in bereits bestehende Mappen zu buchen, markieren Sie die gewünschte Mappe in der oberen Tabelle und klicken auf den Button EINTRAG IN BESTEHENDER MAPPE ANLEGEN. Das Fenster JOURNALBUCHUNG wird geöffnet, und die nun angelegten Buchungen werden in der markierten Mappe abgelegt.

▶ **Vorerfassten Beleg ändern**
Um eine bestehende vorerfasste Buchung zu ändern, klicken Sie doppelt auf die gewünschte Buchung, nehmen Ihre Änderungen vor und klicken auf den Button AKTUALISIEREN, um diese zu bestätigen.

▶ **Buchung in einer Mappe löschen**

Um eine bestehende Buchung in einer Mappe zu löschen, klicken Sie mit der rechten Maustaste in der unteren Tabelle auf die zu löschende Buchung und wählen den Eintrag BUCHUNG ENTFERNEN aus dem Kontextmenü aus. Klicken Sie abschließend auf den Button AKTUALISIEREN, um die vorgenommenen Änderungen zu speichern.

▶ **Gesamte Mappe (= vorerfasste Belege) löschen**

Um die gesamte Mappe zu löschen, klicken Sie mit der rechten Maustaste auf die zu löschende Mappe und wählen den Eintrag VORERFASSTEN BELEG ENTFERNEN aus dem Kontextmenü aus. Klicken Sie abschließend auf den Button AKTUALISIEREN, um die vorgenommenen Änderungen zu speichern.

▶ **Mappe verbuchen**

Um die gesamte Mappe zu verbuchen, markieren Sie die gewünschte Mappe und klicken auf den Button MAPPE BUCHEN. SAP Business One prüft alle Buchungen der Mappe (z. B. auf Soll-Haben-Gleichheit) und verbucht dann die in dieser Mappe angelegten Journalbuchungen.

## 9.5 Kontierungsmuster

Bei *Kontierungsmustern* handelt es sich um ein Instrument, das Sie bei laufenden Buchungen, die gleichartig oder ähnlich ausgestaltet sind, effizient unterstützen soll. Die Idee ist, die Struktur von Buchungen, die im Lauf eines Geschäftsjahres in dieser Form immer wieder vorkommen (z. B. Bareinkauf von Bürobedarf), anzulegen und bei der eigentlichen Buchung nur noch die Beträge für diese Buchung einzusetzen.

Kontierungs-
muster
definieren

Die Definition eines Kontierungsmusters erfolgt im Fenster KONTIERUNGSMUSTER (siehe Abbildung 9.14).

Folgende Angaben müssen Sie pflegen:

1. **Feld »Code« pflegen**

Geben Sie einen eindeutigen Code für das Kontierungsmuster an. Der Code sollte nicht zu lang und leicht zu merken sein, da er im Fenster JOURNALBUCHUNG für die Auswahl des Kontierungsmusters verwendet wird und diese rasch und effizient erfolgen sollte.

2. **Feld »Vorlagenbeschreibung« pflegen**
Geben Sie eine aussagekräftige Vorlagenbeschreibung an. Dies gilt vor allem dann, wenn Sie mehrere gleichartige Kontierungsmuster verwenden.

3. **Spalten »Sachkto/GP-Code«, »Sachkonto/GP-Name« und »Steuerkennzeichen« pflegen**
Geben Sie diese Daten für den kompletten Buchungssatz an, wie auch das Beispiel in Abbildung 9.14 zeigt.

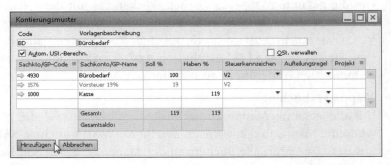

**Abbildung 9.14** Kontierungsmuster definieren

4. **Spalten »Soll %« und »Haben %« pflegen**
Anstelle der Beträge geben Sie pro Buchungszeile Soll und Haben in Form eines Prozentverhältnisses wie z. B. in Abbildung 9.14 an. Bei der Buchung des Kontierungsmusters im Fenster JOURNALBUCHUNG müssen Sie lediglich einen Betrag eingeben. Die Prozentsätze werden entsprechend ihrem Anteil mit den Beträgen gefüllt.

5. **Button »Hinzufügen« anklicken**
Klicken Sie auf den Button HINZUFÜGEN, um das Kontierungsmuster anzulegen.

Kontierungsmuster verwenden

Die Verwendung eines Kontierungsmusters erfolgt im Fenster JOURNALBUCHUNG (siehe Abbildung 9.15). In diesem Fenster müssen Sie die folgenden Schritte ausführen:

1. **Feld »Vorlagentyp« pflegen**
Wählen Sie den Eintrag PROZENTSATZ aus der Dropdown-Liste VORLAGENTYP aus.

2. **Feld »Vorlage« pflegen**
Geben Sie den Code des Kontierungsmusters ein, oder drücken Sie die ⬚-Taste, um die Auswahlliste zu öffnen. Klicken Sie auf den

Button AUSWÄHLEN, um das gewünschte Kontierungsmuster auszuwählen.

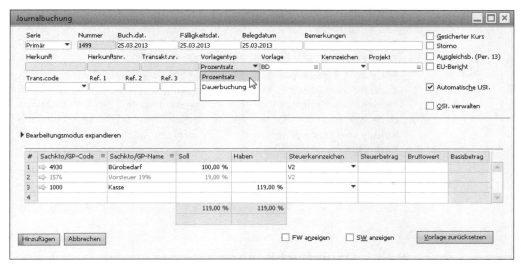

**Abbildung 9.15** Ein Kontierungsmuster verwenden

3. **Spalten »Soll« und »Haben« pflegen**
Geben Sie anstelle der vorgeschlagenen Prozentsätze die ge-
wünschten Beträge für diesen Buchungssatz ein. Es reicht, wenn
Sie irgendeinen der Prozentsätze durch einen Betrag ersetzen. Die
anderen Beträge werden gemäß der Prozentaufteilung errechnet.
Sobald Sie einen neuen Betrag eingeben, werden alle Beträge der
Buchung nochmals neu errechnet.

Klicken Sie auf den Button VORLAGE ZURÜCKSETZEN, um die Journalbuchung von dem Kontierungsmuster zu »entkoppeln«. Wenn
Sie anschließend einen Betrag eingeben, wird dieser nicht mehr
neu berechnet. Sie können nun auch neue Buchungszeilen mit anderen Konten hinzufügen. Wenn Sie die Journalbuchung einmal
vom Kontierungsmuster entkoppelt haben, können Sie dies für
diese Journalbuchung auch nicht mehr zurücksetzen. Sie müssen
das Kontierungsmuster neu auswählen, um den Ursprungszustand
wiederherzustellen.

4. **Button »Hinzufügen« anklicken**
Klicken Sie auf den Button HINZUFÜGEN, um die Journalbuchung
anzulegen.

**[+]** **Vorteile der Verwendung von Kontierungsmustern**

Sie werden erkennen, dass die Verwendung von Kontierungsmustern ein erhebliches Zeiteinsparungspotenzial in Ihrer laufenden Buchhaltung mit sich bringt. Gerade bei vielen ähnlich gelagerten Buchungen können Sie Kontierungsmuster effizient einsetzen. Die Kontierungsmuster eignen sich z. B. hervorragend dafür, das Kassenbuch zu führen.

Für jede Art des Kassenaus- oder Kasseneingangs legen Sie ein eigenes Kontierungsmuster mit einem griffigen Namen an. Bei einem typischen kleinen oder mittleren Unternehmen wiederholen sich die Kassenbuchungen ständig. Sie werden mit vielleicht 40 bis 50 verschiedenen Kontierungsmustern auskommen, um den überwiegenden Teil der Kassenbuchungen abzudecken.

Den Rest der Kassenbuchungen können Sie mit klassischen Journalbuchungen durchführen. Die Zeitersparnis ist bei dieser Art der Kassenbuchung enorm.

## 9.6 Dauerbuchungen

*Dauerbuchungen* sind – ähnlich wie Kontierungsmuster – ein Hilfsmittel, das SAP Business One Ihnen zur Verfügung stellt, um Ihre Buchhaltung effizienter zu gestalten. Ziel ist es, wiederkehrende Buchungen, die den gleichen Buchungssatz und Betrag benötigen, automatisch von SAP Business One vorschlagen und verbuchen zu lassen (z. B. Aufwendungen wie Miete, Leasing, Versicherung etc.).

Solche Buchungen werden im Fenster DAUERBUCHUNGEN (über FINANZWESEN • DAUERBUCHUNGEN) angelegt (siehe Abbildung 9.16).

Dauerbuchungen definieren

Um Dauerbuchungen zu definieren, gehen Sie folgendermaßen vor:

1. **Feld »Code« pflegen**
   Geben Sie einen Code für die Dauerbuchung ein. Dieser sollte kurz und leicht zu merken sein.

2. **Feld »Beschreibung« pflegen**
   Geben Sie eine Beschreibung der Dauerbuchung ein. Aus ihr sollte der Zweck der Dauerbuchung klar hervorgehen.

3. **Felder »Ref. 1«, »Ref. 2«, »Ref. 3«, »Trans.code« und »Bemerkungen« pflegen**
   Geben Sie Vorschlagswerte für diese Felder an. Diese können Sie bei der tatsächlichen Buchung noch ändern.

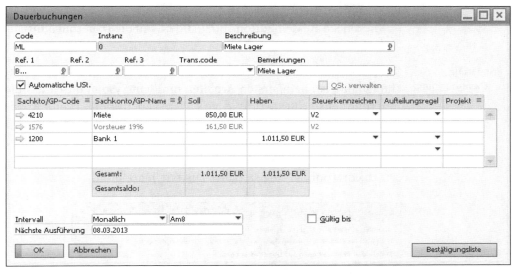

**Abbildung 9.16** Dauerbuchung definieren

4. **Spalten »Sachkto/GP-Code«, »Sachkonto/GP-Name«, »Soll«, »Haben« und »Steuerkennzeichen« pflegen**

   Erfassen Sie die Felder in der Buchungszeile auf die gleiche Weise wie im Fenster JOURNALBUCHUNG für diesen Geschäftsfall.

5. **Feld »Intervall« pflegen**

   Wählen Sie das Intervall für diese Dauerbuchung aus der Drop-down-Liste aus. Es stehen Ihnen die Optionen WÖCHENTLICH, MONATLICH, HALBJÄHRLICH, JÄHRLICH etc. zur Verfügung. Wählen Sie im Feld rechts daneben, an welchem Punkt im Intervall die Buchung stattfinden soll (z. B. am 8. des Monats). Wählen Sie die Option EINMALIG, um eine zukünftig geplante einmalige Buchung anzulegen. Wählen Sie die Option VORLAGE, um eine Buchungsvorlage für das Fenster JOURNALBUCHUNG zu erstellen.

6. **Feld »Nächste Ausführung« pflegen**

   Wählen Sie ein Datum, an dem die nächste Buchung dieser Dauerbuchung abgesetzt werden soll.

7. **Feld und Checkbox »Gültig bis« pflegen**

   Markieren Sie diese Checkbox, und geben Sie anschließend auch ein Enddatum ein, bis zu dem die Dauerbuchung ausgeführt werden soll. Auf diese Weise können Sie z. B. auch zeitlich begrenzte Buchungen wie gleichmäßig hohe Kredittilgungen verbuchen.

8. **Button »Hinzufügen« anklicken**

Klicken Sie auf den Button HINZUFÜGEN, um die Dauerbuchung anzulegen.

**Erinnerung an die Dauerbuchung**

SAP Business One erinnert Sie an dem Tag, an dem die Dauerbuchung fällig ist, beim ersten Arbeiten mit dem System durch das Erinnerungsfenster BESTÄTIGUNG VON DAUERBUCHUNGEN (siehe Abbildung 9.17). Damit diese Erinnerung auch tatsächlich erfolgt, müssen Sie die Checkbox DAUERBUCHUNGEN ZUR AUSFÜHRUNG ANZEIGEN unter ADMINISTRATION • SYSTEMINITIALISIERUNG • ALLGEMEINE EINSTELLUNGEN auf der Registerkarte DIENSTE markieren.

**Abbildung 9.17** Dauerbuchungen ausführen

**Dauerbuchung absetzen**

Klicken Sie auf den Button AUSFÜHREN im Fenster BESTÄTIGUNG VON DAUERBUCHUNGEN, um die Buchungen dann auch tatsächlich abzusetzen. Alternativ dazu können Sie dieses Fenster mit dem Button BESTÄTIGUNGSLISTE im rechten unteren Bereich des Fensters DAUERBUCHUNGEN manuell aufrufen und die aufgelisteten Dauerbuchungen gegebenenfalls verändern.

Eine weitere Möglichkeit besteht darin, die Dauerbuchung oder die Vorlage im Fenster JOURNALBUCHUNG aufzurufen. Die Vorgehensweise ähnelt der beim Aufrufen von Kontierungsmustern. Im Feld VORLAGENTYP wählen Sie jedoch den Eintrag DAUERBUCHUNG; anschließend drücken Sie die ⇆-Taste, um die Auswahlliste mit den einzelnen Dauerbuchungen zu öffnen. Markieren Sie die gewünschte Buchung, und klicken Sie auf den Button AUSWÄHLEN, um die Dauerbuchung zu laden.

## 9.7    Buchungen in Fremdwährung

SAP Business One bietet alle Möglichkeiten, Fremdwährungen zu führen. Denn die Fremdwährungen sind bestens in das gesamte Spektrum der Funktionen von SAP Business One integriert.

Währungs-
systematik in
SAP Business One

Die Währungssystematik in SAP Business One besteht aus einem dreistufigen System:

▶ **Hauswährung**
Die Hauswährung ist die Währung, die Sie für Ihr Unternehmen festlegen. Diese wählen Sie im Fenster FIRMENDETAILS auf der Registerkarte BASISINITIALISIERUNG (über ADMINISTRATION • SYSTEMINITIALISIERUNG • FIRMENDETAILS) beim Anlegen Ihres Unternehmens aus. Mit der ersten Journalbuchung kann die Hauswährung nicht mehr geändert werden.

▶ **Systemwährung**
Die Systemwährung ist eine (abweichende) Währung, die Sie parallel zu Ihrer Hauswährung führen. Jeder Kontensaldo wird neben der Hauswährung auch in der Systemwährung angezeigt. Damit steht Ihnen eine weitere Währung zur Verfügung, die Sie für Reporting-Zwecke verwenden können.

| Verhältnis von Hauswährung und Systemwährung | **[zB]** |
|---|---|

Ihr Mutterunternehmen bilanziert z. B. in Schweizer Franken (CHF). In diesem Fall werden Sie als Mitarbeiter eines deutschen oder österreichischen Tochterunternehmens als Hauswährung EUR wählen und als Systemwährung CHF. Diese wählen Sie im Fenster FIRMENDETAILS auf der Registerkarte BASISINITIALISIERUNG (über ADMINISTRATION • SYSTEMINITIALISIERUNG • FIRMENDETAILS) beim Anlegen Ihres Unternehmens aus. Mit der ersten Journalbuchung kann die Systemwährung nicht mehr geändert werden.

| Tägliche Systempflege bei unterschiedlicher Haus- und Systemwährung | **[+]** |
|---|---|

Eine von der Hauswährung abweichende Systemwährung erfordert eine tägliche Kurspflege, da alle Salden in beiden Währungen geführt werden. Zumindest müssen Sie die Kurse für jeden Tag festlegen, an dem Sie mit SAP Business One arbeiten. Wählen Sie daher nur eine abweichende Systemwährung, wenn dies konzerntechnisch oder betriebswirtschaftlich für Sie sinnvoll ist.

▶ **Kontowährung oder Belegwährung**
Das ist jene Währung, die konkret dem Sachkonto, dem Geschäftspartner oder dem Beleg zugeordnet ist.

*Option »Alle Währungen«*

Neben den einzelnen Währungen aus dem Fenster WÄHRUNGEN (über ADMINISTRATION • DEFINITIONEN • FINANZWESEN • WÄHRUNGEN) können Sie dem Sachkonto oder Geschäftspartner die Option ALLE WÄHRUNGEN zuordnen. Mit dieser Option kann der einzelne Beleg oder die einzelne Journalbuchung in einer beliebigen Währung erfolgen. Im Fenster FIRMENDETAILS auf der Registerkarte BASISINITIALISIERUNG (über ADMINISTRATION • SYSTEMINITIALISIERUNG • FIRMENDETAILS) können Sie den Vorschlagswert für ein neu anzulegendes Sachkonto oder einen neu anzulegenden Geschäftspartner festlegen. An dieser Stelle empfiehlt es sich, die Option ALLE WÄHRUNGEN auszuwählen. Auch bei der Neuanlage von Sachkonten oder Geschäftspartnern sollten Sie nur eine einzelne Währung zuordnen, wenn Sie sichergehen können, dass mit keiner anderen Währung auf dieses Konto gebucht wird (z. B. Barkasse in CHF).

*Übersicht Währungen*

Tabelle 9.3 zeigt Ihnen eine Übersicht darüber, mit welchen Währungen Sie Buchungen erfassen können und in welcher Währung der Saldo angezeigt werden kann.

| | Erfassen von Buchungen mit | Anzeige des Kontensaldos in |
|---|---|---|
| **Kontowährung = Hauswährung** | ▶ Hauswährung | ▶ Hauswährung<br>▶ Systemwährung |
| **Kontowährung = festgelegte Fremdwährung** | ▶ Hauswährung<br>▶ festgelegte Fremdwährung | ▶ Hauswährung<br>▶ Systemwährung<br>▶ festgelegte Fremdwährung |
| **Kontowährung = alle Währungen (Mehrfachwährung)** | ▶ Hauswährung<br>▶ beliebige Fremdwährung | ▶ Hauswährung<br>▶ Systemwährung |

**Tabelle 9.3** Übersicht über Währungen für Buchungen und Kontensaldo

Der größte Vorteil der Option ALLE WÄHRUNGEN ist, dass der Benutzer in der Auswahl der Währung nicht eingeschränkt ist und flexibel bleibt.

Sie können Währungen unter ADMINISTRATION • DEFINITIONEN • FI-
NANZWESEN • WÄHRUNGEN definieren. Beim Anlegen Ihres Unternehmens werden die gängigsten Währungen automatisch eingerichtet.

Währungen
definieren

Nachdem Sie alle Währungen definiert haben, können Sie die Wechselkurse festlegen. SAP Business One unterstützt die tägliche Pflege
der Wechselkurse und bietet ein Instrument – das Fenster WECHSEL-
KURSE UND INDIZES –, um den Wechselkurs auch für einen kompletten Zeitraum festzulegen. Dies geschieht im besagten Fenster WECH-
SELKURSE UND INDIZES (ADMINISTRATION • WECHSELKURSE UND
INDIZES, siehe Abbildung 9.18).

Wechselkurse
festlegen

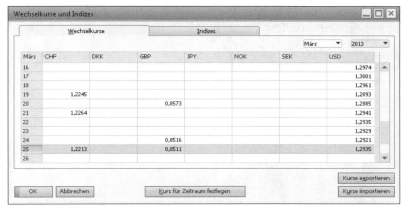

**Abbildung 9.18** Wechselkurse festlegen (indirekte Methode)

Im Fenster WECHSELKURSE UND INDIZES sind die angelegten Wechselkurse waagerecht eingetragen und die einzelnen Tage des Monats
senkrecht. Im rechten oberen Bereich des Fensters wählen Sie den
Monat und das Jahr, für die die Kurse festgelegt werden.

Die Kurse geben Sie nach der Fremdwährungsmethode ein, die Sie
im Fenster ALLGEMEINE EINSTELLUNGEN auf der Registerkarte AN-
ZEIGEN (über ADMINISTRATION • SYSTEMINITIALISIERUNG • ALLGEMEI-
NE EINSTELLUNGEN) in der Optionsgruppe FREMDWÄHRUNGSWERT-
BERICHTIGUNG festgelegt haben.

Indirekte oder
direkte Kurs-
notierung

Hier stehen Ihnen folgende Möglichkeiten zur Verfügung:

▶ **Indirekte Kursnotierung**
Für die Option INDIREKT legen Sie die Kurse in der Form *1 Einheit
der Hauswährung = x Einheiten der Fremdwährung* fest (z. B. *1 EUR
= 1,2 USD*).

▶ **Direkte Kursnotierung**
Für die Option DIREKT legen Sie die Kurse in der Form *1 Einheit der Fremdwährung = x Einheiten der Hauswährung* fest (z. B. *1 USD = 0,81 EUR*).

Das Beispiel in Abbildung 9.18 zeigt die indirekte Währungsfestlegung. Diese ist zu empfehlen, da auf diese Weise in der Regel die Kurse notieren.

**Wechselkurs für einen Zeitraum festlegen** Um einen Wechselkurs für einen Zeitraum festzulegen, klicken Sie auf den Button KURS FÜR ZEITRAUM FESTLEGEN. Im nun geöffneten Fenster (siehe Abbildung 9.19) wählen Sie einen Zeitraum im oberen Bereich aus und legen den Kurs für die gewünschte Fremdwährung für diesen Zeitraum fest.

**Abbildung 9.19** Kurse für einen Zeitraum festlegen

SAP Business One hat ein einfaches Prinzip: Wann immer ein Kurs fehlt, öffnet sich das das Fenster WECHSELKURSE UND INDIZES, und Sie legen den fehlenden Kurs im vorgeschlagenen Feld fest. SAP Business One positioniert den Cursor dabei in allen Feldern, in denen ein Kurs fehlt, den das Programm für die Arbeit benötigt.

**[zB]**  **Fehlende Kurse**

Sie möchten eine Bestellung für einen britischen Lieferanten anlegen, der britische Pfund in den GESCHÄFTSPARTNER-STAMMDATEN zugeordnet hat. Wenn Sie das Fenster BESTELLUNG öffnen und kein Wechselkurs für diesen Tag vorhanden ist, öffnet SAP Business One das Fenster WECHSELKURSE UND INDIZES und positioniert den Cursor in dem Feld GBP (= britische Pfund) am entsprechenden Tag. Erst wenn Sie einen Kurs eingegeben haben, öffnet sich das Fenster BESTELLUNG.

**[+]**

**Anforderung von Wechselkursen auch bei Transaktionen ohne automatische Buchung**

Auch wenn es sich um eine Transaktion handelt, die noch keine automatische Buchung bewirkt, benötigt SAP Business One bereits einen Wechselkurs, um den Wert dieser Transaktion in der Fremdwährung und in der Hauswährung führen zu können. Daher benötigen Sie z. B. bereits für eine Bestellung, ein Angebot oder einen Kundenauftrag einen Wechselkurs, falls dieser in einer Fremdwährung erstellt ist.

Nach dem Anlegen der Währungen und dem Festlegen der Wechselkurse sollen an dieser Stelle die eigentlichen Transaktionen (z. B. EINGANGSRECHNUNG oder JOURNALBUCHUNG) in Fremdwährung behandelt werden.

Transaktionen in Fremdwährung

### Eingangsrechnung für Lieferanten

Als erster Fall wird eine Eingangsrechnung für einen Lieferanten angelegt, der immer in britischen Pfund (GBP) fakturiert (siehe Abbildung 9.20).

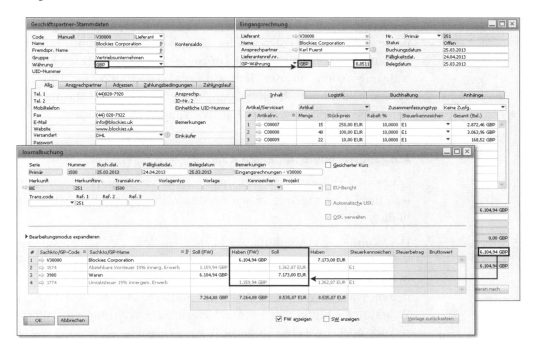

**Abbildung 9.20** Transaktion mit fix zugeordneter Fremdwährung

Der Lieferant hat in den GESCHÄFTSPARTNER-STAMMDATEN die
Währung britische Pfund (GBP) fix hinterlegt, wie in Abbildung 9.20
links oben zu sehen ist. Aus diesem Grund kann die Währung auch
in der Eingangsrechnung nicht verändert werden. Der Wechselkurs
im Fenster EINGANGSRECHNUNG rechts neben dem Währungskürzel
stammt aus dem Fenster WECHSELKURSE UND INDIZES. Dieser Wechselkurs kann im Beleg noch abgeändert werden.

Sollte SAP Business One für das eingegebene Buchungsdatum keinen
Wechselkurs hinterlegt haben, öffnet sich das Fenster WECHSELKURSE
UND INDIZES, und Sie müssen den Kurs am entsprechenden Tag ein-
geben.

Die Stückpreise im Beleg werden immer in der Belegwährung angezeigt; im Beispiel in Abbildung 9.20 sind das britische Pfund. Der
Stückpreis kann in einer beliebigen Währung eingegeben oder aus
der Preisliste vorgeschlagen werden. Nach dem Hinzufügen der Eingangsrechnung wird die Journalbuchung abgesetzt.

Wenn Sie das Fenster JOURNALBUCHUNG aufrufen, werden automatisch die Spalten der Fremdwährung, SOLL (FW) und HABEN (FW),
angezeigt. In den Spalten SOLL und HABEN finden sich die umgerech-
neten Beträge in Hauswährung. Eingangsrechnung und Journalbuchung können Sie nach dem Hinzufügen in der gebuchten Fremdwährung (GBP), in der Hauswährung (EUR) und auch in der
Systemwährung (EUR) anschauen, wobei die Systemwährung, wie
bereits beschrieben, von der Hauswährung abweichen kann.

### Ausgangsrechnung für einen Kunden

Als zweiter Fall wird eine Ausgangsrechnung für einen Kunden angelegt, der Rechnungen in verschiedenen Währungen erhält (siehe Abbildung 9.21).

Der Kunde aus Abbildung 9.21 hat in den GESCHÄFTSPARTNER-
STAMMDATEN den Eintrag ALLE WÄHRUNGEN hinterlegt. Diese Zuordnung erfolgt immer dann, wenn für den Kunden Belege mit verschiedenen Währungen angelegt werden müssen. Hat der Kunde ALLE
WÄHRUNGEN hinterlegt, kann die eigentliche Währung plus Wechselkurs noch im Beleg ausgesucht werden (siehe Abbildung 9.21).
Nach dem Hinzufügen wird neben der Verbuchung der offenen For-

derungen auch die automatische Wareneinsatzumbuchung abgesetzt. Diese wird mit dem aktuellen Artikelwert ebenfalls in der ausgewählten Fremdwährung gebucht.

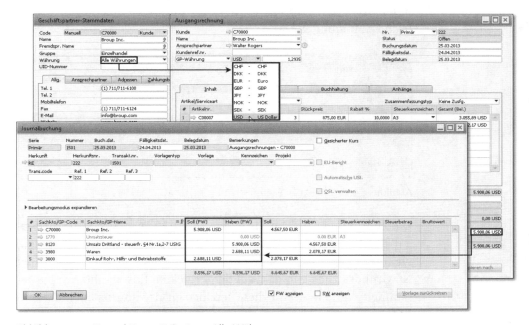

**Abbildung 9.21** Transaktion mit Option »Alle Währungen«

Generell können Sie beim Weiterverarbeiten eines Belegs in Fremdwährung im Folgebelegassistent bestimmen, ob der Wechselkurs des Basisbelegs (z. B. der Lieferung für den Zielbeleg Ausgangsrechnung) oder der Wechselkurs des aktuellen Tages verwendet wird. Nach dem Kopieren der Daten in die Ausgangsrechnung können Sie den Wechselkurs im Beleg nochmals ändern. Bei einem abweichenden Wechselkurs zwischen Lieferung und Ausgangsrechnung wird die Differenz automatisch auf ein Konto Wechselkursdifferenzen gebucht. Dieses wird in der Kontenfindung Sachkonten hinterlegt.

Beleg in Fremdwährung weiterverarbeiten

## 9.8    Einbinden der Kostenrechnung

In SAP Business One haben Sie die Möglichkeit, Kosten, die aus Aufwands- oder Ertragsbuchungen resultieren, auf Kostenstellen und Projekten (entspricht den Kostenträgern) zu sammeln.

### 9.8.1 Projekte

Die *Projekte* legen Sie mit PROJEKTCODE (maximal acht Zeichen) und PROJEKTNAME (maximal 30 Zeichen) sowie mit Gültigkeitszeitraum unter ADMINISTRATION • DEFINITIONEN • FINANZWESEN • PROJEKTE an (siehe Abbildung 9.22).

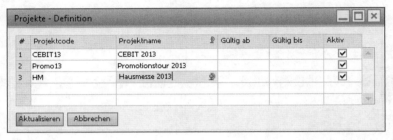

**Abbildung 9.22** Projekt anlegen

Die Zuordnung kann bereits in den GESCHÄFTSPARTNER-STAMMDATEN auf der Registerkarte ALLGEMEIN erfolgen. Dies ist dann sinnvoll, wenn ein Geschäftspartner nur einem einzigen Projekt zugeordnet ist. Grundsätzlich gilt, dass auf den Projekten Kosten und Erträge gesammelt werden, wenn diese letztlich in der Journalbuchung landen.

**Projekt bei Transaktionen zuordnen**

Das Projekt kann jedoch bereits bei Transaktionen zugeordnet werden, die (noch) keine Buchung verursachen, wie z. B. Bestellung, Angebot, Kundenauftrag etc. In diesem Fall wird das Projekt so lange »mitgeschleift«, bis es auch mit der Journalbuchung verbucht wird. Wird das Projekt nun beim Geschäftspartner hinterlegt, wird dies bereits im Beleg vorgeschlagen. Das Projekt kann in jeder Belegstufe auf der Registerkarte BUCHHALT. hinterlegt werden. In diesem Fall wird der Bruttobetrag dieses Belegs beim jeweiligen Geschäftspartner gesammelt.

Eine weitere Möglichkeit besteht darin, das Projekt in der Belegzeile zuzuordnen (siehe Abbildung 9.23).

**Spalte »Projektcode« einblenden**

Dazu blenden Sie die Spalte PROJEKTCODE mit dem Button ⌑ (FORMULAREINSTELLUNGEN) im Beleg ein. Pro Belegzeile können Sie ein eigenes Projekt hinterlegen, wie in Abbildung 9.23 zu erkennen ist. Die Aufteilung in der Journalbuchung erfolgt dann ebenfalls nach der Aufteilung in der Belegzeile. Die Aufwandsbuchung wird pro

Projekt aufgeteilt und in einer eigenen Buchungszeile erstellt. Die Zuordnung des Projekts können Sie noch in der Journalbuchung in der Spalte PROJEKT ändern.

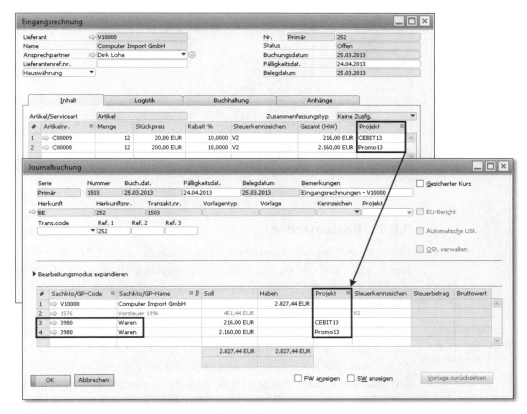

**Abbildung 9.23** Das Projekt in der Belegzeile zuordnen

Falls Sie für alle Belegzeilen dasselbe Projekt festlegen möchten, klicken Sie auf den Button ⬚ (FORMULAREINSTELLUNGEN), um das Fenster FORMULAREINSTELLUNGEN – EINGANGSRECHNUNG zu öffnen (siehe Abbildung 9.24).

**Ein Projekt allen Belegzeilen zuordnen**

Wählen Sie das Projekt im gleichnamigen Feld auf der Registerkarte BELEG • TABELLE, und klicken Sie auf den Button OK. Bestätigen Sie die folgende Sicherheitsabfrage von SAP Business One mit dem Button JA, um das Projekt in den vorhandenen Zeilen zu aktualisieren. Die Zuordnung des Projekts in der Journalbuchung kann auch nach dem Hinzufügen der Journalbuchung geändert werden.

**Abbildung 9.24** Projekt in Belegzeilen über Formulareinstellungen zuordnen

### 9.8.2 Kostenstellen

Die zweite kostenrechnerische Instanz neben dem Projekt ist die *Kostenstelle*, auf der Kosten und Erträge gesammelt werden. Bis zum Release 8.8 wurde für die Kostenstelle die Bezeichnung *Profit-Center* verwendet.

*Zusammenhang Kostenstellen und Dimensionen*

In SAP Business One haben Sie die Möglichkeit, Kostenstellen eindimensional oder mehrdimensional zu führen. Eindimensional bedeutet, dass Sie Kosten im klassischen Sinn bis zum vollen Betrag des Aufwands oder des Ertrags einer oder mehreren Kostenstellen per Aufteilungsregel einmal zuordnen können.

Seit Release 8.8 ist die Bedeutung der Kostenrechnung stark gestiegen, und Sie haben die Möglichkeit, den Betrag aus der Aufwands- oder Ertragsbuchung mehrfach einer oder mehreren Kostenstellen aus unterschiedlichen Dimensionen zuzuordnen. Zur Verdeutlichung und Visualisierung des Zusammenhangs soll das folgende Beispiel dienen.

**[zB]**
**Mehrdimensionale Kostenstellen bei OEC Computers**

OEC Computers Deutschland möchte eine klassische Kostenrechnung führen, bei der die anfallenden Aufwendungen und Erträge »abteilungsweise« auf Kostenstellen geführt werden sollen. Dazu zählen Verwaltung, Vertrieb, Lager und Reparatur & Service.

> Darüber hinaus sollen alle Aufwendungen und Erträge auf die einzelnen Niederlassungen in Berlin, Frankfurt und München aufgeteilt werden. Schließlich sollen die Aufwendungen und Erträge zusätzlich den vier Produktgruppen Laptops, Drucker, Server und Dienstleistungen zugeordnet werden.
>
> Für die drei Dimensionen *Abteilungen*, *Niederlassungen* und *Produktgruppen* sollen kostenrechnerische Auswertungen möglich sein.

Grafisch stellen sich diese Anforderungen so dar, wie in Abbildung 9.25 zu sehen.

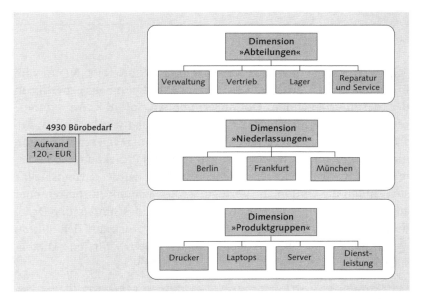

**Abbildung 9.25** Mehrdimensionale Gestaltung der Kostenstellen bei OEC Computers

Der Aufwand in Höhe von 120,00 EUR, der z. B. im Rahmen einer Journalbuchung auf das Konto 4930 – Bürobedarf gebucht wurde, kann nun parallel auf die drei Dimensionen *Abteilungen*, *Niederlassungen* und *Produktgruppen* verteilt werden. Innerhalb der Dimension kann der Aufwand entweder automatisiert mittels Aufteilungsregel oder direkt bei der Buchung mittels manueller Aufteilung einer oder mehreren Kostenstellen zugeordnet werden.

Wenn Sie mit den mehrdimensionalen Kostenstellen arbeiten möchten, müssen Sie diese auf der Registerkarte Kostenrechnung unter

Mehrdimensionale Kostenstellen aktivieren

ADMINISTRATION • SYSTEMINITIALISIERUNG • ALLGEMEINE EINSTELLUNGEN aktivieren (siehe Abbildung 9.26).

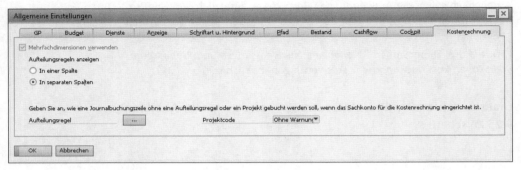

**Abbildung 9.26** Mehrfachdimensionen aktivieren

Markieren Sie die Checkbox MEHRFACHDIMENSIONEN VERWENDEN im linken oberen Bereich der Registerkarte. Darüber hinaus geben Sie in der darunterliegenden Optionsgruppe an, ob die Aufteilungsregeln in einer oder mehreren Spalten angezeigt werden sollen. Abschließend legen Sie fest, wie SAP Business One reagieren soll, wenn nicht der gesamte Aufwand oder Ertrag einem Projekt oder einer Dimension inklusive Kostenstelle zugeordnet wurde. Grundsätzlich steht Ihnen die Option zur Verfügung, die Buchung zu sperren oder auf eine Warnung zu verzichten. Legen Sie dies mittels der Dropdown-Liste für die Projekte und mit einem Klick auf den Button [...] (FORMULAR ZUR AUFTEILUNGSREGEL ÖFFNEN) für jede Dimension fest.

**[+]** **Mehrdimensionale Kostenstellen deaktivieren**

Sobald Sie die mehrdimensionalen Kostenstellen aktiviert und eine Kostenstelle einer Dimension zugeordnet haben, lässt sich die Kostenrechnung nicht mehr auf eindimensional zurückstellen.

Die Einrichtung der Kostenrechnung für Ihr Unternehmen sollte aus diesem Grund nur von einem Key-User eventuell in Absprache mit einem Consultant erfolgen.

Sollten Sie die Führung mehrdimensionaler Kostenstellen für Ihr Unternehmen nicht benötigen, können Sie natürlich die Kostenstellen – wie gewohnt – in einer Dimension führen. In diesem Fall werden alle Felder, die auf Dimensionen hinweisen, in Fenstern wie KOSTENSTELLE – DEFINITION, AUFTEILUNGSREGELN – DEFINITION, TABELLE FÜR KOSTENSTELLEN UND AUFTEILUNGSREGELN, JOURNALBUCHUNG, Einkaufs- und Verkaufsbelege sowie die mit der Kostenrechnung verknüpften Berichte nicht angezeigt. Der Funktionsumfang mit der manuellen oder automatischen Zuordnung zu Kostenstellen und Projekten, der Definition von Aufteilungsregeln und der Auswertung mittels Berichten ist in beiden Varianten gleich.

Im weiteren Verlauf dieses Abschnitts wird aus diesem Grund das Führen von mehrdimensionalen Kostenstellen anhand des Beispiels aus Abbildung 9.25 beschrieben.

Gemäß unserem Beispiel legen wir nun die Dimensionen *Kostenstelle* (Abteilung), *Niederlassung* und *Produktgruppe* an. Im Fenster DIMENSIONEN unter FINANZWESEN • KOSTENRECHNUNG haben Sie die Möglichkeit, bis zu fünf Dimensionen anzulegen (siehe Abbildung 9.27).

**Dimensionen anlegen**

**Abbildung 9.27** Dimensionen anlegen

Dazu markieren Sie die Checkbox in der Spalte AKT. (= Dimension aktiviert?) und überschreiben den Namen in der Spalte BESCHREIBUNG.

Die dazugehörigen Kostenstellen richten Sie im Fenster KOSTENSTELLE – DEFINITION (über FINANZWESEN • KOSTENRECHNUNG • KOSTENSTELLEN) ein (siehe Abbildung 9.28).

**Kostenstellen anlegen**

**Abbildung 9.28** Eine Kostenstelle anlegen

Befüllen Sie die folgenden Felder, um eine Kostenstelle anzulegen:

▶ **Feld »Kostenstelle«**
Geben Sie in diesem Feld einen eindeutigen Code (maximal acht Zeichen) ein.

▶ **Feld »Name«**
Geben Sie einen Namen für die Kostenstelle an.

▶ **Feld »Sortiercode«**
In diesem Feld haben Sie die Möglichkeit, einen Sortiercode einzugeben. Dieser dient als weiteres Selektionskriterium in Berichten zur Kostenrechnung, wie z. B. dem ZUSAMMENFASSUNGSBERICHT KOSTENRECHNUNG unter FINANZWESEN • KOSTENRECHNUNG.

▶ **Dropdown-Liste »Dimension«**
Wählen Sie die Dimension aus der Dropdown-Liste aus, zu der diese Kostenstelle zugeordnet werden soll.

▶ **Dropdown-Liste »Kostenstellenart«**
Wählen Sie die Kostenstellenart aus der Dropdown-Liste aus, oder klicken Sie auf den Eintrag NEU DEFINIEREN, um eine neue Kostenstellenart anzulegen. Die Kostenstellenart kann ebenfalls als weiteres Selektionskriterium in Berichten zur Kostenrechnung herangezogen werden, wie z. B. dem ZUSAMMENFASSUNGSBERICHT KOSTENRECHNUNG unter FINANZWESEN • KOSTENRECHNUNG.

▶ **Felder »Gültig ab« und »bis«**
Geben Sie hier den Zeitraum an, innerhalb dessen die Kostenstelle verwendet werden darf.

▶ **Checkbox »Aktiv«**
Standardmäßig ist diese Checkbox markiert. Falls Sie eine Kostenstelle nicht mehr benötigen bzw. diese nicht mehr bebucht werden darf, deaktivieren Sie diese Checkbox.

Klicken Sie abschließend auf den Button HINZUFÜGEN, um die Kostenstelle anzulegen.

Im Fenster KOSTENSTELLE finden Sie eine Kostenstelle namens ALLGEMEINE KOSTENSTELLE Z, bevor Sie überhaupt eine eigene Kostenstelle erstellt haben. Haben Sie die mehrdimensionale Kostenrechnung aktiviert, finden Sie eine derartige Kostenstelle für jede einzelne Dimension. Der ALLGEMEINEN KOSTENSTELLE Z werden alle Kosten und Erträge zugeordnet, die keiner anderen Kostenstelle zugeordnet werden. Anhand dieser Kostenstelle haben Sie eine einfache Kontrollmöglichkeit, welche Kosten noch einer bestimmten Kostenstelle zugeordnet werden müssen, sodass alle Aufwendungen und/oder Erträge in der Kostenrechnung abgebildet werden.

Eine Besonderheit bei der Kostenstelle sind die sogenannten *Aufteilungsregeln*. Mit diesen legen Sie fest, in welchem Ausmaß Aufwendungen und/oder Erträge auf die unterschiedlichen Kostenstellen aufgeteilt werden können.

Aufteilungsregeln

---

**Aufteilungsregeln**                                                **[zB]**

Sie möchten die Energiekosten aus den halbjährlichen Eingangsrechnungen des Gaslieferanten pro qm auf die einzelnen Kostenstellen aufteilen. Zusätzlich möchten Sie die Kosten der vierteljährlichen Unfallversicherungsprämie anhand der Anzahl der Mitarbeiter auf die einzelnen Kostenstellen aufteilen.

---

Definieren Sie die Aufteilungsregeln unter FINANZWESEN • KOSTEN-RECHNUNG • AUFTEILUNGSREGELN (siehe Abbildung 9.29).

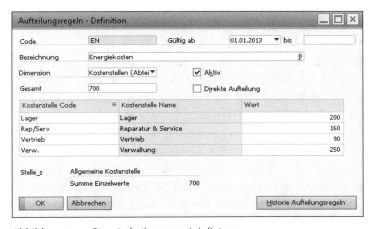

**Abbildung 9.29** Eine Aufteilungsregel definieren

Um eine Aufteilungsregel zu definieren, gehen Sie folgendermaßen vor:

Aufteilungsregeln definieren

1. **Feld »Code« pflegen**
   Geben Sie einen Code für die Aufteilungsregel an (maximal acht Zeichen). Dieser sollte leicht zu merken sein und einen Hinweis auf die dahinterliegende Regel geben.

2. **Felder »Gültig ab« und »bis« pflegen**
   Geben Sie hier einen Gültigkeitszeitraum für die Aufteilungsregel ein. Klicken Sie auf den Button HISTORIE AUFTEILUNGSREGELN, um eine Übersicht über mehrere zeitlich aufeinanderfolgende, aber gleichartige Aufteilungsregeln zu erhalten.

3. **Feld »Bezeichnung« pflegen**
   Geben Sie eine Bezeichnung für die Aufteilungsregel an.

4. **Dropdown-Liste »Dimension« pflegen**
   Wählen Sie an dieser Stelle die Dimension aus der Dropdown-Liste, zu der diese Aufteilungsregel gehört.

5. **Feld »Gesamt« pflegen**
   Geben Sie eine Summe der aufgeteilten Faktoren für die einzelnen Kostenstellen an. Wenn Sie eine prozentuale Aufteilung vornehmen, geben Sie hier den Wert »100« ein. Wenn Sie eine andere Aufteilung vornehmen, z. B. nach qmw, geben Sie hier die Summe der Quadratmeter ein.

6. **Checkbox »Aktiv« pflegen**
   Standardmäßig ist diese Checkbox markiert. Falls Sie eine Aufteilungsregel nicht mehr benötigen bzw. diese nicht mehr verwendet werden darf, deaktivieren Sie diese Checkbox.

7. **Checkbox »Direkte Aufteilung« pflegen**
   Markieren Sie die Checkbox DIREKTE AUFTEILUNG, falls die Aufteilungsregel die Kosten oder Erträge nur einer Kostenstelle direkt zuteilen soll. Sobald Sie Kosten oder Erträge mehreren Kostenstellen zuteilen, darf diese Checkbox nicht markiert sein. Grundsätzlich wird automatisch für jede Kostenstelle eine direkte Aufteilungsregel (mit 100 % Zuordnung für diese Kostenstelle) angelegt. Bei der Zuordnung in der Beleg- oder Journalbuchungszeile wird eigentlich keine Kostenstelle, sondern immer eine Aufteilungsregel (direkt oder indirekt) ausgewählt.

8. **Kostenstelle auswählen**
   In der Tabellenstruktur wählen Sie die Kostenstelle aus (durch die Eingabe des Codes in der Spalte KOSTENSTELLE CODE oder über die ⇥-Taste, um die Auswahlliste zu öffnen) und geben die Aufteilung (z. B. Prozent, Quadratmeter, Kubikmeter, Stück etc.) in der Spalte WERT an.

9. **Button »Hinzufügen« anklicken**
   Klicken Sie auf den Button HINZUFÜGEN, um die Aufteilungsregel anzulegen.

Einen Überblick über alle Aufteilungsregeln enthält das Fenster TABELLE FÜR KOSTENSTELLEN UND AUFTEILUNGSREGELN (über FINANZWESEN • KOSTENRECHNUNG), wie Abbildung 9.30 zeigt. In den Zeilen der Tabelle sind die Aufteilungsregeln aufgelistet, in den Spalten der Tabelle sind die Kostenstellen angeordnet. In den Feldern der Tabelle sehen Sie die aufgeteilten Werte.

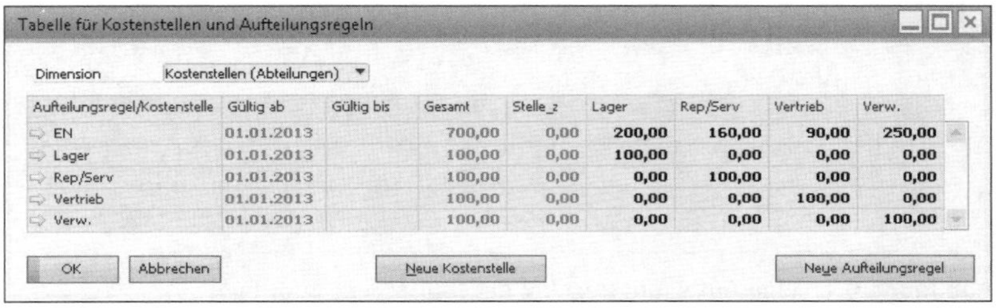


| Aufteilungsregel/Kostenstelle | Gültig ab | Gültig bis | Gesamt | Stelle_z | Lager | Rep/Serv | Vertrieb | Verw. |
|---|---|---|---|---|---|---|---|---|
| EN | 01.01.2013 | | 700,00 | 0,00 | 200,00 | 160,00 | 90,00 | 250,00 |
| Lager | 01.01.2013 | | 100,00 | 0,00 | 100,00 | 0,00 | 0,00 | 0,00 |
| Rep/Serv | 01.01.2013 | | 100,00 | 0,00 | 0,00 | 100,00 | 0,00 | 0,00 |
| Vertrieb | 01.01.2013 | | 100,00 | 0,00 | 0,00 | 0,00 | 100,00 | 0,00 |
| Verw. | 01.01.2013 | | 100,00 | 0,00 | 0,00 | 0,00 | 0,00 | 100,00 |

**Abbildung 9.30** Tabelle für Kostenstellen und Aufteilungsregeln

Bei der obersten Aufteilungsregel in Abbildung 9.30 handelt es sich um diejenige, die in Abbildung 9.29 angelegt wurde und die die Energiekosten auf die Kostenstellen verteilt. Die Aufteilungsregeln LAGER, REP/SERV, VERTRIEB und VERW. haben jeweils nur eine einzige Aufteilung von 100 und sind damit *direkte Aufteilungsregeln*.

**Kosten und Erträge zuordnen**

Die Zuordnung von Kosten oder Erträgen zu einer Kostenstelle erfolgt mithilfe der Aufteilungsregeln in der Belegzeile und Journalbuchungszeile (siehe Abbildung 9.31) auf die gleiche Weise über die Formulareinstellungen wie beim Projekt.

Im Beispiel in Abbildung 9.31 wird der Büroaufwand als Kosten mehrdimensional auf die Kostenstelle VERTRIEB (Dimension KOSTENSTELLEN (ABTEILUNGEN)), die Kostenstelle DRUCKER (Dimension PRODUKTGRUPPEN) und die Kostenstelle BERLIN (Dimension NIEDERLASSUNG) zur Gänze verteilt. Da in den allgemeinen Einstellungen keine Warnung eingestellt wurde, muss der Büroaufwand nicht auf alle zur Verfügung stehenden Dimensionen verteilt werden. Falls einzelne Dimensionen nicht als Spalten sichtbar sind, klicken Sie auf den Button (FORMULAREINSTELLUNGEN) und blenden alle Dimensionen ein. Die gleiche Vorgehensweise findet sich in allen Belegen wieder.

Da die Aufteilung zur Kostenrechnung und nicht zur Buchhaltung zählt, kann diese im Nachhinein auch noch geändert werden.

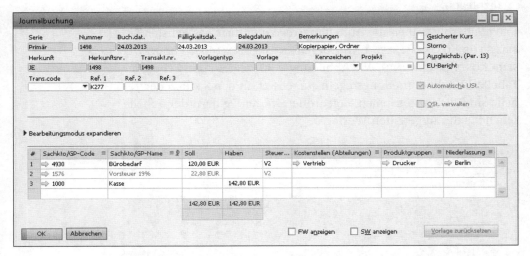

**Abbildung 9.31** Eine Aufteilungsregel in der Journalzeile zuordnen

**Zuordnung zu Kostenstellen**

Die Zuordnung von Aufwendungen und Erträgen zu Projekten bzw. zu Kostenstellen kann, wie bereits gezeigt, in Belegen (siehe Abbildung 9.23) oder auch bei Journalbuchungen (siehe Abbildung 9.31) erfolgen. Nunmehr kann die Zuordnung auf Kostenstellen zeilenweise auch bei Kontierungsmustern und in Dauerbuchungen erfolgen.

**Manuelle Zuordnung zu Kostenstellen**

Neben der Zuordnung von Aufwendungen bzw. Erträgen per Aufteilungsregel kann die Zuordnung auch manuell erfolgen. Die manuelle Zuordnung soll anhand einer Journalbuchung von Büromaterial im Folgenden illustriert werden (siehe Abbildung 9.32).

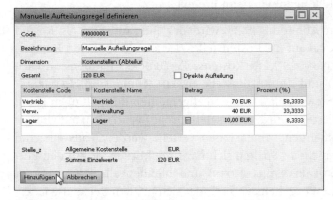

**Abbildung 9.32** Manuelle Zuordnung zu Kostenstellen

Um von vordefinierten Aufteilungsregeln abzuweichen und die Kostenzuordnung manuell vorzunehmen, gehen Sie wie folgt vor:

1. Klicken Sie im Fenster Journalbuchung in der Spalte mit der gewünschten Dimension auf den Button 🔳 (Auswahlliste), oder drücken Sie die ⛶-Taste, um die Liste mit den Aufteilungsregeln zu öffnen.

2. Klicken Sie im Fenster Liste der Aufteilungsregeln auf den Button Manuelle Aufteilungsregel definieren, um eine manuelle Kostenzuordnung festzulegen.

3. Im Fenster Manuelle Aufteilungsregel definieren vergeben Sie eine sprechende Bezeichnung für die Aufteilung. Anschließend wählen Sie in der Tabelle die gewünschten Kostenstellen aus und nehmen die Verteilung in der Spalte Betrag oder Prozent (%) vor. Falls nicht der volle Betrag verteilt wird, wird der Rest auf der allgemeinen Kostenstelle gesammelt und im gleichnamigen Feld angezeigt.

4. Klicken Sie abschließend auf den Button Aktualisieren und im Fenster Journalbuchung auf den Button Hinzufügen, um die Buchung vorzunehmen.

Die Berichte zur Kostenrechnung werden im folgenden Abschnitt behandelt.

## 9.9    Finanzberichte

SAP Business One bietet eine Reihe von Finanzberichten (über Finanzwesen • Finanzberichte). Die gängigsten Berichte sollen an dieser Stelle behandelt werden. Die folgenden Finanzberichte finden Sie im Ordner Buchhaltung:

*Finanzberichte – Buchhaltung*

▸ **Bericht »Sachkonten und Geschäftspartner«**
Dieser Bericht zeigt Ihnen eine Übersicht über alle Sachkonten und Geschäftspartner mit dem gerade aktuellen Saldo. Im Fenster Sachkonten und GP – Auswahlkriterien können Sie auf der linken Seite die Geschäftspartner auf Code, Gruppe und Eigenschaften einschränken. Dazu muss die Checkbox GP markiert sein. Mit der Checkbox Interessenten anzeig. können Sie sich auch die nicht buchhaltungsrelevanten Interessenten anzeigen lassen.

– Um die Sachkonten auf der rechten Seite der Auswahlkriterien einzuschränken, markieren Sie zunächst die Checkbox SACHKONTEN.

– Die Dropdown-Liste ganz rechts oben enthält die Ebene aus dem Kontenplan. Voreingestellt ist die Ebene 1, das sind die einzelnen Kategorien oder Schubladen des Aktenschranks (VERMÖGEN, VERBINDLICHKEITEN, EIGENKAPITAL, ERLÖSE, AUFWAND etc.). Wenn Sie eine untere Ebene einstellen, wird die Anzeige bis zu den einzelnen Konten auf Ebene 5 weiter expandiert.

– Setzen Sie jeweils ein »x« in der Spalte x neben die gewünschte Kategorie oder das gewünschte Konto. Wenn Sie alle Kategorien auswählen möchten, klicken Sie auf die Spaltenüberschrift der Spalte x, und es wird ein »x« in jede Kategorie der Spalte gesetzt. Klicken Sie auf den Button ALLE AUSWÄHLEN, um sowohl alle Sachkonten als auch alle Geschäftspartner auszuwählen.

– Klicken Sie abschließend auf den Button OK, um den Bericht zu starten.

▶ **Bericht »Hauptbuch«**
Der Bericht HAUPTBUCH zeigt alle Journalbuchungen pro Sachkonto bzw. pro Geschäftspartner (siehe Abbildung 9.33).

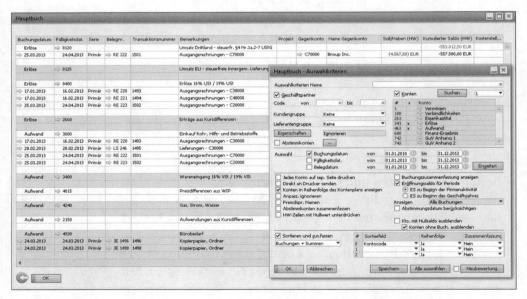

**Abbildung 9.33** Bericht »Hauptbuch« und Fenster »Auswahlkriterien«

Die Einschränkung der Auswahlkriterien nach den Sachkonten und den Geschäftspartnern erfolgt auf die gleiche Weise wie im Bericht SACHKONTEN UND GESCHÄFTSPARTNER.

– Schränken Sie die Anzeige der Buchungen nach BUCHUNGSDATUM, BELEGDATUM und FÄLLIGKEITSDAT. ein.

– Im unteren Teil des Fensters AUSWAHLKRITERIEN haben Sie die Möglichkeit, nach einer Reihe von Kriterien zu sortieren, wie z. B. Kontocode, Kostenstelle, Belegnummer, Gegenkonto etc.

– Zudem haben Sie eine Reihe von Kriterien in der Mitte des Fensters zur Auswahl.

– Um nur jene Konten mit einem Saldo anzuzeigen, markieren Sie die Checkbox KTO. MIT NULLSALDO AUSBLENDEN.

▶ **Forderung/Verbindlichkeit (Fälligkeitsberichte)**
Die Fälligkeitsberichte KUNDENFORDERUNGEN und LIEFERANTENVERBINDLICHKEITEN zeigen eine stufenweise Aufstellung der offenen (das heißt noch nicht bezahlten) Ausgangsrechnungen (Kundenforderungen) bzw. Eingangsrechnungen (Lieferantenverbindlichkeiten) an.

– Im Fenster AUSWAHLKRITERIEN können Sie Kunde und Datum wählen.

– Darüber hinaus geben Sie das Intervall der Betrachtung und das Fälligkeitsdatum an, bis zu dem betrachtet werden soll.

| Fälligkeitsdatum | [zB] |
|---|---|
| Intervall 30 Tage, Fälligkeitsdatum 30.11.: Es werden die offenen Belege mit Fälligkeit bis zum 30.11. angezeigt, und zwar mit Überfälligkeit (gemäß Intervall) bis 30, bis 60 und bis 90 Tage. | |

▶ **Bericht »Buchungsjournalbericht«**
Dieser Bericht zeigt eine Aufstellung aller Buchungen nach der Belegart an. Ihnen stehen in der Auswahlliste im Fenster AUSWAHLKRITERIEN alle Belegarten zur Verfügung, die eine automatische Buchung nach sich ziehen.

▶ **Bericht »Belegjournal«**
Der Bericht BELEGJOURNAL zeigt einen klassischen Journalbericht mit einer chronologischen Aufstellung der Journalbuchungen.

▸ **Bericht »Steuerbericht«**

Dieser Bericht im Ordner Steuern zeigt eine Aufstellung aller Buchungen, gruppiert nach dem Steuerkennzeichen (siehe Abbildung 9.34).

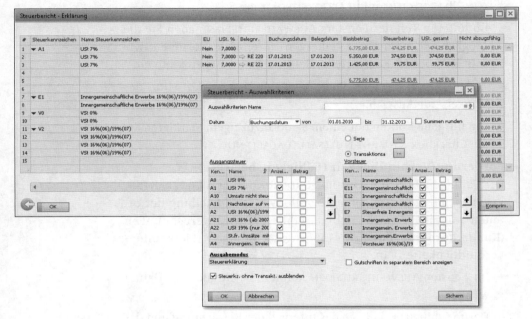

**Abbildung 9.34** Steuerbericht und Auswahlkriterien

- Markieren Sie im Fenster Auswahlkriterien die gewünschten Steuercodes (linker Bereich Ausgangssteuer = Umsatzsteuer, rechter Bereich Vorsteuer), und geben Sie den Zeitraum ein.

- Im Bericht selbst werden zu jedem ausgewählten Steuercode die einzelnen Buchungen aufgelistet. Klicken Sie auf das schwarze Dreieck ▶, um die Buchungen zu komprimieren bzw. zu expandieren.

**Finanzberichte –
Ist-Berichte**

Die folgenden Berichte finden Sie im Ordner Ist-Berichte:

▸ **Bericht »Bilanz«**

Die Bilanz ist eine Aufstellung aller Vermögens- und Kapitalwerte eines Unternehmens zu einem bestimmten Zeitpunkt. Geben Sie im Fenster Auswahlkriterien an, ob Sie die Jahres-, Quartals-,

MONATS- oder PERIODENBILANZ haben möchten. Zudem geben Sie an, welche Währung in der ERSTEN und ZWEITEN SPALTE angezeigt werden soll, sowie das DATUM, bis zu dem die Daten angezeigt werden sollen. Die Bilanz wird zur Echtzeit berechnet, das bedeutet, es werden keine Salden auf den Konten gespeichert, sondern sie werden nach einem Klick auf den Button OK jeweils neu errechnet. Im eigentlichen Bericht können Sie in der Dropdown-Liste im rechten unteren Bereich die Kontenebene einstellen und so den Detaillierungsgrad der Bilanz bestimmen.

▶ **Bericht »Summen- und Saldenliste«**
Die Summen- und Saldenliste ist eine Aufstellung aller Salden für Sachkonten und Geschäftspartner. Das Fenster AUSWAHLKRITERIEN enthält bereits bekannte Einschränkungen nach SACHKONTO, GESCHÄFTSPARTNER, WÄHRUNG, PERIODIZITÄT (Jahr, Quartal, Monat, Periode), ZEITRAUM etc. Mit dem Button ERWEITERT können Sie wiederum die Summen- und Saldenliste auf ausgewählte PROJEKTE VON – BIS und KOSTENSTELLEN UND DIMENSIONEN VON – BIS einschränken.

▶ **Bericht »Gewinn- und Verlustrechnung«**
Die Gewinn- und Verlustrechnung (GuV) ist eine Aufstellung aller Aufwendungen und Erlöse und des daraus resultierenden Gewinns bzw. Verlusts in einem angegebenen Zeitraum. Das Fenster AUSWAHLKRITERIEN enthält beinahe die gleichen Parameter wie die Bilanz. Zusätzlich können Sie noch einen Betrachtungszeitraum angeben. Mit dem Button ERWEITERT können Sie die GuV auf ausgewählte PROJEKTE VON – BIS und KOSTENSTELLEN UND DIMENSIONEN VON – BIS einschränken.

▶ **Bericht »Cashflow«**
Der Cashflow-Bericht ist eine wöchentliche Aufstellung aller geplanten und tatsächlichen Ein- und Auszahlungen Ihres Unternehmens. Dabei werden alle Geldkonten sowie alle tatsächlichen Geldströme in und aus Ihrem Unternehmen aufgrund von Eingangs- und Ausgangszahlungen berücksichtigt. Darüber hinaus wird aufgrund der Fälligkeitsdaten der einzelnen Eingangs- und Ausgangsrechnungen die künftige Über- und Unterdeckung an liquiden Mitteln berechnet. Zusätzlich können Sie noch zukünftige Buchungen und Dauerbuchungen berücksichtigen. Außerdem

haben Sie die Möglichkeit, geplante Eingangs- und Ausgangszahlungen, die nicht bereits in Belegform vorhanden sind, mit einfließen zu lassen.

**Finanzberichte –
Vergleich**

Im Ordner VERGLEICH befinden sich bereits bekannte Berichte wie BILANZ, SUMMEN- UND SALDENLISTE, GEWINN- UND VERLUSTRECHNUNG. In diesem Fall jedoch können jeweils zwei dieser Berichte mit unterschiedlichen Geschäftsjahren und/oder Firmen nebeneinandergelegt und verglichen werden (Fenster AUSWAHLKRITERIEN, siehe Abbildung 9.35).

**Abbildung 9.35** Vergleich Gewinn- und Verlustrechnung – Auswahlkriterien

Im oberen Bereich des Fensters können Sie die Auswahl zu Geschäftsjahr und Firma vornehmen. Die erste Firma ist jeweils das Unternehmen, in dem Sie sich gerade befinden. Mit dem Button ÄNDERN im rechten Bereich des Fensters können Sie im zweiten Schritt die Firma (= die Datenbank) und das Geschäftsjahr ändern.

**Berichte zur
Kostenrechnung**

Die kostenrechnerischen Buchungen auf Projekt und Kostenstelle können Sie mit den gleichen Berichten wie in der Buchhaltung (z. B. SUMMEN- UND SALDENLISTE, GEWINN- UND VERLUSTRECHNUNG) betrachten. Sie müssen nur jeweils über den Button ERWEITERT im Fenster AUSWAHLKRITERIEN die Auswahl auf das bzw. die gewünschten Projekte und Kostenstellen innerhalb der angelegten Dimensionen einschränken. Das Beispiel in Abbildung 9.36 zeigt die Einschränkung des Berichts HAUPTBUCH auf alle Kostenstellen.

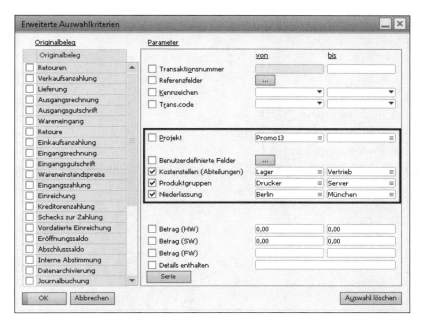

**Abbildung 9.36** Bericht »Hauptbuch« auf ausgewählte Kostenstellen einschränken

Der Kostenstellenbericht (ab Release 8.8) bietet eine Übersicht über alle Buchungen, die einer Kostenstelle zugeordnet wurden. Öffnen Sie diesen Bericht über den Pfad FINANZWESEN • KOSTENRECHNUNG • KOSTENSTELLENBERICHT.

Kosten-
stellenbericht

In den Auswahlkriterien haben Sie die Möglichkeit, auf Dimension, Kostenstelle, Sortiercode sowie Datum einzuschränken.

Darüber hinaus können Sie die Buchungen auf den Kostenstellen mithilfe der Dropdown-Liste ZUSAMMENFASSUNG VON bezüglich Sortiercode, Aufteilungsregeln, verknüpfter Konten aus der Finanzbuchhaltung und Monaten zusammenfassen. Abbildung 9.37 zeigt Ihnen eine Zusammenfassung von verknüpften Konten.

Klicken Sie bei der einzelnen Buchungszeile auf den orangefarbenen Pfeil ⇨, und Sie gelangen zum Ursprung der Buchung. In unserem Beispiel stammen alle Einträge aus Journalbuchungen (die Abkürzung JE in der Spalte URSPRUNG steht für *Journal Entry*) oder aus Ausgangsrechnungen (die Abkürzung RE steht für *Rechnung*).

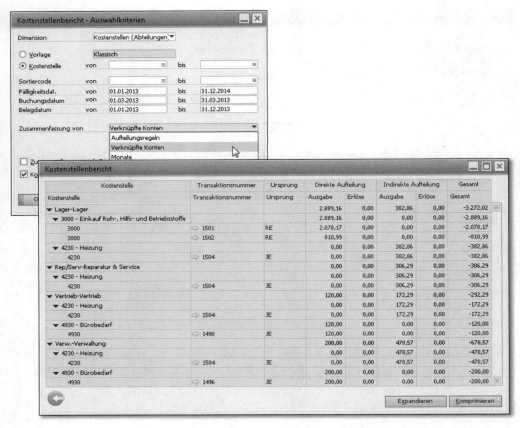

**Abbildung 9.37** Kostenstellenbericht, zusammengefasst bezüglich »verknüpfter Konten«

**Aufteilungsbericht**  Der Aufteilungsbericht bietet eine sehr gute Übersicht über alle Aufwendungen und Erträge, die den diversen Kostenstellen zugeordnet wurden. Dieser findet sich unter FINANZWESEN • KOSTENRECHNUNG • AUFTEILUNGSBERICHT (siehe Abbildung 9.38).

Die tabellarische Anordnung des Berichts erinnert stark an den Betriebsabrechnungsbogen, bei dem senkrecht die einzelnen Aufwendungen (Kosten) und waagerecht die einzelnen Kostenstellen aufgelistet sind. Eingeschränkt werden kann der Aufteilungsbericht nach Dimension, Aufteilungsregeln und Datum. Darüber hinaus kann der Bericht einem Budgetszenario gegenübergestellt werden.

**Abbildung 9.38** Aufteilungsbericht

## 9.10 Übungsaufgaben

1. Legen Sie unterhalb des Kontos »1200 – Deutsche Bank (Sonstige Zwischenbuchungen)« das Konto »1205 – Commerzbank« an. Markieren Sie dieses als »Geldkonto«.

2. Legen Sie unterhalb des Kontos »4210« das Konto »4220 – Miete Reparaturlager« an. Überprüfen Sie, ob das zugeordnete USt.-Kennzeichen »V2« ist.

3. Mit welchen Schritten und Buchungen werden Wareneinkäufe in SAP Business One verbucht?

4. Buchen Sie einen Bareinkauf von Büromaterial mit dem heutigen Datum.

5. Duplizieren Sie die Buchung, und verdoppeln Sie den eingekauften Betrag einen Tag später.

6. Überprüfen Sie den Saldo des Kassenkontos direkt aus dem Kontenplan, und gehen Sie mithilfe der orangefarbenen Pfeile 🔜 bis zur eigentlichen Journalbuchung.

7. Buchen Sie die Miete für das Reparaturlager auf das neu angelegte Konto »4220« mit einem Betrag von 800,00 EUR netto. Buchen Sie gegen das neu angelegte Bankkonto.

8. Erstellen Sie eine Dauerbuchung für die monatliche Miete des Reparaturlagers zum jeweiligen Monatsdritten. Das Ausführungsdatum ist der Dritte des Monats des nächsten Quartals. Erfassen Sie einen aussagekräftigen Buchungstext. Die Dauerbuchung soll genau ein Jahr laufen.

9. Stornieren Sie den zweiten Einkauf des Büromaterials direkt in der Journalbuchung.

10. Erfassen Sie eine Vorlage für einen Bareinkauf von diversen Kleinmaterialien für Instandhaltungen, die in Ihrem Unternehmen häufig vorkommen. Verwenden Sie ein geeignetes Konto, und legen Sie den Geschäftsfall als Kontierungsmuster an.

11. Buchen Sie einen Einkauf von Kleinmaterial (Glühbirnen, Isolierband) mithilfe des eben angelegten Kontierungsmusters in der Journalbuchung. Aufgrund der feucht gewordenen Rechnung kann nur noch der Steuerbetrag von 19,00 EUR abgelesen werden.

12. Sie bezahlen einen Berater, von dem Sie Beratungsleistung bezüglich des Markteintritts in der Schweiz in Anspruch nehmen, mit 1.200,00 CHF (Schweizer Franken) per Barzahlung. Verbuchen Sie diesen Geschäftsfall mit einer Journalbuchung. Suchen Sie dabei nach einem Konto, das in der Kontenbeschreibung *Beratungskosten* enthält.

13. Der von Ihnen angelegte Kunde erhält eine Ausgangsrechnung über zwei USB-Sticks in USD. Geben Sie für diesen Geschäftsfall einen einmaligen, abweichenden Kurs von 1.1856 USD pro einem EUR ein.

14. Legen Sie eine Kostenstelle »Verwaltung« an. Weisen Sie den Journalbuchungen für den Einkauf des Bürobedarfs und des Kleinmaterials in der Buchungszeile jeweils die Kostenstelle »Verwaltung« zu.

*Die Bankenabwicklung in SAP Business One ist ein selbst-
ständiger Bereich, der die Verwaltung von Bankdaten, die
Abwicklung von Eingangs- und Ausgangszahlungen sowie
deren Verbuchung beinhaltet.*

# 10    Bankenabwicklung

In diesem Kapitel beschäftigen wir uns mit dem gesamten Bereich
*Bankenabwicklung*. Im folgenden Abschnitt gehen wir dabei zunächst
auf die Stammdaten in der Bankenabwicklung ein, bevor wir uns
näher mit Eingangs- und Ausgangszahlungen sowie weiteren Kon-
tenbewegungen beschäftigen. Außerdem erfahren Sie, wie Ihnen der
Zahlungsassistent die Arbeit erleichtert und wie Sie Konten gegeneinander abstimmen.

## 10.1    Stammdaten in der Bankenabwicklung

Als Stammdaten in der Bankenabwicklung gelten die Verwaltung der
Banken selbst, die Zuordnung der eigenen Hausbanken sowie die
Pflege der Bankverbindungen des Geschäftspartners. Bevor eine
Bank als *Hausbank* oder als *Geschäftspartnerbank* zugeordnet werden
kann, müssen Sie überprüfen, ob sie bereits im System vorhanden
ist. Falls dies nicht der Fall ist, müssen Sie die Bank zunächst einmal
definieren.

*Hausbank und
Geschäfts-
partnerbank*

Die Definition der Banken erfolgt im Fenster BANKEN (über ADMINIS-
TRATION • DEFINITIONEN • BANKENABWICKLUNG • BANKEN). Bei der
Neuanlage Ihres Unternehmens wird bereits (sowohl in der deut-
schen als auch in der österreichischen Lokalisierung) eine Reihe von
Banken angelegt. Falls dennoch Banken fehlen, legen Sie sie mit den
Angaben LAND, BANKENCODE (Bankleitzahl), BANKNAME und dem
BIC/SWIFT-CODE an.

*Banken definieren*

Das Festlegen der eigenen Bankkonten erfolgt im Fenster HAUSBANK-
KONTEN unter ADMINISTRATION • DEFINITIONEN • BANKENABWICKLUNG •

*Bankkonten
festlegen*

HAUSBANKKONTEN. Um ein Hausbankkonto anzulegen, müssen Sie folgende Felder pflegen:

▶ **Feld »BLZ«**
Verwenden Sie die ⇥-Taste, um die Auswahlliste der Banken zu öffnen. Wählen Sie Ihre Hausbank aus, und bestätigen Sie dies mit dem Button AUSWÄHLEN. Das Feld LAND wird automatisch ausgefüllt.

▶ **Feld »Filiale«**
Geben Sie – falls bekannt – die Filialnummer oder -bezeichnung an, bei der Sie Kunde sind.

▶ **Feld »Kontonummer«**
Geben Sie Ihre Kontonummer an. Falls Sie mehrere Konten bei einer Bank haben, müssen Sie pro Kontonummer eine Zeile (= ein Hausbankkonto) anlegen. Die Kontonummer darf nur Zahlen und keine alphanumerischen Zeichen wie Bindestrich, Schrägstrich etc. enthalten.

▶ **Feld »Bankkontoname«**
Geben Sie den Namen ein, auf den das Bankkonto lautet.

▶ **Feld »Nächste Schecknr.«**
Geben Sie bei Bedarf die nächsthöhere Schecknummer für dieses Konto ein. Die Schecks werden von der eingegebenen Nummer an lückenlos fortgezählt.

▶ **Feld »BIC/SWIFT-Code«**
Dieses Feld wird automatisch mit dem BIC/SWIFT-Code befüllt, der bei der Anlage der Bank eingegeben wurde.

▶ **Feld »Sachkonto«**
Geben Sie eine Sachkontonummer für dieses Bankkonto an, oder verwenden Sie die ⇥-Taste, um eine Sachkontonummer aus der Auswahlliste des Kontenplans auszuwählen.

**[+]** | **Pro Bankkonto ein Buchhaltungskonto**

In der Buchhaltungspraxis wird für jedes eigene Bankkonto auch ein Buchhaltungskonto geführt. In der Regel wird das Bankkonto mit den Kontoauszügen meist täglich, zumindest aber monatlich abgestimmt.

Diese Aufgabe ist wesentlich schwieriger, wenn Sie mehrere Bankkonten auf ein Buchhaltungskonto buchen.

▶ **Feld »Interimssachkonto«**

Das INTERIMSSACHKONTO wird für die *Payment Engine* (= elektronischer Zahlungsverkehr) verwendet. Die Payment Engine ist ein landesabhängiges Add-on zu SAP Business One, das in Abschnitt 10.4.3, »Elektronischer Zahlungsverkehr«, behandelt wird.

Falls Sie den automatischen Zahlungsverkehr nutzen möchten, sollte dies in Absprache mit einem Consultant erfolgen, da hier einige landesspezifische Besonderheiten zu beachten sind.

▶ **Feld »IBAN«**

Die *International Bank Account Number* (IBAN) ist die internationale Bankkontonummer Ihres Kontos. Diese setzt sich aus dem Kürzel für das Land und die Bank und aus Ihrer Kontonummer zusammen.

| Änderungen durch SEPA | [+] |
| --- | --- |
| Im Rahmen des Euro-Zahlungsverkehrsraums SEPA (= Single European Payment Area) müssen Zahlungsanweisungen und Überweisungen seit 1. August 2014 IBAN und BIC beinhalten. | |
| Für Euro-Zahlungen innerhalb des EWR (= Europäischer Wirtschaftsraum) muss seit dem 1. Februar 2016 lediglich die IBAN angegeben werden. Der BIC ist für diese Zahlungen nicht mehr erforderlich. | |

▶ **Adressfelder**

Füllen Sie die Adressfelder für Ihre Bank bzw. Ihre Bankfiliale aus.

Klicken Sie abschließend auf den Button AKTUALISIEREN, um das Hausbankkonto anzulegen.

Die Zuordnung der Bankverbindungen zum Geschäftspartner erfolgt im Fenster GESCHÄFTSPARTNER-STAMMDATEN auf der Registerkarte ZAHLUNGSBEDINGUNGEN. Die Vorgehensweise wurde bereits in Abschnitt 4.4, »Zahlungsbedingungen«, erläutert.

**Weitere Zuordnungen**

Die Definition, von welcher Bank bzw. auf welche eigene Bank beim einzelnen Geschäftspartner bezahlt wird, erfolgt ebenfalls im Fenster GESCHÄFTSPARTNER-STAMMDATEN auf der Registerkarte ZAHLUNGSLAUF. Klicken Sie dazu auf den Button 📋 (BANK AUSWÄHLEN), und wählen Sie die gewünschte Hausbank aus dem Fenster BANK AUSWÄHLEN aus.

## 10.2 Eingangszahlungen und Ausgangszahlungen

Eingangszahlung und Ausgangszahlung funktionieren auf die gleiche Weise. Betrachten wir zunächst die Eingangszahlung.

### Eingangszahlung

Das letzte Glied der Belegkette im Verkauf ist die *Eingangszahlung*, die besagt, dass Ihr Kunde die offene Forderung komplett oder teilweise zahlt. Dementsprechend basiert die Eingangszahlung auf den offenen Ausgangsrechnungen. Zusätzlich können die offenen Ausgangsgutschriften einbezogen werden, die Sie Ihren Kunden gewähren, die aber keiner Ausgangsrechnung unmittelbar zugeordnet sind.

Eingangszahlung anlegen

Eingangszahlungen werden unter BANKENABWICKLUNG • Ordner EINGANGSZAHLUNGEN • Fenster EINGANGSZAHLUNGEN erfasst (siehe Abbildung 10.1).

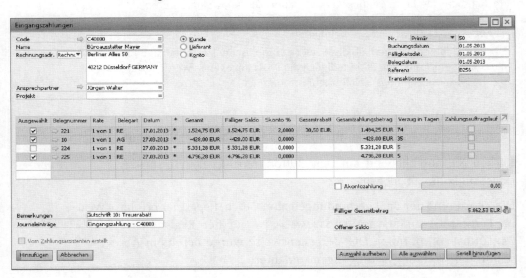

**Abbildung 10.1** Fenster »Eingangszahlungen« mit markierten Rechnungen

Eingangszahlung – Belegkopf

Um eine Eingangszahlung anzulegen, geben Sie die folgenden Informationen an:

▸ **Felder »Code«, »Name«, »Rechnungsadr.«
und »Ansprechpartner«**
Wählen Sie den Kunden und Ansprechpartner aus, für den Sie die Eingangszahlung anlegen möchten. Das Feld RECHNUNGSADR. wird

automatisch gefüllt und zeigt die beim Kunden hinterlegte Adresse an. Nach Auswahl des Kunden werden alle offenen Eingangsrechnungen und Ausgangsgutschriften in der Tabelle angezeigt.

▶ **Feld »Nr.«**
Wählen Sie eine Belegnummernserie aus der Werteliste aus. Die nächsthöhere Belegnummer für die Eingangszahlung wird automatisch vorgeschlagen. Wenn Sie selbst eine Nummer vergeben möchten, wählen Sie den Eintrag MANUELL aus der Dropdown-Liste aus und geben die selbst gewählte Zahlungsnummer im Feld rechts daneben ein.

▶ **Felder »Buchungsdatum«, »Fälligkeitsdat.«**
**und »Belegdatum«**
Geben Sie in diesen drei Feldern ein Datum für die Eingangszahlung an. Dieses darf nicht vor dem Buchungsdatum der Ausgangsrechnung liegen.

▶ **Feld »Referenz«**
Geben Sie eine Referenz – das ist eine Belegnummer (z. B. die Nummer des Kontoauszugs) – zu dieser Eingangszahlung an.

▶ **Feld »Transaktionsnr.«**
Nach dem Hinzufügen der Eingangszahlung wird in diesem Feld die Journalnummer angezeigt. Klicken Sie auf den orangefarbenen Pfeil ⇨, um die Journalbuchung dieser Eingangszahlung aufzurufen.

▶ **Feld »Projekt«**
Wählen Sie ein Projekt aus, dem Sie die Eingangszahlung zuordnen.

▶ **Feld »Fälliger Gesamtbetrag«**
Markieren Sie die Ausgangsrechnungen in der Tabelle, die vom Kunden bezahlt worden sind, indem Sie die Checkbox in der Spalte AUSGEWÄHLT markieren. Das Feld FÄLLIGER GESAMTBETRAG im rechten unteren Bereich zeigt jeweils die Summe der Zahlungsbeträge der ausgewählten Rechnungen an.

In der Tabelle der Ausgangsrechnungen stehen Ihnen in der Belegmitte die folgenden Felder standardmäßig zur Verfügung (siehe Abbildung 10.2).

Eingangszahlung – Belegmitte

| Ausgewählt | Belegnummer | Rate | Belegart | Datum | * | Gesamt | Fälliger Saldo | Skonto % | Gesamtrabatt | Gesamtzahlungsbetrag | Verzug in Tagen | Zahlungsauftragslauf |
|---|---|---|---|---|---|---|---|---|---|---|---|---|
| ☑ | ⇨ 221 | 1 von 1 | RE | 17.01.2013 | * | 1.524,75 EUR | 1.524,75 EUR | 2,0000 | 30,50 EUR | 1.494,25 EUR | 74 | ☐ |
| ☑ | ⇨ 10 | 1 von 1 | AG | 27.03.2013 | * | –428,00 EUR | –428,00 EUR | 0,0000 | | –428,00 EUR | 35 | ☐ |
| ☐ | ⇨ 224 | 1 von 1 | RE | 27.03.2013 | * | 5.331,28 EUR | 5.331,28 EUR | 0,0000 | | 5.331,28 EUR | 5 | ☐ |
| ☑ | ⇨ 225 | 1 von 1 | RE | 27.03.2013 | * | 4.796,28 EUR | 4.796,28 EUR | 0,0000 | | 4.796,28 EUR | 5 | ☐ |

**Abbildung 10.2** Eingangszahlung – Belegmitte: Tabelle der unbezahlten Ausgangs-rechnungen

▸ **Checkbox »Ausgewählt«**
Markieren Sie die Checkbox bei jenen Ausgangsrechnungen, die laut Kontoauszug von Ihren Kunden bezahlt wurden.

▸ **Feld »Belegnummer«**
Zeigt die Belegnummer der Ausgangsrechnung bzw. Gutschrift an. Klicken Sie auf den orangefarbenen Pfeil ⇨, um den Beleg zu öffnen.

▸ **Feld »Rate«**
Zeigt die Anzahl der Raten an. Der Feldinhalt »4 von 6« würde z. B. die vierte Rate von insgesamt sechs Raten bedeuten. Bei einer Ratenzahlung werden die Raten als eigene offene Ausgangsrechnungen angezeigt.

▸ **Feld »Belegart«**
Zeigt die Belegart an – etwa RE für Ausgangsrechnung und AG für Ausgangsgutschrift.

▸ **Feld »Datum«**
Zeigt das Datum des Belegs an.

▸ **Feld »*« (Stern)**
Ein Stern »*« in diesem Feld zeigt an, dass die Ausgangsrechnung bereits überfällig ist.

▸ **Feld »Gesamt«**
Zeigt den Betrag der Ausgangsrechnung bzw. Ausgangsgutschrift an.

▸ **Feld »Fälliger Saldo«**
Zeigt den noch offenen, also noch nicht bezahlten Betrag des Belegs an.

▸ **Feld »Skonto %«**
Dieses Feld enthält den Skontoprozentsatz. Er wird entweder aufgrund der Zahlungsbedingung in diesem Feld angezeigt oder kann manuell eingegeben werden.

▶ **Feld »Gesamtzahlungsbetrag«**

Dieses Feld zeigt den zu zahlenden Betrag dieser Rechnung an. Als Vorschlagswert wird der fällige Saldo angezeigt. Der Gesamtzahlungsbetrag wird reduziert, sobald Sie einen Wert im Feld SKONTO % eingeben. Falls Sie nur eine Teilzahlung vornehmen möchten, überschreiben Sie den Gesamtzahlungsbetrag mit dem gewünschten Zahlungsbetrag.

▶ **Feld »Verzug in Tagen«**

Dieses Feld gibt an, wie viele Tage diese Rechnung bereits überfällig ist. Ein roter Wert bedeutet, dass diese Rechnung fällig ist. Ein negativer Wert bedeutet, dass diese Rechnung noch nicht fällig ist. Sie können mit einem Doppelklick nach dieser Spalte sortieren, um die am längsten überfälligen Rechnungen ganz oben anzuzeigen.

▶ **Checkbox »Zahlungsauftragslauf«**

Die Checkbox im Feld ZAHLUNGSAUFTRAGSLAUF ist markiert, wenn im Zahlungsassistenten ein Zahlungsauftrag für diese Rechnung erstellt wurde. Das bedeutet, mithilfe des Zahlungsassistenten und des Add-ons *Payment Engine* wurde eine elektronische Bankdatei generiert, die per Telebanking abgeschickt werden kann. Sobald auf dem Kontoauszug die Zahlung bestätigt wurde, kann im Zahlungsassistenten ein Zahlungslauf erstellt (siehe Abschnitt 10.4, »Zahlungsassistent und elektronischer Zahlungsverkehr«) und diese Rechnung bezahlt werden.

| **Rechnungen mit Zahlungsauftrag nicht manuell zahlen** | **[+]** |
| --- | --- |
| Wenn in den Fenstern EINGANGSZAHLUNGEN und/oder AUSGANGSZAHLUNGEN bei einer Rechnung die Checkbox ZAHLUNGSAUFTRAGSLAUF markiert ist, sollte diese Rechnung nicht mehr manuell bezahlt werden. Sobald die Zahlung auf dem Kontoauszug erscheint, kann diese dann nicht mehr entsprechend verbucht werden, da die Rechnung in SAP Business One nicht mehr offen ist. Dies kann vor allem dann zu Unklarheiten führen, wenn mehrere Mitarbeiter dazu berechtigt sind, die Zahlungen zu buchen. | |

Die folgende Spalte sollten Sie noch für das Anlegen einer Eingangszahlung einblenden. Dies können Sie mithilfe des Buttons ⬚ (FORMULAREINSTELLUNGEN) in der Symbolleiste. In Abbildung 10.2 wurde die Spalte bereits eingeblendet.

▸ **Feld »Gesamtrabatt«**
Dieses Feld zeigt den Skontobetrag für die Ausgangsrechnung an.
Das bedeutet, Sie können einen Skontoprozentsatz im Feld SKON-
TO % eingeben, und der Skontobetrag im Feld GESAMTRABATT wird
errechnet, oder Sie geben umgekehrt einen Skontobetrag ein, und
der Skontoprozentsatz wird berechnet.

**Ausgangsrech-**
**nung markieren** Markieren Sie alle Ausgangsrechnungen, die von Ihrem Kunden bezahlt wurden, und nehmen Sie bei RABATT %, GESAMTRABATT und GE-
SAMTZAHLUNGSBETRAG die notwendigen Änderungen vor. Im Feld
FÄLLIGER GESAMTBETRAG wird der aktuelle Gesamtzahlungsbetrag aus
allen Ausgangsrechnungen angezeigt. Falls Sie eine Ausgangsgutschrift
markiert haben, wird der negative Gutschriftbetrag vom Gesamtzahlungsbetrag abgezogen. In unserem Beispiel in Abbildung 10.2 sehen
Sie eine Ausgangsgutschrift in der zweiten Zeile der Belegmitte bei
Belegnummer 10 mit dem Betrag von –428,00 EUR. Dieser wird
vom fälligen Gesamtbetrag abgezogen.

**Zahlungsmethode**
**festlegen** Anschließend – bevor Sie die Eingangszahlung hinzufügen – klicken
Sie entweder direkt neben dem Feld FÄLLIGER GESAMTBETRAG oder in
der Symbolleiste auf den Button 🪙 (ZAHLUNGSMETHODEN), um die
Methode der Zahlung für die ausgewählten Ausgangsrechnungen
festzulegen (siehe Abbildung 10.3).

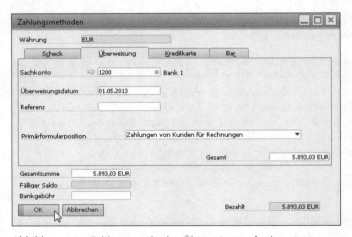

**Abbildung 10.3** Zahlungsmethode »Überweisung« festlegen

**Vier mögliche**
**Zahlungsmethoden** In SAP Business One können Sie für Eingangs- und Ausgangszahlun-
gen eine der vier Zahlungsmethoden SCHECK, ÜBERWEISUNG, KREDIT-
KARTE und BAR festlegen. Im Fenster ZAHLUNGSMETHODEN steht

Ihnen für jede Zahlungsmethode eine Registerkarte zur Verfügung. In diesem Buch werden exemplarisch die am weitesten verbreiteten Zahlungsmethoden ÜBERWEISUNG und BAR behandelt.

Für die Zahlungsmethoden ÜBERWEISUNG und BAR gehen Sie die folgenden Schritte durch (siehe Abbildung 10.3):

Methoden »Überweisung« und »Bar«

1. **Feld »Sachkonto« pflegen**
   Geben Sie das Bankkonto im Feld SACHKONTO an. Auf das ausgewählte Bankkonto wird der Zahlungsbetrag überwiesen. Öffnen Sie mit der ⇥-Taste oder über den Button ☰ die Auswahlliste der Konten im Feld SACHKONTO. Das Sachkonto bei der Zahlungsmethode BAR wird bereits aufgrund der Angabe unter KONTENFINDUNG SACHKONTEN (ADMINISTRATION • DEFINITIONEN • FINANZWESEN • KONTENFINDUNG SACHKONTEN) vorgeschlagen.

2. **Felder »Überweisungsdatum« und »Referenz« pflegen (nur bei Überweisung)**
   Geben Sie das Durchführungsdatum der Überweisung und eine Referenz an, wie z. B. eine Belegnummer.

3. **Feld »Gesamt« pflegen**
   Verwenden Sie die Tastenkombination Strg+B, um den Gesamtzahlungsbetrag aus dem Fenster EINGANGSZAHLUNG in dieses Feld zu kopieren.

4. **Bestätigen**
   Klicken Sie auf den Button OK, um die Festlegung der Zahlungsmethode abzuschließen.

5. **Eingangszahlung anlegen**
   Klicken Sie im Fenster EINGANGSZAHLUNGEN auf den Button HINZUFÜGEN, um die Eingangszahlung anzulegen.

Mit dem Hinzufügen der Eingangszahlung wird automatisch eine Journalbuchung abgesetzt. Die Journalbuchung für das Beispiel in Abbildung 10.3 sehen Sie in Abbildung 10.4.

In der Journalbuchung in Abbildung 10.4 sehen Sie den Eingang des Gesamtzahlungsbetrags auf dem Bankkonto (KONTO – 1200 DEUTSCHE BANK IM SOLL), die Verbuchung des an den Kunden gewährten Skontos (KONTO 8730 – GEWÄHRTE SKONTI IM SOLL), die Korrektur der Umsatzsteuer aufgrund der Skontobuchung (KONTO 1771 – UMSATZSTEUER IM SOLL) und den Ausgleich der Kundenforderung (KONTO C40000 – BÜROAUSSTATTER MAYER) im Haben.

Journalbuchung

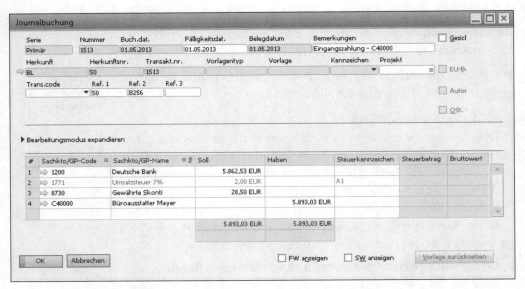

**Abbildung 10.4** Journalbuchung für Eingangszahlung

Die automatische Verbuchung des Skontos erfolgt auf die in der KONTENFINDUNG SACHKONTEN (ADMINISTRATION • DEFINITIONEN • FINANZWESEN • KONTENFINDUNG SACHKONTEN) hinterlegten Konten.

Akontozahlung | Eine Akontozahlung ist eine teilweise oder vollständige Vorauszahlung eines Kunden oder an den Lieferanten. Um eine Akontozahlung in SAP Business One anzulegen, öffnen Sie das Fenster EINGANGSZAHLUNGEN oder AUSGANGSZAHLUNGEN (siehe z. B. Abbildung 10.1) und gehen folgendermaßen vor:

1. **Checkbox »Akontozahlung« pflegen**
   Markieren Sie diese Checkbox, um die Zahlung als Akontozahlung zu kennzeichnen.

2. **Feld »Akontobetrag« pflegen**
   Im rechten unteren Bereich können Sie in einem nun bereitstehenden Feld die Höhe der Akontozahlung festlegen.

3. **Zahlungsmethode festlegen**
   Legen Sie die Zahlungsmethode wie bei einer gewöhnlichen Zahlung fest. Bestätigen Sie dies mit dem Button OK.

4. **Zahlung anlegen**
   Klicken Sie auf den Button HINZUFÜGEN, um die Zahlung anzulegen.

Wenn nun die Restzahlung erfolgt, müssen Sie neben der bzw. den Rechnungen, die bezahlt werden, zusätzlich die zuvor angelegte Akontozahlung auswählen. Abbildung 10.5 zeigt dies anhand einer eingehenden Akontozahlung.

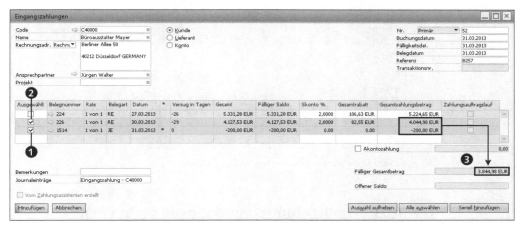

**Abbildung 10.5** Ausgangsrechnung mit Akontozahlung bezahlen

Markieren Sie bei Erfassung der Restzahlung sowohl die mit einem negativen Vorzeichen angezeigte Akontozahlung (siehe ❶ in Abbildung 10.5) als auch die noch offene Rechnung ❷. Das Feld FÄLLIGER GESAMTBETRAG zeigt nun den Rechnungsbetrag minus der bereits geleisteten Akontozahlung ❸.

### Ausgangszahlung

Die *Ausgangszahlung* ist der letzte Schritt der Belegkette im Einkauf. Das Anlegen der Ausgangszahlung erfolgt mit den gleichen Schritten wie bei der Eingangszahlung. Das bedeutet, Sie bezahlen die offenen Verbindlichkeiten Ihres Lieferanten. Dementsprechend basiert die Ausgangszahlung auf den offenen Eingangsrechnungen und den Eingangsgutschriften, die keiner Eingangsrechnung zugeordnet wurden.

Sowohl in der Ausgangszahlung als auch in der Eingangszahlung haben Sie die Möglichkeit, eine geparkte Zahlung zu erstellen. Dazu klicken Sie vor dem Hinzufügen des Belegs mit der rechten Maustaste auf das Zahlungsfenster und wählen den Eintrag ALS GEPARKTEN BELEG SPEICHERN aus dem Kontextmenü aus. Alternativ dazu wählen

Geparkte Zahlungen erstellen

Sie die gleiche Option im Menü DATEI. Den geparkten Beleg können Sie im Fenster BERICHT: GEPARKTE ZAHLUNGSBELEGE (über BANKENABWICKLUNG • BANKBERICHTE • GEPARKTE ZAHLUNGSBELEGE – BERICHT) anzeigen und mit einem Doppelklick auf den Eintrag aufrufen und weiterbearbeiten, wie in Abbildung 10.6 zu sehen ist.

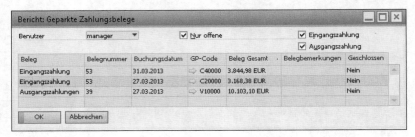

**Abbildung 10.6** Bericht: Geparkte Zahlungsbelege

## 10.3 Bankgebühren und Zinsen verbuchen

Kontoführungsgebühr Zinsen etc.

Bei der Behandlung des Bankkontos bleiben nun nach den Eingangs- und Ausgangszahlungen noch die sonstigen Bankbewegungen übrig. Dazu zählen alle Zinsen (Soll- und Haben-Zinsen), Spesen, Kontoführungsgebühren, Überziehungsprovisionen etc.

Überweisungsgebühren

Bankgebühren, die direkt bei einer Überweisung entstehen und dementsprechend buchhalterisch zur Zahlung gehören, können direkt bei der Eingangs- bzw. Ausgangszahlung automatisch mit gebucht werden.

Dazu legen Sie die Zahlung an, wie in Abschnitt 10.2, »Eingangszahlungen und Ausgangszahlungen«, beschrieben. Der einzige Unterschied liegt im Fenster ZAHLUNGSMETHODEN. Im linken unteren Bereich wird hier nun das Feld BANKGEBÜHR angezeigt (siehe Abbildung 10.7, Fenster ZAHLUNGSMETHODEN rechts unten).

Geben Sie zunächst die von der Bank verrechneten Bankgebühren im Feld BANKGEBÜHR ein. Erst danach übertragen Sie den gesamten Zahlungsbetrag mit der Tastenkombination [Strg]+[B] in das Feld GESAMT.

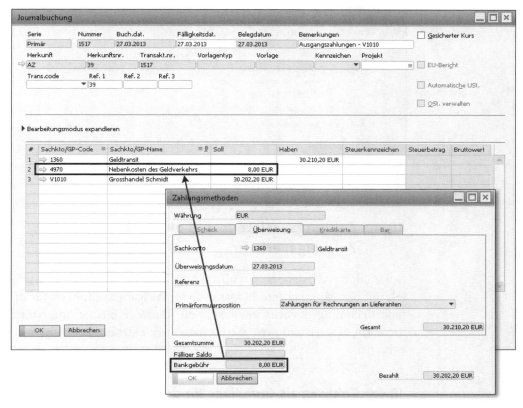

**Abbildung 10.7** Bankgebühren automatisch verbuchen

Wie Sie in Abbildung 10.7 sehen können, werden die 8,00 EUR Bankgebühr automatisch in der Journalbuchung berücksichtigt. In diesem Fall wird das KONTO 4970 – NEBENKOSTEN DES GELDVERKEHRS verwendet. Welches Konto verwendet wird, muss in der KONTENFINDUNG SACHKONTEN auf der Registerkarte ALLGEMEIN unter ADMINISTRATION • DEFINITIONEN • FINANZWESEN hinterlegt werden.

Diese sonstigen Bankgebühren werden mit Journalbuchungen abgedeckt. Als Unterstützung können Sie KONTIERUNGSMUSTER (über FINANZWESEN • KONTIERUNGSMUSTER) bzw. bei wiederkehrenden Buchungen auch DAUERBUCHUNGEN (über FINANZWESEN • DAUERBUCHUNGEN) verwenden. Ein Beispiel für Zinsaufwendungen oder Soll-Zinsen finden Sie in Abbildung 10.8.

**Sonstige Bankgebühren**

527

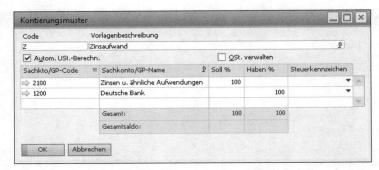

**Abbildung 10.8** Zinsaufwand als Kontierungsmuster verbuchen

## 10.4 Zahlungsassistent und elektronischer Zahlungsverkehr

Der Zahlungsassistent ist ein übersichtliches und effektives Hilfsmittel, mit dem Sie mehrere Eingangs- oder Ausgangszahlungen für offene Rechnungen vornehmen können. Darüber hinaus unterstützt der Zahlungsassistent mehrere Formate im elektronischen Zahlungsverkehr.

### 10.4.1 Zahlweg als Grundlage für den Zahlungsassistenten

Voraussetzungen für den Einsatz des Zahlungsassistenten sind das Anlegen von Zahlwegen und die Zuordnung dieser Zahlwege zum Geschäftspartner.

Zahlwege anlegen

Zahlwege können Sie im Fenster ZAHLWEGE – DEFINITION unter ADMINISTRATION • DEFINITIONEN • BANKENABWICKLUNG anlegen (siehe Abbildung 10.9). Dort stehen Ihnen die folgenden Felder zur Verfügung:

▸ **Feld »Zahlwegscode«**
   Geben Sie einen eindeutigen, maximal 15-stelligen Code für den Zahlweg ein.

▸ **Checkbox »Aktiv«**
   Standardmäßig ist diese Checkbox markiert. Soll der Zahlweg nicht mehr verwendet werden, deaktivieren Sie diese Checkbox.

**Abbildung 10.9** Zahlweg anlegen

- ▶ **Feld »Beschreibung«**
  Geben Sie eine aussagekräftige Beschreibung für den Zahlweg ein. Diese sollte einen Hinweis auf die Zahlungsart (EINGANG oder AUSGANG) und auf die Zahlungsmethode (ÜBERWEISUNG oder SCHECK) geben.

- ▶ **Dropdown-Liste »Zahlungsart«**
  Wählen Sie aus der Dropdown-Liste aus, ob es sich um einen Zahlungsausgang (z. B. Überweisung an den Lieferanten) oder einen Zahlungseingang (z. B. Bankeinzug von einem Kunden) handelt.

- ▶ **Dropdown-Liste »Zahlungsmethoden«**
  Wählen Sie aus der Dropdown-Liste, ob es sich um eine Überweisung oder eine Zahlung per Scheck handelt.

- ▶ **Feldgruppe »Hausbank«**
  Klicken Sie auf den Button 🔲 (AUS STRUKTUR AUSWÄHLEN), und wählen Sie jene Hausbank aus, die für die eingehende oder ausgehende Zahlung verwendet wird.

- ▶ **Feld »Schlüsselcode«**
  Geben Sie einen Schlüsselcode ein. Dieser wird beim Anlegen der Bankdatei verwendet.

▶ **Feld »Transaktionsart«**
Geben Sie die Transaktionsart ein. Diese wird beim Anlegen der Bankdatei verwendet.

▶ **Feld »Dateiformat«**
Öffnen Sie die Auswahlliste mit der ⟨⇆⟩-Taste, und wählen Sie das gewünschte Dateiformat aus. Das Dateiformat wird ausschließlich für das Erstellen der Bankdatei durch das Add-on Payment Engine für den elektronischen Zahlungsverkehr verwendet.

**[+]** | **Dateiformate im elektronischen Zahlungsverkehr**

SAP Business One verwendet ab Release 8.8 die Standards EDIFACT (= Electronic Data Interchange) und SEPA (= Single European Payment Area) für die Erstellung der Bankdatei. Der EDIFACT-Standard richtet sich grundsätzlich nach der Lokalisierung, die Sie verwenden, und ist in jedem Land unterschiedlich. Das bedeutet, nur mit einer deutschen Lokalisierung können Sie eine Bankdatei für ein deutsches Telebanking verwenden.

Der SEPA-Standard, der den europäischen Zahlungsverkehr vereinheitlicht, verwendet ein gemeinsames Format. Dateien nach dem SEPA-Standard tragen das Kürzel »SEPA« in der Bezeichnung. Das Kürzel »CT« steht für »Credit Transfer«, das bedeutet ausgehende Banküberweisung, also Zahlungsart AUSGANG. Das Kürzel »DD« steht für »Direct Debit«, das bedeutet Lastschriftverfahren, also Zahlungsart EINGANG.

Für genaue Informationen dazu, welches Dateiformat Sie in Ihrer Lokalisierung verwenden sollten, ziehen Sie einen Consultant zu Rate.

▶ **Checkbox »Lastschrift«**
Markieren Sie diese Checkbox, wird beim Dateiformat für den Bankeinzug das Lastschriftverfahren verwendet, anderenfalls wird das Einzugsermächtigungsverfahren verwendet. Die Differenz liegt in einer unterschiedlichen Reklamationsdauer seitens des Zahlungspflichtigen. Für genaue Informationen über die Unterschiede der beiden Verfahren in Ihrem Land wenden Sie sich an Ihre Hausbank.

▶ **Feld »Bankgebührensatz (%)«**
Geben Sie – falls erforderlich – den Bankgebührensatz für die Zahlung in % ein. Dieser Prozentsatz wird im Zahlungsassistenten mit dem Zahlungsbetrag multipliziert.

- **Checkbox-Gruppe »Zahlungsprozess«**
  Diese Optionen stehen nur bei der Zahlungsart AUSGANG zur Verfügung. Je nach markierter Checkbox (eine Mehrfachauswahl ist möglich) wird die Zahlung dementsprechend gruppiert.

- **Checkbox »Auf Interimssachkonto buchen«**
  Markieren Sie diese Checkbox, wenn die Verbuchung der Zahlung nicht direkt auf das Sachkonto der Bank, sondern auf das bei der Hausbank angegebene Interimssachkonto erfolgen soll.

- **Dropdown-Liste »SEPA-Lastschrift«**
  Dieses Feld erscheint nur bei Zahlwegen, bei denen die Zahlungsart EINGANG ausgewählt wurde. Entsprechend ist es nicht in Abbildung 10.9 zu sehen. Wählen Sie aus der Dropdown-Liste aus, ob es sich bei diesem Zahlweg um eine SEPA-Lastschrift mit dem Typ »CORE« (= SEPA-Standardlastschrift), »COR1« (= SEPA-Eillastschrift mit verkürzter Einreichzeit) oder »B2B« (= SEPA-Firmenlastschrift) handelt.

- **Checkbox-Gruppe »Zahlungsvalidierung«**
  Mit dieser Checkbox-Gruppe im rechten Bereich des Fensters können Sie veranlassen, dass vor Anlegen der Zahlung gewisse Einschränkungen getroffen werden. Zum Beispiel können Auslandszahlungen gesperrt oder auf bestimmte Währungen eingeschränkt werden.

---

**Einzugsermächtigung prüfen**                                           **[+]**

Die Checkbox EINZUGSERMÄCHTIGUNG PRÜFEN bedarf genauerer Erklärung. Grundsätzlich ist diese Checkbox nur aktiv, wenn die Zahlungsart EINGANG gewählt wurde. Wenn Sie diese Checkbox markieren, wird in den GESCHÄFTSPARTNER-STAMMDATEN geprüft, ob auf der Registerkarte ZAHLUNGSLAUF die Checkbox EINZUGSERMÄCHTIGUNG aktiviert ist. Ist dies nicht der Fall, erscheint eine fällige Zahlung für diesen Kunden nicht im Zahlungsassistenten.

Wird die Checkbox EINZUGSERMÄCHTIGUNG beim Kunden jedoch markiert, erscheint dieser Kunde nicht im Mahnassistenten, da angenommen wird, dass jede offene Rechnung von diesem Kunden ohnehin per Bankeinzug eingehoben wird.

---

Klicken Sie abschließend auf den Button AKTUALISIEREN, um den Zahlweg anzulegen.

**Zahlweg dem
Geschäftspartner
zuordnen**

Im nächsten Schritt muss der Zahlweg nun dem Geschäftspartner zugeordnet werden. Um diesen Prozess zu vereinfachen, legen Sie im Fenster ALLGEMEINE EINSTELLUNGEN (ADMINISTRATION • SYSTEMINITIALISIERUNG) auf der Registerkarte GP einen Standardzahlweg für Kunden und Lieferanten fest, wie Abbildung 10.10 zeigt.

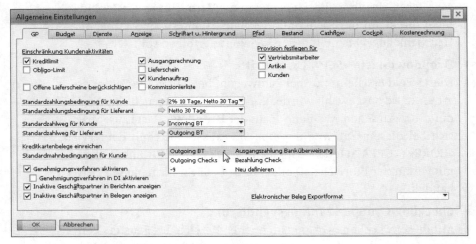

**Abbildung 10.10** Standardzahlweg festlegen

Dieser wird dann automatisch beim Geschäftspartner markiert und als Standard gesetzt, wie Abbildung 10.11 zeigt.

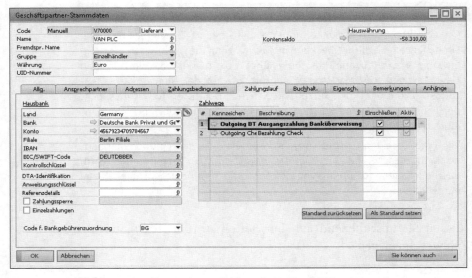

**Abbildung 10.11** Zugeordneter Zahlweg beim Geschäftspartner

Der Standardzahlweg im Geschäftspartner wird dann in weiterer Folge in die für diesen Geschäftspartner erstellte Rechnung übernommen. Der Zahlweg kann in der Rechnung jederzeit – auch nach dem Hinzufügen – geändert werden. Der Zahlweg in der Rechnung ist die Grundlage dafür, dass die Rechnung im Zahlungsassistenten vorgeschlagen wird.

### 10.4.2 Zahlungen anlegen mit dem Zahlungsassistenten

Nachdem nun alle Voraussetzungen dafür behandelt wurden, betrachten wir nun den Zahlungsassistenten näher. Öffnen Sie das Fenster ZAHLUNGSASSISTENT über BANKENABWICKLUNG • ZAHLUNGS-ASSISTENT.

Klicken Sie zunächst auf den Button WEITER, anschließend leitet Sie der Zahlungsassistent in acht Schritten bis zu den gewünschten Zahlungen:

1. **Schritt: »Zahlungslaufauswahl«**
   Wählen Sie aus den beiden Optionen aus, ob Sie einen neuen Zahlungslauf starten oder einen bestehenden Zahlungslauf nochmals aufrufen möchten.

   Wenn Sie die Option GESPEICHERTEN ZAHLUNGSLAUF LADEN wählen, werden alle Zahlungsauftragsläufe angezeigt. Bei einem Zahlungsauftragslauf wurde noch keine Zahlung in SAP Business One angelegt. Wenn Sie zusätzlich die Checkbox AUSGEFÜHRTE ZAHLUNGS-LÄUFE ANZEIGEN markieren, werden alle tatsächlich ausgeführten Zahlungsläufe angezeigt. Das bedeutet, es wurden tatsächlich schon Zahlungen angelegt.

   Markieren Sie den gewünschten Zahlungslauf, und klicken Sie auf den Button WEITER. Darüber hinaus können Sie jeweils auf den Button ZURÜCK klicken, um im Assistenten einen Schritt zurückzugehen, oder Sie klicken auf den Button ABBRECHEN, um den Zahlungsassistenten ungespeichert zu beenden.

2. **Schritt: »Allgemeine Parameter«**
   Geben Sie in diesem Schritt einen aussagekräftigen ZAHLUNGS-LAUFNAMEN, die ZAHLUNGSART, die ZAHLUNGSMETHODE sowie die NUMMERIERUNGSSERIEN an, sofern nicht bereits die korrekte Serie vorgeschlagen wird. Im Bereich MIN. ZAHLUNGSBETRAG können Sie für Ein- und Ausgangszahlungen Mindestbeträge für

Rechnungen eingeben, die bei diesem Zahlungslauf angezeigt werden sollen.

3. **Schritt: »Geschäftspartner – Auswahlkriterien«**
In diesem Schritt erfolgt die Auswahl der Geschäftspartner, deren Rechnungen ausgeglichen werden sollen. Dafür steht Ihnen eine Reihe von Feldern zur Verfügung, um die Auswahl einzuschränken (siehe Abbildung 10.12).

**Abbildung 10.12** Zahlungsassistent: Schritt 3 – Geschäftspartner auswählen

Grundsätzlich legen Sie zunächst im oberen Bereich des Fensters alle Auswahlkriterien fest, nach denen Sie die Geschäftspartner einschränken möchten. Anschließend klicken Sie auf den Button Zur Liste hinzufügen, um die aufgrund Ihrer Auswahlkriterien gewünschten Geschäftspartner in die Tabellenstruktur in der Mitte zu »laden«.

Als Auswahlkriterien können die Geschäftspartnernummer (Felder Code von – bis), die Lieferantengruppe und die Eigenschaften des Geschäftspartners herangezogen werden. Darüber hinaus können Sie mit der Checkbox Erweiterte Auswahlkriterien und den darunterliegenden Dropdown-Listen beinahe alle Felder, die in den Geschäftspartner-Stammdaten vorkommen, als Auswahlkriterien verwenden.

Das Beispiel in Abbildung 10.12 zeigt eine Auswahl nach Lieferantennummer (»V10000« bis »V70000«), und es sollen alle Lieferanten angezeigt werden, deren Währung »Euro« lautet.

Falls Sie einen Teil der Geschäftspartnerauswahl wieder entfernen möchten, ändern Sie die Auswahlkriterien und klicken auf den Button AUS DER LISTE ENTFERNEN, oder Sie klicken auf den Button GESAMTE LISTE ENTFERNEN, wenn Sie die Auswahl komplett zurücksetzen möchten.

Markieren Sie die Checkbox SOLLSALDEN VON LIEFERANTEN UND HABENSALDEN VON KUNDEN BERÜCKSICHTIGEN, wenn Sie Kunden mit einer Verbindlichkeit gegen Ihr Unternehmen oder Lieferanten, an die noch offene Forderungen bestehen, mit einbeziehen möchten.

4. **Schritt: »Belegparameter«**
   In diesem Schritt können Sie nun von den zuvor ausgewählten Geschäftspartnern die offenen Belege weiter einschränken (siehe Abbildung 10.13).

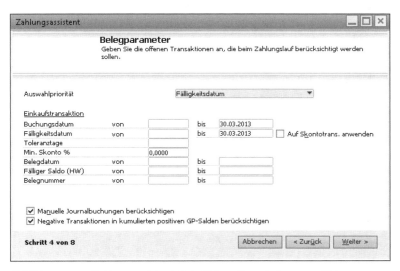

**Abbildung 10.13** Zahlungsassistent: Schritt 4 – offene Belege auswählen

Machen Sie zunächst eine Angabe im Feld AUSWAHLPRIORITÄT. Diese Angabe bestimmt die Reihenfolge in den folgenden Schritten. Anschließend können Sie die offenen Belege entsprechend den Feldern BUCHUNGSDATUM, FÄLLIGKEITSDATUM, MIN. SKONTO %, FÄLLIGER SALDO (HW), BELEGNUMMER etc. einschränken.

Die Checkbox AUF SKONTOTRANS. ANWENDEN bezieht sich auf das Fälligkeitsdatum einer Skontobuchung. Bei markierter Checkbox wird diese selbst dann angezeigt, wenn sie sich außerhalb des gewählten Fälligkeitszeitraums befindet, aber zu einem ausgewählten offenen Beleg gehört.

Markieren Sie die Checkbox MANUELLE JOURNALBUCHUNGEN BERÜCKSICHTIGEN, wenn nicht nur Eingangs- oder Ausgangsrechnungen, sondern auch Journalbuchungen an einen Geschäftspartner berücksichtigt werden sollen.

Die Checkbox NEGATIVE TRANSAKTIONEN IN KUMULIERTEN POSITIVEN GP-SALDEN BERÜCKSICHTIGEN markieren Sie, wenn negative Transaktionen (z. B. Gutschriften, die nicht einer Rechnung zugeordnet wurden) vom Zahlungsassistenten angezeigt werden sollen.

5. **Schritt: »Zahlweg – Auswahlkriterien«**
Wählen Sie in diesem Schritt den gewünschten Zahlweg mithilfe der entsprechenden Checkbox aus. In unserem Beispiel wäre dies nun der zuvor beim Geschäftspartner und der Eingangsrechnung zugewiesene Zahlweg AUSGANGSZAHLUNG BANKÜBERWEISUNG.

6. **Schritt: »Empfehlungsbericht«**
In diesem Schritt sehen Sie nun alle offenen Belege, die aufgrund der Auswahlkriterien aus den vorangegangenen Schritten übrig bleiben. Klicken Sie zunächst auf den Button ALLES EXPANDIEREN, um neben den Geschäftspartnern alle zugehörigen offenen Belege anzuzeigen (siehe Abbildung 10.14).

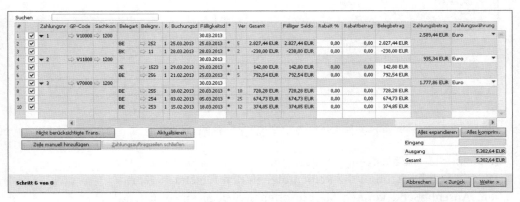

**Abbildung 10.14** Zahlungsassistent: Schritt 6 – zu zahlende offene Belege

Im Empfehlungsbericht des Zahlungsassistenten können Sie nun die Checkbox in der ersten Spalte entweder bei einzelnen Belegen oder beim Geschäftspartner deaktivieren, um diese Belege nicht zu zahlen.

Das Beispiel in Abbildung 10.14 zeigt in der Spalte BELEGART neben der offenen Eingangsrechnung (Belegart BE) zusätzlich eine offene, das bedeutet nicht einer Rechnung zugeordnete, Eingangsgutschrift (Belegart BK) beim Lieferanten »V10000« und eine Journalbuchung (Belegart JE) beim Lieferanten »V11000«.

Bevor Sie die Zahlungen mit dem Button WEITER bestätigen, können Sie die Spalten RABATT % (= Skontoprozentsatz), RABATTBETRAG (= Skontobetrag) und BELEGBETRAG noch verändern. Bei Veränderung des Belegbetrags wird eine Teilzahlung der offenen Rechnung angelegt.

Wenn Sie im Hintergrund Änderungen an den offenen Belegen vornehmen, während der Zahlungsassistent geöffnet ist, klicken Sie anschließend auf den Button AKTUALISIEREN, um die Änderungen sofort im Zahlungsassistenten anzuzeigen, ohne den Zahlungslauf von vorne beginnen zu müssen.

Klicken Sie auf den Button NICHT BERÜCKSICHTIGTE TRANS., um eine Liste offener Belege zu erhalten, die aus irgendeinem Grund nicht im Zahlungslauf erscheinen. Zum Beispiel könnte im Beleg kein Zahlungsweg hinterlegt sein.

7. **Schritt: »Speicheroptionen«**

In diesem Schritt stehen Ihnen abschließend die folgenden Optionen zur Verfügung:

– *Nur Auswahlkriterien speichern*: Wählen Sie diese Option, um lediglich die Auswahlkriterien für Geschäftspartner und Belege zu speichern, nicht jedoch die empfohlenen Zahlungen. Diesen Zahlungslauf können Sie zu einem späteren Zeitpunkt wieder aufrufen und vervollständigen.

– *Empfehlungen speichern*: Wählen Sie diese Option, um sowohl die Auswahlkriterien als auch die empfohlenen Zahlungen zu speichern. Diesen Zahlungslauf können Sie zu einem späteren Zeitpunkt wieder aufrufen und vervollständigen.

– *Zahlungsauftragslauf ausführen*: Bei dieser Option wird der Lauf zwar beendet, es werden jedoch noch keine Zahlungen angelegt. Sie verwenden diese Möglichkeit, um am Ende des Zahlungsauftragslaufs im achten Schritt mit dem Payment-Add-on eine Bankdatei zu erstellen. Diese Bankdatei wird in Ihr Telebanking geladen und der Zahlungsauftrag an die Bank elektronisch übermittelt.

Sobald die Zahlungen auf dem Kontoauszug bestätigt werden, kann der Zahlungsauftragslauf nochmals aufgerufen werden, um den Zahlungslauf im siebten Schritt auszuführen und damit die Zahlungen in SAP Business One anzulegen. Offene Rechnungen, die sich im Zahlungslauf befinden, werden mit der Checkbox ZAHLUNGSAUFTRAGSLAUF markiert, damit diese nicht irrtümlich manuell bezahlt werden.

– *Zahlungslauf ausführen*: Bei dieser Option wird der Zahlungslauf ausgeführt. Die Zahlungen werden inklusive der automatischen Verbuchung angelegt. SAP Business One bestätigt dies mit einer Hinweismeldung. Ein ausgeführter Zahlungslauf kann nur noch zu Informationszwecken bei den gespeicherten Zahlungsläufen aufgerufen, jedoch nicht mehr verändert werden.

8. **Schritt: »Zahlungslaufzusammenfassung und Druck«**

   Dieser Schritt zeigt in einer Zusammenfassung, wie viele Zahlungen angelegt wurden. Darüber hinaus können im rechten Bereich des Fensters diverse Ausdrucke zu dem abgeschlossenen Zahlungslauf gestartet werden.

Klicken Sie abschließend auf den Button FERTIGSTELLEN, um den Zahlungslauf zu beenden. Die angelegten Zahlungen finden Sie – wie gewohnt – im Fenster EINGANGSZAHLUNGEN bzw. AUSGANGSZAHLUNGEN. Im linken unteren Bereich des Fensters ist die Checkbox VOM ZAHLUNGSASSISTENTEN ERSTELLT markiert.

### 10.4.3 Elektronischer Zahlungsverkehr

Für den elektronischen Zahlungsverkehr muss das Payment-Add-on installiert werden, das standardmäßig mit SAP Business One für die jeweilige Lokalisierung ausgeliefert wird. Mithilfe dieses Add-ons wird über den Zahlungsassistenten eine elektronische Bankdatei erstellt, die in eine landestypische Telebanking-Software geladen und verarbeitet werden kann.

Die Vorbereitung zur Installation erfolgt im Fenster ADD-ON-ADMI-
NISTRATION unter ADMINISTRATION • ADD-ONS (siehe Abbildung 10.15).

Payment-Add-on
installieren

**Abbildung 10.15** Payment-Add-on installieren

Markieren Sie in der linken Tabelle das gewünschte Add-on, und kli-
cken Sie auf den Button ▶ (ADD-ON ZUORDNEN). Anschließend
»rutscht« das gewünschte Add-on in die rechte Tabelle. Markieren
Sie die Checkbox in der Spalte AKTIV, und wählen Sie in der Drop-
down-Liste in der Spalte STANDARDGRU… aus, auf welche Weise das
Add-on gestartet werden soll. Die Option AUTOMATISCH startet das
Add-on bei jedem Einstieg in SAP Business One, bei der Option MA-
NUELL müssen Sie das Add-on jedes Mal von Hand starten, und die
Option DEAKTIVIERT lässt das Add-on gar nicht starten.

---

**Verwendungshäufigkeit des Payment-Add-ons**                      **[+]**

Das Payment-Add-on bezieht sich lediglich auf die Erstellung einer elektronischen Bankdatei und hat keinen Einfluss auf die Funktionalität des
Zahlungsassistenten.

Wenn Sie sehr häufig Bankdateien erstellen müssen, verwenden Sie die
Option AUTOMATISCH in der Spalte STANDARDGRUPPE. Dies verzögert
jedoch das Starten von SAP Business One um einige Sekunden. Wenn Sie
Bankdateien nur sporadisch verwenden, wählen Sie die Option MANUELL
in der Spalte STANDARDGRU… aus.

---

Klicken Sie anschließend auf den Button AKTUALISIEREN, und das
Add-on ist bereit zur Installation.

Im nächsten Schritt öffnen Sie das Fenster ADD-ON-MANAGER unter
ADMINISTRATION • ADD-ONS. Das Payment-Add-on sollte nun auf der
Registerkarte AUSSTEHENDE ADD-ONS angezeigt werden (siehe Abbil-
dung 10.16).

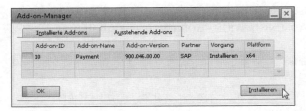

**Abbildung 10.16** Add-on installieren und starten

Markieren Sie das Add-on, und klicken Sie auf den Button INSTALLIE-REN. Die Installation kann einige Minuten in Anspruch nehmen. Sobald sie beendet ist, sollte das Add-on auf der Registerkarte INSTAL-LIERTE ADD-ONS angezeigt werden. Markieren Sie das Payment-Add-on, und klicken Sie auf den Button STARTEN. Warten Sie einige Sekunden, bis sich alle Module im Hauptmenü im Hintergrund schließen. Nun läuft das Payment-Add-on im Hintergrund, und es kann eine elektronische Bankdatei mit dem Zahlungsassistenten erstellt werden.

**Bankdatei erstellen**    Starten Sie in weiterer Folge den Zahlungsassistenten, und erstellen Sie einen Zahlungslauf, wie bereits in Abschnitt 10.4.2, »Zahlungen anlegen mit dem Zahlungsassistenten«, beschrieben. Im nächsten Schritt erscheint nun im unteren Bereich der Button BANKDATEI (siehe Abbildung 10.17).

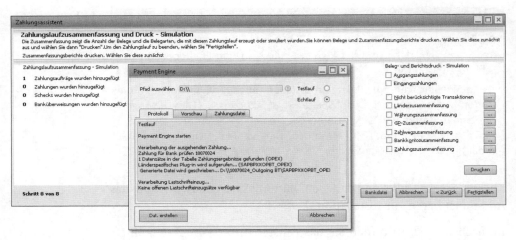

**Abbildung 10.17** Bankdatei erstellen

Klicken Sie auf diesen Button BANKDATEI, öffnet sich das Fenster PAY-MENT ENGINE. Klicken Sie auf den Button 🖿 (PFAD AUSWÄHLEN) rechts neben dem Feld PFAD AUSWÄHLEN, und geben Sie einen Speicherort für die Bankdatei an.

Abschließend klicken Sie auf den Button DAT. ERSTELLEN, um den Testlauf für die Erstellung der Bankdatei zu starten. Daraufhin klicken Sie ein zweites Mal auf den Button DAT. ERSTELLEN, und die Bankdatei wird nun tatsächlich erstellt. Laden Sie diese nun in Ihr Telebanking, und die Zahlungen werden elektronisch übermittelt.

## 10.5  Abstimmung von Konten

Eine der Kernaufgaben eines Buchhalters besteht darin, darauf zu achten, dass wichtige Konten im Hauptbuch, wie etwa Steuerkonten, Verrechnungskonten, Kassa, Bank etc., aber auch Kunden und Lieferanten ordnungsgemäß abgestimmt sind. Das bedeutet, dass Buchungen, die miteinander in Zusammenhang stehen, wie Rechnung und Gutschrift oder Zahlung und Gutschrift, gegeneinander abgestimmt werden müssen.

In der Regel geschieht das in SAP Business One automatisch, aber in manchen Fällen kommt es vor, dass Buchungen vorgenommen werden, die eigentlich einem offenen Beleg zugeordnet sein sollten, dies aber tatsächlich nicht sind, z. B. eine Gutschrift ohne Bezug zur offenen Rechnung, eine Journalbuchung ohne Bezug zu einer offenen Rechnung, eine Akontozahlung ohne Bezug zur Rechnung etc. In diesem Fall haben Sie in SAP Business One die Möglichkeit, im Nachhinein diese nicht zugeordneten Buchungen zusammenzuführen und abzustimmen.

Am besten funktioniert dies über das Fenster KONTENSALDO. Klicken Sie im Fenster GESCHÄFTSPARTNER-STAMMDATEN auf den orangefarbenen Pfeil ⇨ neben dem Feld KONTENSALDO, um den Kontosaldo aufzurufen (siehe Abbildung 10.18).

Im Fenster KONTENSALDO haben Sie im rechten oberen Bereich weitere Möglichkeiten, um die Anzeige der Buchung einzuschränken. Markieren Sie die Checkbox BUCHUNGSDATUM, um auf Buchungen in einem festgelegten Zeitraum einzuschränken. Markieren Sie die Checkbox ANZEIGEN, und nehmen Sie eine Angabe im Feld LETZTE TRANSAKTIONEN vor, um nach der Anzahl der zuletzt gebuchten Transaktionen einzuschränken. Markieren Sie schließlich die Check-

Notwendigkeit der Kontenabstimmung

Kontensaldo

box NUR OFFENE POSTEN ANZEIGEN, um alle noch nicht abgestimmten Transaktionen anzuzeigen.

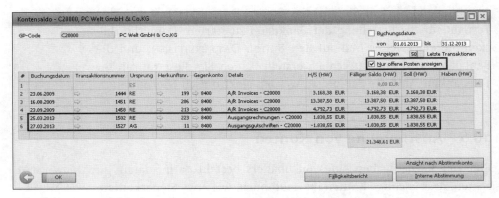

**Abbildung 10.18** Kontensaldo eines Geschäftspartners (»Kunde«)

In diesem Fall zeigt sich, dass die letzten beiden Buchungen, eine Ausgangsrechnung (C20000) und eine Ausgangsgutschrift (C20000), zwar den gleichen Betrag aufweisen, aber beide Buchungen als offene Posten angezeigt werden.

**Buchungen abstimmen**
Um die beiden Buchungen nun gegeneinander abzustimmen, klicken Sie auf den Button INTERNE ABSTIMMUNG (siehe Abbildung 10.18).

Markieren Sie im sich daraufhin öffnenden Fenster INTERNE ABSTIMMUNG die abzustimmenden Buchungen per Checkbox, und klicken Sie abschließend auf den Button ABSTIMMEN (siehe Abbildung 10.19). Folglich werden beide Buchungen nicht mehr als offene Posten angezeigt und sind nun gegeneinander abgestimmt.

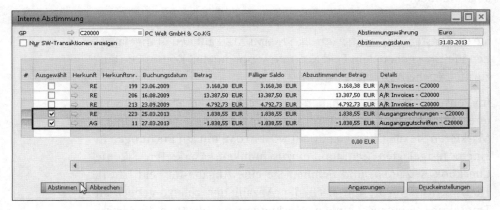

**Abbildung 10.19** Rechnung und Gutschrift abstimmen

**Abzustimmender Betrag** [+]

Die Summe aller abzustimmenden Beträge muss null ergeben. Ist dies nicht der Fall, weist SAP Business One Sie mit einer Fehlermeldung darauf hin, und die Abstimmung kann nicht durchgeführt werden. In diesem Fall klicken Sie im Fenster INTERNE ABSTIMMUNG auf den Button ANPASSUNGEN und wählen eine passende Transaktion (Journalbuchung, Eingangszahlung, Ausgangszahlung) aus, damit Sie eine Ergänzungsbuchung anlegen können, um den abzustimmenden Saldo wieder auszugleichen.

Einen anderen Weg zur Abstimmung eines Geschäftspartners erreichen Sie über den Pfad GESCHÄFTSPARTNER • INTERNE ABSTIMMUNGEN • ABSTIMMUNG. Wählen Sie dana'ch den gewünschten Geschäftspartner aus, belassen Sie die Option ABSTIMMUNGSART auf MANUELL, und klicken Sie auf den Button ABSTIMMEN.

Ein Sachkonto können Sie über den Kontenplan abstimmen. Rufen Sie im Kontenplan (FINANZWESEN • KONTENPLAN) das gewünschte Konto auf, klicken Sie auf den orangefarbenen Pfeil ⇨ beim Kontosaldo, und klicken Sie im nun geöffneten Fenster KONTOSALDO auf den Button INTERNE ABSTIMMUNG. Das nun geöffnete Fenster INTERNE ABSTIMMUNG hat die gleiche Funktion, wie bereits beim Geschäftspartner beschrieben.

*Sachkonto abstimmen*

Sollte Ihnen bei einer manuellen oder automatischen Abstimmung ein Fehler unterlaufen, haben Sie jederzeit die Möglichkeit, diese Abstimmung auch wieder rückgängig zu machen. Dies erreichen Sie im Fenster FRÜHERE ABSTIMMUNGEN VERWALTEN unter GESCHÄFTSPARTNER • INTERNE ABSTIMMUNGEN (siehe Abbildung 10.20).

*Abstimmung rückgängig machen*

Wählen Sie zunächst aus der Dropdown-Liste FRÜHERE ABSTIMMUNG FÜR aus, ob Sie bei einem Geschäftspartner (GP) oder einem Sachkonto eine Abstimmung rückgängig machen möchten. Geben Sie anschließend im Feld SACHKTO/GP-CODE VON das Sachkonto oder den Geschäftspartner ein, und klicken Sie auf den Button OK (siehe ❶ in Abbildung 10.20).

Im nächsten Fenster FRÜHERE INTERNE ABSTIMMUNG VERWALTEN markieren Sie die rückgängig zu machende Abstimmung in der oberen Tabelle ❷ und klicken auf den Button ABSTIMMUNG ZURÜCKSETZEN ❸, damit die verknüpfende Abstimmung wieder aufgelöst wird. Das Beispiel in Abbildung 10.20 zeigt die zuvor abgestimmte Rechnung und Gutschrift. In der Spalte ABSTIMMUNGSART ist ersichtlich, dass die Abstimmung zuvor MANUELL vorgenommen wurde. Nach dem Zurücksetzen der Abstimmung könnte die Abstimmung mit den gleichen oder anderen Buchungen nochmals vorgenommen werden.

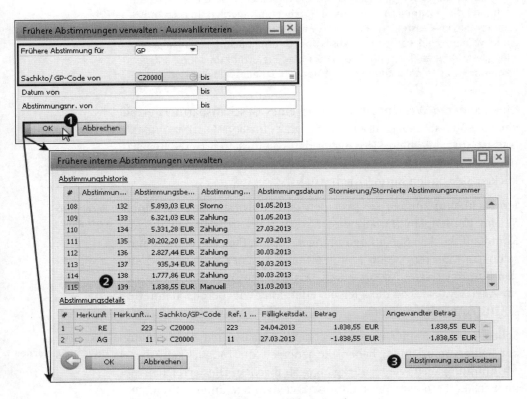

**Abbildung 10.20** Abstimmung rückgängig machen

## 10.6 Übungsaufgaben

1. Bezahlen Sie die beiden von Ihnen angelegten Eingangsrechnungen über die USB-Sticks per Banküberweisung. Berücksichtigen Sie jeweils 3 % Skonto.

2. Der Kunde bezahlt die Ausgangsrechnung über die USB-Sticks bar. Legen Sie eine Akontozahlung in Höhe der Rechnung an.

3. Stimmen Sie die Ausgangsrechnung mit der Akontozahlung ab.

*Die Vertriebssteuerung hat bis dato in kleinen und mittleren Unternehmen nicht den Stellenwert, den sie in größeren, vor allem vertriebsorientierten, Unternehmen einnimmt. Die Opportunities sind ein Instrument, um Ihr Vertriebsteam zu steuern und den Vertriebsprozess abzubilden.*

# 11  Opportunities im Vertrieb

In diesem Kapitel beschäftigen wir uns mit dem gesamten Bereich *Opportunities*. Zu Beginn des Kapitels werden vertriebliche Aspekte in kleinen und mittleren Unternehmen dargestellt. Anschließend werden mit dem Festlegen der Verkaufsgebiete und Verkaufsstufen Vorbereitungen für die Verwendung der Opportunities getroffen. Danach wird die Verwendung von Opportunities genauer erläutert. Das Kapitel schließt mit einer Darstellung der wichtigsten Berichte im Modul OPPORTUNITIES.

## 11.1  Vertriebliche Aspekte im Mittelstand

Dass die Vertriebssteuerung von kleineren Unternehmen bislang nicht als lohnendes Tätigkeitsfeld entdeckt wurde, liegt in erster Linie daran, dass der Vertrieb hier stark personenzentriert abläuft und ihm nicht die für die Unternehmensgröße passenden Methoden und Instrumente zur Verfügung stehen.

Personenunabhängige Gestaltung

Mit den Opportunities in SAP Business One steht jedoch ein Instrument bereit, das in eine komplette Unternehmenssoftware eingebettet ist und mit dem Sie die Steuerung eines ganzen Vertriebsteams bewerkstelligen und den Vertriebsprozess in Ihrem Unternehmen abstrahieren können. »Abstrahieren« bedeutet hier, dass Sie die Chance haben, den Vertrieb personenunabhängig zu gestalten, ihn also auf andere Mitarbeiter zu übertragen: Sie bilden Ihren Vertriebsprozess so weit wie möglich mit SAP Business One ab.

**[+]**

**Mitarbeiterwechsel**

Gibt es einen Mitarbeiterwechsel, sind Sie nicht an die individuellen Kenntnisse und an die Arbeitsweise des früheren Mitarbeiters gebunden. Der neue Mitarbeiter fügt sich in den bereits bestehenden Vertriebsprozess in SAP Business One ein und verwendet die vorhandenen Instrumente, wie eben die Opportunities.

Opportunities sind nichts anderes als Verkaufschancen – Chancen für Ihr Unternehmen, ein Geschäft abzuschließen und einen Auftrag von Ihrem Kunden zu erhalten. Dabei spielt es keine Rolle, ob der Geschäftspartner ein neuer Interessent oder ein langjähriger Kunde ist. Mit Opportunities haben Sie in SAP Business One die Möglichkeit, Ihre Verkaufschancen nicht nur zu verwalten, sondern sie mithilfe einer Reihe von Daten und Berichten auch adäquat voranzutreiben.

Auch in kleineren und mittleren Unternehmen besteht immer mehr die Notwendigkeit, den Vertrieb – mit einem in der Regel überschaubaren IT-Budget – möglichst so professionell und effizient zu gestalten wie in großen Unternehmen.

Darüber hinaus haben Sie seit Release 9.1 auch die Möglichkeit, die komplette Funktionalität der Opportunities auch für Lieferanten zu verwenden.

## 11.2 Opportunities definieren

Bevor Sie mit Opportunities arbeiten können, müssen Sie Vorbereitungen treffen. Die im Folgenden dargestellten Aufgaben sollten vor dem Anlegen der ersten Opportunity erledigt werden.

Verkaufsgebiete

Sie haben die Möglichkeit, Ihre Kunden und Interessenten in *Verkaufsgebiete* oder *Vertriebsgebiete* einzuteilen. Die Einteilung der Gebiete sollte gemäß der Gebietsaufteilung Ihrer Vertriebsmannschaft erfolgen. Dementsprechend haben Sie dann mit dem Verkaufsgebiet ein weiteres Merkmal, um Auswertungen durchzuführen. Die Verkaufsgebiete legen Sie in der Ansicht GEBIETE – DEFINITION (siehe Abbildung 11.1) über den Pfad ADMINISTRATION • DEFINITIONEN • ALLGEMEIN • GEBIETE fest.

Um ein neues Verkaufsgebiet anzulegen, gehen Sie folgendermaßen vor:

Verkaufsgebiet anlegen

1. Markieren Sie ein Gebiet (im rechten Fensterteil in Abbildung 11.1), und klicken Sie auf den Button GLEICHRANG. ELEMENT HINZUFÜG., um ein Verkaufsgebiet auf derselben Ebene (bzw. das erste Gebiet) anzulegen, oder auf den Button UNTERGEORDN. ELEMENT HINZUFÜG, um ein Gebiet unterhalb eines bereits angelegten Gebiets zu erstellen.

2. Geben Sie den Namen des Gebiets im Feld NAME und im Feld ÜBERGEORDNETES GEBIET ein solches für das eben angelegte Gebiet an. Das übergeordnete Gebiet muss zuvor erstellt worden sein. Falls das angelegte Gebiet an höchster Stelle steht, wählen Sie den leeren Eintrag aus der Werteliste aus.

   Geben Sie im Feld STANDORTFOLGE die Position oder die Sortierung des angelegten Gebiets in der Hierarchie bzw. auf dem Zweig der gleichrangigen Elemente an. Sie können das angelegte Gebiet als erstes, hinter einem auszuwählenden Gebiet oder als letztes einsortieren.

   Mit den beiden Feldern ÜBERGEORDNETES GEBIET und STANDORTFOLGE können Sie eine beliebige Hierarchie oder eine Baumstruktur der Verkaufsgebiete abbilden und so die Verknüpfungen innerhalb Ihrer Gebietsaufteilung darstellen. Ein Beispiel für eine derartige Baumstruktur sehen Sie im rechten Bereich von Abbildung 11.1.

**Abbildung 11.1** Vertriebs- bzw. Geschäftspartnergebiete definieren

3. Im Grunde ist das Verkaufsgebiet nun fertig angelegt. Möchten Sie ein Gebiet inaktiv setzen, markieren Sie dieses und klicken auf den Button INAKTIV SETZEN. Es kann anschließend nicht mehr im Fens-

ter GESCHÄFTSPARTNER-STAMMDATEN oder im Fenster OPPORTUNI-
TIES verwendet werden.

4. Möchten Sie Ihre Änderungen speichern, klicken Sie auf den Button AKTUALISIEREN und anschließend auf OK, um das Fenster zu
   schließen.

Das Verkaufsgebiet können Sie dem Geschäftspartner im Fenster GE-
SCHÄFTSPARTNER-STAMMDATEN auf der Registerkarte ALLGEMEIN zuordnen. Es wird im Fenster OPPORTUNITIES vorgeschlagen und kann
dort nochmals geändert werden.

**[+]**

> **Faustregel für das Festlegen der Verkaufsgebiete**
>
> Sie fragen sich vielleicht, die Einrichtung wie vieler Verkaufsgebiete sinn-
> voll ist. Als Faustregel gilt hier: so viele wie nötig (um auszuwerten), so
> wenige wie möglich (um zu arbeiten). Es ist nicht sinnvoll, einen regiona-
> len Markt unter allen Umständen in Verkaufsgebiete zu unterteilen.
> Genauso wenig ist es sinnvoll, z. B. den Zielmarkt Deutschland als Ganzes
> zu bearbeiten.

Verkaufsstufen    Die wichtigste Vorbereitung, die Sie zu leisten haben, bevor Sie Opportunities verwenden können, ist die Festlegung der *Verkaufsstu-
fen*. Mit den Verkaufsstufen definieren Sie einen idealtypischen Verkaufsprozess oder Verkaufsweg für Ihr Unternehmen. Das bedeutet,
Sie legen fest, welche Phasen in einem derartigen Verkaufsprozess in
Ihrem Unternehmen zu durchlaufen sind, bevor das Geschäft abgeschlossen und die Opportunity gewonnen wird.

Der idealtypische Verkaufsprozess eines Unternehmens wird üblicherweise durch die folgenden Kriterien beeinflusst:

▶ Ihre Erfahrung

▶ persönliche Intuition

▶ Branchenwissen

▶ Kenntnis Ihrer Kundenstruktur

▶ gesammelte Werte aus dem Vertrieb im Allgemeinen

In der Regel sind die Verkaufsstufen ein stark individualisiertes Bild
Ihres Unternehmens und können aus diesem Grund nur bedingt auf
ein anderes Unternehmen übertragen werden – selbst wenn es aus
derselben Branche stammt. Jede Verkaufsstufe ist mit einer vorgege-

benen Wahrscheinlichkeit des positiven Geschäftsabschlusses verknüpft. Das bedeutet, jeder Stufe ordnen Sie eine Wahrscheinlichkeit zu, mit der auf dieser Stufe ein Geschäft abgeschlossen wird. Naturgemäß steigert sich dieser Prozentsatz, je höher die Verkaufsstufe ist.

---

**Abschlusswahrscheinlichkeit** [zB]

In Ihrem Unternehmen werden z. B. 1 % aller Erstkontakte bzw. Interessenten, die in das Unternehmen kommen, zu Kunden. Das bedeutet, aus 100 Erstkontakten bzw. Interessenten gehen zwei Kunden hervor. Wenn Sie Ihren Interessenten ein Angebot vorlegen, haben Sie bereits eine höhere Abschlusswahrscheinlichkeit. Zum Beispiel könnten 60 % der Interessenten, die ein Angebot von Ihnen erhalten, auch zu Kunden werden. Je weiter der Verkaufsprozess fortgeschritten ist, desto höher ist die Abschlusswahrscheinlichkeit.

---

Das Anlegen der Verkaufsstufen ist denkbar einfach. Öffnen Sie das Fenster VERKAUFSSTUFEN – DEFINITION (siehe Abbildung 11.2) über den Pfad ADMINISTRATION • DEFINITIONEN • OPPORTUNITIES.

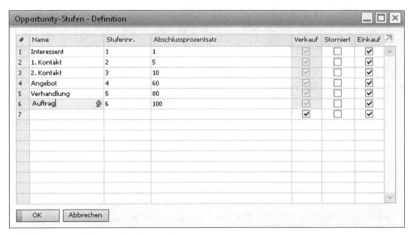

**Abbildung 11.2** Verkaufsstufen festlegen

Für das Festlegen der Verkaufsstufen sind folgende Felder und Checkboxen zu berücksichtigen:

Verkaufsstufen festlegen

▶ **Feld »Name«**
Legen Sie hier einen Namen für die Verkaufsstufe fest (maximal 30 Zeichen).

549

▸ **Feld »Stufennr.«**
Legen Sie hier die Reihenfolge der Verkaufsstufen mit der Stufennummer fest.

▸ **Feld »Abschlussprozentsatz«**
Geben Sie einen Prozentsatz für die Abschlusswahrscheinlichkeit an. Mit dieser Wahrscheinlichkeit wird in dieser Verkaufsstufe das Geschäft positiv abgeschlossen. Wie in Abbildung 11.2 zu sehen ist, steigt der Prozentsatz mit jeder Stufe an, in die der Interessent weitergetragen wird.

**[zB]** ▐ **Abschlussprozentsatz**

Die Verkaufsstufe ANGEBOT hat eine Abschlusswahrscheinlichkeit von 60 %. Das bedeutet, sobald ein Interessent in diese Stufe gelangt, folgt im Durchschnitt auf sechs von zehn Angeboten ein Auftrag vonseiten des Kunden. Der Abschlussprozentsatz ist vom jeweiligen Unternehmen bzw. der Branche abhängig. Diese Wahrscheinlichkeiten sollten in regelmäßigen Abständen überprüft und gegebenenfalls aufgrund der Erfahrungswerte angepasst werden (z. B. einmal jährlich).

▸ **Checkbox »Verkauf«**
Diese Checkbox ist standardmäßig aktiviert und zeigt, dass die angelegte Verkaufsstufe bei Opportunities für Kunden verwendet werden kann.

▸ **Checkbox »Storniert«**
Markieren Sie die Checkbox in der Spalte STORNIERT, um diese Verkaufsstufe inaktiv zu setzen. Diese Stufe kann dann in einer neu anzulegenden Opportunity nicht mehr ausgewählt werden und ist in der entsprechenden Auswahlliste ausgegraut.

▸ **Checkbox »Einkauf«**
Markieren Sie die Checkbox EINKAUF, um diese Verkaufsstufe auch bei Opportunities für Lieferanten verwenden zu können.

Klicken Sie jeweils auf den Button AKTUALISIEREN, um die eingegebene Verkaufsstufe hinzuzufügen oder um die Änderungen zu speichern. Klicken Sie anschließend auf den Button OK, um das Fenster VERKAUFSSTUFEN – DEFINITION zu schließen.

**Angelegte Verkaufsstufen können nicht gelöscht werden** **[+]**

Einmal angelegte Verkaufsstufen können nicht wieder gelöscht werden. Überlegen Sie daher zunächst »am Reißbrett«, welche Verkaufsstufen Sie anlegen möchten. Erst nachdem Sie in Ihrem Unternehmen einen Konsens geschaffen haben, geben Sie die Verkaufsstufen in SAP Business One ein.

Nicht verwendete Verkaufsstufen können Sie jedoch mit der Checkbox STORNIERT inaktiv setzen. Sie werden dann im Fenster OPPORTUNITIES nicht mehr in der Werteliste der Verkaufsstufen angezeigt.

Die Verkaufsstufen in Abbildung 11.2 stellen ein Beispiel eines kleinen oder mittleren Unternehmens dar, das im Projektgeschäft (z. B. in der IT-Branche) tätig ist:

Verkaufsstufen – Details

1. Stufe: **Interessent**
   Die erste Stufe der softwaremäßigen Erfassung ist der Interessent. Sie lernen Ihren Kontakt z. B. auf einer Messe, einer Verkaufsveranstaltung, über einen Netzwerkpartner oder durch dessen eigene Initiative kennen und erfassen seine Daten. Nur 1 % der so erfassten Erstkontakte wird auch zu Kunden, die Sie letztlich beauftragen.

2. Stufe: **1. Kontakt**
   Die zweite Stufe bedeutet, dass Sie das erste Mal proaktiv mit Ihrem Interessenten in Kontakt treten.

3. Stufe: **2. Kontakt**
   Nach einem Termin mit dem Interessenten kann in einem zweiten Kontakt bereits ein bestimmtes Interesse herausgearbeitet werden.

4. Stufe: **Angebot**
   Nachdem das Interessensgebiet feststeht, werden Sie dem Interessenten in dieser Stufe ein Angebot (in SAP Business One) unterbreiten.

5. Stufe: **Verhandlung**
   Das Angebot und weitere Aspekte sind Gegenstand der Verhandlung. Wenn man in diese Stufe eintritt, werden 80 % der verhandelten Angebote zum konkreten Auftrag.

6. Stufe: **Auftrag**
   Die letzte Stufe, der Auftrag, dient nur administrativen Zwecken und hat dementsprechend eine Abschlusswahrscheinlichkeit von

100 %. Das Geschäft ist an dieser Stelle bereits gewonnen. Diese Stufe kann gegebenenfalls auch entfallen. Die Festlegung der Abschlusswahrscheinlichkeiten kann in der Regel nur als Schätzwert aus der Erfahrung der Vertriebsmitarbeiter erfolgen.

**»Pipeline« im Vertrieb**  Die einzelnen Verkaufsstufen stellen die sogenannte *Pipeline* im Vertrieb dar. Da die Abschlusswahrscheinlichkeit mit jeder höheren Stufe steigt, fallen mit jeder niedrigeren Stufe mehr Opportunities als verloren weg. Aus diesem Grund muss die Anzahl der vorhandenen Opportunities höher sein, je niedriger die Verkaufsstufe und – damit verknüpft – je geringer die Abschlusswahrscheinlichkeit ist. Im Idealfall hat die Pipeline also eine Trichterform, in der mehr Opportunities zu Beginn der Pipeline vorhanden sind und immer weniger gegen Ende. Falls zu Beginn der Pipeline zu wenige Opportunities vorhanden sind, kann dies mittelfristig zu Problemen im permanenten Vertriebsfluss führen. Aus diesem Grund muss die Pipeline laufend gefüllt werden.

## 11.3 Verkaufschancen verwalten

Die gesamte Verwaltung der Verkaufschancen spielt sich im Fenster OPPORTUNITY im Modul OPPORTUNITIES ab. Opportunities können sowohl für den Geschäftspartnertyp »Interessent« als auch für den Typ »Kunde« angelegt werden. Denn nur, weil es sich bereits um einen bestehenden Kunden handelt, bedeutet dies nicht, dass Sie keine weiteren Geschäfte über die Opportunities verfolgen möchten.

**Handhabung**  Bei der einzelnen Opportunity können Sie eine Reihe von Informationen zu der jeweiligen Verkaufschance mitführen. Dazu sollten Sie sich für das Anlegen Zeit nehmen und die Daten, die Sie mitführen möchten, evaluieren und festlegen. Sie müssen jedoch nicht alle Felder pflegen, die vorhanden sind, sondern können sich auch auf einige wenige beschränken; dann ist die Erfassung der Opportunity recht schnell möglich. Die Opportunity ist wie gewohnt in Kopfdaten und einzelne Registerkarten mit speziellen Informationen unterteilt (siehe Abbildung 11.3).

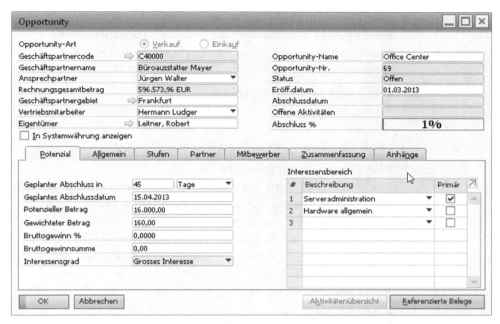

**Abbildung 11.3** Fenster »Opportunity« – Kopfdaten und Registerkarte »Potenzial«

Die folgenden Felder finden Sie in den Kopfdaten, was bedeutet, dass sie auf jeder Registerkarte angezeigt werden:

Opportunity – Kopfdaten

▶ **Optionsgruppe »Opportunity-Art«**
Wählen Sie beim Anlegen der Opportunity, ob es sich um eine Opportunity für den VERKAUF (also für einen Kunden) oder für den EINKAUF (also für den Lieferanten) handelt. Nach dem Hinzufügen der Opportunity kann diese Option nicht mehr verändert werden. Da wir hier die Option VERKAUF gewählt haben, sprechen wir bei der weiteren Erläuterung nur von Kunden und nicht von Lieferanten.

▶ **Felder »Geschäftspartnercode« und »Geschäftspartnername«**
Wählen Sie einen Kunden oder einen Interessenten aus der Werteliste aus.

▶ **Feld »Ansprechpartner«**
Standardmäßig wird der Hauptansprechpartner angezeigt. Falls Sie einen abweichenden Ansprechpartner eingeben möchten, wählen Sie diesen aus der Werteliste aus.

553

▶ **Feld »Rechnungsgesamtbetrag«**
Dieser Betrag wird aus der Summe aller Ausgangsrechnungen minus der Summe aller Ausgangsgutschriften für diesen Kunden berechnet.

▶ **Feld »Geschäftspartnergebiet«**
In diesem Feld wird das Geschäftspartnergebiet aus dem Fenster GESCHÄFTSPARTNER-STAMMDATEN, Registerkarte ALLGEMEIN, angezeigt. Sie können diesen Wert hier ändern.

▶ **Feld »Vertriebsmitarbeiter«**
In diesem Feld wird der zugeordnete Vertriebsmitarbeiter aus dem Fenster GESCHÄFTSPARTNER-STAMMDATEN, Registerkarte ALLGEMEIN, angezeigt. Sie können den Wert hier ebenfalls ändern, falls in diesem Fall ein anderer Vertriebsmitarbeiter für diese eine Opportunity verantwortlich ist. Neue Vertriebsmitarbeiter legen Sie über den Pfad ADMINISTRATION • DEFINITIONEN • ALLGEMEIN • VERTRIEBSMITARBEITER an.

▶ **Feld »Eigentümer«**
In diesem Feld wird der Mitarbeiter als Verantwortlicher für dieses Dokument angezeigt, der in den Mitarbeiterstammdaten dem Benutzer entspricht, der diese Opportunity erfasst hat. Der Verantwortliche wird für das Thema *Dateneigentum* benötigt. Dies zählt zu den weiterführenden Themen und wird aus diesem Grund nicht in diesem Buch behandelt.

▶ **Feld »Opportunity-Name«**
Geben Sie hier einen Namen oder ein Schlagwort ein, anhand dessen Sie diese Verkaufschance besser wiedererkennen.

▶ **Feld »Opportunity-Nr.«**
Diese fortlaufende Nummer wird von SAP Business One automatisch vergeben.

▶ **Feld »Status«**
Auch der Status wird von SAP Business One automatisch vergeben. Beim Eröffnen wird der Status OFFEN angezeigt. Nach Abschluss zeigt dieses Feld, entsprechend der Option auf der Registerkarte ZUSAMMENFASSUNG, entweder den Status GEWONNEN oder VERLOREN an.

▶ **Feld »Eröff.datum«**
Dies ist das Datum beim Anlegen der Opportunity, es wird automatisch mit dem Tagesdatum befüllt, kann jedoch abgeändert werden.

- **Feld »Abschlussdatum«**
  Dies ist das Datum beim Abschließen der Opportunity (gewonnen oder verloren) und wird ebenfalls automatisch vergeben.

- **Feld »Offene Aktivitäten«**
  Dieses Feld zeigt die Anzahl aller offenen Aktivitäten an, die mit dieser Opportunity verknüpft sind.

- **Feld »Abschluss %«**
  Dieses Feld zeigt die aktuelle Abschlusswahrscheinlichkeit der Opportunity an. Diese wird gemäß der Verkaufsstufe vorgegeben und kann nur direkt bei der Verkaufsstufe geändert werden.

- **Button »Aktivitätenübersicht«**
  Klicken Sie auf diesen Button, um eine Aufstellung aller Aktivitäten zu dieser Opportunity zu erhalten. Mit dem orangefarbenen Pfeil ⬌ in der Liste verzweigen Sie zu der einzelnen Aktivität.

- **Button »Referenzierte Belege«**
  Klicken Sie auf diesen Button, um eine Liste aller Verkaufsbelege (z. B. Angebote) zu erhalten, die mit dieser Opportunity verknüpft sind. Klicken Sie auf den orangefarbenen Pfeil ⬌ neben der Belegnummer, um zum angezeigten Beleg zu verzweigen.

Die Opportunity benötigt nur wenige Pflichtfelder (die Felder GESCHÄFTSPARTNERCODE und GESCHÄFTSPARTNERNAME in den Kopfdaten sowie das Feld POTENZIELLER BETRAG auf der Registerkarte POTENZIAL). Klicken Sie nach der Angabe dieser Felder auf den Button HINZUFÜGEN, um die Opportunity anzulegen.

Auf der Registerkarte POTENZIAL können Sie zudem die Eckdaten zur Verkaufschance angeben. Folgende Felder können gefüllt werden:

*Registerkarte »Potenzial«*

- **Feld »Geplanter Abschluss in«**
  Planen Sie in diesem Feld, bis wann Sie spätestens das Geschäft gewinnen möchten. Mit der Werteliste rechts daneben geben Sie die Zeiteinheit an.

- **Feld »Geplantes Abschlussdatum«**
  Dieses Datum wird aus dem Eröffnungsdatum und der Anzahl der Tage, Wochen und Monate errechnet und kann für Vergleiche mit dem tatsächlichen Abschlussdatum herangezogen werden.

- **Feld »Potenzieller Betrag«**
  Geben Sie hier den Betrag ein, den Sie aus diesem Geschäft erwarten.

▶ **Feld »Gewichteter Betrag«**
Dieser Betrag errechnet sich aus dem potenziellen Betrag multipliziert mit der Abschlusswahrscheinlichkeit. Wenn einer der beiden Faktoren verändert wird, wird der gewichtete Betrag neu errechnet.

▶ **Felder »Bruttogewinn %« und »Bruttogewinnsumme«**
Geben Sie hier den geschätzten Bruttogewinn in % und als Betrag ein.

▶ **Feld »Interessensgrad«**
Wählen Sie den Interessensgrad aus der Werteliste aus, oder wählen Sie den Eintrag NEU DEFINIEREN, um einen neuen Interessensgrad anzulegen. Der Interessensgrad signalisiert die Stärke des Interesses beim Interessenten. Dadurch kann er als Priorisierungsmerkmal für Opportunities verwendet werden.

▶ **Tabelle »Interessensbereich«**
Wählen Sie den Interessensbereich aus der Dropdown-Liste aus, oder wählen Sie über die Auswahlliste den Eintrag NEU DEFINIEREN, um einen neuen Interessensbereich anzulegen. Hier sollen alle Interessensbereiche des Interessenten aufgelistet werden, die für ein mögliches Geschäft infrage kommen. Dazu füllen Sie die Liste, bis Sie alle Interessensbereiche abgebildet haben, und markieren die Checkbox in der Spalte PRIMÄR, die das vorrangige Interesse darstellt (siehe Abbildung 11.3).

Registerkarte »Allgemein«    Auf der Registerkarte ALLGEMEIN können Sie die folgenden Felder füllen:

▶ **Felder »GP-Channel Code«, »Name« und »Ansprechpartner«**
Geben Sie in diesen Feldern einen Channel-Partner an. Ein Channel-Partner ist ein dritter Geschäftspartner, der als Vermittler für dieses Geschäft fungieren kann.

▶ **Feld »GP-Projekt«**
Wählen Sie ein Projekt aus der Werteliste aus, oder wählen Sie den Eintrag NEU DEFINIEREN, um ein neues Projekt anzulegen. Projekte sind Teil der Kostenrechnung.

▶ **Feld »Informationsquelle«**
Wählen Sie eine Informationsquelle aus der Werteliste aus, oder wählen Sie den Eintrag NEU DEFINIEREN, um eine neue Informationsquelle anzulegen. Mit der Informationsquelle geben Sie an, auf welche Weise Sie die Verkaufschance erlangt haben.

▶ **Feld »Branche«**

Wählen Sie eine Branche aus der Werteliste aus, oder wählen Sie den Eintrag NEU DEFINIEREN, um eine neue Branche anzulegen. Mit dieser Werteliste können Sie die verschiedenen Branchen kategorisieren, aus denen Ihre Kunden und Interessenten stammen.

▶ **Feld »Bemerkungen«**

Geben Sie in dieses Feld weitere Informationen zu dem Interessenten ein.

Auf der Registerkarte STUFEN legen Sie alle Stufen an, die Sie konkret mit diesem Interessenten durchlaufen. Jede Stufe kann dabei beliebig oft durchlaufen und es können auch Stufen übersprungen werden. Standardmäßig wird beim Anlegen der Opportunity die erste Stufe voreingestellt. Abbildung 11.4 zeigt ein Beispiel für eine Opportunity, die sich gerade in Stufe 3 befindet.

Registerkarte »Stufen«

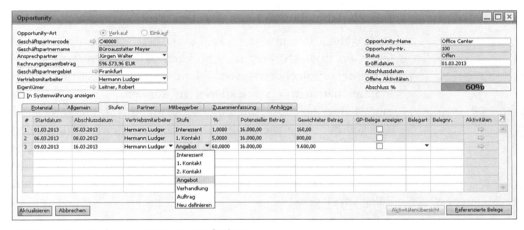

**Abbildung 11.4** Stufen einer Opportunity festlegen

Für die einzelnen Stufen legen Sie die folgenden Angaben fest:

Angaben für Stufen festlegen

▶ **Felder »Startdatum« und »Abschlussdatum«**

Geben Sie das Start- und das Abschlussdatum jeder Stufe ein. Der Zeitraum darf sich jeweils nicht überschneiden.

▶ **Feld »Vertriebsmitarbeiter«**

Standardmäßig wird hier der Vertriebsmitarbeiter der Opportunity angezeigt. Sollte für eine Stufe ein anderer Vertriebsmitarbeiter relevant sein, wählen Sie diesen aus der Werteliste aus.

▸ **Feld »Stufe«**

Wählen Sie die aktuelle Stufe aus. Die Stufe kann in mehreren Zeilen die gleiche sein.

▸ **Felder »%«, »Potenzieller Betrag« und »Gewichteter Betrag«**

Diese Daten werden aus der Verkaufsstufe bzw. von der Registerkarte Potenzial angezeigt und können pro Stufe angepasst werden. Die Systematik der Abschlusswahrscheinlichkeiten in den Verkaufsstufen ist flexibel. Die Abschlusswahrscheinlichkeit und damit zusammenhängend der potenzielle Betrag sind ein Ergebnis der laufenden Einschätzung des Vertriebsmitarbeiters und können aus diesem Grund angepasst werden. Die Vorschlagswerte dienen dabei nur als Richtwerte.

▸ **Felder »GP-Belege anzeigen«, »Belegart« und »Belegnr.«**

Mit diesen Feldern haben Sie die Möglichkeit, Verkaufsbelege wie Angebote, Kundenaufträge, Lieferungen und Ausgangsrechnungen mit der Opportunity zu verknüpfen (siehe Abbildung 11.5).

Dazu wählen Sie zunächst im Feld Belegart die entsprechende Belegart aus und aktivieren die Checkbox GP-Belege anzeigen, um in der darauffolgenden Auswahl der Belege nur Belege des aktuellen Geschäftspartners selektieren zu können. Für die Auswahl eines Belegs positionieren Sie den Cursor im Feld Belegnr. und drücken die ⛰-Taste. Wählen Sie dann den gewünschten Beleg aus, und bestätigen Sie Ihre Wahl mit dem Button Auswählen (siehe ❶ in Abbildung 11.5). Der jeweilige Beleg wird eingefügt ❷. Alternativ dazu klicken Sie auf den Button Neu, um einen neuen Beleg anzulegen.

▸ **Feld »Aktivitäten«**

In dieser Spalte können Sie der Opportunity Aktivitäten zuweisen (siehe Abschnitt 4.5, »Aktivitäten«). Klicken Sie auf den orangefarbenen Pfeil ⇨, um eine neue Aktivität anzulegen. Wenn bereits Aktivitäten zu einer Stufe existieren, wird mit einem Klick auf den orangefarbenen Pfeil ⇨ die Aktivitätenübersicht angezeigt. Pro Verkaufsstufe können Sie beliebig viele Aktivitäten anlegen.

**[zB]** **Aktivitäten in der Verkaufsstufe »Verhandlung«**

Sie benötigen drei Meetings und zwei Telefonate in der Verkaufsstufe Verhandlung. Legen Sie daher in dieser Verkaufsstufe fünf Aktivitäten an.

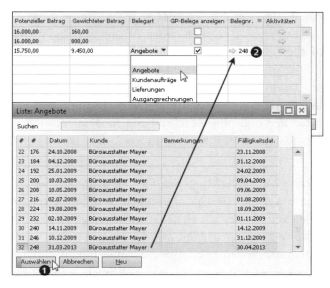

**Abbildung 11.5** Einen Beleg einer Opportunity zuordnen

Auf der Registerkarte PARTNER können Sie Ihre Partner zu der entsprechenden Opportunity festlegen (siehe Abbildung 11.6).

Registerkarte »Partner«

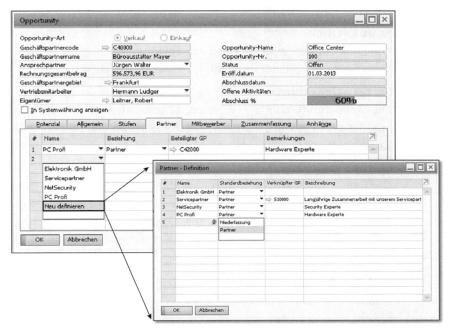

**Abbildung 11.6** Einen bestehenden Partner zuweisen bzw. einen neuen Partner anlegen

Die Partner können auch Geschäftspartner sein und im Feld BETEI-LIGTER GP angezeigt werden. Um einen neuen Partner anzulegen, der anschließend für alle Opportunities zur Verfügung steht, klicken Sie auf den Eintrag NEU DEFINIEREN im Feld NAME. Es öffnet sich das Fenster PARTNER – DEFINITION. Geben Sie hier einen Namen, die Beziehung zu diesem Partner, eine Verknüpfung zu einem bereits angelegten Geschäftspartner und eine Beschreibung in dem jeweiligen Feld an, und bestätigen Sie dies mit den Buttons AKTUALISIEREN und anschließend OK.

Registerkarte »Mitbewerber«

Auf der Registerkarte MITBEWERBER geben Sie alle Mitbewerber an, die sich mit Ihnen um dieses Geschäft bemühen. Der Mitbewerber wird nach dem gleichen Muster wie der Partner angelegt. Zusätzlich geben Sie noch die GEFAHRENSTUFE an, mit der Sie die Gefahr definieren, die von dem Mitbewerber ausgeht. Darüber hinaus aktivieren Sie die Checkbox GEWONNEN, um zu dokumentieren, welcher Ihrer Mitbewerber diese für Sie verlorene Opportunity gewonnen hat.

Registerkarte »Zusammen-fassung«

Auf der Registerkarte ZUSAMMENFASSUNG erhalten Sie einen Überblick über den aktuellen Status der Opportunity. Bis zum Abschluss der Opportunity lautet der Status OFFEN. Bei Abschluss gibt es lediglich zwei Möglichkeiten:

▶ **Status »Offen«**
Die Opportunity ist derzeit weder gewonnen noch verloren. Diesen Status erhält die Opportunity, sobald sie angelegt wurde.

▶ **Status »Gewonnen«**
Die Opportunity wurde gewonnen. Wählen Sie dazu die Belegart aus, die angelegt wurde, um den Abschluss zu dokumentieren (z. B. KUNDENAUFTRAG).

▶ **Status »Verloren«**
Die Opportunity wurde verloren. Wählen Sie dazu in der Tabelle im rechten unteren Bereich den oder die Gründe aus der Drop-down-Liste, die zu der verlorenen Opportunity geführt haben. Eine profunde Ex-post-Analyse der verlorenen Opportunity ist Teil der kontinuierlichen Verbesserung des Verkaufsprozesses.

Grundsätzlich kann die Verkaufschance in jeder Verkaufsstufe gewonnen oder auch verloren werden.

Die Registerkarte ANHÄNGE können Sie für Dateianhänge jeglicher Art verwenden. Um Dateianhänge anzufügen, müssen Sie über ADMINISTRATION • SYSTEMINITIALISIERUNG • ALLGEMEINE EINSTELLUNGEN im Fenster ALLGEMEINE EINSTELLUNGEN auf der Registerkarte PFAD ein Verzeichnis für Dateianhänge definieren. Hier haben Sie folgende Möglichkeiten:

Registerkarte »Anhänge«

▶ Klicken Sie auf den Button DURCHSUCHEN, um eine Datei auszuwählen und anzuhängen.

▶ Markieren Sie den Eintrag, und klicken Sie dann auf den Button ANZEIGEN, um den Dateianhang zu öffnen.

▶ Markieren Sie den Eintrag, und klicken Sie auf den Button LÖSCHEN, um den Dateianhang zu entfernen.

## 11.4 Opportunity-Berichte

Opportunities bilden die Grundlage des Vertriebsbereichs. Von entscheidender Bedeutung ist es jedoch, den Überblick über eine Vielzahl verschiedener Opportunities, die zugeordneten Geschäftspartner und verantwortliche Vertriebsmitarbeiter zu behalten. SAP Business One bietet zu diesem Zweck eine Reihe von Berichten (unter OPPORTUNITIES • OPPORTUNITY-BERICHTE), die im Folgenden kurz dargestellt werden sollen:

Zur Verfügung stehende Berichte

▶ **Opportunity-Prognose**
Die *Opportunity-Prognose* zeigt eine Auflistung von Opportunities mit den wichtigsten Angaben wie dem potenziellen Betrag, dem gewichteten Betrag, dem geplanten Abschlussdatum etc. Im Fenster AUSWAHLKRITERIEN, das zunächst geöffnet wird, können Sie die Anzeige auf beinahe alle Felder einschränken. Dazu klicken Sie auf den Button ... neben dem Kriterium. Sobald Sie eine Auswahl treffen, wird die Checkbox daneben aktiviert, und dieses Kriterium wird nun berücksichtigt. Im unteren Bereich des Fensters AUSWAHLKRITERIEN haben Sie die Möglichkeit, den Bericht nach Gebiet, Hauptvertriebsmitarbeiter sowie Geschäftspartner zu gruppieren. Im Bericht klicken Sie auf das schwarze Dreieck ▶, um sich Detailinformationen zur jeweiligen Gruppierung anzeigen zu lassen.

▸ **Opportunity-Bericht**
Der *Opportunity-Bericht* stellt eine Übersicht über alle Opportunities mit den wichtigsten Feldern dar.

▸ **Opportunity-Prognoseverlauf**
Der *Opportunity-Prognoseverlauf* hat ähnliche Auswahlkriterien wie die bereits genannte Opportunity-Prognose, allerdings können Sie hier nach Monat, Quartal oder Jahr gruppieren. Im Bericht erhalten Sie eine zusammengefasste Übersicht der Opportunities, gruppiert nach der gewählten Zeiteinheit (siehe Abbildung 11.7).

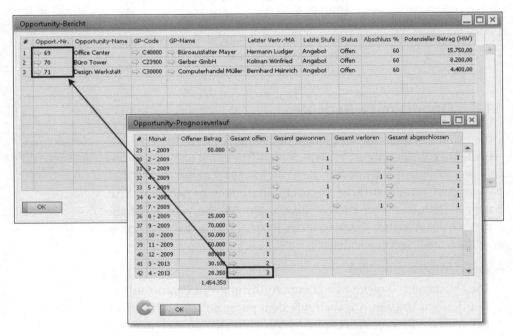

**Abbildung 11.7** Prognoseverlaufsbericht und Detailbericht

Der Bericht zeigt pro Monat jeweils den offenen Betrag sowie die Anzahl der offenen und abgeschlossenen (und davon die gewonnenen und verlorenen) Opportunities an. Klicken Sie in der Spalte GESAMT OFFEN auf den orangefarbenen Pfeil im Fenster OPPORTUNITY-PROGNOSEVERLAUF, um den detaillierteren Opportunity-Bericht wie in Abbildung 11.7 aufzurufen.

▸ **Opportunity-Statistik**
Die *Opportunity-Statistik* zeigt eine Aufstellung von Opportunities, gruppiert nach Geschäftspartner, mit der Anzahl der offenen, ab-

geschlossenen, davon gewonnenen und verlorenen Opportunities sowie eine Aufstellung der Beträge in denselben Kategorien.

▶ **Stufenanalyse**

Die *Stufenanalyse* zeigt eine Übersicht über die einzelnen Verkaufsstufen auf der vertikalen Achse und die Anzahl der Interessenten sowie eine Prozentaufteilung auf die einzelnen Vertriebsmitarbeiter auf der horizontalen Achse.

▶ **Informationsquellenanalyse**

Die *Informationsquellenanalyse* zeigt eine Zusammenfassung von Opportunities, gruppiert nach Tagen, Wochen oder Monaten, auf der vertikalen Achse und die Informationsquellen, aus denen die einzelnen Opportunities stammen, auf der horizontalen Achse.

▶ **Gewonnene bzw. verlorene Opportunities**

Dieser Berichtzeigt eine Übersicht über alle gewonnenen bzw. verlorenen Opportunities im Zeitablauf an. Im Fenster Auswahlkriterien legen Sie im Feld Zeitraum in Tagen im rechten unteren Bereich das Intervall fest, das auf der vertikalen Achse im Bericht erscheint.

▶ **Eigene offene bzw. geschlossene Opportunities**

Dieser Bericht zeigt eine Aufstellung über die offenen bzw. geschlossenen Opportunities des eigenen Benutzers. Die Verknüpfung zum eigenen Benutzer kann jedoch nur über die Mitarbeiterstammdaten im Modul Personal erfolgen. Dazu müssen Sie als Mitarbeiter, als Benutzer und als Vertriebsmitarbeiter angelegt sein. Im Fenster Personalstammdaten (linker oberer Bereich) müssen dem angelegten Mitarbeiter der Vertriebsmitarbeiter und der Benutzer zugeordnet sein. Diese Zuordnung wird in Abschnitt 14.2, »Mitarbeiterstammdaten«, detailliert erklärt.

Zwei weitere zur Verfügung stehende Opportunity-Berichte werden im Folgenden etwas ausführlicher erläutert, die Opportunity-Pipeline und die dynamische Opportunity-Analyse.

### Opportunity-Pipeline

Die *Opportunity-Pipeline* stellt eine grafische Aufbereitung der trichterförmigen Pipeline im Vertrieb dar (siehe Abbildung 11.8).

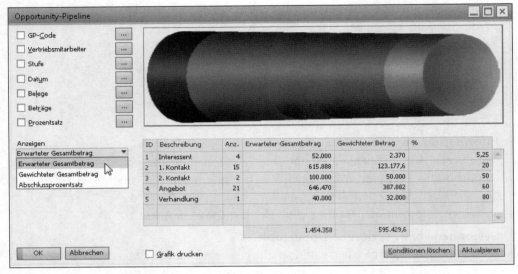

**Abbildung 11.8** Opportunity-Pipeline

Jede der farbigen Scheiben der Pipeline im oberen Bereich stellt von links nach rechts aufsteigend eine der Verkaufsstufen dar. Die Breite der Scheiben entspricht dem Größenfaktor der Anzeige, der in der Tabelle unter der Grafik ausgewählt werden kann. Ihnen stehen die Optionen ERWARTETER GESAMTBETRAG, GEWICHTETER GESAMTBETRAG und Abschlussprozentsatz (Feld %) zur Verfügung.

**[zB]** | **Verhältnis des Gesamtbetrags zur Breite der Scheibe**

Je höher der summierte gewichtete Gesamtbetrag einer Verkaufsstufe ist, desto breiter ist die Scheibe, die diese Stufe repräsentiert.

Im linken oberen Bereich können Sie die Anzeige einschränken. Klicken Sie auf den Button ... neben dem gewünschten Kriterium, um eine Einschränkung vorzunehmen.

Zudem haben Sie folgende Bearbeitungsmöglichkeiten:

▸ Klicken Sie auf den Button AKTUALISIEREN im rechten unteren Bereich, um die Einschränkungen, die über den Button ... vorgenommen wurden, auf die Anzeige anzuwenden.

▸ Mit dem Button KONDITIONEN LÖSCHEN können Sie die Einschränkungen wieder aufheben.

▶ Klicken Sie anschließend erneut auf den Button Aktualisieren, um die ursprüngliche Anzeige wiederherzustellen.

▶ Klicken Sie doppelt auf eine der Scheiben, um eine Liste der Opportunities dieser Verkaufsstufe zu öffnen. Anschließend klicken Sie auf den orangefarbenen Pfeil 🔲 neben der Opportunity-Nummer, um die einzelne Opportunity anzuzeigen. Dieselbe Liste mit Opportunities erhalten Sie über einen Doppelklick auf die Zeilennummer in der Tabelle der Verkaufsstufen im unteren Bereich.

### Dynamische Opportunity-Analyse

Ein besonderes »Schmankerl« und zugleich eine Erweiterung der eher statischen Opportunity-Pipeline stellt die *dynamische Opportunity-Analyse* dar (siehe Abbildung 11.9).

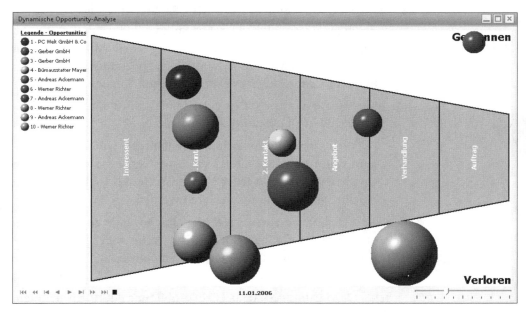

**Abbildung 11.9** Fenster »Dynamische Opportunity-Analyse«

Dieses Instrument bietet die Möglichkeit, auf einer Metaebene einen grafisch aufbereiteten Überblick über den Verlauf und die Entwicklung aller Opportunities oder eines ausgewählten Teils der Opportunities (z. B. nur eines bestimmten Vertriebsmitarbeiters) Ihres Unternehmens zu erhalten.

Vorgehensweise Um diese Analyse durchzuführen, gehen Sie folgendermaßen vor:

1. Klicken Sie mit der rechten Maustaste auf die Opportunity-Pipeline, und wählen Sie den Eintrag DYNAMISCHE OPPORTUNITY-ANALYSE aus, um das gleichnamige Fenster zu öffnen. Alternativ dazu wählen Sie den gleichnamigen Eintrag im Menü SPRINGEN.

2. Im Hauptteil der dynamischen Opportunity-Analyse in Abbildung 11.9 wird die trichterförmige Pipeline im Hintergrund mit den einzelnen Verkaufsstufen von links nach rechts angezeigt. Auf dieser trichterförmigen Pipeline bewegen sich die einzelnen Opportunities als bunte Kugeln im Zeitablauf.

   – Die Geschwindigkeit der Kugeln stellt den Fortschritt der Opportunity im Zeitablauf dar, wobei standardmäßig pro Sekunde ein Tag fortgeschritten wird.

   – Die Größe der Kugeln repräsentiert den potenziellen Betrag.

   – Im linken unteren Bereich sehen Sie eine Reihe von Buttons, die den Knöpfen eines DVD-Players entsprechen. Mit dem Button ▶ (PLAY) starten Sie die dynamische Opportunity-Analyse, und mit dem Button ■ (STOPP) unterbrechen Sie diese.

   – Klicken Sie doppelt auf eine der bunten Kugeln, um zur dahinterliegenden Opportunity zu gelangen.

   – Falls die Opportunity nach oben »abbiegt«, wurde sie gewonnen; wenn sie nach unten »abbiegt«, wurde sie verloren. Die Opportunity kann in jeder Verkaufsstufe der trichterförmigen Pipeline gewonnen oder verloren werden.

   – Auf der linken Seite steht Ihnen eine Legende zur Verfügung, die Auskunft darüber gibt, welche Farbe welchen Geschäftspartner, Vertriebsmitarbeiter etc. symbolisiert.

3. Alle Einstellungen können Sie im Fenster FORMULAREINSTELLUNGEN – OPPORTUNITY-ANALYSE (siehe Abbildung 11.10) vornehmen. Sie öffnen es mit dem Button ▣ (FORMULAREINSTELLUNGEN).

4. Im Fenster FORMULAREINSTELLUNGEN – OPPORTUNITY-ANALYSE können Sie folgende Einstellungen vornehmen:

   – *Opportunities*: Geben Sie hier die Anzahl der Opportunities an, die maximal gleichzeitig in der Analyse angezeigt werden.

   – *Sortieren nach*: Geben Sie in diesem Feld die Anzeigereihenfolge an, wie z. B. nach laufender Opportunity-Nummer, Vertriebsmitarbeiter, Betrag, Anfangsdatum etc. Darunter geben Sie an, ob die Anzeige aufsteigend oder absteigend erfolgen soll.

- *Farbe*: Mit der Farbzuordnung können Sie die Darstellung der Opportunities erheblich beeinflussen. Ordnen Sie die Farbe z. B. nach Vertriebsmitarbeiter, nach Geschäftspartner, nach Geschäftspartnergruppen oder zufällig zu.

- *Schrittgröße* und *Schrittverzögerung*: Mit diesen Feldern bestimmen Sie die Durchlaufgeschwindigkeit der Analyse. Geben Sie an, wie viele Tage wie vielen Sekunden entsprechen sollen.

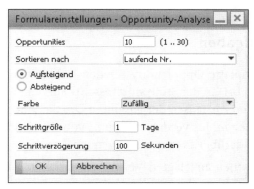

**Abbildung 11.10** Fenster »Formulareinstellungen – Opportunity-Analyse«

Die dynamische Opportunity-Analyse eignet sich besonders, um Vertriebsmeetings grafisch aufzubereiten und den beabsichtigten Kernaussagen des Vertriebsleiters Nachdruck zu verleihen. Die folgenden Fragen lassen sich sehr gut mit der dynamischen Analyse darstellen:

**Praktischer Einsatz der dynamischen Analyse**

▶ Besteht ein konstanter Fluss in der Pipeline im Zeitablauf?

▶ Welchen Stellenwert nehmen die einzelnen Opportunities im Gesamtgefüge ein?

▶ Werden entscheidende Opportunities genügend vorangetrieben?

▶ Wie ist die mengen- und wertmäßige Verteilung der Opportunities unter den Vertriebsmitarbeitern?

▶ Gibt es eine mengen- und wertmäßige Konzentration von Opportunities bei bestimmten Geschäftspartnern?

▶ Bewegen sich ausgewählte Opportunities in einem definierten Beobachtungszeitraum?

▸ In welcher Verkaufsstufe werden die meisten Opportunities gewonnen bzw. verloren?

▸ Werden betragsmäßig größere Opportunities eher früher oder später in der Pipeline gewonnen bzw. verloren?

Diese Fragen sind nur ein exemplarischer Ausschnitt aus einer ganzen Reihe von Fragen, die beliebig für Ihren Vertrieb formuliert werden können. Mit tabellarischen Darstellungen zu den aktuellen Opportunities lassen sich diese Fragen nicht in solcher Deutlichkeit beantworten.

## 11.5   Übungsaufgaben

1. Legen Sie eine komplette Opportunity für den Geschäftspartner »C23900 Gerber GmbH« in der Stufe »Interessent« auf der IT-Messe an. Es geht um den Austausch der gesamten Druckerlandschaft beim Kunden Gerber inklusive der Lieferung von 40 Druckern. Berücksichtigen Sie darüber hinaus die folgenden Angaben:

   – Weisen Sie einen neu angelegten Vertriebsmitarbeiter zu. Die Opportunity läuft unter dem Namen »Gesamter Druckeraustausch«.

   – Das Geschäft soll in spätestens einem Monat abgeschlossen sein. Der potenzielle Betrag liegt bei 16.000 EUR. Es wird der übliche Verkaufspfad gewählt. Der Bruttogewinn soll bei mindestens 15 % liegen.

   – Definieren Sie drei passende Interessensbereiche für diese Opportunity.

   – Die Opportunity entstand während eines Messegesprächs mit dem Kunden. Geben Sie eine kurze Beschreibung und die Branche an.

   – Unser Partner ist der Hersteller der Drucker, der auch die Wartung für die Geräte übernimmt.

   – Unser Mitbewerber ist Ihr örtlicher Hardwarehändler.

   – Erfassen Sie ein beliebiges Microsoft-Excel-Dokument als Dateianhang, das als Kalkulationsbasis fungiert.

Für den weiteren Verlauf der Opportunity gelten die in Tabelle 11.1 aufgeführten Meilensteine (ab Eröffnung der Opportunity).

| Zeitpunkt | Beschreibung |
|---|---|
| **Nach drei Tagen** | Das erste Telefonat seit der Messe erfolgt, es wird ein Folgetermin beim Mittagessen in einer Woche vereinbart, bei dem die Details des Outsourcings besprochen werden. Fügen Sie die Stufe »1. Kontakt« hinzu. Erfassen Sie das Telefonat und das Mittagessen als Aktivität. |
| **Nach zehn Tagen** | Beim Mittagessen wurden alle Anforderungen seitens des Kunden besprochen. Der Kunde erwartet binnen einer Woche ein Angebot. Ergänzen Sie die Erkenntnisse aus dem Mittagessen. Fügen Sie die Stufe »Angebot« hinzu. |
| **Nach zwölf Tagen** | Sie führen eine Telefonkonferenz mit Ihrem Partner bezüglich des Angebots für Gerber. Alle Informationen für die Erstellung des Angebots wurden eingeholt. |
| **Nach 15 Tagen** | Sie erstellen ein Angebot in SAP Business One über 40 Drucker mit dem Gesamtbetrag von 16.750 EUR. Verknüpfen Sie das Angebot mit der Opportunity, und erhöhen Sie den potenziellen Betrag auf den Angebotswert von 16.750 EUR. |
| **Nach 17 Tagen** | Sie fassen telefonisch nach und erfassen dazu eine Aktivität. Der Kunde erbittet sich Bedenkzeit. |
| **Nach 20 Tagen** | Der Kunde vereinbart per E-Mail einen Termin in zwei Tagen. Fügen Sie eine neue Stufe »Verhandlung« hinzu, und erfassen Sie die E-Mail. |
| **Nach 22 Tagen** | Nach harten Verhandlungen und einer Reduktion des Angebotspreises auf insgesamt 15.000 EUR stimmt der Kunde zu. Erfassen Sie die Aktivität. |
| **Nach 23 Tagen** | Ändern Sie das bestehende Angebot auf die vereinbarte Summe ab (oder duplizieren Sie dieses zu einem neuen), und erstellen Sie auf dieser Basis einen Kundenauftrag. Fügen Sie eine neue Verkaufsstufe »Order« hinzu, und setzen Sie die Opportunity auf den Status GEWONNEN. |

**Tabelle 11.1** Meilensteine der Opportunity

2. Öffnen Sie die Opportunity-Pipeline, und starten Sie die dynamische Opportunity-Analyse, eingeschränkt auf den Geschäftspartner »Gerber«.

*Das Kampagnenmanagement erweitert den Funktions-
umfang von SAP Business One im Bereich Marketing und
Pre-Sales. In Kombination mit Geschäftspartnern, Aktivitäten, Opportunities und Verkaufsbelegen ist dies ein
wirkungsvolles Werkzeug.*

# 12   Kampagnenmanagement

Das Kampagnenmanagement unterteilt sich in mehrere Prozesse. Die
Kampagne muss geplant werden, das bedeutet, die Daten der Geschäftspartner müssen laufend gepflegt, Zielgruppen müssen definiert und schließlich muss die Kampagne durchgeführt werden.

Sobald die Kampagne läuft, muss sie gepflegt und ihr Erfolg verfolgt
werden. Dafür steht ein Kampagnenbericht zur Verfügung, der gewährleistet, dass der Überblick über die Kampagne erhalten bleibt.
In diesem Kapitel sollen anhand eines durchgängigen Beispiels die
Planung, Durchführung und Verfolgung der Kampagne illustriert
werden. Die Funktionen für das Kampagnenmanagement wurden
mit Release 8.8 von SAP Business One eingeführt.

**Ausgangssituation für eine Kampagne** [zB]

OEC Computers Deutschland möchte mittels einer E-Mail-Kampagne alle
Kunden und Interessenten in Deutschland erreichen. Da sie in den
Umsatzerwartungen hinterherhinken, sollen alle Artikel der Produkt-
gruppe »Zubehör« massiv beworben werden. Zusätzlich zu den bereits in
SAP Business One erfassten Kunden und Interessenten stehen einige
Leads in einer Microsoft-Excel-Liste zur Verfügung, die während diverser
Messen in den letzten Monaten gesammelt wurden.

Aus der Kampagne soll eine Reihe von Opportunities inklusive konkreter Angebote generiert werden. Die gesamte Kampagne soll lückenlos
nachverfolgt und mittels Aktivitäten in SAP Business One dokumentiert
werden. Der Vertriebsleiter Robert Leitner ist für die Kampagne verantwortlich.

## 12.1 Kampagne planen

Eine Kampagne zu planen bedeutet zunächst einmal, eine Basis zu schaffen, auf der die Kampagne aufgesetzt werden kann. Unabdingbare Voraussetzung ist die akribische Pflege der vorhandenen Geschäftspartner, gleichgültig, ob Kunden oder Interessenten. Zusätzlich kann man für eine Kampagne auf externe Daten zurückgreifen, die z. B. zugekauft wurden.

**Zielgruppe definieren**

Zielgruppen definieren Sie im Fenster ZIELGRUPPE – DEFINITION unter ADMINISTRATION • DEFINITIONEN • GESCHÄFTSPARTNER. Füllen Sie die Felder ZIELGRUPPE CODE und ZIELGRUPPE NAME, wählen Sie den ZIELGRUPPENTYP aus der Werteliste (KUNDE oder LIEFERANT), und klicken Sie abschließend auf den Button AKTUALISIEREN, um die Zielgruppe zu speichern (siehe Abbildung 12.1).

**Abbildung 12.1** Zielgruppe definieren

Anschließend klicken Sie doppelt auf die gewünschte Nummer in der Spalte #, um das Fenster ZIELGRUPPE DETAILS zu öffnen und die restlichen Daten zur Zielgruppe einzugeben (siehe Abbildung 12.2).

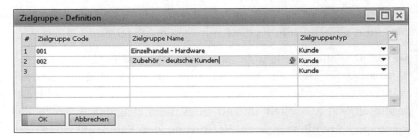

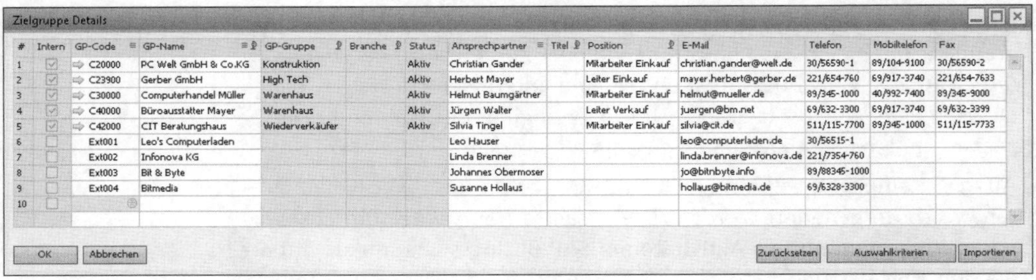

**Abbildung 12.2** Details der Zielgruppe

Um die Zielgruppe mit Geschäftspartnern zu befüllen, öffnen Sie die Auswahlliste für Geschäftspartner im Feld GP-CODE in der ersten freien Zeile mit der ⌷-Taste oder über den Button ☰ (LISTE: GE-SCHÄFTSPARTNER) im Tabellenkopf.

Markieren Sie in der nun geöffneten Liste der Geschäftspartner alle gewünschten Geschäftspartner, und klicken Sie auf den Button AUS-WÄHLEN, um Ihre Auswahl zu bestätigen. Alternativ klicken Sie auf den Button AUSWAHLKRITERIEN rechts unten in Abbildung 12.2. Im nun geöffneten Fenster GESCHÄFTSPARTNER – AUSWAHLKRITERIEN haben Sie die Möglichkeit, die Geschäftspartner anhand der Kriterien CODE VON/BIS, KUNDENGRUPPE und EIGENSCHAFTEN auszuwählen. Abbildung 12.3 zeigt die Auswahl der Kunden anhand des GP-Codes »C20000« bis »C42000«.

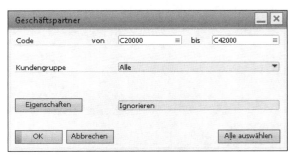

**Abbildung 12.3** Auswahlkriterien für Geschäftspartner

Klicken Sie auf den Button OK, um die ausgewählten Geschäftspart-ner von »C20000« bis »C42000« in das Fenster ZIELGRUPPE DETAILS einzufügen.

Klicken Sie im Fenster ZIELGRUPPE DETAILS auf den Button ZURÜCK-SETZEN, wenn Sie die gesamte Liste leeren möchten.

**Externe Daten importieren**

Nachdem Sie die Zielgruppe definiert haben, müssen im nächsten Schritt die Interessenten bzw. Leads importiert werden, die nicht in SAP Business One angelegt sind. Die externen Daten können in Form einer Microsoft-Excel-Liste vorhanden sein (siehe ❶ in Abbil-dung 12.4). Diese speichern Sie jedoch als Textdatei mit Tabstopp ge-trennt, da SAP Business One dieses Dateiformat zum Importieren benötigt ❷. Klicken Sie anschließend im Fenster ZIELGRUPPE DETAILS auf den Button IMPORTIEREN, um die gespeicherte Textdatei zu im-portieren. Anschließend müssen Sie mittels Dropdown-Listen aus-wählen, welche Daten in welchen Spalten positioniert werden ❸.

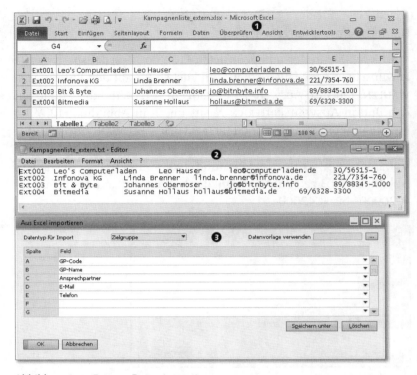

**Abbildung 12.4** Externe Daten importieren

Dazu wählen Sie im Fenster AUS EXCEL IMPORTIEREN aus den Drop-down-Listen der Zeilen A, B, C, D etc. den jeweiligen Datentyp aus, etwa GP-NAME, E-MAIL, TELEFON etc. So können Sie die Spalten im Fenster AUS EXCEL IMPORTIEREN so anordnen, dass sie der ursprünglichen Microsoft-Excel-Liste entsprechen.

Die Reihenfolge der Spalten bleibt bis zum nächsten Import bestehen und kann mit dem Button SPEICHERN UNTER als Datenimportvorlage gespeichert werden. Mit dem Button LÖSCHEN leeren Sie diese Vorlage.

Klicken Sie anschließend auf den Button OK, öffnet sich ein Microsoft-Windows-Dialogfenster, in dem Sie die zuvor abgespeicherte Textdatei auswählen können. Die externen Daten werden dann zur Zielgruppe hinzugefügt. Dies erkennen Sie daran, dass die Checkbox in der Spalte INTERN nicht aktiviert ist (siehe Abbildung 12.2).

Sie haben nun die Zielgruppe mit Kunden und Interessenten befüllt, die bereits in SAP Business One verfügbar waren, und auch Interessenten (Leads) aus externen Datenquellen importiert. Die Kampagne kann nun durchgeführt werden.

## 12.2 Kampagne durchführen

Zur Durchführung einer Kampagne muss diese zunächst einmal angelegt werden. Dies erledigen Sie entweder direkt im Fenster KAMPAGNE im Modul GESCHÄFTSPARTNER oder mit Unterstützung durch SAP Business One im Kampagnenassistenten im selben Modul. Mithilfe des Kampagnenassistenten können Sie eine Kampagne in fünf Schritten anlegen:

1. **Schritt: Optionen für die Kampagnenerstellung**
   Wählen Sie im ersten Schritt die Option NEUE KAMPAGNE ANLEGEN, um eine neue Kampagne von Grund auf zu erstellen (siehe Abbildung 12.5). Wählen Sie die Option KAMPAGNE AUF BESTEHENDER KAMPAGNE ANLEGEN, um eine bereits bestehende Kampagne zu duplizieren und abzuändern. Die Option BESTEHENDE KAMPAGNE NEU DURCHFÜHREN bietet die Möglichkeit, eine früher bereits angelegte und eventuell abgeschlossene Kampagne erneut laufen zu lassen. Dies hat den Vorteil, dass die Daten und Parameter zu dieser Kampagne nicht nochmals erfasst werden müssen. Zum Beispiel könnte ein Sportartikelgroßhändler jedes Jahr im Herbst eine Kampagne für die neuesten Carving-Ski-Modelle erneut laufen lassen.

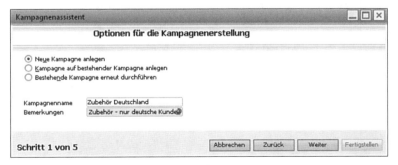

**Abbildung 12.5** Kampagnenassistent – Schritt 1 von 5

575

Füllen Sie die Felder KAMPAGNENNAME und BEMERKUNGEN. Diese werden in die nächsten Schritte übernommen. Sie können jeweils mit den Buttons WEITER bzw. ZURÜCK einen Schritt vor- bzw. zurückgehen oder den Assistenten mit dem Button ABBRECHEN beenden.

2. **Schritt: Kampagnendetails**
In diesem Schritt müssen Sie folgende Felder pflegen (siehe Abbildung 12.6):

– *Feld »Kampagnenname«*
Dieses Feld wird aus Schritt 1 übernommen und kann an dieser Stelle nochmals abgeändert werden.

– *Feld »Kampagnentyp«*
Sie wählen den Typ der Kampagne aus der Werteliste aus. Diese Kampagne richtet sich nach dem Kommunikationskanal. Wählen Sie z. B. E-MAIL, FAX, TELEFONAT, POSTSENDUNG, BESPRECHUNG (AKTIVITÄT) etc. In Abbildung 12.6 wird eine E-Mail-Kampagne erstellt.

– *Optionsgruppe »Zielgruppentyp«*
Wählen Sie hier aus, ob Sie eine Kampagne für einen Kunden oder einen Lieferanten durchführen möchten.

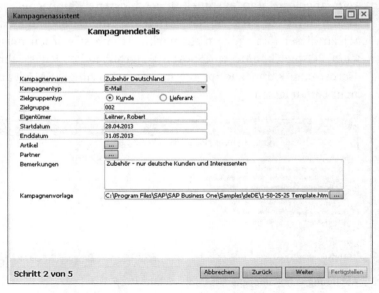

**Abbildung 12.6** Kampagnenassistent – Schritt 2 von 5

– *Feld »Zielgruppe«*
Wählen Sie die Zielgruppe für diese Kampagne aus der Werteliste aus. Über den Button ☰ im Feld wird das Fenster in Abbildung 12.7 aufgerufen. Hier wird Zielgruppe 002 gewählt.

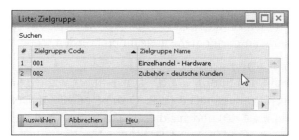

**Abbildung 12.7** Zielgruppe auswählen

– *Feld »Eigentümer«*
Wählen Sie über den Button ☰ einen Eigentümer, also einen Verantwortlichen für diese Kampagne. Der Eigentümer ist wichtig für das Thema *Dateneigentum*.

– *Felder »Startdatum« und »Enddatum«*
Geben Sie ein Start- und ein Enddatum an, innerhalb derer die Kampagne ausgeführt wird.

– *Feld »Artikel«*
Klicken Sie auf den Button ... (ARTIKEL AUSWÄHLEN), öffnet sich ein Fenster wie in Abbildung 12.8. Wählen Sie hier alle Artikel aus, die Sie in dieser Kampagne bewerben möchten.

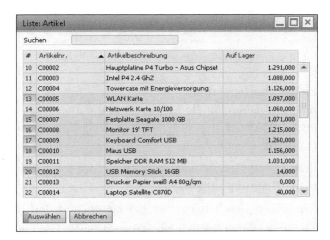

**Abbildung 12.8** Artikel auswählen

– *Feld »Partner«*
Klicken Sie auf den Button ... (PARTNER AUSWÄHLEN), und wählen Sie die Partner aus, die mit Ihnen gemeinsam diese Kampagne durchführen.

– *Feld »Bemerkungen«*
Der Inhalt dieses Feldes wird aus dem ersten Schritt übernommen und kann an dieser Stelle abgeändert werden.

– *Feld »Kampagnenvorlage«*
Klicken Sie auf den Button ... (DURCHSUCHEN), wählen Sie den Ordner Ihrer Landessprache (z. B. Ordner DEDE für Deutsch, siehe Abbildung 12.9) und aus diesem Ordner ein gewünschtes Template aus. Templates sind HTML-Vorlagen, die bei einem späteren Schritt der E-Mail-Kampagne als Vorlage für Ihr Kampagnenschreiben z. B. in Microsoft Outlook dienen. Vor dem Abschicken der E-Mails können Sie die Vorlage nach Ihren Wünschen ändern.

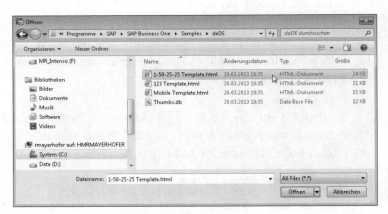

**Abbildung 12.9** Kampagnenvorlage auswählen

3. **Schritt: Zielgeschäftspartner**
In diesem Schritt haben Sie die Möglichkeit, die internen und externen Geschäftspartner der ausgewählten Zielgruppe noch einmal zu verändern:

– Über den Button HINZUFÜGEN können Sie weitere Geschäftspartner zur Zielgruppe ergänzen.

– Wenn Sie einen Geschäftspartner markieren und den Button LÖSCHEN anklicken, entfernen Sie den Geschäftspartner aus der Zielgruppe.

- Klicken Sie auf den Button IMPORTIEREN, um weitere externe Geschäftspartner aus Microsoft Excel bzw. einer Textdatei mit Tabstopp zu ergänzen.

- Wenn Sie die Checkbox in der Spalte AKTIVITÄT ANLEGEN deaktivieren, wird für diese Kampagne nach Abschluss des Kampagnenassistenten keine Aktivität angelegt. Wenn automatisch eine Aktivität angelegt werden soll, lassen Sie diese Checkbox aktiviert.

4. **Schritt: Speicher- und Ausführoptionen**
Im vorletzten Schritt legen Sie fest, auf welche Weise Sie die Kampagne letztlich ausführen möchten (siehe Abbildung 12.10).

**Abbildung 12.10** Kampagnenassistent: Schritt 4 von 5

Wählen Sie die Option KAMPAGNE SPEICHERN UND BEENDEN, können Sie die Kampagne zu einem späteren Zeitpunkt ausführen. Wählen Sie die Option KAMPAGNE SPEICHERN UND AUSFÜHREN, wird diese nach einem Klick auf den Button WEITER in einem der folgenden Kommunikationskanäle ausgeführt:

- *Externe Liste erzeugen*
  Es öffnet sich das Dialogfenster SPEICHERN. Wählen Sie Speicherort und -namen für die Liste, und geben Sie im nächsten Schritt an, ob Sie Währungssymbole exportieren möchten. SAP Business One exportiert eine Kampagnenliste im Microsoft-Word-Format, die Sie mit Microsoft Excel öffnen können. Diese Liste können Sie z. B. als Basis für eine Massen-E-Mail oder zum Nachtelefonieren verwenden.

– *E-Mail über Microsoft Outlook versenden*
Es öffnet sich eine neue Microsoft-Outlook-Nachricht, die die
E-Mail-Adressen aller Geschäftspartner aus der Kampagne im
Bcc...-Abschnitt (*Blind Carbon Copy*) enthält. Zudem wird das
HTML-Template im Nachrichtenbereich angezeigt (siehe Abbil-
dung 12.11).

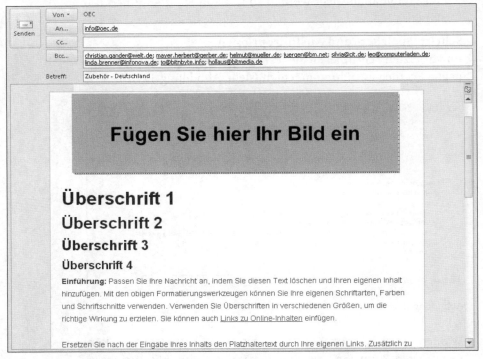

**Abbildung 12.11** E-Mail-Vorlage in Microsoft-Outlook-Nachricht

Geben Sie nun eine offizielle E-Mail-Adresse Ihres Unternehmens im Feld An... in der Outlook-Nachricht ein. Wenn Ihre
Geschäftspartner auf Ihre E-Mail antworten, ist dies die Emp-
fänger-E-Mail-Adresse. Nun müssen Sie noch die HTML-Vor-
lage durch die Inhalte Ihres Kampagnenschreibens ersetzen und
die E-Mail-Nachricht senden.

– *E-Mail über SAP Business One-Mail versenden*
Es öffnet sich eine neue SAP-Business-One-Nachricht, die alle
Geschäftspartner der Kampagne mit E-Mail-Adresse auflistet. Das
HTML-Template kann in diesem Fall nicht verwendet werden.

- *Fax versenden*
  Es öffnet sich eine neue SAP-Business-One-Nachricht, die alle Geschäftspartner der Kampagne mit Faxnummer auflistet. Das HTML-Template kann in diesem Fall ebenfalls nicht verwendet werden.

- *URL generieren*
  Diese Option kann nur verwendet werden, wenn das Integration Framework (B1i) von SAP Business One genutzt wird. Es wird eine URL generiert und im nächsten Schritt, dem Zusammenfassungsbericht, angezeigt. Diese URL führt zu einer Webseite, die die Kampagnennachricht beinhaltet und die die Geschäftspartner der Kampagne besuchen können.

5. **Schritt: Zusammenfassungsbericht**
   Im abschließenden Schritt wird nach Ausführung der Kampagne ein Zusammenfassungsbericht angezeigt, der die Kampagnen darstellt und etwaige Fehler und Meldungen beinhaltet.

Klicken Sie abschließend auf den Button SCHLIESSEN, um den Kampagnenassistenten zu beenden. Zusätzlich zur eigentlichen Kampagne wird pro Geschäftspartner eine Aktivität der Art »Kampagne« angelegt, sofern Sie im dritten Schritt des Kampagnenassistenten die Checkbox AKTIVITÄT ANLEGEN aktiviert haben.

## 12.3 Kampagne verfolgen

Nachdem die Kampagne nun mit dem Kampagnenassistenten angelegt und ausgeführt wurde, kann sie im Fenster KAMPAGNE vorangetrieben werden. »Vorangetrieben« bedeutet in diesem Zusammenhang, dass aus der Kampagne ein vertrieblicher Mehrwert generiert werden soll, z. B. eine Opportunity, ein Angebot oder ein Kundenauftrag.

*Vertrieblichen Mehrwert generieren*

Jede Reaktion des Kunden und weitere Schritte können Sie im Fenster KAMPAGNE im Modul GESCHÄFTSPARTNER verwalten (siehe Abbildung 12.12).

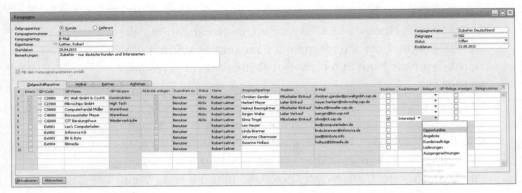

**Abbildung 12.12** Mit dem Kampagnenassistenten erstellte Kampagne

Registerkarten »Artikel«, »Partner« und »Anhänge«

Das Fenster KAMPAGNE zeigt alle Daten, die Sie über die Zielgruppe und den Kampagnenassistenten eingegeben haben, und kennzeichnet eine mit dem Kampagnenassistenten erstellte Kampagne (Checkbox MIT DEM KAMPAGNENASSISTENTEN ERSTELLT). Auf der Registerkarte ARTIKEL finden sich alle Artikel, die für diese Kampagne ausgewählt wurden. Auf der Registerkarte PARTNER können Sie etwaige Partner für diese Kampagne festlegen. Die Auswahl der Partner erfolgt auf die gleiche Weise wie auf der Registerkarte PARTNER im Fenster OPPORTUNITY (siehe Abschnitt 11.2, »Opportunities definieren«). Auf der Registerkarte ANHÄNGE haben Sie die Möglichkeit, jede beliebige Datei an die Kampagne anzuhängen.

Registerkarte »Zielgeschäftspartner«

Auf der Registerkarte ZIELGESCHÄFTSPARTNER pflegen Sie alle Reaktionen Ihrer Geschäftspartner mithilfe der folgenden Felder ein:

► **Checkbox »Reaktion«**
Aktivieren Sie diese Checkbox, wenn es eine Reaktion des Geschäftspartners gegeben hat.

► **Feld »Reaktionsart«**
Wählen Sie im Feld REAKTIONSART die Art der Reaktion aus der Werteliste, die für diesen Geschäftspartner passt (die Spalte REAKTIONSART ist in Abbildung 12.12 zu sehen). Die Einträge INTERESSIERT und NICHT INTERESSIERT sind bereits vordefiniert und stehen standardmäßig in der Werteliste zur Verfügung. Alternativ klicken Sie auf den Eintrag NEU DEFINIEREN, um eigene Reaktionsarten für Ihre Kampagne zu definieren.

► **Feld »Belegart«**
Wählen Sie eine Belegart aus der Werteliste aus. Entweder ent-

steht durch die Reaktion des Kunden sofort ein konkreter Beleg (ein Angebot, ein Kundenauftrag, eine Lieferung oder eine Ausgangsrechnung), oder es entsteht eine vertriebliche Chance, ein Geschäft abzuschließen (dann wählen Sie den Eintrag OPPORTUNITIES, siehe Abbildung 12.13).

**Abbildung 12.13** Neue Opportunity als Reaktion auf eine Kampagne anlegen

▶ **Feld »GP-Belege anzeigen«**
Aktivieren Sie diese Checkbox, werden im Feld BELEGNUMMER bei der Auswahl der Belege (Opportunities, Angebote, Kundenaufträge, etc.) nur Belege des soeben bearbeiteten Zielgeschäftspartners angezeigt.

▶ **Feld »Belegnummer«**
Klicken Sie auf den Button ≡ (AUSWAHLLISTE), und wählen Sie einen bereits vorhandenen Beleg aus der sich öffnenden Liste aus, oder klicken Sie auf den Button NEU in der Auswahlliste, um einen neuen Beleg anzulegen (siehe Abbildung 12.14). Sobald Sie einen vorhandenen Beleg auswählen oder einen neuen Beleg anlegen, werden die Belegnummer und ein orangefarbener Pfeil ⇨ angezeigt, mit dem Sie den verknüpften Beleg öffnen können.

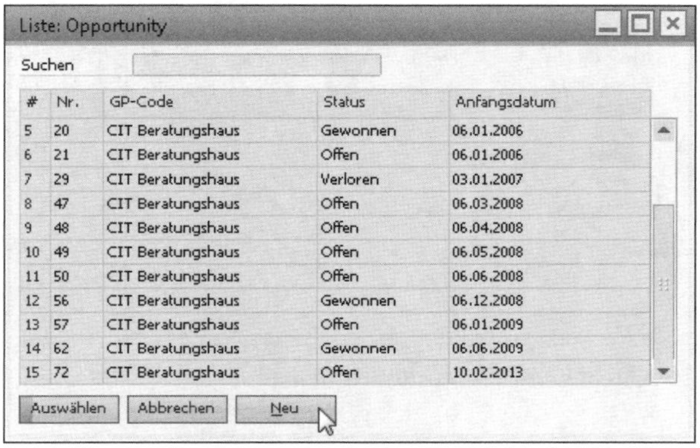

**Abbildung 12.14** Opportunity auswählen oder anlegen

Klicken Sie abschließend auf den Button AKTUALISIEREN, um alle Reaktionen und verknüpften Belege für diese Kampagne zu speichern.

Sobald Sie die Kampagne komplett abgearbeitet und die Reaktionen bzw. Belege eingepflegt haben, können Sie abschließend noch den Status (Feld STATUS) im rechten oberen Bereich des Fensters anpassen (siehe Abbildung 12.12). Es stehen Ihnen die Optionen OFFEN, der Status, nachdem die Kampagne angelegt wurde, STORNIERT und BEENDET zur Verfügung.

## 12.4 Kampagnenberichte

Abschließend sollen in diesem Kapitel noch die beiden für das Kampagnenmanagement verfügbaren Berichte *Kampagnenliste* und *Aktivitätenübersicht* im Modul GESCHÄFTSPARTNER behandelt werden.

Aktivitäten-übersicht Bei der Erstellung der Kampagne per Kampagnenassistent wird jeweils eine Aktivität von der Art »Kampagne« angelegt. Diese Aktivitäten können mithilfe der Aktivitätenübersicht aufgelistet werden. Zunächst wird das Fenster AKTIVITÄTENÜBERSICHT – AUSWAHLKRITERIEN geöffnet (siehe Abbildung 12.15).

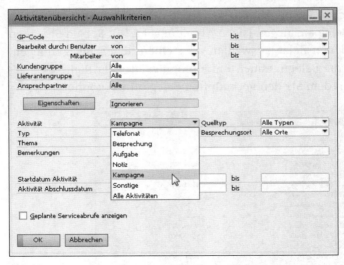

**Abbildung 12.15** Aktivitätenübersicht – Auswahlkriterien

Wählen Sie den Eintrag KAMPAGNE aus der Dropdown-Liste AKTI-
VITÄT aus. Anschließend haben Sie die Möglichkeit, die Aktivitäten
weiter einzuschränken. Weitere Kriterien sind Geschäftspartner (GP-
CODE), BENUTZER, MITARBEITER, TYP, THEMA, START- und ABSCHLUSS-
DATUM.

Die Kampagnenliste kann nach Artikel, Geschäftspartner, Kampag-
nennummer und -typ, Status, Zielgruppe, Start- und Enddatum eingeschränkt werden. Die nach diesen Kriterien eingeschränkte Liste
zeigt die wichtigsten Informationen zur Kampagne einschließlich der
erfolgswirksamen Kriterien an, wie z. B. die Anzahl der reagierenden
Geschäftspartner, Reaktionsrate, die Anzahl generierter Interessenten oder die Anzahl angelegter Opportunities (siehe Abbildung 12.16).

**Kampagnenliste**

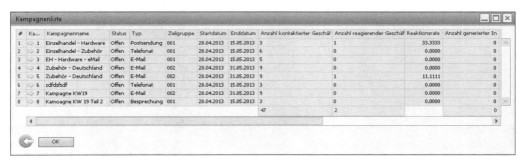

**Abbildung 12.16** Kampagnenliste

Mit dem Button ▣ (FORMULAREINSTELLUNGEN) in der Symbolleiste
haben Sie die Möglichkeit, die Vielzahl von Feldern nach Ihren Be-
dürfnissen einzuschränken und anzuordnen.

## 12.5 Übungsaufgaben

1. Erstellen Sie eine neue Zielgruppe. Diese soll alle Einzelhändler
   umfassen, die in SAP Business One angelegt sind. Dazu blenden
   Sie in der Liste der Geschäftspartner mit dem Button ▣ (FORMU-
   LAREINSTELLUNGEN) die Geschäftspartnergruppe ein. Anschließend
   schließen Sie die Liste mit den Geschäftspartnern, öffnen diese
   neu und wählen alle Kunden mit der Gruppe »Einzelhandel« aus.

2. Legen Sie anschließend mit dem Kampagnenassistenten eine neue
   Kampagne mit dem Typ E-MAIL mit dieser Zielgruppe an. Wählen
   Sie die Artikel »C00001« bis »C00005« aus.

Wählen Sie in Schritt 4 die Optionen KAMPAGNE SPEICHERN UND AUSFÜHREN sowie die Option EXTERNE LISTE erstellen. Speichern Sie diese Liste an einem beliebigen Speicherort.

3. Anschließend rufen Sie die eben erstellte Kampagne auf und erfassen zu allen Geschäftspartnern Reaktionen.

4. Erstellen Sie ein Angebot, eine Opportunity und einen Kundenauftrag nach eigenem Ermessen.

5. Führen Sie abschließend den Bericht KAMPAGNENLISTE für diese Kampagne aus.

*Der Servicebereich wird für kleine und mittlere Unternehmen, die sich über die Qualität und nicht über den Preis ihrer Leistungen definieren, immer wichtiger. Besonders der After-Sales-Service, also die Betreuung des Kunden nach Vertragsabschluss, gewinnt an Bedeutung.*

# 13    Service

Im vorliegenden Kapitel beschäftigen wir uns mit dem gesamten Bereich *Service*. Das Kapitel startet mit einer Beschreibung der typischen Servicestruktur eines kleinen bzw. mittleren Unternehmens. Anschließend werden ihre einzelnen Komponenten sowie deren Einsatz in SAP Business One beschrieben.

Die Servicestruktur in SAP Business One enthält einige Komponenten, die sehr tief integriert sind. Das Fundament dafür bildet der *Servicevertrag*, der zunächst ausführlich dargestellt wird. Darauf aufbauend, werden laufend *Serviceabrufe* erfasst und abgearbeitet. Bei der Auslieferung von Seriennummernartikeln wird ein Stammdateneintrag für Kundenequipment erstellt.

**Komponenten der Servicestruktur**

Die Behandlung von Kundenequipment oder Geräten, die beim Kunden stehen, wird im Folgenden erläutert.

Das Nebenprodukt zum Service sind die Lösungen, die aus den Problembehebungen generiert werden. Diese werden in der *Lösungsdatenbank* gesammelt. Abschließend werden die wichtigsten *Serviceberichte* zur Überwachung der offenen und überfälligen Serviceabrufe vorgestellt.

## 13.1    Servicevertrag als Grundlage

Die Grundlage für Serviceleistungen in SAP Business One ist der Servicevertrag. Er hat eine zweistufige Struktur: Auf der einen Seite muss jedem Kunden, der im Modul SERVICE erfasst wird, ein Service-

**Struktur**

vertrag zugeordnet werden. Auf der anderen Seite können Sie Vertragsvorlagen definieren, die den Standardverträgen in Ihrem Unternehmen entsprechen. Diese können für jeden Kunden individuell angepasst werden. Darüber hinaus kann dem Kunden mit der Vertragsvorlage automatisch ein Servicevertrag zugeordnet werden, wenn dieser einen Artikel mit Seriennummer kauft, für den Ihr Unternehmen Service leistet.

Vertragsvorlagen<br>definieren

Vertragsvorlagen definieren Sie unter ADMINISTRATION • DEFINITIONEN • SERVICE • VERTRAGSVORLAGEN (siehe Abbildung 13.1).

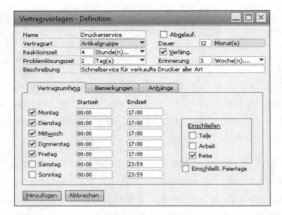

**Abbildung 13.1** Vertragsvorlagen definieren

Um eine Vertragsvorlage wie in Abbildung 13.1 anzulegen, gehen Sie folgendermaßen vor:

1. **Feld »Name« pflegen**
   Geben Sie einen Namen für die Vertragsvorlage an. Der Name sollte Rückschlüsse auf die Vertragsart zulassen.

2. **Feld »Vertragsart« pflegen**
   Wählen Sie die Vertragsart aus der Werteliste aus. Die Vertragsart definiert den Mechanismus oder die Systematik der Vorgehensweise bei der Bearbeitung eines Servicefalls. Sie haben hier drei Optionen zur Auswahl:

   - *Kunde*: Diese Vertragsart enthält Serviceleistungen für einen Kunden, unabhängig davon, für welche Artikel Service geleistet werden soll.

   - *Artikelgruppe*: Diese Vertragsart deckt die Serviceleistungen für eine komplette Artikelgruppe ab.

– *Seriennummer*: Diese Vertragsart umfasst lediglich Artikel, die eine Seriennummer tragen. Die Vertragsart kann in den Artikelstammdaten einem Seriennummernartikel zugeordnet werden. Bei jeder Lieferung dieses Artikels an einen Kunden wird für diesen Kunden automatisch ein Eintrag in den Kundenequipment-Stammdaten angelegt und ein Servicevertrag auf Basis der Vertragsvorlage zugeordnet.

---

**Änderbare Vertragsvorlagen und Ausnahme**    **[+]**

Für alle drei Vertragsarten gilt, dass es sich in diesem Stadium lediglich um eine Vertragsvorlage handelt, die bei der tatsächlichen Zuordnung zum Kunden noch abgeändert werden kann.

Dies gilt mit Ausnahme der automatisch zugeordneten Serviceverträge bei den Seriennummernartikeln.

---

3. **Feld »Reaktionszeit« pflegen**

   Geben Sie die dem Kunden garantierte Reaktionszeit und die entsprechende Zeiteinheit (Stunden, Tage) ein.

4. **Feld »Problemlösungszeit« pflegen**

   Geben Sie die dem Kunden garantierte Problemlösungszeit und die entsprechende Zeiteinheit (Stunden, Tage) ein. Alternativ können Sie hier auch die durchschnittliche Problemlösungszeit angeben. In der Regel wird in Serviceverträgen nur eine Mindestreaktionszeit garantiert (oder damit geworben).

5. **Feld »Beschreibung« pflegen**

   Erläutern Sie die Vertragsvorlage mit einer kurzen Beschreibung.

6. **Checkbox »Abgelauf.« pflegen**

   Aktivieren Sie diese Checkbox, falls die Vertragsvorlage nicht mehr verwendet wird.

7. **Feld »Dauer« pflegen**

   Geben Sie die Laufzeit des Vertrags in Monaten an.

8. **Checkbox »Verläng.« pflegen**

   Markieren Sie diese Checkbox, wenn Sie möchten, dass der Vertrag nach Ablauf verlängert werden kann.

9. **Feld »Erinnerung« pflegen**

   Geben Sie an, wie viele Tage, Wochen oder Monate vor dem Auslaufen eines Vertrags SAP Business One Sie an die Verlängerung erinnern soll.

10. **Registerkarte »Vertragsumfang« pflegen**

Auf der Registerkarte VERTRAGSUMFANG geben Sie die zeitliche Abdeckung der Vertragsvorlage an. Dazu markieren Sie die gewünschten Wochentage und geben jeweils Start- und Endzeit ein.

**[zB]** | **Registerkarte »Vertragsumfang«**

Die Vertragsvorlage in Abbildung 13.1 gilt für montags bis freitags von 8:00 bis 17:00 Uhr. Samstags und sonntags werden keine Servicefälle entgegengenommen.

Aktivieren Sie die Checkbox EINSCHLIESSL. FEIERTAGE, wenn auch an Feiertagen Servicefälle entgegengenommen werden. Der Block EINSCHLIESSEN auf der rechten Seite über dieser Checkbox gibt an, welche der Komponenten, die üblicherweise bei einem Servicefall auftreten, im Servicevertrag enthalten sind:

– *Teile*: Der Servicevertrag enthält alle Ersatzteile, die verwendet werden.

– *Arbeit*: Der Servicevertrag enthält die Arbeitszeit des Technikers.

– *Reise*: Der Servicevertrag enthält alle Reisekosten und die Reisezeit des Technikers.

Markieren Sie einfach jene Komponenten, die vom Servicevertrag abgedeckt werden; die nicht markierten Komponenten werden extra verrechnet.

**[+]** | **Feld »Artikelstammdaten«**

Die Aufteilung in TEILE, ARBEIT und REISE entspricht exakt der Aufteilung im Feld ARTIKELART im Fenster ARTIKELSTAMMDATEN mit den Optionen ARTIKEL, ARBEIT und REISE. Über diese Verknüpfung »weiß« SAP Business One, welche Artikelzeilen in einer Ausgangsrechnung an den Servicekunden verrechnet werden und welche nicht.

11. **Registerkarte »Bemerkungen« pflegen**

Auf dieser Registerkarte haben Sie die Möglichkeit, eine ausführliche Beschreibung der Vertragsvorlage einzugeben.

12. **Registerkarte »Anhänge« pflegen**

Auf dieser Registerkarte können Sie der Vertragsvorlage Dateianhänge beifügen. So können Sie z. B. den Servicevertrag als Microsoft-Word-Dokument an die Vertragsvorlage anhängen.

13. **Vertragsvorlage anlegen**

Klicken Sie auf den Button HINZUFÜGEN, um die Vertragsvorlage anzulegen.

Damit haben Sie eine neue Vertragsvorlage angelegt. Um nun Änderungen an einer Vertragsvorlage vorzunehmen und zu speichern, rufen Sie eine bestehende Vertragsvorlage auf und klicken auf den Button AKTUALISIEREN. Um das Fenster zu schließen, klicken Sie auf den Button OK.

Die Basis für jede Serviceleistung ist der zugrunde liegende Vertrag. Den Servicevertrag legen Sie (mit Ausnahme der automatisch erstellten Garantieverträge für Seriennummernartikel) über den Pfad SERVICE • SERVICEVERTRAG an (siehe Abbildung 13.2).

*Servicevertrag für Geschäftspartner anlegen*

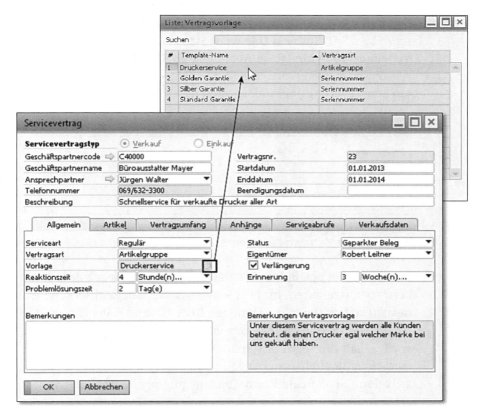

**Abbildung 13.2** Einen Servicevertrag unter Verwendung einer Vertragsvorlage anlegen

Der Servicevertrag kann einem Kunden oder einem Lieferanten, nicht jedoch einem Interessenten zugeordnet werden. Er kann sowohl komplett neu angelegt als auch aus einer Vertragsvorlage herauskopiert werden.

Zunächst wählen Sie als Servicevertragstyp die Option VERKAUF (für einen Kunden) oder die Option EINKAUF (für einen Lieferanten) aus. Mit den Feldern GESCHÄFTSPARTNERCODE, GESCHÄFTSPARTNERNAME und ANSPRECHPARTNER wählen Sie den relevanten Geschäftspartner und dessen Ansprechpartner aus. Die weiteren Informationen und Felder im Fenster SERVICEVERTRAG entsprechen im Wesentlichen denen der Vertragsvorlage.

Um die Vertragsvorlage in den Servicevertrag zu laden, klicken Sie auf den Button ≡ im Feld VORLAGE (auf der Registerkarte ALLGEMEIN) und wählen die gewünschte Vorlage aus (siehe Abbildung 13.2). Wenn Sie bereits Daten in die Vertragsvorlagefelder eingegeben haben und dann die Vorlage geladen wird, werden diese Felder überschrieben. SAP Business One weist Sie auf diesen Umstand mit einer Systemmeldung hin (siehe Abbildung 13.3). Alle Felder, die Sie bereits in der Vertragsvorlage gefüllt haben, können nun beim konkreten Servicevertrag abgeändert werden.

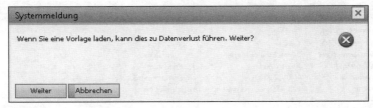

**Abbildung 13.3** Systemmeldung – bereits eingegebene Felder werden von der Vertragsvorlage überschrieben.

Klicken Sie auf den Button WEITER, um mit dem Anlegen des Servicevertrags fortzufahren. Im Feld SERVICEART auf der Registerkarte ALLGEMEIN stehen Ihnen die Optionen REGULÄR und GARANTIE zur Auswahl. Jeder Servicevertrag, der *manuell* in diesem Fenster angelegt wird, erhält die Serviceart REGULÄR. Jeder Servicevertrag, der *automatisch* in diesem Fenster angelegt wird (gelieferte Seriennummernartikel mit Stammdaten zum Kundenequipment), erhält die Serviceart GARANTIE.

Zusätzlich zu den bereits bekannten Informationen ist die Registerkarte ARTIKEL von besonderer Relevanz. Je nach Serviceart müssen Sie auf dieser Registerkarte Folgendes tun:

Registerkarte
»Artikel«

▶ **Vertragsart »Artikelgruppe«**
Wählen Sie die für den Servicevertrag relevanten Artikelgruppen aus. Bei jeder Artikelgruppe können Sie Start- und Enddatum des Servicevertrags angeben. Nur für die ausgewählten Artikelgruppen können für diesen Kunden Serviceabrufe (siehe Abschnitt 13.2, »Serviceabruf als täglicher Kundenkontakt«) angelegt werden.

▶ **Vertragsart »Seriennummer«**
Wählen Sie die für den Servicevertrag gültigen Artikel und Seriennummern aus. Für jeden Artikel können Sie Start- und Enddatum angeben. Nur für die ausgewählten Artikel und Seriennummern lassen sich für diesen Kunden Serviceabrufe (siehe ebenfalls Abschnitt 13.2) anlegen.

▶ **Vertragsart »Kunde«**
Bei dieser Vertragsart ist die Registerkarte ARTIKEL deaktiviert.

Auf der Registerkarte SERVICEABRUFE finden Sie eine Auflistung aller Serviceabrufe für diesen Servicevertrag (siehe Abschnitt 13.2). Klicken Sie auf den orangefarbenen Pfeil [icon] in der Spalte ABRUF-NR., um in den dahinterliegenden Serviceabruf zu verzweigen. Auf der Registerkarte VERKAUFSDATEN haben Sie ab Release 9.0 die Möglichkeit, dem Servicevertrag eine wiederkehrende Transaktionsvorlage zuzuordnen. Klicken Sie dazu auf die Checkbox in der 1. Spalte des Bereichs WIEDERHOLUNGSVORLAGEN, und wählen Sie eine wiederkehrende Vorlage in der Spalte VORLAGE aus. Im Bereich WIEDERKEHRENDE TRANSAKTIONEN sehen Sie dann alle bereits ausgeführten wiederkehrenden Transaktionen zu dieser Vorlage.

Zum Abschluss müssen Sie den Servicevertrag noch *genehmigen*. Beim Anlegen des Servicevertrags wird dieser automatisch mit dem Status GEPARKTER BELEG gespeichert. Ändern Sie den Status im Feld STATUS auf der Registerkarte ALLGEMEIN im rechten oberen Bereich auf GENEHMIGT, damit der Servicevertrag seine Gültigkeit erhält. Klicken Sie abschließend auf den Button HINZUFÜGEN bzw. AKTUALISIEREN, falls der Servicevertrag bereits angelegt wurde.

Servicevertrag
genehmigen

## 13.2 Serviceabruf als täglicher Kundenkontakt

Der Serviceabruf (unter SERVICE • SERVICEABRUF) ist der laufende
Kontakt zu Ihrem Kunden in allen Servicebelangen. Jeder Servicefall
wird mithilfe eines Serviceabrufs erfasst (siehe Abbildung 13.4) und
kann von verschiedenen Mitarbeitern abgearbeitet werden.

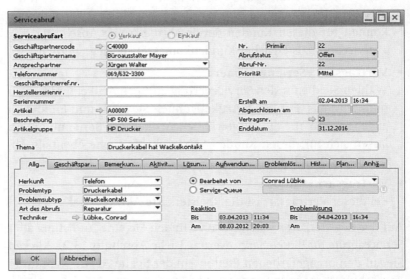

**Abbildung 13.4** Serviceabruf – Wackelkontakt beim Druckerkabel

Serviceabruf
anlegen

Um einen Serviceabruf anzulegen, pflegen Sie die folgenden Felder
und Checkboxen im Kopfbereich:

▶ **Felder »Serviceabrufart«, »Geschäftspartnercode«,
»Geschäftspartnername« »Ansprechpartner« und
»Telefonnummer«**
Wählen Sie einen Kunden und einen Ansprechpartner aus der
Werteliste aus. Im Feld TELEFONNUMMER wird die Nummer des
Ansprechpartners oder die Hauptnummer des Kunden angezeigt.

▶ **Feld »Geschäftspartnerref.nr.«**
Geben Sie hier eine Referenznummer für diesen Serviceabruf für
diesen Geschäftspartner ein. Ähnlich wie bei der Bestellnummer
des Kunden bei einem Kundenauftrag kann dies hier eine eindeutige Nummer des Geschäftspartners sein. Anhand dieser Nummer
kann der Serviceabruf dann eindeutig identifiziert werden.

▶ **Felder »Herstellerseriennr.«, »Seriennummer«, »Artikel«, »Beschreibung« und »Artikelgruppe«**

Wählen Sie hier die entsprechenden Daten aus, die für den Servicefall gelten. Dabei richten sich die Auswahl und der Inhalt der Felder immer nach der dahinterliegenden Vertragsart. Wählen Sie den relevanten Artikel aus, die Felder BESCHREIBUNG und ARTIKELGRUPPE werden dann automatisch gefüllt. Für die Vertragsart »Seriennummer« wählen Sie zusätzlich die Seriennummer über den Button ≡.

Welche Seriennummer Sie für den Servicefall verwenden müssen (Herstellerseriennummer oder Seriennummer), richtet sich nach der Einstellung, die Sie im Feld EINDEUTIGE SERIENNUMMERN NACH im Fenster ALLGEMEINE EINSTELLUNGEN auf der Registerkarte BESTAND unter ADMINISTRATION • SYSTEMINITIALISIERUNG • ALLGEMEINE EINSTELLUNGEN vorgenommen haben.

| **Eindeutige Seriennummer** | **[+]** |
| --- | --- |
| Die Seriennummernart, die Sie an dieser Stelle als eindeutig festlegen, *muss* beim Serviceabruf unbedingt angegeben werden, die andere Seriennummernart *kann* angegeben werden. | |

▶ **Feld »Thema«**

Geben Sie an dieser Stelle in Schlagworten eine kurze Beschreibung zum Serviceabruf ein. Eine organisatorische Maßnahme in Ihrem Unternehmen wäre es, eine Nomenklatur für die Formulierung festzulegen.

| **Formulierung eines Themas im Serviceabruf** | **[zB]** |
| --- | --- |
| Angabe des Themas – Angabe des Problems – Angabe der Herkunft: »Unscharfer Druck – Druckerpatrone – Kunde per E-Mail.« | |

▶ **Feld »Nr.«**

Das Feld NR. zeigt die nächsthöhere Nummer aus der definierten Nummerierungsserie (über den Pfad ADMINISTRATION • SYSTEMINITIALISIERUNG • BELEGNUMMERIERUNG). Wählen Sie vor Hinzufügen des Serviceabrufs aus dem Dropdown-Feld den Eintrag MANUELL aus, um selbst eine Nummer zu vergeben. Diese Nummer muss in jedem Fall eindeutig sein.

▶ **Feld »Abrufstatus«**

Dieses Feld zeigt den Status des Serviceabrufs. Bei Anlage des Serviceabrufs ist der Status OFFEN. Nachdem der Serviceabruf erledigt ist, wird der Status auf ABGESCHLOSSEN gesetzt. Der Status AUSSTEHEND steht für den Fall zur Verfügung, dass der Vorgang im Moment ruht, was bedeutet, dass er aus dem üblichen Prozess der Serviceabrufe herausgenommen wird. Die drei beschriebenen Status sind standardmäßig bereits vorhanden und können auch nicht verändert werden. Darüber hinaus haben Sie die Möglichkeit, mit dem Eintrag NEU DEFINIEREN in der Werteliste auch beliebig viele eigene Status anzulegen und dem Serviceabruf zuzuweisen.

▶ **Feld »Abruf-Nr.«**

Dies ist eine fortlaufende Nummer, die von SAP Business One automatisch vergeben wird.

▶ **Feld »Priorität«**

In diesem Feld ordnen Sie dem Serviceabruf eine Priorität zu. Es stehen Ihnen die Optionen NIEDRIG, MITTEL und HOCH zur Verfügung. Die Priorität wird in den Serviceberichten als Selektionskriterium verwendet. Organisatorisch könnte die Priorität auch eine Rolle in Ihrem Serviceprozess spielen.

▶ **Felder »Erstellt am«, »Abgeschlossen am« und »Enddatum«**

Diese Daten werden automatisch von SAP Business One hinzugefügt.

▶ **Feld »Vertragsnr.«**

Klicken Sie auf den Button 🔿, um den verknüpften Servicevertrag für diesen Serviceabruf aufzurufen.

Registerkarte »Allgemein«
Auf der Registerkarte ALLGEMEIN sind weitere allgemeine Informationen zu dem Serviceabruf vorhanden (siehe Abbildung 13.5).

**Abbildung 13.5** Serviceabruf – Registerkarte »Allgemein«

Auf der Registerkarte ALLGEMEIN sind folgende Felder zu pflegen:

▸ **Feld »Herkunft«**
Geben Sie an, auf welchem Weg Sie der Serviceabruf erreicht hat. Die Optionen E-MAIL, TELEFON und WEB sind bereits angelegt und können auch nicht entfernt werden. Wählen Sie den Eintrag NEU DEFINIEREN, um weitere Herkunftsarten anzulegen, die für Ihr Unternehmen spezifisch sind.

▸ **Feld »Problemtyp«**
Wählen Sie einen Problemtyp aus der Werteliste aus, oder wählen Sie den Eintrag NEU DEFINIEREN, um einen neuen Problemtyp anzulegen. Der Problemtyp ist eine grobe Klassifizierung Ihrer Serviceabrufe. Diese Einteilung sollte wenige gut unterscheidbare Problemtypen enthalten, die Ihrer Servicestruktur entsprechen. Zum Beispiel könnten Sie die Problemtypen so anlegen, dass sie sich eindeutig den einzelnen Technikern zuordnen lassen.

▸ **Feld »Problemsubtyp«**
Wählen Sie einen Problemsubtyp aus der Werteliste aus, oder wählen Sie den Eintrag NEU DEFINIEREN, um einen neuen Problemsubtyp anzulegen.

Der Problemsubtyp ist eine weitere, feingliedrigere Klassifizierung Ihrer Serviceabrufe. Obwohl die Bezeichnung »Problemsubtyp« vermuten lassen könnte, dass der Problemsubtyp hierarchisch unterhalb des Problemtyps steht, ist dies nicht der Fall. Ein Problemsubtyp lässt sich stattdessen jedem beliebigen Problemtyp zuordnen. Dadurch erhalten Sie bei der Definition des Problemsubtyps eine ebenso große Flexibilität wie bei der Definition des Problemtyps. Das Problem ergibt sich dann aus der Schnittmenge der beiden Angaben und kann besser eingeschätzt werden – etwa, wenn Sie dem Problemtyp DRUCKERKABEL die häufig vorkommende Fehlfunktion WACKELKONTAKT als Problemsubtyp zuordnen (siehe Abbildung 13.5).

▸ **Feld »Art des Abrufs«**
Wählen Sie eine Abrufart aus der Werteliste aus, oder wählen Sie den Eintrag NEU DEFINIEREN, um eine neue Abrufart anzulegen. Die Abrufart ist ein weiteres Einteilungsmerkmal für den Serviceabruf. Während der Problemtyp eher technisch orientiert ist, wird die Abrufart mehr dem organisatorischen Bereich zugerechnet.

Zum Beispiel können Sie hier zwischen Garantie, Wartung und Gewährleistung unterscheiden.

▶ **Feld »Techniker«**
Wählen Sie einen Techniker aus, dem dieser Serviceabruf zugeordnet wird. Die Auswahlliste enthält eine Liste der Mitarbeiter, die im Fenster MITARBEITERSTAMMDATEN (Modul PERSONAL) auf der Registerkarte ZUGEHÖRIGKEIT im Feld ROLLE als Techniker definiert sind (siehe Abschnitt 14.2, »Mitarbeiterstammdaten«).

▶ **Option »Bearbeitet von«**
Neben dem Techniker ist der Bearbeiter die zweite Person, die in die Bearbeitung eines Serviceabrufs involviert ist. Bei beiden Rollen kann es sich natürlich auch um ein und dieselbe Person handeln. Als Vorschlagswert wird hier der Benutzer eingetragen, der den Servicevertrag angelegt hat. Während der Bearbeiter für den Serviceabruf die Bearbeitung übernimmt und für die Koordination, Entscheidungsfindung und das Vorantreiben des Serviceabrufs verantwortlich ist, ist der Techniker die ausführende Person, die den technischen Part des Serviceabrufs abdeckt. Wenn der Bearbeiter geändert wird, erhält der neu zugeordnete Bearbeiter eine Benachrichtigung in der Alarmübersicht. Diese können Sie auch mit dem Button ▨ (ÜBERSICHT NACHRICHTEN/ALARME) in der Symbolleiste aufrufen.

▶ **Felder »Reaktion« und »Problemlösung«**
Diese Felder sind reine Anzeigefelder und enthalten die Zeit und das Datum, bis zu denen die Reaktion und Problemlösung abgeschlossen sein sollen und letztlich auch abgeschlossen sind.

▶ **Option »Service-Queue«**
Wählen Sie die Option SERVICE-QUEUE und anschließend eine Service-Queue aus der Auswahlliste aus, wenn kein einzelner Bearbeiter den Serviceabruf lösen soll, sondern dieser einem Team zugewiesen wird. Auf diese Weise können Sie spezialisierte Teams bilden, denen z. B. aufgrund der Art des Serviceabrufs oder des Problemtyps die Serviceabrufe zugeordnet werden. Jedes Mitglied des Service-Queue-Teams kann einen Serviceabruf je nach Verfügbarkeit an sich nehmen und diesen abarbeiten. Mit dem Servicebericht SERVICEABRUFE NACH SERVICE-QUEUE können die Mitglieder der Service-Queue die aktuell zugeordneten Serviceabrufe überwachen. Die verschiedenen Service-Queues und deren Teammitglieder legen Sie im Fenster SERVICE-QUEUES – DEFINITION

(unter ADMINISTRATION • DEFINITIONEN • SERVICE • SERVICE-QUEUES) an (siehe Abbildung 13.6).

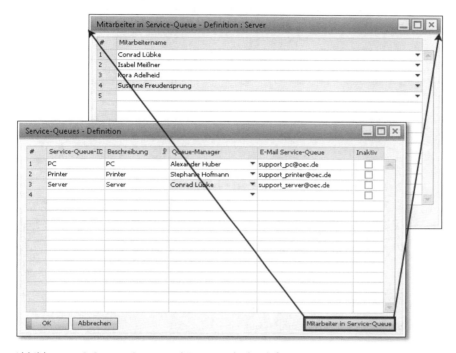

**Abbildung 13.6** Service-Queue und Teammitglieder definieren

Im Fenster SERVICE-QUEUES – DEFINITION legen Sie die Service-Queue mit einem Namen in der Spalte SERVICE-QUEUE-ID, einer kurzen Beschreibung, dem verantwortlichen Queue-Manager und der E-Mail-Adresse dieses Teams an. Falls eine Service-Queue (vorübergehend) nicht verwendet wird, markieren Sie die Checkbox in der Spalte IN-AKTIV. Um die Teammitglieder der Service-Queue anzulegen, positionieren Sie den Cursor auf der gewünschten Zeile und klicken auf den Button MITARBEITER IN SERVICE-QUEUE. Wählen Sie mittels der Dropdown-Liste, in der alle angelegten Benutzer angezeigt werden, alle Mitglieder Ihres Teams aus (siehe Abbildung 13.6), und bestätigen Sie dies mit den Buttons AKTUALISIEREN und OK.

*Fenster »Service-Queues – Definition«*

Der Servicebereich zeichnet sich unter anderem dadurch aus, dass mehrere Personen im Unternehmen in den Serviceprozess eingebunden werden, und es kann auch sein, dass mehrere Personen an einem Serviceabruf arbeiten müssen. Ein solcher Geschäftsprozess muss im Unternehmen abgebildet werden können. SAP Business

*Weiterleiten von Serviceabrufen*

One unterstützt Sie dabei und bietet die Möglichkeit, Serviceabrufe an andere Mitarbeiter weiterzuleiten oder diese wieder zurückzuschicken. Um einen Serviceabruf weiterzuleiten, ändern Sie den Namen bei der Option BEARBEITET VON (siehe Abbildung 13.7).

**Abbildung 13.7** Serviceabruf weiterleiten

Der neu zugewiesene Bearbeiter (Benutzer) erhält umgehend eine Nachricht im Fenster ÜBERSICHT NACHRICHTEN/ALARME (siehe Abbildung 13.8).

**Abbildung 13.8** Meldungsübersicht mit weitergeleitetem Serviceabruf

Klicken Sie auf die Meldung, werden Details angezeigt. Bei einem weitergeleiteten Serviceabruf werden das Thema, die Priorität und die Serviceabrufnummer angezeigt. Klicken Sie auf den Button ⇨ neben der Ziffer in der Spalte ABRUF-NR., um den Serviceabruf aufzurufen.

<table>
<tr><td>**Aktualisierungszeit überprüfen**</td><td>**[+]**</td></tr>
</table>

Falls der Alarm nicht sofort angezeigt wird, kann es sein, dass die Aktualisierungszeit für Meldungen zu lange eingestellt ist. Geben Sie im Feld MELDUNGEN AKTUALISIEREN (MINUTEN) im Fenster ALLGEMEINE EINSTELLUNGEN (Registerkarte DIENSTE unter ADMINISTRATION • SYSTEMINITIALISIERUNG • ALLGEMEINE EINSTELLUNGEN) den Wert »0« ein. Dadurch wird die Aktualisierungszeit auf »null Minuten« heruntergesetzt, und alle Meldungen werden unmittelbar angezeigt.

Der neu zugeordnete Mitarbeiter hat nun die Aufgabe, den Serviceabruf abzuarbeiten. Er kann ihn aber auch einem anderen Mitarbeiter zuordnen oder wieder zurückschicken, indem er den ursprünglichen Bearbeiter erneut auswählt.

Auf der Registerkarte GESCHÄFTSPARTNER werden die wichtigsten Kontakt- und Adressinformationen des ausgewählten Geschäftspartners angezeigt. Das bedeutet, neben der Rechnungs- und Lieferadresse finden Sie TELEFONNUMMER, FAXNUMMER, E-MAIL-ADRESSE, das GEBIET des Geschäftspartners und einige weitere Informationen. Sie müssen also nicht mehr über den Button ⇨ in das Fenster GESCHÄFTSPARTNER-STAMMDATEN verzweigen, sondern haben alle Basisinformationen des Geschäftspartners auf dieser Registerkarte auf einen Blick zur Verfügung.

Registerkarte »Geschäftspartner«

Auf der Registerkarte BEMERKUNGEN geben Sie die genaue Fallbeschreibung des Serviceabrufs ein. Hier können Sie z. B. einfach Problembeschreibungen hineinkopieren, die Sie per E-Mail erhalten haben.

Registerkarte »Bemerkungen«

Auf der Registerkarte AKTIVITÄTEN werden alle Aktivitäten erfasst, die von irgendeinem Mitarbeiter für diesen Serviceabruf ausgeführt werden. Dieses Thema wurde bereits ausführlich in Abschnitt 4.5, »Aktivitäten«, behandelt. Die Aktivität wird auf die gleiche Weise im bereits bekannten Fenster AKTIVITÄT erfasst (siehe Abbildung 13.9). Sie öffnen dieses Fenster, indem Sie auf den Button AKTIVITÄT im rechten unteren Bereich der Registerkare AKTIVITÄT im Fenster SERVICEABRUF klicken.

Registerkarte »Aktivitäten«

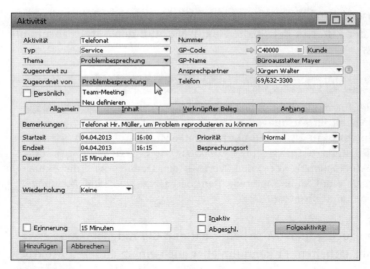

**Abbildung 13.9** Aktivität zu Serviceabruf erfassen

Hinsichtlich der Felder TYP und THEMA im Fenster AKTIVITÄT ist es sinnvoll, an dieser Stelle speziell für den Servicebereich entsprechende Kategorien anzulegen. Zumindest für den Typ sollte eine eigene Kategorie SERVICE, wie in Abbildung 13.9 zu sehen ist, angelegt werden. Die Themen sind jeweils mit dem Typ verknüpft und lassen sich beliebig unterteilen und anlegen. Sie können z. B. in der Reihenfolge der typischen Abhandlung eines Servicefalls angelegt sein. Klicken Sie abschließend auf den Button HINZUFÜGEN, um die Aktivität anzulegen und dem Serviceabruf zuzuordnen. Nach dem Anlegen erscheint der Eintrag der Aktivität in der Tabelle der Registerkarte AKTIVITÄTEN.

Klicken Sie auf den orangefarbenen Pfeil ⇨, um die Aktivität aufzurufen. Auf der Registerkarte VERKNÜPFTER BELEG im Fenster AKTIVITÄT erscheint im Feld URSPRUNGSOBJEKTTYP der Eintrag SERVICEABRUF und im Feld URSPRUNGSOBJEKTNR. die Nummer des Serviceabrufs. Klicken Sie hier auf den orangefarbenen Pfeil ⇨, um den dazugehörigen Serviceabruf aufzurufen.

**Registerkarte »Lösungen«** Die Registerkarte LÖSUNGEN im Fenster SERVICEABRUF (siehe Abbildung 13.7) ist eng verknüpft mit der Lösungsdatenbank und wird aus diesem Grund in Abschnitt 13.4, »Lösungsdatenbank als Nebenprodukt«, behandelt.

Auf der Registerkarte AUFWENDUNGEN können Sie alle Transaktionen und Aufwendungen erfassen, die bei diesem Serviceabruf anfallen. Für diesen Prozess sind mehrere Schritte erforderlich:

Registerkarte »Aufwendungen«

1. Klicken Sie auf den Button AUFWENDUNGEN DETAILS im rechten unteren Bereich der Registerkarte AUFWENDUNGEN. Im nun geöffneten Fenster SERVICEABRUF-KOSTEN werden alle Aufwendungen getrennt nach Artikel, Arbeit und Reise angezeigt. Diese Aufteilung entspricht der Unterscheidung nach Artikelart in den Artikelstammdaten.

2. Klicken Sie auf den Button NEUER BELEG im rechten unteren Bereich, um neue Aufwendungen zu erfassen.

3. Wählen Sie im nun geöffneten Fenster BELEGART die gewünschte Belegart aus (siehe Abbildung 13.10).

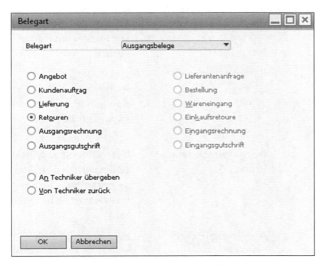

**Abbildung 13.10** Serviceabruf – Belegarten für Aufwendungen

Belegarten repräsentieren die verschiedenen Möglichkeiten, die Ihnen im Serviceprozess in SAP Business One zur Verfügung stehen. Hinter jeder Belegart steckt eine Transaktion, die in SAP Business One angelegt wird. Einen Überblick über die verschiedenen Möglichkeiten zeigt Tabelle 13.1 am Beispiel eines Serviceabrufs für einen Kunden.

| Belegart Aufwendung | Transaktion in SAP Business One (Modul) | Anmerkung |
|---|---|---|
| An Techniker übergeben | Bestandsumlagerung (Lagerverwaltung) | Wird für die Reparatur der Artikel (z. B. in eigener Werkstatt) oder das Einsenden des Artikels an den Hersteller verwendet. |
| Kundenauftrag | Kundenauftrag (Verkauf) | Kunde erteilt z. B. einen Reparaturauftrag. |
| Lieferung | Lieferung (Verkauf) | Ersatzteile oder der reparierte Artikel werden an den Kunden geliefert. |
| Von Techniker zurück | Bestandsumlagerung (Lagerverwaltung) | Der reparierte Artikel kommt von der Werkstatt oder vom Hersteller zurück. |
| Retouren | Retoure (Verkauf) | Der zu reparierende Artikel wird vom Kunden geholt; dies ist eigentlich der erste Schritt. |
| Rechnung | Ausgangsrechnung (Verkauf) | Verrechnung von Ersatzteilen, Arbeitszeit, Reisekosten (falls im Servicevertrag nicht enthalten) |
| Gutschrift | Ausgangsgutschrift (Verkauf) | nachträgliche Gutschrift, z. B. in Gewährleistungsfällen |

Tabelle 13.1 Übersicht über Belegarten für Aufwendungen eines Kunden

Bei der Übergabe an den Techniker hat es sich bewährt, ein eigenes Reparaturlager anzulegen, auf das die zu reparierenden Waren gelegt werden. Das hat folgende Vorteile:

– Die vom Kunden retournierten Artikel werden mengen- und wertmäßig separiert. Dazu muss auch die Lagerbewertungsmethode im Feld ARTIKELKOSTEN JE LAGER VERWALTEN im Fenster FIRMENDETAILS auf der Registerkarte BASISINITIALISIERUNG unter ADMINISTRATION • SYSTEMINITIALISIERUNG • FIRMENDETAILS pro Lager eingestellt werden. Auf dieses Reparaturlager kann jeder Artikel des Kunden beliebig oft transferiert werden. Die Einstellung kann jedoch nach der ersten lagerwirksamen Transaktion nicht mehr geändert werden.

– Zusätzlich kann dieses Lager verwendet werden, wenn der zu reparierende Artikel an den Hersteller geschickt wird.

– Außerdem können Sie mit einem Lagerbestandsbericht für dieses Reparaturlager feststellen, welche Artikel sich aktuell auf diesem Lager befinden.

Nachdem die Belegart ausgewählt wurde, wird die dahinterliegende Transaktion in SAP Business One geöffnet. Geben Sie alle Daten ein, und klicken Sie auf den Button HINZUFÜGEN, um den Beleg anzulegen. Falls Sie eine Ausgangsrechnung angelegt haben, werden die Aufwendungen für den Kunden im Fenster SERVICEABRUF-KOSTEN angezeigt.

4. Klicken Sie im Fenster SERVICEABRUF-KOSTEN auf den Button AKTUALISIEREN im linken unteren Bereich, um die Änderungen zu speichern.

5. Klicken Sie auf den Button OK, um das Fenster SERVICEABRUF-KOSTEN zu schließen und zum Fenster SERVICEABRUF zurückzukehren. Auf der Registerkarte AUFWENDUNGEN werden alle Transaktionen mit Belegart, Belegnummer, Datum, Artikel, Menge, Quell- und Ziellager angezeigt.

Am Ende dieses Abschnitts wird ein vollständiger Serviceprozess mit den dazugehörigen Belegen dargestellt.

Analog zum dem hier dargestellten Ablauf für einen Kunden stehen auch für einen Lieferanten die entsprechenden Einkaufsbelege wie LIEFERANTENANFRAGE, BESTELLUNG, WARENEINGANG, EINKAUFSRETOURE, EINGANGSRECHNUNG und EINGANGSGUTSCHRIFT zur Verfügung.

Auf der Registerkarte PROBLEMLÖSUNG können Sie außerdem ein großes Textfeld nutzen. Wie Sie dieses Feld verwenden, obliegt Ihrer Kreativität. Sie könnten z. B. die vermutete Problemlösung bereits beim Anlegen des Serviceabrufs hineinschreiben. Der Techniker, der das Problem behebt, ergänzt jeweils den Problemlösungspfad, und Sie erhalten so eine komplette Übersicht von der ersten Problem-

Registerkarte »Problemlösung«

vermutung über die Diagnose bis hin zur eigentlichen Problembehebung.

**Registerkarte »Historie«**

Auf der Registerkarte HISTORIE werden alle Änderungen an einem Serviceabruf automatisch von SAP Business One protokolliert. Pro Änderung (das heißt bei jedem Klick auf den Button AKTUALISIEREN) werden der Benutzer, das Aktualisierungsdatum, die Aktualisierungszeit und die eigentliche Änderung gespeichert (siehe Abbildung 13.11).

| Allgemein | Bemerkungen | Aktivitäten | Lösungen | Aufwendungen | Problemlösung | Historie | Planung |
| --- | --- | --- | --- | --- | --- | --- | --- |

| # | Aktualisierungsdatum | Aktualisierungszeit | Aktualisiert von | Beschreibung | Vorheriger Wert | Neuer Wert |
| --- | --- | --- | --- | --- | --- | --- |
| 1 | ▼ 02.04.2013 | 16:34 | Robert Leitner | | | |
| 2 | | | | Service-Abruf angelegt | | |
| 3 | ▼ 02.04.2013 | 18:51 | Robert Leitner | | | |
| 4 | | | | Neu zugewiesen | Robert Leitner | Edith Neugebauer |
| 5 | ▼ 11.04.2013 | 17:52 | Robert Leitner | | | |
| 6 | | | | Neu zugewiesen | Edith Neugebauer | Robert Leitner |
| 7 | ▼ 11.04.2013 | 17:53 | Robert Leitner | | | |
| 8 | | | | Neu zugewiesen | Robert Leitner | Conrad Lübke |
| 9 | ▼ 11.04.2013 | 18:10 | Conrad Lübke | | | |
| 10 | | | | Priorität geändert | Low | Medium |
| 11 | ▼ 11.04.2013 | 19:31 | Robert Leitner | | | |
| 12 | | | | Reaktion erforderlich bis | | 03.04.2013 11:34 |
| 13 | | | | Problemlösung erforderlich bis | | 04.04.2013 16:34 |
| 14 | ▼ 11.04.2013 | 19:33 | Robert Leitner | | | |
| 15 | | | | Neu zugewiesen | Conrad Lübke | Robert Leitner |

**Abbildung 13.11** Historie zum Serviceabruf

Die gespeicherten Änderungen werden jeweils pro Feld mit dem alten (Spalte VORHERIGER WERT) und dem neu gespeicherten Wert (Spalte NEUER WERT) protokolliert. Klicken Sie auf den Button ▶ (= DATEN EXPANDIEREN) bzw. ▼ (= DATEN KOMPRIMIEREN) in der Spalte AKTUALISIERUNGSDATUM ganz links, um die dahinterliegenden Änderungen zu expandieren bzw. zu komprimieren.

**Registerkarte »Planung«**

Auf der Registerkarte PLANUNG finden Sie viele Elemente, die Sie bereits von einer Aktivität kennen und die die Terminierung und Anzeige im SAP-Business-One-Kalender steuern. Legen Sie STARTZEIT, ENDZEIT sowie den BESPRECHUNGSORT fest. Darüber hinaus markieren Sie die Checkbox ERINNERUNG und geben rechts daneben an, in welchem Zeitraum Sie SAP Business One an die angegebene Startzeit erinnern soll. Markieren Sie außerdem die Checkbox IM KALENDER ANZEIGEN, wenn der SAP-Business-One-Kalender den terminierten

Serviceabruf anzeigen soll. Klicken Sie auf den Button ▦ (KALEN-DER...) in der Symbolleiste, um den Kalender zu öffnen.

Auf der Registerkarte ANHÄNGE haben Sie die Möglichkeit, dem Serviceabruf beliebige Dateien anzuhängen. Klicken Sie dazu auf den Button DURCHSUCHEN, wählen Sie im sich öffnenden Dialogfenster ein Dokument aus Ihrem lokalen Ordner, und bestätigen Sie Ihre Auswahl mit dem Button ÖFFNEN.

*Registerkarte »Anhänge«*

Nachdem alle Daten für den Serviceabruf eingegeben wurden, klicken Sie auf den Button HINZUFÜGEN, um den Serviceabruf tatsächlich anzulegen.

Das Fenster SERVICEABRUF enthält eine Reihe von Feldern, die wertvolle Zusatzinformationen liefern. Wenn Sie jedoch nur ein Mindestmaß an Informationen zu einem Serviceabruf erfassen möchten, können Sie den Serviceabruf z. B. auf die folgende Weise anlegen:

*Serviceabruf »express«*

1. Wählen Sie einen Geschäftspartner und einen Ansprechpartner aus der Werteliste aus.

2. Wählen Sie einen Artikel aus der Werteliste aus, und geben Sie bei Bedarf eine Seriennummer an.

3. Geben Sie ein Thema für den Serviceabruf an.

4. Wählen Sie einen Problemtyp und eine Art des Abrufs aus der Werteliste aus.

5. Ordnen Sie dem Serviceabruf einen Techniker sowie einen Bearbeiter oder eine Service-Queue zu.

6. Erläutern Sie den Serviceabruf auf der Registerkarte BEMERKUNGEN.

7. Geben Sie einen Hinweis auf die Problemlösung auf der Registerkarte PROBLEMLÖSUNG.

8. Klicken Sie auf den Button HINZUFÜGEN, um den Serviceabruf anzulegen.

Beispielhaft soll der folgende Prozess von Belegarten und Aufwendungen dargestellt werden, um den Einsatz der Belegarten zu verdeutlichen.

*Serviceprozess mit Belegen*

1. **Retoure vom Kunden**
   Im ersten Schritt wird der beanstandete Artikel vom Kunden zurückgeholt. Der Preis wird mit null angesetzt, da der Artikel ein Fremdartikel des Kunden ist.

2. **An Techniker übergeben – Umlagerung auf Reparaturlager**

Im nächsten Schritt erfolgt die Übergabe an den Techniker des Herstellers auf das Reparaturlager. Abbildung 13.12 zeigt, dass der Artikel auf das Lager 05 – REPARATURLAGER umgelagert wird (Spalte ZIELLAGER). Der Preis ist null (Spalte INFO PREIS).

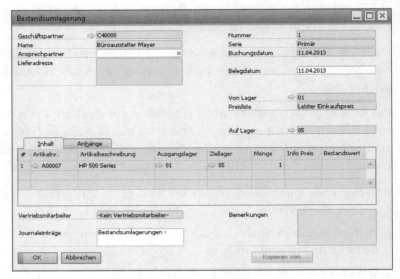

**Abbildung 13.12** Umlagerung auf Reparaturlager

3. **Von Techniker zurück – Rückumlagerung von Reparaturlager**

Nach Abschluss der Reparaturen wird der Artikel vom Hersteller wieder retour geliefert.

4. **Lieferung an den Kunden**

Der reparierte Artikel wird an den Kunden geliefert.

5. **Ausgangsrechnung an den Kunden**

Die erbrachten Leistungen werden dem Kunden in Rechnung gestellt. Wenn Leistungen durch den Servicevertrag abgedeckt werden, können diese dennoch in der Ausgangsrechnung erscheinen. Sie haben allerdings keinen Preis. Sollten im Servicevertrag enthaltene Leistungen auf der Ausgangsrechnung stehen, erhalten Sie von SAP Business One beim Hinzufügen eine Warnmeldung (siehe Abbildung 13.13).

Klicken Sie auf den Button WEITER, um die Ausgangsrechnung hinzuzufügen.

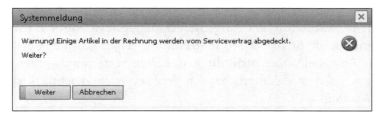

**Abbildung 13.13** Hinweismeldung – im Servicevertrag enthaltene Leistungen in Ausgangsrechnung

Im Fenster SERVICEABRUF-KOSTEN können Sie die verrechneten Artikel, Arbeits- und Reisekosten für diesen Serviceabruf erfassen (siehe Abbildung 13.14).

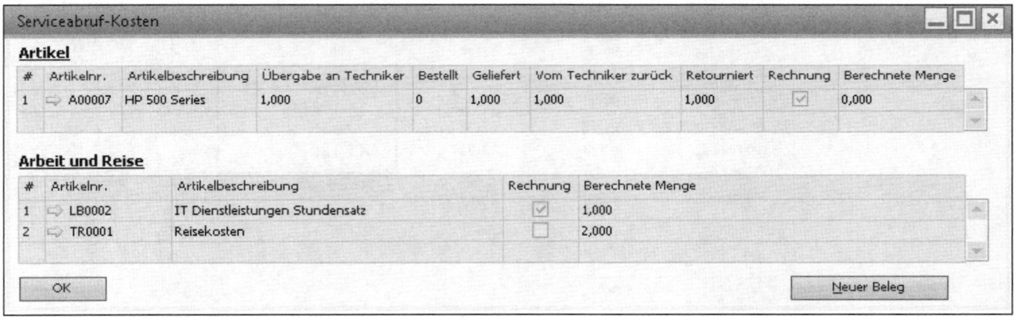

*Artikel, Arbeits- und Reisekosten erfassen*

| Serviceabruf-Kosten | | | | | | | | | | |
|---|---|---|---|---|---|---|---|---|---|---|
| **Artikel** | | | | | | | | | | |
| # | Artikelnr. | Artikelbeschreibung | Übergabe an Techniker | Bestellt | Geliefert | Vom Techniker zurück | Retourniert | Rechnung | Berechnete Menge | |
| 1 | A00007 | HP 500 Series | 1,000 | 0 | 1,000 | 1,000 | 1,000 | ☑ | 0,000 | |

| **Arbeit und Reise** | | | | | |
|---|---|---|---|---|---|
| # | Artikelnr. | Artikelbeschreibung | Rechnung | Berechnete Menge | |
| 1 | LB0002 | IT Dienstleistungen Stundensatz | ☑ | 1,000 | |
| 2 | TR0001 | Reisekosten | ☐ | 2,000 | |

OK                                                             Neuer Beleg

**Abbildung 13.14** Aufwendungen – getrennt nach »Artikel«, »Arbeit« und »Reise«

In der Tabelle ARTIKEL in Abbildung 13.14 ist Folgendes leicht erkennbar:

*Tabelle »Artikel«*

- Der Artikel »A00007 HP 500 Series« wurde vom Kunden als defekt retourniert (Spalte RETOURNIERT).

- Danach wurde er mit einer Bestandsumlagerung an den Techniker geliefert (Spalte ÜBERGABE AN TECHNIKER).

- Derselbe Artikel ist mit einer Bestandsumlagerung vom Techniker wieder retour gekommen (Spalte VOM TECHNIKER ZURÜCK).

- Der reparierte Artikel wurde an den Kunden geliefert (Spalte GELIEFERT).

- Dieser Artikel wurde nicht in der Ausgangsrechnung verrechnet. (Die Spalte BERECHNETE MENGE zeigt die Anzahl in der Ausgangsrechnung, die Spalte RECHNUNG ist markiert, falls der Artikel nicht im Servicevertrag enthalten ist.)

**Tabelle »Arbeit und Reise«** In der Tabelle ARBEIT UND REISE in Abbildung 13.14 ist zu sehen, dass die Reisekosten in der Ausgangsrechnung erfasst wurden. Die markierte Checkbox in der Spalte RECHNUNG zeigt, dass die Arbeit und die Ersatzteile, aber nicht die Reisekosten verrechnet werden, wie auch aus dem dahinterliegenden Servicevertrag ersichtlich ist (siehe Abbildung 13.15).

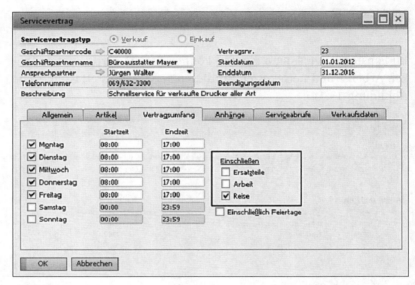

**Abbildung 13.15** Servicevertrag – Reisekosten im Servicevertrag enthalten

Im Fenster SERVICEABRUF werden auf der Registerkarte AUFWENDUNGEN alle Transaktionen detailliert aufgelistet (siehe Abbildung 13.16). Aktivieren Sie die Checkbox ALLE BELEGE ANZEIGEN im unteren Bereich des Fensters, um auch die Bestandsumlagerungen sehen zu können.

**Verknüpfungsplan zu Serviceabruf** Eine exzellente Übersicht über die mit dem Serviceabruf verknüpften Belege bietet darüber hinaus der Verknüpfungsplan für den Serviceabruf (siehe Abbildung 13.17).

Klicken Sie mit der rechten Maustaste auf den Serviceabruf, und wählen Sie den einzigen Eintrag VERKNÜPFUNGSPLAN aus dem Kontextmenü aus. Es öffnet sich die Ansicht in Abbildung 13.17, hier werden alle mit dem Serviceabruf verknüpften Belege angezeigt. Klicken Sie doppelt auf einen der Belege, um das Belegfenster aufzurufen.

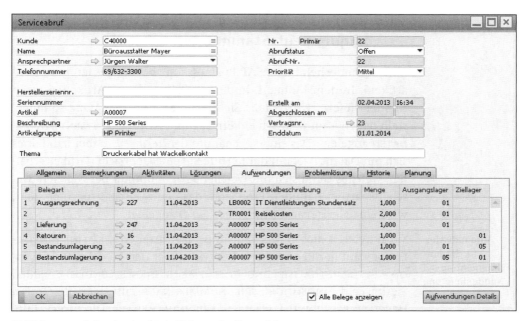

**Abbildung 13.16** Serviceabruf – Auflistung aller Transaktionen

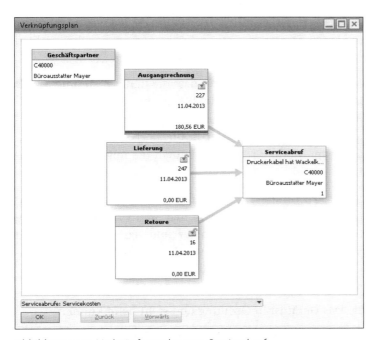

**Abbildung 13.17** Verknüpfungsplan zum Serviceabruf

## 13.3 Verwaltung der Geschäftspartnergeräte – Equipment-Stammdaten

Eine Besonderheit bietet SAP Business One bei den Seriennummern-artikeln. In dem Moment, in dem Sie einen dieser Artikel an Ihren Kunden liefern, wird – falls Sie dies in SAP Business One so einge-stellt haben – automatisch ein Eintrag im Fenster EQUIPMENT STAMM-DATEN angelegt. Das sind sogenannte *Gerätekarten*. Dabei handelt es sich um Datensätze, mit deren Hilfe Sie eine Übersicht darüber erhalten, welches Gerät sich mit welcher Seriennummer bei welchem Geschäftspartner befindet. Pro Gerät, das beim Geschäftspartner steht, wird eine Gerätekarte (*Equipment Card*) angelegt.

**Automatischer Stamm-dateneintrag bei Kundenlieferung**

Sie aktivieren diesen Mechanismus im Fenster ALLGEMEINE EINSTEL-LUNGEN auf der Registerkarte BESTAND (über den Pfad ADMINISTRATI-ON • SYSTEMINITIALISIERUNG • ALLGEMEINE EINSTELLUNGEN). Wählen Sie im Feld EINDEUTIGE SERIENNUMMER NACH entweder die Option HERSTELLERSERIENNUMMER oder SERIENNUMMER aus. Die ausgewählte Seriennummernart muss dann obligatorisch jeweils bei einem Seri-ennummernartikel eingegeben werden. Zudem muss die Checkbox STAMMDATEN KUNDENEQUIPMENT AUTOMATISCH ERSTELLEN markiert sein. Bei jeder Lieferung, die einen Seriennummernartikel enthält, wird daraufhin ein Stammdateneintrag für Equipment angelegt.

**Fenster »Stammdaten Kunden-equipment«**

In Abbildung 13.18 ist zu erkennen, dass die in der Lieferung 328 ❶ verwendete Seriennummer A6-000283 (siehe Transaktionsbericht Seriennummern ❷) als Stammdateneintrag für das Equipment auto-matisch angelegt wird. Das Fenster EQUIPMENT-STAMMDATEN ❸ fin-den Sie direkt im Modul SERVICE. Es enthält die folgenden Informa-tionen:

► Im Kopfbereich finden Sie alle Informationen zum Artikel samt Seriennummer und Kunden sowie den Status des Kundenequip-ments, den zugeordneten Techniker und das Gebiet. Das Feld STATUS sollte unbedingt gepflegt werden, da es eine wertvolle In-formation ist, die die Geräteverwaltung erst komplettiert. Es ste-hen Ihnen die folgenden Optionen zur Verfügung:

  – *Aktiv*: Das Gerät ist in Ordnung und steht beim Kunden.

  – *Retourniert*: Das Gerät hat ein Problem und wurde vom Kunden retourniert.

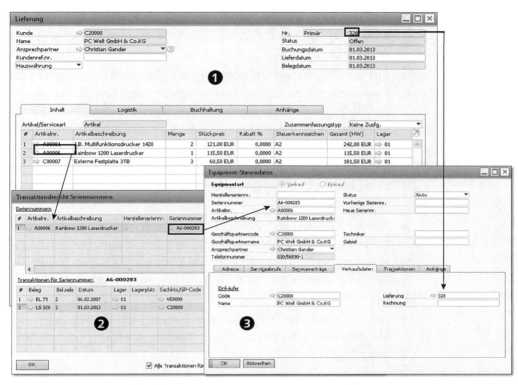

**Abbildung 13.18** Stammdaten Kundenequipment aufgrund einer Lieferung automatisch anlegen

- *Beendet*: Das Gerät wurde retourniert und ist nicht mehr verfügbar.

- *Leihgerät*: Der Kunde hat für die Zeit der Reparatur ein Leihgerät erhalten. Dieses wird retourniert, sobald die Reparatur abgeschlossen wurde. Stellt sich heraus, dass das Gerät mit der ursprünglichen Seriennummer nicht repariert werden kann, und wird entweder das Leihgerät oder ein Ersatzgerät geliefert, muss dies in den Feldern VORHERIGE SERIENNR. und NEUE SERIENNR. vermerkt werden.

- *In Werkstatt*: Der Artikel befindet sich in der Werkstatt zur Reparatur (z. B. in der eigenen Werkstatt oder beim Hersteller). Falls der Kunde ein Ersatzgerät erhalten hat, tragen Sie die Seriennummer des Ersatzgeräts im Feld NEUE SERIENNR. ein. Das Ersatzgerät kann danach nicht mehr an einen anderen Kunden geliefert werden.

▶ Auf der Registerkarte ADRESSE wird die Lieferadresse des Geschäftspartners angezeigt, an die diese Seriennummer geliefert wurde.

▶ Auf der Registerkarte SERVICEABRUFE finden Sie eine Übersicht über alle Serviceabrufe samt Erstellungsdatum, Betreff, Status etc., die für dieses Kundenequipment angelegt wurden. Klicken Sie auf den Button ⇨ in der Spalte ABRUF-NR., um den betreffenden Serviceabruf aufzurufen.

▶ Auf der Registerkarte SERVICEVERTRÄGE sehen Sie eine Übersicht über alle Serviceverträge, die für diesen Seriennummernartikel gültig sind.

▶ Auf der Registerkarte VERKAUFSDATEN finden Sie die Nummer der Lieferung bzw. der Rechnung, mit der der Seriennummernartikel geliefert wurde. Klicken Sie auf den Button ⇨ neben der Belegnummer, um die betreffende Lieferung bzw. Ausgangsrechnung zu öffnen.

▶ Die Registerkarte TRANSAKTIONEN umfasst alle Bewegungen der Seriennummer des Equipments in SAP Business One (siehe Abbildung 13.19).

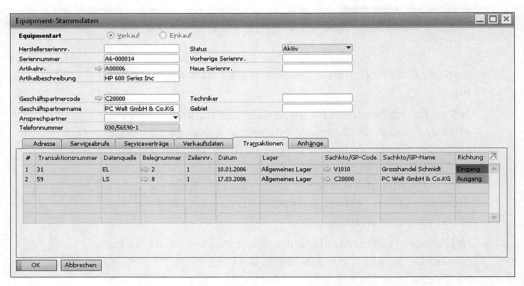

**Abbildung 13.19** Transaktionen der Seriennummer des Kundenequipments

Die Aufstellung entspricht dabei dem Transaktionsbericht SERIEN-NUMMERN (siehe Abschnitt 7.7.1, »Seriennummern«) und zeigt z. B. an, mit welchem Beleg die Seriennummer in Ihr Unternehmen gekommen ist und mit welchem Beleg sie das Unternehmen wieder verlassen hat.

▸ Auf der Registerkarte ANHÄNGE haben Sie die Möglichkeit, diesem Kundenequipment Dateianhänge beizufügen.

## 13.4 Lösungsdatenbank als Nebenprodukt

In vielen kleinen und mittleren Unternehmen besteht häufig das Problem, dass der Unternehmensbereich Service, Wartung, Reparatur, Support etc. sehr personenorientiert gestaltet ist, denn gerade dieser Unternehmensbereich ist sehr stark durch Erfahrung geprägt. Die Qualität der Problemlösungen hängt außer vom Einfallsreichtum der zuständigen Mitarbeiter vor allem von der Frage ab, ob ein bestimmter Problemfall bereits aufgetreten ist oder nicht. Sollten erfahrene Mitarbeiter das Unternehmen verlassen, steht in vielen Fällen auch das mit diesen Personen verknüpfte Wissen nicht mehr zur Verfügung.

Die Lösungsdatenbank in SAP Business One ist ein Instrument, um das in den Serviceabrufen erworbene Wissen aufzuzeichnen, zu abstrahieren und damit auf ähnlich gelagerte Problemfälle übertragen zu können.

*Wissen aufzeichnen*

| **Lösung erfassen, bevor der Serviceabruf abgeschlossen ist** | **[+]** |
| --- | --- |
| Eine wichtige organisatorische Maßnahme, die Sie implementieren müssen, ist die jeweilige Erfassung einer Lösung, bevor der Serviceabruf abgeschlossen wird. Nur zu diesem Zeitpunkt ist das Wissen noch vorhanden und muss vom Techniker oder Lieferanten unbedingt erfasst werden. | |
| Da der Unternehmensbereich Service traditionell überbeansprucht ist und unter Zeitdruck steht, ist es von entscheidender Bedeutung, dass die Unternehmens- oder Bereichsleitung auf die Einhaltung dieser Maßnahme achtet. Nur mit einer konsequenten Erfassung in der Lösungsdatenbank steht das Wissen auch nach Ausscheiden erfahrener Mitarbeiter zur Verfügung. Den Detaillierungsgrad der Angaben bestimmen Sie natürlich selbst. | |

**Lösung erfassen**     Um einen neuen Eintrag in der Lösungsdatenbank anzulegen, gehen Sie folgendermaßen vor:

1. Klicken Sie auf der Registerkarte Lösungen im Fenster Service-abruf auf den Button Neu, um das Fenster Lösungsdatenbank zu öffnen (siehe Abbildung 13.20).

**Abbildung 13.20** Eintrag in Lösungsdatenbank

2. Das Feld Artikel ist bereits mit der Artikelnummer aus dem Serviceabruf vorbelegt.

3. Geben Sie eine Lösung ein, sie sollte schlagwortartig und strukturiert sein, und ein Symptom, also ein Merkmal oder einen Sachverhalt, an dem das Problem zu erkennen ist. Der Eintrag in diesem Feld könnte z. B. ähnlich wie das Feld Thema im Fenster Serviceabruf formuliert sein.

4. Halten Sie im Feld Ursache fest, wie das Problem entstanden ist, und tragen Sie im Feld Bemerkung weitere Angaben zum Problem, zum Symptom oder zur Lösung ein. Geben Sie z. B. einen Hinweis auf weitere Lösungen etc.

5. Geben Sie im rechten oberen Bereich den Status an. Sie haben hier folgende Möglichkeiten:

   - *Veröffentlichen*: Die Lösung ist bereits überprüft und freigegeben.

   - *Review*: Die Lösung wird noch überarbeitet oder kann nochmals geändert werden. Sie kann aber bereits weiterempfohlen werden.

– *Intern*: Diese Lösung dient nur zum internen Wissensaufbau und betrifft keinen konkreten Serviceabruf. Einträge in der Lösungsdatenbank müssen nicht aus einem Serviceabruf kommen, sondern können auch direkt über das Fenster LÖSUNGSDATENBANK im Modul SERVICE erfasst werden.

– *Neu definieren*: Wählen Sie diesen Eintrag, um eigene Kategorien anzulegen.

6. Klicken Sie auf den Button HINZUFÜGEN, um die Lösung anzulegen. Sie erscheint auf der Registerkarte LÖSUNGEN im Fenster SERVICEABRUF (siehe Abbildung 13.21).

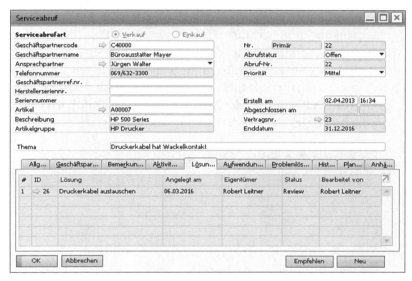

**Abbildung 13.21** Lösung im Fenster »Serviceabruf«

Wenn Sie Lösungen in der Lösungsdatenbank erfasst haben, können Sie sich auch – als Nutznießer dieser Lösungsdatenbank – Lösungen empfehlen lassen. Dazu klicken Sie auf der Registerkarte LÖSUNGEN auf den Button EMPFEHLEN. Daraufhin erhalten Sie eine Liste aller Lösungen. Markieren Sie eine der Lösungen, und klicken Sie auf den Button AUSWÄHLEN, um die Lösung der Tabelle auf der Registerkarte LÖSUNGEN hinzuzufügen. Klicken Sie auf den Button SUCHEN, um die Lösungsdatenbank im SUCHEN-Modus zu öffnen. Dort können Sie bequem nach den zur Verfügung stehenden Feldern suchen.

**Lösung empfehlen**

## 13.5 Serviceberichte

Im Modul SERVICE steht Ihnen eine Reihe von Berichten zur Verfügung, mit denen Sie einen Überblick über offene, überfällige und kritische Serviceabrufe erhalten. Darüber hinaus erhalten Sie auch eine grafische Darstellung der aktuellen Auslastung in diesem Unternehmensbereich. Die folgenden Serviceberichte sollen nun kurz dargestellt werden:

▶ **Bericht »Serviceabrufe«**

Mit diesem Bericht erhalten Sie eine Aufstellung aller Serviceabrufe mit den wichtigsten Feldern. Im Fenster BERICHT SERVICEABRUFE –AUSWAHLKRITERIEN (siehe Abbildung 13.22) können Sie Einschränkungen hinsichtlich Problemtyp, Priorität, Art des Abrufs, Herkunft, Abrufstatus etc. vornehmen. Klicken Sie jeweils auf den Button [ ... ], um zur jeweiligen Auswahl der Kriterien zu gelangen. Zusätzlich erhalten Sie im linken unteren Bereich des Berichts eine grafische Aufbereitung der Anzahl der Serviceabrufe nach Wochen oder Monaten.

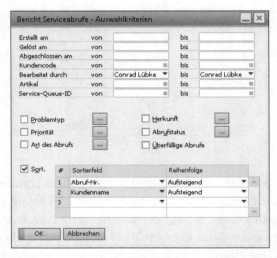

**Abbildung 13.22** Auswahlkriterien im »Bericht Serviceabrufe«

Im unteren Bereich haben Sie die Möglichkeit, nach festgelegten Feldern aufsteigend oder absteigend zu sortieren.

▶ **Bericht »Serviceabrufe nach Service-Queue«**

Der Bericht SERVICEABRUFE NACH SERVICE-QUEUE zeigt eine ähnliche Aufstellung wie der BERICHT SERVICEABRUFE, allerdings gruppiert nach den einzelnen Service-Queues. Die Auswahlkriterien entsprechen denen des BERICHTS SERVICEABRUFE. Wichtig ist hier auch die Auswahl der Service-Queue-ID in den Feldern VON und BIS im Fenster AUSWAHLKRITERIEN (siehe Abbildung 13.22). Die Gruppierung nach Service-Queues ist in Abbildung 13.23 gut zu sehen.

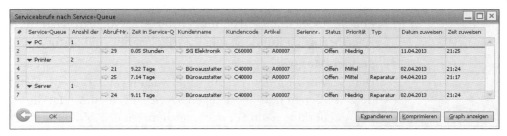

**Abbildung 13.23** Serviceabrufe – gruppiert nach Service-Queue

Klicken Sie auf den Button ▶ in der Spalte SERVICE-QUEUE, um die dieser Service-Queue zugeordneten Serviceabrufe anzuzeigen bzw. wieder zu verdecken. Klicken Sie rechts unten auf den Button GRAPH ANZEIGEN, um eine mengenmäßige Gegenüberstellung der einzelnen Service-Queues in grafischer Darstellung zu erhalten.

▶ **Bericht »Reaktionszeit nach Verantwortlichem«**
Dieser Bericht zeigt eine Aufstellung von Serviceabrufen, gruppiert nach dem Verantwortlichen. Im Mittelpunkt des Berichts steht dabei die Reaktionszeit des jeweiligen Verantwortlichen. Die Reaktionszeit ergibt sich aus dem Vergleich der im Servicevertrag definierten Reaktionszeit mit der tatsächlichen. Das Fenster AUS-WAHLKRITERIEN entspricht dem aus Abbildung 13.22.

▶ **Bericht »Durchschnittliche Zeit bis zum Abschluss«**
In diesem Bericht erhalten Sie eine Übersicht über die abgeschlossenen Serviceabrufe und die jeweilige Qualität, mit der diese Serviceabrufe abgearbeitet wurden. Das bedeutet, Sie erhalten einen Vergleich von Erstellungsdatum und -zeit, Abschlussdatum und -zeit sowie der erforderlichen Tage für die Abarbeitung.

▶ **Bericht »Serviceverträge«**
Dieser Bericht zeigt eine Übersicht über alle Serviceverträge mit Kunde, Status, Vertragsart, Beginn und Ende, einer Verlängerungsoption sowie der eingestellten Erinnerungszeit. Schränken

Sie die Anzeige im Fenster AUSWAHLKRITERIEN hinsichtlich Vertragsart, Vertragsstatus, Serviceart etc. ein.

▶ **Bericht »Stammdaten Kundenequipment«**
Dieser Bericht liefert eine Übersicht über alle Geräte, die an einen Kunden ausgeliefert und aus diesem Grund im Fenster STAMMDATEN KUNDENEQUIPMENT automatisch angelegt wurden. Die Übersicht zeigt Daten zum Kunden und zum Artikel, zu Seriennummer und Status. Schränken Sie im Fenster AUSWAHLKRITERIEN die Anzeige bezüglich Kunde, Artikel, Artikelgruppe und Status ein.

▶ **Service-Monitor**
Der Service-Monitor ist ein Überwachungsinstrument für Ihre derzeit offenen und überfälligen Serviceabrufe und zeigt die aktuelle »Fieberkurve« im Servicebereich an (siehe Abbildung 13.24).

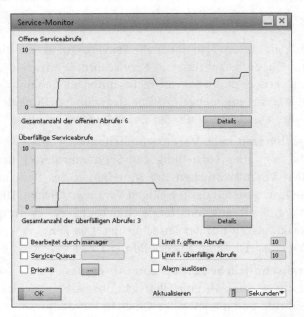

**Abbildung 13.24** Service-Monitor für offene und überfällige Serviceabrufe

Das Fenster SERVICE-MONITOR ist zweigeteilt. Im oberen Bereich sehen Sie die Anzahl der derzeit offenen Serviceabrufe. Im unteren Bereich finden Sie die Anzahl der derzeit überfälligen Serviceabrufe.

**Offene und überfällige Services abrufen** [+]

Es ist kein Problem, wenn Sie eine hohe Kurve bei den offenen Serviceabrufen haben, solange die Kurve der überfälligen Serviceabrufe niedrig verläuft.

Das Beispiel in Abbildung 13.24 zeigt eine bedrohliche Situation, da von sechs offenen Serviceabrufen gleich drei überfällig sind. In diesem Fall müssen die Bearbeiter der Serviceabrufe reagieren und die Anzahl der überfälligen Fälle unbedingt reduzieren. Für den Hauptverantwortlichen im Servicebereich (z. B. Abteilungsleiter, Geschäftsführer) ist der Service-Monitor eine exzellente Überwachungs- und Kontrollmöglichkeit, über die er auf einen Blick sehen kann, ob das Gesamtbild in diesem Bereich in Ordnung ist.

Mit dem Button DETAILS unterhalb der jeweiligen Kurven gelangen Sie zu den eigentlichen Serviceabrufen. Im unteren Bereich steht Ihnen eine Reihe von Kriterien zur Verfügung, anhand derer Sie die laufende Anzeige einschränken können. Dies betrifft unter anderem den Bearbeiter, die Service-Queue und die Priorität.

Im Feld AKTUALISIEREN können Sie das Intervall bestimmen, in dem die Anzeige aktualisiert wird. Geben Sie die Zeit in das Feld ein, und wählen Sie die Zeiteinheit aus der Auswahlliste aus. Als Vorschlagswert ist hier eine Sekunde eingestellt. Das bedeutet, die Kurve wird im Sekundenrhythmus aktualisiert. Wenn Sie nur wenige Serviceabrufe pro Tag haben, reicht sicherlich auch ein größeres Intervall.

▶ **Bericht »Meine Serviceabrufe«**
Dieser Bericht zeigt eine Aufstellung aller Serviceabrufe des Benutzers, der diesen Bericht öffnet.

▶ **Bericht »Meine offenen Serviceabrufe«**
Dieser Bericht zeigt die gleiche Aufstellung wie der Bericht MEINE SERVICEABRUFE, jedoch für alle Serviceabrufe mit dem Status OFFEN.

▶ **Bericht »Meine überfälligen Serviceabrufe«**
Dieser Bericht zeigt die gleiche Aufstellung wie der Bericht MEINE OFFENEN SERVICEABRUFE, jedoch für alle Serviceabrufe, die bereits die angegebene Problemlösungszeit überschritten haben und damit in SAP Business One als überfällig geführt werden.

## 13.6 Übungsaufgaben

1. Erfassen Sie einen Servicevertrag für den Austausch der gesamten Druckerlandschaft beim Kunden »C23900 – Gerber GmbH« inklusive der Lieferung von 40 Druckern aus Kapitel 11, »Opportunities im Vertrieb«. Reaktionszeit ist vier Stunden, Problemlösungszeit ist ein Tag, Laufzeit ist ein Jahr, vier Wochen vor Abschluss soll der Vertrag verlängert werden. Der Vertragsumfang ist mit Montag bis Freitag von 8 bis 18 Uhr und Samstag von 8 bis 13 Uhr fixiert. Arbeit und Reisekosten sind eingeschlossen, Ersatzteile werden extra verrechnet.

2. Erfassen Sie einen Lieferschein, mit dem die 40 vereinbarten Drucker geliefert werden. Wählen Sie beliebige Seriennummern aus. Kontrollieren Sie nach dem Hinzufügen, ob die Einträge für die Stammdaten Kundenequipment vorgenommen wurden.

3. Erfassen Sie einen Serviceabruf, da bei einem der Drucker das Display defekt ist. Tragen Sie auf jeden Fall die folgenden Angaben ein:

   – Geben Sie ein aussagekräftiges Thema an.

   – Der Defekt wurde per Telefon gemeldet.

   – Definieren Sie einen neuen Problemtyp für den Drucker. Aus der Bezeichnung soll hervorgehen, dass es sich um einen Defekt eines Druckers handelt.

   – Die Art des Abrufs ist »Service«. Legen Sie diese Art neu an.

   – Mithilfe einer Retoure in das Lager »05 – Reparaturlager« (angelegt in Kapitel 7, »Lagerverwaltung«) wird der Drucker in Ihr Unternehmen geholt. Dokumentieren Sie den Transport ebenfalls mit einer Aktivität.

   – Leiten Sie den Serviceabruf an Ihren in Kapitel 3, »Grundlegende Programmbedienung«, angelegten Super-User weiter.

   – Wechseln Sie den Benutzer, und erfassen Sie eine Aktivität. Sie haben als Techniker das Gerät analysiert und den Schaden behoben.

   – Leiten Sie den Serviceabruf wieder zurück an den Benutzer »manager«.

   – Mit einer Lieferung wird der Drucker wieder an den Kunden geliefert. Achten Sie auf die richtige Seriennummer.

– Abschließend erfassen Sie einen Eintrag in der Lösungsdatenbank mit entsprechender Problemursache und Symptom. Als Lösung war der Austausch der LED-Anzeige erfolgreich.

– Überprüfen Sie, ob der noch offene Serviceabruf im Servicebericht MEINE OFFENEN SERVICEABRUFE vorhanden ist.

– Öffnen Sie den Service-Monitor.

Schließen Sie den Serviceabruf, und beobachten Sie die Veränderung im Service-Monitor.

*SAP Business One bietet die Möglichkeit, das Personalwesen in einem für den Mittelstand adäquaten Maß zu unterstützen. Es stehen nützliche Instrumente zur Verfügung, um Human Resources in kleinen und mittleren Unternehmen im Rahmen einer umfassenden Unternehmenssoftware zu verwenden.*

# 14    Personal

In diesem Kapitel beschäftigen wir uns mit dem gesamten Bereich *Personal*. Das Kapitel startet mit einem Überblick über das Thema Personalwesen bzw. Human Resources. Anschließend lernen Sie mit den Mitarbeiterstammdaten das zentrale Element des Moduls PERSONAL kennen. Zum Abschluss werden das Arbeitszeitblat sowie die drei vorhandenen Berichte zum Thema *Personal* dargestellt.

## 14.1    Personaladministration in kleinen und mittleren Unternehmen

Ein wichtiges Aufgabenfeld des betrieblichen Personalwesens ist die Personaladministration oder -verwaltung. Dazu gehören unter anderem die Personalstandsführung (Stellenplan, Personaldatenbank und Personalakten), die Lohn- und Gehaltsabrechnung, die Anweisung der Gehaltszahlungen, die administrative Abwicklung von Personaleinstellungen, Versetzung, Umgruppierung oder Entlassung sowie die Führung von Personalstatistiken.

## 14.2    Mitarbeiterstammdaten

Die Mitarbeiterstammdaten im Modul PERSONAL sind denkbar einfach aufgebaut und bestehen aus einer Reihe von beschreibenden Feldern, deren Bezeichnungen bereits den Inhalt und Zweck verraten und aus diesem Grund nicht weiter ausgeführt werden müssen.

Intuitiver Aufbau

In diesem Kapitel werden nur die Felder und Funktionen beschrieben, die von diesem Schema abweichen. Der Kopfbereich der Mitarbeiterstammdaten oberhalb der Registerkarten (siehe Abbildung 14.1) enthält neben dem Namen im oberen Bereich und den Kontaktdaten im rechten Bereich auch die Einordnung des Mitarbeiters im Unternehmen.

**Abbildung 14.1** Mitarbeiterstammdaten mit Geschäfts- und Privatadresse

Kopfbereich

Folgende Informationen werden für die Einordnung des Mitarbeiters herangezogen:

▸ **Feld »Stellenbezeichnung«**
Geben Sie hier eine kurze Bezeichnung/Beschreibung der Stelle ein.

▸ **Feld »Position«**
Wählen Sie die Position aus der Werteliste oder den Eintrag Neu DEFINIEREN aus, um eine neue Position anzulegen. Da die Position im gesamten Unternehmen einheitlich sein sollte, ist es empfeh-

lenswert, alle Positionen im Unternehmen erst in der Werteliste zu definieren, bevor Sie mit der Eingabe beginnen.

Die beiden Positionen TECHNIKER und VERTRIEBSMITARBEITER sind bereits angelegt. Der Techniker wird für das Servicemodul benötigt, da nur als Techniker definierte Mitarbeiter einen Serviceabruf übernehmen können.

▸ **Feld »Abteilung«**
Die Abteilung repräsentiert die organisatorische Zugehörigkeit des Mitarbeiters.

▸ **Feld »Filiale«**
Im Fall eines Unternehmens mit mehreren Standorten legen Sie hier die Filiale an.

▸ **Feld »Manager«**
Geben Sie in diesem Feld den Vorgesetzten des Mitarbeiters an. Mit der ⬚-Taste im Feld MANAGER oder mit einem Klick auf den Button ☰ (AUSWAHLLISTE MITARBEITERANSICHT) öffnen Sie die Auswahlliste mit allen Mitarbeitern. Markieren Sie den Vorgesetzten, und bestätigen Sie dies mit dem Button AUSWÄHLEN. Auf diese Weise können Sie organisatorische Hierarchien in einem Unternehmen darstellen.

▸ **Feld »Benutzercode«**
Falls der Mitarbeiter auch ein SAP-Business-One-Benutzer ist, weisen Sie aus dieser Liste der Benutzer den korrekten zu.

▸ **Feld »Vertriebsmitarbeiter«**
Falls der Mitarbeiter auch ein Vertriebsmitarbeiter ist, weisen Sie aus dieser Liste der Vertriebsmitarbeiter den korrekten zu.

In dem Block der oben genannten Felder laufen die »Fäden« aus verschiedenen Bereichen von SAP Business One zusammen. Der Mitarbeiter kann gleichzeitig ein Benutzer, ein Vertriebsmitarbeiter, ein Vorgesetzter, ein Untergeordneter, ein Techniker etc. sein. Nur hier im Mitarbeiterstamm fügen sich die Puzzleteile ineinander: An dieser Stelle teilen Sie SAP Business One (ab Release 8.8) mit, dass die Mitarbeiterin Schulz (siehe ❶ in Abbildung 14.2) z. B. gleichzeitig Benutzerin ❷ und Vertriebsmitarbeiterin ❸ ist und somit z. B. auch in Verkaufsbelegen auftauchen kann. Abbildung 14.2 zeigt diesen Zusammenhang.

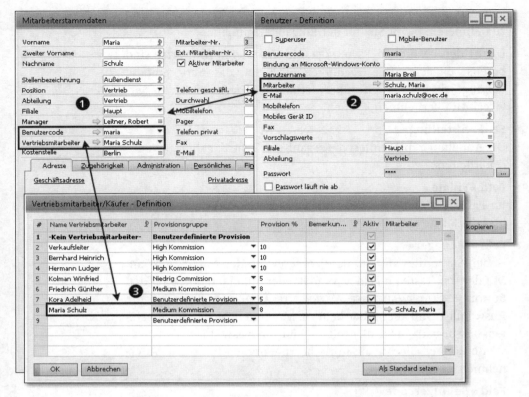

**Abbildung 14.2** Zusammenhang Mitarbeiter – Benutzer – Vertriebsmitarbeiter

Kommen wir nun im Weiteren zu den einzelnen Registerkarten.

Registerkarten
»Adresse« und
»Zugehörigkeit«

Auf der Registerkarte ADRESSE finden Sie im linken Bereich die Geschäftsadresse des Mitarbeiters, im rechten Bereich seine private Adresse. Auf der Registerkarte ZUGEHÖRIGKEIT geben Sie im linken Bereich die Rolle des Mitarbeiters an, im rechten Bereich das Team, zu dem der Mitarbeiter gehört, sowie die Teamrolle, die er in diesem Team ausfüllt. Mit den Einordnungen in eine Rolle, ein Team und eine Teamrolle werden hierarchische Abhängigkeiten in SAP Business One abgebildet.

Das bedeutet, Sie können quer durch Ihr Unternehmen Teams bilden, Rollen vergeben und die hierarchische Stellung jedes einzelnen Mitarbeiters im Unternehmen definieren. Diese Informationen bilden – gemeinsam mit der Definition des Managers (des Vorgesetzten) – die Grundlage für die Funktion des *Dateneigentums* in SAP Business One.

Mit dem Konzept des Dateneigentums haben Sie nicht nur die Möglichkeit, eine Funktion, wie z. B. das Angebot, als Ganzes zu berechtigen, sondern auch die Inhalte des Angebots, also die einzelnen Belege, mit Berechtigungen zu schützen. Dahinter steht die Idee, für den Zugriff auf sensitive oder kritische Daten, wie z. B. Finanzdaten, Angebote, Provisionen etc., nur einen bestimmten Personenkreis zu berechtigen. Das Dateneigentum als solches zählt zu den weiterführenden Themen und wird deshalb in diesem Buch nicht behandelt.

Informationen durch Berechtigungen schützen

Bezüglich der hierarchischen Zusammenhänge in Ihrem Unternehmen besteht seit Release 9.2 von SAP Business One die Möglichkeit, den Verknüpfungsplan auch für Mitarbeiterstammdaten zu nutzen. Klicken Sie dazu mit der rechten Maustaste auf das Fenster MITARBEITERSTAMMDATEN (siehe Abbildung 14.1), und wählen Sie den Eintrag VERKNÜPFUNGSPLAN aus dem Kontextmenü.

Verknüpfungsplan – Fenster »Mitarbeiterstammdaten«

Den Verknüpfungsplan können Sie auf drei verschiedene Arten verwenden:

▸ **Hierarchie**
Wählen Sie zunächst den gewünschten Mitarbeiter aus. Die Darstellung HIERARCHIE in der Auswahlliste im linken unteren Bereich des Fensters zeigt den ausgewählten Mitarbeiter und nur dessen über- und untergeordnete Stellen im Unternehmen. Der ausgewählte Mitarbeiter erscheint gelb hinterlegt, die anderen Mitarbeiter werden blau hinterlegt.

▸ **Organigramm**
Wählen Sie zunächst den gewünschten Mitarbeiter aus. Die Darstellung ORGANIGRAMM zeigt den ausgewählten Mitarbeiter und alle Stellen im Unternehmen als Organigramm, also als hierarchische Baumstruktur (siehe Abbildung 14.3). Der ausgewählte Mitarbeiter erscheint gelb hinterlegt, die anderen Mitarbeiter werden auch hier blau hinterlegt.

▸ **Teams und Rollen**
Wählen Sie wieder den gewünschten Mitarbeiter aus. Die Darstellung TEAMS UND ROLLEN zeigt diesen und seine Rolle sowie seine Eingliederung in die Teams, die auf der Registerkarte ZUGEHÖRIGKEIT definiert wurde. Der ausgewählte Mitarbeiter erscheint gelb hinterlegt, die anderen Mitarbeiter werden wie gehabt blau hinterlegt.

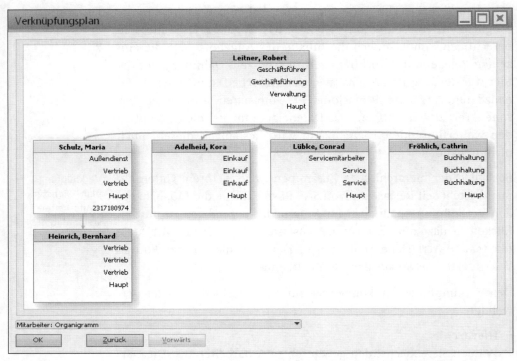

**Abbildung 14.3** Verknüpfungsplan (Organigramm) in den Mitarbeiterstammdaten

Registerkarte
»Administration« Die Registerkarte ADMINISTRATION der Mitarbeiterstammdaten enthält neben dem Eintrittsdatum und dem Status des Dienstverhältnis-
ses Elemente, die bereits das Fachgebiet *Personalwirtschaft (Human
Resources)* betreffen.

**[+] Human Resources im Unternehmen**

Die Idee von Human-Resources-Lösungen ist es, das Potenzial des eigenen Personals besser auszuschöpfen. Dies soll mithilfe der Kenntnis
umfassender Daten des eigenen Personals erreicht werden (z. B. Fähigkeiten, Talente, Skills, Ausbildung, frühere Beschäftigungen, Leistungsbe-
wertungen etc.). Indem diese Daten verfügbar sind, erhofft man sich, die
Fähigkeiten und das Potenzial des einzelnen Mitarbeiters effizienter im
Unternehmen einsetzen zu können.

Mit den einzelnen Buttons ABWESENHEIT, AUSBILDUNG, BEWERTUN-
GEN und FRÜHERE BESCHÄFT.VERHÄLT. auf der rechten Seite der Registerkarte ADMINISTRATION können Sie entsprechende Aspekte erfas-

sen. Ein Beispiel für die Ausbildung eines Mitarbeiters finden Sie in Abbildung 14.4.

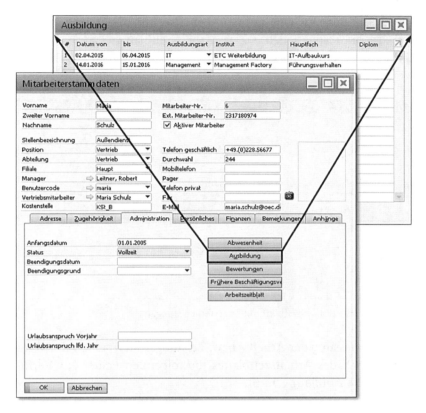

**Abbildung 14.4** Mitarbeiterstammdaten – Ausbildung

Auf der Registerkarte PERSÖNLICHES können Sie persönliche Daten des Mitarbeiters wie Familienstand, Anzahl der Kinder, Staatsangehörigkeit, Reisepassnummer, Krankenkasse, Sozialversicherungsnummer etc. erfassen.

Registerkarte »Persönliches«

Auf der Registerkarte FINANZEN erfassen Sie die Bankverbindung und die Gehaltsdaten des Mitarbeiters. Die Registerkarte BEMERKUNGEN steht für unbegrenzten Langtext zur Verfügung, und die Registerkarte ANHÄNGE können Sie für Dateianhänge jeglicher Art verwenden. Um Dateianhänge anzufügen, müssen Sie über den Pfad ADMINISTRATION • SYSTEMINITIALISIERUNG • ALLGEMEINE EINSTELLUNGEN im Fenster ALLGEMEINE EINSTELLUNGEN auf der Registerkarte PFAD ein Verzeichnis für Dateianhänge definieren.

Registerkarten »Finanzen«, »Bemerkungen«, »Anhänge«

## 14.3 Arbeitszeitblatt

Eine Möglichkeit der Zeit- bzw. Leistungserfassung für die Benutzer bietet SAP Business One mit dem Arbeitszeitblatt, das auch im Modul PERSONAL angesiedelt ist. Das Arbeitszeitblatt steht wie das Modul PROJEKTMANAGEMENT seit Release 9.2 von SAP Business One zur Verfügung.

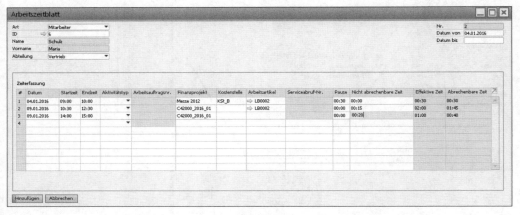

**Abbildung 14.5** Arbeitszeitblatt mit erfassten Leistungen

Arbeitszeitblatt – Kopfbereich

Für die Erfassung der Arbeits- bzw. Leistungszeiten stehen Ihnen im Kopfbereich des Arbeitszeitblattes die folgenden Felder zur Verfügung (siehe Abbildung 14.5):

▸ **Feld »Art«**
Wählen Sie die Art des Erfassers aus der Dropdown-Liste. Hier können Sie wählen, ob ein Mitarbeiter, ein Benutzer oder ein sonstiger Erfasser seine Zeiten erfassen möchte.

▸ **Feld »ID«**
Klicken Sie auf den Button ▤ (AUSWAHLLISTE), oder drücken Sie die ⌨-Taste, um die Auswahlliste zu öffnen. Der Inhalt der Auswahlliste ist abhängig von dem gewählten Eintrag im Feld ART. Im Beispiel in Abbildung 14.5 wird die Liste mit den Mitarbeitern geöffnet, und es wurden Leistungen der Mitarbeiterin Maria Schulz (Mitarbeiternummer/ID 6) erfasst.

Sobald im Feld ID ein Benutzer oder ein Mitarbeiter ausgewählt wurde, erscheint der orangefarbene Pfeil, über den Sie in das entsprechende Fenster verzweigen können.

▸ **Felder »Name«, »Vorname« und »Abteilung«**
Diese Felder werden automatisch mit den Werten des ausgewählten Benutzers bzw. Mitarbeiters befüllt.

▸ **Feld »Nr.«**
Dieses Feld wird von SAP Business One automatisch mit einer fortlaufenden Nummer befüllt. Das bedeutet, dass diese Nummer jedes Mal, wenn Sie das Fenster ARBEITSZEITBLATT im HINZUFÜGEN-Modus öffnen, automatisch hochgezählt wird. Dies entspricht in gewisser Weise einem eigenen »Erfassungsbeleg«. In jedem dieser Erfassungsbelege haben Sie die Möglichkeit, beliebig viele Zeilen zu erfassen.

▸ **Felder »Datum von« und »Datum bis«**
Hier geben Sie einen Datumsbereich ein, innerhalb dessen die erfassten Zeiten in der Tabelle liegen müssen. Falls Sie bei der Eingabe von diesem Bereich abweichen, erhalten Sie eine Fehlermeldung.

Damit sind die Kopfangaben im Arbeitszeitblatt erläutert, betrachten wir nun den Zeilenbereich:

Zeiterfassung im Arbeitszeitblatt

▸ **Felder »Datum«, »Startzeit« und »Endzeit«**
In diesen Feldern wählen Sie für Ihre zu erfassende Arbeits- oder Leistungszeit ein Datum, eine Startzeit und eine Endzeit. Falls in diesem Zeitbereich eine Pause oder eine andere nicht abrechenbare Zeit liegt, können Sie dies weiter hinten in der jeweiligen Zeile erfassen (Felder PAUSE und NICHT ABRECHENBARE ZEIT).

▸ **Feld »Aktivitätstyp«**
Wählen Sie einen passenden Aktivitätstyp aus der Dropdown-Liste. Die hier zur Verfügung stehenden Aktivitätstypen definieren Sie im Fenster AKTIVITÄTSTYPEN unter ADMINISTRATION • DEFINITIONEN • PROJEKTMANAGEMENT. Der Aktivitätstyp richtet sich nach der Dienstleistung, die Sie Ihren Kunden anbieten. Für einen Wirtschaftstreuhänder wäre dies beispielsweise »Buchhaltung«, »Lohnverrechnung«, »Bilanzbesprechung« etc.

▸ **Feld »Arbeitsauftragsnr.«**
In diesem Feld wird die Nummer des verknüpften Arbeitsauftrags angezeigt. Dieses Feld ist grau hinterlegt und kann an dieser Stelle nicht verändert werden.

▶ **Feld »Finanzprojekt«**

Klicken Sie auf den Button ▣ (AUSWAHLLISTE), oder drücken Sie die ⏎-Taste, um die Auswahlliste der Projekte zu öffnen. Markieren Sie dann das gewünschte Projekt, und bestätigen Sie Ihre Auswahl mit dem Button AUSWÄHLEN.

Sobald Sie die erfasste Zeit einem Projekt zuordnen, handelt es sich um eine Leistungserfassung. Dies könnte z. B. in einem Beratungsunternehmen die verrechenbare Zeit für ein Kundenprojekt sein.

▶ **Feld »Kostenstelle«**

Klicken Sie auf den Button ▣ (AUSWAHLLISTE), oder drücken Sie die ⏎-Taste, um auch für dieses Feld die Auswahlliste zu öffnen. Markieren Sie auch hier die gewünschte Kostenstelle, und bestätigen Sie mit dem Button AUSWÄHLEN.

Für den Fall, dass der Mitarbeiter für ein nicht verrechenbares Projekt gearbeitet hat, muss er dennoch eine Kostenstelle angeben, da das Controlling eine Zuordnung der nicht verechenbaren Zeiten auf die Kostenstelle verlangt, der der Mitarbeiter zugeordnet ist.

▶ **Feld »Arbeitsartikel«**

Klicken Sie auf den Button ▣ (AUSWAHLLISTE), oder drücken Sie die ⏎-Taste, um die Auswahlliste der Arbeitsartikel zu öffnen. Markieren Sie wie gewohnt den gewünschten Eintrag, und bestätigen Sie mit dem Button AUSWÄHLEN.

In der Auswahlliste werden nur Artikel angezeigt, für die im Fenster ARTIKELSTAMMDATEN die Artikelart ARBEIT ausgewählt wurde. Dies betrifft in erster Linie Artikel, die im Servicemodul Verwendung finden. Auf diese Weise werden z. B. verrechenbare Leistungen für einen Kunden im Rahmen eines Serviceabrufs abgebildet.

Das Feld ARBEITSARTIKEL wird automatisch befüllt, wenn durch die Auswahl im Feld AKTIVITÄTSTYP bereits per Definition ein Arbeitsartikel verknüpft wurde.

▶ **Feld »Serviceabruf-Nr.«**

In diesem Feld wird gegebenenfalls die Nummer des verknüpften Serviceabrufs angezeigt. Dieses Feld ist grau hinterlegt und kann an dieser Stelle nicht verändert werden.

▶ **Feld »Pause«**

Geben Sie hier die Dauer einer etwaigen Pause ein, die Sie innerhalb der Startzeit und Endzeit gemacht haben und die in der Zeitberechnung nicht mitgerechnet werden darf.

▶ **Feld »Nicht abrechenbare Zeit«**

Geben Sie hier die Dauer einer etwaigen nicht abrechenbaren Zeit ein, die innerhalb der Startzeit und Endzeit anfällt und die in der Berechnung der abrechenbaren Zeit nicht mitgerechnet werden darf. Das könnte z. B. bei einem Berater die Zeit für eine Literaturrecherche sein, die jedoch nicht auf der Ausgangsrechnung für den Kunden erscheinen soll.

▶ **Feld »Effektive Zeit«**

Die effektive Zeit errechnet sich aus ENDZEIT minus STARTZEIT minus PAUSE. Dieses Feld ist grau hinterlegt und kann an dieser Stelle nicht verändert werden.

▶ **Feld »Abrechenbare Zeit«**

Die abrechenbare Zeit errechnet sich aus ENDZEIT minus STARTZEIT minus PAUSE minus NICHT ABRECHENBARE ZEIT. Dieses Feld ist ebenfalls grau hinterlegt und kann an dieser Stelle nicht verändert werden.

Klicken Sie abschließend auf den Button HINZUFÜGEN, um das Arbeitszeitblatt mit den erfassten Arbeitszeiten bzw. Leistungen für diesen Benutzer bzw. Mitarbeiter zu speichern. Sie können dieses Arbeitszeitblatt jederzeit ändern. Bestätigen Sie diese Änderungen jeweils mit dem Button AKTUALISIEREN, der erscheint, sobald Sie eine Änderung an einem bestehenden Arbeitszeitblatt vornehmen.

Um für einen bestimmten Mitarbeiter alle erfassten Arbeitszeitblätter aufzurufen, öffnen Sie das Fenster MITARBEITERSTAMMDATEN im Modul PERSONAL. Suchen Sie dort nach dem gewünschten Mitarbeiter, wechseln Sie zur Registerkarte ADMINISTRATION, und klicken Sie anschließend auf den Button ARBEITSZEITBLATT.

Arbeitszeitblatt für Mitarbeiter aufrufen

Es öffnet sich eine Auswahlliste mit allen für diesen Mitarbeiter erfassten Arbeitszeitblättern. Markieren Sie das gewünschte Arbeitszeitblatt, und bestätigen Sie mit dem Button AUSWÄHLEN.

## 14.4 Berichte im Personalwesen

Alle Berichte zum Personalwesen finden Sie über den Pfad PERSONAL • BERICHTE PERSONALWESEN. Die Berichte sind bezüglich des Aufbaus und der Auswahlkriterien leicht verständlich. Im Folgenden soll der Gegenstand der Berichte umrissen werden.

▶ **Mitarbeiterliste**
Mit der *Mitarbeiterliste* steht Ihnen ein Bericht zur Verfügung, mit dem Sie eine Übersicht über Ihren Personalstand nach Abteilung, Filiale, Geschlecht und Vorgesetztem haben. Im Fenster AUSWAHLKRITERIEN können Sie nach Filiale, Abteilung und Rolle selektieren.

▶ **Abwesenheitsbericht**
Der *Abwesenheitsbericht* gibt Ihnen eine Übersicht über alle Abwesenheiten Ihrer Mitarbeiter. Sie können die Anzeige hinsichtlich Mitarbeitername (Bereich von/bis), Filiale, Abteilung und Zeitraum einschränken.

▶ **Telefonbuch**
Das *Telefonbuch* zeigt Ihnen für jede gewünschte Filiale und Abteilung eine Übersicht über alle Kontaktdaten wie Telefon, E-Mail, Mobiltelefon, Pager und Fax.

## 14.5 Übungsaufgaben

1. Legen Sie sich selbst als Mitarbeiter an. Ergänzen Sie dabei alle tatsächlichen privaten Daten (z. B. Privatadresse, Privatmobiltelefon, Geburtsdatum, Reisepassnummer), soweit dies möglich ist.

2. Berücksichtigen Sie außerdem die folgenden Informationen:
   - Erfassen Sie Ihre drei letzten Beschäftigungsverhältnisse.
   - Erfassen Sie Ihre letzten beiden Urlaube als Abwesenheitszeiten.
   - Erfassen Sie Ihre letzten beiden Seminare als Ausbildung.
   - Definieren Sie die Rolle des Controllers.
   - Erstellen Sie das Team »Finanzen«.

3. Erfassen Sie für den angelegten Mitarbeiter zwei Leistungen mit der Dauer von je zwei Stunden für den heutigen und den gestrigen Tag. Ordnen Sie einmal ein beliebiges Projekt und eine beliebige Kostenstelle zu.

*Ein wesentlicher Teil der Unternehmen, die auf SAP Business One vertrauen, kommt aus dem Dienstleistungssektor. Gerade für diese Gruppe von Unternehmen stellt das Projektmanagement einen großen Schritt dar, weitere Unternehmensabläufe in SAP Business One abzubilden und zu vereinfachen.*

# 15    Projektmanagement

Das Projektmanagement ist die letzte in einer Reihe der Funktionalitäten, die eine Verbindung zwischen bereits vorhandenen Bereichen wie Geschäftspartnern, Belegen, Aktivitäten und Finanzwesen inklusive Kostenrechnung schafft. Dieses Modul wurde mit Release 9.2 von SAP Business One ergänzt.

Bevor Sie das Projektmanagement verwenden können, müssen Sie diese Funktion zunächst aktivieren. Öffnen Sie dazu das Fenster FIRMENDETAILS unter ADMINISTRATION • SYSTEMINITIALISIERUNG. Markieren Sie dann auf der Registerkarte BASISINITIALISIERUNG die Checkbox PROJEKTMANAGEMENT AKTIVIEREN, und bestätigen Sie Ihre Eingabe mit dem Button AKTUALISIEREN. Anschließend wird das Modul PROJEKTMANAGEMENT im Hauptmenü sichtbar. In diesem Menü befinden sich das Fenster PROJEKT sowie der Ordner PROJEKTBERICHTE.

Projektmanagement aktivieren

In diesem Kapitel erfahren Sie zunächst, wie ein Projekt angelegt und die einzelnen Stufen bzw. Aufgaben geplant werden können. Anschließend werden die weiteren Projektbestandteile wie Aktivitäten, offene Probleme oder Belege behandelt. Nach einer Beschreibung des Einsatzes von Teilprojekten und der Belegzuordnung schließt das Kapitel mit den zur Verfügung stehenden Projektberichten.

## 15.1    Projekte anlegen

Das Vorgehen im Fenster PROJEKT und die Funktionen in diesem Fenster sind sehr stark an das Verwalten einer Opportunity angelehnt (siehe Kapitel 11, »Opportunities im Vertrieb«). Dementsprechend gleichen sich auch diese beiden Fenster.

**[zB]** | ▌**Beispiel zum Thema »Projektmanagement«**

Um die Funktionen und Zusammenhänge des Projektmanagements besser zu illustrieren, nutzen wir ein durchgängiges Beispiel, dessen Ausgangssituation im Folgenden dargestellt wird:

Ihr Unternehmen ist Spezialist für die Implementierung, Schulung und den Support von SAP Business One. Bei einem Ihrer Kunden, einem Händler für IT-Hardware und Zubehör, wird binnen eines halben Jahres SAP Business One eingeführt. Das Projekt zeigt den kompletten Verlauf der Implementierung inklusive der geplanten Kosten.

Projekt –
Kopfdaten

Die im Folgenden erläuterten und in Abbildung 15.1 dargestellten Felder finden Sie in den Kopfdaten. Dieses Felder werden also auf jeder Registerkarte angezeigt.

**Abbildung 15.1** Fenster »Projekt«– Kopfdaten

▸ **Optionsgruppe »Projekttyp«**
Wählen Sie bei dieser Optionsgruppe zwischen einem internen und einem externen Projekt. Für ein internes Projekt werden die Felder, die sich auf einen Geschäftspartner beziehen, deaktiviert.

▸ **Felder »GP-Code« und »GP-Name«**
Wählen Sie einen Kunden oder Lieferanten als Geschäftspartner für dieses Projekt aus. Ein Interessent kann an dieser Stelle nicht ausgewählt werden.

▸ **Feld »Ansprechpartner«**
Standardmäßig wird der Hauptansprechpartner angezeigt. Falls Sie einen abweichenden Ansprechpartner eingeben möchten, wählen Sie diesen aus der Werteliste.

▶ **Feld »Gebiet«**

In diesem Feld wird das Geschäftspartnergebiet aus dem Fenster GESCHÄFTSPARTNER-STAMMDATEN und hier aus der Registerkarte ALLGEMEIN angezeigt. Diesen Wert können Sie hier ändern.

▶ **Feld »Vertriebsmitarbeiter«**

In diesem Feld wird der zugeordnete Vertriebsmitarbeiter aus der Registerkarte ALLGEMEIN im Fenster GESCHÄFTSPARTNER-STAMM-DATEN angezeigt. Sie können diesen Wert hier ebenfalls ändern, falls in diesem Fall ein anderer Vertriebsmitarbeiter für dieses Projekt verantwortlich ist. Neue Vertriebsmitarbeiter legen Sie über den Pfad ADMINISTRATION • DEFINITIONEN • ALLGEMEIN • VERTRIEBS-MITARBEITER an.

▶ **Feld »Verantwortlicher«**

In diesem Feld wird der Mitarbeiter als Verantwortlicher für dieses Projekt angezeigt, der in den Mitarbeiterstammdaten dem Benutzer entspricht, der dieses Projekt erfasst hat. Der Verantwortliche wird für das *Dateneigentum* benötigt. Das Dateneigentum gehört zu den weiterführenden Themen und wird aus diesem Grund nicht in diesem Buch behandelt.

▶ **Checkbox »Projekt mit Teilprojekten«**

Markieren Sie diese Checkbox, wenn Ihr Projekt aus untergeordneten Teilprojekten besteht. Dies trifft in erster Linie auf größere Projektvorhaben zu. Nach dem Markieren der Checkbox wird die Registerkarte TEILPROJEKTE eingeblendet. Über diese Registerkarte haben Sie die Möglichkeit, mehrere Teilprojekte zu dem gerade erfassten »Hauptprojekt« anzulegen.

▶ **Feld »Projektname«**

Geben Sie hier einen Namen oder ein Schlagwort ein, anhand dessen Sie dieses Projekt besser wiedererkennen.

▶ **Feld »Projektnr.«**

Diese fortlaufende Nummer wird von SAP Business One gemäß der von Ihnen eingestellten Nummernserie automatisch vergeben. Wie Sie die Einstellungen der Nummerierung für Ihre Projekte ändern, wird ausführlich in Abschnitt 4.7, »Belegnummerierung«, beschrieben.

▶ **Feld »Status«**

In diesem Feld wird der Status zu dem ausgewählten Projekt angezeigt. Nachdem Sie das Projekt angelegt haben, wird automatisch der Status GESTARTET angezeigt. Darüber hinaus stehen noch die Status ANGEHALTEN, GESTOPPT und FERTIG zur Verfügung.

▶ **Feld »Startdatum«**
Dies ist das Anlegedatum des Projekts, es wird automatisch mit dem Tagesdatum befüllt, kann jedoch abgeändert werden.

▶ **Feld »Fälligkeitsdatum«**
Geben Sie hier das Datum ein, zu dem das Projekt abgeschlossen sein sollte.

▶ **Feld »Abschlussdatum«**
Geben Sie hier jenes Datum ein, zu dem das Projekt tatsächlich abgeschlossen wurde.

▶ **Feld »Offene Aktivitäten«**
Dieses Feld zeigt Ihnen die Anzahl der offenen Aktivitäten aus allen Stufen des Projekts an. Im Projekt haben Sie die Möglichkeit, Aktivitäten zuzuordnen. Alle zugeordneten Aktivitäten, die noch nicht abgeschlossen sind, werden zahlenmäßig in diesem Feld angezeigt.

▶ **Feld »% fertig«**
Dieses Feld zeigt Ihnen den Fertigstellungsgrad in % an. Dieser Grad entspricht jener Stufe mit dem höchsten Prozentsatz, die als fertig markiert wurde.

▶ **Feld »Finanzprojekt«**
Wählen Sie hier ein bereits bestehendes Finanzprojekt aus der Werteliste, mit dem Sie dieses Projekt verknüpfen möchten.

Registerkarte »Übersicht«    Auf der Registerkarte ÜBERSICHT finden sich die folgenden Felder:

▶ **Feld »Risikostufe«**
Wählen Sie eine der Risikostufen NIEDRIG, MITTEL und HOCH aus der Werteliste aus.

▶ **Feld »Branche«**
Wählen Sie eine Branche aus der Werteliste aus, oder wählen Sie den Eintrag NEU DEFINIEREN, um eine neue Branche anzulegen. Mit dieser Branche können Sie die verschiedenen Branchen kategorisieren, aus denen Ihre Kunden und Lieferanten stammen.

▶ **Feld »Bemerkungen«**
Geben Sie in diesem Feld weitere Informationen zu diesem Projekt ein.

▶ **Tabelle »Teilprojekte«**

Dieses Raster bietet Ihnen eine Übersicht über die zugehörigen Teilprojekte zu diesem »Hauptprojekt« sowie über deren Erfüllungsgrad und Status.

Auf der Registerkarte STUFEN erfolgt die eigentliche Arbeit des Projektmanagements, hier werden die verschiedenen Stufen, Aufgaben, Aktivitäten, Arbeitsaufträge, offenen Probleme etc. des Projekts angelegt und verwaltet. In einem klassischen Projektmanagement besteht ein Projekt aus Arbeitspaketen, Aufgaben und Meilensteinen, wobei Aufgaben zu Arbeitspaketen zusammengefasst werden.

Registerkarte »Stufen«

SAP Business One geht an dieser Stelle noch weiter ins Detail und stellt noch weitere Projektbestandteile zur Verfügung (siehe Tabelle 15.1).

| Projektbestandteil | Beschreibung |
| --- | --- |
| Projekt | |
| Teilprojekt | Mehrere Teilprojekte ergeben ein Projekt. |
| Stufe | Mehrere Stufen ergeben ein Projekt oder Teilprojekt. |
| Aufgaben | Eine oder mehrere Aufgaben ergeben eine Stufe. |
| Offene Probleme | Pro Aufgabe in der Stufe können mehrere offene Probleme erfasst werden. |
| Anhänge | Pro Aufgabe in der Stufe können mehrere Anhänge hinzugefügt werden. |
| Belege | Pro Aufgabe in der Stufe können mehrere Belege angezeigt werden. |
| Arbeitsaufträge | Pro Aufgabe in der Stufe können mehrere Arbeitsaufträge = Produktionsaufträge angelegt und angezeigt werden. |
| Aktivitäten | Pro Aufgabe in der Stufe können mehrere Aktivitäten angelegt und angezeigt werden. |

**Tabelle 15.1** Projektbestandteile in SAP Business One

Diese Projektbestandteile aus Tabelle 15.1 werden im Folgenden näher erläutert. Zunächst sollen jedoch die einzelnen Stufen bzw. Aufgaben erfasst werden.

Stufe/Aufgabe erfassen

Um eine Stufe bzw. Aufgabe in der oberen Tabelle der Registerkarte STUFEN zu erfassen, stehen Ihnen die folgenden Felder zur Verfügung (siehe Abbildung 15.2):

▶ **Feld »Position«**
Dieses Feld zeigt eine fortlaufende Nummer aller Stufen und Aufgaben und kann vom Benutzer nicht verändert werden.

▶ **Felder »Startdatum« und »Enddatum«**
Geben Sie das Start- und Enddatum jeder Stufe bzw. Aufgabe ein. Der Zeitraum der verschiedenen Stufen und Aufgaben darf sich auch überschneiden. Die beiden Felder sind keine Pflichtfelder, das bedeutet, Sie können das jeweilige Datum auch weglassen.

▶ **Feld »Stufe«**
Wählen Sie die gewünschte Projektstufe aus der Auswahlliste. Neue Projektstufen können Sie unter ADMINISTRATION • DEFINITION • PROJEKTMANAGEMENT • STUFEN neu anlegen.

**[+]**  **Gliederung der Projektstufen**

Beim Definieren der Projektstufen ist es zunächst sinnvoll, sich am »Reißbrett« zu überlegen, wie die Projekte Ihres Unternehmens typischerweise aufgebaut sind und in welche Phasen Sie diese Projekte üblicherweise zerlegen können. Das heißt, Sie bilden den Ablauf eines typischen Projekts mithilfe der Stufen ab. Die Anzahl der Stufen sollte nicht zu hoch sein (nicht mehr als zehn Stufen), da sich mehrere Vorgänge innerhalb der Stufe mit einer Aufgabe abbilden lassen.

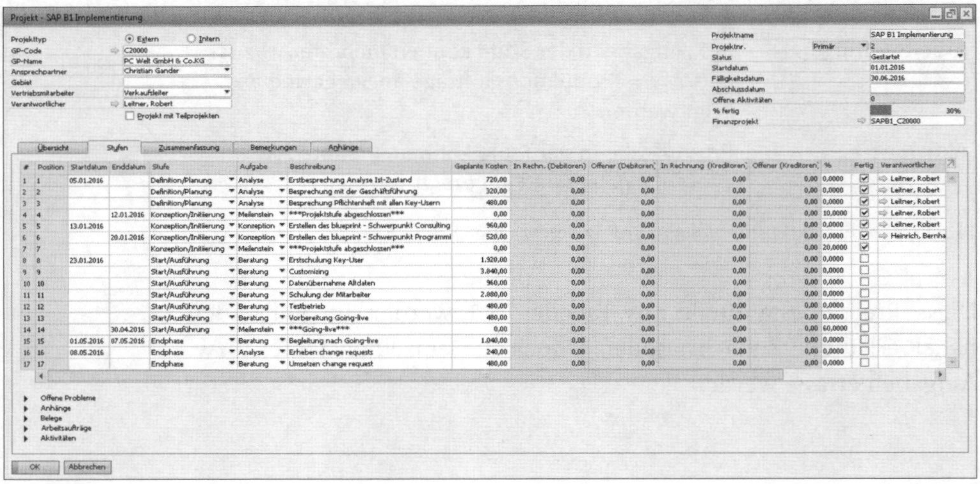

**Abbildung 15.2** Fenster »Projekt« – Registerkarte »Stufen«

▶ **Feld »Aufgabe«**

Wählen Sie die gewünschte Aufgabe aus der Auswahlliste, oder wählen Sie den Eintrag NEU DEFINIEREN, um eine neue Aufgabe anzulegen. Eine Aufgabe umfasst jegliche Tätigkeit, die ein konkretes Tun eines Mitarbeiters erfordert bzw. beinhaltet, das könnte also z. B. eine Tätigkeit, eine Task, ein Telefonat, ein Meeting oder ein Vorgang sein. Das bedeutet, jegliche Tätigkeit, die projektrelevant ist und auch geplant wird, sollte in dieser Liste enthalten sein. Auf diese Weise ließe sich auch ein Meilenstein als Aufgabe abbilden. Um mehrere Aufgaben pro Stufe abzubilden, wählen Sie einfach die gleiche Stufe, aber eine andere Aufgabe aus der Auswahlliste. Ein Datum für eine neue Aufgabe können Sie weglassen.

▶ **Feld »Beschreibung«**

Geben Sie hier eine Beschreibung zu der Stufe bzw. zu der Aufgabe ein.

▶ **Feld »Geplante Kosten«**

Geben Sie die geplanten Kosten dieser Stufe bzw. dieser Aufgabe an. Der gewählte Betrag ist naturgemäß abhängig von den geplanten Stunden, die für diese Aufgabe aufgewendet werden müssen, und dem Stundenkostensatz des Mitarbeiters, der diese Aufgabe ausführt. Die geplanten Kosten werden auf der Registerkarte ZUSAMMENFASSUNG für einen Soll-Ist-Vergleich verwendet.

▶ **Feld »In Rechn. gest. Betrag (Debitoren)«**

Dieses Feld zeigt den Umsatz an, der für diese Stufe mittels Ausgangsrechnungen an den Kunden verrechnet wurde. Dieses und die folgenden drei Felder sind reine Anzeigefelder und können vom Benutzer nicht verändert werden.

▶ **Feld »Offener Betrag (Debitoren)«**

Dieses Feld zeigt den Umsatz, der für diese Stufe beauftragt (Kundenauftrag) oder geliefert (Lieferung), aber noch nicht verrechnet (Ausgangsrechnung) wurde.

▶ **Feld »In Rechn. gest. Betrag (Kreditoren)«**

Dieses Feld zeigt analog den Einkaufswert, der für diese Stufe mittels Eingangsrechnungen vom Lieferanten verrechnet wurde.

▶ **Feld »Offener Betrag (Kreditoren)«**

Dieses Feld zeigt den Einkaufswert, der für diese Stufe beauftragt (Bestellung) oder geliefert (Wareneingang), aber noch nicht verrechnet (Eingangsrechnung) wurde.

▸ **Feld »%«**

Geben Sie hier den Prozentsatz ein, zu dem das Projekt mit dieser Stufe bzw. Aufgabe fertiggestellt ist. Dieses Feld ist kein Pflichtfeld und dient dem Projektverantwortlichen als Gradmesser für die Fertigstellung. Dementsprechend müssen auch nicht alle Stufen bzw. Aufgaben mit einem Prozentsatz versehen werden. Zum Beispiel könnten nur die Grobphasen oder Meilensteine mit einem Prozentsatz ergänzt werden.

▸ **Checkbox »Fertig«**

Markieren Sie diese Checkbox, wenn die jeweilige Stufe bzw. Aufgabe erledigt wurde.

▸ **Feld »Verantwortlicher«**

Wählen Sie einen Verantwortlichen für diese Stufe bzw. Aufgabe aus der Auswahlliste aus. Die Auswahlliste zeigt Ihnen eine Liste aller Mitarbeiter. Wie Sie einen neuen Mitarbeiter anlegen, wird in Abschnitt 14.2, »Mitarbeiterstammdaten«, ausführlich beschrieben.

▸ **Felder »Stufenabhängigkeit (1) bis (4)«**

Diese vier Felder dienen dazu, eine Stufe bzw. Aufgabe mit einer anderen zu verknüpfen. Dazu klicken Sie mit dem Cursor in das Feld und verwenden die ⍗-Taste oder klicken auf den Button 🗈, um die Auswahlliste zu öffnen. Wählen Sie eine der vorhandenen Stufen aus der Liste, um jene Stufe anzuzeigen, die vor der gegenständlichen Stufe erledigt werden muss. Sie können bis zu vier Stufen mit der gegenständlichen Stufe verknüpfen.

Klicken Sie abschließend auf den Button HINZUFÜGEN, um das Projekt anzulegen. Sobald Sie Änderungen an einem bestehenden Projekt vornehmen, bestätigen Sie mit dem Button AKTUALISIEREN.

*Zusammenhang Stufe/Aufgabe – weitere Projektbestandteile*

Die Registerkarte STUFEN ist zweigeteilt (siehe Abbildung 15.3): In der bereits erläuterten Tabelle im oberen Bereich werden alle Stufen und die damit verknüpften Aufgaben angezeigt. Der untere Bereich bezieht sich auf die jeweils markierte Stufe und zeigt alle zugehörigen weiteren Projektbestandteile wie offene Probleme, Anhänge, Belege, Arbeitsaufträge und Aktivitäten.

Um sich also weitere Projektbestandteile anzusehen, markieren Sie zunächst im oberen Bereich eine gewünschte Stufe bzw. Aufgabe. Anschließend klicken Sie dann auf eines der Dreiecke im unteren Bereich und klappen dadurch die dazugehörigen Projektbestandteile im unteren Bereich auf. Abbildung 15.3 zeigt z. B. die Stufe BESPRE-CHUNG PFLICHTENHEFT MIT DEN KEY-USERN im oberen Bereich und drei dazugehörige Aktivitäten im unteren Bereich.

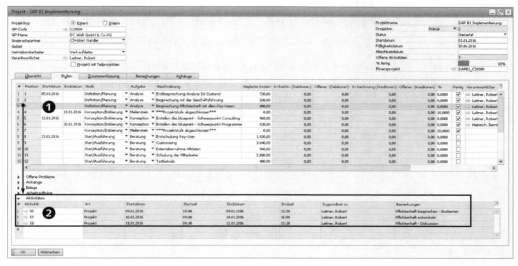

**Abbildung 15.3** Zusammenhang Stufe – Aktivitäten

Wenn Sie eine Stufe in einer anderen Zeile markieren, werden diese drei Aktivitäten nicht mehr angezeigt.

Um nun eine Aktivität einem Projekt zuzuordnen, gehen Sie folgendermaßen vor:

1. Markieren Sie zunächst die Stufe, der die Aktivität zugeordnet werden soll, im oberen Bereich.

2. Anschließend klicken Sie im unteren Bereich in der Spalte AKTI-VITÄT in die nächste freie Zeile.

3. Drücken Sie die [⇆]-Taste, oder klicken Sie auf den Button ▤, um die Auswahlliste mit den bereits vorhandenen Aktivitäten zu öffnen.

4. Wählen Sie nun eine Aktivität aus der Liste aus, und bestätigen Sie Ihre Wahl mit dem Button AUSWÄHLEN, um eine bestehende Aktivität dieser Stufe zuzuordnen.

5. Alternativ dazu klicken Sie auf den Button NEU, um eine neue Aktivität anzulegen. Daraufhin öffnet sich das Fenster AKTIVITÄTEN. Geben Sie die Daten zu dieser Aktivität ein, und bestätigen Sie Ihre

**Aktivität einem Projekt zuordnen**

Eingabe mit dem Button HINZUFÜGEN. Das Fenster AKTIVITÄTEN wird geschlossen, und Sie kehren zum Fenster PROJEKTE zurück. Wie Sie eine Aktivität anlegen, erfahren Sie in Abschnitt 4.5, »Aktivitäten«.

6. Klicken Sie abschließend im Fenster PROJEKTE auf den Button AKTUALISIEREN, um die Zuordnung der Aktivität zu speichern.

**Weitere Projektbestandteile**

Neben der Zuordnung von Aktivitäten bietet SAP Business One noch weitere Projektbestandteile, die das Verwalten von Projekten unterstützen. Diese Projektbestandteile beziehen sich – wie bei den zuvor beschriebenen Aktivitäten – auf jeweils eine Stufe im Projekt und werden im Folgenden erläutert.

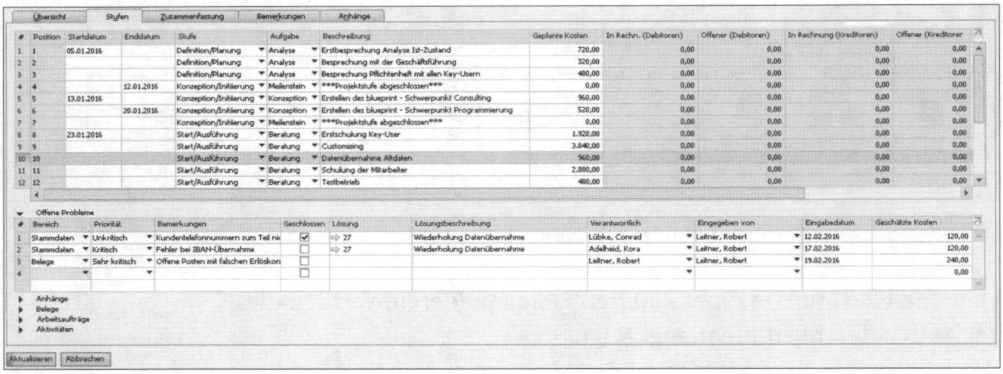

**Abbildung 15.4** Registerkarte »Stufen« – Bereich »Offene Probleme«

**Offene Probleme**

Der Bereich OFFENE PROBLEME erlaubt die freie und unkomplizierte Dokumentation der Probleme, die in der markierten Stufe auftreten. Dabei können Sie die folgenden Details erfassen (siehe Abbildung 15.4):

1. Markieren Sie zunächst jene Stufe, für die Sie das Problem definieren möchten.

2. Feld BEREICH: Wählen Sie einen Bereich aus der Werteliste, oder klicken Sie auf den Eintrag NEU DEFINIEREN, um einen neuen Bereich anzulegen. Der Bereich sollte die gängigsten Problemfelder, die in einem Projekt auftreten können, abdecken.

3. Feld PRIORITÄT: Wählen Sie eine Priorität aus der Werteliste, oder klicken Sie auf den Eintrag NEU DEFINIEREN, um eine neue Priorität anzulegen. Die Priorität sollte mit wenigen Abstufungen

(z. B. drei bis fünf Stufen) die Wichtigkeit der offenen Probleme widerspiegeln.

4. Feld BEMERKUNGEN: Geben Sie hier Bemerkungen ein, die das offene Problem hinreichend beschreiben.

5. Checkbox GESCHLOSSEN: Markieren Sie diese Checkbox, wenn das Problem bereits erledigt ist.

6. Feld LÖSUNG: Positionieren Sie den Cursor in dem Feld, drücken Sie die ⬚-Taste, oder klicken Sie auf den Button ⬚, um die Auswahlliste für Lösungen zu öffnen. Wählen Sie im nun geöffneten Fenster LISTE: LÖSUNG SERVICEABRUF eine der vorhandenen Lösungen aus der Auswahlliste, oder klicken Sie auf den Button NEU, um eine neue Lösung anzulegen. An dieser Stelle wird die Lösungsdatenbank aus dem Servicemodul herangezogen. Die Verwendung dieser Lösungsdatenbank wird in Abschnitt 13.4, »Lösungsdatenbank als Nebenprodukt«, ausführlich behandelt.

7. Feld LÖSUNGSBESCHREIBUNG: Dieses Feld zeigt die Beschreibung der zuvor aus der Lösungsdatenbank ausgewählten Lösung und kann dementsprechend an dieser Stelle nicht geändert werden.

8. Dropdown-Liste VERANTWORTLICHER: Wählen Sie den Mitarbeiter aus dieser Werteliste, der für dieses Problem verantwortlich ist.

9. Dropdown-Liste EINGEGEBEN VON: Wählen Sie den Mitarbeiter aus der Werteliste, der dieses Problem eingegeben hat.

10. Feld EINGABEDATUM: Geben Sie ein Eingabedatum ein. Dies ist typischerweise das aktuelle Tagesdatum.

11. Feld GESCHÄTZTE KOSTEN: Geben Sie die geschätzten Kosten an, die zur Lösung dieses Problems nötig sind.

12. Klicken Sie abschließend auf den Button AKTUALISIEREN, um die Eingabe zu speichern.

Als Nächstes haben Sie die Möglichkeit, zu jeder einzelnen Stufe Dateianhänge zuzuordnen. Dazu markieren Sie die gewünschte Stufe im oberen Bereich und machen im unteren Bereich in der nächsten freien Zeile in der Spalte BELEGPFAD einen Doppelklick. Daraufhin öffnet sich ein Windows-Dialogfenster, in dem Sie die gewünschte Datei auswählen und mit dem Button ÖFFNEN bestätigen können. So können z. B. Angebote, Verträge, Lastenhefte, Pflichtenhefte, Busi-

**Anhänge**

ness Blueprints etc. an die relevanten Stufen im Projekt gehängt werden.

**Belege** Zusätzlich zu Dateianhängen ist es absolut sinnvoll, SAP-Business-One-Belege an die relevanten Stufen im Projekt zu hängen. Zum Beispiel könnte eine Bestellung, ein Angebot, ein Lieferschein etc. an die gewünschte Stufe angehängt werden. Dazu markieren Sie die fragliche Stufe im oberen Bereich. Anschließend wählen Sie in der Dropdown-Liste BELEGART die gewünschte Belegart (z. B. ANGEBOT) aus. Positionieren Sie anschließend den Cursor in der nächsten freien Zeile im Feld BELEGNR., drücken Sie die ⇆-Taste, oder klicken Sie auf den Button ▤, um die Auswahlliste für Belege zu öffnen. Wählen Sie im nun geöffneten Fenster einen der vorhandenen Belege aus der Auswahlliste, oder klicken Sie auf den Button NEU, um einen neuen Beleg anzulegen. Die restlichen Felder der Zeile, wie BELEGDATUM, GESAMT etc., werden automatisch aus dem Beleg geladen.

**Arbeitsaufträge** Der Bereich ARBEITSAUFTRÄGE ist verknüpft mit den Produktionsaufträgen aus dem Modul PRODUKTION. Um einen Produktionsauftrag zuzuordnen, markieren Sie die fragliche Stufe im oberen Bereich. Positionieren Sie anschließend den Cursor im Feld BELEGNR. in der nächsten freien Zeile, drücken Sie die ⇆-Taste, oder klicken Sie auf den Button ▤, um die Auswahlliste für Produktionsaufträge zu öffnen. Wählen Sie im nun geöffneten Fenster einen der vorhandenen Produktionsaufträge aus der Auswahlliste, oder klicken Sie auf den Button NEU, um einen neuen Produktionsauftrag anzulegen. Die restlichen Felder der Zeile werden automatisch aus dem Beleg geladen.

**Registerkarte »Zusammenfassung«** Auf der Registerkarte ZUSAMMENFASSUNG finden Sie alle wichtigen Informationen gesammelt auf einer übersichtlichen Registerkarte sowie eine Gegenüberstellung von Planwerten (= Budget) und Ist-Werten (= Gewinnwerte) sowohl für das gesamte Projekt als auch von Teilprojekten.

**Block »Budget«** Wir beginnen mit dem linken oberen Block namens BUDGET, der die Plan- und Ist-Kosten des Projekts anzeigt:

▸ **Feld »Budget Teilprojekt«**
Dies ist die Summe aller Kosten, die in der Spalte GEPLANTE KOSTEN auf der Registerkarte STUFEN für die einzelnen Stufen des Projekts geplant wurden (= Plankosten). Falls das angezeigte Projekt

keine Teilprojekte hat, werden die Kosten des gesamten Projekts angezeigt.

- **Feld »Offener Betrag (Kreditoren)«**
  Dies ist die Summe der (noch nicht realisierten) Aufwendungen bzw. Kosten aus allen offenen Bestellungen, die diesem Projekt zugeordnet wurden. Das bedeutet, die Bestellung wurde angelegt, aber noch nicht mittels einer Eingangsrechnung in Rechnung gestellt. Die genaue Vorgehensweise, wie mehrere Belege möglichst effizient einem Projekt zugeordnet werden, wird in Abschnitt 15.2, »Belegzuordnung mittels Assistent«, beschrieben.

- **Feld »In Rechnung gestellt (Kreditoren)«**
  Dies ist die Summe der Aufwendungen bzw. Kosten aus allen Eingangsrechnungen, die diesem Projekt zugeordnet wurden.

- **Feld »Gesamt (Kreditoren)«**
  Dies ist die Summe aus den Feldern OFFENER BETRAG (KREDITOREN) und IN RECHNUNG GESTELLT (KREDITOREN). Das bedeutet, es handelt sich um die Summe aus allen Aufwendungen bzw. Kosten, die entweder bestellt, aber noch nicht verrechnet wurden, oder jenen Aufwendungen und Kosten, die schon mit einer Eingangsrechnung verrechnet wurden (= Ist-Kosten).

- **Feld »Gesamtabweichung«**
  Die Differenz aus den Feldern BUDGET TEILPROJEKT und GESAMT (KREDITOREN). Ein negativer Betrag zeigt eine Budgetunterschreitung, ein positiver Betrag eine Budgetüberschreitung an.

- **Feld »Abweichung in %«**
  Dieses Feld zeigt die prozentuale Budgetabweichung an. Ein negativer Betrag zeigt auch hier eine Budgetunterschreitung, ein positiver Betrag eine Budgetüberschreitung an. (Der Eintrag im Feld ABWEICHUNG IN % wird wie folgt berechnet:

  *Gesamt (Kreditoren) ÷ Budget Teilprojekt × 100*).

Alle oben genannten Felder sind reine Anzeigefelder und summieren die Werte aus der Projektplanung und den Einkaufsbelegen.

Der Block KUMULIERTES BUDGET im linken unteren Bereich der Registerkarte weist die gleichen Felder wie der Block BUDGET darüber auf. Wenn ein Projekt keine Teilprojekte beinhaltet, werden sowohl im oberen Block BUDGET als auch im unteren Block KUMULIERTES BUDGET die gleichen Zahlen angezeigt. Wenn ein Projekt Teilprojekte be-

Block »Kumuliertes Budget«

inhaltet, werden im oberen Block BUDGET lediglich die Zahlen des ausgewählten Teilprojekts und im unteren Block KUMULIERTES BUDGET alle Teilprojekte kumuliert (= aufsummiert) angezeigt.

Block<br>»Gewinnwerte«

Im mittleren oberen Block GEWINNWERTE werden alle Zahlen zu Plan- und Ist-Erlösen des Projekts angezeigt:

▶ **Feld »Potenzieller Betrag Teilprojekt«**
Dieses Feld ist das einzige auf dieser Registerkarte, das vom Projektverantwortlichen manuell befüllt werden muss. Hier geben Sie den Planerlös zu diesem Projekt ein. Dieser wird den Ist-Erlösen aus Ausgangsrechnungen gegenübergestellt.

▶ **Feld »Offener Betrag (Debitoren)«**
Dies ist die Summe der (noch nicht realisierten) Erlöse aus allen offenen Kundenaufträgen, die diesem Projekt zugeordnet wurden. Das bedeutet, der Kundenauftrag wurde angelegt, aber noch nicht mittels einer Ausgangsrechnung in Rechnung gestellt. Die genaue Vorgehensweise, wie mehrere Belege möglichst effizient einem Projekt zugeordnet werden, wird in Abschnitt 15.2, »Belegzuordnung mittels Assistent«, beschrieben.

▶ **Feld »In Rechnung gestellt (Debitoren)«**
Dies ist die Summe der Erlöse aus allen Ausgangsrechnungen, die diesem Projekt zugeordnet wurden.

▶ **Feld »Gesamt (Debitoren)«**
Dabei handelt es sich um die Summe aus den Feldern OFFENER BETRAG (DEBITOREN) und IN RECHNUNG GESTELLT (DEBITOREN). Das bedeutet, dies ist die Summe aus den Erlösen, die beauftragt, aber noch nicht verrechnet wurden, und den Erlösen, die schon mit einer Ausgangsrechnung verrechnet wurden (= Ist-Erlöse).

▶ **Feld »Gesamtabweichung«**
Dies ist die Differenz aus den Feldern POTENZIELLER BETRAG TEILPROJEKT und GESAMT (DEBITOREN). Ein negativer Betrag zeigt eine Planunterschreitung, ein positiver Betrag eine Planüberschreitung an.

▶ **Feld »Abweichung in %«**
Dieses Feld zeigt die prozentuelle Planabweichung an. Ein negativer Betrag zeigt auch hier eine Planunterschreitung, ein positiver Betrag eine Planüberschreitung an.

Berechnung: *Gesamt (Debitoren) ÷ Potenzieller Betrag Teilprojekt × 100*.

Der Block KUMULIERTE GEWINNWERTE im mittleren unteren Bereich der Registerkarte weist die gleichen Felder wie der Block GEWINNWERTE darüber auf. Analog zu den Budget-Blöcken gilt auch hier: Wenn ein Projekt keine Teilprojekte beinhaltet, werden sowohl im oberen Block GEWINNWERTE als auch im unteren Block KUMULIERTE GEWINNWERTE die gleichen Zahlen angezeigt. Wenn ein Projekt Teilprojekte beinhaltet, werden im oberen Block GEWINNWERTE lediglich die Zahlen des ausgewählten Teilprojekts und im unteren Block KUMULIERTE GEWINNWERTE alle Teilprojekte kumuliert (= aufsummiert) angezeigt.

Block »Kumulierte Gewinnwerte«

Der Block ARBEITSAUFTRAGSKOSTEN im rechten oberen Bereich stellt die Verknüpfung zu den Produktionsaufträgen im Bereich ARBEITSAUFTRÄGE auf der Registerkarte STUFEN her. An dieser Stelle werden die summierten Werte aus den Produktionsaufträgen angezeigt. Die Produktion stellt eines der weiterführenden Themen dar, daher werden die Inhalte dieser Felder nicht in diesem Einsteigerbuch behandelt.

Block »Arbeitsauftragskosten«

Der Block DATEN im rechten unteren Bereich zeigt im Feld FÄLLIGKEITSDATUM das geplante Abschlussdatum, das Sie im Kopfbereich des Fensters PROJEKT eingegeben haben. Das Feld TATSÄCHLICHES ABSCHLUSSDAT. zeigt das Datum, das im Kopfbereich im Feld ABSCHLUSSDATUM errechnet wird, nachdem Sie im Feld STATUS den Projektstatus auf GESTOPPT oder FERTIG gesetzt haben. Das Feld ÜBERFÄLLIG zeigt die Differenz aus Fälligkeitsdatum und tatsächlichem Abschlussdatum. Eine negative Differenz zeigt, dass Sie das Projekt früher als geplant fertiggestellt haben, eine positive Differenz bedeutet das Gegenteil.

Block »Daten«

Auf der Registerkarte BEMERKUNGEN haben Sie die Möglichkeit, eine genaue Projektbeschreibung zu erfassen. Diese Registerkarte bietet sich darüber hinaus an, um detailliertere Informationen zu diesem Projekt entweder selbst zu verfassen oder aus diversen Quellen zu kopieren.

Registerkarte »Bemerkungen«

Auf der Registerkarte ANHÄNGE haben Sie die Möglichkeit, alle Arten von Dateien an das Projekt anzuhängen. Dies könnten z. B. Verträge, Vereinbarungen, Pläne, Entwürfe, Kalkulationen etc. sein. Die hier hinterlegten Dateien werden allgemein für das Projekt abgelegt und keiner Stufe zugeordnet. Die Vorgangsweise beim Hinzufügen von Anhängen wurde bereits mehrfach beschrieben. So bietet etwa Abschnitt 4.5, »Aktivitäten«, genauere Ausführungen.

Registerkarte »Anhänge«

## 15.2 Belegzuordnung mittels Assistent

In diesem Abschnitt werden die Zuordnung von bereits erstellten Belegen zu einem Projekt und die Auswirkungen auf dieses Projekt behandelt.

Finanzprojekt als Bindeglied

Das Projekt ist die Instanz, bei der alle Kosten und Erlöse aus den einzelnen Belegen zusammenlaufen. Dazu ist es notwendig, die erstellten Einkaufs- und Verkaufsbelege möglichst effizient dem Projekt im Allgemeinen und den Projektstufen im Speziellen zuzuordnen. Die Verknüpfung zwischen Belegen und Projekt wird dabei über das Finanzprojekt geschaffen. Das bedeutet, wenn Sie Kosten und Erlöse aus Belegen zuordnen möchten, müssen Sie in den Kopfdaten im Fenster PROJEKT das Feld FINANZPROJEKT befüllen (siehe auch Abbildung 15.1).

Zuordnung zum Finanzprojekt

Bei jedem Beleg, der dem fraglichen Projekt zugeordnet werden soll, muss nun ebenfalls das Finanzprojekt ausgewählt werden. In unserem Projektbeispiel, der SAP-Business-One-Einführung, wollen wir das zunächst anhand einer Bestellung illustrieren (siehe Abbildung 15.5).

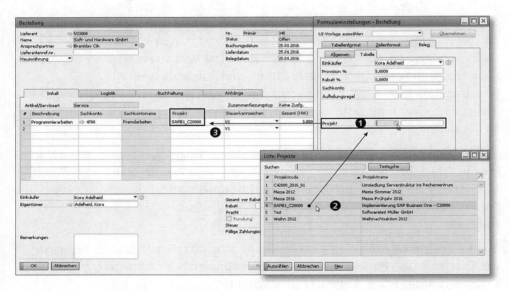

**Abbildung 15.5** Ein Finanzprojekt zur Bestellung zuordnen

Legen Sie zunächst eine Bestellung mit einem Lieferanten an, von dem Sie z. B. eine Fremdleistung beziehen. Klicken Sie auf den But-

ton ⃞ (FORMULAREINSTELLUNGEN). Auf der Registerkarte BELEG finden Sie das Feld PROJEKT ❶. Positionieren Sie den Cursor im Feld,
drücken Sie die ⃞-Taste, oder klicken Sie auf den Button ⃞, um
die Auswahlliste für Finanzprojekte zu öffnen. Wählen Sie im nun
geöffneten Fenster LISTE: PROJEKTE eines der vorhandenen Projekte
aus der Auswahlliste ❷, und bestätigen mit dem Button AUSWÄHLEN,
oder klicken Sie auf den Button NEU, um ein neues Projekt anzulegen. Das Projekt erscheint daraufhin im entsprechenden Feld ❸ auf
der Registerkarte BELEG. Bestätigen Sie Ihre Eingabe mit dem Button
OK, und das ausgewählte Projekt wird (nach einer Sicherheitsfrage)
in alle Belegzeilen der Bestellung geschrieben.

Klicken Sie abschließend im Fenster BESTELLUNG auf den Button
HINZUFÜGEN (bei einer neu angelegten Bestellung) oder AKTUALISIE-
REN (bei einer bereits vorhandenen Bestellung). Die Zuordnung der
Projekte zu Belegen erfolgt bei anderen Belegarten auf die gleiche
Weise.

| Projektzuordnung zu Belegen | [+] |
| --- | --- |
| Die Projektzuordnung kann in der Bestellung und dem Kundenauftrag sowohl bei einem neuen als auch bei einem vorhandenen offenen Beleg jederzeit erfolgen. In der Eingangs- oder Ausgangsrechnung muss die Projektzuordnung noch vor dem Hinzufügen korrekt erfolgen. Nach dem Hinzufügen einer Rechnung darf diese nur noch gutgeschrieben, aber nicht mehr verändert werden. | |

Die eigentliche Zuordnung der Belege erfolgt im Fenster BELEG-
ZUORDNUNG. Zu diesem Fenster gelangen Sie, wenn Sie nach dem
Anlegen der Belege das Projekt nochmals aufrufen. Wenn seit der
letzten Zuordnung der Belege zu einem Projekt neue Belege hinzuge-
kommen sind, macht Sie SAP Business One mit einer Hinweismeldung darauf aufmerksam (siehe Abbildung 15.6).

*Belege zum Projekt zuordnen*

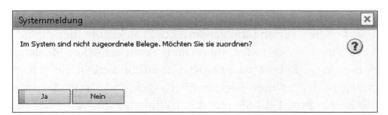

**Abbildung 15.6** Hinweismeldung, dass nicht zugeordnete Belege für das
ausgewählte Projekt vorhanden sind

Klicken Sie auf den Button NEIN, werden die nicht zugeordneten Belege auch in diesem Moment nicht zugeordnet, und Sie können das gewünschte Projekt bearbeiten. Die Zuordnung kann zu jedem beliebigen späteren Zeitpunkt vorgenommen werden.

Klicken Sie auf den Button JA, und das Fenster BELEGZUORDNUNG wird geöffnet (siehe Abbildung 15.7).

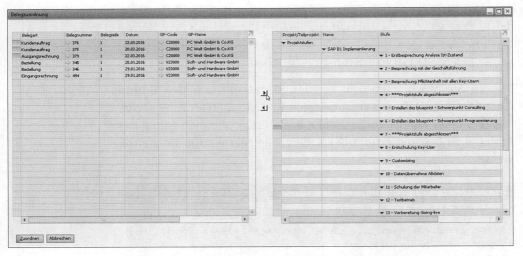

**Abbildung 15.7** Belege zu einer Projektstufe zuordnen

Das Fenster BELEGZUORDNUNG fungiert als kleiner Assistent, der Ihnen dabei hilft, vorhandene Belege über die Verknüpfung des Finanzprojekts einer Projektstufe zuzuordnen. Im linken Bereich des Fensters finden Sie all jene Belege aufgelistet, denen das gleiche Finanzprojekt wie dem ursprünglichen Projekt aus dem Fenster PROJEKT zugeordnet ist. Im rechten Bereich des Fensters finden Sie Ihre komplette geplante Projektstruktur aus der Registerkarte STUFEN im Fenster PROJEKT.

Für die Zuordnung markieren Sie die Belege, die Sie zuordnen möchten, im linken Bereich und die gewünschte Projektstufe, der die Belege zugeordnet werden sollen, im rechten Bereich. Klicken Sie dann auf den Button ▶ (BELEGE ZUORDNEN). Daraufhin werden die Belege vom linken in den rechten Bereich übertragen und damit der Projektstufe zugeordnet. Falls Sie einen Beleg falsch zugeordnet haben, können Sie diesen mit dem Button ◀ (BELEGZUORDNUNG AUFHEBEN) wieder herausnehmen. Bestätigen Sie abschließend mit dem Button ZUORDNEN links unten, und die Zuordnung ist nun erfolgt.

Die erfolgte Belegzuordnung schlägt sich nun in zwei Bereichen nieder. Zunächst werden auf der Registerkarte STUFEN bei der entsprechenden Projektstufe die zugeordneten Belege im Bereich BELEGE angezeigt (siehe Abbildung 15.8).

**Ergebnis der Belegzuordnung**

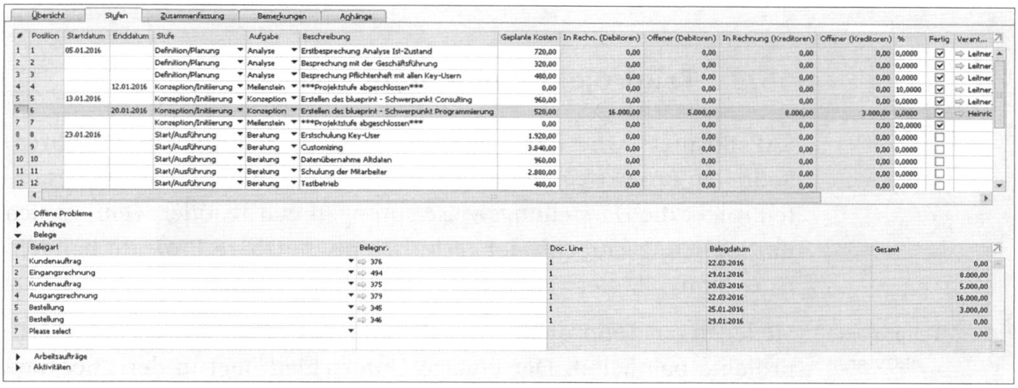

**Abbildung 15.8** Zugeordnete Belege auf der Registerkarte »Stufen«

Auf der anderen Seite werden die entsprechenden Ist-Kosten und Ist-Erträge auf der Registerkarte ZUSAMMENFASSUNG aktualisiert (siehe Abbildung 15.9).

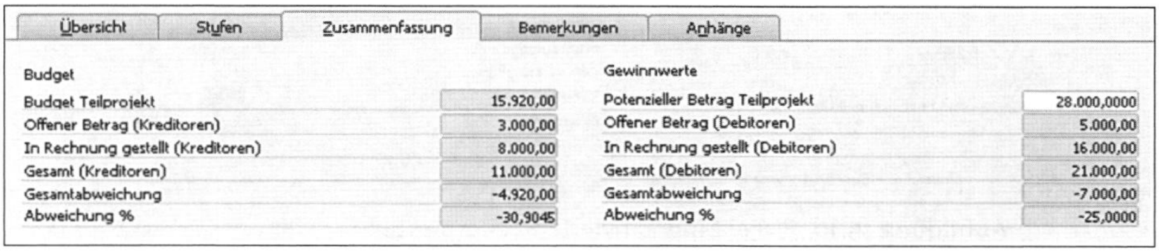
Übersicht
Stufen
Zusammenfassung
Bemerkungen
Anhänge
Budget
Budget Teilprojekt 15.920,00
Offener Betrag (Kreditoren) 3.000,00
In Rechnung gestellt (Kreditoren) 8.000,00
Gesamt (Kreditoren) 11.000,00
Gesamtabweichung -4.920,00
Abweichung % -30,9045
Gewinnwerte
Potenzieller Betrag Teilprojekt 28.000,0000
Offener Betrag (Debitoren) 5.000,00
In Rechnung gestellt (Debitoren) 16.000,00
Gesamt (Debitoren) 21.000,00
Gesamtabweichung -7.000,00
Abweichung % -25,0000

**Abbildung 15.9** Aktualisierte Werte auf der Registerkarte »Zusammenfassung«

Folgende Werte wurden in unserem Beispiel aktualisiert:

- Das Feld OFFENER BETRAG (KREDITOREN) wurde mit dem Wert der offenen (noch nicht verrechneten) Bestellung aktualisiert.
- Das Feld IN RECHNUNG GESTELLT (KREDITOREN) wurde mit dem Wert der Eingangsrechnung aktualisiert.
- Das Feld OFFENER BETRAG (DEBITOREN) wurde mit dem Wert des offenen (noch nicht verrechneten) Kundenauftrags aktualisiert.

▶ Das Feld IN RECHNUNG GESTELLT (DEBITOREN) wurde mit dem Wert der Ausgangsrechnung aktualisiert.

▶ Die Felder GESAMTABWEICHUNG und ABWEICHUNG IN % wurden in Bezug auf die Planzahlen aktualisiert.

Die Berichte zur Überwachung und Steuerung von Projekten werden in Abschnitt 15.4, »Projektberichte«, behandelt.

## 15.3 Teilprojekte verwenden

SAP Business One bietet die Möglichkeit, Teilprojekte zu führen. Sollte ein Projekt ein derartiges Ausmaß annehmen, dass das gesamte Projekt die Darstellungsweise sprengen würde, oder wenn es sich um logisch, rechtlich oder technisch abgrenzbare Projekte handelt, ist es sinnvoll, diese als Teilprojekte darzustellen.

Teilprojekte aktivieren
Sie legen ein Teilprojekt wie jedes andere Projekt an, das keine Teilprojekte beinhaltet. Der einzige Unterschied liegt in der Checkbox PROJEKT MIT TEILPROJEKTEN (siehe Abbildung 15.10) in den Kopfdaten im Fenster PROJEKT.

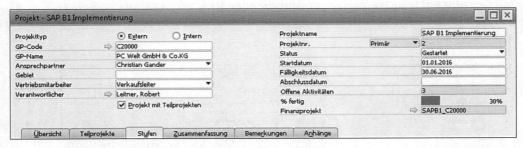

**Abbildung 15.10** Projekt mit aktivierten Teilprojekten

Markieren Sie die Checkbox PROJEKT MIT TEILPROJEKTEN, werden die Teilprojekte für dieses Projekt aktiviert. Darüber hinaus wird die Registerkarte TEILPROJEKTE eingeblendet.

Teilprojekte anlegen
Auf dieser Registerkarte legen Sie nun die Teilprojekte zu Ihrem Hauptprojekt an. In unserem Projektbeispiel der SAP-Business-One-Implementierung sollen zwei Folgeprojekte zur Programmierung mobiler Anwendungen angelegt werden (siehe Abbildung 15.11).

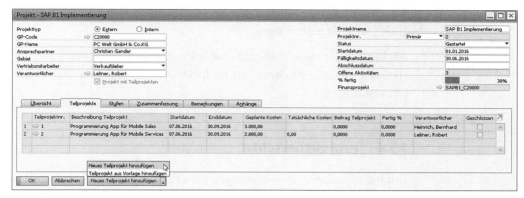

**Abbildung 15.11** Teilprojekte anlegen

Zu diesem Zweck benötigen Sie den Button Neues Teilprojekt hinzufügen im linken unteren Bereich. Klicken Sie auf das kleine Dreieck an der rechten Kante des Buttons, öffnet sich ein Menü (siehe auch Abbildung 15.11). Nun haben Sie die Wahl, ob Sie ein neues Teilprojekt oder ein Teilprojekt aus einem bereits vorhandenen Teilprojekt anlegen möchten. Nachdem Sie diese Wahl getroffen haben, wird der Text des Buttons entsprechend verändert. Klicken Sie nun auf den Button, um das neue Teilprojekt anzulegen.

Es öffnet sich das Fenster Teilprojekt (siehe Abbildung 15.12), das auf die gleiche Weise wie das Projektfenster funktioniert.

**Teilprojekt definieren**

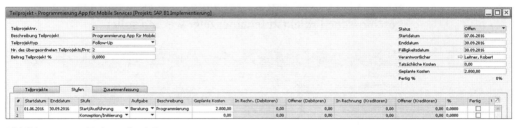

**Abbildung 15.12** Teilprojekt definieren

Der einzige Unterschied liegt nun in der Dropdown-Liste Teilprojekttyp. Wählen Sie hier einen Teilprojekttyp aus der Werteliste, oder klicken Sie auf den Eintrag Neu definieren, um einen neuen Teilprojekttyp anzulegen. Diese Werte stehen ausschließlich für Teilprojekte, nicht jedoch für Projekte zur Verfügung. Geben Sie also alle relevanten Daten des Projekts inklusive der Stufen ein, und klicken

Sie abschließend auf den Button HINZUFÜGEN, um das Teilprojekt auch tatsächlich anzulegen.

Klicken Sie abschließend im Fenster PROJEKT auf den Button AKTUALISIEREN, um alle Änderungen zu speichern, die aus den Teilprojekten resultieren.

## 15.4 Projektberichte

Um Informationen zu Ihren angelegten Projekten zu erhalten, stehen Ihnen sowohl Berichte im Ordner PROJEKTBERICHTE als auch die Berichte aus dem Finanzwesen über die rechte Maustaste und das Kontextmenü zur Verfügung.

### Berichte im Ordner »Projektberichte«

Die folgenden Berichte rufen Sie im Modul PROJEKTMANAGEMENT im Ordner PROJEKTBERICHTE auf.

Stufenanalyse  Die Stufenanalyse bietet eine Übersicht über alle Projekte mit den meisten Daten, die im Projekt vorkommen, inklusive der Zahlen aus der Zusammenfassung. Schränken Sie die Stufenanalyse nach Start- und Abschlussdatum sowie Projektstufe, verantwortlichem Mitarbeiter und Geschäftspartner ein (siehe Abbildung 15.13). Markieren Sie die Checkbox FERTIGE STUFEN HINZUFÜGEN, wenn auch bereits abgeschlossene Projektstufen angezeigt werden sollen.

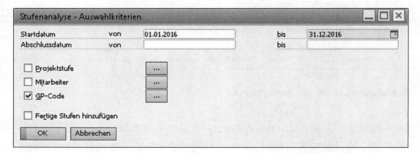

**Abbildung 15.13** Bericht »Stufenanalyse« – Auswahlkriterien

Als Ergebnis erhalten Sie eine Übersicht mit den wichtigsten Informationen aus dem Projekt (siehe Abbildung 15.14).

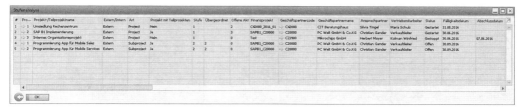

**Abbildung 15.14** Bericht »Stufenanalyse«

Der Bericht OFFENE PROBLEME zeigt eine Übersicht über alle Probleme, die in laufenden Projekten noch nicht gelöst wurden, mit verantwortlichem Mitarbeiter und Fälligkeitsdatum. Der Bericht kann nach Projekt, Verantwortlichem, Abschlussdatum sowie nach Priorität und Problembereich eingeschränkt werden.

Offene Probleme

Der Bericht RESSOURCEN schafft eine Verknüpfung zum Modul PRODUKTION UND RESSOURCEN. Die Ressourcen zählen zu den weiterführenden Themen und werden aus diesem Grund nicht in diesem Einsteigerbuch behandelt.

Ressourcen

### Finanzberichte über das Kontextmenü

Zusätzlich zu den Berichten aus dem Ordner PROJEKTBERICHTE stehen Ihnen grundlegende Finanzberichte über das Kontextmenü zur Verfügung. Dazu rufen Sie zunächst das zu analysierende Projekt auf und klicken mit der rechten Maustaste auf einen freien Bereich im Fenster PROJEKT (siehe Abbildung 15.15).

Wählen Sie nun den gewünschten Finanzbericht aus dem Kontextmenü. Es stehen Ihnen die folgenden Berichte zur Verfügung:

- Hauptbuch
- Transaktionsbericht nach Projekten
- Belegjournal
- Summen- und Saldenliste
- Gewinn- und Verlustrechnung

Diese Berichte wurden bereits in Abschnitt 9.9, »Finanzberichte«, ausführlich behandelt. Der Vorteil beim Aufrufen dieser Berichte über das Kontextmenü liegt darin, dass bereits in den Auswahlkriterien nach dem derzeit aufgerufenen Projekt eingeschränkt wird.

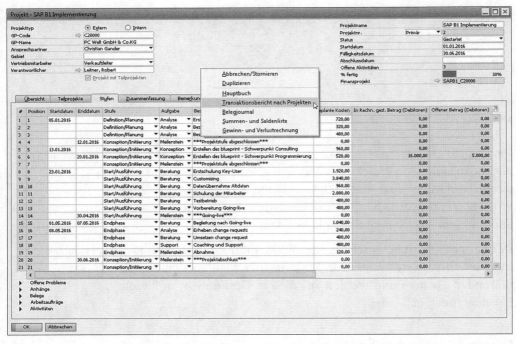

**Abbildung 15.15** Fenster »Projekt« mit geöffnetem Kontextmenü

**Transaktions-bericht nach Projekten**

Exemplarisch wollen wir uns den Transaktionsbericht nach Projekten näher ansehen (Abbildung 15.16).

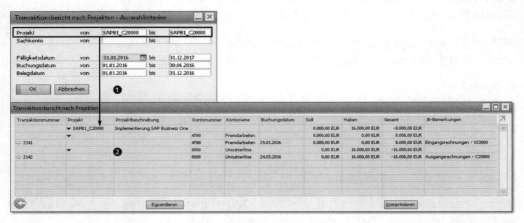

**Abbildung 15.16** Transaktionsbericht nach Projekten – aufgerufen über das Kontextmenü im Fenster »Projekt«

Aus Abbildung 15.16 geht hervor, dass das zuvor aufgerufene SAP-Business-One-Implementierungsprojekt in den Auswahlkriterien ❶ vorausgefüllt ist. Der Transaktionsbericht ❷, der dementsprechend auf dieses Projekt eingeschränkt ist, zeigt eine Auflistung aller Kosten und Erlöse, die durch die zugeordneten Belege mit diesem Projekt generiert worden sind. Klicken Sie auf den orangefarbenen Pfeil in der Spalte TRANSAKTIONSBERICHT, um zum zugeordneten Beleg zu verzweigen.

Die Projektberichte in SAP Business One sind ein wesentliches Instrument für ein sinnvolles Projektmanagement. Die Projekte selbst bedienen sich der vorhandenen Funktionen – etwa Geschäftspartner, Belege, Finanzprojekte etc. – und werden in Zukunft gerade für Dienstleister noch eine wichtige Rolle im Funktionsspektrum von SAP Business One spielen.

*SAP Business One bietet neben den klassischen Funktionen einige Besonderheiten in der Handhabung. Dadurch unterscheidet sich SAP Business One von anderen Systemen. Diese Highlights der Software werden in diesem Kapitel erläutert.*

# 16 Highlights in SAP Business One

SAP Business One hält neben den Hauptfunktionen, die wir Ihnen in den vorangegangenen Kapiteln vorgestellt haben, noch einige »Schmankerln« für Sie bereit. In diesem Kapitel werden hilfreiche Funktionen erläutert, die die Handhabung von SAP Business One erleichtern.

## 16.1 Alarmfunktionen

Eine Besonderheit in SAP Business One sind die *Alarmfunktionen*. Während in der Regel der Benutzer Daten in SAP Business One eingibt oder Daten proaktiv abfragt, wird er durch die Alarmfunktionen von SAP Business One automatisch bei Eintreten eines Ereignisses »alarmiert«. Die Regeln, die diesen Alarm aufgrund eines Ereignisses auslösen, legen Sie selbst fest. Sie werden im Folgenden erläutert.

Grundsätzlich haben Sie die Möglichkeit, vordefinierte Alarmfunktionen zu verwenden sowie eigene Alarme mittels einer SQL-Abfrage zu definieren.

Arten von Alarmfunktionen

Von den vordefinierten Alarmfunktionen stehen Ihnen die folgenden zur Verfügung:

Vordefinierte Alarme

▶ Abweichung vom Budget

▶ Abweichung vom Kreditlimit

▶ Abweichung vom Mindestbestand

▶ Abweichung vom Obligo-Limit

▶ Abweichung vom prozent. Bruttogewinn

▶ Abweichung vom Rabatt (in %)

▶ Fällige Dispositionsempfehlungen

Die Mehrzahl der vordefinierten Alarmfunktionen hat das Ziel, Sie auf Abweichungen von kaufmännischen Kriterien oder Standards hinzuweisen, die in Ihrem Unternehmen festgelegt wurden.

**[zB]**

| Abweichung von kaufmännischen Kriterien |
| --- |
| Exemplarisch soll hier die Abweichung vom Rabatt (in %) herangezogen werden. Für die Vertriebsmannschaft in Ihrem Unternehmen wurde festgelegt, dass der Geschäftsführer bei Angeboten und Kundenaufträgen mit einem Rabatt von mehr als 10 % Abweichung vom Listenpreis informiert werden muss. |

**Alarmfunktionen verwenden**

Die Alarmfunktionen definieren Sie unter ADMINISTRATION • ALARMFUNKTIONEN. Um einen vordefinierten Alarm zu verwenden, blättern Sie mit den Datensatzschaltflächen |◀ ◀ ➡ ➡| durch die bereits vorhandenen Alarmfunktionen, oder Sie wechseln in den SUCHEN-Modus, geben »*« (Stern) ein und klicken auf den Button SUCHEN. Wählen Sie anschließend den vordefinierten Alarm ABWEICHUNG VOM RABATT IN % aus (siehe Abbildung 16.1).

**Abbildung 16.1** Vordefinierte Alarmfunktion verwenden

Bei Bedarf ändern Sie im Feld NAME die bereits angegebene Bezeichnung. Wählen Sie darüber hinaus die Option NIEDRIG, NORMAL oder HOCH aus der Dropdown-Liste PRIORITÄT aus. Markieren Sie dann die Checkbox AKTIV, damit diese Alarmfunktion aktiviert wird.

Anschließend wählen Sie im linken Bereich des Fensters die Benutzer aus, denen der Alarm angezeigt werden soll. Der Alarm kann über die folgenden Kanäle übermittelt werden:

▶ **Feld »Int.«**

Mit dieser Option erhalten Sie eine interne SAP-Business-One-Nachricht, die im Fenster ÜBERSICHT NACHRICHTEN/ALARME erscheint.

▶ **Feld »E-Mail«**

Mit dieser Option erhalten Sie den Alarm als E-Mail. Dazu müssen der SBO-Mailer installiert und die E-Mail-Funktion im Service-Manager eingerichtet sein. Außerdem muss im Fenster BENUTZER (unter ADMINISTRATION • DEFINITIONEN • ALLGEMEIN) die E-Mail-Adresse hinterlegt sein. Für diese Einstellungen sollten Sie die Hilfe jenes Key-Users bzw. Consultants zu Rate ziehen, der auch die Installation vorgenommen hat.

---

**Alarm wird per E-Mail versendet, auch wenn der Benutzer nicht eingeloggt ist** [+]

Seit Release 9.2 von SAP Business One ist es möglich, einen serverseitigen Job-Service im System Landscape Directory (SLD) zu definieren. Dies bewirkt, dass Alarme auch dann per E-Mail an den Adressaten geliefert werden, wenn der Benutzer nicht in SAP Business One eingeloggt ist. Auch für diese Einstellungen sollten Sie die Hilfe eines Key-Users bzw. Consultants zu Rate ziehen.

---

▶ **Feld »SMS«**

Diese Funktion steht in den deutschsprachigen Ländern nicht zur Verfügung.

▶ **Feld »Fax«**

Mit dieser Option erhalten Sie den Alarm als Fax. Auch um diese Option zu nutzen, müssen der SBO-Mailer installiert und die Fax-Funktion im Service-Manager eingerichtet sein. Außerdem muss beim Benutzer die Faxnummer hinterlegt sein.

Im rechten Bereich des Fensters ALARMFUNKTIONEN geben Sie auf der Registerkarte KONDITIONEN die Bedingung für diesen Alarm ein. In diesem Beispiel ist dies die Rabattgrenze von 10 %. Auf der Registerkarte BELEGE markieren Sie die Belegstufen, für die dieser Alarm gelten soll. Hier sind dies die Stufen ANGEBOT und KUNDENAUFTRÄGE (siehe Abbildung 16.1).

**Alarm auslösen**  Der Alarm wird in diesem Beispiel also ausgelöst, sobald ein Angebot oder ein Kundenauftrag mit einem Rabatt von mehr als 10 % hinzugefügt wird. Abbildung 16.2 zeigt den Kundenauftrag 250 mit einem Rabatt von 12 %.

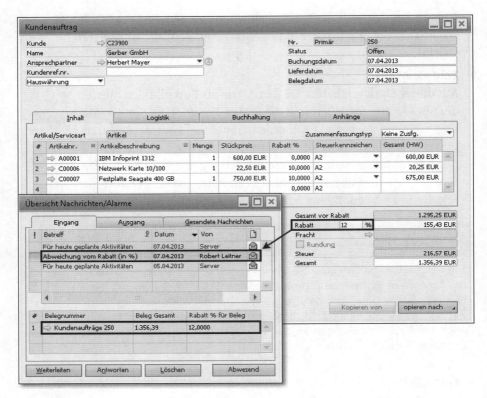

**Abbildung 16.2**  Ausgelöster Alarm aufgrund eines Kundenauftrags

In diesem Fall wird beim Benutzer Robert Leitner ein interner Alarm ausgelöst. Dieser erscheint im Fenster ÜBERSICHT NACHRICHTEN/ALARME (siehe Abbildung 16.2).

**Neue Alarme definieren**  Einen neuen Alarm definieren Sie mithilfe einer SQL-Abfrage, in der die Bedingungen zum Auslösen des Alarms verpackt sind.

**[zB]**   Neuen Alarm definieren

Zum Beispiel sollen täglich alle Kundenaufträge angezeigt werden, die in den nächsten fünf Tagen auszuliefern sind.

Dazu wechseln Sie im Fenster ALARMFUNKTIONEN in den HINZUFÜ-
GEN-Modus. Geben Sie wie bei den vorhandenen Alarmfunktionen
einen Namen ein, wählen Sie die Priorität aus, markieren Sie die
Checkbox AKTIV, und wählen Sie die Benutzer und Übermittlungs-
wege im linken Bereich aus.

Anschließend klicken Sie auf den Button GESPEICHERTE ABFRAGE ÖFF-
NEN (siehe ❶ in Abbildung 16.3). Es öffnet sich das Fenster ABFRAGE-
MANAGER, und hier wählen Sie die für diesen Alarm gewünschte Ab-
frage aus ❷.

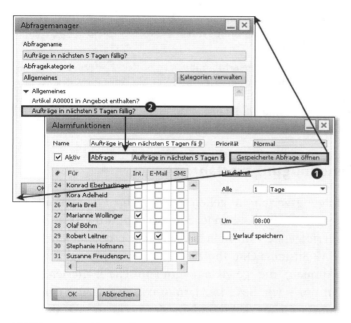

**Abbildung 16.3** Alarm anlegen

Im nächsten Schritt legen Sie noch die gewünschte Häufigkeit im
Fenster ALARMFUNKTIONEN fest. Dazu wählen Sie die Zeiteinheit (von
MINUTEN über TAGE bis MONATE) aus der Dropdown-Liste im rechten Bereich aus und geben die Anzahl im Feld ALLE ein. Anschließend legen Sie noch die genaue Uhrzeit fest, wann der Alarm
übermittelt werden soll (Feld UM). Markieren Sie zudem die Checkbox VERLAUF SPEICHERN, wenn die Benachrichtigung für den Adressaten im Fenster ÜBERSICHT NACHRICHTEN/ALARME gespeichert werden soll. Andernfalls ersetzt jede neue Alarmbenachrichtigung die
alte. Klicken Sie abschließend auf den Button OK, um den Alarm an-

zulegen. Der Alarm in Abbildung 16.3 wird täglich um 08:00 Uhr übermittelt und nicht gespeichert.

**[+]**

### Erstellung von SQL-Abfragen

Aufgrund der offenen Datenbankarchitektur von SAP Business One kann jegliche lesende (!) SQL-Abfrage direkt in SAP Business One verwendet werden. SQL-Abfragen, die Werte in die Datenbank schreiben, sind von SAP ausdrücklich untersagt und haben die Einstellung des Supports zur Folge. Mit SQL-Abfragen steht Ihnen ein sehr mächtiges Werkzeug zur Auswertung beliebiger Daten sowie zur Einrichtung von Alarmfunktionen und Genehmigungsverfahren zur Verfügung. Die Erstellung von SQL-Abfragen erfolgt über den Menüpunkt ABFRAGEGENERATOR oder etwas vereinfacht über den Menüpunkt ABFRAGEASSISTENT (beides im Menü EXTRAS • ABFRAGEN).

Das Ausführen dieser Abfragen erfolgt über den Button 📝 (ABFRAGEMANAGER) in der Symbolleiste oder über den Menüpunkt ABFRAGEMANAGER (im Menü EXTRAS • ABFRAGEN). Die Erstellung von Abfragen zählt zu den weiterführenden Themen und wird daher nicht in diesem Buch behandelt.

## 16.2 Genehmigungsverfahren

Die Genehmigungsverfahren gehen einen Schritt weiter als die Alarmfunktionen und bilden bereits eine Art Workflow – das bedeutet aufeinanderfolgende Aufgaben von mehreren beteiligten Mitarbeitern – in SAP Business One ab. Die Idee dabei ist, Belege bzw. andere Transaktionen, die gewisse kaufmännische Kriterien nicht erfüllen, nicht nur – wie bei den Alarmfunktionen – an einen oder mehrere Benutzer zu melden, sondern sie direkt in SAP Business One von einem oder mehreren Benutzern, meist Vorgesetzten, vor dem Hinzufügen genehmigen zu lassen.

**[zB]**

### Genehmigungsverfahren im Vertrieb

In Fortsetzung des Beispiels aus den Alarmfunktionen sollen alle Angebote und Kundenaufträge, bei denen 10 % Rabatt oder mehr vergeben werden, durch mindestens einen Vorgesetzten genehmigt werden.

Genehmigungs-stufen definieren

Zunächst einmal müssen Sie die Genehmigungsstufen definieren. Dies erfolgt im Fenster GENEHMIGUNGSSTUFEN – DEFINITION über den Pfad ADMINISTRATION • GENEHMIGUNGSVERFAHREN (siehe Abbildung 16.4).

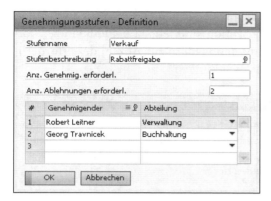

**Abbildung 16.4** Genehmigungsstufen definieren

Wechseln Sie in den HINZUFÜGEN-Modus, und geben Sie die folgenden Daten ein:

▶ **Feld »Stufenname«**
Geben Sie einen Namen für die Genehmigungsstufe ein. In Abbildung 16.4 wurde der Name als Hinweis auf die Abteilung verwendet.

▶ **Feld »Stufenbeschreibung«**
Tragen Sie eine detaillierte Stufenbeschreibung ein, die einen Hinweis auf das genaue Anwendungsgebiet gibt.

▶ **Feld »Anz. Genehmig. erforderl.«**
Geben Sie hier die Anzahl der Genehmigungen ein, die erforderlich sind, damit die Transaktion genehmigt wird.

▶ **Feld »Anz. Ablehnungen erforderl.«**
Geben Sie hier die Anzahl der Ablehnungen ein, die erforderlich sind, damit die Transaktion genehmigt wird.

▶ **Felder »Genehmigender« und »Abteilung«**
Wählen Sie hier jene Benutzer aus der Dropdown-Liste GENEHMI-GENDER aus, die den Beleg genehmigen müssen. Das Feld ABTEILUNG wird automatisch mit den Daten des Benutzers befüllt.

Klicken Sie abschließend auf den Button HINZUFÜGEN, um die Genehmigungsstufe anzulegen.

Im Beispiel in Abbildung 16.4 haben die Benutzer Robert Leitner als Geschäftsführer der Verwaltung und Georg Travnicek aus der Buchhaltung die Berechtigung, Belege zu genehmigen. Für die Genehmigung ist nur die Zustimmung eines der beiden Benutzer notwendig, für die Ablehnung der Transaktion sind jedoch beide Benutzer notwendig. Dies steuern Sie mit den Feldern zur Anzahl der erforderlichen Genehmigungen und Ablehnungen.

**[+]** | **Mehrfaches Verwenden von Genehmigungsstufen**

Einmal angelegte Genehmigungsstufen können bei Bedarf in mehreren Genehmigungsvorlagen verwendet werden. Aus diesem Grund ist es sinnvoll, Genehmigungsstufen für gleichartige Abläufe oder sogar Abteilungen in Ihrem Unternehmen festzulegen.

**Arten von Genehmigungsvorlagen**

Analog zu den Alarmfunktionen gibt es bereits vorhandene Genehmigungsvorlagen, bei denen Sie gewisse Angaben machen und diese aktivieren müssen. Darüber hinaus können Sie mittels eigener SQL-Abfragen völlig neuartige Genehmigungsvorlagen definieren.

**[+]** | **Neue Genehmigungsvorlagen anlegen**

Möchten Sie eine SQL-Abfrage in einer neuen Genehmigungsvorlage verwenden, muss diese als Ergebnis den Wert »True« zurückliefern. Das bedeutet, Sie müssen die SQL-Abfrage so gestalten, dass mit dem gelieferten Wert »True« der Genehmigungsmechanismus im Hintergrund von SAP Business One in Gang gesetzt wird.

**Vorhandene Genehmigungsvorlagen verwenden**

Im Folgenden wird erläutert, wie Sie eine bereits vorhandene Genehmigungsvorlage verwenden. Öffnen Sie dazu das Fenster GENEHMIGUNGSVORLAGEN – DEFINITION im Pfad ADMINISTRATION • GENEHMIGUNGSVERFAHREN. Um ein vordefiniertes Genehmigungsverfahren zu verwenden, blättern Sie mit den Datensatzschaltflächen durch die bereits vorhandenen Genehmigungsverfahren oder wechseln in den SUCHEN-Modus, geben einen »*« (Stern) ein und klicken auf den Button SUCHEN.

Wählen Sie anschließend – entsprechend unserem Beispiel – das vordefinierte Genehmigungsverfahren RABATT ÜBERSCHRITTEN, und ändern Sie zunächst bei Bedarf die Einträge in den Feldern NAME und BESCHREIBUNG. Markieren Sie dann die Checkboxen AKTIV und BEIM AKTUALISIEREN VON BELEGEN (siehe Abbildung 16.5). Letztere bewirkt, dass das Genehmigungsverfahren nicht nur beim erstmaligen Erstellen des Belegs ausgelöst wird, sondern auch dann, wenn ein bereits bestehender Beleg so verändert wird, dass er nun genehmigungspflichtig ist.

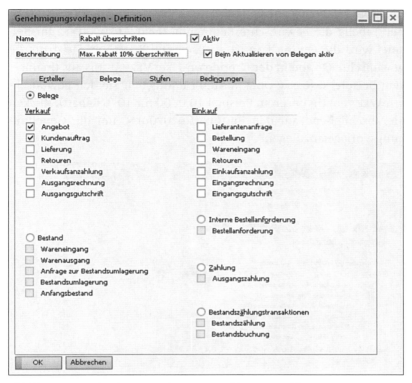

**Abbildung 16.5** Beleg beim Genehmigungsverfahren auswählen

Auf der Registerkarte ERSTELLER wählen Sie dann alle Benutzer aus, für die die Genehmigungsvorlage gelten soll. Wenn einer dieser Benutzer aus der Liste die fragliche Transaktion erstellt, wird der Genehmigungsmechanismus in Gang gesetzt.

Registerkarten ausfüllen

Auf der Registerkarte BELEGE markieren Sie alle Belegstufen, für die das Genehmigungsverfahren gelten soll. In unserem Beispiel wären das, wie Sie in Abbildung 16.5 sehen, die Belegstufen ANGEBOT und KUNDENAUFTRAG.

Auf der Registerkarte STUFEN wählen Sie in der Spalte STUFENNAME die zuvor erstellte Genehmigungsvorlage namens VERKAUF – RABATT-FREIGABE aus (siehe Abbildung 16.4). Die Stufenbeschreibung wird automatisch in das entsprechende Feld kopiert.

Auf der Registerkarte BEDINGUNGEN geben Sie nun alle sonstigen Kriterien für das Genehmigungsverfahren an (siehe Abbildung 16.6). Wählen Sie dazu im oberen Bereich der Registerkarte die Option ANWENDEN BEI FOLGENDEN BEDINGUNGEN, und markieren Sie in der Tabelle die gewünschte Bedingung (Feld AUSWÄHLEN, im Beispiel wird die Option RABATT % ausgewählt). Wählen Sie dann die gewünschte Option in der Dropdown-Liste VERHÄLTNIS aus (in unserem Beispiel GRÖSSER ODER GLEICH), und geben Sie den gewünschten WERT ein (in unserem Beispiel 10,0000 für 10 % Rabatt). Klicken Sie abschließend auf den Button HINZUFÜGEN, um die Genehmigungsvorlage anzulegen.

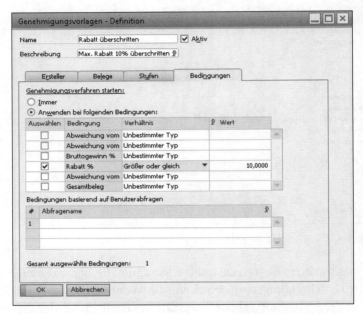

**Abbildung 16.6** Bedingungen bei der Genehmigungsvorlage eingeben

Natürlich können Sie für eine Genehmigungsvorlage mehrere Bedingungen verwenden, von denen aber nur eine Bedingung zutreffen muss. Zusätzlich können Sie die Genehmigungsvorlage im Bereich BEDINGUNGEN BASIEREND AUF BENUTZERABFRAGEN mit einer SQL-Abfrage ergänzen. Dazu klicken Sie doppelt in das erste freie Feld in der Spalte ABFRAGENAME und wählen die gewünschte Abfrage aus dem Abfragemanager aus.

Genehmigungsverfahren auslösen

Wenn Sie nun ein Angebot oder einen Kundenauftrag mit einem Rabatt von 10 % oder mehr hinzufügen oder ein bestehendes Angebot auf einen Rabatt von 10 % oder mehr aktualisieren, öffnet sich für Sie als Ersteller ein Fenster, in dem Sie auf das in Gang gesetzte Genehmigungsverfahren hingewiesen werden (siehe Abbildung 16.7). Geben Sie hier eine erklärende Bemerkung für den Genehmiger ein, und bestätigen Sie dies mit dem Button OK.

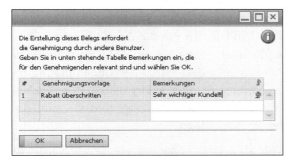

**Abbildung 16.7** Das Genehmigungsverfahren wird in Gang gesetzt.

Bei Ihnen als Genehmiger erscheint diese Nachricht im Fenster Übersicht Nachrichten/Alarme (siehe Abbildung 16.8).

Entscheidung des Genehmigers

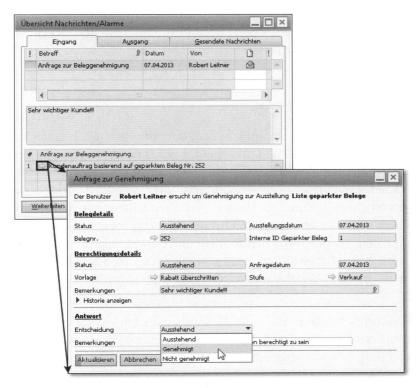

**Abbildung 16.8** Entscheidung des Genehmigers

Klicken Sie auf den Button 🔲 im Feld ANFRAGE ZUR BELEGGENEHMIGUNG, öffnet sich das Fenster ANFRAGE ZUR GENEHMIGUNG. Der Status der Genehmigung im Feld ENTSCHEIDUNG lautet zu diesem Zeitpunkt AUSSTEHEND. Bei Bedarf können Sie den in der Zwischenzeit geparkten Beleg betrachten, indem Sie auf den Button 🔲 vor dem Feld BELEGNR. klicken (es handelt sich um die Belegnummer 252 in Abbildung 16.8). Anschließend geben Sie im Feld BEMERKUNGEN eine Begründung ein und ändern den Status der Genehmigung im Feld ENTSCHEIDUNG auf GENEHMIGT oder NICHT GENEHMIGT. Klicken Sie abschließend auf die Buttons AKTUALISIEREN und OK, um das Genehmigungsverfahren abzuschließen.

**Fertigstellung des Erstellers**

Abschließend erhalten Sie als Ersteller eine entsprechende Nachricht im Fenster ÜBERSICHT NACHRICHTEN/ALARME, sodass Sie den Beleg letztlich überarbeiten oder endgültig hinzufügen können.

**Berichte Genehmigungsverfahren**

Über den Pfad ADMINISTRATION • GENEHMIGUNGSVERFAHREN finden Sie den Genehmigungsstatusbericht und den Genehmigungsbericht, die sowohl den Ersteller als auch den Genehmiger dabei unterstützen, die Übersicht über alle ausstehenden und erledigten Genehmigungsverfahren zu behalten.

## 16.3 Drag & Relate

Drag & Relate ist eine besondere Funktion, mit der Sie mit einfachsten Verknüpfungen Daten miteinander verbinden und Abfragen gestalten können. Die Idee dabei ist, Daten aus unterschiedlichen Bereichen miteinander zu verknüpfen, um möglichst rasch das gewünschte Ergebnis zu erhalten. Für Drag & Relate stehen Ihnen Daten aus dem Verkauf, dem Einkauf, dem Lagerbestand, der Montage, dem Service sowie den Journal- und Geschäftspartnerdaten zur Verfügung. Klicken Sie auf die Registerkarte DRAG&RELATE im Hauptmenü, um die Bereiche anzuzeigen (siehe Abbildung 16.9).

**Bereiche miteinander verknüpfen**

Die Bereiche sind jeweils in Ordnern angelegt, darunter befinden sich die einzelnen Fenster, die die Daten enthalten, sowie Details zu den Fenstern. Tabelle 16.1 zeigt Ihnen alle verfügbaren Elemente von Drag & Relate samt einem Beispiel.

**Abbildung 16.9** Drag & Relate – Bereiche

| Symbol | Bezeichnung | Beispiel |
|---|---|---|
| 📁 | Ordner | Verkauf |
| 📝 | Fenster | Ausgangsrechnung |
| 🖩 | Fenster – Details | Details Ausgangsrechnung |

**Tabelle 16.1** Elemente in Drag & Relate

Klicken Sie doppelt auf ein Fenster oder auf FENSTER – DETAILS, und Sie erhalten eine Liste der Daten, die hinter diesem Eintrag stecken.

Klicken Sie z. B. doppelt auf das Element ANGEBOT im Ordner VERKAUF, erhalten Sie eine Liste aller Angebote mit den Feldern BELEGNUMMER, BELEGART (Artikel und Service), STATUS (offen, abgeschlossen und storniert), KUNDE und BELEG GESAMT. Klicken Sie z. B. doppelt auf das Element DETAILS JOURNALBUCHUNG im Ordner JOURNALBUCHUNG, und Sie erhalten eine Liste mit allen Journalzeilen, die bereits gebucht wurden.

Vorgehensweise Wie Sie Daten miteinander verknüpfen, wird an folgendem Beispiel erläutert: Ihnen sollen alle Ausgangsrechnungen eines bestimmten Kunden angezeigt werden. Dazu öffnen Sie ein beliebiges Fenster, das den gewünschten Kundencode oder Kundennamen enthält. Dies kann ein beliebiger Beleg mit diesem Kunden sein, ein Serviceabruf, eine Opportunity, die Geschäftspartner-Stammdaten etc. Das Beispiel in Abbildung 16.10 beginnt mit den GESCHÄFTSPARTNER-STAMMDATEN.

**Abbildung 16.10** Vorgehensweise bei Drag & Relate

Wenn Sie die Datenquelle geöffnet haben, gehen Sie folgendermaßen vor (siehe Abbildung 16.10):

1. Klicken Sie mit der linken Maustaste auf den Eintrag im Feld CODE
   oder NAME, und halten Sie die Taste gedrückt, bis ein schwarzer
   Rahmen um das Feld erscheint ❶.

2. Halten Sie die linke Maustaste weiterhin gedrückt, und ziehen Sie
   den Rahmen auf die gewünschten Daten in der Registerkarte
   DRAG&RELATE ❷.

3. Lassen Sie den schwarzen Rahmen auf den gewünschten Daten
   »fallen« (indem Sie die Maustaste loslassen), um die Daten zu verbinden. In Abbildung 16.10 wird der Geschäftspartnercode bzw.
   der Name beim Eintrag AUSGANGSRECHNUNG fallengelassen.

4. Die Daten werden verknüpft, und Sie erhalten eine Übersicht mit
   allen Ausgangsrechnungen des gewählten Kunden (siehe Abbildung 16.11).

| # | | Nummer | Belegart | Status | Buch.dat. | Kunden-/Lieferantencode | Kunden-/Lieferantenname | Beleg Gesamt |
|---|---|---|---|---|---|---|---|---|
| 1 | ⇨ | 1 | Artikel | Geschlossen | 22.01.2006 | C20000 | PC Welt GmbH & Co.KG | 15.660,00 |
| 2 | ⇨ | 8 | Artikel | Geschlossen | 19.03.2006 | C20000 | PC Welt GmbH & Co.KG | 7.656,00 |
| 3 | ⇨ | 19 | Artikel | Geschlossen | 06.06.2006 | C20000 | PC Welt GmbH & Co.KG | 28.536,00 |
| 4 | ⇨ | 27 | Artikel | Geschlossen | 22.07.2006 | C20000 | PC Welt GmbH & Co.KG | 37.062,00 |
| 5 | ⇨ | 35 | Artikel | Geschlossen | 07.09.2006 | C20000 | PC Welt GmbH & Co.KG | 50.181,60 |
| 6 | ⇨ | 50 | Artikel | Geschlossen | 22.11.2006 | C20000 | PC Welt GmbH & Co.KG | 18.948,60 |
| 7 | ⇨ | 57 | Artikel | Geschlossen | 22.12.2006 | C20000 | PC Welt GmbH & Co.KG | 48.685,20 |
| 8 | ⇨ | 59 | Artikel | Geschlossen | 11.01.2007 | C20000 | PC Welt GmbH & Co.KG | 58.905,00 |
| 9 | ⇨ | 67 | Artikel | Geschlossen | 09.02.2007 | C20000 | PC Welt GmbH & Co.KG | 123.879,00 |
| 10 | ⇨ | 75 | Artikel | Geschlossen | 13.03.2007 | C20000 | PC Welt GmbH & Co.KG | 182.784,00 |
| 11 | ⇨ | 83 | Artikel | Geschlossen | 18.04.2007 | C20000 | PC Welt GmbH & Co.KG | 9.639,00 |
| 12 | ⇨ | 91 | Artikel | Geschlossen | 23.06.2007 | C20000 | PC Welt GmbH & Co.KG | 6.800,85 |
| 13 | ⇨ | 98 | Artikel | Geschlossen | 16.08.2007 | C20000 | PC Welt GmbH & Co.KG | 1.785,00 |
| 14 | ⇨ | 105 | Artikel | Geschlossen | 23.09.2007 | C20000 | PC Welt GmbH & Co.KG | 767,55 |
| | | | | | | | | 683.244,10 |

**Abbildung 16.11** Liste aller Ausgangsrechnungen des Kunden »C1001«

Klicken Sie im Fenster DRAG&RELATE auf den Button 🔲, um die jeweilige Ausgangsrechnung zu öffnen. Wenn Sie den Kundencode
statt auf AUSGANGSRECHNUNG auf AUSGANGSRECHNUNG – DETAILS ziehen und verbinden, erhalten Sie alle Rechnungszeilen des ausgewählten Kunden.

Mit dieser Methode können Sie live, z. B. am Telefon, Auskünfte erteilen, da Sie die Daten sehr schnell abfragen können. Auf diese Weise können Sie auch eine Reihe von Abfragen durchführen und z. B. die folgenden Fragen beantworten:

▶ Welche Kundenauftragszeilen wurden für einen bestimmten Kunden erstellt?
(Feld KUNDENNUMMER auf Eintrag VERKAUF/KUNDENAUFTRAGSDETAILS ziehen)

▶ In welchen Ausgangsrechnungen kommt ein bestimmter Artikel vor?
(Feld ARTIKELNUMMER auf Eintrag VERKAUF/AUSGANGSRECHNUNG ziehen)

▶ In welchen Lieferscheinen kommt ein bestimmter Ansprechpartner eines Kunden vor?
(Feld ANSPRECHPARTNER auf Eintrag VERKAUF/LIEFERUNG ziehen)

▶ Welche Artikel gehören zu einer bestimmten Artikelgruppe?
(Feld ARTIKELBEZEICHNUNG auf Eintrag LAGERBESTAND/ARTIKELGRUPPE ziehen)

▶ Welchen Artikeln ist ein bestimmter Hersteller zugeordnet?
(Feld HERSTELLERNAME auf Eintrag LAGERBESTAND/ARTIKEL ziehen)

▶ Welche Serviceabrufe hat ein bestimmter Kunde?
(Feld KUNDENNUMMER auf Eintrag SERVICE/SERVICEABRUF ziehen)

▶ In welchen Serviceabrufen kommt ein bestimmter Artikel vor?
(Feld ARTIKELBEZEICHNUNG auf Eintrag SERVICE/SERVICEABRUF ziehen)

▶ In welchen Stammdaten Kundenequipment kommt ein bestimmter Artikel vor?
(Feld ARTIKELNUMMER auf Eintrag SERVICE/STAMMDATEN KUNDENEQUIPMENT ziehen)

▶ In welchen Journalbuchungszeilen kommt ein bestimmter Lieferant vor?
(Feld LIEFERANTENNUMMER auf Eintrag JOURNALBUCHUNGEN/DETAILS JOURNALBUCHUNGEN ziehen)

Die Liste ließe sich endlos fortsetzen. Diese Beispiele sollen Ihnen einen kleinen Ausschnitt aus den vielfältigen Anwendungsmöglichkeiten von Drag & Relate zeigen.

## 16.4 Aus SAP Business One exportieren

SAP Business One ist hinsichtlich des Exports von Daten sehr flexibel. Sie haben die Möglichkeit, jede tabellenartige Datenauflistung wie Berichte, Drag-&-Relate-Listen etc. nach Microsoft Excel zu exportieren. Darüber hinaus können Sie Daten als PDF, Text, XML, Bild oder Microsoft-Word-Dokument exportieren. Aufgrund der Beschaffenheit und Art der Daten lässt sich aber nicht der Inhalt jedes Fensters in jeden beliebigen Exportdatentyp exportieren. Sie erkennen dies relativ einfach, da bei einem Fenster die entsprechende Option im Menü bzw. auch die Schaltfläche aktiv oder grau hinterlegt ist.

Bevor Sie einen Export starten, müssen Sie im Fenster ALLGEMEINE EINSTELLUNGEN auf der Registerkarte PFAD (über ADMINISTRATION • SYSTEMINITIALISIERUNG • ALLGEMEINE EINSTELLUNGEN) einen Exportordner für Microsoft-Excel- oder Microsoft-Word-Vorlagen, Bilder, Dateianhänge (für den Export in Textdateien) und XML-Dateien hinterlegen. Um den Microsoft-Excel-Ordner anzulegen, gehen Sie z. B. folgendermaßen vor:

*Voraussetzung für den Export*

1. Klicken Sie auf den Button [...], um den Pfad auszuwählen. Bei der Installation von SAP Business One wurde bereits automatisch ein Microsoft-Excel-Verzeichnis auf Ihrem Computer angelegt. Es befindet sich standardmäßig unter *C:\Programme\SAP\SAP Business One\ExclDocs*.

2. Wählen Sie dieses oder ein anderes Verzeichnis aus, in das Sie Daten als Microsoft-Excel-Dokumente exportieren möchten. Im Standardordner befindet sich bereits eine Microsoft-Excel-Datei namens *AutoOpen.xls*.

   – Diese Datei wird benötigt, um die Daten aus SAP Business One (die als TXT-Datei exportiert werden) in Microsoft Excel zu öffnen.

   – Falls Sie einen abweichenden Pfad in den allgemeinen Einstellungen hinterlegen, müssen Sie *AutoOpen.xls* ebenfalls in den neuen Zielordner kopieren.

Das hinterlegte Verzeichnis bedeutet nicht, dass die exportierten Daten auch notwendigerweise in diesem Verzeichnis gespeichert werden müssen. Beim eigentlichen Exportvorgang werden Sie nochmals nach einem Speicherort gefragt; dieser kann dann beliebig gewählt werden.

Makro »Sicher-
heitsstufe« in
Microsoft Excel

Eine weitere Voraussetzung muss in Microsoft Excel selbst überprüft und gegebenenfalls eingestellt werden. Überprüfen Sie unter DATEI • EXCEL-OPTIONEN • SICHERHEITSCENTER • Button EINSTELLUNGEN FÜR DAS SICHERHEITSCENTER • EINSTELLUNGEN FÜR MAKROS, ob Makros aktiviert sind. Da ein Makro verwendet wird, um die Daten automatisch in Microsoft Excel zu kopieren, darf dieses Makro nicht durch eine hohe oder sehr hohe Sicherheitsstufe blockiert werden:

Falls Sie einstellen, für das Makro eine Benachrichtigung zu erhalten, meldet sich Microsoft Excel mit einer Sicherheitsabfrage, ob das Ausführen des Makros erlaubt werden soll. Klicken Sie auf den Button MAKROS AKTIVIEREN, um den Export zu ermöglichen. Bei aktivierten Makros erhalten Sie diese Sicherheitsabfrage nicht.

Nach Microsoft
Excel exportieren

Der Export in die verschiedenen Exportdatentypen wird im folgenden Beispiel anhand des Berichts OFFENE BELEGE (KUNDENAUFTRÄGE) demonstriert (siehe Abbildung 16.12).

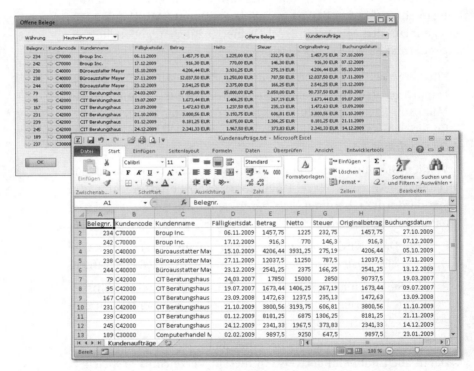

**Abbildung 16.12** Offene Kundenaufträge in Microsoft Excel exportieren

Für den Export müssen Sie die folgenden Schritte ausführen:  Export

1. Öffnen Sie das Fenster, aus dem Sie exportieren möchten. Für das Beispiel in Abbildung 16.12 öffnen Sie den Bericht Offene Belege unter Verkauf • Umsatzberichte und wählen die Option Kundenaufträge.

2. Klicken Sie auf den Button ⬛ (In Microsoft Excel exportieren), öffnet sich das Microsoft-Windows-Dialogfenster Speichern unter (siehe Abbildung 16.13).

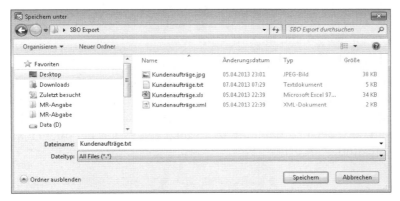

**Abbildung 16.13** Dialogfenster »Speichern unter«

3. Geben Sie den gewünschten Speicherort an (siehe Abbildung 16.13). Auch wenn Sie in den allgemeinen Einstellungen bereits einen vordefinierten Ordner angegeben haben, können Sie jeden beliebigen Ordner als Speicherort wählen.

4. Geben Sie in der folgenden Hinweismeldung an, ob Sie die Währungssymbole – z. B. € für EUR – mit exportieren möchten. Wählen Sie die gewünschte Option gemäß Abbildung 16.14 aus, und bestätigen Sie sie mit dem Button OK.

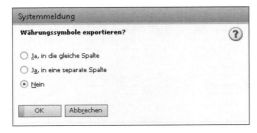

**Abbildung 16.14** Hinweismeldung – Währungssymbole in Microsoft Excel exportieren?

5. Die Daten werden nun in Microsoft Excel exportiert (siehe Abbildung 16.12). Falls Sie in Microsoft Excel für Makros die Option MIT BENACHRICHTIGUNG eingestellt haben, bestätigen Sie, dass die Makros aktiviert werden sollen.

6. Speichern Sie das Microsoft-Excel-Dokument, da es noch das TXT-Dateiformat hat. Beim Speichern wird das Dokument im XLS-Dateiformat abgespeichert.

In andere Dateiformate exportieren

Neben dem Export in Microsoft Excel haben Sie die Möglichkeit, tabellenartig angeordnete Daten als Text (TXT-Format), als Bild (JPG-Format), als PDF-Dokument (siehe Abschnitt 5.3, »Wichtige Funktionen im Beleg«) und im XML-Format zu exportieren.

Die Vorgehensweise entspricht der beim Export in Microsoft Excel: Öffnen Sie das Fenster, aus dem die Daten exportiert werden sollen. Wählen Sie dann unter DATEI • EXPORTIEREN NACH • LAYOUT NACH oder FORMULAR NACH XML das entsprechende Exportformat (Text, Bild, XML, PDF). Abbildung 16.15 zeigt den Export der offenen Kundenaufträge als PDF.

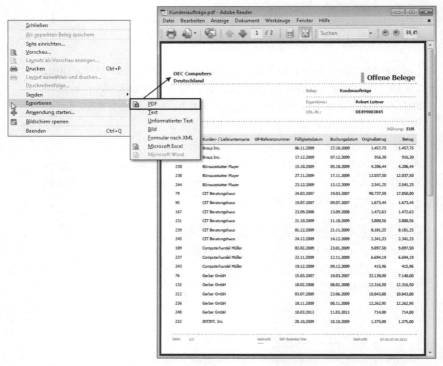

**Abbildung 16.15** Offene Kundenaufträge als PDF-, Text- und Bilddatei exportieren

Beim Export als PDF- und Bilddatei können Sie mit dem Button 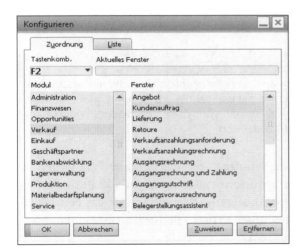 (LAYOUTDESIGNER) das Drucklayout für den Export festlegen.

## 16.5 Anpassungsmöglichkeiten für den Benutzer

SAP Business One bietet einige Schmankerl für Sie als Benutzer, damit Sie das Programm an Ihre Wünsche und Bedürfnisse anpassen können.

### Benutzertastaturkürzel

Mit den *Benutzertastaturkürzeln* können Sie häufig genutzte Fenster und Funktionen den Funktionstasten F2 bis F10 Ihrer Tastatur zuweisen. Um Funktionstasten zu belegen, öffnen Sie das Fenster KONFIGURIEREN und hier die Registerkarte ZUORDNUNG über das Menü EXTRAS • BENUTZERTASTATURKÜRZEL • KONFIGURIEREN (siehe Abbildung 16.16).

Kürzel für häufig genutzte Fenster und Funktionen

**Abbildung 16.16** Benutzertastaturkürzel zuweisen

Um Funktionstasten zu belegen, gehen Sie im Einzelnen folgendermaßen vor:

Funktionstasten belegen

1. Wählen Sie im Feld TASTENKOMB. eine Funktionstaste aus der Auswahlliste im linken oberen Bereich aus. Es stehen Ihnen die Funktionstasten F2 bis F12 zur Verfügung.

2. Wählen Sie in der Spalte MODUL das Modul, in dem sich das Fenster befindet.

3. Wählen Sie in der Spalte FENSTER das Fenster, das Sie der Funktionstaste zuweisen möchten.

4. Klicken Sie auf den Button ZUWEISEN, um die Funktionstaste zu belegen. Das zugewiesene Fenster erscheint daraufhin im Feld AKTUELLES FENSTER. Im Beispiel in Abbildung 16.16 wird der Funktionstaste [F2] das Fenster KUNDENAUFTRAG zugewiesen. Um eine Funktionstaste wieder von der Belegung zu lösen, wählen Sie sie aus und klicken auf den Button ENTFERNEN.

Eine Liste der belegten Funktionstasten samt den zugeordneten Fenstern finden Sie im Fenster KONFIGURIEREN auf der Registerkarte LISTE oder unter EXTRAS • BENUTZERTASTATURKÜRZEL • TASTATURKÜRZEL.

### Benutzermenü

*Eigenes Benutzermenü gestalten*

Neben einer individuellen Belegung der Funktionstasten haben Sie zudem die Möglichkeit, ein eigenes Benutzermenü zu gestalten.

**[+]** **Benutzermenü nicht im Cockpit möglich**

Das von Ihnen organisierte Benutzermenü ist nur in der klassischen Ansicht von SAP Business One und nicht bei aktiviertem Cockpit sichtbar. Die Funktionen des Benutzermenüs werden im Cockpit vom Widget HÄUFIG GENUTZTE FUNKTIONEN abgedeckt.

Bevor Sie Ihrem eigenen Benutzermenü Fenster oder Funktionen zuweisen, sollten Sie ein Benutzermenü anlegen. In SAP Business One nennt man dies auch »organisieren«. Dazu öffnen Sie das Fenster BENUTZERMENÜ BEARBEITEN unter EXTRAS • BENUTZERMENÜ • ORGANISIEREN… (siehe Abbildung 16.17).

Abbildung 16.17 zeigt das Benutzermenü im Ausgangszustand. Sie können bestehende Ordner umbenennen (Button UMBENENNEN), Ordner löschen (Button LÖSCHEN) oder einen neuen Ordner anlegen (Button NEUER ORDNER). Darüber hinaus können Sie mit den Feldern (und Auswahllisten) EBENE, ORDNER und POSITION IN ORDNER die Reihenfolge der Ordner und die Hierarchie bestimmen.

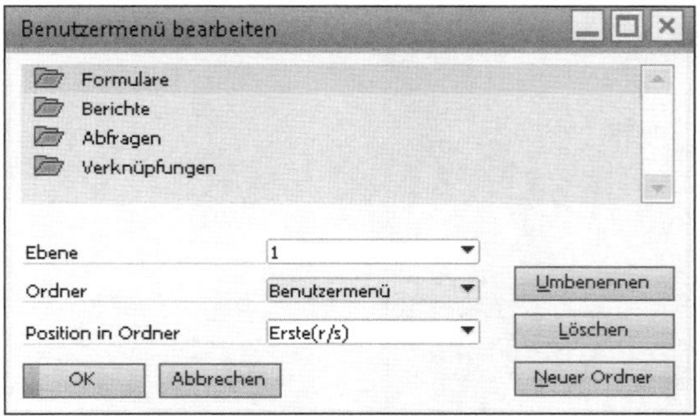

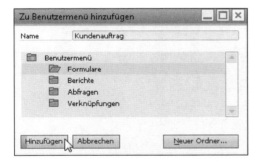

**Abbildung 16.17** Benutzermenü organisieren

Um dem Benutzermenü ein Fenster hinzuzufügen, öffnen Sie dieses Fenster und wählen den Befehl ZU BENUTZERMENÜ HINZUFÜGEN unter EXTRAS • BENUTZERMENÜ • ZU BENUTZERMENÜ HINZUFÜGEN. Das Fenster ZU BENUTZERMENÜ HINZUFÜGEN wird anschließend geöffnet (siehe Abbildung 16.18).

**Fenster hinzufügen**

**Abbildung 16.18** Fenster »Kundenauftrag« dem Benutzermenü hinzufügen

Wählen Sie nun den Ordner aus, in dem das Fenster gespeichert werden soll, und klicken Sie auf den Button HINZUFÜGEN. Sie können das Benutzermenü auf der Registerkarte BENUTZERMENÜ im Hauptmenü aufrufen. Dort finden Sie die angelegte Ordnerstruktur samt den zugeordneten Fenstern wieder. Abbildung 16.19 zeigt ein Beispiel für eine mögliche Anordnung des Benutzermenüs eines Vertriebsmitarbeiters.

Der Vorteil des organisierten Benutzermenüs liegt darin, dass Sie sich nicht an die Struktur des Hauptmenüs mit den einzelnen Modulen halten müssen.

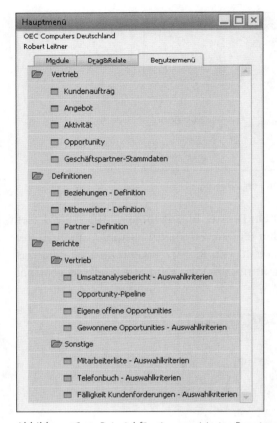

**Abbildung 16.19** Beispiel für ein organisiertes Benutzermenü

### Spalten in Auswahllisten anpassen

Ansicht von Spalten anpassen

Wie bereits verdeutlicht, haben Sie bei nahezu jedem Fenster in SAP Business One die Möglichkeit, über den Button ⬚ (FORMULAREIN-STELLUNGEN) in der Symbolleiste alle Spalten eines Fensters Ihren Wünschen entsprechend zu arrangieren. Neben den üblichen Fenstern steht Ihnen diese Technik auch in den Auswahllisten zur Verfügung. Öffnen Sie z. B. das Fenster BESTELLUNG im Modul EINKAUF, und drücken Sie im Feld KUNDE die ⇥-Taste, um die Auswahlliste (Fenster LISTE: GESCHÄFTSPARTNER) zu öffnen. Klicken Sie nun auf den Button ⬚ (FORMULAREINSTELLUNGEN), um die Spalten für die geöffnete Auswahlliste der Kunden anzupassen. Im nun geöffneten Fenster LISTE – EINSTELLUNGEN sehen Sie die vorhandenen Spalten der Auswahlliste in Tabellenform (siehe Abbildung 16.20).

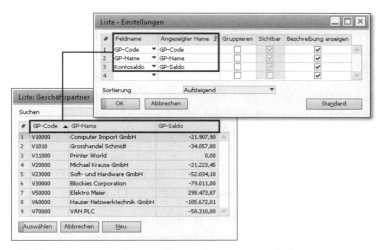

**Abbildung 16.20** Formulareinstellungen für »Liste: Geschäftspartner«

Um die Spalten zu ändern, pflegen Sie die folgenden Felder und Checkboxen:

▶ **Spalte »Feldname«**
Wählen Sie das Feld, das angezeigt werden soll, aus der Werteliste aus.

▶ **Spalte »Angezeigter Name«**
Geben Sie den Spaltennamen ein, der in der Auswahlliste tatsächlich angezeigt werden soll.

▶ **Spalte »Gruppieren«**
Aktivieren Sie diese Checkbox, um die angezeigten Einträge der Auswahlliste zu gruppieren.

▶ **Spalte »Sichtbar«**
Markieren Sie diese Checkbox, wenn das Gruppierungskriterium auch sichtbar sein soll. Diese Checkbox ist immer aktiviert, wenn es sich um nicht gruppierte Felder handelt.

▶ **Spalte »Beschreibung anzeigen«**
Markieren Sie diese Checkbox, um die Feldbeschreibung und nicht den Feldcode anzuzeigen.

| Feld »Gruppencode« | [zB] |
| --- | --- |

Beim Feld GRUPPENCODE würde ohne diese Beschreibung die interne Nummer der Lieferantengruppe und nicht der Name angezeigt werden.

▸ **Feld »Sortierung«**

Geben Sie hier an, ob die Einträge für dieses Feld aufsteigend oder absteigend angezeigt werden sollen.

Bestätigen Sie die Änderungen mit den Buttons AKTUALISIEREN und OK. Klicken Sie auf den Button STANDARD, um die ursprüngliche Einstellung wieder aufzurufen. Um die Änderungen sichtbar zu machen, schließen Sie die Auswahlliste und öffnen sie erneut.

**Beispiele für Auswahllisten** Im Folgenden sehen Sie zwei Beispiele dafür, wie die bereits beschriebene Auswahlliste LIEFERANTEN (Fenster LISTE: GESCHÄFTSPARTNER im Fenster BESTELLUNG) dargestellt werden kann.

▸ **Anzeige der Lieferanten plus Lieferantengruppe**

Wählen Sie im Fenster LISTE – EINSTELLUNGEN in der vierten Zeile den Eintrag GRUPPENCODE aus der Auswahlliste (siehe Abbildung 16.21) aus.

Bestätigen Sie dies abschließend mit den Buttons AKTUALISIEREN und OK. Damit die geänderte Anzeige in der Auswahlliste LIEFERANTEN wirksam wird, schließen Sie dieses Fenster und öffnen es nochmals.

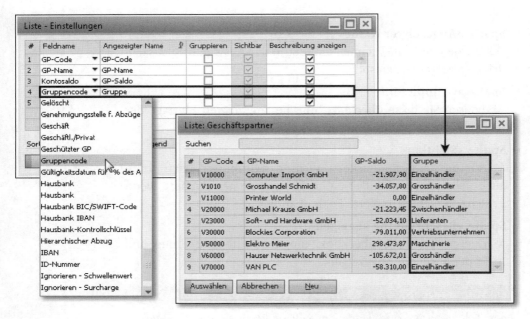

**Abbildung 16.21** Auswahlliste »Lieferanten« mit Lieferantengruppe

▶ **Anzeige der Lieferanten, gruppiert nach der Lieferantengruppe**
Wählen Sie im Fenster LISTE – EINSTELLUNGEN in der vierten Zeile den Eintrag GRUPPENCODE aus der Auswahlliste aus, und markieren Sie die Checkboxen GRUPPIEREN und SICHTBAR (siehe Abbildung 16.22, oberes Fenster).

Bestätigen Sie dies abschließend mit den Buttons AKTUALISIEREN und OK. Damit die geänderte Anzeige in der Auswahlliste LIEFERANTEN wirksam wird (siehe Abbildung 16.22, unteres Fenster), schließen Sie dieses Fenster und öffnen es nochmals.

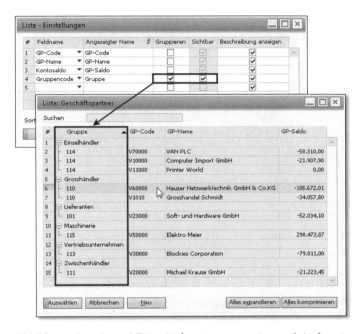

**Abbildung 16.22** Auswahlliste »Lieferanten«, gruppiert nach Lieferantengruppe

## 16.6 Änderungsprotokoll

Mit dem Änderungsprotokoll ist die Nachverfolgung von Daten in SAP Business One gewährleistet. Gerade in einem System, in dem mehrere Benutzer mit denselben Daten arbeiten, ist es für die Kontrolle und Nachverfolgung bei eventuell auftretenden Schwierigkeiten ein wichtiges Hilfsmittel, die Änderungen z. B. bei einem Artikel nachvollziehen zu können. Öffnen Sie das Fenster, für das Sie das

Nachverfolgung und Kontrolle

Änderungsprotokoll einsehen möchten. Öffnen Sie zusätzlich das Fenster ÄNDERUNGSPROTOKOLL (siehe Abbildung 16.23) über das Menü EXTRAS.

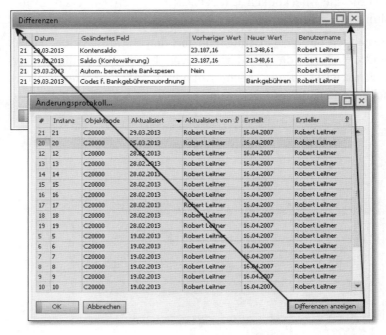

**Abbildung 16.23** Änderungsprotokoll und Differenzen zwischen den einzelnen Änderungen

Im Fenster ÄNDERUNGSPROTOKOLL sehen Sie alle Änderungen des zuvor geöffneten Fensters. In Abbildung 16.23 wird das Änderungsprotokoll eines Geschäftspartners angezeigt. Jeder der Einträge steht für eine Änderung, der erste Eintrag ist der Geschäftspartner nach dem Anlegen. Pro Änderung werden das Aktualisierungsdatum und der Benutzer protokolliert. Klicken Sie doppelt auf die Zeilennummer (Spalte #, nicht auf die Spalte INSTANZ), und Sie erhalten den Artikel in seinem ursprünglichen Zustand.

**[zB]** | **Fenster »Änderungsprotokoll«**

Sie öffnen den Eintrag 2 vom 25.03.2013 im Fenster ÄNDERUNGSPROTOKOLL in Abbildung 16.23 und erhalten das Fenster GESCHÄFTSPARTNER in dem Zustand, das es nach der Änderung vom 25.03.2013 hatte.

Darüber hinaus können Sie hintereinander angeordnete Änderungen miteinander vergleichen. In Abbildung 16.23 wird die vorletzte mit der letzten Version des Geschäftspartners verglichen. Dazu markieren Sie den vorletzten Eintrag und klicken auf den Button DIFFERENZEN ANZEIGEN. Es öffnet sich das Fenster DIFFERENZEN, wie in Abbildung 16.23 zu sehen ist. Im Fenster DIFFERENZEN sehen Sie die Spalten GEÄNDERTES FELD, VORHERIGER WERT und NEUER WERT.

## 16.7    Funktionen ausblenden

SAP Business One bietet seit Release 9.1 die Möglichkeit, bestimmte nicht benötigte Funktionen komplett auszublenden und so die angezeigten Felder, Registerkarten und Fenster maßgeblich zu reduzieren. Dies trägt wiederum zu einer besseren Übersicht und zu einer vereinfachten Bedienung für den Benutzer bei.

Gehen Sie zum Fenster ALLGEMEINE EINSTELLUNGEN auf der Registerkarte FUNKTIONEN AUSBLENDEN unter ADMINISTRATION • SYSTEMINITIALISIERUNG, um Funktionen auszublenden. Markieren Sie die Checkbox der Funktionen, die Sie ausblenden möchten, etwa, weil diese in Ihrem Unternehmen nicht zum Einsatz kommen. Die betreffenden Funktionen können auf dem gleichen Weg jederzeit wieder eingeblendet werden. In Abbildung 16.24 werden auf diese Weise die Funktionen BUDGET und PRODUKTION ausgeblendet.

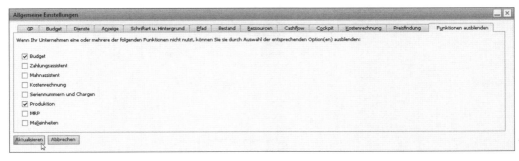

**Abbildung 16.24**  Fenster »Allgemeine Einstellungen« – Funktionen ausblenden

Alle Felder, Registerkarten und Fenster, die mit diesen Funktionen in Zusammenhang stehen, werden daraufhin nicht mehr angezeigt. Nachdem Sie die gewünschten Funktionen markiert haben, bestätigen Sie mit dem Button AKTUALISIEREN.

## 16.8 Konfigurierbares User Interface

Anpassung an
die Benutzer-
bedürfnisse

Das *konfigurierbare User Interface* (= UI) stellt ein besonderes Highlight bei den Anpassungsmöglichkeiten für den Benutzer dar. Mit dieser Funktion bietet SAP Business One die Möglichkeit, die Anordnung und die Eigenschaften der Felder in den Fenstern entsprechend den Wünschen des Benutzers frei zu gestalten. Weil es sich dabei um eine sehr mächtige Funktion handelt, sind straffe Regeln bei ihrer Anwendung erforderlich. Die Funktion sollte auch nur durch oder mit Unterstützung eines Key-Users eingesetzt werden.

Als Beispiel für die Anpassungsmöglichkeiten von SAP-Business-One-Fenstern sehen Sie in Abbildung 16.25 das Fenster GESCHÄFTS-PARTNER-STAMMDATEN mit dem Kunden »C30000 – Computerhandel Müller« mit der standardmäßigen Anordnung der Felder.

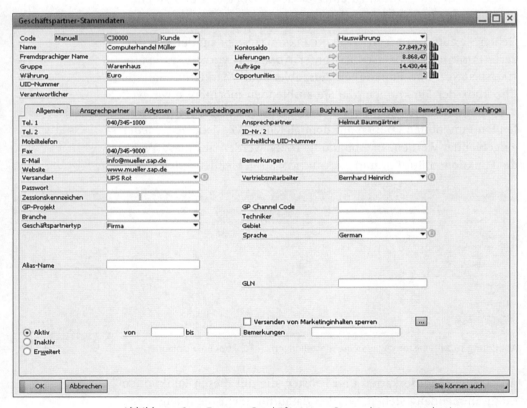

**Abbildung 16.25** Fenster »Geschäftspartner-Stammdaten« – vor der Anpassung

Klicken Sie nun im Menü Extras auf den Menüeintrag Formular-UI bearbeiten..., um das derzeit aktive und in Abbildung 16.25 gezeigte Fenster anzupassen. Nach Anklicken des Eintrags Formular-UI bearbeiten... wechselt das Fenster in den UI-Bearbeitungsmodus. Den Bearbeitungsmodus erkennen Sie an der schwarzen Leiste am oberen Rand des Fensters (siehe Abbildung 16.26).

Bearbeitungs-modus

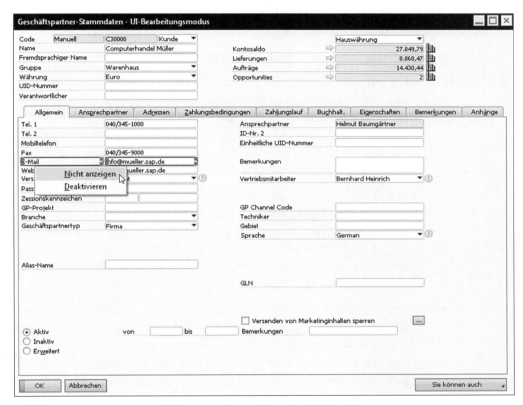

**Abbildung 16.26** Fenster »Geschäftspartner-Stammdaten« im UI-Bearbeitungs-modus

Die in dem Fenster enthaltenen Felder können nun auf die folgende Weise angepasst werden:

Mögliche Anpassungen

▶ **Feld ausblenden**
Das Feld wird gar nicht mehr im Fenster angezeigt. Damit lassen sich Felder, die der Benutzer nicht benötigt, komplett ausblenden.

▶ **Feld deaktivieren**
Das Feld wird grau hinterlegt angezeigt und kann vom Benutzer nicht mehr verändert werden.

▸ **Feld innerhalb des Fensters verschieben**
Das Feld lässt sich an einer beliebigen Stelle positionieren, sodass die Feldanzeige an die Bedürfnisse des Benutzers angepasst werden kann.

▸ **Mehrere Felder ausrichten**
Um die Felder ordentlich auf dem Fenster zu positionieren, haben Sie die Möglichkeit, diese in alle vier Richtungen in einer Reihe auszurichten.

Im Folgenden werden diese Funktionen nun detailliert beschrieben.

Feld ausblenden

Um ein Feld auszublenden, wechseln Sie, wie bereits beschrieben, in den Bearbeitungsmodus (über den Menüeintrag FORMULAR-UI BEARBEITEN... im Menü EXTRAS). Klicken Sie anschließend mit der rechten Maustaste auf das Feld, das ausgeblendet werden soll, und wählen Sie den Eintrag NICHT ANZEIGEN aus dem Kontextmenü. Das Feld wird daraufhin nicht mehr angezeigt.

In Abbildung 16.26 wird das Kontextmenü beim Feld E-MAIL aufgerufen und bezüglich dieses Feldes der Eintrag NICHT ANZEIGEN gewählt. Sollte die Änderung gespeichert werden, wird das Feld E-MAIL nicht mehr eingeblendet. Diese Funktion eignet sich sehr gut dafür, etwaige Felder, die (derzeit) nicht benötigt werden, auszublenden.

Feld deaktivieren

Um ein Feld zu deaktivieren, klicken Sie im UI-Bearbeitungsmodus mit der rechten Maustaste auf das Feld, das ausgeblendet werden soll, und wählen den zweiten Eintrag DEAKTIVIEREN aus dem Kontextmenü. Das Feld wird anschließend grau hinterlegt angezeigt und kann vom Benutzer nicht mehr verändert werden.

Feld verschieben

Um ein Feld zu verschieben, klicken Sie mit der linken Maustaste auf dieses Feld, bis die kleinen grauen quadratischen Anfasspunkte in der Ecke des Feldes sichtbar werden. Dabei werden das Feld selbst und gleichzeitig die Feldbeschreibung markiert. Fassen Sie nun einen der quadratischen Anfasspunkte mit der linken Maustaste an, ziehen Sie das Feld an die gewünschte Position, und lassen Sie es dort fallen (Drag & Drop, siehe Abbildung 16.27).

**Abbildung 16.27** Fenster »Geschäftspartner-Stammdaten« mit verschobenem Feld »Sprache«

Alle Änderungen können Sie auch für mehrere Felder gleichzeitig vornehmen, indem Sie jedes einzelne Feld markieren, dieses mithilfe der ⌈Strg⌉-Taste gedrückt halten und die weiteren gewünschten Felder nacheinander mit der linken Maustaste anklicken und so ebenfalls markieren.

*Mehrere Felder gleichzeitig verschieben*

Alternativ dazu klicken Sie mit der linken Maustaste auf eine den zu markierenden Feldern nahe gelegene leere Stelle und ziehen einen Rahmen um diese Felder. Die Felder werden daraufhin markiert.

Nachdem Sie alle gewünschten Anpassungen vorgenommen haben, klicken Sie abschließend mit der rechten Maustaste auf eine freie Stelle im gerade bearbeiteten Fenster. Im nun geöffneten Kontextmenü haben Sie drei Möglichkeiten:

*Anpassung speichern und Speicherung wieder aufheben*

695

▸ Speichern: Wählen Sie diesen Eintrag, um alle vorgenommenen Änderungen in dem Fenster zu speichern. Das Fenster verbleibt im UI-Bearbeitungsmodus.

▸ UI-Bearbeitungsmodus verlassen: Wählen Sie diesen Eintrag, um den UI-Bearbeitungsmodus zu beenden. SAP Business One fragt Sie daraufhin, ob Sie die Änderungen speichern möchten.

▸ Standard wiederherstellen: Wählen Sie diesen Eintrag, um alle Änderungen wieder rückgängig zu machen und den Ausgangszustand des Fensters wiederherzustellen.

In Abbildung 16.28 sehen Sie die zuvor vorgenommenen Änderungen: Das Feld E-Mail wurde ausgeblendet ❶, das Feld Sprache ❷ wurde verschoben, und anhand der grauen Hinterlegung sehen Sie, dass das Feld Versandart ❸ deaktiviert wurde.

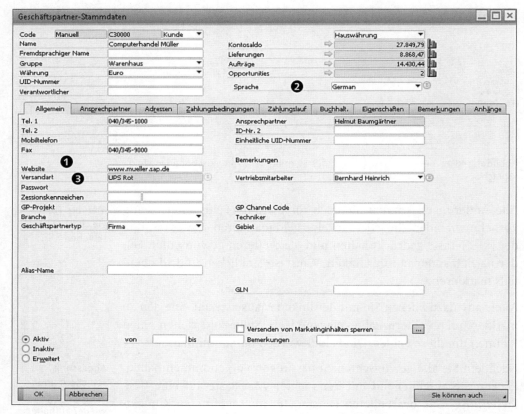

**Abbildung 16.28** Fenster »Geschäftspartner-Stammdaten« mit Änderungen in der Benutzeroberfläche

Um die gespeicherten Änderungen wieder rückgängig zu machen, wechseln Sie erneut in den UI-Bearbeitungsmodus und klicken mit der rechten Maustaste auf eine freie Stelle im bearbeiteten Fenster. Im nun geöffneten Kontextmenü wählen Sie den Eintrag STANDARD WIEDERHERSTELLEN und bestätigen die folgende Sicherheitsfrage mit dem Button JA. Anschließend können Sie den UI-Bearbeitungsmodus wieder verlassen.

Um mehrere Felder an einer Linie auszurichten, wechseln Sie wieder in den UI-Bearbeitungsmodus und markieren die auszurichtenden Felder (wie eben erläutert, entweder mithilfe der ⎡Strg⎤-Taste oder indem Sie einen Rahmen um die Felder ziehen). Klicken Sie anschließend mit der rechten Maustaste auf eines der markierten Felder, und wählen Sie aus dem Kontextmenü zunächst den Eintrag AUSRICHTEN und anschließend die gewünschte Richtung, in die ausgerichtet werden soll: LINKS, RECHTS, OBEN, UNTEN).

**Felder ausrichten**

> ### Benutzerdefinierte Felder verschieben
>
> **[+]**
>
> Die Möglichkeiten zur Anpassung der Fenster in SAP Business One sind derart ausgeprägt, dass sogar benutzerdefinierte Felder aus dem angehängten Zusatzfenster in das Hauptfenster verschoben werden können. Dadurch erhöht sich der Nutzen benutzerdefinierter Felder stark, da diese wie ein Standardfeld in das Hauptfenster integriert werden können. Das Hauptfenster kann dadurch fast beliebig mit Feldern erweitert werden, und Sie müssen kein Zusatzfenster öffnen.
>
> Die Verwaltung und der Einsatz benutzerdefinierter Felder stellen ein weiterführendes Thema dar, für das Sie einen Consultant zu Rate ziehen sollten.

## 16.9    Alternative Tastaturbelegung

Standardmäßig ist in SAP Business One die ⎡↹⎤-Taste ein sehr wichtiges Instrument bei der Bedienung, z. B. in Belegfenstern oder bei Journalbuchungen. Seit Release 9.2 von SAP Business One haben Sie die Möglichkeit, die Tastaturbelegung in SAP Business One so zu ändern, dass die ⎡↹⎤-Taste durch die ⎡↵⎤-Taste des Nummernblocks Ihrer Tastatur ersetzt werden kann. Diese Einstellung nehmen Sie im Fenster ALLGEMEINE EINSTELLUNGEN auf der Registerkarte DIENSTE unter ADMINISTRATION • SYSTEMINITIALISIEREUNG vor (siehe Abbildung 16.29).

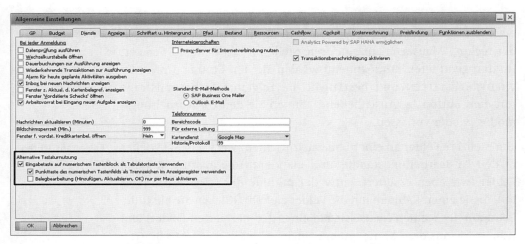

**Abbildung 16.29** Alternative Tastaturbelegung einstellen

Generell können Sie an dieser Stelle drei Einstellungen vornehmen:

▸ **Checkbox »Eingabetaste auf numerischem Tastenblock als Tabulatortaste verwenden«**
Diese Einstellung ermöglicht generell das Ersetzen der ⇥-Taste durch die ⏎-Taste. Diese Einstellung kommt z. B. Buchhaltern entgegen, die nunmehr am Nummernblock zum Weiterbewegen des Cursors die ⏎-Taste verwenden können, was wesentlich effizienter ist.

▸ **Checkbox »Punkttaste des numerischen Tastenfelds als Trennzeichen im Anzeigeregister verwenden«**
Diese Einstellung ermöglicht es, dass – wenn sich auf Ihrem numerischen Tastenblock eine Punkttaste (.) befindet – die Punkttaste die Funktion des Kommas (,) übernimmt. Dadurch können Beträge wesentlich rascher und effizienter eingegeben werden.

▸ **Checkbox »Belegbearbeitung (Hinzufügen, Aktualisieren, OK) nur per Maus aktivieren«**
Grundsätzlich liegt in einem SAP-Business-One-Fenster der Inputfokus der Tastatur auf dem Button ganz links unten in diesem Fenster. Zum Beispiel liegt der AKTUALISIEREN-Button unten links, der bei Änderung einer bestehenden Bestellung angeklickt werden müsste. Mit der ⏎-Taste können Sie diesen Button in der Regel ohne Zuhilfenahme der Maus anklicken. Mithilfe der Checkbox BELEGBEARBEITUNG (HINZUFÜGEN, AKTUALISIEREN, OK) NUR PER

MAUS AKTIVIEREN können Sie dies unterdrücken, und der Button AKTUALISIEREN müsste mit der Maus angeklickt werden. Dadurch kämen Sie sich mit den anderen beiden Einstellungen der alternativen Tastaturbelegung nicht in die Quere.

| **Verwenden der alternativen Tastaturbelegung** | **[+]** |
| --- | --- |
| Die alternative Tastaturbelegung wird vor allem jene Benutzer erfreuen, die eine Vielzahl an Bewegungsdaten wie Journalbuchungen, Zahlungen, Einkaufs- und Verkaufsbelege etc. eingeben. Probieren Sie alle drei Einstellungen aus, und finden Sie die für Sie ideale Kombination. Das kann z. B. für einen Buchhalter, der eine Journalbuchung anlegt, eine andere Einstellung sein als für einen Einkäufer, der täglich eine Vielzahl an Bestellungen bearbeitet. | |

## 16.10 SAP Business One im Webbrowser

Seit Release 9.2 von SAP Business One haben Sie die Möglichkeit, SAP Business One im Webbrowser zu öffnen und mit den meisten Funktionen zu verwenden. Der Webbrowser wird dann anstelle des üblichen SAP Business One Clients verwendet. Nach der erstmaligen Einrichtung kann der Benutzer von Sitzung zu Sitzung selbstständig entscheiden, ob der Zugriff auf SAP Business One über den Client oder den Webbrowser erfolgen soll.

Um den Zugriff auf SAP Business One mithilfe des Webbrowsers zu ermöglichen, muss dieser Zugriff zunächst im System Landscape Directory (SLD) eingerichtet werden. Dabei wird der Zugriff im ersten Schritt aktiviert, im zweiten Schritt wird die Webadresse festgelegt. Da der Einrichtungsvorgang zu den weiterführenden Themen zählt, sollte er ausschließlich von einem Consultant vorgenommen werden und wird hier nicht weiter erläutert.

*Zugriff mittels Webbrowser einrichten*

Sobald die Einrichtung abgeschlossen ist, starten Sie Ihren Webbrowser mit der voreingestellten Webadresse. Wenn Sie Ihre Benutzerdaten wie gewohnt eingeben, gelangen Sie zum Startbildschirm von SAP Business One in der Webdarstellung (siehe Abbildung 16.30).

*Zugriff mittels Webbrowser starten*

Die Vorteile des Webbrowser-Zugriffs sind zum einen die einfachere Administration – es sind keine Updates des Clients mehr notwendig – und zum anderen der sichere Zugriff von jedem Ort aus.

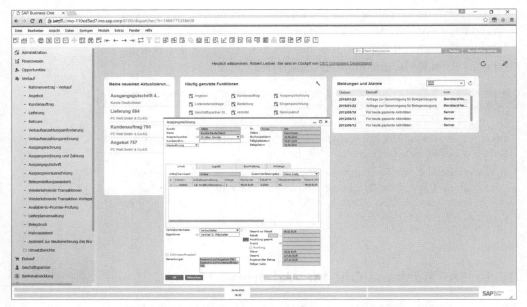

**Abbildung 16.30** Startbildschirm von SAP Business One im Webbrowser – Cockpit aktiviert, Fenster »Ausgangsrechnung« geöffnet

**[+] Technische Einschränkungen**

Aus technischen Gründen werden nicht alle Funktionen, die im klassischen SAP Business One Client zur Verfügung stehen, im Webbrowser-Client unterstützt. Um eine aktuelle Übersicht zu erhalten, welche Funktionen nicht zur Verfügung stehen und welche Webbrowser in welcher aktuellen Version verwendet werden können, ziehen Sie bitte einen Consultant zu Rate.

## 16.11 Übungsaufgaben

1. Überlegen Sie, welche Funktionen bzw. Fenster ein Einkaufsmitarbeiter benötigt, der gleichzeitig auch im Service tätig ist. Deaktivieren Sie das Cockpit, falls dies aktiv ist. Erstellen Sie anschließend ein sinnvolles Benutzermenü, das die Ordner MEINE FENSTER für die wichtigsten Fenster und MEINE BERICHTE für die wichtigsten Berichte enthält.

2. Belegen Sie die Tasten ⌨️F2 bis ⌨️F5 mit den Fenstern BESTELLUNG, EINGANGSRECHNUNG, OFFENE BELEGE, AKTIVITÄT und RABATTGRUPPEN.

3. Erstellen Sie eine Liste mit allen offenen Aufträgen des Kunden »C23900 – Gerber GmbH«. Exportieren Sie diese in Microsoft Excel.

4. Erstellen Sie eine Liste mit allen Eingangsrechnungen des Lieferanten »V10000 – Computer Import GmbH«.

5. Erstellen Sie eine Liste aller Wareneingangszeilen des Artikels »A00001 – IBM Infoprint 1312«. Sortieren Sie diese nach Datum.

6. Überprüfen Sie, welcher Benutzer die erste Änderung beim Geschäftspartner »C20000« vorgenommen hat. Stellen Sie die Unterschiede zur nachfolgenden Änderung dar.

7. Erstellen Sie eine Liste aller offenen Angebote mit dem Artikel »A00003«. Schließen Sie das jüngste Angebot, das nicht den Status GESCHLOSSEN hat.

# A  SAP Business One kompakt

## A.1  Tastaturbefehle

Eine umfassende Übersicht über alle *allgemeinen* Shortcuts (oder auch Tastaturbefehle/Tastenkürzel) finden Sie in Tabelle A.1.

| Funktion | Shortcut/Tastaturbefehl |
|---|---|
| in das nächste eingabebereite Feld springen | ⇥-Taste |
| in das vorige eingabebereite Feld springen | ⇧+⇥-Taste |
| von Zeile zu Zeile springen in einem Textfeld mit mehr als einer Zeile | ↵-Taste |
| Rückgängigmachen | Strg+Z |
| Wiederherstellen | Strg+⇧+Z |
| Text kopieren | Text markieren und Strg+C |
| Text ausschneiden | Text markieren und Strg+X |
| Text einfügen | Cursor in Zielfeld positionieren und Strg+V |
| Auswahl einer Funktion, die mit einem Unterstrich in der Beschreibung versehen ist | Alt + [Buchstabe], der mit Unterstrich versehen ist |
| Drucken | Strg+P |
| aufeinanderfolgende Zeilen auswählen | auf erste Zeile klicken, dann ⇧-Taste gedrückt halten und auf letzte Zeile des gewünschten Bereichs klicken |
| separate Zeilen auswählen | auf erste Zeile klicken, dann Strg-Taste gedrückt halten und auf andere Zeile klicken |
| Auswahl einer Zeile zurücknehmen | Strg-Taste gedrückt halten und auf Zeile klicken |
| in Hinzufügen-Modus wechseln | Strg+A |
| in Suchen-Modus wechseln | Strg+F |
| zu vorigem Datensatz blättern | Strg+← |
| zu nächstem Datensatz blättern | Strg+→ |

**Tabelle A.1** Allgemeine Tastaturbefehle

| Funktion | Shortcut/Tastaturbefehl |
|---|---|
| Datensatz duplizieren | `Strg`+`D` |
| Feldnamen in einem Bearbeitungs-fenster ändern | `Strg` + Doppelklick auf Feldname |
| Eingabe des Tagesdatums | beliebiger Buchstabe und `⇆`-Taste |
| Eingabe eines Datums im aktuellen Monat | Tag eingeben (z. B. »12«) und `⇆`-Taste |
| Eingabe eines Datums im aktuellen Jahr | Tag und Monat in Ziffern eingeben (z. B. »1210«) und `⇆`-Taste |
| Eingabe eines beliebigen Datums | Tag und Monat in Ziffern (z. B. »121006«) eingeben und `⇆`-Taste |

**Tabelle A.1** Allgemeine Tastaturbefehle (Forts.)

Eine umfassende Übersicht über alle Shortcuts (oder auch Tastatur-befehle) in einer Tabelle finden Sie in Tabelle A.2.

| Funktion | Shortcut/Tastaturbefehl |
|---|---|
| Zeile duplizieren | `Strg`+`M` |
| Zeile löschen | `Strg`+`K` |
| Auswahl eines Geschäftspartners in der Journalbuchung | `Strg`+`⇆`-Taste |
| Tabelle nach einer Spalte aufstei-gend sortieren | Doppelklick auf die Spaltenüber-schrift |
| Tabelle nach einer Spalte absteigend sortieren | `Alt` + Doppelklick auf die Spalten-überschrift |

**Tabelle A.2** Tastaturbefehle in einer Tabelle

Eine umfassende Übersicht über alle Shortcuts (oder auch Tastatur-befehle) in Einkaufs- und Verkaufsbelegen finden Sie in Tabelle A.3.

| Funktion | Shortcut/Tastaturbefehl |
|---|---|
| Detailinformation für Zeile anzeigen | `Strg`+`F` |
| Einstellungen zum Beleg | `Strg`+`B` |
| Bruttogewinn | `Strg`+`G` |
| Zahlungsmittel | `Strg`+`Y` |
| Volumen und Gewicht | `Strg`+`W` |

**Tabelle A.3** Tastaturbefehle in Einkaufs- und Verkaufsbelegen

| Funktion | Shortcut/Tastaturbefehl |
|---|---|
| Buchungsjournal | [Strg]+[J] |
| Basisbeleg öffnen | [Strg]+[N] |
| Zielbeleg öffnen | [Strg]+[T] |
| in das Eingabefeld für die Nummer des Geschäftspartners springen | [Strg]+[U] |
| in die erste Zeile der Tabelle springen | [Strg]+[H] |
| in die letzte Zeile der Tabelle springen | [Strg]+[E] |
| in das Feld BEMERKUNGEN springen | [Strg]+[R] |
| Seriennummer für einen Artikel beim Hinzufügen eines Verkaufs- belegs aufrufen | [Strg]+[⇆]-Taste im Mengenfeld des Artikels im Beleg oder in den Zeilendetails |
| die letzten Preise in einem Verkaufs- beleg aufrufen | [Strg]+[⇆]-Taste im Preisfeld des Artikels im Beleg oder in den Zeilen- details |
| Bestandsbericht für ein Lager in einem Verkaufsbeleg aufrufen | [Strg]+[⇆]-Taste im Feld LAGER für den Artikel im Beleg oder in den Zeilendetails |
| Kopieren des fälligen Betrags im Feld GESAMT auf der Registerkarte des Zahlungsmittels (Fenster EIN- GANGSZAHLUNG, AUSGANGSZAHLUNG) | [Strg]+[B] |

**Tabelle A.3** Tastaturbefehle in Einkaufs- und Verkaufsbelegen (Forts.)

## A.2 Symbole und Buttons

Eine generelle Übersicht über die Symbole (Icons) und Buttons zur Programmbedienung finden Sie in Tabelle A.4.

| Symbol | Bedeutung/Anmerkung |
|---|---|
|  | orangefarbener Pfeil – öffnet das dahinterliegende Fenster |
|  | Dropdown – öffnet das dahinterliegende Dropdown- Fenster |
|  | Auswahlliste – öffnet die Auswahlliste |

**Tabelle A.4** Generelle Übersicht über Symbole und Buttons in SAP Business One

| Symbol | Bedeutung/Anmerkung |
|---|---|
| | Listenauswahl – öffnet die Listenauswahl |
| | schwarzes Dreieck – expandiert die dahinterliegende Struktur; nochmaliger Klick komprimiert die Struktur |
| | Kalenderfunktion – verfügbar in Datumsfeldern |
| | Rechnerfunktion – verfügbar in Betragsfeldern |
| | übersetzbares Feld – Übersetzung wurde (noch) keine vorgenommen |
| | übersetzbares Feld – Übersetzung wurde bereits vorgenommen |

**Tabelle A.4** Generelle Übersicht über Symbole und Buttons in SAP Business One

In der Symbolleiste haben Sie die Buttons aus Tabelle A.5 zur Verfügung.

| Symbol | Bedeutung/Anmerkung |
|---|---|
| | DRUCKVORSCHAU<br>Wenn dieses Symbol aktiv ist, können Sie eine Berichtsansicht zu dem gerade aktuellen Fenster in der Druckvorschau (z. B. BESTELLUNG) aufrufen. |
| | DRUCKEN<br>Wenn dieses Symbol aktiv ist, können Sie eine Berichtsansicht zu dem gerade aktuellen Fenster (z. B. BESTELLUNG) ausdrucken. |
| | E-MAIL<br>Mit diesem Symbol haben Sie die Möglichkeit, den gerade aktuellen Beleg (z. B. Ausgangsrechnung) per E-Mail zu versenden. Klicken Sie auf den Button, bestätigen Sie, dass der Beleg an die E-Mail angehängt wird, und klicken Sie abschließend auf SENDEN. |
| | FAX<br>Mit diesem Symbol haben Sie die Möglichkeit, den gerade aktuellen Beleg (z. B. Ausgangsrechnung) per Fax zu versenden. Klicken Sie auf den Button, bestätigen Sie, dass der Beleg an die elektronische Faxnachricht angehängt wird, und klicken Sie abschließend auf SENDEN. |

**Tabelle A.5** Übersicht über die Buttons in der Symbolleiste

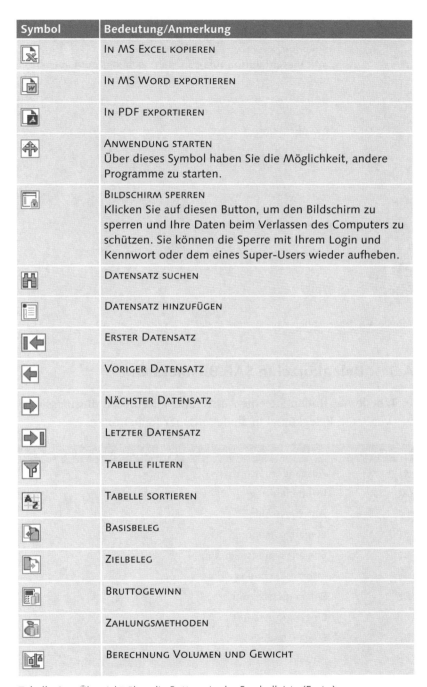

| Symbol | Bedeutung/Anmerkung |
| --- | --- |
| | IN MS EXCEL KOPIEREN |
| | IN MS WORD EXPORTIEREN |
| | IN PDF EXPORTIEREN |
| | ANWENDUNG STARTEN<br>Über dieses Symbol haben Sie die Möglichkeit, andere Programme zu starten. |
| | BILDSCHIRM SPERREN<br>Klicken Sie auf diesen Button, um den Bildschirm zu sperren und Ihre Daten beim Verlassen des Computers zu schützen. Sie können die Sperre mit Ihrem Login und Kennwort oder dem eines Super-Users wieder aufheben. |
| | DATENSATZ SUCHEN |
| | DATENSATZ HINZUFÜGEN |
| | ERSTER DATENSATZ |
| | VORIGER DATENSATZ |
| | NÄCHSTER DATENSATZ |
| | LETZTER DATENSATZ |
| | TABELLE FILTERN |
| | TABELLE SORTIEREN |
| | BASISBELEG |
| | ZIELBELEG |
| | BRUTTOGEWINN |
| | ZAHLUNGSMETHODEN |
| | BERECHNUNG VOLUMEN UND GEWICHT |

**Tabelle A.5** Übersicht über die Buttons in der Symbolleiste (Forts.)

| Symbol | Bedeutung/Anmerkung |
|--------|---------------------|
|  | BUCHUNGSJOURNAL<br>Mit diesem Button rufen Sie den Buchungsjournalbericht auf. |
|  | JOURNALBUCHUNGSVORSCHAU |
|  | LAYOUTDESIGNER |
|  | FORMULAREINSTELLUNGEN |
|  | ABFRAGEMANAGER |
|  | ÜBERSICHT NACHRICHTEN/ALARME |
|  | KALENDER |
|  | HILFE |

Tabelle A.5  Übersicht über die Buttons in der Symbolleiste (Forts.)

## A.3    Belegkürzel in SAP Business One

In Tabelle A.6 finden Sie eine Aufstellung aller in SAP Business One verwendeten Belegkürzel in alphabetischer Reihenfolge.

| Belegkürzel | Belegart |
|-------------|----------|
| AG | Ausgangsgutschrift |
| AU | Kundenauftrag |
| BC | Abschlusssaldo |
| BE | Eingangsrechnung |
| BE | Eingangsvorausrechnung |
| BE | interne Rechnung |
| BE | Eingangslastschrift |
| BK | Eingangsgutschrift |
| BL | Eingangszahlung |
| BR | Retoure |
| CP | Schecks zur Zahlung |

Tabelle A.6  Aufstellung aller Belegkürzel in SAP Business One

| Belegkürzel | Belegart |
| --- | --- |
| DT | Ausgangsanzahlungsrechnung |
| DT | Eingangsanzahlungsrechnung |
| EL | Wareneingang (Bestellung) |
| ES | Eröffnungssaldo |
| EZ | Einzahlung |
| GV | Wechsel – eingereicht/bezahlt |
| IF | Wareneinstandspreise |
| IM | Bestandsumlagerung |
| JE | Journalbuchung |
| LS | Lieferung |
| LT | Bestandsbuchung |
| MR | Bestandsneubewertung |
| PA | Montageauftrag |
| PO | Bestellung |
| QU | Angebot |
| RE | Ausgangsrechnung |
| RE | Ausgangsrechnung und Zahlung |
| RE | Ausgangsvorausrechnung |
| RE | Ausgangslastschrift |
| RE | Ausgangsrechnungsfreistellung |
| RE | Verkauf Rechnung |
| RE | Verkauf befreite Rechnung |
| RE | Ausgangsexportrechnung |
| RU | Retoure |
| SI | Wareneingang |
| SI | Eingang aus Montage |
| SO | Warenausgang |
| SO | Ausgabe für Montage |
| TT | vordatierte Kreditkartenbelege |
| ZL | Ausgangszahlungen |

**Tabelle A.6** Aufstellung aller Belegkürzel in SAP Business One (Forts.)

# B    Neuerungen in SAP Business One

Tabelle B.1 bietet Ihnen eine Übersicht über alle Neuerungen in den Releases 8.8, 9.0, 9.1 und 9.2. Darüber hinaus erfahren Sie, an welchen Stellen im Buch Sie mehr Informationen zu den Neuerungen erhalten.

| Neuerung | Release | Abschnitt oder Kapitel im Buch |
|---|---|---|
| Cockpit | 8.8 | 3.3, »Navigation mit dem Cockpit« |
| Suchfeld | 8.8 | 3.5.2, »Nach vorhandenen Datensätzen suchen« |
| Golden-Thread-Design | 9.0 | 3.7, »Allgemeine Einstellungen« |
| Firmenzeit verwalten (Zeitzonen festlegen) | 8.8 | 3.7, »Allgemeine Einstellungen« |
| SAP Business One Suggest | 8.8 | 3.7, »Allgemeine Einstellungen« |
| mobiler Zugriff auf SAP Business One | 8.8 | 4.2, »Benutzer« |
| Verknüpfung des Benutzers mit einem Microsoft-Windows-Konto | 9.0 | 4.2, »Benutzer« |
| Benutzereinstellungen übertragen | 8.8 | 4.2, »Benutzer« |
| Registerkarte ANHÄNGE (Dateien an Geschäftspartner anhängen) | 8.8 | 4.3.2, »Geschäftspartner-Stammdaten – Registerkarten« |
| wiederkehrende Aktivität | 8.8 | 4.5, »Aktivitäten« |
| Nummernserie für Artikel und Geschäftspartner (erklärt anhand der Artikelstammdaten) | 8.8 | 4.6, »Artikel« |
| Journalbuchungsvorschau | 8.8 | 5.3, »Wichtige Funktionen im Beleg«, und 6.2.5, »Weitere Funktionen im Verkauf« |
| Verknüpfungsplan | 8.8 | 5.4, »Belegkette im Einkauf« |

**Tabelle B.1** Neuerungen in SAP Business One

| Neuerung | Release | Abschnitt oder Kapitel im Buch |
|---|---|---|
| Bestellanforderung | 9.0 | 5.5, »Bestellanforderung« |
| Lieferantenanfrage | 8.8 | 5.6, »Lieferantenanfrage« |
| Available-to-Promise (ATP) | 8.8 | 6.2.2, »Belegmitte« |
| Beschaffungsassistent für Kundenaufträge | 8.8 | 6.2.2, »Belegmitte« |
| wiederkehrende Transaktionen | 8.8 | 6.2.6, »Wiederkehrende Transaktionen« |
| automatische Verbuchung von Gebühren und Zinsen | 8.8 | 6.4, »Mahnwesen in SAP Business One« |
| Rabattgruppen | 9.0 | 7.4, »Preisfindung in SAP Business One« |
| Preisbericht | 9.0 | 7.4, »Preisfindung in SAP Business One« |
| Mengeneinheiten | 8.8 | 7.5, »Mengeneinheiten in SAP Business One« |
| Lagerplatzverwaltung | 9.0 | 7.10, »Lagerplätze« |
| Rahmenverträge | 8.8 | Kapitel 8, »Rahmenverträge« |
| Dimensionen in der Kostenrechnung | 8.8 | 9.8.2, »Kostenstellen« |
| Kostenstellenbericht | 8.8 | 9.9, »Finanzberichte« |
| SEPA-Standard | 8.8 | 10.4.1 »Zahlweg als Grundlage für den Zahlungsassistenten« |
| Kampagnenmanagement | 8.8 | Kapitel 12, »Kampagnenmanagement« |
| wiederkehrende Transaktionen im Servicevertrag | 9.0 | 13.1, »Servicevertrag als Grundlage« |
| Verknüpfung von Mitarbeiter, Vertriebsmitarbeiter und Benutzer | 8.8 | 14.2, »Mitarbeiterstammdaten« |
| Erweiterung der E-Mail-Funktionen | 9.1 | 5.3, »Wichtige Funktionen im Beleg« |

**Tabelle B.1** Neuerungen in SAP Business One (Forts.)

| Neuerung | Release | Abschnitt oder Kapitel im Buch |
|---|---|---|
| Saldo Wareneingang und Bestellung bei Lieferanten im Fenster GESCHÄFTSPARTNER-STAMMDATEN | 9.1 | 4.3.1, »Geschäftspartner-Stammdaten – Kopfdaten« |
| neue Kampagne auf Basis alter Kampagne | 9.1 | 12.2, »Durchführung einer Kampagne« |
| Erweiterung Rahmenverträge – Zahlwege zuordnen | 9.1 | 8.1, »Anlegen eines Rahmenvertrags« |
| Fenster EINGANGSZAHLUNG, AUSGANGSZAHLUNG – zusätzlicher Button für Zahlungsmethode direkt im Fenster | 9.1 | 10.2, »Eingangszahlungen und Ausgangszahlungen« |
| negative Zahlungen im Zahlungsassistenten | 9.1 | 10.4.2, »Zahlungen anlegen mit dem Zahlungsassistenten« |
| neue Bewertungsmethode SERIE/CHARGE | 9.1 | 4.6, »Artikel« |
| konfigurierbares User Interface | 9.1 | 16.5, »Anpassungsmöglichkeiten für den Benutzer« |
| Funktionen ausblenden | 9.1 | 16.7, »Funktionen ausblenden« |
| Belegzeilen nach Microsoft Excel kopieren | 9.1 | 5.3, »Wichtige Funktionen im Beleg« |
| Raster maximieren | 9.1 | 5.3, »Wichtige Funktionen im Beleg« |
| Excel-Import von Preisen in Preislisten | 9.2 | Hinweis in Abschnitt 7.4, »Preisfindung in SAP Business One« |
| Excel-Import von Katalognummern | 9.2 | Hinweis in Abschnitt 7.6, »Katalognummern in SAP Business One« |
| Benutzer-Login: neue Meldung, wenn zweiter Benutzer angemeldet ist | 9.2 | Hinweis in Abschnitt 3.1, »Installation, Einstieg und Firmenauswahl« |
| Genehmigungsverfahren nun auch bei Änderung des Belegs | 9.2 | 16.2, »Genehmigungsverfahren« |
| alternative Tastaturbelegung | 9.2 | 16.9, »Alternative Tastaturbelegung« |

**Tabelle B.1** Neuerungen in SAP Business One (Forts.)

| Neuerung | Release | Abschnitt oder Kapitel im Buch |
|----------|---------|-------------------------------|
| IFRS-Erweiterungen: Kontenplan mit zehn Stufen, Umbenennen der Laden möglich | 9.2 | 9.1, »Kontenplan« |
| Erweiterung des Kampagnenmanagements: Kampagne für Lieferant und Wiederholen einer bestehenden Kampagne | 9.2 | 12.2, »Durchführung einer Kampagne« |
| Preisaktualisierungsassistent | 9.2 | 7.4, »Preisfindung in SAP Business One« |
| Artikel mit Standardpreis: Preis nur noch mit Bestandsneubewertung veränderbar | 9.2 | 7.3.2, »Standardpreis« |
| Serviceabruf erweitert um Registerkarte GESCHÄFTSPARTNER | 9.2 | 13.2, »Serviceabruf als täglicher Kundenkontakt« |
| Serviceabruf nun auch für Lieferanten | 9.2 | 13.2, »Serviceabruf als täglicher Kundenkontakt« |
| Verknüpfungsplan für Mitarbeiterstammdaten | 9.2 | 14.2, »Mitarbeiterstammdaten« |
| neues Modul Projektmanagement | 9.2 | Kapitel 15, »Projektmanagement« |
| Zugriff auf SAP Business One über Webbrowser | 9.2 | 3.1.1, »Erstmaliger Einstieg« |
| Job-Service: Verschicken von Alarmen, auch wenn Benutzer nicht eingeloggt ist | 9.2 | 16.1, »Alarmfunktionen« |
| Online-Hilfe mit Lokalisierung | 9.2 | 3.8, »Hilfefunktionen in SAP Business One« |

**Tabelle B.1** Neuerungen in SAP Business One (Forts.)

# C   Der Autor

 **Robert Mayerhofer** hat sein Studium der Betriebswirtschaft und Wirtschaftspädagogik an der Wirtschaftsuniversität Wien abgeschlossen. Währenddessen war er als selbstständiger Trainer in der Erwachsenenbildung tätig. Anschließend arbeitete er als Senior Consultant für eine ASP-basierte ERP-Lösung, bevor er zur b1 consulting GmbH, Wien wechselte. Dort war er verantwortlich für Projektleitung, Consulting und Support von SAP Business One und führte eine Reihe von Implementierungsprojekten und die Betreuung der Bestandskunden im internationalen Umfeld erfolgreich durch. Als Trainer war er zudem verantwortlich für die Ausbildung der Project und Support Consultants bei SAP Österreich im Bereich des Partner Channels. Zurzeit ist er als Lehrer für kaufmännische Fächer an der Vienna Business School – Handelsakademie Mödling tätig.

## Danksagung

Als allein schreibender Autor bin ich besonders dankbar, dass ich auf die Unterstützung sowie den Rat von vielen geschätzten Freunden, Verwandten, Bekannten, Kollegen und meiner Catrin zurückgreifen konnte, um das vorliegende Buch in dieser Qualität erneut »auf die Welt zu bringen«. An dieser Stelle möchte ich folgende herausgreifen:

▸ das Team von SAP PRESS, allen voran Patricia Sprenger und Martin Angenendt. Das gesamte Buchprojekt wurde mit der bereits gewohnten hohen Professionalität abgewickelt. Die Unterstützung im Verlauf des Schreibens und vor allem bei der Korrektur war einfach toll.

▸ das Team von SAP Business One Deutschland, allen voran Volker Anders und Peter Hartwich, die stets als »Schnittstelle« zu SAP unterstützend zur Seite standen.

▸ last but not least: das Team von b1 consulting um Helmut Hochberger. Man arbeitet halt gern mit den Besten!

# Index

## T

- Das Standardwerk für FI-Anwender

- Alle täglichen Aufgaben in der Buchhaltung verständlich erklärt

- Haupt-, Kreditoren-, Debitoren- und Anlagenbuchhaltung

Heinz Forsthuber, Jörg Siebert

# SAP-Finanzwesen
## Das Praxishandbuch

Mit diesem Buch meistern Sie Ihre täglichen Aufgaben in der Finanzbuchhaltung – fehlerfrei und auf dem kürzesten Weg! Anhand anschaulicher Buchungsbeispiele und zahlreicher Screenshots lernen Sie Schritt für Schritt, die Funktionen des Systems voll auszuschöpfen. Die herausnehmbare Referenzkarte sowie der umfangreiche Anhang machen dieses Buch zu einem unentbehrlichen Nachschlagewerk. Neu in der 6. Auflage: Neuerungen im Elektronischen Kontoauszug, Einzelpostenanzeige, Zahlprogramm, Bilanzplanung u.v.m.

654 Seiten, gebunden, 69,90 Euro
ISBN 978-3-8362-3990-5
6. Auflage 2016
www.sap-press.de/4032

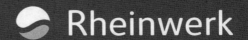

- Transport und Versand erfolgreich meistern

- Funktionen, Prozesse und Anwendung detailliert erläutert

- Inkl. Informationen zu Verfügbarkeitsprüfung, HUM, Kommissionierwellen u. v. m.

Stefan Bröse, Othmar Gau

# Transport und Versand mit SAP LES

## Das Praxishandbuch

Mit diesem Buch haben Sie alle Aspekte des Lieferprozesses mit SAP ERP im Griff: von der Erstellung der Lieferungen über die Transportdisposition bis zur Abrechnung mit den Spediteuren. Alle wesentlichen Funktionen und deren Anwendung werden anhand praktischer Beispiele aus dem betrieblichen Alltag beschrieben. Lernen Sie darüber hinaus, wie Sie SAP Logistics Execution System (LES) so einstellen, dass Ihre Prozesse optimal abgewickelt werden.

726 Seiten, gebunden, 79,90 Euro
ISBN 978-3-8362-3807-6
3. Auflage, August 2016
www.sap-press.de/3880

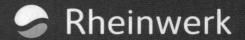

- Lösungswege für Ihre alltäglichen Controllingfragen

- CO-OM, CO-PC und CO-PA verständlich erklärt

- Berichterstellung mit SAP Crystal Reports und SAP BusinessObjects Design Studio

Uwe Brück

# Praxishandbuch SAP-Controlling

Wie setze ich CO sinnvoll und praxisnah ein? Was ist für ein effizientes Controlling wirklich notwendig? In diesem Buch finden Sie die Antworten! Es erklärt systematisch sowohl die betriebswirtschaftlichen Grundlagen des Controllings als auch die Funktionsweise von CO. Zahlreiche Beispiele machen Sie fit für die Praxis.

597 Seiten, gebunden, 59,90 Euro
ISBN 978-3-8362-2798-8
5. Auflage 2015
www.sap-press.de/3560

*»Es wird deutlich, dass der Autor die Dinge wirklich aus der Praxis kennt.«
Matthias Häussler, Universität Rostock*

**Wie hat Ihnen dieses Buch gefallen?**
Bitte teilen Sie uns mit, ob Sie zufrieden waren,
und bewerten Sie das Buch auf:
**www.rheinwerk-verlag.de/feedback**

Ausführliche Informationen zu unserem aktuellen
Programm samt Leseproben finden Sie ebenfalls
auf unserer Website. Besuchen Sie uns!

www.rheinwerk-verlag.de